Die deutsche Philosophie im 20. Jahrhundert

Thomas Bedorf / Andreas Gelhard (Hrsg.)

Die deutsche Philosophie im 20. Jahrhundert

Ein Autorenhandbuch

Die Deutsche Nationalbibliothek verzeichnet diese Publikation
in der Deutschen Nationalbibliografie;
detaillierte bibliografische Daten sind im Internet über
http://dnb.d-nb.de abrufbar.

Das Werk ist in allen seinen Teilen urheberrechtlich geschützt.
Jede Verwertung ist ohne Zustimmung des Verlags unzulässig.
Das gilt insbesondere für Vervielfältigungen,
Übersetzungen, Mikroverfilmungen und die Einspeicherung in
und Verarbeitung durch elektronische Systeme.

© 2013 by WBG (Wissenschaftliche Buchgesellschaft), Darmstadt
Die Herausgabe des Werkes wurde durch die Vereinsmitglieder
der WBG ermöglicht.
Lektorat: Klaus Walter
Satz: Janß GmbH, Pfungstadt
Einbandgestaltung: Peter Lohse, Heppenheim
Gedruckt auf säurefreiem und alterungsbeständigem Papier
Printed in Germany

Besuchen Sie uns im Internet: www.wbg-wissenverbindet.de

ISBN 978-3-534-23548-3

Elektronisch sind folgende Ausgaben erhältlich:
eBook (PDF): 978-3-534-73117-6
eBook (epub): 978-3-534-73118-3

Inhalt

Vorwort 6

Hinweise zum Gebrauch 8

Autorenverzeichnis 9

Artikel 11

Literaturverzeichnis 319

Personenregister 387

Sachregister 395

Vorwort

Die deutschsprachige Philosophie umfasst keinen feststehenden wissenschaftlichen Kanon und lässt sich noch weniger mit einer „deutschen" Philosophie in irgendeinem politischen oder geographischen Sinne identifizieren. Sie ist Produkt zahlreicher sprachlicher, gedanklicher und kultureller Übersetzungsleistungen, die schon Hegel für die Zeit um 1800 verzeichnet, wenn er in seinen *Vorlesungen zur Geschichte der Philosophie* bemerkt: „Hume und Rousseau sind die beiden Ausgangspunkte der deutschen Philosophie" (Hegel 1816, 311). Dieser Vollzug der Philosophie im gedanklichen Grenzverkehr, den Hegel noch exemplarisch mit einem Verweis auf Kants bevorzugte Lektüre einfangen konnte, hat sich im 20. Jahrhundert noch einmal beträchtlich intensiviert. Der Österreicher Wittgenstein wirkte maßgeblich von Cambridge aus, bevor ihn die deutschsprachige Philosophie entdeckte; Husserl und Heidegger haben in Frankreich eine weit lebhaftere Rezeption erfahren als in Deutschland; und die zumindest nominell auf deutschem Boden verankerte „Frankfurter Schule" stützt sich maßgeblich auf Texte, die Horkheimer und Adorno im amerikanischen Exil verfassten.

Dennoch hat es nach wie vor seinen guten pragmatischen Sinn, die „deutsche" von der „französischen" und anderen nationalsprachlichen Philosophien zu unterscheiden. Denn niemand wird bestreiten, dass sich im deutschen, französischen und angelsächsischen Sprachraum sehr unterschiedliche Denk- und Arbeitsstile herausgebildet haben, die sich nicht bruchlos ineinander übersetzen lassen. Der Einbau einiger Schriften Freges und Wittgensteins in die Analytische Philosophie angelsächsischer Prägung ging mit ebenso zahlreichen Verschiebungen und Anpassungsmaßnahmen einher wie die spätere Installation der Analytischen Philosophie an zahlreichen deutschsprachigen Universitäten. Nicht weniger pointiert fallen die Übersetzungen und Rückübersetzungen im deutsch-französischen Grenzverkehr aus, wenn Husserls Phänomenologie mit einem deutlichen alteritäts- und differenztheoretischen Akzent aus Frankreich zurückkehrt oder Heideggers Destruktion der abendländischen Metaphysik als Dekonstruktion international Karriere macht.

Wir halten es daher nach wie vor für eine pragmatisch gut begründete Entscheidung, das Feld nach Sprachräumen aufzuteilen und dem Handbuch der französischen Philosophie im 20. Jahrhundert (Bedorf, Röttgers 2009) eines zur deutschen Philosophie an die Seite zu stellen. Dabei folgt auch dieser Band der Direktive, das denkerische Profil einzelner Autorinnen und Autoren hervortreten zu lassen und auf eine übergreifende Einordnung in Schulen und Strömungen zu verzichten. Eine solche Darstellung, wie sie sich etwa in den von Anton Hügli und Poul Lübcke herausgegebenen Bänden zur *Philosophie im 20. Jahrhundert* findet (Hügli, Lübcke 1992), bietet zweifellos Vorteile in der didaktischen Aufbereitung des Feldes. Sie muss sich aber im Rahmen ihres historischen Schemas stark auf „maßgebliche" Autoren und Schulengründer konzentrieren und steht dann häufig vor dem Problem, dass sich gerade diese prägenden Figuren am wenigsten in Schulen und Strömungen einordnen lassen. Wittgenstein war kein Vertreter der Analytischen Philosophie, Heidegger weder Phänomenologe noch Existenzphilosoph und die Frankfurter Schule unterhält ein ausgesprochen gespanntes Verhältnis zu Adorno als einem ihrer Gründerväter.

Das vorliegende Autorenhandbuch setzt daher auf eine möglichst breite Darstellung, die auf Einträge zu Schulen und Strömungen zugunsten einer größeren interpretatorischen Pluralität verzichtet. Dabei geht sie autorenzentriert vor, beschränkt sich aber nicht auf wenige prägende Figuren wie die von Julian Nida-Rümelin und Elif Özmen herausgegebene Klassiker-Darstellung (Nida-Rümelin, Özmen 2007). Darüber hinaus werden nicht nur Philosophinnen und Philosophen im engeren Sinne verzeichnet, sondern auch Beiträge der Nachbarwissenschaften, soweit sie für die philosophische Theoriebildung von Bedeutung sind. Der Schwerpunkt der einzelnen Einträge liegt dabei klar auf der Darstellung von Genese und Struktur des Werkes des jeweiligen Autors; biographische Informationen bleiben auf ein Minimum reduziert und kommen nur dort ausführlicher zur Sprache, wo sie zum Verständnis des Werkes nötig sind. In der Auswahl der Einträge wird manche Grenzziehung zu anderen Wissenschaften oder zu anderen Jahrhunderten diskutabel erscheinen, manchen Eintrag wird man unvermeidlich vermissen. Die Triftigkeit der Entscheidungen im Einzelfall zu beurteilen überlassen wir den Leserinnen und Lesern.

Zu danken haben die Herausgeber in erster Linie den Autorinnen und Autoren, die konstruktiv an den einzelnen editorischen Etappen mitgearbeitet haben, der Lektorin der Wissenschaftlichen Buchgesellschaft, Carolin Köhne, für die produktive Begleitung des Projekts, sowie den Mitarbeiterinnen und Mitarbeitern in Hagen und Darmstadt: Steffen Herrmann hat umsichtig und nachdrücklich die Redaktionsarbeit mitorganisiert und -gestaltet und so der Arbeit am Handbuch in ihrer letzten Phase einen zusätzlichen Schub an Effektivität verliehen; Dennis Clausen, Selin Gerlek und Viola Zenzen haben sich mit großer Sensibilität für die sprachliche Darstellung und mit unermüdlicher Strenge gegenüber der bibliographischen Korrektheit durch die Artikel gearbeitet; Christoph Düchting hat nicht nur die Autorenkorrespondenz übernommen, sondern auch sonst alles getan, um den Herausgebern Nötiges, aber Lästiges vom Hals zu halten (alle Hagen). Stefan Gücklhorn (Darmstadt) hat die wichtige und aufmerksamkeitszehrende Aufgabe der Registererstellung übernommen. Ihnen allen sind die Herausgeber zutiefst zu Dank verpflichtet, da zwei ein solches Unterfangen zwar ins Auge fassen, aber keinesfalls allein zum guten Ende bringen können.

Hinweise zum Gebrauch

Einer kurzen biographischen Notiz folgt jeweils eine Darstellung der wesentlichen Beiträge des Autors zur Theoriebildung. Das theoretische Umfeld und wichtige Einflüsse werden ebenso zur Sprache gebracht wie die entscheidenden Etappen des Werks und Debatten darüber. Jedem Artikel folgt eine Kurzbibliographie, die empfehlenswerte Lektüre zum Einstieg sowie einführende Sekundärliteratur nennt. Hinzu kommen, wo dies sinnvoll ist, Hilfsmittel wie Bibliographien, Handbücher und spezialisierte Zeitschriften sowie Hinweise auf dauerhaft eingerichtete Webseiten. Das Handbuch wird beschlossen vom Literaturverzeichnis sowie von einem Personen- und einem Sachregister und dem Verzeichnis der Autorinnen und Autoren.

Aus Gründen der Nutzerfreundlichkeit wurde eine ungewohnte Konvention für die bibliographischen Nachweise gewählt. Die Siglen aus Name und Jahr nennen jeweils das Ersterscheinungsjahr der Publikation, die im Literaturverzeichnis nachgewiesen wird. Auf die Nennung mehrerer Jahreszahlen, wo dies bibliographisch angezeigt wäre, wird aus Gründen der Übersichtlichkeit verzichtet. Die der Sigle folgende Seitenangabe hingegen bezieht sich stets auf die neueste greifbare Ausgabe bzw. die Werkausgabe (soweit sie vorliegt). Nur diese zitierte bzw. verwendete Ausgabe wird im Literaturverzeichnis aufgeführt. Bei Ersterscheinung selbständig publizierte Werke werden auch dann kursiviert dargestellt, wenn sie nach einer heute greifbaren Sammelpublikation zitiert werden. Mit der gewählten Konvention erhält die Leserin und der Leser sowohl eine Information zur Einordnung in den historischen Entstehungskontext als auch eine Hilfestellung zum Auffinden der heute greifbaren Ausgaben.

Autorenverzeichnis

Acham, Karl *(Topitsch, Ernst)*

Bast, Rainer A. *(Rickert, Heinrich)*
Baumgartner, Wilhelm *(Brentano, Franz)*
Beckmann-Zöller, Beate *(Stein, Edith)*
Bedorf, Thomas *(Waldenfels, Bernhard)*
Bermes, Christian *(Scheler, Max)*
Bonnemann, Jens *(Buber, Martin)*
Brune, Jens-Peter *(Jonas, Hans)*
Buddeberg, Eva *(Apel, Karl-Otto)*
Busch, Eberhard *(Barth, Karl)*

Christ, Julia *(Adorno, Theodor W.)*

Dannemann, Rüdiger *(Lukács, Georg)*
Deuber-Mankovsky, Astrid *(Cohen, Hermann)*
Dietzsch, Steffen *(Seidel, Helmut)*
Drieschner, Michael *(Weizsäcker, Carl Friedrich v.)*

Eichener, Volker *(Elias, Norbert)*
Ellmers, Sven *(Korsch, Karl)*

Fechner, Rolf *(Tönnies, Ferdinand)*

Gabriel, Gottfried *(Frege, Gottlob)*
Gadenne, Volker *(Albert, Hans; Schlick, Moritz)*
Gantner, Gösta *(Bloch, Ernst)*
Gasser, Reinhard *(Freud, Sigmund)*
Gelhard, Andreas *(Bühler, Karl; Waldenfels, Bernhard)*
Görtz, Heinz-Jürgen *(Rosenzweig, Franz)*
Grondin, Jean *(Gadamer, Hans-Georg)*

Hand, Annika *(Scheler, Max)*
Heidenreich, Felix *(Blumenberg, Hans)*
Heit, Helmut *(Feyerabend, Paul Karl)*
Hetzel, Andreas *(Spengler, Oswald)*
Hetzel, Mechthild *(Marcuse, Herbert)*
Hiebaum, Christian *(Kelsen, Hans)*

Holzhey-Kunz, Alice *(Binswanger, Ludwig)*
Horster, Detlef *(Habermas, Jürgen)*

Jegelka, Norbert *(Natorp, Paul Gerhard)*
Joisten, Karen *(Schapp, Wilhelm)*

Kauffmann, Clemens *(Strauss, Leo)*
Kertscher, Jens *(Tugendhat, Ernst)*
Keuth, Herbert *(Popper, Karl)*
Kruse-Ebeling, Ute *(Spaemann, Robert)*
Kühne-Bertram, Gudrun *(Bollnow, Otto)*

Lange, Ernst Michael *(Wittgenstein, Ludwig)*
Lessing, Hans-Ulrich *(Dilthey, Wilhelm)*
Lichtblau, Klaus *(Simmel, Georg)*
Liebsch, Burkhard *(Löwith, Karl)*
Liessmann, Konrad Paul *(Anders, Günther)*
Loidolt, Sophie *(Reinach, Adolf)*

Meyer, Regina *(Vaihinger, Hans)*
Meyer-Drawe, Käte *(Lipps, Hans)*
Morgenstern, Martin *(Hartmann, Nicolai)*

Necker, Rüdiger *(Scholem, Gershom)*
Nemeth, Elisabeth *(Neurath, Otto)*
Neumann, Ulfrid *(Radbruch, Gustav)*
Novotný, Karel *(Landgrebe, Ludwig)*

Prokop, Siegfried *(Harich, Wolfgang)*

Rauh, Hans-Christoph *(Buhr, Manfred; Hahn, Erich; Ruben, Peter)*
Recki, Birgit *(Cassirer, Ernst)*
Rehberg, Karl-Siegbert *(Gehlen, Arnold; Sohn-Rethel, Alfred)*
Rolf, Thomas *(Klages, Ludwig)*

Saar, Martin *(Weber, Max)*
Saborowski, Maxine *(Conrad-Martius, Hedwig)*
Salamun, Kurt *(Jaspers, Karl)*

Autorenverzeichnis

Sattler, Jochen *(Becker, Oskar)*
Scheit, Gerhard *(Améry, Jean)*
Schmid Noerr, Gunzelin *(Fromm, Erich)*
Scholtz, Gunter *(Ritter, Joachim)*
Schües, Christina *(Arendt, Hannah)*
Schumacher, Bernard N. *(Pieper, Josef)*
Schürmann, Volker *(König, Josef; Misch, Georg; Plessner, Helmuth)*
Schüßler, Werner *(Tillich, Paul)*
Sebald, Gerd *(Schütz, Alfred)*
Sigwart, Hans-Jörg *(Voegelin, Eric)*
Skrandies, Timo *(Benjamin, Walter)*
Stiegler, Bernd *(Kracauer, Siegfried)*

Tengelyi, Laszlo *(Husserl, Edmund)*
Trawny, Peter *(Heidegger, Martin)*
Tremmel, Frank *(Rothacker, Erich)*

Ulises Moulines, Carlos *(Carnap, Rudolf; Reichenbach, Hans)*

Van Kerckhoven, Guy *(Fink, Eugen)*
Vetter, Helmuth *(Bultmann, Rudolf)*
Voigt, Rüdiger *(Schmitt, Carl)*
Vorholt, Udo *(Nelson, Leonhard)*

Weiß, Ulrich *(Dingler, Hugo)*
Werber, Niels *(Luhmann, Niklas)*
Wesche, Tilo *(Theunissen, Michael)*
Wetz, Franz-Josef *(Marquard, Odo)*
Wille, Matthias *(Kamlah, Wilhelm)*

Yildiz, Ersin *(Horkheimer, Max)*

Zimmer, Jörg *(Holz, Hans Heinz)*

Adorno, Theodor Wiesengrund

Geboren 1903 in Frankfurt am Main, gestorben 1969 in Visp (Wallis/Schweiz). Studium, Promotion und Habilitation in Frankfurt an der Goethe-Universität. Seit 1931 Mitglied des Frankfurter Instituts für Sozialforschung (IfS), ab 1951 dessen geschäftsführender Kodirektor. Ab 1933 im Exil, zunächst in Oxford, dann in New York und Los Angeles. 1949 Rückkehr nach Frankfurt. Ab diesem Zeitpunkt Extraordinarius an der Frankfurter Universität. Ebendort erhält er erst 1956 einen ordentlichen Lehrstuhl für Philosophie und Soziologie.

Adorno, der als Mitbegründer der sogenannten Frankfurter Schule (Kritische Theorie) und zu seinen Lebzeiten als deren bedeutendster theoretischer Vertreter gilt, ist neben Martin Heidegger der maßgebende deutsche Philosoph der Nachkriegszeit. Sein Einfluss auf die intellektuelle Landschaft Deutschlands nach 1945 ist einerseits seiner schriftstellerischen Produktivität zu verdanken, andererseits seinen Stellungnahmen zur politischen und gesellschaftlichen Aktualität, die er in komplexer Weise nicht nur philosophisch durchleuchtet (Adorno 1955, 1963, 1969, 1972). Dies macht Adorno in den 1950er und 1960er Jahren auch öffentlich zur herausragenden Figur des kritischen Intellektuellen. Im Rahmen der Studentenrevolten der 1960er Jahre wird er zum Zentrum der Polemik: Zu wenig engagiert in den Augen der Studenten (Wiggershaus 1986, 687 f.), galt er der von diesen angegriffenen bürgerlichen Gesellschaft als theoretischer Brandstifter (ebd., 704). Der Konflikt zwischen Adorno und der Studentenschaft eskalierte, als die Studenten 1969 das IfS besetzten, das Adorno nach heftigen Debatten mit den Studenten schlussendlich von der Polizei räumen ließ. Bis heute hängt seiner „kritischen Theorie der Gesellschaft" der Ruf der Praxisferne an. Adorno selbst wendet sich gegen diesen Einwand, indem er die Theorie in der ihr möglichen Selbstgenügsamkeit der zur Integration verurteilten „Pseudo-Aktivität" entgegensetzt (Adorno 1969c) und auf dem praktischen Charakter der Theorie besteht (Adorno 1969a, 402).

Frankfurt/Wien 1921–1933: Die Aktualität der Philosophie – Adorno wird anfänglich von seinem Doktorvater Hans Cornelius zur Beschäftigung mit dem Neukantianismus angeregt; er gibt diese sich rein im Rahmen der philosophischen Reflexion bewegende Beschäftigung mit Fragen der Erkenntnistheorie jedoch rasch auf. Auf Adorno ist sein eigenes Diktum über Benjamin anzuwenden: Er gehört zu einer Generation, „die gegen Idealismus und Erkenntnistheorie aufbegehrte, nach den ‚Sachen selbst' anstatt deren gedanklichem Abguß verlangte" (Adorno 1950, 240). Nichtsdestoweniger bleiben erkenntnistheoretische Überlegungen im Gesamtwerk Adornos zentral: Gesellschaftskritik ist für Adorno immer zugleich Erkenntniskritik, insofern die Formen der Erkenntnis, bis in die logische Struktur des Denkens hinein, Ausdruck der praktischen gesellschaftlichen Verhältnisse sind (Adorno 1963a, 265). Jedoch genügen weder seine Dissertation zu Husserl (Adorno 1924) noch seine erste, schließlich zurückgezogene Habilitationsschrift zu Freud (Adorno 1927) dem selbstgesetzten Anspruch Adornos (Tiedemann 1997, 381). In beiden Fällen verfehlt die philosophische Arbeit die „Sachen selbst", weil sie versäumt, die objektive Vermittlung der von ihr verwendeten subjektiven Erkenntniskategorien zu reflektieren. Erst in der zweiten Habilitationsschrift mit dem

Titel *Kierkegaard. Konstruktion des Ästhetischen* (Adorno 1931a) gelingt es Adorno, eine eigenständige erkenntnistheoretische Position zu entwickeln: Eine philosophische Rekonstruktion der objektiven Wirklichkeit, also ein begrifflicher Zugang zu den „Sachen selbst", ist nur möglich, wenn Philosophie mehr leistet als die reine Wiederholung der selbst immer schon begrifflich gefassten und logisch strukturierten Welt (Positivismus); insofern ist sie immer auch Konstruktion. Sie darf aber als Konstruktion weder behaupten, das Bestehende sei in durchsichtiger Weise sinnvoll strukturiert (idealistische Position), noch gar existentiell Sinn stiften wollen (Adorno 1931, 334).

Diese dreifache Wendung gegen Positivismus, Idealismus (auch in seiner phänomenologischen Variante) und Existentialphilosophie ist nach Adorno im spezifischen Charakter seiner Zeit begründet. Der geschichtliche Charakter der – in den Worten Husserls – „Sachen selbst" verlangt die Verankerung der Philosophie in ihrer jeweiligen Gegenwart. Adorno verortet sich, wie er es in seiner Antrittsvorlesung (Adorno 1931) programmatisch verkündet, auf der Seite einer „aktuellen" Philosophie. Die erkenntnistheoretisch zweischneidige Position zwischen Rekonstruktion und Konstruktion resultiert daraus, dass eine Philosophie, die „ihre Zeit in Gedanken fasst", sich *heute* dem nicht gegenüber verschließen darf, dass sich die Welt dem naiven Bewusstsein in Trümmern darbietet (ebd., 325). Weder sind Welt und Geschichte im emphatischen Sinne „sinnvoll" noch ist der Bedeutungszusammenhang des Ganzen unmittelbar lesbar.

Angesichts des Fragmentierten muss die Philosophie die objektiven Bedeutungszusammenhänge der Welt erst konstruieren. Philosophische Konstruktion, deren Nähe zur musikalischen Komposition sichtbar ist und sich, laut Adorno, an deren Ansprüchen messen lassen muss, ist „Deutung" eines objektiv sinnlos gewordenen Ganzen (Adorno 1931, 335). Sie muss die „singulären und versprengten Elemente" (ebd.) der Wirklichkeit so anordnen, dass Objektivität verständlich wird. „Subjektiv hervorgebracht, sind diese [die Kompositionen] gelungen allein, wo die subjektive Produktion in ihnen untergeht. Der Zusammenhang, den sie stiftet – eben die ‚Konstellation' –, wird lesbar als Zeichen der Objektivität: des geistigen Gehalts." (Adorno 1966, 167) Erst die theoretische Deutung erlaubt es den Subjekten zur Wirklichkeit Stellung zu nehmen: Zum sinnlos Vereinzelten – dem unverständlichen Ereignis, das über die Menschen hereinbricht – können sie keine Stellung beziehen.

Oxford 1933–1938: Metakritik der Erkenntnistheorie und die Warenform – Adorno setzte seine erkenntnistheoretischen Studien während seines Exils in Oxford mit einer zweiten Arbeit zu Husserl fort. Die vollständig erst 1956 unter dem Titel *Zur Metakritik der Erkenntnistheorie* (Adorno 1956) herausgegebene Arbeit konzentriert sich auf die Frage nach der Herkunft der transsubjektiv gültigen Erkenntniskategorien. Husserl wird nun einer radikalen Kritik unterzogen; zwischen Adornos Dissertation zu Husserl (Adorno 1924) und dieser Arbeit lag im Wesentlichen die Lektüre von Marx und Hegel, namentlich die *Phänomenologie des Geistes* und die *Wissenschaft der Logik* des Letzteren. Adorno beschäftigte sich erneut mit Husserl, um zu zeigen, dass auch dessen Versuch, „in den Sachen selbst" zu sein, sich nur deshalb vor einem Relativismus bewahren kann, weil er die Gültigkeit der Erkenntniskategorien letztlich doch wieder aus der Analyse der transzendentalen Bewusstseinsakte gewinnt und somit, gegen allen Anschein, idealistische Bewusstseinsphilosophie betreiben muss, wenn er von den „Sachen selbst" sprechen möchte. Adorno stört sich dabei weniger an der phänomenologischen Methode – den Zugang zur objektiven Verfasstheit der „Sache selbst" durch die selbstreflexive Wendung des Subjekts auf seine eigene, geschichtlich und sozial vermittelte und automatisierte Konstitutionsleistung zu gewinnen – als daran, dass diese Konstitutionsleistung in einem letzten Schritt hypostasiert wird: da das Gegebene nicht als Resultat menschlichen Handelns vernünftig begriffen wird, sondern als fester Gegenstand der synthetischen Denkleistung gegenübergestellt (Adorno 1956, 138); die Absolutheit der egologischen Wesenheiten Husserls ergibt sich mit Notwendigkeit aus der Auffassung des Gegebenen als Festem. Insofern kommt in dieser Arbeit die Verbindung von Erkenntniskritik und Gesellschaftskritik zum ersten Mal vollständig zur Geltung: Husserls Auffassung der „Sachen selbst" als fest gegebener Dinge entspricht dem Denken einer Gesellschaft, in der die gegenständliche Welt vollständig Warenform angenommen hat und so den Subjekten zur Verfügung steht.

Adornos materiale Arbeiten zu dieser Zeit beschäftigen sich mit musikalischen Problemen. Auch in diesem Bereich ist die Frage nach dem Einfluss der warenförmigen Welt auf die Erkenntnisfähigkeiten und Erfahrungsmöglichkeiten der Subjekte zentral. Adornos erster größerer Artikel zum modernen Kulturbetrieb „Über den Fetischcharakter in der Musik und die Regression des Hörens" (Adorno 1938), dessen Grundintention zur Kulturindustriethese der *Dialektik der Aufklärung* (Horkheimer, Adorno 1947, 144–196) führen wird, konzentriert sich auf die Wandlungen im Bereich der kulturellen Erfahrung der modernen Subjekte. Adornos zentrale These lautet, dass die Warenförmigkeit der Kulturprodukte auf der Seite der Subjekte, die zu Konsumenten degradiert werden, dazu führt, dass diese selbst Kulturelles nur noch in der Form subsumptionslogischer Kategorien, die ebenso konsumiert werden, wahrnehmen können. Adornos Problem mit der Kulturindustrie besteht nicht darin, dass sie Inhalte verkürzt darstellen würde und durch das, was sie „sagt", die „Massen verdummt", sondern in den durch sie provozierten Erkenntnisleistungen: Die sich dinghaft – und dadurch zusammenhanglos – darbietenden kulturellen Produkte sorgen für ein „reflektorisches Verhalten" (Adorno, Benjamin, 1994, 415) auf Seiten der Subjekte. Adorno übernimmt mit dem Begriff des „reflektorischen Verhaltens" Benjamins Theorie des Chocks, wendet sie aber negativ: Die durch die modernen Medien in chockhafte Einzelmomente zerlegte Kultur fördert nicht revolutionäre Impulse, sondern zerstört die Kontinuität des Bewusstseins. Wahrgenommen werden an den Werken nur noch Partialmomente (Adorno 1938, 17), und zwar jene, die im gesellschaftlichen Austausch in der Folge als „Schablonen des Anerkannten" (ebd., 18), sozusagen als Kennmarken der Zugehörigkeit zu einer bestimmten Gruppe, verwertbar sind. Die Auseinandersetzung mit dem Kunstwerk wird durch die Warenförmigkeit der kulturellen Produkte selbst verhindert und die gesellschaftlich vermittelten Erkenntniskategorien sehen sich so vor der Gefahr geschützt, durch die Begegnung mit Neuem in Krisen zu geraten. Reflektorisch (d. h. widerspiegelnd) nennt Adorno das Verhalten der Subjekte, weil ihnen, durch ein selbst die grundlegende Kategorie des Bestehenden – d. h. die Warenform – wiederholendes Werk, diese Möglichkeit zur Auseinandersetzung mit Neuem genommen wird. Adorno wird diese These in der „Theorie der Halbbildung" ausarbeiten (Adorno 1959).

New York/Los Angeles 1938–1949: Empirische Sozialforschung und Dialektik der Aufklärung – Die Arbeit über die moderne Kultur setzt Adorno im Rahmen des von Paul

Lazarsfeld geleiteten *Princeton Radio Resarch Project* in New York fort. Laut Adorno selbst hat er erst dort Kontakt mit der empirischen Sozialforschung seiner Zeit bekommen (Adorno 1969b, 738). Er weitet in diesem Zusammenhang seine bis dahin philosophieintern motivierten erkenntnistheoretischen Reflexionen auf den Bereich der Methodologie der Sozialwissenschaften aus: Während die Methodologie Lazarsfelds darauf zielt, vor allem Parameter wie „Hörergeschmack" (Horkheimer 1985, 471) zu erfassen, mit dem Ziel, den Auftraggebern der Studie möglichst umfangreiche Informationen zur „Verbesserung" ihres Programms zu Verfügung zu stellen, geht es Adorno darum, die konkrete Veränderung des Hörens, die durch das Medium Radio hervorgebracht wird, zu verstehen: Nicht um eine Analyse angeblich spontaner subjektiver Reaktionsformen geht es, sondern um die Analyse der objektiven Ausdrucksgestalt der Kultur und der aus ihr folgenden Interaktionsmöglichkeiten zwischen Subjekt und Kultur und Reaktionsmöglichkeiten der Subjekte (Adorno 2006). Die Verbindung zu Adornos frühen erkenntnistheoretischen Überlegungen ist deutlich: Wiederum kann es nicht darum gehen, sich mit dem scheinbar Fragmentierten, den Reaktionsweisen von Individuen, zufrieden zu geben, sondern es geht darum, den materialen Zusammenhang zu rekonstruieren, der diese Reaktionsweisen – zentrale Momente der Erkenntnis – erklären kann (Adorno 1969b, 710).

Das von Adorno somit schon sehr früh formulierte Misstrauen gegenüber den „positivistischen" Einzelwissenschaften (das im sogenannten Positivismusstreit einen prominenten Ausdruck erlangte – siehe Adorno u. a. 1969), die mit unreflektierten Begriffen wie „subjektiver Spontaneität" hantieren, wird – obwohl Horkheimer lange Zeit im Namen einer kritischen Theorie, die sich auf die gesellschaftliche Wirklichkeit bezieht, dagegen ankämpft (Horkheimer 1985, 473 f.) – von beiden ausdrücklich in der *Dialektik der Aufklärung* formuliert: „Hatten wir auch seit vielen Jahren bemerkt, daß im modernen Wissenschaftsbetrieb die großen Erfindungen mit wachsendem Zerfall theoretischer Bildung bezahlt werden, so glaubten wir immerhin dem Betrieb so weit folgen zu dürfen, daß sich unsere Leistung vornehmlich auf Kritik oder Fortführung fachlicher Lehren beschränkte [...]. Die Fragmente, die wir hier vereinigt haben, zeigen jedoch, daß wir jenes Vertrauen aufgeben mußten." (Horkheimer, Adorno 1947, 16) Die zentrale These des Buches, der Umschlag von Aufklärung in Mythologie, erklärt sich nur ausgehend von der Beschäftigung mit dem Vektor der Aufklärung schlechthin, den neuzeitlichen Wissenschaften. Deren Resultate und ihre Darstellung werden zum Mythos, weil sie das Sosein der Wirklichkeit unreflektiert wiedergeben und dadurch befestigen. Der Glaube an die Ewigkeit des Bestehenden wird somit von den Wissenschaften selbst untermauert, gegen ihren eigenen Anspruch als aufklärerische Wissenschaften, vom Glauben an eine wie immer geartete überzeitliche Ordnung zu befreien. Diesem Verhalten der Wissenschaften setzen Adorno und Horkheimer das Programm einer „Selbstbesinnung der Aufklärung" entgegen (ebd., 20): Sie müsse sich darauf besinnen, dass das *sapere aude* Mut zur „Erfahrung" bedeutet, durch welche die festen Kategorien des Verstandes, dessen kategoriale und logische Konstitution als gesellschaftlich notwendig produzierter Schein durchschaut wird, ins Wanken geraten. Gerade die scheinbar subjektiven Reaktionsweisen, die von der positivistischen Soziologie unmittelbar erhoben werden, sind Ausdruck der gesellschaftlichen Logik. Anders kann beispielsweise die breite Zustimmung der Menschen zum Faschismus nicht sinnvoll erklärt werden (ebd., 197–238).

Adorno und Horkheimer nehmen somit die Aufklärung in ihrem eigenen Anspruch ernst, indem sie darauf hinweisen, dass der Ausgang aus der Unmündigkeit nicht in der Wiederholung eines durch die gesellschaftliche Praxis hervorgebrachten Wissens bestehen kann. Dieser Entfremdung durch das bestehende Wissen wird die autonomisierende Kraft der Erfahrung entgegengesetzt.

Frankfurt 1949–1969: Eine Theorie der Erfahrung – Adorno kehrte 1949 nach Frankfurt zurück. Nach einem erneuten Aufenthalt in den USA 1952–53 als wissenschaftlicher Leiter der Hacker-Foundation in Beverly Hills, Kalifornien verließ er die USA für immer. Es sind die späten Frankfurter Jahre, in die Adornos umfangreichste publizistische Tätigkeit fällt, was umso erstaunlicher ist, als es sich hierbei auch um die Jahre intensiver Lehrtätigkeit und öffentlicher Auftritte handelt. Adornos Eintritt in die intellektuelle Landschaft des Nachkriegsdeutschlands markiert die Aphorismensammlung *Minima Moralia* (Adorno 1951, Bernhard, Raulff 2003, Düttmann 2004). Adorno setzt hier sein erkenntnistheoretisches Programm praktisch um: Nicht in gängigen, gesellschaftlich vermittelten Kategorien wird die Moderne aufgeschlossen, sondern durch die individuelle Erfahrung eines Subjektes, das insofern im Verschwinden begriffen ist, als die gesellschaftlich vorgegebenen Kategorien die eigentliche Leistung der Subjektivität – die der Bestimmung des Seienden – übernommen haben. Ohne das, was jedoch an widerspenstiger Subjektivität bleibt, gelänge gar kein Begriff des Wirklichen mehr, der über das Bestehende hinausgeht. Wesentlich ist die idiosynkratische Haltung – Adorno wird später von „Narretei" sprechen (Adorno 1966, 396) – gegenüber dem Wirklichen, jedoch nicht an sich: Auf das Subjekt wird nicht deswegen zurückgegriffen, weil sich ihm auf Grund seiner ontologischen Ausgezeichnetheit irgendetwas lichten würde, was ihm als objektiv gesellschaftlich vermitteltem Individuum entginge – sondern Philosophie, die ja zunächst nichts weiter versucht, als den Zusammenhang des Wirklichen zu verstehen, bedarf der Subjektivität heute, weil das Subjekt in seiner Erfahrung des Anderen das Moment enthält, über das immer schon vorhandene, feste Wissen des Anderen hinauszugehen und in dieser Überschreitung überhaupt erst der gesellschaftlichen Kategorien und der dahinterstehenden Logik gewahr zu werden vermag: „Angesichts der totalitären Einigkeit, welche die Ausmerzung der Differenz unmittelbar als Sinn ausschreit, mag temporär etwas sogar von der befreienden gesellschaftlichen Kraft in die Sphäre des Individuellen sich zusammengezogen haben." (Adorno 1951, 16) Gesellschaftskritik, die nicht in der Lage wäre, zu sagen, wie Gesellschaft unter kapitalistischen Bedingungen funktioniert, könnte nur partielle Paradoxien aufdecken, nicht jedoch das „Ganze" kritisieren, um das es Adorno geht. Gleichzeitig liegt im Begriff der „Erfahrung" wohl der Horizont der adornoschen Kritik: Ohne den Austausch zwischen dem lebendigen Individuierten und dem objektiv Daseienden hätte man kein Kriterium zur Hand, um die sture Anwendung der immergleichen Kategorien als gesellschaftliche Praxis zu kritisieren. Dies stellt Adorno gerade wegen seiner These vom „universellen Verblendungszusammenhang" jedoch vor das Problem, die Differenz zwischen gesellschaftlich konstituiertem Subjekt und gesellschaftlicher Wirklichkeit, eben den Spalt in der oben zitierten „totalitären Einigkeit", auszumachen.

Fünfzehn Jahre später stellt sich Adorno mit der *Negativen Dialektik* erneut diesem Problem (Adorno 1966, Honneth 2006). In den Jahren zwischen den beiden Werken publiziert Adorno unzählige materiale Arbeiten zur Musik (Adorno 1949, 1960, 1962), zur Literatur (Adorno 1974) und zur Soziologie (Adorno 1972) sowie Arbeiten, die der philosophischen Essayistik zuzuordnen sind (Adorno 1955, 1963, 1967, 1969). Die Warnung, dass das philosophische Werk *keine* Methodologie zu den materialen Arbeiten liefert (Adorno 1966, 9), mit der die *Negative Dialektik* beginnt, muss denn auch vor dem Hintergrund dieser Untersuchungen verstanden werden. Jeder Versuch, eine „Methode der Erfahrung" anzugeben, würde windschief stehen zur Praxis der Erfahrung selbst, im Rahmen derer die Methode der Untersuchung sich aus der Konfrontation mit dem jeweiligen Gegenstand ergibt. Die *Negative Dialektik* versucht vielmehr zu „rechtfertigen" (ebd.), warum Philosophie heute das konkrete Geschehen in der Erfahrung zu ihrem Grundstein machen muss. Die in der Einleitung zentrale Auseinandersetzung mit der hegelschen Philosophie und der marxschen Anweisung auf ihre Verwirklichung (ebd., 15) dient der Entwicklung eines doppelten Begriffs von Dialektik: Einerseits ist Dialektik die adäquate Methode, *heute* das Wirkliche zu erfassen, weil das vorherrschende Identitätsprinzip in der Praxis wie im Denken die Widersprüche, welche die dialektische Darstellung motivieren, erst hervorbringt (Horkheimer, Adorno 1947, 22); andererseits darf Dialektik nicht dem Fehler verfallen, sich selbst als Methode zu hypostasieren: Noch der Anspruch auf Identität von Subjekt und Objekt muss als gesellschaftlicher Zwangsmechanismus kritisch reflektiert werden. „Negativ" ist Adornos Dialektik, weil sie sich gegen diesen Anspruch auf Adäquation der beiden Terme wendet (Adorno 1966, 397), um zu einem Begriff von Wahrheit – und das heißt auch von richtig eingerichteter Gesellschaft – zu gelangen, der die Identität von Besonderem und Allgemeinem nicht mehr verlangt.

An die programmatische Einleitung schließt sich eine Auseinandersetzung mit der heideggerschen Ontologie an, die dem in ihr ausgedrückten Bedürfnis nachgeht, feste Strukturen des Seins erfassen zu wollen (eine erste, polemische Auseinandersetzung mit Heidegger findet sich in *Der Jargon der Eigentlichkeit*, Adorno 1964). Das Bedürfnis ist nach Adorno insofern gesellschaftlich vermittelt, als die Menschen, wenn sie nicht ohnmächtig einer unverständlichen Welt gegenüberstünden, die ereignishaft über sie hereinbricht, auch nicht das Bedürfnis nach etwas Festen verspüren würden. Die negative Dialektik selbst ist keine Ontologie, sondern geschichtlich gebundene Reaktion auf eine spezifisch verfasste Welt. Der gesamte zweite Teil, in dem die Kategorien und Begriffe der *Negativen Dialektik* erarbeitet werden, zielt somit darauf, den hegelschen Begriffen einen historisch vermittelten Gehalt zu geben: Spricht Philosophie heute zum Beispiel noch von der Differenz zwischen Wesen und Erscheinung, so nicht, weil sie als Methode zur Konstruktion des Wirklichen dieser Differenz bedürfte, sondern weil die sich als fragmentiert gebende Wirklichkeit immanent ein Wesen voraussetzt, das die Einzelteile zusammenhält. Adorno verfährt in der gleichen Weise mit allen Kategorien der hegelschen Philosophie: Sie werden, wie zuvor schon von Marx (Marx 1953, 21–29), von Kategorien einer philosophischen Methode zur Rekonstruktion eines vernünftigen Ganzen in Realien umgedeutet; gleichzeitig jedoch verliert die Aufhebung der Widersprüche in Identität ihre philosophische Dignität. Da Adorno die Widersprüchlichkeit selbst im Identitätsdenken und der ihm vorhergehenden Praxis begründet sieht, kann die Identität der Widersprüche nicht mehr als vernünftige Aufhebung betrachtet werden. Adorno hält gleichzeitig jedoch an Hegels Idee der Versöhnung von Besonderem und Allgemeinen fest, also an der Idee, dass die Subjekte sich in ihrem Allgemeinen wiederfinden können, es ihnen durchsichtig wird.

Im dritten Teil des Werkes untersucht Adorno den realen Gehalt der zentralen emanzipatorischen Kategorien der kantischen und der hegelschen Philosophie anhand der kantischen Freiheitslehre und der hegelschen Lehre vom Weltgeist. Gezeigt wird, dass diese Philosophien durchaus im Recht waren, als sie diese Begriffe einführten, insofern sowohl der Begriff der Freiheit als auch der des Weltgeistes wirkliche Momente ihrer Zeit waren, sie diese Momente des Wirklichen jeweils aber philosophisch hypostasiert haben. Sowohl das kantische freie Subjekt als auch der hegelsche Weltgeist berauben sich des Elements, in dem Freiheit und universell sich durchsetzende Vernunft erst wirksam werden: des empirischen Subjekts der Erfahrung. Nichtsdestotrotz ist damit noch nicht geklärt, wie das Subjekt überhaupt noch Erfahrungen machen und damit die gesellschaftliche Konstitution des Wirklichen auf das in ihr Mögliche hin überschreiten kann. In der *Negativen Dialektik* verortet Adorno diese Möglichkeit der Erfahrung im Denken, das „identifizieren" will (Adorno 1966, 17), das also wissen will, um was es sich da in der Welt eigentlich handelt. Die Wiederholung der kategorialen Verfasstheit der Welt im Denken widerspreche dem Denken als Praxis selbst, so Adorno. Die gelungene Erfahrung als geistige, als denkende Hingabe an den bekannt geglaubten Gegenstand jedoch führt zu nicht mehr als zu dem Wissen um die objektive Struktur des aktuell Seienden; sie führt nicht zu einem Wissen vom Absoluten. Der letzte Teil der *Negativen Dialektik* – „Meditationen zur Metaphysik" – legt dieses Problem aus: Denn dass der Gedanke mehr aufschließen könnte, als den immer schon gedachten Gegenstand, ist Adorno Anathema. Er kann zwar, als kritischer, den in gesellschaftlichen Kategorien verfassten Gegenstand als solchen aufdecken und damit auch aufzeigen, wo das Denken etwas von ihm weggeschnitten hat, nicht jedoch behaupten, das Inkommensurable je denken zu können. Deswegen ist die Dialektik, als negative, „das Selbstbewußtsein des objektiven Verblendungszusammenhangs, nicht bereits diesem entronnen" (ebd., 398). Die Erfahrung kann nur ermöglichen zu wissen, dass der Gegenstand mehr ist als seine begriffliche Zurichtung, nicht jedoch, was er ist.

Adorno arbeitet seine Theorie der Erfahrung in der *Ästhetischen Theorie* aus (Adorno 1970). Sie erscheint erst posthum und wurde in der aktuell vorliegenden Komposition von Gretel Adorno und Rolf Tiedemann gestaltet. Die *Ästhetische Theorie* kann als Versuch gelesen werden, die ästhetische Erfahrung als Modell des richtigen Umgangs mit dem Anderen zu etablieren. Besser als an Alltagsgegenständen lässt sich am Kunstwerk als offensichtlich konstruiertem Gegenstand zeigen, dass Erfahrung nicht auf Ursprünge – das Nichtidentische – zielt, sondern auf Verständnis des Seienden jenseits der von ihm immer auch reproduzierten Kategorien. Nichtsdestotrotz wäre es kurzsichtig, das Modell der ästhetischen Erfahrung als einzige mögliche Form „richtiger" Praxis innerhalb der gesellschaftlichen Totalität zu deuten: Die „Muße des Kindlichen" (Adorno 1958, 10), das „Bedürfnis im Denken [...], daß gedacht werde" (Adorno 1966, 399), die Hingabe an die kleinste Zelle des Seins sind ebenso wie die ästhetische Erfahrung Möglichkeiten eines „bis zur Selbstpreisgabe gesteigerte[n] Aufgeschlossensein[s] für Erfahrung, in der der Erliegende sich wiederfindet" (Adorno 1951, 228). Ein solcher Begriff der Erfahrung, der sowohl als Erkenntnis der internen Struktur der Sache selbst wie auch als Praxis verstanden wird, führt zu Adornos grundlegender Einsicht, aus der man vielleicht am ehesten seine Utopie einer richtig eingerichteten Gesellschaft ableiten könnte: „Wahrheit ist nicht adequatio sondern Affinität" (Adorno 1963a, 285).

Nach seinem Tod sah sich Adornos Philosophie von philosophischer Seite her vielfältigen Angriffen ausgesetzt: Seine These vom „totalen Verblendungszusammenhang" ließe der Kritik keinen Ort, von dem aus sie sich artikulieren könne (Habermas 1986, 130 ff.); Adornos Schreiben selbst befinde sich somit in einem „performativen Selbstwiderspruch" (ebd.), dem er nur entgehen könne, wenn er immer schon einen nur metaphysisch einsehbaren Maßstab der Kritik voraussetze (Theunissen 1983, 48), den das Subjekt in selbstreflexiver Wendung aus sich erfassen könne. Pointiert formuliert Habermas diese Kritik im Vorwurf der Bewusstseinsphilosophie, die Adorno noch betreibe: Er brauche den jenseitigen Maßstab der Kritik, weil sein Denken in einem Subjekt-Objekt-Schema verhaftet bliebe und in der vollkommen falschen kapitalistischen Objektivität für ihn kein „Positives" auszumachen gewesen sei, auf das er seine Kritik hätte stützen können. Adorno, so kann man Habermas' Kritik zusammenfassen, habe jene kommunikativen Strukturen von Sozialität übersehen, die Verdinglichung und Entfremdung grundsätzlich überschreiten und die dafür sorgen, dass alle sozialen Subjekte jeweils immer auch aktive Teilnehmer an Gesellschaft sind. Ausgehend von dieser Erfahrung können sie nach Habermas Kritik an verfestigten, verdinglichenden Verhältnissen üben, wobei es scheint, dass Habermas den praktischen Gehalt von Adornos Begriff der Erfahrung übersieht.

In neueren Auseinandersetzungen mit Adornos Philosophie findet sich zwar der Metaphysikvorwurf entstellt wieder in dem Hinweis auf das „normative Bild der Kindheit", das Adorno zum impliziten Maßstab seiner Kritik mache (Honneth 2003, 187); es scheint jedoch erneut eine ernsthafte Auseinandersetzung mit der Methode Adornos zu geben (Honneth 2000; 2003, Oevermann 2004).

Auch jenseits der Auseinandersetzungen innerhalb der Frankfurter Tradition ist Adorno längst zu einem Klassiker der Philosophie und Gesellschaftstheorie avanciert (Klein, Kreuzer u. Müller-Doohm 2011). Das belegen zahlreiche Versuche, das Gesamtwerk zu würdigen, wie sie insbesondere im Umkreis des einhundertsten Geburtstages 2003 erschienen sind (Claussen 2003, Ette 2004, Huhn 2004, Müller-Doohm 2003), aber auch Anknüpfungen jenseits des Kontextes der Frankfurter Schule (Butler 2003, Derrida 2003, Düttmann 2004, Guzzoni 2003, Waniek 2008). Über kritische Fragen nach der Aktualität im philosophischen Kontext (Kohler 2008, Seel 2004) hinaus, die seit 2003 auch in den Frankfurter Adorno-Vorlesungen erprobt werden, wirkt das Werk auch weiter in den Kulturwissenschaften (Gibson, Rubin 2002, Steinert 1992, Witkin 2003) und der Pädagogik (Ahlheim, Heyl 2010, Schäfer 2004).

Literatur: Adorno 1951, Adorno 1966, Adorno 1996, Horkheimer, Adorno 1947, Schweppenhäuser 1996, Wiggershaus 1987
Hilfsmittel: Klein, Kreuzer, Müller-Doohm 2011, Müller-Doohm 2003
Bibliographie: Wiggershaus 1987, 141 ff.
Webseite: www.ifs.uni-frankfurt.de/archiv/index.htm

Julia Christ

Albert, Hans

Geboren 1921 in Köln. Nach Kriegsteilnahme ab 1946 Studium der Wirtschafts- und Sozialwissenschaften in Köln und zugleich intensive Auseinandersetzung mit philosophischer Literatur. 1950 Studienabschluss als Diplom-Kaufmann, 1952 Promotion und 1957 Habilitation im Fach Sozialpolitik an der Universität Köln. 1963 Ruf auf den Lehrstuhl für Soziologie und Wissenschaftslehre in Mannheim, Lehrtätigkeit dort bis zur Emeritierung 1989. Ehrendoktor mehrerer Universitäten.

Auf der Suche nach einem überzeugenden Weltbild studierte Albert die Auffassungen verschiedenster Denker. Manche machte er sich eine Zeit lang zu eigen, um sie am Ende wieder aufzugeben, darunter die Lehren von Oswald Spengler, Martin Heidegger und Hugo Dingler. Nachhaltig beeinflussen ihn die Wissenschaftslehre Max Webers und vor allem der Kritische Rationalismus Karl Poppers. In seinen zahlreichen Werken hat Albert den Kritischen Rationalismus systematisiert, ihn in zentralen Punkten weiterentwickelt und auf viele Gebiete angewendet.

In seinem bekanntesten Werk *Traktat über kritische Vernunft* (Albert 1968) präsentiert Albert den Kritischen Rationalismus als Alternative zur klassischen Erkenntnislehre. Nach dieser ist es vernünftig, eine Annahme nur dann zu akzeptieren, wenn sie sicher begründet werden kann. Dies führt jedoch in eine Problemsituation, die Albert als *Münchhausen-Trilemma* bezeichnet: Da für jede Annahme, die zum Zweck einer Begründung vorgebracht wird, wiederum eine Begründung verlangt werden kann, gerät man (a) in einen unendlichen Regress oder man muss (b) beim Begründen einen Zirkel begehen oder man muss (c) das Begründungsverfahren abbrechen und eine bestimmte Annahme zum Dogma erheben. Als Lösung schlägt Albert vor, das Prinzip der sicheren Begründung aufzugeben und es durch das *Prinzip der kritischen Prüfung* zu ersetzen: Vernunft verlangt nicht sichere Begründung, sondern die Bereitschaft, die Annahmen, um die es geht, einer kritischen Prüfung zu unterziehen. Es ist diese Offenheit für Kritik, die auf allen Gebieten dazu verhilft, Fehler und Irrtümer zu entdecken, sie zu beseitigen und dadurch Fortschritte zu erzielen. Je nach Gebiet wird die kritische Prüfung hierbei unterschiedliche Verfahren erfordern, in der Wissenschaft z. B. eine Suche nach widersprechenden empirischen Befunden und nach alternativen erklärenden Theorien.

Die Möglichkeit rationaler Argumentation ist nicht beschränkt auf das Gebiet der empirischen Wissenschaften. Auch metaphysische Aussagen können, obgleich sie nicht wie empirische Hypothesen falsifizierbar sind, zum Gegenstand rationaler Argumentation gemacht werden. Selbst sogenannte letzte Wertaxiome sind (anders als Max Weber meinte) der Kritik nicht entzogen. Fragen der Moral, des Rechts, der Politik und der Religion sind ebenfalls rational diskutierbar. In seinem *Traktat über rationale Praxis* (Albert 1978) zeigt Albert, welche Rolle die kritische Vernunft für politische Fragen spielt, z. B. für Wohlstandssteigerung, Friedenssicherung sowie Erhalt von Gerechtigkeit und individueller Freiheit.

Der Kritische Rationalismus hat nach Albert drei Komponenten: 1. Der *konsequente Fallibilismus* besagt, dass alle menschlichen Annahmen und Problemlösungsversuche als fehlbar anzusehen sind. 2. Der *kritische Realismus* nimmt an, dass es eine vom menschlichen Bewusstsein unabhängige Wirklichkeit gibt und dass wir diese zumindest in Ausschnitten erkennen können. 3. Der *methodische Rationalismus* (in späteren Schriften Alberts auch *methodologischer Revisionismus* genannt) fasst Rationalität als die Bereitschaft auf, die jeweils zu beurteilenden Annahmen kritisch zu prüfen und gegebenenfalls zu revidieren.

Der Kritische Rationalismus wendet sich gegen jede Art von Dogmatismus oder Fundamentalismus. Auf keinem Gebiet gibt es Gewissheiten. Man kann sie sich zwar schaffen, indem man gewisse Annahmen durch geeignete Strategien, sogenannte *Immunisierungsstrategien*, gegen Kritik unangreifbar macht. Die so gewonnenen Sicherheiten sind aber wertlos, da durch diese Art der Absicherung den betreffenden Annahmen ihr Informationsgehalt genommen wird.

Auf der anderen Seite wendet sich der Kritische Rationalismus aber auch gegen alle Formen des Skeptizismus oder Relativismus, die an der Möglichkeit der Realitätserkenntnis zweifeln und die Idee der Wahrheit in Frage stellen. Albert hält an der Idee der *Wahrheit* fest, die er als zutreffende Darstellung auffasst. Er sieht es als rational an, bestimmte Aussagen, die kritischer Prüfung standgehalten haben, anderen vorzuziehen, die mit vorliegenden Ergebnissen in Widerspruch stehen.

In einigen Punkten unterscheidet sich Alberts Auffassung von derjenigen Poppers. Während Popper es als sehr wichtig erachtete, durch das Kriterium der *Falsifizierbarkeit* die empirische Wissenschaft abzugrenzen (u. a. von der Metaphysik), verzichtet Albert auf ein Abgrenzungskriterium, da er Grenzziehungen für wenig fruchtbar hält. – In Bezug auf die Methodologie war Popper der Auffassung, dass sie Regeln liefert, die den Charakter von Festsetzungen haben. Nach Albert hat die Methodologie dagegen den Charakter einer *Technologie*. Sie lehrt, dass bestimmte Vorgehensweisen dazu dienlich sind, bestimmte Erkenntnisziele zu erreichen. – Weiterhin stellt Albert die von vielen für wichtig erachtete Trennung zwischen dem Kontext der Entdeckung und dem der Geltung von Theorien in Frage. Entdeckung und Prüfung von Theorien greifen ineinander. Methodologische Regeln haben selbst heuristischen Charakter, da sie keine strikten Anweisungen geben können, sondern nur Empfehlungen, die die Phantasie der Wissenschaftler in eine bestimmte Richtung lenken. Nach Albert ist Methodologie *rationale Heuristik*.

Eingehend widmet sich Albert der Wertproblematik in den Wissenschaften. In Anlehnung an Max Weber plädiert er für das *Wertfreiheitsprinzip*. Er bestreitet allerdings nicht, dass die Wissenschaften in ihrer Praxis Bewertungen vornehmen und Entscheidungen treffen müssen. Weiterhin gehören Wertungen zum Forschungsgegenstand der Sozialwissenschaften. Jedoch benötigen die Wissenschaften in ihren Aussagesystemen über ihren Objektbereich keine Werturteile, und zwar auch dann nicht, wenn es ihnen um praktisch verwertbares Wissen geht. In diesem Sinne können sie wertfrei sein. – Die Wertproblematik war einer der zentralen Punkte in der Kontroverse, die als *Positivismusstreit* bekannt ist (1961–69) und in der Albert und Jürgen Habermas die Hauptkontrahenten waren (Adorno u. a. 1969).

Alberts *Traktat* (Albert 1968) regte viele zum Widerspruch an. Eine längere Kontroverse führt Albert mit Karl-Otto Apel, der argumentiert, dass der Fallibilismus in eine Paradoxie führe. Albert weist diesen Einwand zurück und kritisiert seinerseits Apels Verfahren der Reflexion, das Letztbegründungen ermöglichen soll. In diesem Zusammenhang ist zu beachten, dass die Fallibilismusthese, die sich u. a. auch auf sich selbst bezieht, nicht besagt, dass sie selbst falsch oder zweifelhaft wäre, sondern nur, dass auch ihr keine Gewissheit zukommt. Sie räumt die Möglichkeit ein, dass sie selbst aufgegeben werden könnte.

Es gehört zum Programm des Kritischen Rationalismus, Immunisierungsstrategien aufzudecken. Albert entdeckte solche in der Ökonomie, z. B. in Form einer Verwendung unspezifizierter *Ceteris-paribus*-Klauseln und einer (vor einigen Jahrzehnten noch häufig vertretenen) Auffassung von Gesetzen, wonach diese einer empirischen Prüfung nicht bedürftig seien („Modell-Platonismus"). – Den ökonomischen Erklärungsansatz selbst hält er jedoch für fruchtbar und plädiert für seine Anwendung in den Sozialwissenschaften.

Immunisierungsstrategien findet Albert auch in der hermeneutischen Tradition, vor allem in Gestalt des Arguments, dass es die Geisteswissenschaften mit sinnhaften Gebilden zu tun haben, denen nicht die Erklärung nach naturwissenschaftlichem Vorbild, sondern die Methode des Verstehens angemessen ist. Albert vertritt demgegenüber eine einheitliche methodologische Auffassung, nach der es angebracht erscheint, das Verstehen selbst zum Gegenstand von Erklärungen zu machen.

Zu den Strategien, Kritik abzuwehren, zählt die verbreitete Praxis, zwischen Disziplinen Grenzen zu ziehen und diese mit der Forderung zu verbinden, sich in die Gebiete der anderen nicht einzumischen. Der Kritische Rationalismus empfiehlt stattdessen, Forschungsergebnisse verschiedener Disziplinen in Berührung zu bringen und sie dadurch einer Kritik aus ganz anderer Perspektive auszusetzen. Daher spricht sich Albert in seiner *Kritik der reinen Erkenntnislehre* (Albert 1987) auch gegen eine Erkenntnislehre aus, die sich als „reine" philosophische Disziplin von den Einzelwissenschaften abzugrenzen und sich so gegenüber Einwänden aus den Wissenschaften unangreifbar zu machen sucht. Er betont die *sozialen* und *institutionellen* Bedingungen der Erkenntnis.

Alberts Autobiographie (Albert 2007) trägt den treffenden Titel *In Kontroversen verstrickt*. In allen Werken setzt sich Albert kritisch mit anderen Positionen auseinander. Zu den kritisierten Autoren zählen auch einige Vertreter der Theologie, u. a. Hans Küng und Joseph Ratzinger (seit 2005 Papst Benedikt XVI.). Nach Albert gebraucht die Theologie verschiedene Immunisierungsstrategien, um die Einwände abzuwehren, die dem wissenschaftlichen Weltbild entspringen. Für das Theodizee-Problem habe sie keine akzeptable Lösung anzubieten. Albert vertritt selbst eine atheistische Position und eine naturalistische Weltauffassung. Nach seiner Überzeugung sind Moral, Humanität und Glücksstreben ohne eine religiöse Weltdeutung möglich.

Albert gilt im deutschen Sprachraum als der wichtigste Vertreter des Kritischen Rationalismus. Er hat entscheidend dazu beigetragen, dass der Fallibilismus weithin akzeptiert worden ist. Der Kritische Rationalismus als Ganzes wird heute nur von wenigen vertreten. Doch haben Alberts Arbeiten in den Sozial-, Wirtschafts- und Geisteswissenschaften ein Bewusstsein für methodologische Probleme geschaffen und zu einer Reflexion erkenntnistheoretischer Voraussetzungen geführt. Die Art und Weise, wie bestimmte Fragen, z. B. die Werturteilsproblematik, heute diskutiert werden, ist durch seine Analysen stark geprägt worden.

Literatur: Albert 1968, Albert 1978, Albert 1987, Adorno u. a. 1969, Gadenne, Wendel 1996, Hilgendorf 1997
Webseite: www.hansalbert.de

Volker Gadenne

Améry, Jean

Geboren als Hans Mayer (oder Maier) 1912 in Wien, Freitod 1978 in Salzburg. Aufgewachsen zunächst in Bad Ischl, dann Studium und Lehre in Wien, Arbeit in der Erwachsenenbildung. Beteiligung am Februaraufstand von 1934. Nach dem „Anschluß" Österreichs Flucht nach Belgien. 1941 Ausbruch aus dem Internierungslager Gurs, in Brüssel Mitglied einer kommunistischen Widerstandsgruppe. 1943 Verhaftung, Folterung in Breendonk und Verschleppung in mehrere Lager, darunter Auschwitz-Monowitz. Nach der Befreiung 1945 Rückkehr nach Brüssel, wo er bis zuletzt als deutschsprachiger Schriftsteller lebte.

Der Essayband *Jenseits von Schuld und Sühne* (Améry 1966), mit dem Améry noch im Erscheinungsjahr Bekanntheit erlangte, kann auch als sein erster wichtiger philosophischer Text gelten. Er erscheint zunächst wie eine einfache Rückbesinnung auf die ursprünglichen Intentionen von Sartres Denken. Tatsächlich ist Améry, der in den Jugendjahren dem Wiener Kreis nahesteht, seit 1945 durch die literarischen und philosophischen Schriften Sartres geprägt worden. Er begreift sie als die eigentliche Philosophie des Widerstands gegen den Nationalsozialismus sowie als Einspruch gegen die vorherrschende Tendenz, aus den Tätern Opfer der Gesellschaft zu machen, und folgert diesbezüglich gemäß der Situation, in der sich die Überlebenden befanden: das Individuum „ist haftbar *für* seine Geschichte, haftbar *vor* der Geschichte" (Heidelberger-Leonard 2004, 110).

Aus diesem Impuls heraus entwickelt er eine kontinuierliche Kritik am „Jargon der Dialektik" (Améry 1967), in den er Marxismus und Kritische Theorie verstrickt sah, und eine demgegenüber deutlich verschärfte Polemik gegen Strukturalismus und Poststrukturalismus, insbesondere gegenüber Lévi-Strauss und Foucault (Améry 1966a; 1971, 322 ff.). Wenn auch hier der Vernunftbegriff des logischen Positivismus durchaus eine gewisse Rolle spielt, so bleibt doch die Philosophie des französischen Existenzialismus in ihrer frühen Gestalt – auch gegen Sartres aktuelle Positionen gewandt – ausschlaggebend. Es entsteht sogar der Eindruck, dass er, der die deutsche Öffentlichkeit mit dem neuen Strukturalismus überhaupt erst bekannt machte, dessen Gegensatz zu Sartres Freiheitsbegriff deutlicher herausarbeiten konnte, als es in der französischen Öffentlichkeit zu dieser Zeit – in der Sartre als Parteigänger der Maoisten figurierte – möglich war. Dies geschieht nicht zuletzt aus der Angst, dass der selbstbewusste „Antihumanismus" aus Frankreich in Deutschland zu einem Aufschwung irrationalistischer Tendenzen führen könnte.

Der Charakter der Intervention ist überhaupt vorherrschend, wobei die Wahl einer essayistischen Form, die der Subjektivität immer wieder großen Raum beimisst, ebenso auf die Nähe zu französischen Traditionen wie auf früheste literarische Versuche verweist. Während die Interventionen Frankreich nicht erreichen – erst in neuerer Zeit hat sich daran etwas geändert (Finkielkraut 1996, 159 ff.) –, erregen sie in Deutschland vor allem in linksliberalen, aufgeklärt theologischen und ebenso konservativen Kreisen Aufsehen. Innerhalb der *Neuen Linken* sind sie hingegen nicht nur wegen der Anklänge an den Positivismus verpönt. Durch das Engagement für Israel nach dem Sechstagekrieg musste Améry in diesem Milieu geradezu als Gegner wahrgenommen werden, wie er selbst nur zu gut wusste. Seine immer wieder erhobene Forderung, dass sich die Linke an Antisemitismus und Antizionismus neu zu definieren habe, findet erst seit den 1990er Jahren ein Echo (Steiner 1996).

Die Eigenständigkeit Amérys als philosophischer Schriftsteller zeigt mit Aplomb der *Tortur*-Essay (Améry 1965): Er bringt nicht etwa die persönlichen Erfahrungen des Gefolterten und Überlebenden als Argumente ein, er bestreitet vielmehr, dass jenes Erfahrene mitteilbar wäre und gewinnt an dieser Grenze der Mitteilbarkeit Sprache und Reflexion. Dabei gelingt es ihm, an einer bestimmten Stelle auch über Sartres *Das Sein und das Nichts* (Sartre 1943) hinauszugehen. Denn Sartres philosophisch illustrierende Art bei der Analyse des physischen Schmerzes irritiert, weil er ihn als Beispiel für Kontingenz nimmt, und es „tausend andere ihrerseits kontingente Weisen" gebe, „unsere Kontingenz zu existieren" (Sartre 1943, 597). Diese Auffassung kulminiert in dem ebenso berühmten wie problematischen Satz, „daß auch die Folter uns nicht unsere Freiheit nimmt" (ebd., 903). Dagegen besteht Améry darauf, dass dieser Schmerz nicht eine beliebige Existenzweise ist, und lässt aber – anders als Herbert Marcuse in seiner Sartre-Kritik – die Frage der Freiheit unter der Folter offen.

Genau hier musste wiederum Adorno, trotz der existenzialistischen „Armatur" von Amérys Essay, die Nähe zu seinen eigenen Überlegungen zur „Metaphysik nach Auschwitz" erkennen (Adorno 1998, 166; Scheit 2006). Der „vulnerable Leib" ist kein neues Subjekt-Objekt im Sinne Merleau-Pontys, wonach der „Anteil der Situation" und der „Anteil der Freiheit" ineinander „übergehen", aber die Frage, wie der Schmerz empfunden wird, kann von der gesellschaftlichen Situation, die ihn hervorbringt, nicht abgelöst werden: Die totale Ohnmacht des Gefolterten wie die totale Macht des Folterers sind selber Elemente des erfahrenen Leids. Von der Freiheit aus, die den Tätern post festum zuerkannt werden muss, lässt sich die Situation ihrer Opfer überhaupt ermessen. Sie erzwingt es damit auch, die Singularität des Nationalsozialismus festzuhalten: Für das Dritte Reich sei die Tortur kein Akzidens gewesen, vielmehr seine „Essenz" (Améry 1966, 69), und es ist die politische Identität des Folterers, der auf Vernichtung um der Vernichtung willen aus ist, die die Tortur zur Essenz macht.

Worin das Selbst besteht, das diese Folterer realisieren, wird bei Améry wie folgt beantwortet: Sie wollten zum „vollgültigen Repräsentanten" des Führers werden – von späteren Generationen um der Austilgung ihrer Barmherzigkeit, um „des guten Gewissens der Schlechtigkeit" willen bewundert. Der Übergang vom einzelnen, isoliert betrachteten Folterer zur Volksgemeinschaft als kollektivem Täter, den Améry im Fortgang der Essays von *Jenseits von Schuld und Sühne* vollzieht, hängt mit einer veränderten Selbstwahrnehmung zusammen: Er habe, schreibt Améry im Vorwort, in den ersten Essays „noch nicht mit hinlänglicher Deutlichkeit gesehen, daß [s]eine Situation nicht voll enthalten [sei] im Begriff des ‚Naziopfers'", erst hiernach habe er sich als *jüdisches* Opfer gefunden (Améry 1966, 22). Im Sinne von Sartres *Réflexions sur la question juive* (Sartre 1946) sind damit die vom Antisemitismus Bedrohten und Vernichteten bezeichnet, auch wenn sie selbst „mit den Juden als Juden" so gut wie nichts, „keine Sprache, keine kulturelle Tradition, keine Kindheitserinnerungen", vereint.

Im zweiten Essayband *Über das Altern* (Améry 1968) erweist sich, was an den natürlichen leiblichen Veränderungen wahrgenommen wird, als durch den „Blick der Anderen" konstituiert (Améry 1968, 81). Die Affinität zu Sartres früher Philosophie ist hier vielleicht sogar am ausgeprägtesten. In den *Unmeisterlichen Wanderjahren* (Améry 1971) schlägt Améry den entgegengesetzten Weg ein, indem er die eigene Biographie als roten Faden verwendet, an dem er die *Situationen* des Bewusstseins aufreiht, die er politisch und ideologiekritisch möglichst genau zu bestimmen versucht. Der Versuch, die geistige Entwicklung zu rekapitulieren, ist, wie der Titel deutlich macht, ironisch gegen den Bildungsroman gerichtet und zeigt – direkt und indirekt – auch die Enttäuschung über Sartres Entwicklung seit den fünfziger Jahren. Gerade in der offenen Hinwendung zur literarischen Form in seinem wenige Jahre später entstandenen Buch *Lefeu oder Der Abbruch*, das er als „Roman-Essay" bezeichnet, verteidigt Améry besonders prägnant den Freiheitsbegriff Sartres gegen dessen spätere Philosophie: So bestreitet seine Romanfigur – auch er ein Verfolgter der Naziregimes –, dass „individuelle Motivationen" die „natürlichen Vermittler" „überpersönlicher, geschichtlicher Zwänge" seien (Améry 1974, 471 ff.).

Das ist auch die Voraussetzung, über den Freitod zu schreiben. Der letzte zu Lebzeiten erschienene Essayband, der davon handelt (Améry 1976), liest sich in bestimmter Hinsicht als Resümee: Er sucht zu klären, warum es die Frage aller Fragen der Freiheit ist, ob unter allen Umständen das Leben dem Tod vorzuziehen sei. Amérys Werke unterscheiden sich jeweils darin, wie sie gestellt wird.

Literatur: Améry 1966, Améry 1968, Améry 1971, Améry 1974, Finkielkraut 1996, Heidelberger-Leonard 2004, Scheit 2006, Steiner 1996

Gerhard Scheit

Anders, Günther

Geboren als Günther Siegmund Stern 1902 in Breslau als Sohn des bekannten Psychologenehepaars Clara und William Stern, gestorben 1992 in Wien. 1919–24 Studium der Philosophie, Psychologie und Kunstgeschichte, u. a. bei Cassirer, Husserl und Heidegger. 1929–37 Ehe mit Hannah Arendt. 1933 Flucht zuerst nach Paris, dann 1936 in die USA. 1949/50 Ästhetik-Vorlesungen an der New School for Social Research. 1950 Rückkehr nach Europa. Freier Schriftsteller in Wien.

Anders' Philosophie kann in Summe eine negative Anthropologie genannt werden. Die Frage nach der Stellung des Menschen in der Welt steht dabei im Mittelpunkt. In jungen Jahren sieht Anders den Menschen durch seine „Unspezifität" und „Nichtfestgelegtheit" definiert – er sei ein „Mensch ohne Welt" (Anders 1984, XIVf.). Der Mensch muss sich immer erst eine eigene Welt schaffen, seine Natur liegt in seiner Künstlichkeit, sein Wesen in seiner Unbeständigkeit. Er ist in einem radikalen, nahezu pathologischen Sinn zur Freiheit gezwungen (Anders 1936, 22). Zweifellos antizipierte Anders in diesen Reflexionen viel vom späteren Freiheitsbegriff Sartres und von der Konzeption des Menschen als Mängelwesen, wie sie dann Arnold Gehlen vorgelegt hat.

Nach den Erfahrungen des Zweiten Weltkrieges dreht Anders diese These in bestimmter Weise um: Die rasante Entwicklung der Technik und die Destruktionspotentiale der modernen Massenvernichtungswaffen führen zu einer „Antiquiertheit des Menschen" – so auch der Titel seines zweibändigen Hauptwerkes (Anders 1956, 1980). Der Terminus

„Antiquiertheit" bedeutet bei Anders, dass die bislang entworfenen Konzepte von Humanität angesichts der Möglichkeiten der technischen Zivilisation obsolet werden, am Ende droht nun eine „Welt ohne Mensch" (Anders 1984, XI).

Das Verhältnis von Mensch und Technik sieht Anders prinzipiell durch ein „prometheisches Gefälle" bestimmt (Anders 1956, 16). Die leistungsfähigen Apparate und Maschinen übersteigen den physischen, psychischen und moralischen Horizont des Menschen, sein Vorstellungs- und sein Wahrnehmungsvermögen. Der Mensch ist seinen Geräten unterlegen und wird von deren Logik bestimmt. Die Technik wird deshalb für Anders zum neuen „Subjekt der Geschichte" (Anders 1980, 279). Die Subjekte von Freiheit und Unfreiheit scheinen ausgetauscht, frei sind nun die Dinge, unfrei ist der Mensch (Anders 1956, 33).

Was Günther Anders deshalb allgemein gefordert hatte, nämlich eine Soziologie und Psychologie der Dinge, hat er selbst exemplarisch an einer paradigmatischen Maschine des technischen Zeitalters durchgeführt: am TV-Apparat. Unter dem Schopenhauer paraphrasierenden Titel *Die Welt als Phantom und Matrize* hat Anders schon früh versucht, das Phänomen der Television philosophisch zu begreifen. Das Neue am Fernsehen sah Anders in der Live-Sendung, also in der Möglichkeit, Ereignisse, die an einem Ort stattfinden, nahezu ohne Zeitverzögerung an beliebig viele andere Orte zu übertragen. Diese Übertragung kennzeichnet die durch das Fernsehen geschaffene neue mediale „Situation", die das Verhältnis des Menschen zur Wirklichkeit grundsätzlich neu definiert. Das Eigentümliche der durch die Übertragung geschaffenen Situation besteht in deren „ontologischer Zweideutigkeit" (Anders 1956, 131). Das Fernsehbild ist weder Schein noch Wirklichkeit, weder Abbild noch Realität. Die gesendeten Ereignisse sind zugleich gegenwärtig *und* abwesend, zugleich wirklich *und* scheinbar, zugleich da *und* nicht da – sie sind, so der Begriff, mit dem Anders das Essentielle des Fernsehens umreißen will, „Phantome" (Anders 1956, 170).

Diese Phantome stellen allerdings eine „Verbiederung der Welt" dar (Anders 1956, 117). Alles ist gleich nah oder gleich fern, mit allem, das ins Wohnzimmer flimmert, steht man in einer eigenartigen „Du-auf-Du-Beziehung". Wir werden in „Kumpane des Globus und des Universums" verwandelt, eine Kumpanei, die von echter Verbrüderung oder Einfühlung in andere Lebenszusammenhänge weit entfernt ist (Anders 1956, 118 f.). Gleichzeitig aber wird der Mensch durch diese Phantome geprägt, richtet sein Denken und Verhalten danach aus. Die Zweideutigkeit geht wieder verloren, indem der Mensch in seiner gelebten Realität das Fernsehbild reproduziert, so, als wäre dieses eine Matrize, die den Seher und seine Bedürfnisse prägt (Anders 1956, 171).

Die Ereignisse, um die das Denken des Günther Anders seit 1945 unablässig kreist, sind aber Auschwitz und Hiroshima. Diese Namen sind für ihn zu Chiffren für den realen Nihilismus des 20. Jahrhunderts geworden. An beiden Orten geschah das Ungeheuerliche, das Anders mit dem für ihn zentralen Begriff des „Monströsen" (Anders 1964, 19) bezeichnet und das für ihn ein konsequentes Resultat von Rationalisierung, Industrialisierung und Technisierung ist. Das Monströse ist das, was zwar technisch hergestellt, aber in seinen furchtbaren Konsequenzen nicht mehr begriffen werden kann. Die Vernichtungslager der Nazis zählt Anders ebenso dazu wie den Abwurf der Atombombe. Das Monströse besteht für Anders darin, dass es „institutionelle und fabrikmäßige Vertilgung von Millionen von Menschen" gegeben hat, die nur durchgeführt hatte werden können, weil der Prozess der massenhaften Vernichtung von Menschen organisiert worden ist, „die diese Arbeiten annahmen wie jede andere" (Anders 1964, 19). Das unterscheidet die Barbarei der Moderne von den Gräueln und Untaten der Vormoderne und das führt zu jener Unschuldshaltung, die Anders den „Legitimationseffekt" nennt: Weil keiner etwas Böses, sondern jeder nur seine Arbeit macht, kann auch niemand schuld sein an dem letztlich produzierten Effekt (Anders 1979, 193). Damit ist für Anders aber auch die traditionelle Individualmoral zu einer antiquierten Kategorie geworden. Dies gilt auch für die Piloten von Hiroshima und Nagasaki, die mit dem buchstäblich emotionslosen Knopfdruck das Leben von Hunderttausenden, zu denen sie überhaupt keine Beziehung hatten, in einer Sekunde vernichteten (Anders 1979, 206).

Damit ist aber auch die geschichtsphilosophische Dimension berührt, die nach Anders Hiroshima kennzeichnet. Die Atombombe ist keine Waffe mehr, um irgendwelche Ziele durchzusetzen, sondern in letzter Konsequenz die Vernichtung aller denkbaren Zwecke. Damit hat nach Anders überhaupt eine neue, die unwiderruflich letzte Epoche in der Geschichte der Menschheit begonnen: das Zeitalter, in dem die Menschheit technisch in der Lage ist, sich selbst auszulöschen (Anders 1972, 93). Was den Menschen bleibt, ist nur noch eine „Frist" – wie lange diese auch immer dauern möge (Anders 1972, 203).

Anders hat sich selbst durch zahlreiche politische Aktivitäten für die Erhaltung der Spezies Mensch engagiert. Er wusste aber auch, dass es auf die Frage, warum es denn überhaupt Menschen geben soll, keine befriedigende Antwort gibt: „Die moralische Erforderlichkeit von Mensch und Welt ist selbst moralisch nicht mehr begründbar." (Anders 1956, 323)

Günther Anders hat zweifellos grundlegende Einsichten zu Fragen der philosophischen Anthropologie, der Philosophie der Technik und der Geschichtsphilosophie vorgelegt. Seine Rezeption hing aber auch von politischen Konjunkturen ab, die es nicht immer erlaubten, seine Ansätze angemessen zu rezipieren und zu diskutieren. Die unterschwelligen Einflüsse auf unterschiedliche Technik- und Gesellschaftstheorien sind dennoch unübersehbar, harren aber noch einer genauen Erforschung (Dries 2009, 21).

Literatur: Anders 1956, Anders 1979, Anders 1980, Dries 2009, Liessmann 2002, Lütkehaus 1992

Konrad Paul Liessmann

Apel, Karl-Otto

Geboren 1922 in Düsseldorf. Studium der Geschichte, Germanistik und Philosophie (bei Erich Rothacker) in Bonn, Promotion 1950 in Bonn, Habilitation 1961 in Mainz. Nach Professuren in Kiel (1962–69) und Saarbrücken (1969–72) lehrt Apel von 1972 bis zu seiner Emeritierung 1990 in Frankfurt am Main. Mehrere Ehrendoktorate und Gastprofessuren in Europa, Nord- und Südamerika.

Karl-Otto Apel, Vertreter der *Transzendentalpragmatik*, einer sprachpragmatischen, intersubjektiven Transzendentalphilosophie, gilt neben Jürgen Habermas als Begründer

der Diskursethik. Nach einer eher „unpolitischen" Phase seines Denkens wendet sich Apel ab den späten 1960er Jahren, angeregt vor allem durch die Auseinandersetzung mit Jürgen Habermas, den er schon in Bonn kennengelernt hat, stärker der praktischen Philosophie zu, wobei er unter anderem auf Charles Sanders Peirces Idee einer prinzipiell unbegrenzten wissenschaftlichen Interpretationsgemeinschaft sowie auf Lawrence Kohlbergs Stufenmodell der moralischen Entwicklung zurückgreift.

Zunächst setzt sich Apel im ersten Band seines ersten Hauptwerkes *Transformation der Philosophie* (Apel 1973) mit der an Heidegger anknüpfenden hermeneutischen Philosophie auseinander, die er mit der sprachanalytischen Sinnkritik konfrontiert. Als einer der ersten macht er auch auf wichtige Gemeinsamkeiten beider Strömungen aufmerksam. Im zweiten Band dieser Arbeit geht es Apel um den Entwurf einer „Wissenschaftstheorie in erkenntnisanthropologischer Sicht" sowie einer „im Apriori der Kommunikationsgemeinschaft begründeten neuen Transzendentalphilosophie", mit der er das bis zum 20. Jahrhundert vorherrschende Paradigma der Subjektphilosophie durch das Paradigma einer Philosophie intersubjektiver Verständigung überwinden will und von der er sich eine „Letztbegründung der theoretischen und praktischen Philosophie und der Wissenschaft" (Apel 1973a, 7) erhofft. Denn vor dem Hintergrund der historischen Erfahrung mit dem Nationalsozialismus, die vielen seiner Generation das Gefühl gab, dass „alles falsch war, für das wir uns eingesetzt haben" (Apel 1988, 374), will Apel jede Form von Relativismus vermeiden.

Die Mehrzahl der zeitgenössischen Philosophen hält allerdings eine Letztbegründung, wie Apel sie beansprucht, für unmöglich. Denn sie führe in ein „unlösbares Trilemma" (Albert 1968, 1. Kapitel): Sie münde entweder in einen infiniten Regress, gerate in einen logischen Zirkel oder werde willkürlich abgebrochen. Apel will diesem Trilemma entgehen, indem er an die Stelle der Deduktion eine „transzendentalreflexive Besinnung auf das im Denken nicht Hintergehbare" (Apel 1988, 444) setzt. Denn für ihn lässt sich zeigen, dass es etwas gibt, dessen wir uns immer schon bedienen, wenn wir eine Frage ernsthaft stellen: den argumentativen Diskurs. Apel hält diese unhintergehbare Prämisse insofern für ein Faktum im Sinne eines „apriorischen Perfekts", als er sie auch dann noch unterstellt sieht, „wenn jemand in empirischer Einsamkeit, aber [...] mit intersubjektivem Geltungsanspruch denkt". (Apel 2000, 34) Um den Anspruch der Letztbegründetheit zu rechtfertigen, verweist Apel darauf, dass jeder, der meint, an dieser Bedingung zweifeln zu können, in einen *performativen Selbstwiderspruch* gerät: Denn er hat immer, um überhaupt einen solchen Zweifel äußern oder denken zu können, diese Voraussetzung bereits in Anspruch genommen.

Apel hält seinen Beweis insofern für eine Begründung der Moral, als nach ihm der „Wille zum ernsthaften Argumentieren" (Apel 1997) immer schon die Anerkennung der ethischen Grundnorm impliziert, nach der „alle Sinn- und Wahrheitsansprüche von Menschen im Prinzip in einer unbegrenzten Kommunikationsgemeinschaft durch Argumente – und nur durch Argumente – einlösbar sein müssen" (Apel 1988, 46). Nur, wenn jeder am Diskurs Beteiligte sich bemüht, so weit wie möglich die Diskursregeln einzuhalten, bzw. sich verpflichtet, für deren Etablierung und Realisierung zu sorgen, lässt sich die argumentative Praxis aufrechterhalten und dann auch zur Konfliktlösung einsetzen. Damit ist für Apel die Diskursethik „von vornherein keine Spezialethik für argumentative Diskurse, sondern eine Ethik der solidarischen Verantwortung derer, die argumentieren können, für alle diskursfähigen Probleme der Lebenswelt." (Ebd., 116)

Doch auch gegen eine solche transzendentalphilosophische Variante der Letztbegründung wurde nicht zuletzt von Habermas, der mit Apel zwar den universellen Geltungsanspruch einer Moraltheorie verteidigt, eine Letztbegründung hingegen für entbehrlich hält, eingewandt, dass sich aus der Tatsache, dass wir als argumentative Wesen moralisch gehaltvolle Normen unterstellen, nicht schließen lasse, dass diese in ihrer Gültigkeit auch wahr sein müssen. In seinen Augen unterscheidet sich die Gewissheit, „mit der wir unser Regelwissen praktizieren", von der „*Wahrheit* von Rekonstruktionsvorschlägen für allgemeine Präsuppositionen" (Habermas 1983, 107). Dieser Wahrheit mangelt es Habermas zufolge an empirischer Überprüfbarkeit. Apel falle mit seinem Letztbegründungsanspruch einen Schritt zurück in die Bewusstseinsphilosophie, denn er stütze ihn „genau auf jene Identifikation von Aussagenwahrheit und Gewißheitserlebnis, die nur im reflexiven Nachvollzug einer vorgängig intuitiv vollzogenen Leistung, d. h. nur unter Bedingungen der Bewußtseinsphilosophie vorgenommen werden kann". (Ebd., 106)

Im Sinne Apels hat dagegen vor allem Wolfgang Kuhlmann argumentiert, dass Habermas, wenn er überhaupt so etwas wie die grundsätzliche Fallibilität von Aussagen behaupten will, einen zweiten Typ von Aussagen unterstellen muss, der aber nach Kuhlmann „nicht sinnvoll selbst als fallibel verstanden werden" kann (Kuhlmann 1992, 193). Denn ohne solche wesentlich nicht-falliblen Aussagen zuzulassen, kann man seines Erachtens gar nicht mehr wissen, „was *fallibel* eigentlich bedeutet" (ebd.).

Detailliert entwickelt Apel seine Diskursethik vor allem in seinem zweiten Hauptwerk *Diskurs und Verantwortung*, und zwar als eine Zwei-Stufen-Ethik: Nur auf der Stufe des Verfahrenprinzips „unterstellt sie die intersubjektive Konsensfähigkeit der Begründung als a priori gewiß"; dagegen dienen die auf einer zweiten Stufe geführten praktischen Diskurse dazu, inhaltliche Normen, die notwendig fallibel seien, zu rekonstruieren, zu begründen und situationsgerecht anzuwenden. Diese Unterscheidung erlaubt – so Apel –, dass trotz des universalen Geltungsanspruchs der Diskursethik auch der Wandelbarkeit menschlicher Bedürfnisse wie „dem Pluralismus der Wertungen im Sinne der verschiedenen menschlichen Lebensformen" (Apel 1988, 120) Rechnung getragen werden kann – sofern diese nur mit „dem prozeduralen Diskursprinzip als vermittelnder und einschränkender Bedingung vereinbar" (ebd.) bleiben.

Analog zu Habermas' Universalisierungsgrundsatz (U) der Normenbegründung formuliert Apel ein Handlungsprinzip (U^h), das die gleiche universale Gültigkeit auf der Ebene unserer Handlungsbegründungen fordert: „Handle nur nach einer Maxime, von der du, aufgrund realer Verständigung mit den Betroffenen bzw. ihren Anwälten oder – ersatzweise – aufgrund eines entsprechenden Gedankenexperiments, unterstellen kannst, daß die Folgen und Nebenwirkungen, die sich aus ihrer allgemeinen Befolgung für die Befriedigung der Interessen jedes einzelnen Betroffenen voraussichtlich ergeben, in einem realen Diskurs von allen Betroffenen zwanglos akzeptiert werden können." (Ebd., 123)

Anders als Habermas möchte Apel damit nicht nur ein Verfahrensprinzip zur Prüfung von Normen in „handlungsentlasteten Diskursen" liefern, sondern stattdessen bereits das Universalisierungsprinzip als Handlungsprinzip verstehen und „die im Sinne des soeben skizzierten Verfahrens ermittelten Normen auf die Probleme der Lebenswelt an[...]wenden" (Apel 2000, 37). Allerdings schränkt er ein, dass die Befolgung *zumutbar und reziprok verantwortbar* sein muss: Denn auch er berücksichtigt, dass wir in der *realen* Lebenswelt so gut wie nie *ideale* Diskursbedingungen vorfinden. Keineswegs sehen laut Apel reale Gespräche wirklich „im Sinne der diskursethisch begründbaren institutionellen Fiktion" (ebd., 40) wie praktische Diskurse aus. Mindestens ebenso sehr und ebenso häufig haben sie „den Charakter von *Verhandlungen* – also strategischer Kommunikation" (ebd.), in denen zwar vordergründig mitunter auch Argumente ausgetauscht werden, jedoch aufgrund einer „konsensuell-strategischen [...] Zweideutigkeit aller wirklichen Gespräche" (ebd., 41) nicht im Sinne einer idealen Diskurssituation.

Für Apel liegt hier ein Verantwortungskonflikt: Nur sofern Menschen sprechend unterstellen, sich in einer *idealen Diskurssituation* zu befinden, ist ihr Argumentieren sinnvoll zu nennen. In diesem Sinne tragen sie auch Verantwortung, alle Probleme der Lebenswelt diskursethisch zu lösen – und damit auch für die Bewahrung idealer Diskursbedingungen selbst. Jedoch sind sie außerdem verantwortlich für das von ihnen vertretene „Selbstbehauptungssystem" (das sind neben der eigenen Person all diejenigen, für die man Sorge zu tragen hat). Unter idealen Diskursbedingungen lassen sich diese beiden Aspekte von Verantwortung miteinander vereinbaren: Menschen kommen ihrer Verantwortung für sich selbst, wie auch der für das von ihnen vertretene Selbstbehauptungssystem – auf lange Sicht und bei Berücksichtigung aller ihrer wohl verstandenen Interessen – gerade dann nach, wenn sie im Sinne des Prinzips (U^h) der Diskursethik handeln. In der realen Lebenswelt, zumal in der politischen Realität, könnte eine strikte Befolgung diskursethischer Rationalität jedoch oft als verantwortungslos gelten: Hier werden Konflikte zwischen Interessengruppen mindestens ebenso häufig durch strategisches Handeln geregelt – unter Umständen auf Kosten der anderen Seite. In solchen Situationen darf man nach Apel *aus Verantwortungsgründen* auf *instrumentell-strategische Rationalität* nicht gänzlich verzichten. Zwar möchte er grundsätzlich alle Probleme der Lebenswelt auf der Grundlage seines Handlungsprinzips lösen, doch räumt er ein, dass dies, „ohne verantwortliche Abwägung der voraussichtlichen Handlungsergebnisse und Nebenfolgen nach einem unbedingt gültigen moralischen Prinzip" (Apel 1990, 27) „moralisch nicht zuzumuten" ist.

Um gleichwohl die Forderung nach universaler Gültigkeit seiner Ethik nicht aufzugeben, unterscheidet Apel neben den zwei Stufen noch zwei Teile: Während Teil A das Handlungsprinzip für die ideale Diskurssituation liefern soll, hat Teil B gerade dem kontrafaktischen Charakter dieser Prämisse Rechnung zu tragen. Apel betont, dass man im Sinne des Teils A seiner Ethik „die Möglichkeit einer idealen Kommunikationsgemeinschaft" nicht nur voraussetzen, sondern „deren Existenz sogar *kontrafaktisch antizipieren*" muss (Apel 1988, 53). Er sieht darin ganz im Sinne Kants eine *regulative Idee*: ein *normatives* Prinzip der praktischen Vernunft, das für „das Handeln im Sinne einer Verpflichtung und Anleitung zur langfristigen, approximativen Realisierung eines Ideals verbindlich" ist (ebd., 204).

Für den Teil B seiner Diskursethik fordert Apel ein „moralisch-strategisches Ergänzungsprinzip (E)" (ebd., 142), das erst einen *historischen* Übergang zur Anwendung der Diskursethik erlaubt. Das Ergänzungsprinzip verlangt, in Teil *B* zwar immer auch *strate-*

gisch zu handeln – doch nur so weit, dass auf lange Sicht ein rein diskursethisch rationales Handeln möglich wird. Diese bedeutsame Einschränkung ist allerdings schwer überprüfbar und darin problematisch. Damit nicht jemand unter Verweis auf die nicht-idealen Kommunikationsbedingungen ausschließlich oder in erster Linie strategisch rational agiert, ist Apel zufolge stets auf die Anwendung des Universalisierungsprinzips – auch unter *realen* Diskursbedingungen – zu achten: Denn auch ein durch das Ergänzungsprinzip moralisch legitimiertes strategisches Handeln muss für ihn „in Zielsetzung und Durchführung *konsensfähig* sein für die mit-verantwortlichen Mitglieder der primordialen Kommunikationsgemeinschaft" (Apel 2000, 44). So verlangt Apel, dass sich das Ergänzungsprinzip (E) in letzter Instanz, auf der höchsten Stufe der moralischen Urteilskraft, mit dem Prinzip (U^h) „zu einem einzigen Prinzip der diskursbezogenen Verantwortungsethik" (Apel 1988, 150) verbindet; kommunikative und strategische Rationalität, Gesinnungs- und Verantwortungsethik sollen im Sinne einer regulativen Idee konvergieren.

Mit dieser Idee, in die Prinzipienethik ein Fernziel – „die Verwirklichung der Moral selbst" (Habermas 1991, 196) – einzuführen, sieht Habermas den „konzeptuellen Rahmen einer deontologischen Theorie" gesprengt. Apels Ergänzungsprinzip fordert – so Habermas – ein paradoxes Handeln: „etwas soll *zugleich* moralisch geboten sein und zweckrational angestrebt werden" (ebd., 197). Ein Handeln, das *moralisch geboten* ist, hat sich aber für Habermas an gültigen Maximen zu orientieren und richtet sich gerade nicht auf die Folgen unseres Handelns, während *zweckrationales* Handeln ein Abwägen von Zwecken, Mitteln und Nebenfolgen in Ausrichtung auf ein Ziel verlangt, d.h. *strategisches Handeln* nicht nur zulässt, sondern sogar *gebietet*. Zwar räumt auch Habermas ein, dass z. B. „in einem existentiellen Konflikt die einzig angemessene Norm eine Handlung fordern [kann], die die derart verpflichtete Person durchaus als moralisch gebotene Handlung anerkennt, aber nicht ausführen könnte, ohne sich als die Person, die sie ist und sein möchte, aufzugeben" (ebd., 198). Für solche Fälle sieht Habermas die Zuständigkeit der Moraltheorie aufgehoben: „Im Lichte des Moralprinzips werden Normen nur unter der (in U explizit genannten) Voraussetzung einer Praxis *allgemeiner* Normbefolgung als gültig ausgezeichnet. Wenn diese Bedingung nicht erfüllt ist, sind Normen unangesehen ihrer Gültigkeit nicht zumutbar." (Ebd., 199) Dagegen vertritt Apel den Standpunkt, dass es nicht nur möglich, sondern *notwendig* ist, beide Elemente in einer postkonventionellen Prinzipienethik zu verbinden, wobei er selbst zugibt, „daß die Trennung [...] zwischen *teleologischer Ethik und deontologischer* Ethik nicht mehr aufrechtzuerhalten ist" (Apel 1988, 146).

Nach wie vor teilen Apel und Habermas Grundannahmen – etwa zur Funktion praktischer Diskurse –, die Ansätze der beiden Autoren divergieren aber hinsichtlich einer Diskurstheorie der Moral in so zentralen Punkten, dass Apel Ende der 1990er Jahre angesichts eines fehlenden gemeinsamen Programms die Diskursethik als eine in sich kohärente Theorie in Frage gestellt sieht (Apel 1998, 727 ff.).

Insgesamt haben Apels Impulse zur Sprach- und Erkenntnisphilosophie wie auch vor allem zur praktischen Philosophie die philosophischen Debatten der zweiten Hälfte des 20. Jahrhunderts maßgeblich geprägt und neben Jürgen Habermas auch Autoren wie Wolfgang Kuhlmann, Marcel Niquet, Andreas Dorschel, Matthias Kettner und Rainer Forst sowie Vertreter der südamerikanischen Befreiungsethik beeinflusst.

Literatur: Apel 1973, Apel 1988, Apel 2000, Böhler, Kettner, Skirbekk 2003, Niquet 2002, Reese-Schäfer 1990
Webseite: www.karl-otto-apel.de

Eva Buddeberg

Arendt, Hannah

Geboren 1906 in Hannover, gestorben 1975 in New York. 1924–28 Studium der Philosophie, Evangelischen Theologie und Klassischen Philologie in Marburg, Freiburg und Heidelberg, 1928 Promotion in Heidelberg bei Karl Jaspers. 1933 Emigration nach Frankreich, 1941 in die USA, seit 1951 US-Staatsbürgerin. 1953–58 Gastvorlesungen u. a. in Princeton und Harvard sowie Professorin am Brooklyn College in New York, 1963–67 Professorin an der University of Chicago und ab 1967 an der New School for Social Research in New York. 1973–74 *Gifford Lectures* an der University of Aberdeen.

Arendt ist eine originelle Denkerin in der Ideengeschichte des 20. Jahrhunderts. Sie selbst fühlte sich besonders dem Bereich der Politischen Theorie zugehörig. Ihre verschiedenen Untersuchungen, etwa zum Totalitarismus, zur Frage des Bösen, zum Zionismus und der jüdischen Frage, zum Leben des Geistes oder zur Krise der Kultur der Massengesellschaft und zum Niedergang des öffentlichen, politischen Raums in der Moderne öffnen einen Bereich zur gedanklichen Wiedergewinnung dessen, was mit der Krise und dem Niedergang des Politischen verloren ging: Freiheit und Denken. Freiheit – die Möglichkeit des gemeinsamen Handelns – und Denken – der innere Dialog mit der Möglichkeit der Sinnstiftung und Urteilsfindung – sind die wesentlichen Aspekte, die den öffentlichen, politischen Raum in Abgrenzung zum privaten Raum begründen. Arendts Texte sind nicht moralisierend, aber dennoch durchzogen von einem unterschwellig wiederkehrenden ethischen Motiv: *amor mundi* – der Sorge für die Welt, einer Welt zwischen den Menschen, die in Zeiten der Krise „zerbrechen" und zur „Sinnlosigkeit" verkommen konnte (Arendt 1950, 1951).

Arendts Überlegungen stehen in der Tradition der Klassiker, wie Platon, Aristoteles, Augustinus, Kant und Machiavelli, Montesquieu und Tocqueville. Sie erhält ihre philosophischen Impulse insbesondere in der Auseinandersetzung mit Martin Heidegger und Karl Jaspers. Neben philosophischen und politischen nutzt sie auch historische, literarische und biografische Dokumente als Quellen ihrer Überlegungen.

Bereits in ihrer Dissertation *Der Liebesbegriff bei Augustin* (Arendt 1929), einem Werk aus einer Zeit, in der Arendt sich noch nicht dem Politischen zugewandt hatte, gilt ihr Interesse bereits der weltlichen Gemeinsamkeit von Menschen. Hier untersucht sie die Frage, wie der von Welthaftem isolierte Mensch in der Schau Gottes überhaupt noch ein Interesse am Nächsten haben kann.

Auf der Grundlage der antiken Philosophie und des republikanischen Denkens sowie mit Hilfe einer Zusammenführung von Existenzialismus, Phänomenologie und philosophischer Anthropologie unternimmt Arendt in ihren politisch motivierten philosophischen Hauptwerken eine Klärung des Verhältnisses des Politischen zur *conditio humana*, namentlich in Form von Leben, Erde, Welt, Pluralität, Gebürtlichkeit und Mortalität.

Ausgehend von ihrem persönlichen Leitmotiv *Ich will verstehen* (Arendt 1964a) bedeutet philosophisches Denken für Arendts kritisch-dialogische Hermeneutik, die grundsätzliche Bedingtheit und Verfasstheit der Menschen sowohl im Bereich menschlicher Erfahrungen als auch in Bezug auf die Tätigkeiten der Menschen zu verorten. So geht Arendt in ihrem philosophischen Hauptwerk *Vita activa oder Vom tätigen Leben* (Arendt 1958) der grundsätzlichen Frage nach: „Was tun wir, wenn wir tätig sind?" Diese Frage stellt sie vor dem Hintergrund ihrer Diagnose, dass die Reduktion von Denken und Handeln auf die Ebene eines utilitaristischen Pragmatismus sowie auf die Funktionalität und Prozesshaftigkeit der Arbeits- und Massengesellschaft die politische Handlungsdimension zerstört habe. Ihre modernitätskritische Beschreibung dieser Transformation zugunsten von Produktion und Konsumtion operiert mit der These der Entfremdung, jedoch im Unterschied zum marxschen Begriff: „Weltentfremdung und nicht Selbstentfremdung […] ist das Kennzeichen der Neuzeit." (Arendt 1958, 325)

Mit dem Ziel, das Politische und menschliche Weltverbundenheit neu zu konstituieren, und der hiermit verbundenen Notwendigkeit, den privaten und den politischen Raum zu trennen, unterscheidet sie drei Typen menschlicher Tätigkeiten: das Arbeiten, welches sich auf die Reproduktion und den Stoffwechsel von Mensch und Natur bezieht; das Herstellen, das sich auf die Abhängigkeit einer gegenständlichen Welt konzentriert; und das Handeln, das die einzige Tätigkeit des politischen, öffentlichen Raums par excellence ist und das spezifische Menschliche des Menschen ausmacht. Handeln, das nach Arendt nur in Verbindung mit Sprechen sinnvoll ist, beinhaltet die Aspekte des Anfangens und des Weiterführens. Handeln im Sinne des Anfangens korrespondiert mit der menschlichen Kategorie der Gebürtlichkeit. Arendt knüpft hier an Augustinus' Gedanken an, der Mensch sei ein *initium*, ein Anfang in der Welt und deshalb zum Anfangen begabt. Aufgrund der primären Beziehung zwischen Geburt und Existenz sind Menschen zur Initiative und somit zum politischen Handeln in der Welt befähigt. Somit ist Gebürtlichkeit als schlichte Tatsache, dass Menschen geboren werden, für Arendt die existenzielle Grundbedingung dafür, dass Handeln möglich ist und dass Handeln als die Fähigkeit zum Neuanfangen verstanden werden kann. Und nur indem Menschen miteinander kommunizieren, Beziehungen aufnehmen und an Handlungen anderer anknüpfen, werden die Bedingtheiten des politischen Raums – Pluralität und Freiheit – realisiert. In der Freiheit, der Möglichkeit mit anderen gemeinsam für eine Welt in Pluralität zu handeln, wird der Sinn des Politischen konstituiert (Arendt 1958, 1950).

In einer Umkehrung von Heideggers Weltbegriff öffnet Arendt seine Bestimmung für Begegnungen und Gespräche zwischen den Menschen, denn *in* ihnen kann überhaupt erst Welt – eine *Zwischenwelt* – entstehen. Dieser Konzeption einer politischen Welt, in der die gemeinsamen Angelegenheiten besprochen werden, liegt eine doppelte Wurzel zugrunde: eine römisch-griechische und eine augustinisch-christliche. Somit verbindet Arendt eine egalitär-revolutionäre Auffassung, die jedem Menschen aufgrund seiner Natalität die Freiheit (Arendt 1958, 1963a) zuerkennt, jedes Kontinuum eines politischen Prozesses zu unterbrechen, mit einem elitär-bürgerlichen Verständnis, das die Menschen als politische Wesen achtet und deshalb nahelegt, ihnen prinzipiell „das Recht, Rechte zu haben" zuzugestehen (Arendt 1949, 1951, Brunkhorst 1999, 10).

Da Handeln im Beziehungsraum mit anderen Personen stattfindet, steht es im Zeichen der Prozesshaftigkeit einerseits und der Konfrontation mit besonderen Endlichkeits- und Bedingungsstrukturen andererseits. Zusammen führen beide Momente zu drei Problemen: Bezogen auf die Vergangenheit die Unwiderruflichkeit des Getanen, bezogen auf die Zukunft die Unvorhersehbarkeit des Tuns und bezogen auf die beteiligten Menschen die drohende Anonymität der Handelnden. Traditionell wurde mindestens auf die zeitlichen Probleme mit der Tätigkeit des Herstellens, also mit Berechnungen und einem Zweck-Mittel-Denken, geantwortet. Arendt findet „Heilmittel" (Arendt 1958, 301), die in der Potenzialität des Handelns selbst liegen: Verzeihen, also die Freisetzung einer Person aus der Vergangenheit, und das Versprechen, die Eingrenzung der Willkürlichkeit für die Zukunft. Beide Fähigkeiten sind an Personen gebunden, die somit notwendig aus der Anonymität heraustreten und im öffentlichen Raum erscheinen müssen als „wer" sie sind. Sosehr die Fähigkeiten des Verzeihens und Versprechens an bestimmte Personen gebunden sind, so bieten sie dennoch Anknüpfungsmöglichkeiten für eine Institutionenlehre des Politischen; mit ihrer kritischen Haltung gegenüber der repräsentativen Demokratie favorisiert Arendt ein Rätesystem (Arendt 1963a, 327 ff.).

Das Politische in Bezug auf Verhältnisse – wie z. B. die zwischen „Wahrheit und Politik" (Arendt 1961a), „Lüge und Politik" oder „Macht und Gewalt" (Arendt 1970) – sowie die Tradition politischer und philosophischer Grundbegriffe – wie „Autorität" (Arendt 1956) und „Erziehung" (Arendt 1958c) oder „Politik" und „Freiheit" (Arendt 1958b, 1962) – untersucht Arendt in vielen ihrer Aufsätze und bezieht diese Reflexionen auf aktuelle strittige Themen (Arendt 1961, 1959).

Der Verlust von Sinn, von Arendt in Anlehnung an Gabriel Marcels Bild einer „zerbrochenen Welt" (Marcel 1933), einer Welt ohne Tradition, beschrieben, kennzeichnet die Kontingenz der menschlichen Bedingungen und Verfasstheiten des 20. Jahrhunderts. Ihr Begriff der Verlassenheit übersetzt das heideggersche Gefühl der Uneigentlichkeit in ein Szenario der Atomisierung, Anonymisierung und in die Weltlosigkeit der Menschen und beschreibt die Erfahrung der Sinnlosigkeit des Daseins. „Was moderne Menschen so leicht in die totalitären Bewegungen jagt und sie so gut vorbereitet für die totalitäre Herrschaft, ist die allenthalben zunehmende Verlassenheit." (Arendt 1951, 729)

Unter dem Eindruck des Holocaust vergleicht Arendt in ihrer Analyse der *Elemente und Ursprünge totaler Herrschaft* die Entstehungsbedingungen von nationalstaatlichem Totalitarismus im 19. Jahrhundert mit der Geschichte des Antisemitismus und untersucht die strukturellen Ähnlichkeiten des Wesens und der Prinzipien von Faschismus und Stalinismus. In diesem geschichtstheoretischen und philosophischen Grundlagenwerk, das in drei Abschnitte – Antisemitismus, Imperialismus und totale Herrschaft – eingeteilt ist, bestimmt Arendt den Nationalsozialismus als Folgeerscheinung des Antisemitismus und Imperialismus und attestiert dem Wesen der totalitären Herrschaft eine neue Qualität, die sich mit den zur Verfügung stehenden moralischen Begriffen nicht fassen lässt. Denn selbst Mord wird unter totalitären Herrschaftsverhältnissen so organisiert, dass Beteiligte subjektiv unschuldig erscheinen (Arendt 1951, 704). Diese Aufsprengung des Kontinuitätszusammenhangs von Geschichte, moralischen Begriffen und politischen Kategorien ist möglich, wenn der gesunde Menschenverstand, das Gewissen und sogar die Wirklichkeit durch eine totalitäre Ideologie ersetzt werden und die Transformation der menschlichen

Natur – und nicht allein eine Umformung der gesellschaftlichen Ordnung – angestrebt wird. In ihrem kritischen Blick auf Ideologien, insbesondere sozialdarwinistischer Prägung, zeigt Arendt – insbesondere in einem 1968 angefügten dritten Teil zum Werk *Elemente und Ursprünge totaler Herrschaft* – mit begrifflicher Stringenz, dass es diesen Weltanschauungen in erster Linie um eine zum System erhobene Doktrin geht, die nicht erklärt, was ist, sondern, was sein wird. Außerdem zielt sie auf die Liquidierung des Einzelnen und seiner Urteilkraft ab und erhebt eine anonyme Gesellschaft, eine lenkbare und berechenbare Masse, zum Ideal. Um die Emanzipation von der Wirklichkeit und die Liquidierung, also die Tötung der „juristischen" und „moralischen Person" (ebd., 692), sowie die Zerstörung der Individualität und Spontaneität zu erreichen, ist Terror notwendig. Der Terror ist das Wesen der totalitären Herrschaft. Er vollstreckt die ideologische Doktrin, die sich als Bewegungsgesetz der Geschichte und Natur ausgibt und die mit der „Eiskälte der menschlichen Logik" (ebd., 720, ähnlich auch Adorno 1966, 356) abgeleitet wird. Die neue Qualität der totalitären Herrschaft besteht im Unterschied zur Tyrannis oder Diktatur darin, dass sie alle, nicht nur politische, Lebensbereiche vereinnahmt und versucht, Menschen total gleichzuschalten (Arendt 1951). Die Gleichschaltung beginnt mit Propaganda und einem zeitweiligen Bündnis zwischen „Mob und Elite" (ebd., 528), wird dann, wie Arendt beobachtet, unterstützt durch Terror bis hin zur systematischen Reduktion von Menschen auf „Reaktionsbündel" (ebd., 676) und mündet schließlich in der „Fabrikation von Leichen" in Konzentrationslagern. Die „vollendete Sinnlosigkeit" (Arendt 1950a, 77) dient der totalen Beherrschung der Menschheit, in der aber dem einzelnen Menschen oder der einzelnen Tat jeglicher Sinn oder Zweck abhanden gekommen ist.

Im Zusammenhang mit ihrem Interesse für die jüdische Identität hat Arendt die Rolle der Jüdin, am Beispiel der Lebensgeschichte Rahel Varnhagens, in der preußischen Gesellschaft des 18. und beginnenden 19. Jahrhunderts nacherzählt. Diese Nacherzählung gibt Arendt die Gelegenheit, bereits in ihrer Habilitationsschrift das Spannungsfeld zwischen Assimilation – später auch „Gleichschaltung" (Arendt 1951) genannt – und Fremdheit zu entfalten, das auf die Unterscheidung des französischen Journalisten Bernard Lazare zwischen dem *Parvenue*, dem „Schnorrer", dem Angepassten und Aufstiegsbewussten, und dem *Paria*, dem „Revolutionär", dem Verfolgten und Diskriminierten, der in seiner Rolle als Außenseiter verbleibt, zurückgeht (Arendt 1958a, 1948, 55, 62 f.; 1951).

Die Frage nach Mittäterschaft und Schuld interessiert Arendt, als sie 1961 den Prozess gegen den ehemaligen SS-Obersturmbannführer Adolf Eichmann in Jerusalem beobachtet. Schockiert von der „Normalität" des Angeklagten revidiert sie den kantischen Begriff des „radikalen Bösen" (Arendt 1951, u. a. 701 f.), den sie noch in *Ursprünge und Elemente totaler Herrschaft* benutzt hatte. Stattdessen verwendet sie in ihrem Bericht den Ausdruck von der „Banalität des Bösen" (Arendt 1963, Smith 2000). Arendt zeigt nun, dass weniger das Böse im Sinne sadistischer Triebe, sondern die schlichte Gedankenlosigkeit Mittäter totalitärer Herrschaft zu bösen Taten verleiten kann. Diese Beobachtung berührt den Zusammenhang von Denken und Moral (Arendt 1971, 2003) und motiviert Arendt zu der Frage nach den elementaren Erfahrungen, die zum Denken Anlass geben, sowie zu der Frage, ob es wohl sein könnte, dass das Denken, d. h. „die Gewohnheit, alles zu untersuchen, was sich begibt oder die Aufmerksamkeit erregt, ohne Rücksicht auf die Ergebnisse […], zu den Bedingungen gehör[t], die die Menschen davon abhalten […], Böses zu tun" (Arendt 1977, 15).

In einem Analogieschluss überträgt Arendt ihre Grundfrage von *Vita Activa* auf den Bereich der *Vita Contemplativa* und analysiert auf der Basis philosophischer Klassiker von der Antike bis zur Gegenwart drei Formen geistiger Tätigkeit: Denken, Wollen und Urteilen. Von den Vorlesungen, die im Buch *Vom Leben des Geistes* zusammengeführt sind, konnte Arendt zu ihren Lebzeiten allerdings nur die beiden Teile zum Denken und Wollen fertig stellen. Bereits in diesen beiden jedoch fällt eine gedankliche Grundrichtung auf, die entlang der Leitlinien der abendländischen „Denker von Gewerbe" und ihrer metaphysischen Irrtümer auf das Urteilen zustrebt. Denn das Urteilen ist „Nebenprodukt" (Arendt 1971, 155) und Verwirklichung des Denkens in der Welt. Arendt geht es nicht nur um die Beschreibung der geistigen Tätigkeiten an sich, sondern um den Versuch eines gelingenden Heimisch-Werdens in einer „zerbrochenen Welt". Dem Denken mutet Arendt – von den sokratischen Dialogen inspiriert – die Kraft zu, den Lauf der Welt und unsere Tätigkeiten zu unterbrechen, Vormeinungen außer Kraft zu setzen und das Sinnliche zu entsinnlichen. Somit steht das Denken außerhalb der Welt der Erscheinungen und der Ordnung, es führt zu keinem Ergebnis, aber es ist die ständige Suche nach Sinn (und nicht notwendigerweise: nach Wahrheit). Denken *befreit* uns von den Erfahrungen und von den Handlungen in der Welt, gleichzeitig *setzt* es die Urteilskraft *frei*. In der Befreiung und Hinterfragung von Werten, Meinungen und Begriffen verwirklicht das Denken die politischste Fähigkeit des Menschen: die Urteilskraft. Deshalb braucht Urteilen das Denken.

Arendts Begriff der Urteilskraft geht auf Kants dritte Kritik, die *Kritik der Urteilskraft*, zurück. Sie unterstellt Kants Beschäftigung mit Ästhetik und Naturphilosophie eine verborgene politische Philosophie, weshalb Arendt den kantischen Begriff des Geschmacksurteils politisch wendet und ihm die Aufgabe zumutet, über das Besondere zu urteilen, ohne es sofort unter eine allgemeine Regel zu subsumieren, und dieses Urteil mit anderen abzustimmen. Deshalb ist es für Arendt bedeutsam, dass die reflektierende Urteilskraft im Sinne eines „Gemeinsinns" (Arendt 1977a, 221; 1953, 121) den individuellen Horizont zu überschreiten vermag. Auch hier übernimmt Arendt wesentliche Aspekte von Kants Forderungen an die Urteilskraft: Selbstdenken, an Stelle jedes anderen Denkens; jederzeit mit sich selbst einstimmig denken. Kants zweite Maxime, die erweiterte Denkungsart, ist jene, die Arendt für die politische hält (Arendt 1977a, 210). Für die Sinnstiftung einer *gemeinsamen* Welt braucht es neben der Reflexionsfähigkeit des Denkens und der Urteilskraft auch die Freiheit des Wollens. Ausgangsthese ist, dass der Wille, wenngleich privat, notwendiges Postulat jeder Ethik oder jedes Rechtssystems und ebenso ein „unmittelbares Bewußtseinsdatum" ist (Bergson 1889). Arendt rekonstruiert die erst im Mittelalter beginnende Geschichte des Willens, führt sie über die Neuzeit und den Deutschen Idealismus – unter gedanklicher Leitung des späten Heidegger zur Vorstellung des Willens – zum Nicht-Wollen und zeigt, dass die Freiheit des Willens von solchen Philosophen interpretiert wurde, die eher „dem *bios theôrêtikos*" und daher mehr der Naturbestimmung und weniger dem Handeln in der Welt und der Idee, „sie zu verändern", verpflichtet sind (Arendt 1977a, 185). Ziel ihrer Untersuchung ist es, Anknüpfungsmomente eines Begriffs des Wollens zu finden, der in der Verbindung von Denken und Urteilen auf die Sorge für die Welt ausgerichtet und mit Verantwortung verbunden werden kann.

Eines ihrer prägnantesten „Denkbruchstücke" (Arendt 1968, 242) ist Augustinus' Begriff des Willens als *principium individuationis* und sein Verweis auf die Gebürtlichkeit, die Arendt als die Fähigkeit, neu zu beginnen, und als Tatsache, dass immer wieder neue Generationen in der Welt neu beginnen, hervorhebt (Arendt 1951, 1958, 1963a). Der Verweis auf das Geborensein könnte bedeuten, wir seien zur Freiheit und somit zur Verantwortung verurteilt. Aber anders als Sartre benutzt sie vor dem Hintergrund ihrer Analyse der Urteilskraft den Verantwortungsbegriff sehr vorsichtig und vielschichtig: Es ist möglich, sich der „furchtbaren Verantwortung" zu entziehen und sich einem Fatalismus zuzuwenden (Arendt 1977a, 207); wir übernehmen Verantwortung für „die nackte Tatsache des Geborenseins" (Arendt 1958, 165), indem wir uns handelnd und sprechend in die Welt einschalten; politische Verantwortung setzt politische Macht voraus, die Frage der persönlichen Verantwortung stellt sich für jene, die wider ihre Überzeugung ein System in Betrieb halten (Arendt 1964); menschlich betrachtet müssen wir „weitgehend Verantwortung auch für das übernehmen, was Menschen ohne unser Wissen und Zutun irgendwo in der Welt verbrochen haben" (Arendt 1951, 704).

Hannah Arendts Werk hat nicht nur viele Zeitgenossen fasziniert, sondern ist auch in der gegenwärtigen Philosophie aufgrund des originellen und eigenständigen Denkstils, der Kritik an totaler Herrschaft und des existenzphilosophischen Ansatzes (Arendt 1946) breit rezipiert, wenngleich kaum ein Konsens darüber besteht, was die von Arendt ausgehende Faszination ausmacht; auch führte ihre Rezeption weder zu einer Schulbildung noch zu einem deutlich auszumachenden Forschungsstand.

Das Totalitarismus-Buch machte sie berühmt, und ihre neue Form von Geschichtsschreibung sorgte für zahlreiche politische Debatten zwischen unterschiedlichen politischen Lagern. Das Buch *Eichmann in Jerusalem* verstrickte Arendt in den 1960er Jahren aufgrund ihrer Thematisierung der Rolle der Judenräte und ihrer These der „Banalität des Bösen" in heftige internationale Kontroversen. Besonders ihr Gebrauch des Begriffs „banal" (z. B. Arendt 1963b, Smith 2000) führte zum Vorwurf, sie verharmlose die furchtbaren Mordtaten. Gegenwärtig gewinnen Arendts Vorbehalte gegen eine „Pathologisierung der Täter" (Reemtsma 1999) mehr Anerkennung. In der politischen Theorie hat Jürgen Habermas in den 1970er Jahren Arendts Werk als „kommunikative Macht" neu gelesen (Habermas 1981b). Außerdem knüpfte man im Zusammenhang mit dem Thema der „Zivilgesellschaft" in den 1980er Jahren und später auch in der feministischen Theoriebildung (Benhabib 1996, Caverero 1989, Kristeva 2001) an ihre politischen und philosophischen Überlegungen an. Aufgrund ihres theoretisch anders ausgerichteten Hintergrundes und ihrer eher abschätzigen Bemerkungen über „Frauenprobleme" sind feministische Anschlüsse an Arendt jedoch eher spärlich.

Arendt gehört zu den wenigen Theoretikern des 20. Jahrhunderts, denen es gelingt, den Erfahrungsgrund als „Zeitzeugin" mit philosophischen Einsichten zu verknüpfen. Ihr „Denken ohne Geländer" (Arendt 1951, 35; 1972, 110) oder, in Anlehnung an Walter Benjamin, ihre Suche als „Perlentaucher" (Arendt 1968, 229 ff.), ihr komplexer, narrativer und biographischer Stil und ihr Verständnis von Politik als Sorge für die Pluralität und Freiheit einer gemeinsamen Welt passen in den Zusammenhang postmoderner Diskurse.

Literatur: Arendt 1958, Arendt 1961, Arendt 1996, Heuer, Heiter, Rosenmüller 2011, Schönherr-Mann 2006, Young-Bruehl 1982
Bibliographie: Arendt 1996
Webseiten: www.hannaharendt.net; www.arendt-zentrum.uni-oldenburg.de

Christina Schües

Barth, Karl

Geboren 1886 in Basel, gestorben 1968 ebendort. 1911–21 Pfarrer in Safenwil im Aargau, 1921–25 Professor für Reformierte Theologie in Göttingen, 1925–30 Professor für Dogmatik und Ethik in Münster, 1930–34 Professor für Systematische Theologie in Bonn. Nach seiner Absetzung durch Vertreter des NS-Staates 1935–63 Professor für Systematische Theologie in Basel. Zahlreiche Auslandsreisen für Gastvorlesungen.

In seinem Studium öffnet sich Barth einer radikalen Form des damals herrschenden theologischen Liberalismus. In Marburg macht ihm indes Hermann Cohen Eindruck mit seinem Wort von der „Selbstironisierung der Vernunft". Vor allem wird ihm Immanuel Kant ein Wegweiser, auf den er auch in der Folgezeit wieder und wieder zurückkommt, auch als er Ernst damit macht, dass die christliche Theologie im Gegenüber zur Philosophie auf ihren eigenen Füßen zu stehen hat. Zugleich hebt Barth hervor, dass die Philosophie in einer Nachbarschaft zur Theologie eine beachtenswerte Wissenschaft bleibt, als ihm klar wird, dass die Theologie mit ihrer Ausrichtung auf die Heilige Schrift keine Philosophie ist. 1921/22 wird er berühmt durch seinen *Römerbrief* (Barth 1922), worin er in Anlehnung an den Apostel Paulus in schroffen Paradoxien theologisiert (Barth 1962, 105–118). Es geht ihm um das, „was Kierkegaard den ‚unendlichen qualitativen Unterschied' von Zeit und Ewigkeit genannt hat, [...]. ‚Gott ist im Himmel und du auf Erden'. Die Beziehung *dieses* Gottes zu *diesem* Menschen, die Beziehung *dieses* Menschen zu *diesem* Gott ist für mich das Thema der Bibel und die Summe der Philosophie in Einem. Die Philosophen nennen diese Krisis des menschlichen Erkennens den Ursprung. Die Bibel sieht an diesem Kreuzweg Jesus Christus." (Barth 1922, XIII) Karl Barth stellt sich hier insbesondere auch neben seinen Bruder Heinrich, der an der Basler Universität eine Philosophie des Ursprungs vertritt.

Angestoßen durch den *Römerbrief* bildet sich seit 1923 eine Arbeitsgemeinschaft von verschiedenen Theologen, die sich vor allem in der Ablehnung der zuvor herrschenden liberalen wie konservativen Theologie einig sind. Die Theologie dieser Gruppe heißt wegen ihrer Denkform in unaufgelösten Entgegensetzungen die „dialektische". Ihre Zeitschrift nennt sich *Zwischen den Zeiten.* Träger dieser Theologie sind neben Barth Rudolf Bultmann, Friedrich Gogarten, Eduard Thurneysen, Emil Brunner und auch Paul Tillich. Unter diesen entstehen bald kontroverse Debatten, die öffentlich ausgetragen werden und unter denen vor allem jene zwischen Tillich und Barth interessant ist (Barth 1923). Tillich sucht im Unterschied zu Barth eine „reale Aufhebung der dialektischen Position vom Unbedingten her"; denn, so das Argument, sonst gerät Barth in die Absolutsetzung eines Relativen, womit die Vergötterung des Menschgewordenen gemeint ist. Barth antwortet: *Wir* könnten von dem Positiven, um das es Tillich geht, nur *paradox,* nur dialektisch reden; denn sonst maße sich der Mensch an, Gott zu sein. Das positive

Paradox sei keine Gegebenheit, mit der sich hantieren lässt, sondern eine Gabe. Jesus Christus ist für uns das positive Paradox. Der Kreis der Vertreter dieser Theologie zerbricht 1933 an der Frage, ob zum Verständnis des Wortes Gottes *zuvor* die Erhebung eines menschlichen Vorverständnisses nötig ist oder ob auch die Verständigung des Menschen über sich selbst nur im Zug des Nachdenkens gemäß der uns von Gott gegebenen Voraussetzung seines Wortes erfolgen kann. Barth plädiert für das Letztere.

Was ihn weiterführt bzw. noch einmal neu ansetzen lässt, ist nach seiner eigenen Aussage die Beschäftigung mit Anselm von Canterbury, zu der ihn sein philosophischer Freund in Münster, Heinrich Scholz, anregt. Daraus resultiert eine neue Denkweise, in der das dialektisch-paradoxale Muster zurücktritt zugunsten eines Denkens in Analogien. Gemeint ist damit nicht die *analogia entis*, wie sie etwa der Katholik Erich Przywara vertrat, eine im Seienden gegebene Ähnlichkeit mit dem Göttlichen; das Rechnen mit ihr sieht Barth als den Grundfehler des römisch-katholischen Denkens an. Er spricht vielmehr von einer *analogia fidei* oder von einer *analogia relationis*, zur Bezeichnung eines von der Offenbarung Gottes hervorgerufenen, ihr entsprechenden Denkens. Dies verbindet sich bei Barth mit einigen Regeln der theologischen Erkenntnis, wie etwa: Vorrang der Wirklichkeit vor der Möglichkeit oder Ausgang jeweils vom Besonderen zum Allgemeinen und nicht umgekehrt.

Das alles ist nun wichtig in der Erarbeitung von Barths Hauptwerk: seine 12-bändige *Kirchliche Dogmatik* (Barth 1932), die trotz ihres Umfangs von über 9000 Druckseiten unvollendet bleibt. Seine Dogmatik ist geprägt von Bibelauslegungen, sodass etwa seine Ausführungen zum Verhältnis von Kirche und Israel zum größten Teil aus einer Exegese von Römer 9–11 bestehen. Darin drückt sich der für sein Vorgehen bezeichnende Gedanke aus: Es gelte, immer wieder mit dem Anfang anzufangen. Der Fortgang im Gedankengang bestehe darin, noch einmal mit dem Anfang anfangend das Ganze unter neuen Gesichtspunkten zu bedenken. „Mit dem Anfang anfangen" ist dabei so zu verstehen: nicht mit einem von uns gewählten Ausgangspunkt zu beginnen, sondern fort und fort mit dem Reden des in der Bibel bezeugten lebendigen Gottes und also mit dem Hören auf sein Wort.

In seinem Hauptwerk durchdenkt Barth die Themen der Dogmatik und Ethik, verbunden mit exegetischen, theologie- und geistesgeschichtlichen Passagen, jeweils unter dem einen Gesichtspunkt, dass Jesus Christus die Erfüllung des Bundes Gottes mit seinem Volk Israel ist und so auch mit uns Anderen: seine von ihm geschaffenen, mit ihm und untereinander versöhnten und zu mündiger Verantwortung befreiten Menschen (Barth 1953). Wichtig ist seine Prädestinationslehre: Sie handelt nicht von den Schrecken eines uns Verborgenen, wie es Calvin sagen konnte; sie ist das „Evangelium im Evangelium", weil sie von Gottes uranfänglicher Selbstbestimmung zur Gemeinschaft mit dem Sünder und von der darin begründeten Selbstbestimmung des Menschen zur Gemeinschaft mit Gott und seinem Volk redet (Barth 1942, 1–35). Entgegen der Emanzipation der Ethik aus der Theologie betont er, dass der gnädige Gott als solcher gebietet: das Evangelium schließt auch das Gesetz in sich ein. Das heißt einerseits, dass das Erkennen von Gottes Gnade auch das Erkennen seiner Herrschaft ist, und andererseits, dass das Gebot Gottes uns wohltätig in rechte Freiheit versetzt. Dass der Mensch Übertreter von Gottes Gebot ist, erkennt er erst angesichts des Versöhnergottes.

Beim Verständnis des biblischen Schöpfungsberichts ist ihm der jüdische Theologe Benno Jacob eine Hilfe. Barth nennt die Schöpfung die äußere Voraussetzung des Bundes Gottes mit den Menschen und den Bund die innere Voraussetzung der Schöpfung. Das Letztere besagt, dass das Gutsein eines Geschöpfs angemessen nur von dessen gnädiger Bejahung von Gott in Jesus Christus her erkennbar ist, weil das Geschöpf nur um dieser Bejahung willen geschaffen ist. Barth lehnte die „natürliche Theologie" ab, sofern sie die Geschöpflichkeit abgesehen von solcher Bejahung denkt. Entgegen des Begriffs beliebiger Verfügungsfreiheit versteht er Freiheit als Freiheit zu und in Gemeinschaft. Daher heißt Menschlichkeit Mitmenschlichkeit. Das Tun der Kirche lässt sich auf den Nenner einer Antwort auf Gottes Wort bringen. Daher verneint Barth einen davon absehenden Sakramentsbegriff, speziell die Säuglingstaufe. Der Glaube aller Christen muss in der kirchlichen Gemeinschaft mündig sein. Die Kirche ist in allen ihren Gliedern herausgefordert zu einer Sendung in die „Welt" ihrer Umgebung und zur Hilfsarbeit in Anbetracht der Nöte der Menschen, in „Solidarität" mit den Leidenden. Im zweiten Vatikan-Konzil der römischen Kirche werden Anstöße von Barth fruchtbar. Das Konzil zeigt ihm, dass Kirchen in Erneuerung der Weg zur Einheit der getrennten Kirchen sind.

Interessant ist hier speziell, dass Barth in einer Reihe von Exkursen in seiner *Kirchlichen Dogmatik* Gespräche oder auch Auseinandersetzungen mit philosophischen Denkern in Geschichte und Gegenwart einbezieht. Aristoteles und Plato sind ihm etwa beim Verständnis des *concursus* des göttlichen und menschlichen Handelns oder beim Verständnis der Liebe im Sinn von *eros* präsent. Eingehend beschäftigt er sich in Pro und Contra mit der „Theodizee" von Leibniz; Barth sieht bei diesem das Problem, dass er in seiner an sich guten Bemühung, trotz des Bösen das Gutgeschaffensein der Menschheit hervorzuheben, das Böse wegredet. Die Philosophie von Fichte ist ihm unheimlich, weil es dessen „Ich" an Begrenzung durch das Gegenüber mangelt. Nietzsche ist ihm eindrücklich, weil er die in dem cartesianischen „Ich bin" angelegte „Humanität ohne den Mitmenschen" radikal zu Ende gedacht habe und weil er deshalb den Gekreuzigten in seiner Verbindung mit den Armen verhöhne. In seiner Beschäftigung mit Simone de Beauvoir bejaht er ihren Kampf zur weiblichen Emanzipation von dem von Männern erfundenen Mythos der Frau, legt ihr aber nahe, dass es für die Frau nicht um eine Emanzipation *von* ihrem, sondern *in* ihrem femininen Geschlecht gehe. Bei Martin Heidegger (Barth 1948, 383–402) fragt er, auf welcher Grundlage dieser denn das Nichts, statt als Finsternis, als fruchtbare Tiefe verstehen kann.

Barth lehrt nicht nur Dogmatik und Ethik; er wirkt auch durch seine ethisch-politischen Stellungnahmen in der Öffentlichkeit oft provozierend. Seiner Ansicht nach ist „von Fall zu Fall" neu zu überlegen, wozu aufzurufen ist. Gegenüber der Anpassung der Kirche an das NS-Reich ruft Barth 1934 in der „Theologischen Erklärung" von Barmen die deutschen Kirchen zum Gehorsam gegen Gott *allein* auf und hilft so, die Bekennende Kirche zu gründen. Wegen seiner Votums am 31. 10. 1933 in Berlin zugunsten der Verfolgten, z. B. der Juden, wird er 1934 als Bonner Professor abgesetzt. Nachdem er dann in seiner Heimat als Basler Professor, zum Ärger seiner Regierung, zum Widerstand gegen die NS-Herrschaft aufgerufen hat, tritt er seit 1945 für befreiende Versöhnung ein: im Verhältnis des Auslands zu Deutschland, auch zwischen den Fronten des Kalten Kriegs, im Alter auch im Verhältnis zwischen den reichen und armen Ländern, am Horizont auch im Verhältnis zu nichtchristlichen Religionen. In den USA warb er 1962 für eine Theologie „not of liberty, but of freedom". Die Fülle seiner Werke und erst recht die Fülle von deren Deutungen ist kaum überblickbar. Seine Theologie setzt international Maßstäbe.

Literatur: Barth 1922, Barth 1931, Barth 1962, Busch 1975, Hunsinger 2009, Trowitzsch 2007
Webseite: karlbarth.unibas.ch

Eberhard Busch

Becker, Oskar

Geboren 1889 in Leipzig, gestorben 1964 in Bonn. 1908/09 Studium der Physik und Chemie in Oxford, 1909–14 der Mathematik, Philosophie, Physik in Leipzig. 1914 Promotion in Mathematik bei Otto Hölder mit einer Arbeit zur geometrischen Axiomatik. 1922 Habilitation in Philosophie bei Edmund Husserl mit einer Studie zu den Grundlagen der Geometrie und Physik. 1928 außerordentlicher Professor in Freiburg, 1931 ordentlicher Professor in Bonn. Nach dem Krieg aus dem Hochschuldienst entlassen und 1951 wiederberufen bis zur Emeritierung 1955.

Becker war Philosoph, Grundlagenforscher und Historiker der Mathematik und Logik und gilt als einer der Begründer der Modallogik. Er entwickelt eine Phänomenologiekonzeption zwischen Edmund Husserl und Martin Heidegger. Beckers grundlagentheoretische Arbeiten zu den exakten Wissenschaften schließen besonders an Husserl an. In seiner Habilitationsschrift legt er eine philosophische Grundlegung der Geometrie vor, die eine Brücke vom allgemeinen Ansatz der transzendentalen Phänomenologie zur zeitgenössischen Mathematik und Physik schlägt (Becker 1923). Unter den mathematischen Theorien des Kontinuums, die er ausgehend von Husserls Begriff der definiten Mannigfaltigkeit analysiert, schließt er sich dem intuitionistischen Ansatz L. E. J. Brouwers an. Becker entwickelt eine Geometriebegründung, die nicht auf axiomatischer und mengentheoretischer Ebene, sondern schon bei vorwissenschaftlichen Erkenntnisleistungen des Menschen ansetzt. Mit Kant geht er davon aus, dass die Geometrie wenigstens partiell in der Anschauung fundiert ist, und zieht zur Rekonstruktion die husserlschen Konstitutionsanalysen zu Raum und Zeit heran. Er bezieht sich auf verschiedene Stufen der Räumlichkeit, um den Konstitutionsprozess der exakten geometrischen Idealgebilde in Sinne der Phänomenologie aufzuklären. Becker weist der euklidischen Geometrie einen apriorischen Sonderstatus zu und wendet sich wie in der Auseinandersetzung mit Hans Reichenbach gegen empiristische Deutungen. Die Annahme von Apriorizität für die lebensweltliche Raumanschauung steht für Becker nicht in Widerspruch zur Rolle nicht-euklidischer Geometrien in der Physik. Insbesondere mit Bezug auf Einsteins relativistische Physik arbeitet er an der phänomenologischen Aufklärung der Grundlagen physikalischer Gesetze.

Beckers Hauptwerk bietet eine philosophische Analyse der Grundlagen der Mathematik. Den Ansatzpunkt bildet der Grundlagenstreit um die Strategien zur Vermeidung der mengentheoretischen Antinomien (Becker 1927). Teile von Beckers Korrespondenz mit führenden Wissenschaftlern wie u. a. Arend Heyting, Hermann Weyl, Ernst Zermelo sind aus diesem Kontext erhalten (Peckhaus 2005). Ziel von Beckers Analysen ist eine Entscheidung zwischen David Hilberts Formalismus, bei dem die Mathematik axiomatisch formuliert und auf Basis einer Beweistheorie durch Widerspruchsfreiheitsbeweise abgesichert werden soll, und L. E. J. Brouwers Intuitionismus, nach dem die Rückführung aller mathematischen Erkenntnisse auf gedankliche Konstruktionen gefordert wird. Gegenüber Hilbert problematisiert Becker den Anspruch, in der Beweistheorie nur mit finiten Mitteln auszukommen. Der axiomatische Formalismus mit seinem Kriterium der Widerspruchsfreiheit ist für Becker in ontologischer Hinsicht problematisch, da er sich nicht auf phänomenologisch fassbare Sachverhalte bezieht. Die logische Zielrichtung des Ansatzes wird mit Hilfe einer Unterscheidung Husserls als die einer „Logik der Konsequenz" charakterisiert. Becker hebt demgegenüber die auf Entscheidungsprobleme ausgerichtete „Logik der Wahrheit" im Intuitionismus ab. Er bezieht auf der Grundlage der Phänomenologie Stellung für den Ansatz L. E. J. Brouwers. Dabei bringt er Husserls Prinzip der Ausweisbarkeit mit dem intuitionistischen Existenzkriterium der Konstruierbarkeit zusammen. Zusätzlich versucht er, durch umfangreiche philosophiegeschichtliche Analysen ein besseres Verständnis für die zeitgenössischen Begründungsansätze zu gewinnen. Mit in der Antike ansetzenden Interpretationen zum Begriff des Potentiell-Unendlichen ergänzt er seine Argumentation für den Intuitionismus. Die Hinweise auf die zeitliche Konstitution des Unendlichen bei Aristoteles und Kant zeigen für Becker die Bindung mathematischer Existenz an eine endliche Subjektivität an, die er von einem anthropologischen Standpunkt aus deutet. Um zu einem umfassenden Verständnis mathematischer Vollzüge zu gelangen, bezieht er auch lebensphilosophische Gesichtspunkte mit ein. Seine Konzeption konkreter Subjektivität versteht er dabei nicht im Sinne eines empirisch orientierten Anthropologismus, sondern als Kombination von Husserls transzendentaler Phänomenologie und dem hermeneutischen Ansatz aus Heideggers frühen Freiburger Vorlesungen.

Gegen das Kategoriensystem von Heideggers existenzialer Analytik hegt er jedoch Vorbehalte. Er kritisiert eine einseitige Fokussierung auf Geschichtlichkeit, die er in seinen philosophischen Aufsätzen (v. a. Becker 1963) durch eine dualistische Ontologie mit antagonistischen Seinsprinzipien auszugleichen versucht. In Hinblick auf die philosophischen Grundlagen der exakten Naturwissenschaften greift Becker dabei die Tradition des pythagoreischen Denkens auf. Ausgehend von ästhetischen Untersuchungen modifiziert er außerdem Heideggers Daseinsanalytik zu einer existenzialen Anthropologie, indem er zusätzlich sogenannte paraexistenziale Bestimmungen einführt. In Überlegungen zu einer entsprechenden „naturhaften" Seite des Menschen bezieht Becker sich u. a. auf Otto Friedrich Bollnow, Max Scheler und Erich Rothacker und nimmt Impulse aus der Psychoanalyse auf. Im Kontext seiner Ontologie vertritt er auch eine nationalsozialistisch orientierte Rassentheorie, in der er sich vor allem auf Ludwig Ferdinand Clauß bezieht (Gethmann-Siefert u. Mittelstraß 2002, Hogrebe 2007). Beckers Wiederveröffentlichungen nach dem Krieg wurden von Bezügen zum Nationalsozialismus bereinigt.

Die logischen Schriften Beckers enthalten wichtige Beiträge zum Modalkalkül. 1930 stellt er verschiedene Modifikationen der Modallogik von Clarence Irving Lewis vor und analysiert Iterationen von Modalitäten. Er untersucht auch den intuitionistischen Logikkalkül Heytings im Verhältnis zum Modalkalkül und schlägt damit einen Weg ein, der in der späteren Logik bei Kurt Gödel u. a. bedeutsam wird. Zur modalen Semantik trägt er in den 1950er Jahren eine statistische Deutung der Modalitäten bei und entwickelt mit einem deontischen Kalkül – etwa zeitgleich zu Georg Henrik von Wright – eine normative Deutung (Becker 1952). Neben den formallogischen Analysen versucht Becker durch eine „philosophische" Lehre von den Modalitäten eine weitere Perspektive auf den mathematischen Intuitionismus zu eröffnen und Gesichtspunkte für die Auseinandersetzung mit dem ontologischen Denken Nicolai Hartmanns und Martin Heideggers zu finden.

Beckers Werk zeichnet sich durchgängig durch die Verknüpfung philosophisch-wissenschaftstheoretischer Reflexionen mit historischen Untersuchungen aus. Vielfältige Studien zur Geschichte der Mathematik und Logik (z. B. Becker 1957), die wie seine Lehre einen Schwerpunkt in der Antike haben, haben Becker als Wissenschaftshistoriker bekannt gemacht. Mit seinen Arbeiten zu den Grundlagen der exakten Wissenschaften beeinflusste er insbesondere Paul Lorenzen und den Konstruktivismus der Erlanger Schule.

Literatur: Becker 1927, Becker 1952, Becker 1963, Gethmann-Siefert, Mittelstraß 2002, Peckhaus 2005

Jochen Sattler

Benjamin, Walter

Geboren 1892 in Berlin, Selbstmord 1940 in Port Bou (frz.-span. Grenze). Kindheit in Berlin, Studium der Philosophie und Philologie in Freiburg, Berlin, München, Bern. Während des Studiums Engagement in der von Gustaf Wyneken initiierten Freistudentischen Bewegung. Promotion 1919, 1925 Ablehnung des Habilitationsantrags an der Frankfurter Universität. Statt der versperrten akademischen Karriere publizistische Tätigkeit für Zeitungen, Zeitschriften und den Rundfunk. Ab 1933 im Exil, meist in Paris.

Zahlreiche Reisen, teils aus privaten, teils aus beruflichen oder politischen Gründen, führen Benjamin durch weite Teile Europas und bis nach Moskau und sind immer wieder Anlass philosophisch-literarischer Reflexionen oder publizistischer Projekte. Besonders aber im letzten Lebensjahrzehnt werden Reisen (und die mit ihnen verbundenen Aufenthalte bei Freunden) sowie zahlreiche Umzüge innerhalb von Paris nun aus Gründen materieller Not unternommen; allein die Förderung durch das Institut für Sozialforschung bietet eine finanzielle Grundsicherung. Benjamin bewegt sich, bedingt durch das Exil (seit März 1933; offizielle Ausbürgerung 1939) und die immer schlechter werdenden Publikationsmöglichkeiten, am Rande des Existenzminimums. Gleichwohl entsteht im Pariser Exil zwischen 1933 und 1940 Benjamins bedeutendes Spätwerk, zu dem Arbeiten gehören wie etwa das Passagenprojekt (Benjamin 1982), der Kunstwerkaufsatz (Benjamin 1936), die Texte zu Baudelaire (Benjamin 1923) und zahlreiche andere, sowie als letztes abgeschlossenes Werk, die 1940 in der Zeit vor seinem Tod verfassten Thesen „Über den Begriff der Geschichte" (Benjamin 1942).

Es ist nicht falsch, die Beschreibung der Profession Walter Benjamins weit aufzufächern und ihn sowohl als Publizisten, Schriftsteller, Kritiker, Kulturtheoretiker, Intellektuellen oder auch als Philosophen zu bezeichnen. Die skizzierten Umstände seines Lebens und Arbeitens haben das ihre zu dieser Vielgestaltigkeit beigetragen. Doch erklärt das nicht alles. Bei der Lektüre seiner Texte – gleich welcher Schaffensperiode – lässt sich die Erfahrung machen, dass Benjamin sich in der Anlage seiner Texte, in der Methodik seiner Analysen, in seinen theoretischen Referenzen und der Auswahl der Themen keine theoretischen, disziplinären oder „schulischen" Grenzen auferlegt hat bzw. auferlegen ließ. So finden sich in seinem Werk ebenso akademische Untersuchungen und philosophische Abhandlungen wie etwa auch journalistische Rezensionen, aphoristische und experimentelle Textformate bzw. -anordnungen, Reiseberichte, Texte für den Rundfunk, selbst Sonette.

Neben die Vielfalt der Textformen tritt jene der theoretischen Perspektiven. Der Leser Benjamins sieht sich immer wieder mit dem unvermittelten Nebeneinander verschiedenartigster Deutungsmuster konfrontiert: Soziologische und kulturhistorische Analysen werden mit surrealistisch anmutenden Erfahrungsbeschreibungen verknüpft, Politische Philosophie mit Messianismus, auf phänomenologisches Denken in einem Satz folgt marxistisch-materialistisches im nächsten, bildlich-allegorische Reflexionen werden zu geschichtsphilosophischen Thesen, Gedichtanalysen bilden den Ausgangspunkt kulturphilosophischer Panoramen, Ästhetische Theorie verbündet sich mit kritischer Gesellschaftsanalyse, dialektische Zuspitzungen werden gefüllt mit metaphysischen bzw. theologischen Begriffen und so weiter.

Dass diese Textarbeit Benjamins sich nicht im literarischen Spiel erschöpft, hat schon Adorno gesehen und macht einen philosophischen Anspruch Benjamins geltend, indem er vom „Rebus", im Sinne einer bildhaften Darstellungsweise des Denkens, spricht (Adorno 1990, 10); genauer gesagt: Im Denkbild sind es „in der Tat die Dinge, die die Bedeutungen tragen. Sie ‚verraten' etwas, sie geben etwas ‚abzulesen', sie ‚künden', geben ein ‚Zeichen', ‚lehren', ‚versprechen', ‚wissen', ‚blicken', ‚warten', sind ‚Winke'." (Lindner 2000, 87) Benjamins Bilddenken ist insofern als wichtige und analytische Arbeitsform mit eigenem „erkenntnis- und geschichtstheoretischen Status" zu verstehen – eingewohnte Dichotomien – wie etwa „Form und Inhalt, aber auch [...] Theorie und Praxis, Politik und Kunst, Kontext und Text, Individuum und Kollektiv etc." – können auf diese Weise instabil werden (Weigel 1997, 16).

Man mag solche textuellen Umstände während der Lektüre als Zumutung empfinden. Doch sind sie Resultat reflektierter Autorschaft, die sich der Frage nach den begrifflichen Möglichkeiten und intellektuellen Strategien philosophischer Wahrheitssuche eigens widmet. Benjamins eigene Antwort hierauf ist die Missachtung akademischer Fachgrenzen oder vermeintlich sich widersprechender Formen des Denkens und Schreibens. Die politischen Implikationen dessen hatte Hannah Arendt schon früh benannt: „Walter Benjamin wußte, daß Traditionsbruch und Autoritätsverlust irreparabel waren, und zog daraus den Schluß, neue Wege für den Umgang mit der Vergangenheit zu suchen. In diesem Umgang wurde er ein Meister, als er entdeckte, daß an die Stelle der Tradierbarkeit der Vergangenheit ihre Zitierbarkeit getreten war, an die Stelle ihrer Autorität die gespenstische Kraft, sich stückweise in der Gegenwart anzusiedeln und ihr den falschen Frieden der gedankenlosen Selbstzufriedenheit zu rauben." (Arendt 1971a, 49)

In dieser theoriepolitischen Hinsicht ist die werkinterne *philosophische* Spannung von Politischer Philosophie, Geschichtsphilosophie und Theologie im Werk Benjamins sicher am auffallendsten. Sowohl Freunde und Zeitgenossen Benjamins als auch die wissenschaftliche Nachwelt haben sich lange gestritten, ob Benjamin ein *theologischer* Denker gewesen sei, der durch politische Intellektuelle von diesem Denken abgelenkt worden sei (darunter Scholem), oder ob er ein Materialist bzw. Marxist sei, der es nur aufgrund noch abzustoßender theologischer Residuen nicht schaffe, seine Arbeiten „durchzudialektisieren" und von metaphysischem Ballast zu befreien (für diese Sicht mögen Brecht und Adorno genannt sein) (Küpper, Skrandies 2006, 32–38). Man wird heute verstehen können, dass es Benjamin um etwas anderes geht: Er war nicht in Not, sich auf eine der beiden Seiten (oder irgendeine andere) schlagen zu müssen. „Mein Denken", schreibt Benjamin in einer unveröffentlichten Notiz des Passagenprojekts (die sich auch in den Aufzeichnungen zu den Thesen „Über den Begriff der Geschichte" findet), „verhält sich zur Theologie wie das Löschblatt zur Tinte. Es ist ganz von ihr vollgesogen. Ginge es aber nach dem Löschblatt, so würde nichts was geschrieben ist, übrig bleiben." (Benjamin 1982, 588) Sein Interesse gilt zeitlebens dem gedanklichen Experiment, das den intellektuellen Ritualen des Betriebs entgegensteht.

Worin bestehen nun – vor dem Hintergrund der bisher geschilderten Bedingungen – auf inhaltlich-thematischer bzw. begrifflicher Ebene Benjamins Beiträge zur philosophischen Theoriebildung? Sie sind zunächst in der Auseinandersetzung mit Metaphysik und Erkenntnistheorie zu finden; weiterhin befasst sich Benjamin immer wieder mit sprachphilosophischen Problemen; ebenso ist Benjamins Denken durchzogen von einer Arbeit an Geschichtsphilosophie und Politischer Philosophie; schließlich bilden Ästhetik und Medienphilosophie einen weiteren Werkschwerpunkt. Eine solche an philosophischen Disziplinen orientierte Charakterisierung ist bei Benjamin werkgenetisch auszuweisen; die genannten philosophischen Problemfelder sind allesamt schon früh entwickelt.

Metaphysik und Erkenntnistheorie – Oftmals scheinen Texte Benjamins der eigenen Standortbestimmung zu dienen. 1917 stellt er einen Aufsatz mit dem Titel „Über das Programm der kommenden Philosophie" fertig (Benjamin 1963). Man kann diesen Text als Zentrum oder konzeptionellen Kern der philosophischen, sprach- und kunsttheoretischen Arbeiten aus jener Phase ansehen. Hatte er in dem im Winter 1914/15 verfassten Kommentar zu zwei Gedichten Hölderlins die „Intensität der Verbundenheit der anschaulichen und der geistigen Elemente" auf den Begriff des „Gedichteten" als der Sphäre der Wahrheit von Dichtung gebracht (Benjamin 1955, 108), und war Benjamin in dem frühen Sprachaufsatz „Über Sprache überhaupt und über die Sprache des Menschen" von 1916 (Benjamin 1977) zu einem umfassenden Sprachbegriff als einer Übersetzungs-Mannigfaltigkeit zwischen Offenbarung und Erkenntnis gelangt, stellt er in seinen Überlegungen zu einem „Programm der kommenden Philosophie" die Auseinandersetzung mit Kant, dem Neukantianismus bzw. der Marburger Schule und der Phänomenologie hinsichtlich des Verhältnisses von Erkenntnis und Erfahrung in den Mittelpunkt. Zwar lässt sich auch im Hölderlin-Kommentar (Beschäftigung mit Ästhetik und Kunstkritik der Romantik) und im Sprachaufsatz (Sprache als un-*mittel*bare Grundlage aller Erkenntnis und Erfahrung) eine kritische Auseinandersetzung mit Fragen von Metaphysik und Transzendentalphilosophie finden, doch im Unterschied zu diesen beiden Texten, fällt die Schrift über die „kommende Philosophie" durch ihren – wie es der Titel schon annonciert – programmatischen Ton auf.

Insofern es der Philosophie an einer „Rechtfertigung" von Erkenntnis als ihrer Kernaufgabe gelegen ist, hat die kommende Philosophie sich am Kantischen System zu orientieren, um darauf aufbauend eine Neufassung des Verhältnisses von Erfahrung und Erkenntnis zu entwickeln (Benjamin 1963, 157, 163 f., 168) und „unter der Typik des Kantischen Denkens die erkenntnistheoretische Fundierung eines höhern Erfahrungsbegriffes vorzunehmen" (ebd., 160). Während Benjamin diese höhere Erfahrung als Metaphysik bezeichnet, versteht er seinen Text als Prolegomena zur Ausarbeitung eines solchen metaphysischen Erfahrungskonzepts. Und wenngleich Kant den Ausgangs- und Orientierungspunkt bilden soll, sieht Benjamin doch zwei grundsätzliche Hindernisse („Unzulänglichkeiten") in dessen Philosophie, die auch der Neukantianismus (den Benjamin durchaus würdigt) nicht zu beheben weiß: „erstens die bei Kant trotz aller Ansätze nicht endgültig überwundene Auffassung der Erkenntnis als Beziehung zwischen irgendwelchen Subjekten und Objekten oder irgendwelchem Subjekt oder Objekt; zweitens, die ebenfalls nur ganz ansatzweise überwundene Beziehung der Erkenntnis und der Erfahrung auf menschlich empirisches Bewußtsein" (ebd., 161). Den Erfahrungsbegriff so anzulegen, dass er auch religiöse Erfahrung „logisch ermöglicht" (ebd., 164) und „Gott" als „Inbegriff" der „reinen Erkenntnis" denkbar werden lässt, erfordert also für die Erkenntnistheorie zunächst, alle Erfahrung durch ein von allem Subjekthaften befreites „reine[s] transzendentale[s] Bewußtsein" zu fundieren (ebd., 163). Des Weiteren macht es nötig, Abstand zu gewinnen von der Ausrichtung des Denkens am „mathematisch-mechanisch orientierten Erkenntnisbegriff" (ebd., 168), wie Benjamin es in der Strategie des Neukantianismus identifiziert (Benjamins 1972a). So ist es dem Schlussteil der benjaminschen Programmschrift vorbehalten, anzugeben, wodurch der kommende Erkenntnisbegriff gewonnen werden kann: durch die „Reflexion auf das sprachliche Wesen der Erkenntnis", durch „eine Beziehung der Erkenntnis auf die Sprache" (Benjamin 1963, 168), die die Immanenz des – begrifflich auf Husserl anspielenden – „reine[n] transzendentale[n] Bewußtsein[s]" ausmacht (Hamacher 2001, 211 f., Fenves 2006).

Sprachphilosophie – Diesem „Programm" liegt eine Auffassung von Sprache und Übersetzung zu Grunde, die Benjamin bereits 1916 formuliert hatte. Spätestens mit seinem Text „Über Sprache überhaupt und über die Sprache des Menschen" (Benjamin 1977) eröffnet sich Benjamin das sprachphilosophische Feld, das sein gesamtes Werk prägen wird (Benjamin 1923, 1928, 1935, 1955, 1972). In diesen Texten ist Sprache nicht nur Thema, sondern insbesondere Ordnung des eigenen sprachlichen Tuns in seiner Mitteilbarkeit ebenso wie in seinem in ihm verbleibenden „Nicht-Mitteilbare[n]" (Benjamin 1923, 19).

Der frühe Sprachaufsatz verortet jene in der Programmschrift erörterte Möglichkeitsbedingung höherer Erfahrung in der Sprache, weil diese als un-*mittel*-bares Medium Sphäre der „Offenbarung" des Wesens aller geistigen Entitäten sein kann (Benjamin 1977, 146). Je nach Intensitäts- bzw. Dichte-Grad von „geistigem" und „sprachlichem" Wesen gehen die Sprachen von Dingen, Menschen und von Gott in einem offenen Kontinuum ineinander über: „Übersetzung" wird zur zentralen Eigenschaft geistiger Erkenntnis-Ereignisse; mithin ist sie Übergang „des Namenlosen in den Namen", ohne jedoch selbst jenem Kontinuum anzugehören (ebd., 151; Hamacher 2001, 215–220, 232–235; allg. zum Kontext von Benjamins frühem Sprachaufsatz: Menninghaus 1980, Menke 1991, Steiner 2006; zum Übersetzer-Aufsatz: Hirsch 1995, 2006; zur späteren Sprachphilosophie: Lemke 2006; aufs Gesamtwerk bezogen: Welbers 2009).

Verdichtet findet sich diese nicht-instrumentelle Bestimmung des Wesens von Sprache in einem kurz vor dem Sprachaufsatz verfassten Brief an Martin Buber (Benjamin 1995). Die Sprache wird hier mit Fragen der (politischen) Tat und Wirkung verknüpft: Entgegen einem Begriff von Sprache, der diese als Vermittlungs-Technologie oder (Kommunikations-)Mittel zu einem außerhalb ihrer liegenden Zweck auffasst, richtet sich Benjamins Aufmerksamkeit auf das der Sprache eigene Verhältnis zu dem ihr „Unsagbaren". Nur da, wo Schreiben „auf das dem Wort versagte" hinführt, kann es „*magisch* das heißt un-*mittelbar*" (Benjamin 1995, 325; 1977, 142) Wirkung zeigen. Gerade die Lösung von einer zweckrationalen „Wirksamkeit" soll einen Begriff „sachlichen und zugleich hochpolitischen Stils und Schreibens" ermöglichen (Benjamin 1995, 325; Weber 2006).

Geschichtsphilosophie und Politische Philosophie – Benjamin gilt zu Recht auch als politischer Autor – doch wird man ihn kaum (wohl mit Ausnahme seiner Aktivitäten im Umfeld von Wyneken und der Freien Studentenschaft 1912–15) als engagierten Intellektuellen, etwa im Sinne Sartres, bezeichnen können. Der Ablehnung einer Einladung zur Mitarbeit an der Zeitschrift *Der Jude*, die der äußere Anlass des oben erwähnten Briefes an Buber war, liegt die Haltung zu Grunde, Schreiben und Sprache nicht als *Mittel* zur Handlungsmotivation bzw. -suggestion und gemeinhin erhofften Wirksamkeit politischen Aktivismus zu verwenden. Schreiben wird vielmehr dadurch „hochpolitisch", dass es von den Kontexten suggerierbarer Wirksamkeit wegführt und wiederum hinführt zu dem *im* Wort diesem Versagten und doch in ihm Bewahrten (Benjamin 1995, 325). Schrift bzw. Schreiben dringt auf diese Weise in Sprache ein und wird in der Realisierung derjenigen Einsicht politisch, nach welcher gerade die „Zäsur in der Denkbewegung" (Benjamin 1982, 595) philosophische wie politische Wahrheitsereignisse möglich macht. Diese sind nicht ohne die Reflektion auf ihre Genesis und Konstruktion zu haben.

Selbstverständlich erfasst es nicht den ganzen Benjamin, sein Denken auf das Moment von Schreibstrategien zu fokussieren. Denn ein kritischer Intellektueller, der im Sinne der politischen Philosophie über die Konkreta der Aktualität und die eigene Zeitgenossenschaft zu reflektieren weiß, ist Benjamin durchaus: Texte wie „Zur Kritik der Gewalt" (Benjamin 1965) oder die Thesen „Über den Begriff der Geschichte" (Benjamin 1942), die konkret wohl auch als Reaktion auf den Hitler-Stalin-Pakt zu lesen sind, insbesondere aber die Defizite des Weimarer Antifaschismus adressieren. Es sind vor allem diese und andere Texte (Benjamin 1955a, Benjamin 1985, Steiner 2004, 74–82), die Benjamin unter die bedeutenden politischen Analysten und Philosophen des 20. Jahrhunderts zählen lassen. Sie sind getragen von dem Anspruch der radikalen und kompromisslosen Begriffsfindung. Das wurde insbesondere in dem rechtsphilosophischen Aufsatz „Zur Kritik der Gewalt" bemerkt (Derrida 1994, Lindner 1997, Honneth 2006a), der – unter anderem Georges Sorels Theorie des Generalstreiks und Erich Ungers politische Theorie verarbeitend – sich der Verhältnisbestimmung von Recht setzender und Recht erhaltender Gewalt als einem historischen und mythischen „Schwankungsgesetz" einerseits und einem Ereignis göttlicher Gerechtigkeit als „reiner Gewalt" andererseits widmet (Benjamin 1965).

Benjamins Ethos ist gespeist durch das Wissen, dass es schwerer ist, „das Gedächtnis der Namenlosen zu ehren als das der Berühmten. Dem Gedächtnis der Namenlosen ist die historische Konstruktion geweiht." (Benjamin 1942, 700) Sich dem bzw. den Namenlosen zu widmen bedeutet, nicht nur in sprachphilosophischer, sondern ebenso in politischer Hinsicht, Vergessenes, vermeintlich Abgeschlossenes, Verschwiegenes oder Unterdrücktes erneut lesbar zu machen. Dadurch wird ermöglicht, das, was „Politik" und „Geschichte" heißt, zu öffnen: sie einer anderen Konstruktion zu unterziehen und eine politische Erkenntnis möglich zu machen, die sowohl das Katastrophische des homogenisierenden Fortschrittsdenkens erkennbar werden lässt (wie Benjamin es in „Über den Begriff der Geschichte" reflektiert), als auch das „positive Barbarentum" (Benjamin 1933, 215; zum Werkkontext: Lindner 2006a) eines in der Darstellung stets neu beginnenden Autors möglich macht. Das zeigen insbesondere das *Passagen-Werk* (Benjamin 1982), das die materiale und theoretische, wenngleich in sich fragmentarische, Referenzgröße des gesamten Spätwerks ausmacht, und die Geschichts-Thesen. Hier erweist sich, dass Geschichts*philosophie* in ihrer medialen Form als Geschichts*darstellung* stets auch ein politisches Unterfangen ist. Für das Passagenprojekt lässt sich das auf die Frage zuspitzen, wie die Erkenntnis des historisch jüngst Vergangenen für die eigene Gegenwart zu erlangen ist. So ist Benjamin in diesem Werkzusammenhang grundsätzlich an einer Erkenntnistheorie der Geschichte gelegen (Benjamin 1995, 503), die er an der Materialität der Pariser Passagen reflektiert und entwickelt (Skrandies 2010, Adorno 1994). Einige der Aufzeichnungen des Passagenprojektes finden schließlich Eingang in die Thesen „Über den Begriff der Geschichte", die – neben den oben skizzierten zeithistorischen Umständen – als geschichtsphilosophische Fortschrittskritik gelesen werden können: „Die Vorstellung eines Fortschritts des Menschengeschlechts in der Geschichte ist von der Vorstellung ihres eine homogene und leere Zeit durchlaufenden Fortgangs nicht abzulösen. Die Kritik an der Vorstellung dieses Fortgangs muß die Grundlage der Kritik an der Vorstellung des Fortschritts überhaupt bilden." (Benjamin 1942, 701) Außerdem stellen die Thesen quasi-methodische Ausführungen darüber zur Verfügung, wie der „historische Materialist" andere Geschichtsdarstellungen und -analysen – im Spannungsfeld von Philosophie, Politischer Theorie und Theologie – vornehmen sollte (ebd.), die jenseits historiographischer und historischer Konzeptionen eines homogenen Kontinuums liegen. Mithilfe eines geschichtsphilosophischen Erkenntnismodells, das Benjamin als „Dialektisches Bild" bezeichnet, kann nun an die Stelle jener historistischen „Einfühlung" die an ein „Jetzt" gebundene Erkennbarkeit des Vergangenen treten: In der momenthaften Dekontextualisierung von Gewesenem tritt dieses mit Gegenwärtigem in eine bildhafte Beziehung (Benjamin 1982, 576 ff.; Hamacher 2002).

Gewesenes in seiner Dialektik zu einem Jetzt der Erkennbarkeit zu denken, zeigt dann auch – mit Benjamins Adaption Freuds und des Surrealismus –, dass Geschichtsphilosophie Arbeit am Erwachen ist: Ebenso wie die Traumbilder erst im Erwachen verstanden oder analysiert werden (können), ist Gewesenes von der Gegenwart und der eigenen Aktualität her zu erschließen; wird materiale Geschichtsschreibung, wie sie Benjamin etwa im Passagenprojekt verfolgt, zu einem „Akt der politischen Besinnung": „Die kopernikanische Wendung in der geschichtlichen Anschauung ist dies: man hielt für den fixen Punkt das »Gewesene« und sah die Gegenwart bemüht, an dieses Feste die

Erkenntnis tastend heranzuführen. Nun soll sich dieses Verhältnis umkehren und das Gewesene seine dialektische Fixierung von der Synthesis erhalten, die das Erwachen mit den gegensätzlichen Traumbildern vollzieht. Politik erhält den Primat über die Geschichte." (Benjamin 1982, 1057 f.)

Ästhetik und Medienphilosophie – Es gibt im Werk Benjamins zahlreiche Scharnierstellen, an denen Politik mit Geschichte, Messianismus mit Politik, Geschichte mit Metaphysik etc. verknüpft werden. Hinzu tritt oftmals – wie etwa in „Das Kunstwerk im Zeitalter seiner technischen Reproduzierbarkeit" (Benjamin 1936, Lindner 2006b) – eine gemeinsame Perspektivierung von politischem Denken, historischer Analyse und Medientheorie bzw. Ästhetik (Lindner 2006a, Weber 2008). Der genauere gedankliche Zusammenhang von Technik, Medien und Ästhetik, den es im Werk Benjamins zweifellos gibt, bleibt allerdings noch zu klären. So gibt es zwar in „Zur Kritik der Gewalt" Reflexionen zur Technik in ihrer zivilisatorischen Funktion und in ihrer Beziehung zu den geistig-sinnlichen Qualitäten des Menschen, doch führt von hier kein bereits von Benjamin vorgezeichneter gedanklicher Weg zu den medienphilosophischen Analysen von Buch und Zeitung in der *Einbahnstraße* (Benjamin 1928a), von Photographie (Benjamin 1931), von Kunstwerk, Wahrnehmungstheorie und Film im Kunstwerkaufsatz. Das gilt auch für andere, an ästhetischer Theoriebildung orientierte Schriften, wie etwa die Dissertation über den *Begriff der Kunstkritik in der deutschen Romantik* (Benjamin 1920), die Bestimmung von Werk, Ursprung, Kritik und Allegorie im *Ursprung des deutschen Trauerspiels* (Benjamin 1928), oder auch die spätere „Sürrealismus"-Studie, die sich wiederum auch mit der angedeuteten Theorie des Erwachens befasst (Benjamin 1929).

So bliebe, im Erbe Benjamins (zur Rezeptionsgeschichte: Küpper, Skrandies 2006), für das Programm einer kommenden Philosophie im Spannungsfeld von Kritik, Ästhetik, Politik/Politischem und Medialität noch zu erörtern, inwiefern es auch aktuell, wie Benjamin im Trauerspielbuch schreibt, „Gegenstand der philosophischen Kritik" ist, „daß die Funktion der Kunstform eben dies ist: historische Sachgehalte, wie sie jedem bedeutenden Werk zugrunde liegen, zu philosophischen Wahrheitsgehalten zu machen." (Benjamin 1928, 358)

Literatur: Benjamin 1920, Benjamin 1942, Benjamin 1936, Hamacher 2001, Steiner 2004, Weber 2008
Hilfsmittel: Lindner 2006

Timo Skrandies

Binswanger, Ludwig

Geboren 1881 in Kreuzlingen in der Schweiz, gestorben 1966 ebendort. Nach dem Studium der Medizin ab 1906 Ausbildung zum Psychiater bei Eugen Bleuler an der Klinik Burghölzli in Zürich. 1907 Dissertation bei C. G. Jung zum Assoziationsexperiment, gleichzeitig Bekanntschaft mit Sigmund Freud und Zuwendung zur Psychoanalyse. Von 1910–56 ärztliche Leitung des Sanatoriums Bellevue in Kreuzlingen am Bodensee, einer 1857 von seinem Großvater gegründeten, international bekannten psychiatrischen Privatklinik.

Die wesentliche theoretische Leistung Binswangers besteht in einer philosophischen Fundierung der Psychiatrie und in der Methodenentwicklung zur wissenschaftlichen Erforschung von Geisteskrankheiten, die sich zunächst an Martin Heidegger und zuletzt Edmund Husserl orientierte. Sein Werk gewinnt heute angesichts des Trends, die Psychiatrie auf ein bloßes Anwendungsgebiet der Neurowissenschaften zu reduzieren, erneut Aktualität. Binswangers Denkweg lässt sich in drei Phasen unterteilen:

Erste Phase – Das Studium der Werke Franz Brentanos, Paul Natorps, Edmund Husserls, Wilhelm Diltheys und Max Schelers führt zu einer Abkehr vom naturalistischen Ansatz Sigmund Freuds. In der *Einführung in die Probleme der allgemeinen Psychologie* (Binswanger 1922) gründet Binswanger die Psychologie auf den Begriff der *Person*. Damit folgt er der phänomenologischen Maxime, die „anschauliche Wirklichkeit" an die Stelle von Abstraktionen zu setzen.

Zweite Phase – Ab 1930 beginnt Binswanger mit der Erarbeitung einer ab Mitte der 1940er Jahre als „daseinsanalytisch" bezeichneten psychiatrischen Denk- und Forschungsmethode, mit der erstmals die von Heidegger in *Sein und Zeit* (Heidegger 1927) entwickelte „Daseinsanalytik" auf psychiatrische Fragestellungen angewendet wird. Erstes Zeugnis der Zuwendung zu Heidegger ist der Aufsatz „Traum und Existenz" (Binswanger 1930), in welchem eine anthropologische Auffassung des Traumes vertreten und das Träumen als eine besondere „Existenzform" bestimmt wird. Einen Traum zu deuten heißt dementsprechend, die anthropologischen Bedeutungsrichtungen der Traumwelt herauszustellen.

In den Studien *Über Ideenflucht* analysiert Binswanger die Welt des „ideenflüchtigen" Menschen (Binswanger 1933). Darin steckt in nuce bereits das Programm einer daseinsanalytischen Erforschung von Geisteskrankheiten, das er zwischen 1944 und 1952 anhand fünf großer Schizophrenie-Studien ausarbeitet und realisiert. Leitkategorie dieser Forschung wird der aus Heideggers Schrift *Vom Wesen des Grundes* (Heidegger 1929) entliehene Begriff des „Weltentwurfs". Damit ist jener Bedeutungshorizont bezeichnet, innerhalb dessen sich alles bewusste und unbewusste Erleben und Handeln eines Individuums bewegt. Der Gedanke, dass Individuen sich durch ihre Weltentwürfe voneinander unterscheiden, wird zum Leitfaden der Erforschung verschiedener Formen der Geisteskrankheit. Dieser Forschungsansatz bringt den Kranken als „ganzen Menschen" in den Blick, statt nur pathologische Symptome anhand der medizinischen Leitkategorien „gesund" und „krank" zu beschreiben und zu beurteilen. Als problematisch muss aber Binswangers Auffassung vom Weltentwurf als einem individuellen „Apriori" gelten, das bereits der kindlichen Entwicklung zugrunde liegt (Binswanger 1946, 246 f.).

Mit seinem Hauptwerk *Grundformen und Erkenntnis menschlichen Daseins* (Binswanger 1942) legt Binswanger eine philosophische Anthropologie vor, die sich als Gegenentwurf zu Heideggers Daseinsanalytik ausweist. Beeinflusst von der Dialogik Martin Bubers charakterisiert er den Menschen durch „liebendes Miteinandersein von Mir und Dir" statt durch „Sorge" und erweitert so Heideggers Begriff vom „In-der-Welt-sein" um das Strukturglied des „Über-die-Welt-hinaus-seins". Die Methode der Erforschung von Weltentwürfen basiert damit auf der Wesensbestimmung menschlichen Daseins als „In-der-Welt-über-die-Welt-hinaus-sein". Dabei gewinnt der Ansatz unter dem Aspekt der Liebe einen methodischen Sinn, insofern diese als höchste Form des Miteinanderseins zur Norm wird, an der Art und Ausmaß der strukturellen Abwandlung individueller Weltentwürfe zu messen sind. Am ausführlichsten durchgeführt ist dieses Programm in der Schizophrenie-Studie *Ellen West* (Binswanger 1945, Hirschmüller 2003).

Die Beziehung zu Freud bleibt, wie der 1992 publizierte Briefwechsel bezeugt (Freud, Binswanger 1992), trotz der sachlichen Distanzierung, persönlich eng und herzlich. Die Kritik an dessen einseitigem, naturalistischem Menschenbild (der Mensch als „homo natura") ist am prägnantesten in der erweiterten Festrede zu Freuds 80. Geburtstag in Wien (Binswanger 1936) formuliert.

Dritte Phase – Unter dem Einfluss des Freiburger Philosophen Wilhelm Szilasi entwickelt Binswanger ab 1958 schließlich eine neue phänomenologische Methode zur Erforschung von Geisteskrankheiten, die sich philosophisch fortan an Husserls Lehre von der Konstitution der Welt im Bewusstsein statt an Heideggers Daseinsanalytik anschließt. Diese Neuorientierung kündigt sich bereits in der Einleitung zum Sammelband *Schizophrenie* (Binswanger 1957) an, in der neue „Grundbegriffe der Forschung" eingeführt werden. An die Stelle des bisher leitenden Begriffs der Welt tritt der Begriff der „Erfahrung" und ihrer „natürlichen Konsequenz" sowie pathologischen „Inkonsequenz". Daran knüpfen die beiden letzten Werke *Melancholie und Manie* (Binswanger 1960) und *Wahn* (Binswanger 1965) an und untersuchen, welche konstitutiven Bewusstseinsleistungen versagen müssen, damit es zu den unnatürlichen Dingerfahrungen manischer, melancholischer oder wahnhafter Art kommt.

Für seine Rückwendung zu Husserl nennt Binswanger zwei Gründe. Erstens wird die Psychiatrie endlich zu einer der Körpermedizin ebenbürtigen Wissenschaft, denn „die Husserlsche Wissenschaft [leistet] für die Psychiatrie dasselbe wie die Biologie für die Körpermedizin" (Binswanger 1960, 428). Zweitens war von Szilasi zu lernen, dass Heideggers Daseinsanalytik eine rein ontologische Lehre ist, die sich, anders als Husserls Bewusstseinstheorie, nicht unmittelbar auf die Psychiatrie anwenden lässt (Binswanger 1959, 70; 1965, 429).

Binswangers Daseinsanalyse bewirkt innerhalb der Psychiatrie bis in die 1970er Jahre eine Öffnung für philosophisch-anthropologische Fragestellungen. Bedeutende deutsche Psychiater (Wolfgang Blankenburg, Hubertus Tellenbach, Alfred Kraus, Roland Kuhn) haben seinen Ansatz aufgenommen und weiterentwickelt. Seine Daseinsanalyse wirkte ebenso in den Geisteswissenschaften weiter. Die internationale Rezeption beginnt in den 1950er Jahren: Michel Foucault widmet der französischen Publikation von *Traum und Existenz* ein ausführliches Vorwort (Foucault 1954); von Ulrich Sonnemann erscheint in New York *Existence and Therapy. An Introduction to Phenomenological Psychology and Existential Analysis* (Sonnemann 1954); wenig später wird in New York ein Sammelband mit wichtigen Schriften Binswangers unter dem Titel *Existence. A New Dimension in Psychiatriy und Psychology* (May u. a. 1958) publiziert. Seit 1987 widmet sich das Binswanger-Archiv an der Universität Tübingen der Aufarbeitung des wissenschaftlichen Nachlasses von Ludwig Binswanger.

Literatur: Binswanger 1930, Binswanger 1942, Binswanger 1945, Herzog 1994, Hirschmüller 2003, Holzhey-Kunz 2006

Alice Holzhey-Kunz

Bloch, Ernst

Geboren 1885 in Ludwigshafen, gestorben 1977 in Tübingen. Herkunft aus bürgerlich-jüdischem Elternhaus. 1905–08 Studium der Philosophie, Physik, Musik und Germanistik in München und Würzburg. 1917 Emigration in die Schweiz, 1919 Rückkehr nach Deutschland. 1933 Emigration und Ausbürgerung, Aufenthalte u. a. in der Schweiz, Österreich, Tschechoslowakei. 1938 Flucht in die USA. 1949 Rückkehr nach Europa, Lehrstuhl für Philosophie in Leipzig. 1955 Nationalpreis der DDR, ab 1956 Konflikt mit der SED-Führung, 1957 Zwangsemeritierung. 1961 Übersiedlung in die BRD nach Tübingen, wo Bloch eine Gastprofessur erhält.

Wer sich den Schriften von Ernst Bloch zu nähern gedenkt, wird einer eigenartigen Sprache gewahr. Besonders das Frühwerk ist von expressionistischen Strömungen des frühen 20. Jahrhunderts inspiriert. Das (literarische) Subjekt unterwirft sich keiner vermeintlich objektiven Ausdrucksweise, sondern drängt, rebelliert und argumentiert gegen innere und äußere Zwänge. Es negiert diejenigen Ordnungen, die dem prozeduralen Charakter jeglichen Seins und Denkens entgegenwirken, sodass der expressionistische Sprachduktus eine inhaltliche Entsprechung im philosophischen Werk, in den politischen Schriften und in den literarischen Versuchen hat.

Die Autoren, denen Bloch in den Jugendjahren Beachtung schenkt, gehören vergangenen Epochen an: „Die Philosophen, von denen ich etwas lernen konnte, waren alle schon seit mindestens fünfzig Jahren tot" (Münster 1977, 32). Zu ihnen zählt er „den Bruder Schelling, den Vater Hegel, das Diesseits Marx" (Bloch 1977, 316). Schellings Idee einer historisch-dynamischen Substanz wird grundlegend für Blochs Überlegungen zur Ontologie: Das unentfremdete Wesen ist noch nicht, sondern bildet sich erst. Kaum eine Schrift prägt den jungen Bloch wie Hegels *Phänomenologie des Geistes* (Hegel 1807). Sei es das praktisch-revolutionäre und epistemologisch-kreative Ich oder sei es die Bedeutung von Geschichte: Die Idee des Werdens rückt ins Zentrum dialektischen Denkens. Die von Hegel problematisierte Spaltung von Subjekt und Objekt fundiert ein Bewusstsein, in dem die Idee der Aufhebung dieser Entfremdung erwächst. Doch dem „Vater Hegel" wird insofern Mystifikation unterstellt, als er die die Entzweiung überwindende Subjekt-Objekt-Relation als Geist erfasst. Dieser Vorwurf findet sich bereits bei Marx, den Bloch deswegen dem „Diesseits" zurechnet. Dem unterstellten Mystizismus des hegelschen Idealismus wird ein dialektischer Materialismus entgegengestellt. Entfremdung wird fortan auf die Bestimmungsgrößen der gegenständlichen Welt, im Kapitalismus auf die Wertform der Ware, zurückgeführt. Die Arbeitsprodukte verselbstständigen sich derart im Tausch, dass sich die für die Moderne folgenreiche Subjekt-Objekt-Spaltung manifestiert. Die Überwindung der Entfremdung kann gelingen, wenn das Fernziel, nämlich „die Identität des zu sich selbst gekommenen Menschen mit seiner für ihn gelungenen Welt" in den Blick gerät (Bloch 1955, 364). Auch wenn Bloch nicht zu Unrecht als „marxistischer Schelling" (Habermas 1960, 141) bezeichnet wurde, greift diese Charakteristik zu kurz. Bloch selbst verortet sich in einer Tradition der „Aristotelischen Linken", „welche nicht zu Thomas führt und zum Geist des Jenseits, sondern zu Giordano Bruno und der blühenden Allmaterie" (Bloch 1972, 481). Als bedeutender Vermittler wird dabei Avicenna ausgemacht, der den Entelechie-Gedanken und die Vorstellung einer bewegten und erzeugenden Materie aktualisierte. Angesichts dieser Orientierung an philosophischen Klassikern verblassen beinahe die zeitgenössischen Strömungen, die bei Bloch Erwähnung finden. Dazu zählen Søren Kierkegaard, Ernst Mach und Georg Simmel. Von großer Bedeutung ist die Freundschaft zu Georg Lukács. Zumindest ein Zeitgenosse löst aber mehr als bloß sporadisches Interesse aus: In der Beschäftigung mit Sigmund Freuds Psychoanalyse entwickelt Bloch nach eigenen Angaben bereits im Alter von 22 Jahren den Grundgedanken seines philosophischen Wirkens: Er ergänzt das Nicht-Bewusste, das auf Vergangenes bezogen ist, um das *Noch-Nicht-Bewusste*, das gleichsam in der Dämmerung liegende Bewusstseinszustände umfasst (Münster 1977, 33). Dieses Noch-Nicht-Bewusste verweist auf Künftiges, auf Veränderung und Erneuerung.

Auch wenn dieser Grundgedanke Kontinuität stiftet, lassen sich vier entwicklungsgeschichtliche Phasen unterscheiden (Zudeick 1980, 12). In der ersten Phase ist eine hegelianische Kritik am Neukantianismus bestimmend, wie Bloch sie 1908 in der Inauguraldissertation über Rickert darlegt. Nach Bloch ignoriert die neukantianische Erkenntnistheorie das Subjekt, das stets aktiv in soziale Verhältnisse verstrickt und von Interessen bewegt ist. Das lebendige und nicht bloß logische Subjekt muss als konstitutiver Teil jeglichen Erkennens begriffen werden. In der zweiten Phase ab 1910 ist der Expressionismus und ein jüdisch-messianisches Bewusstsein kennzeichnend (Bloch 1918), das in den 1920er Jahren mit der Hinwendung zur marxschen Philosophie bereichert und in den 1930er Jahren mit dem Kampf gegen den Faschismus verbunden wird (Bloch 1935). Die dritte Phase ab 1949 weist eine Neuformulierung des Marxismus auf, die aufgrund der KP-Orthodoxie nötig wurde und sich vor allem in Auseinandersetzung mit Hegel vollzieht (Bloch 1949). Parallel dazu wird Blochs Hauptwerk *Das Prinzip Hoffnung* in den 1940er und 1950er Jahren publiziert, das eine erste Zusammenschau der zentralen Motive leistet (Bloch 1959). In der vierten Phase ab 1961 werden marxistische mit naturrechtlichen Überlegungen verbunden (Bloch 1961) und im Kontext des Christentums diskutiert (Bloch 1968). In den letzten Lebensjahren arbeitet Bloch an der Systematik seiner Philosophie (Bloch 1975).

Wäre man gezwungen, Blochs Denken in wenigen Worten zu beschreiben, so kann es auf den Gedanken der Veränderlichkeit und Unabgeschlossenheit der Welt und des Menschen komprimiert werden. Wie jeder Einzelne über unverwirklichte Potenziale verfügt, so steckt auch die Welt im Ganzen voller Möglichkeiten und ist nicht eindeutig vorherbestimmt. Diese Aussage fußt auf zwei Invarianten: Zum einen lässt sich eine anthropologische Konstante im Streben nach Überwindung von Übel, Not oder Mangel erblicken. Zum anderen setzt Bloch ein unumstößliches, aber keineswegs eindeutiges und klar definiertes Telos der Geschichte: „Glück, Freiheit, Nicht-Entfremdung, Goldenes Zeitalter, Land, wo Milch und Honig fließt, das Ewig-Weibliche, Trompetensignal im Fidelio und das Christförmige des Auferstehungstages danach" (Bloch 1959, 1627).

Philosophie muss sich aufgrund dieser Invarianten auf das *Noch-Nicht* richten. Das Problem der Zukunft wird zum zentralen Gegenstand philosophischer Analyse, als ihre bevorzugte Blickrichtung ergibt sich die historisch informierte Prospektive. Im Unterschied zu traditionell-metaphysischen Systemen wird derartiges Überschreiten des Gegebenen gerade nicht mit der Suche nach ewigen und allgemeingültigen Prinzipien des Seins gleichgesetzt; auch ein Jenseits oder eine Hinterwelt auszuloten, ist damit nicht gemeint. Vielmehr manifestiert sich transzendierendes Denken in einer Philosophie der Utopie, zu deren Kern eine *Ontologie des Noch-Nicht-Seins* zählt. Das Sein ist nicht primär über das Nicht-Sein zu begreifen, sondern als ein Unabgeschlossenes, das vom Noch-Nicht-Sein her zu entschlüsseln ist. Eine Ontologie des Noch-Nicht-Seins kann nicht mit ewigen und unveränderlichen Kategorien aufwarten. Kategorien sind bestimmt für eine unfertige Welt. Bloch teilt diese *Prozesskategorien* in sieben Stadien ein, anhand derer Seiendes begriffen und transformiert werden kann. Diese Kategorien, zu denen Raum und Zeit, aber auch Möglichkeit, Gestalt und Gebiet gezählt werden, sind nicht mehr ausschließlich der Erkenntnis vorbehalten, sondern sollen zugleich einer verändernden Praxis dienen, deren Gelingen keineswegs gewiss ist: „Der Prozeß ist vereitelbar, weil er noch nicht gelungen ist, aber indem er noch nicht gelungen ist, ist auch über sein Nichtgelingen, Vereiteltsein noch nicht entschieden" (Bloch, 1975, 254).

Eine auf Veränderung zielende Praxis hat auf die Widersprüche der sozialen Wirklichkeit zu rekurrieren. Ein ihr adäquates Denken wird als dialektisch ausgewiesen. *Dialektik* ist also keine den bestehenden Zusammenhängen übergestülpte Methode, sondern gedankliche Entsprechung der Welt. Sie muss als ein den Vorgängen inhärentes Verfahren erachtet werden, das die Dynamik und Veränderlichkeit der Welt zum Vorschein bringt: „Man sollte meinen, die ökonomische Krise, der imperialistische Zusammenstoß in zwei Weltkriegen und Ähnliches reichten allmählich aus, die Wirklichkeit des Widerspruchs in der Welt zu erweisen." (Bloch 1949, 134) Diese Antagonismen werden in Prozessen offenbar, deren Fortgang einer eindeutigen Bestimmung entzogen bleibt. Bloch hat die eigenen philosophischen Bemühungen als „dialektisch-materielle […] Tendenzwissenschaft" beschrieben (Bloch 1969, 494). Was die hegelsche Dialektik überflügelt, ist ein *Materialismus*, wie er ihn in der links-aristotelischen Tradition aufzufinden glaubt. Bloch legt damit seinem System eine Naturphilosophie zu Grunde, die in der materiellen Verfasstheit der Welt ihr produktives und innovatives Wesen begreift – sich also dem Dualismus von passiver, kausal-determinierter Natur und aktiver, aus Freiheit wirkender Menschheit verschließt. Mit der Möglichkeitsform des Subjekts korrespondiert die Möglichkeitsform der Materie.

Aus der keineswegs unumstrittenen Interpretation der aristotelischen *Dynamis-Energeia*-Lehre entwächst eine originelle Entfaltung des Begriffs der *Möglichkeit* in vier Schichten. Das „formal Mögliche" erschöpft sich in demjenigen, das logischen Grundregeln nicht zuwiderläuft. Von diesem Denkmöglichen wird die zweite Schicht als das „sachlich-objektiv Mögliche" unterschieden. Ihm kommt die Vorstellung eines Seinkönnens aufgrund bisher als unerkannt geltender Voraussetzungen oder Bedingungen am Objekt zu. Aus diesem Nichtwissen resultieren hypothetische oder problematische Urteile. Für utopisches Denken hingegen werden erst die folgenden beiden Möglichkeitsschichten zentral. Das „sachhaft-objektgemäß Mögliche" betrifft nicht einen Mangel an Erkenntnis. Vielmehr ist das Objekt selbst so beschaffen, dass es nicht vollständig bedingt, also in seiner Entwicklung nicht eindeutig vorherbestimmt ist. Dieses gegenstandsbezogene Mögliche resultiert aus einem intrinsischen und einem externen Moment. Während sich die aktive Komponente aus den Vermögen oder Potenzen eines Gegenstands zusammensetzt, lassen sich die entsprechenden Rahmenbedingungen als passives

Moment, als Potenzialität, begreifen. Beide ineinander vermittelten Momente verweisen auf die Uneindeutigkeit des Zukünftigen. Ob der weltliche Prozess einem „faschistischen Höllenausbruch" gleichen wird oder in das Reich der Freiheit mündet, ist auf dieser Möglichkeitsschicht nicht zu klären: Beides ist möglich (Bloch 1959, 268). Erst in der vierten Schicht, dem „objektiv-real Möglichen", kulminiert dialektisch-materielles Tendenzdenken. Erst diese Schicht vermag eine Perspektive der gelingenden Menschwerdung zu eröffnen. Derartig Mögliches wird im Substrat im Status der Latenz aufgefunden. Bloch greift zu der Metapher vom Keim, um dieses „In-Möglichkeit-Seiende" zu charakterisieren. In ihm gelangen die wesentlichen Ziele der menschlichen Gattung keimhaft zum Vorschein, die geschichtlich in ganz unterschiedlichen Gestalten realisiert werden: „[A]uch der aufrechte Gang des Menschen, dieses unser Alpha, worin die Anlage zur vollen Ungebeugtheit, also zum Reich der Freiheit liegt, geht selber immer wieder verwandelt und genauer qualifiziert durch die Geschichte der immer konkreteren Revolutionen" (ebd., 274).

Das „In-Möglichkeit-Sein" erweist sich als der materielle Grund des *Prinzips Hoffnung*. Das Fernziel aller Hoffnung heißt *Heimat*. Die Vergegenwärtigung dieses Ziels im Traum, in der bildenden Kunst, der Musik, der Literatur, in wissenschaftlichen und sozialen Utopien, in der Moralphilosophie und Religion gehört zur Hauptaufgabe einer Philosophie der Hoffnung. Bloch bezeichnet jene als *docta spes*, die im begrifflichen Nachvollzug eine Strukturierung und Systematisierung des menschlichen Affekts der Hoffnung anstrebt. Bei dieser Analyse, die an den Gang von Hegels *Phänomenologie des Geistes* erinnert, wird die Hoffnung in unterschiedlich ausgeprägten Reflexionsformen dargestellt. Den Beginn markiert der Tagtraum. Im Gegensatz zu Freud, der sich auf den Nachttraum fixiert, ist der Tagtraum in seiner prospektiven Stoßrichtung für Bloch unabdingbar geworden, um die Menschheitsmotive zu verdeutlichen, die der Antizipation des Reichs der Freiheit zugrunde liegen. Was im Wunsch oder Traum als das Gehemmte oder noch nicht Realisierte auftritt, erweist sich als die psychische Schicht der *docta spes*. Weitaus konkreter lässt sich das Noch-Nicht-Sein in Kunstwerken vernehmen. Bloch deutet den ästhetischen Schein als eine Variante von *Vorschein*. Das, was wahre Kunst ausmacht, ist ihr Vorschein auf Gegenwart transzendierende Wunschlandschaften. Der Vorschein wird für eine Philosophie der Hoffnung unter folgender Fragestellung zentral: „Wie könnte die Welt vollendet werden, ohne daß diese Welt, wie im christlich-religiösen Vor-Schein, gesprengt wird und apokalyptisch verschwindet?" (Bloch 1959, 248) Gelungenen Kunstwerken, der Religion, der Moral, den Wissenschaften und utopischer Literatur wird bescheinigt, an der Lösung beteiligt zu sein. Aufgabe der philosophischen Reflexion wiederum ist es, diese unterschiedlich vage vorgestellten Wunschlandschaften mit der „Strenge des Begriffs" zu erfassen (ebd., 277).

In diesen Landschaften wird ein Ort bewusst, der noch nicht ist, aber wirklich werden kann. Er speist sich aus der „realiter fundierten Hoffnung, worin der Mensch dem Menschen Mensch und die Welt den Menschen Heimat werden kann" (ebd., 390). Bei Bloch weist der Begriff der *Utopie* zumindest zwei Besonderheiten auf. Einerseits wird utopisches Denken nicht auf Sozialutopie verengt. Anderseits erlangt der Utopiebegriff durch die Betonung des Noch-Nicht eine eigentümliche Note: Der Nicht-Ort utopischen Denkens verwandelt sich in einen noch nicht verwirklichten Topos. Bloch spezifiziert es als *konkrete Utopie*. Abstrakt bleibt eine Utopie, wenn sie die wünschenswerte Gesellschaft „auspinselt" und darin den Bezug zur Wirklichkeit verliert, sich in ganz andere, nur erträumte Welten flüchtet (Bloch 1978, 361). Wenn jedoch der Utopie praktische Relevanz zukommen soll, so muss sie sich an realen Möglichkeiten orientieren. Sie kann hierdurch zur leitenden Vorstellung sozialen Handelns avancieren. Dabei ist konkrete Utopie kein Entwurf, den man eins zu eins verwirklichen könnte, sie fungiert gleichsam als der Horizont, der sich auf dem Weg der Realisierung stets verschiebt.

Am Horizont der kapitalistischen Moderne erblickt auch Bloch die *sozialistische Gesellschaft*. Hierunter wird die Einlösung des Ideals der Brüderlichkeit verstanden, das Bloch auf die antike Idee der Ökumene zurückführt. Das Gemeinsame steht im Zentrum einer Gesellschaftsformation, welche die Entfremdungs- und Vereinzelungsmechanismen kapitalistischer Herrschaft zu überwinden beansprucht. Ihr ist das immer wiederkehrende Leitmotiv eingeschrieben: „Ich bin. Aber ich habe mich nicht. Darum werden wir erst" (Bloch 1930, 1).

Bloch hat zeit seines Lebens am Systemdenken, am Denken der Totalität, festgehalten. Er weigerte sich, eine Philosophie der Hoffnung bloß als politische Philosophie oder Gesellschaftstheorie zu entfalten. So mag der Ontologe des Noch-Nicht-Seins vielen Zeitgenossen als Relikt des 19. Jahrhunderts erscheinen. Vielleicht ist dies ein Grund, warum Bloch nicht schulbildend wirkte, auch wenn seine Werke in bis zu dreißig Sprachen übersetzt worden sind. Sein Hauptwerk *Das Prinzip Hoffnung* hat einige Resonanzen in der Rechtsphilosophie, den Musikwissenschaften und insbesondere in der Theologie hervorgerufen (Schmidt 1978). Doch in den philosophischen Debatten zu Beginn des neuen Jahrtausends ist Bloch weitgehend verstummt.

Literatur: Bloch 1918, Bloch 1935, Bloch 1949, Bloch 1959, Holz 1975, Riedel 1994, Zudeick 1985
Webseiten: www.bloch.de (Ernst Bloch Zentrum), www.ernst-bloch-gesellschaft.de

Gösta Gantner

Blumenberg, Hans

Geboren 1920 in Lübeck, gestorben 1996 in Altenberge bei Münster. 1939 Abitur in Lübeck; obwohl katholisch getauft, wird ihm aufgrund seiner jüdischen Herkunft das Studium an regulären Universitäten verwehrt. Nach Kriegsende Studium der Philosophie, Germanistik und klassischen Philologie in Kiel. 1947 Promotion, 1950 Habilitation. Ab 1960 Professur in Gießen, ab 1965 in Bochum. 1970 Ruf an die Westfälische-Wilhelms-Universität in Münster, wo er bis zu seiner Emeritierung 1985 unter großem Interesse auch der außeruniversitären Öffentlichkeit lehrt.

Blumenberg lässt sich weder einer bestimmten Schule zuordnen, noch hat er selbst eine solche begründet. Zu seinen – in eigenen Worten – „Lebensthemen" gehören die Modernetheorie, die Technikphilosophie, die philosophische Anthropologie, die Ästhetik und vor allem die von ihm selbst begründete Metaphorologie. Sein Werk umfasst rund 20 Monographien, zahlreiche hochbedeutsame Aufsätze und einen Nachlass von rund 40 000 Seiten.

Beständiger Referenzpunkt für Blumenberg ist die Phänomenologie (Blumenberg 2007); zudem zeichnet sich sein Werk durchgängig durch eine besondere Sensibilität für die rhetorische Dimension philosophischer Texte aus, die sowohl in der Analyse fremder Texte ausgewiesen als auch im eigenen Stil deutlich wird. Blumenbergs Werk beeinflusst das gesamte Spektrum der Kulturwissenschaften nachhaltig, vor allem seine ideengeschichtlichen Thesen und seine Metaphern- und Mythostheorie wirken breit. Blumenberg, Mitbegründer und entscheidender Ideengeber der Forschungsgruppe „Poetik und Hermeneutik", gilt als Vater der Rezeptionsästhetik; als Ratgeber des Suhrkamp Verlags gehört er bis zum Rückzug aus der Öffentlichkeit auch zu den einflussreichsten Impulsgebern in der deutschen Forschungslandschaft. Neben seinen großen Monographien sind es auch bedeutende Aufsätze, die in vielen Fällen seit Jahrzehnten als Standardreferenz für wichtige Thesen benutzt werden. Blumenberg beweist dabei literarisches Formbewusstsein und meidet anders als beispielsweise Habermas meist eine explizite Auseinandersetzung mit konkurrierenden Ansätzen.

Schon vor Kriegsbeginn beschließt Blumenberg, seine Exzerpte und Entwürfe in einem Zettelkasten zu sammeln. Nachdem dieser erste Zettelkasten im Krieg zerstört wird, beginnt Blumenberg nach Kriegsende mit einem neuen Zettelkasten, der bis zu seinem Tode auf gigantische Ausmaße anwächst. Der Nachlass lagert heute im Literaturarchiv in Marbach. Nach seinem Tod erscheinen zahlreiche Publikationen aus dem Nachlass, die teilweise als abgeschlossene Manuskripte, teilweise als nachträglich zusammengestellte Textsammlungen betrachtet werden müssen. Blumenberg betrachtete sich selbst auch als Autor und beweist in vielen kürzeren Texten einen tiefgründigen Humor.

Als erstes Hauptwerk kann der Text *Paradigmen zu einer Metaphorologie* (Blumenberg 1960) gelten, der ursprünglich auf einen Antrag bei der Deutschen Forschungsgemeinschaft (DFG) hin konzipiert war, dann aber als eigenständige Publikation erschien. Blumenberg entfaltet hier die These, dass Metaphern nicht nur schmückendes Beiwerk sind, sondern als „Leitfossilien" fungieren können. Gegen die These eines von der Form unabhängigen propositionalen Inhalts von Aussagen argumentiert Blumenberg hier mit der welterschließenden und damit kognitiv bedeutsamen Funktion von Metaphern: Metaphern leisten ein „Mehr an Aussageleistung", sie sind nicht nur *Restbestände* – sozusagen Verschmutzungen einer auf verlustlos-begriffliche Darstellung zulaufenden Wissenschaft –, sondern *Grundbestände*. Besondere Bedeutung kommt dabei nach Blumenberg jenen Metaphern zu, die man als „absolute Metaphern" bezeichnen kann; diese lassen sich nicht in Aussagesätze zurückübersetzen. Inwiefern Blumenberg damit die Begriffsgeschichte wesentlich erweitert oder aber ihre methodische Ausrichtung für unmöglich erklärt (Blumenberg 1998), ist umstritten.

In einem zweiten Hauptwerk, *Legitimität der Neuzeit* (Blumenberg 1966), entfaltet Blumenberg die These, dass das genuin moderne Konzept der Selbsterhaltung als Antwort auf einen Ordnungsschwund zu verstehen ist, der sich im Okkasionalismus der Hochscholastik andeutet. Da ein unberechenbar intervenierender Gott für die Bewältigung der Kontingenz keinerlei Orientierung bietet, wird dieser Orientierungsverlust mit der Neuzeit durch die Selbstbehauptung des Menschen beantwortet. Ein allmächtiger Gott, der sich nicht einmal mehr an die eigenen Gesetze zu halten hat, kann keine Orientierung bieten und muss dem Menschen einräumen, seine Angelegenheiten selbst in die

Hand zu nehmen. Dies aber bedeutet, dass die Neuzeit sich nicht *gegen das scholastische Erbe gewendet hat*, sondern *aus* ihm erwachsen ist.

Versteht man die zentralen Begriffe der Moderne im Anschluss an Cassirer als Funktionsbegriffe, so erweisen sich diese nicht etwa als bloße Säkularisate christlicher Konzeptionen, sondern als genuin neue und vollständig immanenzorientierte Vorstellungen. Daraus ergibt sich für Blumenberg, dass wir in einem doppelten Sinne von einer Legitimität der Neuzeit sprechen können. Gegen Carl Schmitt verteidigt er die These, dass auch die Begriffe des Staatsrechts zwar vormoderne Vokabeln benutzen, diese jedoch vollständig neue Funktionen übernehmen und sich folglich von ihrer historischen Herkunft vollständig emanzipiert haben. Entsprechend weist Blumenberg einen Säkularisierungsbegriff, der die Kontinuität einer Substanz behauptet (nach Blumenberg z. B. Carl Schmitt oder Karl Löwith), vehement als Instrument der Delegitimierung einer Epoche zurück. Doch ist nicht nur die Neuzeit legitim; sie bringt zugleich eine eigene Vorstellung von Legitimität hervor, nämlich eine nicht transzendenzorientierte, sondern funktionale Legitimität, die auf den Beitrag zur Verarbeitung konkreter Herausforderungen verweist. Damit wird auch Martin Heideggers Theorie der Moderne widersprochen: Selbstbehauptung ist gerade keine seinsvergessene Bemächtigung des Menschen, sondern die legitime Notwehr eines Wesens, dessen Existenz stets unwahrscheinlich und gefährdet bleibt.

Damit geht eine ebenfalls vor allem gegen Heidegger formulierte philosophische Interpretation der Technik einher, die in einem Aufsatz mit dem Titel „Lebenswelt und Technisierung unter den Aspekten der Phänomenologie" (Blumenberg 1963) ausgeführt wird. Blumenberg bestimmt Technik hier als „Rückgriff auf bereits Geleistetes". Ein solcher Rückgriff geschieht jedoch nach Blumenberg bereits in den rudimentärsten Vollzügen des Bewusstseins, nämlich durch die Formalisierung von Gegenständen als je etwas Bestimmtes. Dies aber bedeutet, dass Technisierung und Lebenswelt nicht einfach als Gegensätze verstanden werden können, sondern immer schon Formalisierung stattfindet, wo immer sich der Mensch in der Welt orientiert. Technisierung in diesem philosophischen Sinne ist folglich nicht das Signum einer auf Verfall zulaufenden Moderne. Technische Innovationen wie beispielsweise ein Telefon mögen zwar zu Beginn als Fremdkörper in der Lebenswelt erlebt werden, werden jedoch schnell genuiner Bestandteil von Lebenswelt. Lebenswelt wird damit als Grenzbegriff gedeutet, der ein Weltverhältnis beschreibt, das sich immer erst im Rückblick analysieren lässt; sie kann weder einen historischen noch einen sozialen Teilausschnitt der Welt bezeichnen (Blumenberg 2010).

In *Die Genesis der kopernikanischen Welt* (Blumenberg 1981) rekonstruiert Blumenberg die Entstehung nicht nur der kopernikanischen Kosmologie, sondern einer Welt, die sich im umfassenden Sinne als „kopernikanisch" beschreiben lässt: Die kopernikanische Welt operiert mit sich bewegenden Beobachterpositionen – ohne Fixpunkt – und gewinnt ihre Einsichten weniger durch bloße Betrachtung im Sinne der antiken *theoria*, sondern durch ein Umkreisen der Objekte. Der Mensch muss nun entgegen der antiken Vorstellung damit rechnen, dass gerade seine Position zur Beobachtung ungeeignet ist und daher eventuell verändert werden muss, beispielsweise durch die vielen Instrumentarien des Sichtbar-Machens. Den Endpunkt dieser Einsicht stellt die Diagnose dar, dass das menschliche Leben in den unendlichen Weiten des Alls einen extrem unwahrscheinlichen und vergleichsweise kurzlebigen Zufall darstellt.

Die anthropologischen Positionen, die in den frühen Arbeiten impliziert sind und eher beiläufig explizit benannt waren, rücken in späteren Werken ins Zentrum. Bereits in seinem Aufsatz „Anthropologische Annäherung an die Rhetorik" (Blumenberg 1971) argumentiert Blumenberg, dass die Rhetorik nicht als bloßes Gegenstück der Philosophie betrachtet werden kann, sondern als entschleunigende und zivilisierende Formgebung eine Leistung darstellt, die sich aus der anthropologischen Not erklärt, auch unter Bedingungen der Unsicherheit in schwer überschaubaren Möglichkeitshorizonten zu handeln. In *Arbeit am Mythos* (Blumenberg 1979) entfaltet Blumenberg eine Theorie menschlicher Mythenbildung und eine Theorie der Evolution menschlicher Imaginationssysteme. Entscheidend für die Weltbewältigung des Menschen und seine Auseinandersetzung mit dem „Absolutismus der Wirklichkeit" ist nach Blumenberg die „Produktion von Bedeutsamkeit", das aktive Hineinlesen von Figuren in die Welt. Diese verteidigt den Absolutismus der Wünsche, bietet Entlastungen und die Möglichkeiten, mögliche künftige Situationen durch literarische Simulation durchzuspielen. Die Figuren der Bedeutsamkeit verleihen unserer Erfahrung narrative Strukturen, plausible Sinnzusammenhänge oder auch nur eine bestimmte Prägnanz. Blumenberg liefert – in expliziter Abgrenzung zu Cassirers Philosophie der symbolischen Formen – keinen abschließenden Formenbestand, der eine teleologische Entwicklung impliziert, sondern eine lose Zusammenstellung: Gleichzeitigkeit, latente Identität, Kreisschlüssigkeit, Wiederkehr des Gleichen etc. Die Evolution dieser Figuren der Bedeutsamkeit verläuft nach Blumenberg vor allem durch „Umbesetzung". Durch Umbesetzungen werden vorhandene Elemente neu arrangiert, umgruppiert oder kombiniert. Dabei entwickeln sich die Imaginationssysteme nach Blumenberg nicht etwa von einem besonders deutlichen Ursprungsmodell zu immer weiter ausdifferenzierten Formen, sondern tendieren im Gegenteil dazu, die eigene Figur in aller Prägnanz und Einsehbarkeit hervorzubringen. Im Moment ihrer höchsten Erkennbarkeit und Klarheit verlieren die Figuren dann ihre bedeutsamkeitsstiftende Kraft. Der Mythos wird damit gegen den Logos rehabilitiert, seine Hervorbringung bleibt jedoch Arbeit.

In *Höhlenausgänge* (Blumenberg 1989) rekonstruiert Blumenberg, wie die Bedeutsamkeitsfigur des Auszugs aus der Höhle, angefangen von Platons Höhlengleichnis, immer neue Umbesetzungen erfährt. Wittgensteins Bild vom menschlichen Verstand im Gefängnis der Sprache, den es wie eine Fliege im Fliegenglas zu befreien gilt (Wittgenstein, 1953, § 309), erweist sich als späte Form eines Höhlengleichnisses.

In vermeintlich literarischen Arbeiten rücken auch Techniken der Produktion von Bedeutsamkeit in den Fokus, die durch klassische Autoren wie Goethe (Blumenberg 1999) oder Fontane (Blumenberg 1998a) angewandt werden. Selbst in seinen Analysen von Anekdoten oder Zeitungsnachrichten sieht man mit Blumenberg einen Philosophen am Werk, der den menschlichen Erfindungsreichtum in der Produktion von Bedeutsamkeit mit Ironie und Wohlwollen gleichermaßen beobachtet. Die Philosophie löst sich so von dem Anspruch, Richter über andere Wissenschaften zu sein und wird zu einer Disziplin der Aufmerksamkeit.

Die Wirkung seines Werkes verlief lange eher untergründig, da sich Blumenberg seit den achtziger Jahren stark zurückzog und seine großen Monographien unkommentiert für sich selbst sprechen ließ. Da er das Ziel der Philosophie weniger im Verhandeln einzelner Thesen als vielmehr im Eröffnen neuer, ungewohnter Perspektiven sah, eignete sich sein Werk nur bedingt für öffentlichkeitswirksame Debatten. Die enorme Wirkung seiner Texte wird daher vor allem dort deutlich, wo Kulturwissenschaftler und Philosophen an seine Arbeiten anschlossen und Ansätze und Motive fortentwickelten – wie beispielsweise Ralf Konersmann mit dem *Wörterbuch der philosophischen Metaphern* (Konersmann 2007).

Literatur: Blumenberg 1981, Blumenberg 1986, Blumenberg 1998, Heidenreich 2005, Müller 2005, Wetz, Timm 1999
Bibliographie: Wetz, Timm 1999

Felix Heidenreich

Bollnow, Otto Friedrich

Geboren 1903 in Stettin, gestorben 1991 in Tübingen. 1921–25 Studium der Mathematik und Physik, 1925 Promotion in theoretischer Physik bei Max Born in Göttingen. 1927–31 Studium der Philosophie und Pädagogik in Berlin und Göttingen, 1931 Habilitation. 1939–43 Professur für Psychologie und Pädagogik in Gießen. 1943–45 Kriegsdienstverpflichtung am Gießener Institut für theoretische Physik. 1946 Professur für Philosophie und Pädagogik in Mainz, 1953–70 in Tübingen.

In Bollnows Lebenswerk sind Lebensphilosophie, Existenzphilosophie, philosophische Anthropologie, Ethik und Pädagogik eng miteinander verknüpft. Geprägt wird Bollnow zum einen durch die Jugendbewegung, die er als Student in Berlin und später als Lehrer an der reformpädagogischen Odenwaldschule (1926/27) erlebt, sowie durch Wilhelm Diltheys Philosophie des Lebens. Mit ihr wird Bollnow zunächst in Berlin durch Eduard Spranger und vor allem dann in Göttingen durch die Dilthey-Schüler Georg Misch und Herman Nohl bekannt gemacht. Angeregt durch Mischs Weiterführung diltheyscher Gedanken in Richtung einer Logik des Lebens und einer hermeneutischen Theorie des Wissens, die in Auseinandersetzung mit Husserl und Heidegger erfolgt, befasst sich Bollnow mit erkenntnistheoretischen und methodologischen Fragen der Geisteswissenschaften, wie z. B. der Theorie des Verstehens, dem Objektivitäts- und dem Wahrheitsbegriff sowie mit dem Begriff des Lebens. So untersucht er in seiner Habilitationsschrift das Verhältnis von begrifflichem Denken und Leben bei F. H. Jacobi (Bollnow 1933), und in seinem Dilthey-Buch (Bollnow 1936) arbeitet er die wesentlichen Strukturen und Bestimmungen von Diltheys Lebensbegriff heraus.

Nachhaltig beeindruckt wird Bollnow durch die Daseinsanalyse Heideggers, bei welchem er drei Semester in Marburg und Freiburg studiert. Nicht Heideggers fundamentalontologischer Ansatz, sondern dessen treffende Beschreibungen von Wesenszügen und Grundstimmungen des menschlichen Daseins und die Analyse der Alltäglichkeit eröffnen Bollnow eine neue Perspektive auf das Wesen des Menschen, welche seiner Meinung nach zwar einseitig ist, aber die Lebensauffassung Diltheys und seiner Schüler ergänzt. Den 1939 gefassten Entschluss zu einer kritischen Auseinandersetzung mit Heideggers *Sein und Zeit* (Heidegger 1927) auf dem Boden der Philosophie Diltheys realisiert Bollnow in seinem Buch *Das Wesen der Stimmungen* (Bollnow 1941), welches er zeitlebens als sein wissenschaftliches Testament und als sein Hauptwerk bezeichnet. Er konzipiert hier erstmals eine eigene philosophische Anthropologie, in welche er die Einsichten beider philosophischer Richtungen einfließen lässt. Deshalb bekundet Bollnow in späteren Jahren und Jahrzehnten wiederholt, sich immer „zwischen den Stühlen" der Lebensphilosophie und der Existenzphilosophie bewegt zu haben (Bollnow 1942, 1958).

Neben der Philosophie Diltheys, der hieran anknüpfenden Lebenshermeneutik Mischs und Heideggers Daseinsanalyse sind insbesondere die philosophische Anthropologie Helmuth Plessners und die phänomenologisch-hermeneutisch-logischen Analysen der Alltagssprache von Hans Lipps sowie die Existenzphilosophie für die Ausarbeitung von Bollnows eigener Philosophie konstitutiv. Seine philosophische Anthropologie wurde auch bedeutsam für seine hermeneutische Pädagogik.

In der Ethik geht Bollnow von der Anerkenntnis der geschichtlichen Offenheit und der letztlichen Unaussagbarkeit des menschlichen Wesens aus. Er hält daher überzeitliche Geltung beanspruchende Wesensaussagen über den Menschen für unzulässig. Vielmehr versucht er, auf konkrete Verhaltensweisen und Haltungen sowie auf bestehende kulturelle und gesellschaftliche Gegebenheiten aufmerksam zu machen, indem er sie beschreibt und in ihrer geschichtlichen Gewordenheit und gegenwärtigen Funktion zu verstehen sucht. Auf dieser anthropologisch-phänomenologisch-hermeneutischen Grundlage erinnert Bollnow an tradierte, teilweise noch wirksame, teilweise verschüttete Tugenden, Werte und Normen und verfolgt deren geschichtlichen Wandel (Bollnow 1958a). Mit dem Verlangen nach einem authentischen und humanen Leben und mit dem Ziel einer ethischen Neuorientierung will Bollnow eine Besinnung auf die Grundlagen unseres sittlichen Zusammenlebens in Gang setzen. Er fordert zu einer *Einfachen Sittlichkeit* (Bollnow 1947), d. h. zu einer immer neuen Einübung von Tugenden, und zu einer Vermittlung moralischer Werte in der Gesellschaft und besonders in der Erziehung auf. Einige seiner ethischen und pädagogischen Schriften versteht er deshalb als Appell.

Bollnows philosophisches und pädagogisches Werk wurde nicht nur im deutschen Sprachraum, sondern auch in Japan und Korea rezipiert. Ein großer Teil seiner Schriften wurde ins Japanische übersetzt.

Literatur: Bollnow 1941, Bollnow 1958, Bollnow 1983, Boelhauve 1997, Kümmel 2010, Schwartländer 1984
Bibliographie: Boelhauve 1997, 465–530
Webseite: www.otto-friedrich-bollnow.de

Gudrun Kühne-Bertram

Brentano, Franz

Geboren 1838 in Marienberg, gestorben 1917 in Zürich. Jugend in Aschaffenburg. Studium in München, Berlin, Münster, Mainz und Würzburg, Promotion 1862 in absentia zu Tübingen. 1864 Priesterweihe, Habilitation 1866. Außerordentlicher Professor 1872 in Würzburg, ordentlicher Professor 1874 in Wien, 1879 Kirchenaustritt. 1880 Heirat und daher Verlust der Professur, Emigration 1895 nach Italien und von dort 1915 in die Schweiz.

Angeregt durch seine Lehrer Adolf Trendelenburg in Berlin und Franz Clemens in Münster, deren Kollegien über Metaphysik bzw. Psychologie er besucht, stehen im Fokus von Brentanos wissenschaftlichen Untersuchungen und seiner Lehrtätigkeit Probleme der Metaphysik (Brentano 1862, 1911, 1933, 1966, Nachlass M) und der Psychologie (Brentano 1867, 1874, 1907, 1911a, 1982). Andere philosophische Disziplinen sah er mit ihnen im Zusammenhang.

Metaphysische Theorien – Seine Dissertation über Aristoteles' ontologische Kategorien (Brentano 1862) widmete er Trendelenburg, dem „um das Verständniß des Aristoteles hochverdienten Forscher" (Brentano 1862, Widmung). In ihr konfrontiert er relevante Interpretationen mit aristotelischen Schriften (Chrudzimski 2004, Kap. 3) mit dem Ergebnis, dass „neuere Theorien", welche die Kategorien als formale, logische und grammatikalische Seinsaussagen fassten, „gar nicht mehr mit dem Zwecke, den Aristoteles verfolgt", überein zu bringen sind. (Brentano 1862, 193) Er dagegen legt ihre ontologische Fundierung dar, indem er sie aus der ersten Substanz deduziert: Substanz, Seiendes, *on* sei gemeinsamer Name für alle Dinge und werde auf verschiedene, analoge Weise durch die Kategorien prädiziert. Diese stünden alle in „weder aufeinander noch auf ein höheres Genus" rückführbarer Beziehung zum *on* als dessen ihm inhärierende Akzidenzien. (Ebd., 216) Dadurch soll der unbestimmte Ausdruck des *on* als griechischer Terminus für das Sein genauer bestimmt werden, womit Brentano nach eigener Auffassung „für Aristoteles gesprochen" (ebd., 219) hat. Später revidiert er dies und komme „von Aristoteles zu […] [sich] selbst" zurück. (Brentano 1966, 122 f.; Antonelli 2001, Kap. III und V). Zu-sich-selbst-Zurückzukommen bedeutet für ihn „Evolution" seines Denkens unter Einschluss der Kritik der eigenen Lehren auf dem Weg der Selbständigkeit und der Bildung – wie er es nannte – „meiner Schule" (Brentano 1894 Brentano 1911a; 1986).

In den *Metaphysikvorlesungen* (Nachlass M 95, 96, 99) ist Ontologie eine, freilich zentrale, Teildisziplin der Metaphysik, welche insgesamt die Transzendentalphilosophie, Ontologie, natürliche Theologie und Kosmologie umfasst. Metaphysik betrachte das Seiende als Seiendes im Allgemeinen, seine Eigenheiten und was unmittelbar von uns erfasst werde sowie den Zweckgedanken des Ganzen. Sie unterscheide sich auf Grund ihres Gegenstandsbereichs, ihrer Methode und ihrer Zielsetzung von anderen Wissenschaften: von den a priori feststehenden Sätzen der Mathematik; von den Naturwissenschaften, mit denen sie die methodische Beobachtung und Erfahrung teile (Brentano 1866, These 4), nicht aber den Gegenstandsbereich (die Naturwissenschaftler beschäftigten sich *ex professo* nicht mit dem der Metaphysik); von der Theologie, mit der sie die Gegenstände (Gott, Zweckursache, wirkendes Prinzip) teile, aber nicht deren Glaubenswahrheiten als Prämissen; von der Psychologie, sofern sie individuelle Denkprozesse behandelt. All diese Disziplinen sind daher nicht zuständig und ersetzen die Metaphysik als eigenständige Wissenschaft nicht; auch diejenige Philosophie nicht, die ihre Vergangenheit verwirft und bloß aus sich selbst schöpfen will. Dem Slogan, es müsse auf Kant zurück gegangen werden, setzt er den „Mahnruf" entgegen, man müsse hinter Kant auf die Höhepunkte der Philosophie zurück gehen (Brentano 1895, 1925, 1980, 1987).

In der *Transzendentalphilosophie*, einer „Apologetik des Vernunftwissens" gegen „Angriffe des Skeptizismus und Kritizismus", widerlegt Brentano die „Argumente der Gegner", kommt zur „Lösung der Einwände" und resümiert: Wir haben „die Apologetik geschlossen, die Kant den *transcendentalen* Theil der Metaphysik genannt haben würde. Wir gehn zu Untersuchungen über, die in seiner Sprache als *transcendent* zu bezeichnen wären. *Er selbst* bleibt hier stehen u. thut von dem Standpuncte d. Ergebnisse s. Untersuchungen *Einsprache gg.* unser Weiterschreiten. Allein *s. Resultat ist nicht das unsere.* Er endigt skeptisch mit der *Unerkennbark. des Dings an sich*, mit der Subjectivität unserer Principien." „*Wir im Ggtheil* haben gesehn, dass wir Principien haben, an deren Giltigkeit sich nicht zweifeln lässt" und dass wir „beim Wissen statt beim Zweifel über das Noumenon endigten." (Nachlass M 96, 31945 und 31820)

In der *Ontologie* (ebd., 31945 ff.) verweist er auf seine Dissertation und erweitert sie. Der mannigfachen Bedeutung des Seienden stellt er eine Theorie der „physischen", „logischen" und „metaphysischen Teile" an die Seite. Physische Teile versteht er als quantitative Subdivisionen von Ganzen, denen sie zugehören; logische als begriffliche Teile der Definition von Genus und seinen spezifischen Differenzen; metaphysische Teile (die physische einschließen) als einseitig abhängige Akzidenzien von ihren ihnen übergeordneten selbständigen Substanzen; Akzidenzien von Akzidenzien als Teile oder „Momente" der letzteren. Mit dieser strukturellen Onto-Mereologie legt Brentano eine Analyse metaphysischer Bausteine vor und weist ihren teleologischen, kosmologischen Zusammenhang auf, um das Ziel der Metaphysik, das „Ganze [der Welt] als Zweck der Teile" auszuweisen.

Psychologische Theorien – Die *Psychologie des Aristoteles* (Brentano 1867) richtet ihre Aufmerksamkeit ganz auf Aristoteles' Lehre von den Erkenntniskräften, da Brentano in ihr einen sicheren Maßstab zur Beurteilung des Ganzen sieht. Die Erkenntniskräfte, Sinne und Verstand, stehen bei Aristoteles in konstitutiver und intentionaler Relation zu einander. Dasselbe Ding, das sinnlich konkret gegeben sei, werde im Verstand als essentiell identisch rezipiert; Sinne und Verstand verhalten sich nur in je anderer Weise zum gleichen Gegenstand, der *als* Gegenstand beiden inhäriere, nämlich als unterschiedliche intentionale Einstellungen (ebd., 80, 135). Von diesem Verständnis aus sieht Brentano den aristotelischen *wirkenden Verstand*, den *nous pojetikos*, als die „vor allem Denken [...] wirkende Kraft des geistigen Theils unserer Seele", die nicht von Sinn und Verstand getrennte geistige Substanz, die denk-immanente (nicht transzendentale) „Ursache unseres Denkens", die den Sinnen „den nötigen Impuls zur Rückwirkung auf das Geistige" gebe (ebd., 180) und Leib und Seele „auf's Innigste" zusammenhalte – so lange man lebt. Danach bestehe die vom vergänglichen Leib einseitig ablösbare unsterbliche Seele fort (ebd., 196). Diese These führt zu einer heftigen Kontroverse mit Eduard Zeller (Brentano 1911a).

Die *Psychologie vom empirischen Standpunkte* (Brentano 1874) behandelt zum einen die Methode der Psychologie, insbesondere die Erfahrung als deren Grundlage, sowie zum anderen die bewussten psychischen Phänomene bzw. Akte. Letztere werden gemäß ihrer unterschiedlichen intentionalen Einstellung unterteilt in Vorstellungen, Urteile sowie Gemütsbewegungen (Emotionen, Liebe, Hass, Wille). Vorstellungen fungieren als selbständige, fundierende Akte für die auf sie gegründeten und von ihnen einseitig abhängigen Akte des Urteils und der Emotionen: Nichts kann beurteilt, geliebt etc. werden, ohne vorgestellt zu sein; jedes Urteil, jede Emotion ist komplexer Natur, da beide je eine Vorstellung inkludieren. Gemeinsam komme allen psychischen Phänomenen ihr evidentes Bewusstsein von sich selbst und ihre Intentionalität zu. Intentionalität bedeutet, dass wir beim Denken uns primär auf Anderes und dabei sekundär auf uns selbst als Denkende beziehen und dass wir zweifellos darum wissen. Das Andere ist dabei als „mental einwohnend", „inexistent", als lediglich gedacht, mithin nicht real, kopräsent „mit da". (ebd., 106 ff.) Die Gleichzeitigkeit von transitivem Fremdbezug und rezeptivem, reflexiv-intransitivem Selbstbezug garantiert die Einheit des Bewusstseins bei zugleich vielfacher differierender intentionaler Beziehung (Studien 1991).

Auch in der *Deskriptiven Psychologie* (Brentano 1982) sucht er in einer „Anatomie des Seelenlebens" die „Elemente des menschlichen Bewusstseins und ihre Verbindungsweisen (nach Möglichkeit) erschöpfend zu bestimmen und die Bedingungen anzugeben, mit welchen die einzelnen Erscheinungen ursächlich verknüpft sind." (Ebd., 1, vgl. 79, 129, 156) Diese Elemente und ihr Konnex werden in einer elaborierten Teil-Ganzes-Lehre, einer Psycho-Mereologie, in Analogie zur oben genannten Onto-Mereologie, herausgearbeitet. Diese „reine" Analysis und Synthesis von Bewusstseinszuständen sieht streng ab von deren „inexakter", weil physiologischer Genese. Unerlässliche Grundlage für die Beschreibung ist das „Erleben" innerer Zustände und Ereignisse. Diese können verdeutlicht werden durch das explizite Wahrnehmen („Bemerken") des im Bewusstsein implizit Gegebenen; durch das Sammeln („Fixieren") des Bemerkten im Kontext anderer schon gewonnener Erkenntnisse; durch deren begriffliche „induktive Verallgemeinerung", um ihren gesetzartigen Zusammenhang „intuitiv" zu erfassen (ebd., 73) und durch deren deduktive Verwertung auch für andere Disziplinen, etwa Ethik (Brentano 1889) und Logik (Brentano Nachlass EL), aber auch für Theologie und Naturwissenschaften.

Brentanos Lehre und Forschung wirkte intern („meine Schule": Brentano 1894, 34) und extern inspirierend auf die sogenannte Österreichische Philosophie. Er gilt als Begründer der „Aktpsychologie", als Wegbereiter der Phänomenologie der Husserl-Schule und als Ahne der „Philosophie des Geistes".

Literatur: Brentano 1862, Brentano 1874, Brentano 1911a, Antonelli 2001, Chrudzimski 2004, Studien 1991
Hilfsmittel: Studien 1988
Webseite: www.franz-brentano.de

Wilhelm Baumgartner

Buber, Martin

Geboren 1878 in Wien, gestorben 1965 in Jerusalem. Ab 1896 Studium der Philosophie, Kunstgeschichte, Literatur, Psychiatrie, Germanistik, klassischen Philologie und Nationalökonomie in Wien, Leipzig, Berlin, Zürich unter anderem bei Dilthey und Simmel. 1904 Dissertation in Wien. In den anschließenden Jahren Forschungen zum Chassidismus und Lektoratsarbeit. Ab 1922 Lehrtätigkeit im Freien Jüdischen Lehrhaus, ab 1923 Lehrauftrag an der Universität in Frankfurt am Main. 1938 Emigration nach Jerusalem. Bis zur Emeritierung 1951 Lehrstuhl für Sozialphilosophie an der Hebräischen Universität in Jerusalem.

Martin Buber gilt neben Franz Rosenzweig als Hauptvertreter der Dialogphilosophie. Hierbei handelt es sich um eine Denkströmung des 20. Jahrhunderts, die den anderen

Menschen in seinem Verhältnis zum Ich nicht als Objekt, sondern als ein Du in den Mittelpunkt ihrer philosophischen Untersuchungen rückt. Auf diese Weise wird die Spezifität des Zwischenmenschlichen gegenüber dem Individuellen und dem Sozialen hervorgehoben. Bubers dialogphilosophische Werke *Ich und Du* (Buber 1923), *Zwiesprache* (Buber 1929), *Das Problem des Menschen* (Buber 1942), *Urdistanz und Beziehung* (Buber 1951) und *Elemente des Zwischenmenschlichen* (Buber 1953) liefern einen originellen Beitrag zur philosophischen Anthropologie, indem sie den einzelnen Menschen weder als isoliertes Individuum noch als Exemplar der menschlichen Gattung oder als Teil einer historischen Gesellschaft, sondern in seinem Verhältnis zu einem anderen Menschen in den Blick nehmen: „Der Mensch ist nicht in seiner Isolierung, sondern in der Vollständigkeit der Beziehung zwischen dem einen und dem andern anthropologisch existent: erst die Wechselwirkung ermöglicht, das Menschentum zulänglich zu erfassen." (Buber 1953, 290)

Zu den Wurzeln von Bubers Dialogphilosophie gehören der libertäre Kultursozialismus seines langjährigen Freundes Gustav Landauer, vor allem aber auch der Dialog des Einzelnen mit Gott, wie er innerhalb des Chassidismus verstanden wird. Buber hatte sich bereits mit seiner Dissertation thematisch dem Chassisimus genähert. Der Chassisimus ist eine ostjüdische Mystik, die sich mit der deutschen mystischen Tradition – Nikolaus von Kues, Meister Eckhart und Jakob Böhme – beschäftigt. Gegenüber der streng orthodoxen Gesetzeslehre betont der Chassidismus die unmittelbare Erlebbarkeit des jüdischen Glaubens.

In seinem Hauptwerk *Ich und Du* unterscheidet Buber die dialogische Beziehung zu einem Du von der objektivierenden Erfahrung eines Es, Sie oder Er. Das Grundwort „Ich-Es" bezeichnet ein Weltverhältnis, in dem ich Objekte erkenne und gemäß meiner Handlungsinteressen über sie verfüge. Der andere Mensch ist ein Es, ein Ding unter Dingen, solange ich auf bestimmte Eigenschaften – „die Farbe seiner Haare oder die Farbe seiner Rede oder die Farbe seiner Güte" (Buber 1923, 12 f.) – achte. Wenn ich dagegen das Grundwort „Ich-Du" ausspreche, also Du zu meinem Gegenüber sage, erfahre ich nicht die Eigenschaften von etwas, sondern ich stifte eine Beziehung (Buber 1923, 10). Die dialogische Beziehung schließt für Buber also die objektivierende Erfahrung aus: „Den Menschen, zu dem ich Du sage, erfahre ich nicht." (Buber 1923, 13) Ich habe es mit den Eigenschaften eines Objekts zu tun, wenn ich jemanden ansehe oder über ihn spreche. Ein völlig anderes Verhältnis taucht jedoch auf, wenn ich nicht *über* jemanden, sondern *mit* jemandem spreche. Darin besteht die Eigenart des Dialogischen. Im Unterschied zum Ich-Es, bei dem die Initiative beim Ich bleibt, liegt der Sinn im Ich-Du-Verhältnis „weder in einem der beiden Partner noch in beiden zusammen […], sondern nur in ihrem lebhaften Zusammenspiel, diesem ihrem Zwischen" (Buber 1953, 276).

Nach Buber bezieht sich das Grundwort Ich-Du auf das ursprüngliche Weltverhältnis, das im abendländischen Denken jedoch immer vernachlässigt worden ist, wohingegen zum zweiten Grundwort des Ich-Es sowohl die alltägliche nutzenorientierte Einstellung wie auch die Subjekt-Objekt-Dualität der neuzeitlichen Erkenntnistheorie gerechnet werden kann. Einerseits ist das Ich-Du-Verhältnis für Buber das Wesen des Zwischenmenschlichen, andererseits handelt es sich eher um „wunderliche lyrisch-dramatische Episoden" in der „festen und zuträglichen Chronik" der Es-Welt (Buber 1923, 37). Früher oder später wird jedes Du wieder zu einem Es (ebd., 21).

Das Tier kennt keinerlei Beziehung, da Distanzierung und Individualisierung Voraussetzung sind; Beziehung ist ein Privileg, das einzig dem Menschen vorbehalten ist (Buber 1951, 11, 20). Erst der Einzelne, der sich aus der anonymen Kollektivität eines „Man" im Sinne Heideggers herauslöst, hat als Person ein selbstständiges Gegenüber, zu dem er Du sagen kann (Buber 1942, 163). Von hier aus ergibt sich auch eine Neubestimmung des Subjektbegriffs, denn das Ich des Grundwortes Ich-Du bezeichnet Buber als Person, das Ich des Grundwortes Ich-Es als Eigenwesen. Dies sind die „zwei Pole des Menschentums" (Buber 1923, 67). Als Person bin ich Teil der zwischenmenschlichen Wirklichkeit, gerade weil ich mir diese nicht vollends aneignen kann. Ich bin dagegen ein Eigenwesen, insofern ich mich durch bestimmte Eigenschaften von anderen Menschen unterscheide.

Um das Verhältnis zum anderen Menschen in der Es-Welt als Verfallsform des Zwischenmenschlichen darzulegen, stellt Buber das „Leben vom Wesen" dem „Leben vom Bilde" bzw. den „Wesensmensch" dem „Bildmensch" gegenüber (Buber 1953, 277). Der Bildmensch zeichnet sich dadurch aus, dass er sich der zwischenmenschlichen Wirklichkeit vorenthält und nur danach strebt, ein bestimmtes Bild von sich selbst beim Anderen hervorzubringen. Da er nicht als Person ins Spiel kommt, bleibt seine Existenz scheinhaft: „Stellen wir uns zwei Bildmenschen vor, die beieinander sitzen und miteinander reden – nennen wir sie Peter und Paul – und zählen wir die Figurationen nach, die dabei im Spiel sind. Da sind erst mal der Peter, wie er dem Paul erscheinen will, und der Paul, wie er dem Peter erscheinen will; sodann der Peter, wie er dem Paul wirklich erscheint, Pauls Bild von Peter also, das gemeiniglich keineswegs mit dem von Peter gewünschten übereinstimmen wird, und vice versa; dazu noch Peter, wie er sich selbst, und Paul, wie er sich selbst erscheint; zu guter Letzt der leibliche Peter und der leibliche Paul. Zwei lebendige Wesen und sechs gespenstische Scheingestalten, die sich in das Gespräch der beiden mannigfaltig mischen! Wo bliebe da noch Raum für die Echtheit des Zwischenmenschlichen!" (Buber 1953, 279)

Solange ich mein Gegenüber als eine Instanz begreife, deren Existenz ausschließlich darin besteht, mir folgsam zuzuhören und ein bestimmtes Bild von mir selbst zu bestätigen, findet kein Gespräch, sondern nur ein Gerede statt (Buber 1953, 282). Das echte Gespräch ist für Buber allerdings kein Privileg der Intellektuellen oder der Freizeitkultur; es setzt auch keineswegs die Abwendung von den Zwängen des pragmatischen Alltagslebens und den Rückzug in einen Elfenbeinturm voraus: „Den gerade meine ich, den im Bureau, den unter Tag, den am Dampfpflug, den in der Setzerei, den Menschen. Ich suche nicht nach Menschen, suche mir die Menschen nicht aus, ich nehme an die da sind, sie habe ich im Sinn, ihn, den Eingespannten, den Radtretenden, den Bedingten. Zwiesprache ist keine Angelegenheit des geistigen Luxus" (Buber 1929, 190).

Ein echtes Gespräch kann nach Buber vollkommen stumm sein (Buber 1929, 166), und es muss im Übrigen auch keinen harmonischen Konsens einschließen. Denn selbst im Streit verwirklicht sich eine dialogische Beziehung, solange sich die Diskussionspartner trotz ihrer gegensätzlichen Ansichten als Personen anerkennen (Buber 1953, 283). Ob ein echtes Gespräch stattfinden wird, kann niemals durch bestimmte Regeln und sonstige Vorkehrungen von vornherein festgelegt werden (Buber 1953, 286, 296). Infolgedessen besteht jederzeit das Risiko, dass meine dialogische Grundhaltung unerwidert bleibt, indem der Andere auf mein Du-Sagen mit Es antwortet (Buber 1923, 70).

Buber verleiht seinen philosophischen Überlegungen schließlich eine kulturkritische Dimension, denn für ihn führen die Möglichkeiten technologischer und wissenschaftlicher Weltbeherrschung zu einer Zunahme der Es-Welt, in der der Raum für dialogische Beziehungen mehr und mehr verschwindet (Buber 1923, 39 ff.). In dem Maße, wie das Leben der Menschen auf Kosten der Sphäre des Zwischenmenschlichen kontrollierbarer und sicherer wird, wird es zugleich auch unwirklich, denn anders als andere Lebewesen verwirklicht sich der Mensch ja gerade erst in der Bejahung, welche ihm innerhalb der dialogischen Beziehung zukommt. Ohne die Es-Welt könnte der Mensch, wie Buber erklärt, nicht überleben, aber es ist erst die Du-Welt, in der er wirklich lebt: „Das Tier braucht nicht bestätigt zu werden, denn es ist was es ist, unfraglich. Anders der Mensch: aus dem Gattungsreich der Natur ins Wagnis der einsamen Kategorie geschickt, von einem mitgeborenen Chaos umwittert, schaut er heimlich und scheu nach einem Ja des Seindürfens aus, das ihm nur von menschlicher Person zu menschlicher Person werden kann" (Buber 1951, 36 f.).

Ein Fortwirken von Bubers Denken lässt sich innerhalb der Phänomenologie bei Emmanuel Levinas und Bernhard Waldenfels feststellen. Beide Autoren würdigen vor allem den Gedanken, dass sich die Beziehung zum Anderen nicht auf objektive Erkenntnis reduzieren lässt. Allerdings meldet Levinas Bedenken an, insofern Buber der grundlegenden Andersheit des Anderen keinerlei Gewicht einräumt, sondern ihn als ein Du der Vertrautheit in ein Verhältnis der Reziprozität stellt, in dem das Ich sich zum Du verhält wie das Du sich zum Ich (Levinas 1961, 92). Auf diese Weise wird, wie Waldenfels einwendet, dem anderen Menschen der „Stachel der Fremdheit" gezogen (Waldenfels 1994, 578).

Dass Buber vor allem in der Phänomenologie Gehör gefunden hat, liegt nicht zuletzt auch daran, dass sein eigenes Vorgehen, auf die Erfahrbarkeit des Zwischenmenschlichen hinzuweisen, eine unübersehbare Nähe zu dieser philosophischen Schule aufweist: „Ich muß es immer wieder sagen: Ich habe keine Lehre. Ich zeige nur etwas. Ich zeige Wirklichkeit, ich zeige etwas an der Wirklichkeit, was nicht oder zu wenig gesehen worden ist. Ich nehme ihn, der mir zuhört, an der Hand und führe ihn zum Fenster. Ich stoße das Fenster auf und zeige hinaus." (Buber 1951, 45)

Literatur: Buber 1923, Buber 1951, Buber 1953, Siegfried 2010, Wolf 1992, Ziegler 1992
Webseite: http://buber-gesellschaft.de

Jens Bonnemann

Bühler, Karl

Geboren 1879 in Meckesheim, gestorben 1963 in Los Angeles. 1903 Promotion zum Dr. med. in Freiburg, 1904 Promotion am Institut für Psychologie der Universität Straßburg, 1907 Habilitation in Würzburg. Ab 1922 Professor für Psychologie und Leiter des psychologischen Instituts an der Universität Wien. 1938 kurze Verhaftung durch die Nationalsozialisten, 1940 Emigration über Oslo in die USA. 1940–45 Professor in Minnesota; 1945–55 Professor für Psychiatrie an der Universität von Southern California, Los Angeles.

Die von Bühlers Lehrer Oswald Külpe begründete Würzburger Schule der Psychologie steht der Gestalttheorie nahe, die vom Prinzip der „Übersummativität" ausgeht („Das Ganze ist mehr als die Summe seiner Teile"). Das bringt sie von Anfang an in Gegensatz zu Wilhelm Wundt und seinem Leipziger Kreis, wo die Beschreibung psychischer Tatsachen als Reduktion komplexer Bewusstseinsvorgänge auf einfache, mit Anschauungsinhalten versehene „Elemente" begriffen wurde („Elementenpsychologie"). Kennzeichen der Leipziger Schule ist ein experimentelles Vorgehen, das die Selbstauskünfte der Versuchspersonen auf ein Minimum reduziert, um die Erhebung der Bewusstseinselemente möglichst objektiv zu halten; höhere („zusammengesetzte") intellektuelle Funktionen gelten als experimentell nicht nachweisbar. Die Experimente Külpes und seiner Mitarbeiter fördern dagegen psychische Prozesse ohne anschaulichen Inhalt zutage. Zum Eklat zwischen beiden Schulen kommt es in der so genannten Bühler-Wundt-Kontroverse (Pongratz 1997), in der Wundt Bühlers Ergebnisse zurückweist, weil er sich zu stark auf die Selbstbeobachtung seiner Probanden stütze. Wundts Kritik an Bühlers „Ausfragemethode" hat in der weiteren Geschichte der experimentellen Psychologie immer wieder Neuauflagen erlebt. Seine Ansicht, höhere intellektuelle Funktionen seien einer experimentellen Untersuchung nicht zugänglich, hat sich aber nicht durchgesetzt (Lück 1991, 67–79).

Eine wichtige Stütze für die Untersuchung nichtanschaulicher Denkinhalte findet Bühler in Husserls Unterscheidung zwischen Gegenstand und Inhalt intentionaler Erlebnisse und insbesondere in seiner Theorie signitiver Akte (Husserl 1900, Bd. II/2, 67). Im Gegensatz zu Husserl besteht er aber darauf, dass die Theorie experimentell überprüfbar bleiben muss (Bühler 1907, 298 f.). Diese Spannung zwischen philosophischem Anspruch und empirischen Methoden kennzeichnet auch Bühlers einflussreichstes und philosophisch gehaltvollstes Buch, die *Sprachtheorie* (Bühler 1934). Bühler begreift Sprache darin als ein „Werkzeug", das der menschlichen Mitteilung dient (ebd., XXI). Gegen Husserls *Logische Untersuchungen*, die ihm nur geeignet erscheinen, „die Rede eines Monadenwesens" zu erläutern, bezieht er sich – lange vor dem Erscheinen der deutschen Fassung – auf die *Méditations Cartésiennes* (ebd., 11; vgl. Husserl 1931a). Vor allem Husserls Analysen der Intersubjektivität in der fünften Meditation scheinen ihm geeignet, das „soziale Moment der Sprache" hervorzuheben und das „Studium der intersubjektiv geregelten Sprachkonventionen" voranzutreiben (ebd., 68 f.). Bühlers Gebrauch des Ausdrucks „intersubjektiv" ist aber schwankend und orientiert sich letztlich stärker an Saussures Theorie der *langue* als an Husserls Analysen der Fremderfahrung; den „intersubjektiven Charakter der Sprachgebilde" sieht er z. B. in deren „Unabhängigkeit vom einzelnen Sprecher" (ebd., 58).

Bühlers bekanntestes theoretisches Konzept, das nicht nur in der Linguistik, sondern auch in der Philosophie vielfach aufgenommen und abgewandelt wurde, ist das *Organonmodell der Sprache*. Dieses Modell beruht auf der elementaren Mitteilungsstruktur „*einer – dem anderen – über die Dinge*", deren Pole Bühler als „Sender", „Empfänger" und „Gegenstand" bezeichnet; den drei Polen entsprechen die drei grundlegenden „Leistungen" der menschlichen Sprache: „Ausdruck" (des Senders), „Appell" (an den Empfänger) und „Darstellung" (des Gegenstandes) (ebd., 24, 28).

Der Dimension des Ausdrucks hat Bühler 1933 eine eigene *Ausdruckstheorie* (Bühler 1933) gewidmet, die stärker theoriegeschichtlich ausgelegt ist als die *Sprachtheorie* und die von der späteren Rezeption kaum zur Kenntnis genommen wurde. Der Untertitel der *Sprachtheorie* lautet *Die Darstellungsfunktion der Sprache*. Das entspricht Bühlers Überzeugung, die Sprachwissenschaft habe sich vorwiegend mit der – situationsunabhängig analysierbaren – Satzstruktur der Sprache zu beschäftigen. Der Untertitel ist aber letztlich irreführend, weil diejenigen Passagen des Buches, die den größten Einfluss auf die spätere Linguistik hatten und auch das größte philosophische Potential besitzen, letztlich der Appellfunktion der Sprache zuzuordnen sind (die die *Sprachtheorie* so ausführlich behandelt, dass Bühler keinen Anlass sah, noch eine gesonderte Studie über die Appellfunktion zu veröffentlichen).

Philosophisch gesehen ist auffallend, dass Bühler nahezu zeitgleich mit Wittgenstein beginnt, eine Theorie der *Sprechhandlungen* zu entwickeln; aus Sicht der Linguistik begründet vor allem die ausführliche Analyse deiktischer Ausdrücke – des von Bühler so genannten *Zeigfelds* der Sprache – den Rang des Buches als Standardwerk der Sprachwissenschaft. Beide Aspekte hängen im systematischen Grundriss der *Sprachtheorie* eng zusammen. Bühlers Unterscheidung von „Sprechhandlung" und „Sprachwerk" korrespondiert der Unterscheidung zwischen „Zeigfeld" und „Symbolfeld" der Sprache, mit der er seine „Zweifelderlehre" begründet. Er betont, „daß uns das sprachliche Zeigfeld an der *Sprechhandlung* und das Symbolfeld am entbundenen *Sprachwerk* am klarsten ins Auge fällt" (ebd., 168). Das Symbolfeld bezeichnet die Sphäre der „Nennwörter", die in Satzgebilde eingehen, um Aussagen über Gegenstände zu treffen. Dieser Modus des Sprechens ist nach Bühler aber nicht die einzige und nicht einmal die wichtigste Möglichkeit einer „Verständigung über die Dinge"; der Gebrauch der „Zeigwörter" ist häufig der „zweckmäßigste", weil er „eine erweiterte und verfeinerte Berücksichtigung der Situationsumstände" erlaubt (ebd., 105). Bühlers detaillierte Einzelanalysen, die nach wie vor zum festen Bestand der linguistischen Forschung gehören, behandeln die Zeigwörter *„hier, jetzt* und *ich"* als „Origo des Zeigfeldes" (ebd., 102); mit Blick auf die verschiedenen Möglichkeiten sprachlichen Zeigens unterscheiden sie die „Deixis ad oculos" (Verweis auf wahrnehmbare Gegenstände) von der „Deixis am Phantasma" (Verweis auf imaginäre Gegenstände; z. B. Nachstellen einer Unfallsituation vor Gericht) und den „anaphorischen" Verweisstrukturen innerhalb eines Textes (ebd., 80). Dabei bleibt die Orientierung am konkreten Sprechereignis immer gewahrt: „Zeigen ist das sprechhandelnde Verhalten *kat'exochen"* (ebd., 168).

Die im weitesten Sinne philosophische Rezeption Bühlers konzentriert sich vor allem auf die *Sprachtheorie*, die, anders als die Ausdruckstheorie, zahlreiche Neuauflagen erlebte und ins Englische, Französische, Italienische, Spanische und Japanische übersetzt wurde. Zu den wichtigsten Autoren, die Bühlers Organonmodell aufnahmen und weiterentwickelten, gehörten in der Sprachwissenschaft Roman Jakobson (Jakobson 1960) und in der Philosophie Jürgen Habermas (Habermas 1981). Besonders enge Beziehungen zu Bühlers Denken finden sich in der Phänomenologie, zum Beispiel in Bernhard Waldenfels' Theorie der Responsivität (Waldenfels 1994).

Literatur: Bühler 1913, Bühler 1927, Bühler 1933, Bühler 1934, Eschbach 1984, Graumann 1984

Andreas Gelhard

Buhr, Manfred

Geboren 1927 in Kamenz, gestorben 2008 in Berlin. 1947–51 Studium der Geschichte und Philosophie an der Universität Leipzig, anschließend 1952–56 wissenschaftlicher Assistent und Aspirant ebendort, 1956 Promotion. 1962 Habilitation in Greifswald, danach stellvertretender Direktor am neuen Akademie-Institut für Philosophie sowie Ernennung zum Akademie-Professor (1965). 1964–89 Berichterstatter für das Ministerium für Staatssicherheit (IM „Rehbein"). 1969–89 Direktor des Zentral-Instituts für Philosophie der Akademie der Wissenschaften der DDR. 1990 demokratische Abwahl als Institutsdirektor, Entlassung und Vorruhestand.

Manfred Buhr gehörte, neben Erich Hahn und dem Chefideologen der SED, Kurt Hager, zu den wichtigsten polit-ideologischen Funktionsträgern der vergangenen DDR-Philosophie, die über drei Jahrzehnte für die Durchsetzung des Absolutheitsanspruchs der SED-Führung in Sachen der allein zugelassenen marxistisch-leninistischen Philosophie in der DDR verantwortlich zeichneten. Ebenso beteiligte er sich an der Verfolgung anders ausgerichteter Philosophie, vor allem solcher marxistisch-kritischer Denkart.

Auf Grund der Ausrichtung seiner universitären Ausbildung und Qualifizierung bildet Buhrs philosophiegeschichtliches Hauptarbeitsgebiet die klassische deutsche („bürgerliche") Philosophie, insbesondere Kant und Fichte. Er ediert philosophiehistorische Werke (Bacon 1962, Schelling 1966) und legt eine knappe, ab 1968 mehrfach unverändert aufgelegte *Einführung in Leben und Werk* Kants vor, in der „Kant selber überall dort zu Worte kommt, wo seine Aussagen leicht faßlich" sind (Buhr 1968, Vorbemerkung). In seiner bereits zuvor publizierten Habilitationsschrift zu Fichte geht es um dessen „ursprüngliche Philosophie" in Verbindung mit der französischen Revolution, ohne dessen theoretische Philosophie, die „Wissenschaftslehre", miteinzubeziehen (Buhr 1965). Diese und andere Einführungen wurden in einer kurz gefassten *Geschichte der klassischen bürgerlichen Philosophie* zusammengezogen (Buhr 1972).

Von Buhr existieren keine in sich geschlossenen historisch-systematischen Arbeiten zur Geschichte der Philosophie oder einer anderen bedeutsamen philosophischen Denkrichtung. Er ist vielmehr vor allem akademieoffizieller Mitherausgeber von entsprechenden repräsentativen Sammelbänden bzw. Protokollen „staatsakademisch geschlossener" Jubiläumskongresse, wie z. B. zu Fichte (Buhr 1962), Kant (Buhr 1976), Hegel (Buhr 1981) sowie Lukács und Bloch (Buhr 1985). Philosophie lässt sich für Buhr weitestgehend auf Weltanschauung und Ideologie reduzieren. Das hat zur Folge, dass er die nachklassische, als „spätbürgerlich" klassifizierte deutsche Philosophie als fortgesetzte „Zerstörung der Vernunft", als „apologetische Unvernunft" und als „geistigen Verfall" versteht (Buhr, Steigerwald 1981). Sie bedeutet daher „Verzicht auf Fortschritt, Geschichte, Erkenntnis und Wahrheit". Aus dieser Sichtweise erklärt sich die von ihm postulierte und jahrzehntelang praktizierte „historische Notwendigkeit des ideologischen Klassenkampfes" (Buhr, Gedö 1976).

Institutionell verankert als Vorsitzender eines gesellschaftswissenschaftlichen „Rates für Grundfragen des ideologischen Klassenkampfes zwischen Sozialismus und Imperialismus" (der die Auseinandersetzung mit der spätbürgerlichen Philosophie wie auch dem Revisionismus zur Aufgabe hatte) ist Buhr 1980/81 als Institutsdirektor und „Akademik" zusammen mit Herbert Hörz maßgeblich an der parteigesteuerten Maßregelung (Ausschlüsse) und wissenschaftlichen Ausgrenzung (Zitier- und Publikationsverbote) einer Philosophengruppe um Peter Ruben und Camilla Warnke beteiligt.

Buhr stellt die ideologischen Standpunkte der Philosophie in der von ihm herausgegebenen umfangreichen *Enzyklopädie zur bürgerlichen Philosophie im 19. und 20. Jahrhundert* (Buhr 1988) und im einzigen *Philosophischen Wörterbuch* der DDR (Klaus, Buhr 1964) dar, mit dessen Überarbeitung und Edierung Buhr über 25 Jahre beschäftigt war. Dieses spielte nach eigener Aussage „bei der marx.-len. Formierung des Zentralinstituts für Philosophie eine entscheidende Rolle" (Buhr, Schreiter 1979). Obwohl die verbale Inanspruchnahme der „Vernunft" in den verschiedenen Publikationen Buhrs besonders auffällig ist (Buhr, Irrlitz 1968, Buhr 1977, 1986), ist Buhrs Philosophie letztlich doch wesentlich eine bloße Rechtfertigung der ideologisierten Rationalität und realsozialistischen Programmatik der offiziellen Staatspartei-Philosophie (des ML) der DDR.

Literatur: Buhr 1968, Buhr 1977, Buhr 1987, Herzberg 1997, Oberkofler 1996, Rauh 2009

Hans-Christoph Rauh

Bultmann, Rudolf Karl

Geboren 1884 in Wiefelstede bei Oldenburg, gestorben 1976 in Marburg. 1912 Habilitation in Marburg, 1921 nach Stationen in Breslau und Gießen Berufung auf den neutestamentlichen Lehrstuhl nach Marburg, 1951 Emeritierung. Protagonist der Dialektischen Theologie. Während des Nationalsozialismus Zugehörigkeit zur Bekennenden Kirche.

Bultmanns Arbeit am Neuen Testament ist von der Absicht geleitet, den mythologischen Gehalt der Texte so zu interpretieren, dass diese als Anrede an den Menschen der Gegenwart verständlich werden können; wesentliche Anstöße dazu kommen von Martin Heidegger, der von 1923 bis 1928 in Marburg lehrt (Bultmann, Heidegger 2009). Die Hermeneutik der Faktizität, die dieser in seinen Vorlesungen entwickelt (sie kommt in der Analytik des Daseins von *Sein und Zeit* zu einem vorläufigen Abschluss) sowie gemeinsam gehaltene Seminare bringen Bultmann „die Einsicht in die Geschichtlichkeit des menschlichen Seins" und damit „die Einsicht in die Geschichtlichkeit des Redens von Gott" (Bultmann 1933, 118). Sie werden zum Anstoß für eine Reflexion auf die Vorstruktur des Verstehens und die Voraussetzungen einer existenzialen Hermeneutik des Neuen Testaments, der er 1941 den programmatischen (und oft missverstandenen) Titel „Entmythologisierung" gibt (Bultmann 1941; zum zeitgeschichtlichen Hintergrund vgl. Hammann 307 ff.); er versteht darunter „ein *hermeneutisches Verfahren*, das mythologische Aussagen bzw. Texte nach ihrem Wirklichkeitsgehalt befragt" (Bultmann 1965, 128).

Die Entmythologisierung hat nicht die Beseitigung des Mythos zum Ziel, sondern dessen Verstehen durch Interpretation der Texte. Diese steht unter einer dreifachen Herausforderung: Sie muss 1. *objektiv-wissenschaftlich* an die Mythen herangehen und 2. mit Hilfe einer *existenzialen* Begrifflichkeit 3. an das *existenzielle* Verstehen heranführen.

Zuerst sind die Texte, in denen die Mythen überliefert sind, in objektiver Forschung kritisch zu sichern – eine Aufgabe, zu der Bultmann selbst Bedeutendes beigetragen hat.

Was die existenziale Begrifflichkeit angeht, schließt er sich Heideggers Analytik des Daseins (Stichworte: Jemeinigkeit, In-der-Welt-sein, Verfallen, Gewissen, Schuld, Tod, Zeitlichkeit und Geschichtlichkeit) an; dabei betont er wiederholt, dass der Rückgang auf eine bestimmte Philosophie nur *eine* Möglichkeit sei, angemessene Vorstellungen von der menschlichen Existenz zu gewinnen. Heideggers Bedeutung liegt für ihn darin, dass jener die menschliche Existenz ausdrücklich und umfassend zum Thema macht. Bultmann unterscheidet mit Heidegger zwei Grundmöglichkeiten des Menschen: eigentliche und uneigentliche Existenz. Letztere ist dadurch bestimmt, dass der Mensch seiner Gegenwart verfallen ist, d. h. jener Welt, die er sich mit seinen Bedürfnissen und für diese schafft (in der Sprache des Johannesevangeliums und der paulinischen Briefe οὗτος ὁ κόσμος). In eigentlicher Existenz dagegen gewinnt er sein Selbstverständnis in Ernstnahme der Geschichte und der unverfügbaren Zukunft. Er ist für Gott bereit, der aber „immer der kommende Gott" ist (Bultmann 1960, 90).

Die existenziale Analyse bleibt rein formal und sagt nichts über die wirkliche Beziehung von Gott und Mensch aus. Denn schon die wissenschaftlichen Forschungsergebnisse sind kein Ersatz für das existenzielle Verstehen, so wenig wie das existenziale Begreifen einfach *„das Lebensverhältnis des Interpreten zu der Sache ist, die im Text – direkt oder indirekt – zu Worte kommt"* (Bultmann 1952, 217). Erst in dem Maß, wie der Interpret die existenzialen Bestimmungen als die seinen erkennt und aneignet, hat er sie eigentlich verstanden. Für den Glaubenden (Bultmann hat sich zeitlebens als ein solcher bekannt) erschließt sich auf diesem Weg Gott als handelnder, ohne dass damit eine direkte Identität mit den innerweltlichen Begebenheiten hergestellt wäre; Bultmann spricht von einer „paradoxen Identität" (Bultmann 1965, 173): Was sich dem Glaubenden als Geschenk Gottes oder als Strafe enthüllt, zeigt sich außerhalb des Glaubens als Teil einer Kette von Ursachen und Wirkungen.

Der Mythos spricht sich in zeitgebundenen Bildern aus, die jedoch einen Gehalt in sich bergen, der auch für den Menschen der Gegenwart wesentlich ist und deshalb auf seinen verborgenen Sinn hin befragt werden muss. Die Mythologie redet z. B. von Himmel und Hölle. Wenn sie sagt, Gott wohne im Himmel, meint sie damit, dass er die Welt übersteigt, transzendent ist. Desgleichen ist die Hölle aus mythologischer Sicht ein Ort unter der Erde, meint aber die transzendente Macht des Bösen. Hier wie dort hat die Rede von Himmel und Hölle für das wissenschaftliche Denken seinen Sinn verloren; dessen ungeachtet ist „die Idee der Transzendenz Gottes und des Bösen [...] immer noch bedeutungsvoll" (Bultmann 1965, 147). Wie hier mit räumlichen Bildern wird in der Eschatologie der weltjenseitige Gott durch zeitliche Mittel dargestellt. Doch der Sinn von Jesu mythologischer Predigt ist es, „offen [zu] sein für Gottes Zukunft, die uns, wirklich jedem einzelnen, bevorsteht" (ebd., 154). Der Entmythologisierungsprozess solcher Texte setzt schon bei Paulus und radikal bei Johannes ein, so Bultmanns Deutung. Diesen Prozess will er fortsetzen, wobei er Weltanschauung und Wissenschaft als die seiner Gegenwart begreift. Der Versuch, politische, soziale oder ökonomische Ereignisse als die Folgen übernatürlicher Mächte aufzufassen, wäre verfehlt. Auf der anderen Seite nährt das naturwissenschaftliche Weltbild die Meinung, mit den Wissenschaften die Herrschaft über die Welt und über das eigene Leben gewinnen zu können. Dem steht das Wort Gottes entgegen, das den Menschen von seiner Selbstsucht und jenen illusorischen Sicherheiten wegruft. Es war ein Grundmissverständnis der Kritik von Jaspers an Bultmann, dass dieser den Mythos zugunsten einer wissenschaftlichen Weltanschauung habe beseitigen wollen. Ob er freilich dem Reichtum der mythischen Bilder gerecht geworden ist, wäre zu prüfen. Doch wenn Jaspers mit Bezug auf die mythische Sprache schreibt: „Nicht Vernichtung, sondern Wiederherstellung ist ihr Sinn" (Jaspers, Bultmann 1954, 20), so entspricht dies trotz aller Unterschiede auch Bultmanns Intention.

Literatur: Bultmann 1933, Bultmann 1952, Bultmann 1960, Bultmann 1965, Hammann 2009, Pausch 1995, Pöggeler 2009
Webseite: www.univie.ac.at/bultmann

Helmuth Vetter

Carnap, Rudolf

Geboren 1891 in Ronsdorf bei Wuppertal, gestorben 1970 in Santa Monica in Kalifornien. 1910–14 Studium der Philosophie, Mathematik und Physik in Jena und Freiburg, 1921 Promotion in Jena, 1926 Habilitation in Wien. 1926–30 Lehrtätigkeit an der Universität Wien. 1931 Ruf als außerordentlicher Professor an die Deutsche Universität in Prag. 1936 Emigration in die USA. 1936–52 Lehrtätigkeit an der University of Chicago, dann an der University of California in Los Angeles.

Carnap ist einer der einflussreichsten Denker auf dem Gebiet der Analytischen Philosophie und der Wissenschaftstheorie im 20. Jahrhundert. Seine Beiträge sind für ein weites Spektrum philosophischer Teildisziplinen von nachhaltiger Bedeutung: Erkenntnistheorie, Wissenschaftstheorie, Logik, formale Semantik, Sprachphilosophie, Grundlagen der Wahrscheinlichkeitstheorie. Wie unterschiedlich diese Gebiete inhaltlich auch sein mögen, Carnap hat sie insofern in einer methodisch einheitlichen Weise bearbeitet, als er stets bemüht war, durch Anwendung von Instrumenten der formalen Wissenschaften (Logik und Mathematik), die jeweiligen philosophischen Konzepte und Probleme in einer möglichst präzisen, kontrollierbaren Weise zu behandeln.

Gemeinhin wird Carnap als einer der prominentesten Vertreter des logischen Positivismus, einer der bedeutendsten Strömungen der Philosophie des 20. Jahrhunderts, angesehen. Streng genommen gilt diese Kennzeichnung allerdings nur für eine frühe Phase seines Denkens, etwa zwischen Mitte der 1920er und Mitte der 1930er Jahre, da viele Thesen und Methoden des logischen Positivismus von Carnap selbst, und zwar vornehmlich aufgrund seiner eigenen Untersuchungen, in späteren Jahren aufgegeben wurden.

Der logische Positivismus gilt als Markenzeichen des *Wiener Kreises* der 1920er und 1930er Jahre, der die Entwicklung der Philosophie in den darauffolgenden Jahrzehnten in der ganzen Welt stark beeinflussen sollte. Carnap war zusammen mit Moritz Schlick und Otto Neurath eine zentrale Figur dieses Kreises. Der philosophisch-wissenschaftliche Verein war von Schlick – zunächst unter dem Namen „Verein Ernst Mach" – gegründet worden. Erst später wurde er als Wiener Kreis weltbekannt. Als Carnap 1926 nach Wien kommt, ist der Kreis schon etabliert, und Carnap schließt sich ihm begeistert an. Es entspricht seiner Einstellung zur Philosophie, dass der Wiener Kreis vom Anspruch her keine philosophische Schule im traditionellen Sinn sein will: Es geht nicht darum, irgendwelche philosophischen Thesen, die ein „Meister" seinen „Schülern" verkündet, zu verteidigen, sondern es wird versucht, durch Teamarbeit sowie zum Teil durch heftige Kontroversen und mit Hilfe einer strengen Methodik gemeinsam philosophische Fragen und Probleme in den Grundlagen der Wissenschaften zu klären. Diesem Geist des Wiener Kreises bleibt Carnap sein ganzes Leben lang verbunden – auch lange nach der Auflösung des Vereins im Jahr 1938.

Die grundlegende Auffassung, die den Wiener Kreis und Carnap insbesondere auszeichnet, ist eine neuartige Konzeption der Rolle der Philosophie innerhalb des Gesamtspektrums menschlicher Erkenntnis: Es gibt keinen Bereich oder Aspekt der Wirklichkeit, zu dem der Philosoph einen privilegierten Zugang hätte. Die Erforschung der Welt ist ausschließlich Sache der empirischen Wissenschaften. Das Ziel der Philosophie besteht vielmehr in der genauen Analyse und Rekonstruktion der Erkenntnisse, die uns die empirischen Wissenschaften liefern, sowie der Instrumente, die uns die formalen Wissenschaften an die Hand geben. Genauer gesagt, es geht um die Analyse und Rekonstruktion der verschiedenen *Sprachen*, in denen uns jene Erkenntnisse und Instrumente übermittelt werden. Dadurch sollen die sprachlichen Mittel von zweckfremden, missverständlichen oder gar sinnlosen Komponenten „bereinigt" werden. Somit sollen sich auch – sozusagen als Nebeneffekt – viele der traditionellen Fragen der Philosophie, insbesondere die als besonders „tief" geltenden Fragen der Metaphysik, als bloße „Pseudofragen" auflösen.

Allerdings hat – anders als oft angenommen – die zuletzt erwähnte Facette von Carnaps philosophischen Unternehmungen, nämlich die der Metaphysik-Kritik, nie einen Schwerpunkt in Carnaps Schaffen gebildet. Gewiss ist eine seiner bekanntesten Schriften, auch außerhalb philosophischer Kreise, der Aufsatz „Überwindung der Metaphysik durch logische Analyse der Sprache" (Carnap 1932), in dem er die allgemeinen methodischen Prinzipien des logischen Positivismus für das Ziel einsetzt, die Sinnlosigkeit metaphysischer Thesen zu beweisen. Dennoch ist Carnap in seinem ganzen Lebenswerk viel mehr an den konstruktiven als an den destruktiven Aufgaben der philosophischen Analyse interessiert.

Ein besonders eindrucksvolles Beispiel für diese konstruktive Einstellung Carnaps stellt sein erstes größeres Werk *Der logische Aufbau der Welt* dar (Carnap 1928). Das in diesem Buch durchgeführte Programm nennt Carnap eine *Konstitutionstheorie*. Es geht darum, die fundamentalen Begriffe der empirischen Erkenntnis stufenweise zu rekonstruieren, wobei als Ausgangsbasis das *Eigenpsychische* – konkret: der Bereich der so genannten „Elementarerlebnisse" eines wahrnehmenden (idealisierten) Subjekts – gewählt wird. Von dieser Basis ausgehend macht sich Carnap daran, mit Hilfe der Techniken der formalen Logik und der Mengenlehre alle anderen wichtigen Begriffe zunächst des eigenpsychischen Bereichs (Sinnesqualitäten, Sinnesgebiete, Sinnesräume, psychische Zeit u. Ä.), dann der physikalischen Welt, anschließend des Fremdpsychischen (der mentalen Zustände anderer Menschen) und schließlich der Gegenstände der Kultur- und Sozialwissenschaften zu bestimmen. Da die Ausgangsbasis im Bereich der sinnlichen Erfahrung (der Phänomene im traditionellen philosophischen Sprachgebrauch) angesiedelt ist, wird ein solches Programm zur Rekonstruktion der empirischen Erkenntnis üblicherweise als „phänomenalistisch" bezeichnet. In seinem Werk gibt Carnap offen zu, dass ihm die systematische Durchführung des Programms lediglich im Bereich des

Eigenpsychischen gelungen ist, während der Übergang vom Eigenpsychischen in die physikalische Welt nur halbsystematisch geschieht, und die „höheren" Bereiche des Fremdpsychischen und der soziokulturellen Gegenstände bloß skizziert werden. Er versprach sich von künftigen Anstrengungen (von ihm selbst oder von anderen Autoren) eine Vervollständigung des Programms.

Allerdings hat Carnap selbst kurz nach der Veröffentlichung seines Werks die Beschäftigung mit einem solchen phänomenalistischen Programm aufgegeben, und dies hauptsächlich aus zwei Gründen: Zum einen verlagern sich seine Interessen zunehmend in Richtung der Konstruktion verschiedener formaler Sprachen, die für die präzise Rekonstruktion der Grundlagen sowohl der Mathematik als auch der Physik geeignet sein sollen; daraus sollte sein zweites großes Werk *Logische Syntax der Sprache* (Carnap 1934) entstehen. Zum anderen befindet er (teilweise durch den Einfluss Otto Neuraths, teilweise aufgrund seiner eigenen methodologischen Überlegungen), dass das Ziel einer begrifflichen Vereinheitlichung der empirischen Erkenntnis leichter erreicht werden könnte, wenn man eine physikalistische statt einer phänomenalistischen Ausgangsbasis wählte. „Physikalistisch" heißt hier, dass die Grundbegriffe des Systems sich auf leicht zugängliche makroskopische Gegenstände beziehen sollen, deren Vorhandensein jeder normale Beobachter feststellen kann.

Die strenge (definitorische) Reduktion aller komplexeren Begriffe der empirischen Wissenschaften auf diese elementaren physikalistischen Begriffe sollte einerseits der Gesamtwissenschaft eine solide einheitliche Basis verschaffen, andererseits vermeiden, dass metaphysisch-suspekte Pseudobegriffe in die Wissenschaft eingeschleust werden könnten. Carnaps eigene Untersuchungen innerhalb des physikalistischen Programms haben ihn allerdings wenig später zu der Überzeugung geführt, dass die formale Definition aller wissenschaftlichen Begriffe durch elementare physikalistische Begriffe aufgrund bestimmter logisch-methodologischer Hindernisse nicht realisiert werden kann. Diese Einsicht stellt er in seinem langen Aufsatz „Testability and Meaning" vor (Carnap 1936). Im weiteren Verlauf seiner Überlegungen zu einer adäquaten Analyse wissenschaftlicher Begriffe hat Carnap seine ursprüngliche physikalistische Einstellung weitgehend abgeschwächt, weil er zu der Auffassung gelangt, dass die abstrakteren Begriffe der entwickelten Wissenschaften, vor allem der Physik, sich zwar nicht auf rein allgemein beobachtbare Begriffe reduzieren lassen, aber dennoch auch nicht sinnlos oder „metaphysisch" sind. So entsteht um die Mitte des 20. Jahrhunderts allmählich die so genannte *Zwei-Stufen-Konzeption* der klassischen Wissenschaftstheorie, die nicht nur Carnap selbst, sondern auch viele andere bedeutende Wissenschaftstheoretiker, wie etwa Richard Braithwaite, Carl G. Hempel und Ernest Nagel vertreten. Die Zwei-Stufen-Konzeption besagt, dass die (systematisierte) Sprache der empirischen Wissenschaften in zwei Teile zerlegt werden sollte: eine universelle Beobachtungssprache, die allen Disziplinen gemeinsam ist, und eine theoretische Sprache, die Begriffe enthält, welche für die verschiedenen Theorien spezifisch sind, und deren Bedeutung nur partiell durch die Beobachtungssprache festgelegt werden kann. Die theoretischen Begriffe sind grundsätzlich offen und empirisch mehrdeutig. Eine gut lesbare Darstellung der Zwei-Stufen-Konzeption ist im letzten Teil von Carnaps letztem Buch *Philosophical Foundations of Physics* (Carnap 1966) zu finden.

Auf zwei weitere Wendepunkte in der Entwicklung des carnapschen Denkens ab den 1930er Jahren sei noch hingewiesen. Zur Zeit der Abfassung der *Logischen Syntax der Sprache* kann man Carnaps Konzeption als einen *Syntaktismus* kennzeichnen: Die einzige sinnvolle Aufgabe der Philosophie ist, Carnap zufolge, die formal-syntaktische Analyse und Rekonstruktion der Wissenschaftssprache; das heißt, lediglich die syntaktische Struktur wissenschaftlicher Theorien dürfte in den Blickwinkel des Philosophen geraten, während Fragen nach dem außersprachlichen Bezug der Theorien sich einer sinnvollen philosophischen Analyse entziehen. Insbesondere erschienen Carnap die altehrwürdigen Begriffe *Wahrheit* und *Bedeutung* als Überbleibsel eines „metaphysischen" Zeitalters. Als er aber um 1935 von den formal-semantischen Arbeiten Alfred Tarskis und insbesondere von dessen Wahrheitsdefinition erfährt, hat er als erster Philosoph ihre bahnbrechende Bedeutung begriffen, nachdrücklich für sie geworben und sich selber zur Aufgabe gemacht, zur Entwicklung einer philosophisch fruchtbaren, formalen Semantik beizutragen. Ergebnis dieses Impulses sind zwei sehr einflussreiche Schriften: *Meaning and Necessity* (Carnap 1947) sowie „Empiricism, Semantics, and Ontology" (Carnap 1950).

Der andere Wandel in Carnaps Entwicklung betrifft seine Auffassung von der Methodologie der empirischen Wissenschaften. Zur Zeit des Wiener Kreises vertritt Carnap, wie die anderen Mitglieder des Kreises, das sogenannte *Verifikationsprinzip*: Nur diejenigen Aussagen sind sinnvoll, die sich prinzipiell verifizieren lassen. Durch Karl Poppers Kritik hat Carnap ab Mitte der 1930er Jahre eingesehen, dass das Verifikationsprinzip für entwickelte wissenschaftliche Theorien nicht haltbar ist, da ihre Grundsätze stets über die Feststellung einzelner Tatsachen hinausgehen. Die strikte Anwendung des Verifikationsprinzips würde die besten naturwissenschaftlichen Theorien „sinnlos" machen. Allerdings ist Carnap mit Poppers rein falsifikationistischer Methodologie auch nicht einverstanden. Stattdessen plädiert er für die Ersetzung des Verifikationsbegriffs durch den „milderen" Begriff der *Bestätigung*: Die richtige Methodologie der empirischen Wissenschaften bestehe darin, den Bestätigungsgrad von wissenschaftlichen Hypothesen zu ermitteln. Die formale Präzisierung dieses Gedankens führt ihn wiederum zu einem probabilistischen Ansatz in den Grundlagen der Wissenschaften und insbesondere zur Entwicklung eines Systems der induktiven Logik. Seine wichtigste Schrift in dieser Richtung war zunächst *The Continuum of Inductive Methods* (Carnap 1952). Dieser erste Ansatz ist allerdings mit vielen technischen Schwierigkeiten behaftet, die ihn für die wissenschaftliche Praxis unbrauchbar erscheinen lassen. Obwohl Carnap dies einsieht, lässt er sich nicht entmutigen, und versucht in späteren Jahren, bis zu seinem Tod, bessere Systeme der induktiven Logik zu entwerfen. Sie sind in den zwei posthum erschienenen Sammelbänden *Studies in Inductive Logic and Probability* (Carnap 1971, 1980) enthalten. Dieses Forschungsprogramm ist, trotz zahlreicher Kontroversen und Abänderungen, bis zum heutigen Tag aktuell geblieben.

Literatur: Carnap 1928, Carnap 1932, Carnap 1934, Carnap 1947, Mormann 2000, Schilpp 1963

Carlos Ulises Moulines

Cassirer, Ernst

Geboren 1874 in Breslau, gestorben 1945 in New York. Studium der Rechtswissenschaft, Germanistik, Philosophie und der Naturwissenschaften. 1899 Promotion in Marburg, 1906 Habilitation in Berlin. 1919 Ruf an die neugegründete Universität Hamburg, im Amtsjahr 1929/30 deren Rektor. 1933 Emigration und Lehrstuhlentzug. Professor in Göteborg (seit 1939 schwedische Staatsbürgerschaft), später an der Yale University in New Haven und an der Columbia University in New York.

Ursprung des symboltheoretischen Ansatzes – Als Cassirer 1919 sein Hamburger Ordinariat für Philosophie antritt, kann er bereits auf ein stattliches Œuvre zurückgreifen – vor allem im Bereich der theoretischen Philosophie, in der er zeit seines Forscherlebens in historischen und systematischen Beiträgen produktiv bleiben wird. Doch er hat auch schon seine zwölfbändige Edition der Werke Kants 1918 mit der Monographie *Kants Leben und Lehre* abgerundet – einer Gesamtdarstellung, die bis heute ihren Status als Standardwerk behauptet (Cassirer 1918). In der Untersuchung über *Freiheit und Form* wird Freiheit nicht allein als ein Problem der praktischen Philosophie begriffen, sondern das Freiheitsverständnis der klassischen und idealistischen deutschen Philosophie wird als ein im theoretischen Denken, im moralischen und politischen Handeln und im künstlerischen Schaffen kulturell ausgeprägtes Selbstverständnis exponiert, und sie zeigt den Autor auf dem Weg zu jener Grundlegung der Geisteswissenschaften, die eines der Ziele seiner in den 1920er Jahren entfalteten Philosophie der Kultur sein wird (Cassirer 1916).

Hatte die von Hermann Cohen und Paul Natorp geförderte Marburger Dissertation (Cassirer 1899) ihren Autor als soliden Kenner der kartesischen Konzeption von Raum und Zeit ausgewiesen, so zeigt die Habilitationsschrift über *Das Erkenntnisproblem in der Philosophie und Wissenschaft der neueren Zeit* (Cassirer 1906) bereits ein in erweitertem historischem Horizont verfolgtes systematisches Programm. Es geht Cassirer um das Problem, das ihn, bei zunehmender Differenzierung des Feldes und der Formen, ein ganzes Forscherleben lang beschäftigen wird: um die Konstitution von Wirklichkeit. Er schreibt hier die Geschichte der Erkenntnistheorie mit beständigem Blick auf die Wechselwirkungen zwischen der theoretischen Philosophie und jener epistemologischen Reflexion, die als Element der Grundlagenforschung in den mathematischen Naturwissenschaften stattfindet. Er setzt ein bei Nikolaus von Kues, dessen Denken ihm den Weg in die Moderne markiert. Cusanus ist der Erste, der in prägnanter Form eine Transzendentalphilosophie des später bei Kant ausgeprägten Typus vertritt, eine Konstitutionstheorie der Erkenntnis, in der bereits auf den grundlegenden Status der *Symbole* reflektiert wird. Wie schon in *Leibniz' System in seinen wissenschaftlichen Grundlagen* (Cassirer 1902) – das den Juroren der Berliner Akademie zu kantianisch war, so dass sie Cassirer (unter Verzicht auf die Vergabe des ersten) nur den zweiten Preis zusprachen – macht sich auch in dieser Rekonstruktion eines Ansatzes der Tradition der Zugriff des am kantischen Kritizismus geschulten Denkers bemerkbar, der für das gesamte Werk charakteristisch sein wird.

Mit der Abhandlung über *Das Erkenntnisproblem*, der 1907 der zweite Band (Cassirer 1907) und später zwei weitere Bände (Cassirer 1920, 1957) folgen sollten, hat sich der

„Erkenntnis-Cassirer", wie der junge Privatdozent am Berliner Institut seitdem genannt wurde, großes Ansehen erworben, das sich durch seine *Untersuchungen über die Grundfragen der Erkenntniskritik* unter dem Obertitel *Substanzbegriff und Funktionsbegriff* noch erhöhte (Cassirer 1910). Gegen die (historisch bei Aristoteles aufgesuchte) Abstraktionstheorie des Begriffs ebenso wie gegen die naive Weltsicht, die sich unbemerkt auch in elaborierten Erkenntnislehren durchhalte, entwickelt Cassirer seine als Grundlegung der Erkenntnistheorie wie der Wissenschaftstheorie angelegte Theorie des Begriffs. Die anhand historischer und zeitgenössischer Theorien dargelegte These, dass alle Begriffsbildung an bestimmte Weisen der Reihenbildung gebunden ist, konkretisiert die Einsicht in die konstruktive Leistung des erkennenden Bewusstseins, die Cassirer als die aller Begriffsbildung zugrunde liegende gedankliche Funktion identifizierender Synthese analysiert. Es ist die Funktion des Begriffs, durch das Festhalten identischer Beziehungen im wechselnden Vorstellungsinhalt solche Relationen zu stiften, in denen sich mit dem Objekt auch das Subjekt der Erkenntnis konturiert. Die „eigentliche Leistung des Begriffs" (Cassirer 1910, 308) liegt, wie Cassirer gegen jeglichen Widerspiegelungsrealismus geltend macht, nicht in der Abbildung eines vermeintlich gegebenen Mannigfaltigen, sondern in der logischen Verknüpfung, durch deren Ordnung empirische Gegenständlichkeit allererst entsteht. Die Dinge selbst sind keine absoluten Substanzen jenseits aller Erkenntnis, sondern die Objekte, die sich in kategorialen Akten in der fortschreitenden Erfahrung selbst erst gestalten. Cassirer führt seine These beispielhaft an der Analyse der mathematischen und der naturwissenschaftlichen Begriffsbildung vor und entwickelt auf dieser Grundlage seine kritisch reflektierte Konzeption von Wirklichkeit im Sinne empirischer Gegenständlichkeit. Eine konstitutive Bedingung aller Erfahrungsinhalte im Sinne dieses Wirklichkeitsverständnisses bildet für ihn die Repräsentation in einem System von Relationen, die sich nicht anders als in *Symbolen* artikulieren lassen.

Für seinen methodischen Ansatz, der als ein Konstruktivismus im weiteren Sinne charakterisiert werden mag, prägt Cassirer in seinem Werk *Substanzbegriff und Funktionsbegriff* den programmatischen Titel eines „kritischen Idealismus". Er greift damit Kants „transzendentalen Idealismus" auf: den Gedanken der *Kritik der reinen Vernunft* (Kant 1781), dass wir die Dinge nicht erkennen können, wie sie an sich selbst betrachtet sind, sondern nur so, wie sie uns erscheinen (Noumenon/Ding an sich – Phaenomenon/Erscheinung). Es ist diese Einsicht, die er im Blick auf die moderne Naturwissenschaft entfaltet. Die historiographische Dimension des Buches wäre dabei genauer erfasst in dem Titel „Vom Substanzbegriff zum Funktionsbegriff": Es gilt, die Ablösung des metaphysischen Substanzbegriffs durch den Funktionsbegriff als den Übergang von einem vormodernen zum modernen Paradigma nachzuvollziehen. Im Hinblick auf die programmatische Absicht des Gedankens hingegen ist der Titel zu lesen als „Funktionsbegriff *statt* Substanzbegriff".

Hier, in seiner ersten systematischen Monographie, rundet Cassirer den Ansatz ab, den er fortan in seiner Untersuchung der Konstitution von Wirklichkeit in allen ihren Bereichen konsequent zur Anwendung bringen wird. In dem Aufsatz „Die Sprache und der Aufbau der Gegenstandswelt" (Cassirer 1932) etwa wird er den Gedanken der gegenstandsbildenden Begriffssynthese in den Holismus einer *Philosophie der symbolischen Formen* hineinholen, indem er ihn in den Leistungen sprachlicher Darstellung konkretisiert. Auch bezeichnet er die in der mathematischen Reihenbildung analysierten Funktionsbegriffe schon ausdrücklich als *Symbole* und fasst so in der grundlegenden Analyse ihrer Verfahren die mathematische Naturwissenschaft als die erste symbolische Form, deren Begriff er entwickelt, bevor noch der Terminus geprägt ist.

Anthropologie als Theorie der Kultur – Auf der Basis seiner erkenntniskritischen und wissenschaftstheoretischen Arbeiten und seiner geistesgeschichtlichen Studien, in denen nach der Konzentration auf die mathematischen Naturwissenschaften die Rolle von Literatur und Philosophie für das humane Selbstverständnis in den Vordergrund tritt, entwickelt Cassirer in dem Hauptwerk *Philosophie der symbolischen Formen* (Cassirer 1923, 1925, 1929) seine Kulturtheorie. Gemeint ist damit die ausdrücklich als *prima philosophia* begriffene Fundamentaldisziplin, die nach dem Wesen des Menschen fragt und es in seinen Leistungen aufsuchen will. Der Mensch hat seine Wirklichkeit in der Kultur als der Sphäre selbstgeschaffener Werke aller Art. In ihnen tritt uns nichts anderes entgegen als unsere eigene, nach verschiedenen Gestaltungsmodi ausdifferenzierte geistige Selbsttätigkeit. In diesem Verständnis ist der kantische Gedanke der Kopernikanischen Wende ebenso konsequent zur Geltung gebracht wie die – auf den Begriff des objektiven Geistes konzentrierte – methodische Anweisung aus Hegels *Phänomenologie des Geistes* (Hegel 1807).

Symbolische Formen nennt Cassirer mit einer eigenen Begriffsprägung – in die freilich konzeptionelle Anregungen von Cusanus, Leibniz, Kant, Goethe, Wilhelm von Humboldt ebenso eingehen wie von Heinrich Hertz und Hermann von Helmholtz – die großen je durch ihr eigenes Gestaltungsmedium bestimmten Bereiche der Kultur: „Unter einer ‚symbolischen Form' soll jede Energie des Geistes verstanden werden, durch welche ein geistiger Bedeutungsgehalt an ein konkretes sinnliches Zeichen geknüpft und diesem Zeichen innerlich zugeeignet wird." (Cassirer 1923a, 79)

Symbolisierung ist damit generell begriffen als sinnliche Vermittlung von Sinn, die in den unterschiedlichsten Materialien oder Medien geleistet wird: in artikuliertem Laut, in Bildern, materiellen Dingen, Ritualen, Zeremonien und Techniken, überhaupt in Handlungen aller Art, in Institutionen und in Formeln. Die drei Teile des großen Hauptwerkes untersuchen unter dem Generalnenner der Symbolisierung drei symbolische Formen als elementare Funktionen der Stiftung von Bedeutung: In *Die Sprache* (Cassirer 1923) begreift Cassirer die sprachliche Artikulation als grundlegend und exemplarisch für alle anderen Formen der Kultur; in *Das mythische Denken* (Cassirer 1925) wird der Mythos als eine von der Dominanz der Emotionalität und der Macht der Bilder charakterisierte Einstellung des Bewusstseins auf die Wirklichkeit untersucht und von der Religion abgegrenzt; die *Phänomenologie der Erkenntnis* (Cassirer 1929) widmet sich der Analyse des wissenschaftlichen Denkens als Unternehmen einer auf fortschreitende Abstraktion und Verfügungsdistanz gerichteten reflektierten Objektivität. Es darf als Ausdruck seiner Einsicht in den Charakter der Kultur – ihrer arbeitsteiligen Differenzierung wie ihrer Historizität – gelesen werden, dass Cassirer deren Phänomene stets in entwicklungsgeschichtlicher Perspektive und im Rekurs auf die einzelwissenschaftliche Forschung erschließt.

Präzisiert finden sich die zentralen Gedanken der drei Monographien der *Philosophie der symbolischen Formen* in einer Reihe von großen Abhandlungen, in denen Cassirer nicht nur die Differenzierung seiner Theorie der Kultur in einzelnen Problembereichen, sondern gleichermaßen deren Grundlegungsreflexion leistet (Cassirer 1921a, 1923, 1925a, 1927, 1930, 1931, 1932). In diesem Spektrum entfaltet Cassirer die vernetzte Vielfalt symbolischer Formen als das System der Kultur: Programmatisch genannt werden stets Mythos, Religion, Sprache, Kunst und Wissenschaft; nach und nach wird deutlich, dass auch die Technik (in deren Würdigung sich die Modernität der Theorie Cassirers exemplifiziert), das Recht, die Moral und die Geschichte integral dazugehören. Den Leitgedanken dieses systematischen Gesamtwerkes fasst Cassirer später im *Essay on Man*, der als konzise Gesamtdarstellung der Philosophie der symbolischen Formen intendiert ist, in der Bestimmung des Menschen als *animal symbolicum* (Cassirer 1944). Diese ist bewusst in der Schwebe gehalten zwischen hermeneutischem und pragmatischem Verständnis: Der Mensch ist das symbolerzeugende und das symbolverstehende Wesen. Hier macht er auch explizit, was in der Anlage des Hauptwerkes bereits deutlich wurde: Die bedeutungstheoretisch fundierte Philosophie der Kultur ist eine philosophische Anthropologie.

Symbole leisten ihr zufolge den gesamten gegenständlichen Aufbau der menschlichen Welt. Jede Symbolisierung stellt eine Einheit von geistigem Bedeutungsgehalt und sinnlichem Zeichen dar. Für die epistemologische Bestimmung, dass alles sinnlich Wahrgenommene als sinnliches Erlebnis immer schon Träger eines Sinnes ist, steht Cassirers eigene terminologische Prägung des Begriffs der „symbolischen Prägnanz" im dritten Teil der *Philosophie der symbolischen Formen*: Darunter soll „die Art verstanden werden, in der ein Wahrnehmungserlebnis, als ‚sinnliches' Erlebnis, zugleich einen bestimmten nicht-anschaulichen ‚Sinn' in sich faßt und ihn zur unmittelbaren konkreten Darstellung bringt." (Cassirer 1929, 231) Ist damit bereits die Unhintergehbarkeit von (symbolischer) Bedeutung für den Menschen behauptet, so sucht Cassirer seinen Ansatz in letzter Instanz durch eine bewusstseinstheoretische Grundlegung zu validieren. Als Verweisungszusammenhang von anschaulich gegenwärtigen Vorstellungen, in denen sich gedanklicher Sinn realisiert, funktioniert bereits das Bewusstsein symbolisch: Die „künstliche Symbolik" des Zeichengebrauchs ist in der „natürlichen Symbolik" des Bewusstseins fundiert (Cassirer 1923, 39).

In wissenschaftstheoretischer Perspektive kann als der Hauptzweck der *Philosophie der symbolischen Formen* ihr Anspruch auf eine „Grundlegung der Geisteswissenschaften" gelten (Cassirer 1923, VII), die im gemeinsamen Bezug auf das konstitutionstheoretische Konzept der Symbolisierung mit derjenigen der Naturwissenschaften methodologisch kompatibel ist. Über diesen Gesichtspunkt hinaus wird man in der darin entwickelten Philosophie der Kultur (auf deren Bereiche sich die Geisteswissenschaften beziehen) vor allem eine Kulturtheorie der Freiheit sehen. Zu berücksichtigen ist nur, dass mit dem hier entfalteten Begriff der Kultur nicht bloß der luxurierende Bereich der Artikulation verfeinerter geistiger, vorwiegend ästhetischer Ansprüche auf Kreativität, Kommunikation und Unterhaltung gemeint ist – wie sie sich in den hochkulturellen Medien und künstlerischen Spitzenprodukten vergegenständlichen –, sondern im Sinne eines Kollektivsingulars vielmehr die elementare Bestimmung des Menschen: die grundlegende, in alle menschlichen Tätigkeiten ausdifferenzierte Funktion der selbständigen und produktiven Lebensgestaltung. Dann wird erkennbar, wie mit Blick auf die systematische Option, die so verstandene Kultur als Ort der Freiheit zu begreifen, zugleich ein elementares Verständnis von Freiheit gegeben ist. In allen Formen der Kultur zeigt sich „das Grundphänomen, [...] daß unser Bewußtsein sich nicht damit begnügt, den Eindruck des Äußeren zu empfangen, sondern daß es jeden Eindruck mit einer *freien Tätigkeit* des Ausdrucks verknüpft und durchdringt." (Cassirer 1923a, 79; Herv. d. Verf.) Cassirer begreift jeden elementaren geistigen Akt, jeden Akt der Symbolisierung als Akt der Befreiung und der Konstitution von Freiheitspotential. Denn in jeder Konstitution und Produktion von Bedeutung wird mit der Funktion der Objektivierung jene Distanz gewonnen, die Verfügung nach innen wie nach außen möglich macht, indem sie mit dem Reflexionsspielraum zugleich einen Handlungsspielraum eröffnet. Die Distanz im produktiven wie im rezeptiven Umgang mit den Werken der Kultur ist Gewinn an Freiheit. Die gemeinsame Funktion jeder Symbolisierung fasst Cassirer in die Pathosformel der *Befreiung* vom bloßen Eindruck zur selbsttätigen Artikulation im gestalteten Ausdruck (Cassirer 1923, 10, 18).

In diesem Sinne heißt es resümierend im *Essay on Man*, die Kultur sei systematisch als „Form der Freiheit" und historisch als „Prozeß der fortschreitenden Selbstbefreiung des Menschen" zu verstehen (Cassirer 1944, 345). Deutlich wird in diesem Gedanken, dass die in *Freiheit und Form* (Cassirer 1916) geleistete ideengeschichtliche Arbeit an einem großen Gedanken der idealistischen Tradition bereits den tragenden Impuls eines auf das Ganze der Wirklichkeit gehenden Systementwurfs bildet. Dessen tragende Begriffe Symbol, Bedeutung, Kultur, Freiheit, Mythos bleiben normativ in Geltung, als sich sein Autor herausgefordert sieht, in den destruktiven Exzessen von Weltkrieg und Völkermord die Pathologie und das drohende Scheitern der Kultur zu bedenken – in dem posthum erschienenen Werk *The Myth of the State* (Cassirer 1946), in dem Cassirer die Ideologie des Nationalsozialismus als eine veranstaltete Wiederkehr des mythischen Denkens zu begreifen sucht. Die Treue zu seiner ideengeschichtlichen Methode der Auseinandersetzung, die seine Kritiker als hilflosen Idealismus verworfen haben, bezeugt dabei die auch kontrafaktisch festgehaltene Überzeugung vom wirklichkeitsstiftenden Status der Bedeutungen, die der menschliche Geist hervorbringt.

Die Davoser Disputation – In die Zeit der Ausarbeitung seiner Philosophie der Kultur fällt die Auseinandersetzung mit Martin Heidegger bei den Davoser Hochschulwochen 1929: die *Davoser Disputation*. Heidegger ist zu diesem Zeitpunkt der vielbeachtete Autor von *Sein und Zeit* (Heidegger 1927), Cassirers *Philosophie der symbolischen Formen* liegt bereits in den ersten beiden Teilen vor. Vordergründig geht es in der Kontroverse der beiden Leiter dessen, was man heute ein Kompaktseminar nennen würde, um die angemessene Kantauslegung: Heidegger begreift die menschliche Vernunft, um die es Kant in der *Kritik der reinen Vernunft* geht, mit Blick auf die Rolle der Einbildungskraft bei der Erkenntnis als der Synthesis der Wahrnehmungsdaten, wesentlich als eine endliche Vernunft. Von dieser Festschreibung verspricht er sich die Legitimation seiner Existentialontologie des endlichen und angstbereiten Daseins. Demgegenüber erinnert Cassirer daran, dass laut Kant zu den Leistungen dieser Vernunft auch die Vernunftideen gehören, in denen sich der Mensch unter einen überzeitlichen Geltungsanspruch stellt. Es geht in dem Konflikt somit letztlich um die Alternative zwischen einem fundamentalontologischen und einem kulturphilosophischen Verständnis des Menschen – einmal als einem radikal endlichen und einmal als einem in seiner Idee von sich selbst transzendierendem und darin freiem Wesen. Heidegger versucht dabei in seiner rhetorischen Exposition der Gegensätze, Cassirer ins Abseits des „Neukantianismus" zu stellen, der aufgrund eines hartnäckigen Vorurteils als reiner Szientismus missverstanden und am Ende der 1920er Jahre längst unter die abgelebten Formen des Geistes eingereiht wurde.

War Ernst Cassirer ein Neukantianer? „Ich selbst bin oft als ‚Neukantianer' bezeichnet worden", so leitet er eine späte erkenntnistheoretische Reflexion ein und legt Wert auf die Feststellung: „Aber viele der Lehren, die in der philosophischen Literatur der Gegenwart dem ‚Neukantianismus' zugeschrieben werden, sind mir nicht nur fremd, sondern meiner eigenen Auffassung diametral entgegengesetzt." In der Einschätzung seiner Philosophie drängt sich die Einsicht auf, „daß [s]eine gesamte Arbeit im Gebiete der theoretischen Philosophie die methodische Grundlegung voraussetzt, die Kant in der ‚Kritik der reinen Vernunft' gegeben hat." (Cassirer 1939a, 169 f.) Doch Cassirer hat auf dieser methodischen Grundlage nicht nur den Anspruch erhoben, „die Kritik der Vernunft zur Kritik der Kultur" zu transformieren (Cassirer 1923, 9), sondern er hat im gleichen Zuge auch erkennbar an einer Kontexterweiterung des Apriori gearbeitet, um den „Begriff des Transzendentalen selbst […] überall dort anwendbar" zu machen, „wo es sich überhaupt um Formen geistiger Gesetzlichkeit handelt, aus denen sich eine objektive Auffassung der ‚Wirklichkeit' ergibt." (Cassirer 1921a, 302) Während seine Einordnung als „Neukantianer" unter dem Vorbehalt einer erst noch einzuholenden Differenzierung im Verständnis des Neukantianismus stünde, lässt sich mit Sicherheit sagen, dass Cassirer einer der systematisch selbständigen und produktiven *Kantianer* des 20. Jahrhunderts war.

Literatur: Cassirer 1910, Cassirer 1923, Cassirer 1925, Cassirer 1929, Cassirer 1944, Kreis 2010, Recki 2004, Ullrich 2010
Website: www.ernstcassirer.uni-hamburg.de

Birgit Recki

Cohen, Hermann

Geboren 1842 in Coswig (Anhalt), gestorben 1918 in Berlin. Von 1876–1912 Professor für Philosophie an der Universität Marburg, nach seiner Emeritierung von 1912–18 an der Lehranstalt für die Wissenschaft des Judentums in Berlin. Begründer der Marburger Schule des Neukantianismus, Autor eines eigenen philosophischen Systems und einer der hervorragenden Vertreter der *Wissenschaft des Judentums.*

Hermann Cohen wird als einziges Kind in eine fromme jüdische Familie geboren. Seine Mutter führt ein Geschäft für Modeartikel und sorgt hauptsächlich für den Lebensunterhalt der Familie, sein Vater ist Kantor der Coswiger Synagoge und unterweist die Gemeindemitglieder im Studium der Thora und des Talmud. Cohen wird von seinem Vater schon früh mit den jüdischen Schriften vertraut gemacht. Auf Wunsch des Vaters besucht der Vierzehnjährige das drei Jahre zuvor gegründete Jüdisch-Theologische Seminar in Breslau, das im Geist der *Wissenschaft des Judentums* geführt wurde und an dem so hervorragende Gelehrte wie Jakob Bernays, Heinrich Graetz, Zacharias Frankel und Manuel Joel unterrichten. 1861 entscheidet sich Cohen für das Studium der Philosophie.

Ausschlaggebend für seine Entscheidung ist, dass die Theologie keinen Anspruch auf einen wissenschaftlichen Standpunkt erhebt. Die Orientierung und das Interesse an den Wissenschaften wird in der Folge ein Kennzeichen von Cohens Kantinterpretation und bleibt ein ebenso kontinuierlicher Bestandteil seines philosophischen Werks wie das Bemühen, die Philosophie systematisch mit der jüdischen Tradition im Sinn der aufgeklärten Wissenschaft des Judentums zu verbinden. 1864 wechselt Cohen von der Breslauer Universität an die Berliner Humboldt-Universität und besucht Vorlesungen bei dem Philosophen Friedrich Adolph Trendelenburg, den Philologen August Boeckh, H. (Chajim) Steinthal und dem Physiologen Emil Du Bois-Reymond. Er promoviert 1865 mit einer Arbeit über die Antinomie zwischen Zufall und Notwendigkeit in der griechischen Philosophie. Diese Arbeit ist noch stark geprägt vom Einfluss der zeitgenössischen Psychologie und den sprachtheoretischen Arbeiten von Steinthal. Cohen bleibt dem Kreis um Steinthal und Moritz Lazarus bis zu Beginn der 1870er Jahre eng verbunden: Seine ersten längeren Aufsätze erscheinen in der von diesen 1859 gegründeten und herausgegebenen *Zeitschrift für Völkerpsychologie und Sprachwissenschaft*.

Zur eigenständigen Auseinandersetzung mit den Schriften Kants und zu einer Kritik an der vorherrschenden psychologistischen Deutung des Kantischen Apriori findet der junge Cohen erst über die Beteiligung an der Kontroverse zwischen dem Hegelianer Kuno Fischer und dem Aristoteliker Friedrich Adolph Trendelenburg. So stellt die Schrift *Kants Theorie der Erfahrung* nicht nur die erste philologische Auslegung von Kants Theorie der Erfahrung und des Apriori dar, sondern ist zugleich eine dezidierte Stellungnahme in der Auseinandersetzung um epistemologische Grundsatzfragen, für welche die Kontroverse zwischen Fischer und Trendelenburg symptomatisch ist (Cohen 1871). Im Zentrum dieser Kontroverse steht die Frage, wie Kants Unterscheidung der reinen Anschauungsformen der Zeit und des Raums und der reinen Verstandesbegriffe (Kategorien) auszulegen ist. Tatsächlich ist der Streit über die kantischen Konzepte zugleich ein Ausdruck der Veränderung im Bereich der Wissenschaften selbst: Im Zentrum des Interesses steht nicht die Kantische Philosophie, sondern die theoretische Konzeptualisierung der empirischen Erkenntnisse über die Wahrnehmung, welche die Verbindung von Wahrnehmungsphysiologie, experimenteller Physik und empirischer Psychologie seit dem ersten Drittel des 19. Jahrhunderts so reichhaltig beförderte. Berufen sich die Philosophen auf Kant, um der Philosophie den Rang einer Wissenschaft zu sichern, so bekannten sich die Naturwissenschaftler umgekehrt zu Kant, um ihre Experimente über den Wahrnehmungsapparat erkenntnistheoretisch zu begründen. So etwa Hermann Helmholtz in seinem populärwissenschaftlichen Vortrag „Über das Sehen des Menschen" (Helmholtz 1855).

Die Beschäftigung mit dem „urkundlichen" Kant führt Cohen zu einer Distanzierung sowohl von psychologistischen Deutungen des Apriori als auch von psychophysischen Theorien des Erkenntnisapparats. In der Folge verbindet sich die Wiederaufrichtung der Autorität Kants für Cohen mit der Wiedereinsetzung der genuin philosophischen, weder von der Psychologie noch der Physik zu leistenden Aufgabe, die Grenzen der Erkenntnis zu eruieren. Ausgangs- und Angelpunkt für Cohens Neubegründung der Aprioritheorie bildet der Begriff der Erfahrung: Erfahrung ist, wie Cohen gegen die psychologistischen Deutungen Kants darlegt, nicht Quelle des Bewusstseins, Erfahrung geht nicht von einem

Gegebenen aus, sie ist nicht das Fundament des Bewusstseins, Erfahrung ist Erkenntnis. Als Erkenntnis aber will Erfahrung, wie Cohen weiter folgert, als vom Denken selbst erzeugt erkannt werden. Er schließt sein Buch mit der These, dass die Philosophie, will sie Wissenschaft sein, die Erfahrung selbst „produciren" müsse (Cohen 1871, 12). Mit dieser Forderung gibt er der Philosophie ihre von Kant definierte Aufgabe der Kritik der Erkenntnis zurück, überwindet die mit der Bewusstseinsphilosophie verbundene Vorstellung eines von der Außenwelt abgetrennten, sich selbst vergewissernden Subjekts und sichert der Philosophie zugleich eine genuine Aufgabe: Die Philosophie nimmt, wie Cohen in *Das Prinzip der Infinitesimal-Methode und seine Geschichte. Ein Kapitel zur Grundlegung der Erkenntniskritik* (Cohen 1883) im Kontext der dort explizierten transzendentalen bzw. kritischen Methode konkretisieren wird, das Faktum der Wissenschaften selbst zum Ausgangspunkt und macht sich deren Grundlegung zur Aufgabe.

Denken ist für Cohen in einem eminenten Sinn Selbstgesetzgebung. Der von ihm vertretene *kritische Idealismus* zielt in der Folge auf die Überwindung der sensualistischen Vorstellung, Erkenntnis sei angewiesen auf ein unmittelbar Gegebenes und damit zugleich auf die Überwindung des kantischen Dualismus von Denken und Anschauung. *Aufgegeben* ist die Formulierung, mit der Cohen den Begriff des *Gegebenen* ersetzt. Sie beinhaltet zugleich das Programm, mit dem Cohen die Fokussierung auf die Vorstellung und das Problem der Repräsentation zu überwinden sucht. Indem Cohen „die Aufgabe der Forschung" am Kantischen „Ding an sich" als „unendlich" auslegt (Cohen 1918, 662), verlegt er die Problematik der Differenz von Erkenntnis und Erfahrung, die Kant im Rückgang auf die Empfindung als Repräsentant des Empirischen gelöst hatte, in die Dimension der Zeit. Das hat zur Folge, dass Cohen nicht nur die Ethik, sondern auch die Logik und selbst den Begriff des Ursprungs geschichtlich – und das heißt für Cohen: von der Zukunft her – denkt. So bedeutet der Satz „Denken ist Denken des Ursprungs" nichts anderes, als dass Denken in Anlehnung an Platons Begriff der Hypothesis als *Grundlegung* verstanden wird (Cohen 1902, 36). Die kritische Methode Cohens transformiert das kantische Konzept der Erkenntniskritik in eine Grundlegung der Wissenschaften, die zugleich eine erkenntniskritische Geschichtsschreibung der Wissenschaften begründet. So ergibt sich für Cohen der Wirklichkeitsbezug wissenschaftlicher Erkenntnis nicht aus Daten, sondern aus der Beurteilung und Deutung dieser Daten, die in der wissenschaftlichen Forschung erfolgt. Das Faktum der Wissenschaft bildet den kritischen Rückhalt für Cohens Idealismus.

Cohens erstes Kantbuch wurde zu einem grundlegenden Werk des Neukantianismus, es bildete den Ausgangs- und Bezugspunkt der Marburger Schule. *Kants Theorie der Erfahrung* erscheint 1885 in einer erweiterten und stark umgearbeiteten Zweitauflage und 1918 in einer wiederum erweiterten und umgearbeiteten Drittauflage (Cohen 1918). Diese letztere unterzogen der junge Walter Benjamin und Gershom Scholem gleich nach ihrem Erscheinen einem intensiven Studium (Deuber-Mankowsky 2000, 55). In der jüngeren Philosophie war es Gilles Deleuze, der Cohens Neuinterpretation der Raum-Zeit-Lehre und dabei insbesondere dessen Auslegung der Intensität als eines transzendentalen Prinzips anstelle einer „bloß[en] Antizipation der Wahrnehmung" und dem Verständnis des Denkens als Erzeugen Tribut zollte (Deleuze 1968, 293).

1876 wird Cohen dank der vorhergehenden Förderung und Unterstützung durch den linksliberalen Neukantianer Friedrich Albert Lange als dessen Nachfolger auf den Lehrstuhl für das Fach Philosophie an die Philipps-Universität Marburg berufen. Er lehrt bis zu seiner Emeritierung im Jahr 1912 in Marburg und macht die Philipps-Universität durch die Gründung der sogenannten Marburger Schule zusammen mit dem Philosophen und Pädagogen Paul Natorp zu einem intellektuellen Zentrum, das Wissenschaftler, Schriftsteller und Philosophen aus ganz Europa anzieht. Zu ihren wichtigsten Schülern gehört Ernst Cassirer, der sein Studium der Philosophie 1896 in Marburg aufnimmt. Als Cohen nach der Emeritierung 1912 nach Berlin übersiedelt und seine Tätigkeit an der Lehranstalt für die Wissenschaft des Judentums aufnimmt, gehört er zu den einflussreichsten Philosophen Deutschlands. Seine Wirkung erstreckt sich von Spanien über Russland auf ganz Europa. Mit seinen Vorträgen und Schriften zur Aktualität der jüdischen Tradition im Kontext ethischer und politischer Fragen, insbesondere mit dem postum erschienenen, sich dezidiert als *universale* Religionsphilosophie verstehenden Werk *Die Religion der Vernunft aus den Quellen des Judentums* übt er einen nachhaltigen Einfluss auf die jüdische Philosophie des 20. Jahrhunderts aus (Cohen 1919). Zu seinen Hörern an der Lehranstalt für die Wissenschaft des Judentums gehören nicht nur Franz Rosenzweig, sondern auch Gershom Scholem und Walter Benjamin.

Mit seinem Mentor und Vorgänger Friedrich Albert Lange verbinden Hermann Cohen die Orientierung an Kant, das Interesse an einer wissenschaftlichen Ausrichtung der Philosophie, die politische Nähe zum Sozialismus und das Interesse an der Arbeiterfrage. Diese Nähe hindert Cohen freilich nicht, Langes populäre *Geschichte des Materialismus* (Lange 1866) schon in seinem ausführlichen Nachruf durchaus kritisch zu würdigen (Cohen 1876). In seiner zwanzig Jahre später verfassten *Einleitung mit kritischem Nachtrag* zur 5. Auflage von Langes *Geschichte des Materialismus* (Cohen 1896) weitet Cohen seine Kritik in eine Neubegründung des von ihm vertretenen kritischen Idealismus aus. In drei Kapiteln, denen er in späteren Auflagen weitere hinzufügt, liefert Cohen einen kongenialen Überblick über die Fortarbeit an der Position, die er im Kontext der kritischen Kantinterpretation der 1870er Jahre bezogen hatte. Die Schrift entfaltet – mit Ausnahme des Bereichs des Ästhetischen – den ganzen Fächer der Wirkungsbereiche des Cohen'schen Denkens: von der Philosophie als Problemgeschichte, über die Kritik am Psychologismus, die Bestimmung der transzendentalen Methode und der Grundlegung der wissenschaftlichen Erfahrung als Aufgabe der Philosophie, der Verhältnisbestimmung von Ethik und Religionsphilosophie entlang der Frage des Individuums im Spannungsfeld von Rechtswissenschaft, über Antisemitismuskritik, Christentum und jüdischem Monotheismus bis hin zur Begründung des Sozialismus aus der 2. und 3. Formulierung des kategorischen Imperativs. Die Schrift ist als Gründungsdokument des ethischen Sozialismus in die Revisionismusdebatten der deutschen Sozialdemokratie eingegangen. Nach Cohen gewinnt der Sozialismus seine ethische Grundlage durch eben jene Auslegungen des kategorischen Imperativs, welche die Idee der Menschheit zu ihrem Inhalt haben und den Menschen als Selbstzweck von allem unterscheiden, was bloß Mittel sei: „Der Selbstzweck erzeugt und bestimmt den Begriff der Person, den Grundbegriff der Ethik. Bloßes Mittel ist die Sache, die als Sache des wirtschaftlichen Verkehrs die Ware ist. Der Arbeiter kann daher niemals bloß als Ware zu verrechnen sein, auch für die höheren Zwecke des angeblichen Nationalreichtums nicht; er muss ‚jederzeit zugleich als Zweck' betrachtet und behandelt werden." (Cohen, 1896, 113)

Cohen bettet seine ethische Begründung der sozialistischen Gesellschaftskritik in eine messianische Geschichtsphilosophie ein, nach der die Verwirklichung des menschheitlichen Friedens jenes Ideal bildet, welches die *spezifische Wirklichkeit* des Sollens, oder anders formuliert, *das Sein des Sollens* – nach Cohen die Zukunft – ausmacht. Die Geschichte, die für Cohen nicht unabhängig vom Begriff der Autonomie und der Selbstgesetzgebung zu denken ist, hängt damit – ebenso wie die Zukunft der Menschheit – von dem tätigen Willen ab, das Ideal des menschheitlichen Friedens zu realisieren. Selbst wenn Cohen die Zusammenhänge zwischen Grundlegung der Ethik, Erzeugung von Geschichte, Realisierung der Zukunft, Autonomie und Überwindung des Mythos erst im zweiten Teile seines philosophischen Systems, der *Ethik des reinen Willens* (Cohen 1904) ausführt, so kann er bei der Grundlegung des ethischen Sozialismus doch bereits auf sein zweites Kantbuch *Kants Begründung der Ethik* (Cohen 1877) zurückgreifen, in dem er gegen die utilitaristische Aufrechnung von Glückserwartungen pointiert formuliert: „Der Hiob unseres Zeitalters fragt nicht mehr, ob der Mensch überhaupt mehr Sonnenschein als Regen habe; sondern ob der eine Mensch mehr leide als sein Nächster; und ob in der austeilenden Lust-Gerechtigkeit der berechenbare Zusammenhang bestehe, dass ein Mehr an Lust für das eine Mitglied im Reiche der Sitten das Minder des Andern zum logischen Schicksal macht." (ebd., 368)

Die erste Auflage der *Einleitung mit kritischen Nachtrag zu F. A. Langes ‚Geschichte des Materialismus'* erscheint kurz bevor Cohen mit der Ausarbeitung seines eigenen philosophischen Systems beginnt, dessen erster Teil, die *Logik der reinen Erkenntnis* 1902 veröffentlicht wird (Cohen 1902). Es folgt die *Ethik des reinen Willens* (Cohen 1904) und die *Ästhetik des reinen Gefühls* (Cohen 1912). Die dreigliedrige Architektur des cohenschen Systems – Logik, Ethik, Ästhetik – weist, bei allen Differenzen im Detail zurück auf Kant und zeigt darin zugleich die Kontinuität von Cohens eigenem philosophischem Werk. So verweist auch die in der jüngeren Cohenrezeption nachgewiesene fundamentale Bedeutung, welche die Ethik in Cohens Kritik der Ontologie und in der in eine Logik der Wissenschaften mündenden Philosophie einnimmt, auf Kants Philosophie. Bereits die im ersten Kantbuch als Erkenntniskritik konzipierte Philosophie und das in ihm dargelegte Verständnis des Denkens als Selbstgesetzgebung sind sehr stark ethisch motiviert.

Der größte Unterschied zu Kant liegt freilich in der Cohenschen Überzeugung, dass die universale Religion nicht im Christentum, sondern im Judentum und dabei insbesondere im jüdischen Monotheismus zu finden sei. So korreliert denn nicht nur die Ausrichtung des Denkens auf die Zukunft mit Cohens Deutung des prophetischen Messianismus, demgemäß die Propheten den Blick der Menschheit auf die Zukunft und auf das Bild einer in Frieden vereinten universalen Menschheit gerichtet hätten, sondern der von ihm vertretene ethische Sozialismus korreliert ebenso mit der Deutung der Nächstenliebe im Talmud (Cohen 1888), der gemäß nicht nur der Zugehörige zum eigenen Volk oder zur eigenen Konfession, sondern auch jener als Nächster Anerkennung finden soll, der als Noachide ein Fremdling sei und dennoch zur Menschheit gehöre. Nächstenliebe ist, wie Cohen gegen zeitgenössische antisemitische Vorwürfe einwendet, nach denen die jüdische Tradition das Konzept der Nächstenliebe nicht kenne, in der hebräischen Bibel und im Talmud zugleich Fremdenliebe. Er verankert weitergehend diese Fremdenliebe in einem Staatsbürgerkonzept, das dem Andersgläubigen alle staatsbürgerlichen Rechte zuerkennt, ohne von ihm eine Bekehrung zur Staatsreligion zu verlangen und wendet damit die antisemitischen Anfeindungen gegen die zeitgenössische Politik des Ausschlusses, welche die mit der Staatsangehörigkeit verbundenen Rechte von der Glaubenszugehörigkeit abhängig macht. Damit verstößt diese Politik, so Cohen, offensichtlich gegen die Trennung von Staat und Religion. Gerade diese Selbstverständlichkeit, mit der Cohen den kritischen Idealismus einerseits in die Tradition des deutschen Idealismus stellt und andererseits systematisch mit den Quellen und der Tradition des Judentums verbindet, macht seine Philosophie zugleich einzigartig und auch heute noch zu einer Herausforderung. Eine angemessene Deutung, die das Gesamtwerk umfasst, setzt nicht nur das Vertrautsein mit der Philosophiegeschichte, sondern auch mit der jüdischen Geschichte und insbesondere mit der im 19. Jahrhundert in Deutschland entstandenen Wissenschaft des Judentums voraus. Die Chancen und der Gewinn, die mit einem solchem umfassenden Studium der cohenschen Schriften verbunden sind, weisen, wie es der jüngeren Cohenrezeption bereits zu zeigen gelungen ist, über die Grenzen der Philosophiegeschichte im engeren Sinn hinaus.

Literatur: Cohen 1896, Cohen 1904, Cohen 1919, Deuber-Mankowsky 2000, Holzhey 1986, Munk 2005
Webseite: www.philosophie.uzh.ch/bibliothek/hca.html

Astrid Deuber-Mankowsky

Conrad-Martius, Hedwig

Geboren 1888 in Berlin, gestorben 1966 in Starnberg. Studium in Rostock, Freiburg, München (Theodor Lipps, Psychologie), Göttingen (Edmund Husserl). 1912 Promotion bei Alexander Pfänder in München (Habilitation war Frauen nicht möglich). 1949 Dozentin für Naturphilosophie, ab 1955 Honorarprofessorin für Philosophie in München.

Ausgehend von den frühen Arbeiten Edmund Husserls entwickelt Conrad-Martius im Kontext des München-Göttinger Phänomenologenkreises eine ontologische Phänomenologie: Während sie bei Husserl und besonders auch bei dessen Schüler Adolf Reinach Phänomenologie als eine Methode der Wesensschau kennenlernt, entnimmt sie den Schriften Martin Heideggers die Anregung, sich auch dem Sein, insbesondere dem Sein der Realentitäten, das in der phänomenologischen Analyse eingeklammert wird, zu widmen (Conrad-Martius 1957, 91 f.). Somit wird die klassische philosophische Frage nach dem Verhältnis von Sein und Wesen ihr Arbeitsschwerpunkt, was u. a. zur Untersuchung vom Sein der verschiedensten Gruppen von Seiendem führt (ebd., 87 f.).

Im Anschluss an ihre frühe, kritische Auseinandersetzung mit dem Positivismus und den empirischen Wissenschaften (Conrad-Martius 1916), versteht Conrad-Martius Husserls Ausführungen in den *Logischen Untersuchungen* so, als halte er die realen Dinge, das reale Seiende für erkennbar. Darauf basiert ihre eigene Auffassung, dass wir die Dinge erkennen können, so wie sie ihrem Wesen nach sind, weil sie sich kundgeben. Husserls spätere Wendung zu einer transzendentalen Phänomenologie kritisiert Conrad-

Martius in einem Vortrag von 1931 als „idealistische Wende": Er reduziere die Welt auf ein bloßes Weltphänomen, indem die Welt nur noch für das Bewusstsein sei, welches zum „Maß alles Seienden und allen Seins" gemacht würde (Conrad-Martius 1963, 23). Conrad-Martius hält dem entgegen, dass das Bewusstsein selbst an die Faktizität der Welt glaube: Es bejahe die Wirklichkeit in seinen Akten. Reales Seiendes, ein wirklicher Mensch, ließe sich nicht, wie die Idee „Mensch", auf sein Wesen reduzieren oder durch sein Wesen begründen, denn derart Seiendes stehe in sich – was Conrad-Martius auch als „Seinsgegründetheit des realen Seins" bezeichnet (Conrad-Martius 1957, 93). Realentitäten werden von ihr nicht nur als Träger ihres eigenen Wesens verstanden, sondern noch dazu als „Grund und Träger ihres eigenen Seins" (ebd., 95), was aber nicht metaphysisch gemeint ist als Durch-sich-selber-Sein, sondern zunächst einmal rein ontologisch. In einem Manuskript aus dem Jahr 1938 schreibt Conrad-Martius auch: „Das Wirkliche ist im Wortsinne: das sich selber Wirkende" (Conrad-Martius 1965, 275). Dieser Aspekt des Selberkönnens, die Betonung der Substantialität des realen Seienden, entsteht aus Conrad-Martius' Interpretation der aristotelischen und thomistischen Tradition (Conrad-Martius 1963). Auch wenn sich immer wieder theologische Anklänge in ihren Schriften finden, so versucht sie doch, in ihrer Ontologie ohne die Notwendigkeit eines Gottes auszukommen (zum Verhältnis von Philosophie und Theologie: Pfeiffer 2005, 87 ff.).

Während Conrad-Martius sich in ihren realontologischen Untersuchungen anfangs mehr für das stofflich-physische Seiende interessiert (Conrad-Martius 1923), kommt sie dann über das Lebendige in späteren Schriften auch zum Bereich des seelischen und geistigen Seins (Conrad-Martius 1960) und zur umfassenden Ordnung: Alles real Seiende ist durch sein Wesen an eine bestimmte Stelle im Sinnkosmos (*kósmos noetós*) gestellt. Wir können die Wesenheiten erkennen, weil die Wirklichkeit eine Verfassung hat, die auf Erkennbarkeit ausgerichtet ist, denn sie ist von einem Logos begründet, der nicht *durch* sie spricht, sondern *in* ihr, *in* allem real Seienden selbst ist und spricht (Conrad-Martius 1963, 369; 1965, 347). Somit sind Menschen und Dinge vom gleichen Logos durchwirkt. Conrad-Martius widmet sich besonders dem Lebendigen: den Pflanzen, Tieren und Menschen, und zwar mit der Frage, wie ein einzelner Organismus oder gar eine einzelne Zelle mit dieser umfassenden Ordnung verbunden sein und sich ihr gemäß entwickeln kann (Conrad-Martius 1938, 1944, 1949). In ihrer Lösung dieser Frage folgt sie dem vitalistischen Biologen Hans Driesch: Alles Lebendige hat eine Entelechie, weshalb jede Entwicklung nicht durch Wirkursachen (*causa efficiens*), wie etwa einen genetischen Plan, sondern nur durch Zielursachen (*causa finalis*) hinreichend erklärt werden kann. Conrad-Martius beschreibt zwei „Doppelgesichter" dieser Entelechie (Conrad-Martius 1944, 74 ff.): Bildungs- und Wesensentelechie (Entelechie ist sowohl der schrittweise „voranziehende" Faktor wie auch das ganzheitliche Wesen) sowie individueller und objektiver „Artlogos" (Entelechie wirkt sowohl platonisch-ideell als Idee für die ganze Art als auch aristotelisch-substantiell als Idee im einzelnen Individuum). Mit ihrem Modell des *Selbstaufbaus der Natur*, so der Buchtitel, geht sie über die gängigen funktionalistischen Erklärungen hinaus, die insbesondere in der von Evolutionstheorie und Darwinismus sowie später von Genetik geprägten Biologie – mit ihrem Fokus auf dem Zauberwort „Entwicklung" – verbreitet sind und von Conrad-Martius als unzureichend kritisiert werden (Conrad-Martius 1944, s. ferner ihre breit rezipierte Kritik am Sozialdarwinismus: Conrad-Martius 1955). Während die Biologie bis weit ins 19. Jahrhundert noch mechanistischen Erklärungen anhängt, behandeln die zeitgenössischen physikalischen Theorien bereits ganz andere Probleme (Conrad-Martius 1949a, 11 f.; 1965, 401). Angeregt von diesen Theorien, versucht Conrad-Martius später dann eine Neubestimmung der Dimensionen von Raum und Zeit (Conrad-Martius 1954, 1958).

Literatur: Conrad-Martius 1944, Conrad-Martius 1957, Conrad-Martius 1963, Hering 1959, Pfeiffer 2005, Wenzl, Dempf 1958
Bibliographie: Avé-Lallemant 1977

Maxine Saborowski

Dilthey, Wilhelm

Geboren 1833 in Biebrich am Rhein, gestorben 1911 in Seis am Schlern (Südtirol). Studium der Theologie, Philosophie, Philologie und Geschichte ab 1852 in Heidelberg und ab 1853 in Berlin. Nach dem theologischen (1855) und dem philologischen (1856) Staatsexamen zunächst von 1856–58 Tätigkeit als Lehrer. Danach mehrere Jahre Privatgelehrter und freier Publizist in Berlin. 1864 Promotion und Habilitation. 1866–68 Professor an der Universität Basel. 1868–71 Professor in Kiel, 1871–82 an der Universität Breslau und 1882–1905 (als Nachfolger Rudolf Hermann Lotzes) an der Universität Berlin.

Dilthey ist wichtigster Vertreter einer hermeneutisch-geschichtlichen Lebensphilosophie und bedeutender Repräsentant der deutschen akademischen Philosophie in der zweiten Hälfte des 19. und am Beginn des 20. Jahrhunderts. Er hat ein umfangreiches und vielseitiges Werk hinterlassen. So verfasst er Arbeiten zu fast allen philosophischen Disziplinen, insbesondere zur Philosophie der Geisteswissenschaften (Dilthey 1883, 1910), zur Ethik (Dilthey 1864), zur Erkenntnistheorie (Dilthey 1890, 1982), zur Ästhetik bzw. Poetik (Dilthey 1887, 1892), zur Logik (Dilthey 1982a), zur Geschichte der Hermeneutik (Dilthey 1860, Dilthey 1900) sowie zur Weltanschauungslehre (Dilthey 1931). Um den philosophischen Kern seines Werkes gruppieren sich bedeutende Abhandlungen zur Psychologie (Dilthey 1894, 1895) und Pädagogik (Dilthey 1888), zahlreiche biographische Studien und Skizzen (Dilthey 1870, 1905, 1906) sowie eine große Zahl populär gehaltener Zeitschriftenartikel und Rezensionen (Dilthey 1970, 1970a, 1972, 1974) und Vorlesungen über diverse Gebiete der Philosophie, deren Diktate und Nachschriften in den *Gesammelten Schriften* veröffentlicht werden (Dilthey 1934, 1958, 1990, 1997, 2000, 2004).

Dilthey, der in einem späteren autobiographischen Rückblick frühe Lektüren philosophischer Klassiker erwähnt, hört zunächst in Heidelberg Vorlesungen des hegelianischen Philosophiehistorikers Kuno Fischer und schließt sich in Berlin als Schüler dem Aristoteliker und Anti-Hegelianer Friedrich Adolf Trendelenburg an. Er studiert außerdem bei weiteren bedeutenden Vertretern der Historischen Schule, so insbesondere bei dem klassischen Philologen August Boeckh und dem Historiker Leopold von Ranke.

Beeinflusst wird Dilthey daneben aber auch durch den jüdischen Philosophen und Psychologen Moritz Lazarus, mit dem er in den späten 1850er und frühen 1860er Jahren eng befreundet ist und im freundschaftlich-kritischen Dialog dessen Konzeption einer Völkerpsychologie als einer Wissenschaft des Volksgeistes sowie seine eigenen frühen Pläne zu einer Philosophie der Geisteswissenschaften erörtert. Zur kritischen Auseinandersetzung herausgefordert fühlt sich Dilthey auch durch die positivistisch-empiristische Philosophie Auguste Comtes, John Stuart Mills und ihrer Anhänger, die seit Anfang der 1860er Jahre auch in den Intellektuellen-Zirkeln in Berlin stetig an Einfluss gewinnt.

Am Anfang von Diltheys wissenschaftlicher Laufbahn stehen (unvollendet gebliebene) kirchengeschichtliche Studien zur ältesten christlichen Religionsphilosophie und philosophiehistorische Forschungen zum Ursprung der Philosophie des Mittelalters. Neben diese Arbeiten tritt schon Ende der 1850er Jahre ein stetig zunehmendes Interesse an der Biographie sowie der Philosophie und Theologie Friedrich Daniel Ernst Schleiermachers. Dilthey beteiligt sich an der Herausgabe von Schleiermachers Briefwechsel und fasst bald darauf den Plan zu einer umfangreichen Schleiermacher-Biographie, deren erster Band nach Jahren intensiver Arbeit erscheint (Dilthey 1870). Der immer wieder angekündigte zweite Band des *Lebens Schleiermachers* kann von Dilthey nicht abgeschlossen werden und wird erst im Rahmen seiner *Gesammelten Schriften* aus dem Nachlass herausgegeben (Dilthey 1870, 1966).

Im Zentrum von Diltheys philosophischem Lebenswerk steht der Versuch einer umfassenden philosophischen Grundlegung der Geisteswissenschaften, einer, wie er in kritischer Anlehnung an Kant auch sagt, „Kritik der historischen Vernunft", die er mit seinem Hauptwerk, der *Einleitung in die Geisteswissenschaften* (Dilthey 1883), realisieren will. Von diesem Werk kann Dilthey allerdings nur den ersten Band vollenden. Der geplante zweite Band, der neben einer großen historischen Darstellung der Geschichte der Geisteswissenschaften vom Beginn der Neuzeit bis zur Gegenwart eine erkenntnistheoretische, logische und methodologische Grundlegung der Geisteswissenschaften enthalten sollte, wird nicht fertig gestellt. Der systematische Teil des zweiten Bandes wurde erst in den *Gesammelten Schriften* aus den umfangreichen Nachlassmaterialien aufgrund von Gliederungsnotizen und Disposition rekonstruiert (Dilthey 1982).

Da die Geschichtsbetrachtung der Historischen Schule – wie Dilthey kritisiert – nicht erkenntnistheoretisch fundiert war, ihr also eine philosophische Grundlage fehlt, sieht er die Aufgabe seiner Kritik der historischen Vernunft darin, das Prinzip dieser Schule philosophisch zu begründen und den Positivismus von Comte sowie den Empirismus von Mill mit ihrem Postulat einer Übertragung naturwissenschaftlicher Prinzipien und Methoden auf das Gebiet der Geisteswissenschaften zurückzuweisen.

Diltheys Erkenntnistheorie lässt sich als eine lebensphilosophische charakterisieren. Ihr Fundament bilden die in innerer Erfahrung gegebenen Tatsachen des Bewusstseins. Allerdings begreift Dilthey diesen Zusammenhang anders als die neuzeitliche Erkenntnistheorie von Locke bis Kant, der er einen Intellektualismus vorwirft. Gegen die neuzeitliche Erkenntnistheorie, die das erkennende Subjekt als ein reines, ungeschichtliches Vorstellungssubjekt denkt, stellt Dilthey den ganzen Menschen, die ganze „Menschennatur". Dieses „wollend und fühlend vorstellende Wesen" (Dilthey 1883, XVIII) soll bei der Klärung der Erkenntnis und ihrer Grundbegriffe, wie der Frage nach der Realität der Außenwelt und anderer Individuen sowie der Probleme von Zeit, Substanz und Ursache, zugrundelegt werden. Daher lehnt Dilthey auch die Annahme eines „starren a priori unseres Erkenntnisvermögens" ab und setzt an dessen Stelle den Gedanken der Entwicklungsgeschichte, die von der „Totalität unseres Wesens ausgeht" (Dilthey 1982).

Der erste Band der *Einleitung* umfasst einerseits die Grundzüge eines Systems der Geisteswissenschaften und andererseits eine von Dilthey als „Phänomenologie der Metaphysik" bezeichnete Geschichte der Metaphysik von ihren Anfängen bis zu ihrer Auflösung durch die neuzeitliche Naturwissenschaft. Ziel dieses Teils der *Einleitung* ist der Nachweis, dass eine allgemein anerkannte Metaphysik durch die Lage der Wissenschaften in Antike und Altertum bedingt war, die mit Beginn der modernen Naturwissenschaft überwunden wurde, wodurch auch die Zeit einer metaphysischen Begründung der Geisteswissenschaften vorüber ist. Eine Grundlegung der Geisteswissenschaften kann – so Diltheys These – nur noch durch eine auf Empirie gestützte Erkenntnistheorie geleistet werden.

Grundbegriffe von Diltheys Theorie der Geisteswissenschaften sind das Erlebnis oder Leben und das Verstehen. Im ersten Teil der *Einleitung*, den Dilthey als „Übersicht über den Zusammenhang der Geisteswissenschaften" bezeichnet, gibt er eine – vorläufige Definition – der Geisteswissenschaften. Die Geisteswissenschaften oder die Wissenschaften des Menschen, der Gesellschaft und der Geschichte sind die Wissenschaften, die die geschichtlich-gesellschaftliche Wirklichkeit zu ihrem Objekt haben. Sie bilden ein selbständiges Ganzes neben den Naturwissenschaften, da das Erlebnis der geistigen Welt mit jeglicher Sinneserfahrung von der Natur unvergleichbar und eine Übertragung naturwissenschaftlicher Methoden auf die geistige Welt daher abzulehnen ist. Weiterhin untersucht er die methodischen Grundlagen der Geisteswissenschaften, die ihre Basis im Verstehen besitzen, grenzt sie von den Naturwissenschaften ab, liefert eine Kritik an der Geschichtsphilosophie und an der (positivistischen) Soziologie und weist die Notwendigkeit einer erkenntnistheoretischen Grundlegung der Geisteswissenschaften nach.

Wichtige Systemelemente seiner Kritik der historischen Vernunft hat Dilthey in Einzeluntersuchungen in Angriff genommen. Neben dem Aufsatz über die Außenweltproblematik, in dem er gegen den Intellektualismus in der Erkenntnistheorie die Erfahrung der Realität einer Außenwelt und die anderer Personen durch Impuls- und Widerstandserlebnisse zu erklären sucht, und der großen Abhandlung zur lebensphilosophischen Logik (Dilthey 1982a) sind hier vor allem seine Beiträge zur deskriptiven Psychologie (Dilthey 1894, 1895) zu nennen.

In der *Einleitung* hatte Dilthey eine strikt beschreibende Psychologie gefordert, die er als Grundlage aller Erkenntnis des geschichtlichen Lebens bezeichnet. Ausgearbeitet wird diese Konzeption in seiner programmatischen Abhandlung *Ideen über eine beschreibende und zergliedernde Psychologie* (Dilthey 1894), in der Dilthey die Grundlagen einer solchen rein deskriptiven Psychologie entwickelt und sie von der sogenannten erklärenden Psychologie unterscheidet, die – in Anlehnung an naturwissenschaftliche Methoden – Erscheinungen des seelischen Lebens in eindeutig bestimmte Elemente zerlegt und einem Kausalzusammenhang unterordnet. Gegen eine solche naturwissenschaftlich orientierte Psychologie, die ihren Erklärungen seelischer Erscheinungen jeweils Kombinationen von Hypothesen zugrunde legt, geht die von Dilthey postulierte deskriptive Psychologie vom erlebten seelischen Zusammenhang aus und ist nicht auf den Einsatz von Hypothesen angewiesen. Die deskriptive Psychologie ist nach Dilthey die Darstellung der in jedem menschlichen Seelenleben gleichförmig auftretenden Bestandteile und Zusammenhänge, wie sie in einem einzigen Zusammenhang verbunden sind; dieser wird nicht hinzugedacht oder erschlossen, sondern erlebt. Diesen Zusammenhang bezeichnet Dilthey auch als „das Leben selbst".

Eine zentrale Aufgabe der deskriptiven Psychologie ist die Analyse des Strukturzusammenhangs im ausgebildeten Seelenleben, d. h. der Verbindung der Intelligenz (Vorstellen), des Trieb- und Gefühlslebens (Fühlen) sowie der Willenshandlungen (Wollen) zu dem gegliederten Ganzen des Seelenlebens. In diesem Zusammenhang kommt in Diltheys psychologischer Theorie der Wechselwirkung zwischen der Lebenseinheit und der sie umgebenden äußeren Welt eine besondere Bedeutung zu. Denn indem die Lebenseinheit sich durch das Milieu, in dem sie lebt, bedingt findet und auf dasselbe zurückwirkt, entsteht nach Dilthey die Struktur des Seelenlebens, also die Gliederung der inneren Zustände der Lebenseinheit. Dieses psychologisch-anthropologische Grundschema einer strukturellen Beziehung von Lebenseinheit und Milieu sucht Dilthey u. a. in seinen Arbeiten und Vorlesungen zur Ethik und Pädagogik fruchtbar zu machen.

Mit seiner Akademie-Abhandlung *Der Aufbau der geschichtlichen Welt in den Geisteswissenschaften* (Dilthey 1910) schließt Dilthey unmittelbar an die Themen- und Problemstellung der *Einleitung in die Geisteswissenschaften* an. Dieser letzte Beitrag zu einer Philosophie der Geisteswissenschaften stellt wohl den Versuch dar, die angekündigte, aber nie fertiggestellte philosophische Begründung der Geisteswissenschaften schließlich doch – in einer allerdings weniger anspruchsvollen Gestalt als ursprünglich geplant – zu einem Abschluss zu bringen. Im Fokus seines Interesses steht wiederum zunächst die Bestimmung des Wesens bzw. des Begriffs der Geisteswissenschaften und der Versuch, die Geisteswissenschaften – auch in methodologischer Hinsicht – sicher von den Naturwissenschaften abzugrenzen. Neu hinzu kommen aber jetzt der wichtige Grundbegriff des „Ausdrucks" und die Aufgabe, die Grundlagen und Begriffe historischer Erkenntnis zu analysieren.

Als Geisteswissenschaften definiert Dilthey die Wissenschaften, die sich auf die Tatsache „Menschheit" oder die menschlich-gesellschaftlich-geschichtliche Wirklichkeit beziehen, wobei die Art dieser Beziehung durch die Methode des „Verstehens" bezeichnet ist. Geisteswissenschaften setzten sich zu ihren Objekten in ein verstehendes Verhältnis; sie thematisieren das „Innere", das sich in sinnlich erfahrbarem „Äußeren" objektiviert hat. Dieses Innere ist allerdings nicht etwas Psychisches und daher kein Objekt einer Psychologie, sondern der Sinn oder die Bedeutung bzw. der „Geist", der an etwas haftet oder in ihm zum Ausdruck kommt. Dieses Geistige (eines Werkes, einer Epoche etc.), das verstehend erschlossen werden kann, ist der objektive Ausdruck menschlichen Erlebens bzw. der „objektive Geist", wie Dilthey mit einem von Hegel entlehnten, aber entscheidend umdefinierten Begriff sagen kann. Daher basieren die Geisteswissenschaften auf dem Zusammenhang von Erlebnis (Leben), Ausdruck und Verstehen: Erfahrungen oder seelische Zustände bzw. Vorgänge – kurz: Erlebnisse – kommen in Lebensäußerungen zum Ausdruck und werden verstanden. Grundlage des Verstehens ist das Erleben. Da der Mensch ein Element der gesellschaftlich-geschichtlichen Wirklichkeit ist, versteht er diese Wirklichkeit, die seine Welt ist; die Natur dagegen bleibt unverstanden und ist ihm fremd.

Diltheys Hauptinteresse in *Der Aufbau* gilt der Untersuchung der Struktur der Geisteswissenschaften. Als ersten Grundzug hebt er den Ausgang vom Leben und den dauernden Zusammenhang mit ihm hervor, wobei er diesen konstitutiven Zusammenhang von Leben und Geisteswissenschaften genauer analysiert und dabei wichtige Begriffe wie die des „Lebensbezugs" und der „Lebenserfahrung" herausstellt.

Als einen weiteren Grundzug in der Struktur der Geisteswissenschaften, die Dilthey durch einen Zusammenhang von Erleben, Verstehen und Lebenserfahrung charakterisiert sieht, arbeitet Dilthey die Tatsache heraus, dass vom Vorgang des Verstehens aus alles durch das Verhältnis gegenseitiger Abhängigkeit bestimmt ist: Das Verstehen, etwa anderer Personen, setzt ein Erleben voraus, und das Erlebnis wird erst dadurch zu einer Lebenserfahrung, dass das Verstehen aus der Enge und Subjektivität des Erlebens hinausführt in den Bereich des Allgemeinen, etwa durch das Auffassen anderer Personen. Andererseits setzt das Verstehen des Singulären, etwa einer historischen Persönlichkeit, generelles, systematisches Wissen voraus, das aber wiederum im Verstehen, d. h. im Erfassen der einzelnen Lebenseinheit, seine Voraussetzung hat. Schließlich erreicht das Verstehen eines Teils des geschichtlichen Verlaufs seine Vollkommenheit nur durch die Beziehung des Teils zum Ganzen, wie andererseits wiederum der historische Überblick über das Ganze das Verstehen der Teile voraussetzt, die in ihm vereinigt sind.

Neben der Untersuchung der „Objektivation des Lebens", also der Realisierung des Geistes in der Sinnenwelt, die Dilthey als einheitlichen Gegenstand des Verstehens bezeichnet, gilt sein besonderes Interesse dem Grundbegriff des „Wirkungszusammenhangs". Dilthey begreift die geistige Welt als einen Wirkungszusammenhang, der im Unterschied zum Kausalzusammenhang der Natur nach der Struktur des Seelenlebens Werte erzeugt und Zwecke realisiert. In den Geisteswissenschaften – so Dilthey – wird die geistige Welt in der Form von Wirkungszusammenhängen erfasst, wie sie sich im Zeitverlauf bilden. Solche Wirkungszusammenhänge sind dadurch bestimmt, dass in ihnen je unterscheidbare Leistungen vollzogen werden. Wirkungszusammenhänge dieser Art, die eine Kulturleistung realisieren, sind z. B. die Erziehung, die Wirtschaft, das Recht, die Religion, die Philosophie oder die Wissenschaft. Eine weitere Form wird von den äußeren (z. B. politischen) Organisationen einer Gesellschaft gebildet. Darüber hinaus lassen sich auch im Zeitverlauf Wirkungszusammenhänge, wie z. B. Zeitalter und Epochen, isolieren.

Diltheys letztes großes philosophisches Projekt ist seine auch als „Philosophie der Philosophie" bezeichnete Weltanschauungslehre, die er in seinem letzten Lebensjahr in dem Aufsatz „Die Typen der Weltanschauung in den metaphysischen Systemen" der Öffentlichkeit vorlegt (Dilthey 1911). Diese Weltanschauungstypologie geht auf Überlegungen des frühen Dilthey zurück. Aufgenommen und systematisch behandelt wird diese Thematik aber erst seit den späten 1890er Jahren.

Im Mittelpunkt dieser Weltanschauungslehre steht der Versuch, die verschiedenen geschichtlich auftretenden Weltanschauungen in Philosophie, Religion und Dichtung in Typen zusammenzufassen und ihre Genese aus dem Leben zu erforschen und begreifbar zu machen. Den Ausgang nimmt Dilthey in seiner Untersuchung von der Feststellung einer „Anarchie" der philosophischen Systeme, d. h. dem Widerspruch zwischen dem historischen Bewusstsein einer grenzenlosen Vielfalt philosophischer Systeme und dem jeweils erhobenen Anspruch auf Allgemeingültigkeit. Das Ergebnis des geschichtlichen Bewusstseins ist nach Dilthey die Einsicht in die Relativität jeder geschichtlichen Lebensform.

Als letzte Wurzel jeder Weltanschauung identifiziert Dilthey das Leben und nicht etwa das Denken, indem er zeigt, wie aus dem Lebensverhalten, aus Lebensbezügen, Lebensstimmungen und Lebenserfahrungen unterschiedliche Gestalten von Weltanschauungen entstehen, die jeweils versuchen, eine Antwort auf die „Rätsel des Lebens" (vor allem Zeugung, Geburt, Entwicklung und Tod) zu geben. Alle Weltanschauungen, die es unternehmen, die Rätsel des Lebens zu lösen, besitzen nach Dilthey eine gleiche Struktur: Auf der Grundlage eines Weltbildes werden die Fragen nach Sinn und Bedeutung von Welt und Leben beantwortet und daraus ein praktisches Ideal, d. h. Grundsätze für die konkrete Lebensführung, abgeleitet.

Wie Dilthey weiter zeigt, lassen sich die vielen, scheinbar heterogenen Weltanschauungen durch ein vergleichendes Verfahren in Gruppen oder Typen ordnen, die jeweils eine gewisse Verwandtschaft aufweisen. In der Metaphysik unterscheidet Dilthey drei Haupttypen der Weltanschauung: den Naturalismus, den Idealismus der Freiheit und den objektiven Idealismus. Der Naturalismus von Demokrit bis Feuerbach ist durch eine sensualistische Erkenntnistheorie, einen metaphysischen Materialismus und einen praktischen Hedonismus charakterisiert. Ihm opponiert der Idealismus der Freiheit, der u. a. vertreten wird von Anaxagoras, Sokrates, Platon, Aristoteles, Kant, Fichte und Bergson. Er basiert erkenntnistheoretisch auf einer Analyse der Tatsachen des Bewusstseins und metaphysisch auf verschiedenen Formen einer Vernunft-Metaphysik. In seinem Zentrum steht die spontane und freie Lebendigkeit, die sich als Kraft erfährt. Der objektive Idealismus, zu dem nach Dilthey u. a. Heraklit, Parmenides, Bruno, Spinoza, Herder, Goethe, Schelling, Hegel und Schopenhauer zählen, gründet auf einem kontemplativen, ästhetischen oder künstlerischen Verhalten sowie einer pantheistischen Metaphysik, die verbunden ist mit einer deterministischen Auffassung, die das Einzelne vom Ganzen bestimmt sieht und durch die der Zusammenhang der Erscheinungen als innere Determination aufgefasst wird.

Von Dilthey gehen weitreichende Wirkungen aus, die über die Gruppe seiner engeren Schüler (Georg Misch, Herman Nohl, Eduard Spranger, Bernhard Groethuysen, Max Frischeisen-Köhler und Paul Ritter) hinausgehen. Stark beeinflusst wurde von ihm die „hermeneutische Philosophie" (u. a. Heidegger, Gadamer und Bollnow), die „hermeneutische Logik" Mischs und die philosophische Anthropologie Plessners. Seine Schriften gaben Anstöße für die Geistes- und Literaturgeschichte (u. a. Rudolf Unger) sowie die Philosophie der Geisteswissenschaften (u. a. Erich Rothacker, Hans Freyer, Theodor Litt, Otto Friedrich Bollnow, Frithjof Rodi). Auf seine Anregungen gehen die „geisteswissenschaftliche Pädagogik" (Spranger, Nohl, Flitner, Bollnow) und die „geisteswissenschaftliche" oder „verstehende Psychologie" (Spranger, Nohl, Bollnow, Jaspers) zurück. Schließlich inspirierten Diltheys Schriften zur Weltanschauungslehre zahlreiche typologische Versuche auf unterschiedlichen Feldern der Geisteswissenschaften (u. a. Nohl, Spranger, Rothacker, Plessner, Dessoir und Unger).

Literatur: Dilthey 1907, Dilthey 1910, Dilthey 1983, Bollnow 1936, Jung 1996, Lessing 2011
Hilfsmittel: Hermann 1969, Jahrbuch 1983
Webseite: www.ruhr-uni-bochum.de/philosophy/dilthey

Hans-Ulrich Lessing

Dingler, Hugo

Geboren 1881 in München, gestorben 1954 ebendort. Studium der Philosophie, Mathematik und Physik in Erlangen, Göttingen und München, Promotion 1906 in München. Bis 1912 Assistent an der Technischen Hochschule München, anschließend Privatdozent an der dortigen Universität und seit 1920 außerordentlicher Professor. 1932 ordentlicher Professor für Philosophie an der Technischen Hochschule Darmstadt, 1934 in den Ruhestand versetzt. 1940–45 Lehrauftrag an der Universität München. Nach dem Zweiten Weltkrieg Suspendierung vom Lehrdienst.

Der von ihm diagnostizierten fundamentalen Unsicherheit als geistiger Signatur des gegenwärtigen Zeitalters und der Wissenschaft setzt Dingler ein *methodisches* Denken entgegen, das die Gegenstände in einem lückenlosen *Aufbau* generiert und dessen *Anfang* erkenntnistheoretisch sichert. Ziel ist eine *Vollbegründung*; sie führt auf einen einzigen, unhintergehbar letzten Grund, der seinerseits operativ gewonnen wird. Vorbild ist die operative Grundlegung der Geometrie, deren Leitoperation Dingler im Dreiplattenverfahren der feinmechanischen Industrie vorfand (Dingler 1907): Als Maßstäbe fungierende Urebenen werden technisch erzeugt, indem drei Platten wechselseitig aneinander abgeschliffen werden. Aus der Elementarform der Ebene wird dann die euklidische Geometrie aufgebaut. Diese operative Pointe, die Dingler bereits vor dem als Begründer des Operationalismus angesehenen Percy W. Bridgman eingeführt hat, schlägt die Brücke zur Physik. Messgeräte für Experimente beinhalten euklidisch-geometrische Elementarformen. Von diesem *Herstellungsapriori* her sieht Dingler die euklidische Geometrie des Raumes vorbestimmt – entgegen der Relativitätstheorie Einsteins, gegen die er, der „Deutschen Physik" nahestehend, mit antisemitischen Untertönen polemisiert (Dingler 1920, 1922). Hinsichtlich der Prüfung von Hypothesen und Theorien greift Dingler auf die Exhaustionsmethode zurück. Die Realität wird durch konstruktive Hypothesen wie durch Löffel ausgeschöpft, deren Form den Gegenstand bestimmt. Die Hypothesen werden auch gegen abweichende empirische Evidenz aufrechterhalten, wenn die Abweichungen durch die Zusatzannahme von Störungen des idealen Vorgangs erklärt werden können.

Im Verbund mit seiner operationalen Wissenschaftstheorie rekonstruierte Dingler den methodischen Aufbau von Mathematik und klassisch-mechanischer Physik. Ab den 1920er Jahren vertiefte er diese Denklinie durch eine philosophische Reflexion, in der sich Erkenntnistheorie, Handlungstheorie und Metaphysik zur Systemgestalt verbinden (Dingler 1987). Der operative Ansatz wird ausgeweitet zum erkenntnistheoretischen *Prinzip der pragmatischen Ordnung* als aktiver Konkretion eines methodischen Vorgehens. Effektives Handeln bedarf einer wohlgeordneten Reihe von Handlungsschritten, die als Mittel zur Realisierung des Zweckes führen. Ideen sind nichts anderes als Planungen einer solchen Realisierung, wie sie im technischen Alltagshandeln, aber auch in der Ingenieurstechnik ständig vollzogen wird.

Die Suche nach Begründung führt schließlich zu einer als „Metaphysik" bezeichneten Erkundung ihrer philosophischen und kulturellen Bedingungen (Dingler 1929, 1930). Dingler lehnt sich dabei an zwei Diskurse an. Aus der Kulturtheorie der Weimarer Republik, speziell wohl von Oswald Spengler, übernimmt er die Denkfigur vom „faustischen" Menschen, der die Welt aktiv zu beherrschen sucht. Das expandierende *Gerüst* der Wissenschaften und ihrer Theorien, das immer mehr ins Gegebene, rational *Unberührte* hineingebaut wird, ist Inbegriff des modernen Rationalisierungsprojekts. Das Irrationale ist demgegenüber einerseits das noch nicht Rationalisierte, jedoch ans rationale System Anschließbare, andererseits das prinzipiell nicht Rationalisierbare. Letzteres wird thematisiert im Diskurs der voluntaristischen Metaphysiktradition: Der Handeln wie Denken bestimmende *aktive Wille* ist zwar schlechthin irrational, leitet aber die Rationalisierung als Wille zur Sicherheit und zur Beherrschung der Wirklichkeit.

Dinglers Werk wurde vorwiegend im deutschsprachigen Raum rezipiert und diskutiert. In jüngerer Zeit wurde vermehrt das ganze philosophische System zum Gegenstand (Weiß 1991, Willer 1973, Zeyer 1999). Konkurrierende Denkansätze wie der Kritische Rationalismus setzten sich mit der Exhaustionsmethode (Karl R. Popper) und dem Letztbegründungsdenken (Hans Albert) auseinander. Produktiv aufgenommen wurde der operative Ansatz in mehrfachen Diskussionszusammenhängen: Der von Paul Lorenzen begründete Konstruktivismus und seine Weiterentwicklung (Janich 2006) verknüpft ein methodisch kontrolliertes Denken mit sprachlichen, lebensweltlichen und kulturellen Bezügen. In der Didaktik der Mathematik wird die operative Geometriebegründung aufgenommen. Klaus Holzkamp nutzt Dinglers Exhaustions- und Handlungstheorie für eine pragmatische Grundlegung der Wissenschaftslehre. Ulrich Hoyer schließt die Quantentheorie an die klassische Mechanik im Geiste von Dinglers Aufbau der Physik an. Aus politisch-ideologiekritischer Perspektive wurde Dinglers „opportunistische" (Wolters 1992, 263) Annäherung an den Nationalsozialismus thematisiert. Die entsprechenden wenigen Teile seines Œuvres betreffen freilich nicht dessen Substanz und sie bedürfen einer Gesamtdeutung vor der gegenläufigen Tatsache von Dinglers ebenfalls belegbarem – allerdings später widerrufenem – Philosemitismus (Dingler 1909, Weiß 2006, Wolters 1992).

Literatur: Dingler 1926, Dingler 1955, Dingler 1987, Weiß 1991, Willer 1973, Zeyer 1999
Webseiten: www.infosoftware.de/dingler.htm; www.hofbibliothek-ab.de/hdbio.html

Ulrich Weiß

Elias, Norbert

Geboren 1897 in Breslau, gestorben 1990 in Amsterdam. Studium der Philosophie in Breslau, Heidelberg und Freiburg, Promotion 1924 (bei Richard Hönigswald). Hinwendung zur Soziologie, später Beiträge zu einer transdisziplinären „Menschenwissenschaft". 1933 Vertreibung durch die Nationalsozialisten, Unterbrechung der wissenschaftlichen

Karriere. Nach dem Krieg Tätigkeit in der Erwachsenenbildung. 1954–62 Dozent an der University of Leicester, 1962–64 Professor für Soziologie in Accra (Ghana), Rückkehr als Privatgelehrter nach Großbritannien. Seit 1975 in Amsterdam, mit Gastprofessuren u. a. in Bielefeld, Bochum, Konstanz und Amsterdam. 1977 erster Träger des Theodor-W.-Adorno-Preises.

Im Zentrum des Werkes von Norbert Elias steht die Prozess- und Figurationstheorie, mit der er versucht, den Antagonismus zwischen Individualismus und Kollektivismus in der Sozialtheorie zu überwinden. Elias wendet sich insbesondere gegen die spätestens seit Platon in der Sozialphilosophie beliebte Fiktion, die Bildung der Gesellschaft und/oder des Staats aus voraussetzungslos in die Welt geworfenen erwachsenen Individuen abzuleiten. Stattdessen erklärt Elias den Gang der Weltgeschichte als langfristigen Prozess der Interdependenz von Psychogenese und Soziogenese (Elias 1969, 1969a).

Die Entwicklung der Menschheit wird von Elias als Prozess der Zivilisation interpretiert, bei dem die Persönlichkeits- und Verhaltensentwicklung einerseits und die Gesellschafts- und Staatsbildung andererseits in wechselseitiger kausaler Abhängigkeit stehen. Zusammengefasst lautet Elias' Argumentation wie folgt: Die langfristige Entwicklung der Gesellschaft ist durch eine zunehmende sozioökonomische Differenzierung (Funktions- und Arbeitsteilung) gekennzeichnet, die sich aus dem Wettbewerbsdruck (bedingt durch Ressourcenmangel bei wachsender Bevölkerung) und dem damit verbundenen Zwang zur Produktivitätssteigerung ergibt. Differenzierung bedeutet, dass es zu einer Zunahme von Teilfunktionen kommt, die aufeinander bezogen und voneinander abhängig sind. Die einzelnen Handlungen und Vorgänge müssen immer besser miteinander abgestimmt und synchronisiert werden. Mit der zunehmenden Differenzierung steigt deshalb das Niveau der gesellschaftlichen Interdependenz.

Wenn die Abhängigkeits- und Wirkungsketten länger werden, muss das individuelle Verhalten regulierter und kontrollierter werden. Elias weist anhand soziohistorischer Forschung nach, dass seit dem Frühmittelalter (wo seine Untersuchungen beginnen) spontanes, trieb- und affektgeleitetes Verhalten zunehmend durch ein kontrolliertes Handeln ersetzt wird, das zunächst durch Fremdzwänge, dann aber zunehmend durch internalisierte Selbstzwänge reguliert wird. Die Selbstregulierung der Triebe und Affekte, die Entwicklung eines weitsichtigeren, „rationaleren" Verhaltens, das einem hohen Niveau an gesellschaftlicher Differenzierung und Interdependenz Rechnung trägt, bezeichnet Elias als den „Prozess der Zivilisation". Kontrollierteres, „zivilisierteres" Verhalten ermöglicht wiederum ein Voranschreiten der Differenzierung, sodass sich Psychogenese und Soziogenese wechselseitig bedingen und befördern.

Die langfristige Psychogenese, also die Zivilisierung des Verhaltens, beschreibt Elias anhand historischer Quellen am Beispiel der Manieren, der Sexualität und der Aggressivität. So ist impulsive, affektive Aggressivität eine Überlebensnotwendigkeit in Gesellschaften, die sich auf einem niedrigen Niveau von Ordnung und Integration befinden. In Gesellschaften, in denen die Gewaltausübung sozial kaum reguliert ist, ist auch die individuelle Aggressivität kaum reguliert. In befriedeten Gesellschaften, in denen eine soziale Ordnungsmacht dem Einzelnen so viel Sicherheit bietet, dass er selber auf Gewalt verzichten kann, wird die Selbstkontrolle der Aggressivität zur unabdingbaren Voraussetzung des gesellschaftlichen Zusammenlebens. Die psychische

Selbstregulierung geschieht durch die Modellierung der Persönlichkeit, während die gesellschaftliche Regulation der Gewaltausübung durch die Herausbildung eines staatlichen Gewaltmonopols erfolgt.

Der Psychogenese der Affektregulierung entspricht die Soziogenese des Staats. Der Staat ist heute der Inbegriff gesellschaftlicher Ordnung. Regierung und Verwaltungsapparat, Gesetze und Polizeigewalt sind Institutionen, die das Zusammenleben regulieren, das Individuum zur Affektkontrolle zwingen und es ihm gleichzeitig ermöglichen, seine Affekte zu regulieren. Im Mittelalter gab es noch keine Staaten, sondern allenfalls instabile Territorien, die durch Eroberung zusammenkamen, aber innerhalb kurzer Zeit wieder zerfielen, weil sich die Lehnsherren, denen die Teilgebiete zur Verwaltung übergeben wurden, von der Zentralgewalt unabhängig machten („Gesetz der Feudalisierung", Elias 1969a, 76 ff.). Die Herrschaftsgeschichte des Mittelalters war demnach eine Oszillation von Zentralisierung (durch Eroberung) und Dezentralisierung (durch Feudalisierung).

Durch die ökonomisch bedingte Konkurrenz der Territorialherren kam es immer wieder zur Bildung größerer Imperien, die Elias wahrscheinlichkeitslogisch begründet („Mechanismus der Monopolbildung", Elias 1969a, 142 ff.). Die territoriale Verfügungsgewalt über diese Imperien konnte erst stabilisiert werden, als die ökonomische Entwicklung so weit vorangeschritten war, dass es gelang, gleichzeitig ein Gewaltmonopol und ein Steuermonopol zu etablieren. Beide Monopole bedingen sich gegenseitig: Ein Monopol der physischen Gewaltausübung ist erforderlich, um Abgaben einzutreiben; und ein Monopol auf die Erhebung von Steuern ist unabdingbar, um ein stehendes Heer zu finanzieren, mit dem das Gewaltmonopol gesichert werden kann. Als diese doppelte Monopolbildung zur Zeit des Absolutismus gelang und die Geburtsstunde des modernen Staats eingeläutet war, setzte ein zweiter Prozess ein, der zur Vergesellschaftung der Monopole und damit letztlich zur Entstehung der Freiheitsrechte, der Marktwirtschaft und der Demokratie führte.

Aus diesen empirischen Analysen entwickelt Elias eine allgemeine Theorie der gesellschaftlichen Entwicklung, die sich als ungeplanter, aber dennoch strukturierter Prozess vollzieht. „Ungeplant" heißt, dass zwar alle Individuen ihre Interessen, Ziele und Pläne verfolgen, dass aber aus der Verflechtung dieser individuellen Handlungen eine Dynamik entsteht, die überindividuell ist, ohne einer metaphysischen oder pseudo-naturwissenschaftlichen Teleologie zu folgen. „Strukturiert" heißt, dass der Wandel andererseits auch nicht chaotisch erfolgt, sondern bestimmte Muster aufweist – u. a. Oszillationen, Eskalationen oder Trends. Aus der Verflechtung der individuellen Pläne und Handlungen ergibt sich eine spezifische Ordnung: „Es ist diese Verflechtungsordnung, die den Gang des geschichtlichen Wandels bestimmt; sie ist es, die dem Prozeß der Zivilisation zugrunde liegt." (Elias 1969a, 314)

Diese „Eigendynamik eines Beziehungsgeflechts" (ebd., 316) bestimmt das Verhältnis von Individuum und Gesellschaft und relativiert die Vorstellung von der Freiheit des Individuums. Zwar mögen einzelne Menschen den subjektiven Eindruck haben frei zu entscheiden, unterliegen aber dabei stets dem Spielraum, den ihnen das Geflecht der Interdependenzen lässt. Menschen werden in solche Interdependenzen – Elias verwendet später den Begriff „Figurationen" dafür – hineingeboren, in ihnen sozialisiert und konditioniert.

In den theoretischen Schriften *Die Gesellschaft der Individuen* (Elias 1983) und *Was ist Soziologie?* (Elias 1970) befasst sich Elias mit den philosophischen Konsequenzen dieser Erkenntnisse. Die erste Folgerung lautet, dass es keine ontologische Anthropologie geben kann. Die Persönlichkeitsstruktur des Menschen ist keine anthropologische Konstante, sondern das Produkt von Sozialisations- und Konditionierungsprozessen, die von der jeweiligen gesellschaftlichen Situation abhängen. Selbst die Denkweise des Menschen – insbesondere der Grad der Rationalität – ist eine abhängige Variable der Soziogenese.

Die zweite Folgerung lautet, dass Elias kollektivistische Sozialtheorien ablehnt. Die augenfällige Struktur der geschichtlichen Entwicklung wie auch makro- und mikrosozialer Prozesse erklärt Elias allein aus der Eigendynamik der Interdependenzgeflechte individueller Menschen. Mit der Negation des Wirkens übermenschlicher Prinzipien fällt auch die Vorstellung jeglicher Teleologie.

Die dritte Folgerung lautet, dass Elias andererseits den methodologischen Individualismus kritisiert, weil dieser – zumindest in den dominierenden Spielarten der auf Max Weber zurückgehenden Rational-Choice-Theorie – eine Rationalität menschlichen Handelns unterstellt, die keine Konstante, sondern eine Variable darstellt, weil er die individuellen Spielräume über- und die Dynamik der Interdependenzen unterschätzt.

Die vierte Folgerung lautet, dass jegliche Modellabstraktionen (das Individuum als Monade bzw. „homo clausus", die Gesellschaft „im Urzustand", „homo oeconomicus" oder „animal rationale") realitätsfern und für die Theoriebildung irreführend sind. Stattdessen sind sozialphilosophische Theorien stets aus Analysen langfristiger Prozesse abzuleiten.

Die fünfte Konsequenz ist schließlich, dass nicht nur der historische Determinismus abgelehnt wird, sondern jede deterministische Logik überhaupt. Vielmehr folgen psycho- und soziogenetische Prozesse, wie Elias am Beispiel des Gesetzes der Monopolbildung demonstriert, einer Wahrscheinlichkeitslogik, weil bereits das individuelle Handeln und erst recht die Dynamik von Figurationen keiner deterministischen, sondern einer stochastischen Kausalität folgen.

In weiteren Schriften hat Elias Prozess- und Figurationsmodelle auf verschiedene historische und soziologische Fragestellungen angewandt (z. B. Elias 1969b, Elias, Scotson 1965) sowie wissenschafts- und erkenntnistheoretische Schriften verfasst, mit denen er insbesondere dem Monopolanspruch des Kritischen Rationalismus eine pluralistische Position entgegenstellte (Elias 1983a, 1985). Seinem Anspruch entsprechend, eine integrale „Menschenwissenschaft" zu betreiben, wurde Elias von einem breiten Spektrum wissenschaftlicher Disziplinen rezipiert.

Literatur: Elias 1969, Elias 1969a, Elias 1983, Baumgart, Eichener 1991, Rehberg 1996, Treibel 2000
Webseite: www.norberteliasfoundation.nl

Volker Eichener

Feyerabend, Paul K.

Geboren 1924 in Wien, gestorben 1994 in Genolier (Schweiz). 1943–45 Teilnahme am 2. Weltkrieg als Offizier der Wehrmacht. Verwundung auf dem Rückzug und dadurch begründete teilweise Lähmung. Studium von Gesang, Theater, Soziologie, Physik und Philosophie. Nach der Promotion in Wien 1951, einer Zeit in London bei Karl Popper und einer Stelle in Bristol ab 1959 Professor in Berkeley bis zur Pensionierung 1990. Daneben weitere Gastprofessuren, u. a. in Auckland, Berlin und Kassel sowie von 1979–91 an der ETH in Zürich.

Obwohl Feyerabend durch sein mitunter extravagantes Auftreten und seine dezidert kritischen Positionen den Ruf eines *enfant terrible* hatte und sogar als „currently the worst enemy of science" bezeichnet wurde (Theocharis, Psimopoulos 1987, 596), muss man ihn doch neben Karl Popper, Thomas Kuhn und Imre Lakatos zu den bedeutendsten Wissenschaftsphilosophen des 20. Jahrhunderts zählen. Mit diesen dreien ist er auch intellektuell eng verbunden. Überhaupt war Feyerabend an den meisten entscheidenden Entwicklungen der Wissenschaftsphilosophie seiner Zeit sowohl theoretisch wie auch durch persönliche Beziehungen beteiligt. Seine frühen Arbeiten in den 1950er Jahren sind stark durch die Nachwirkungen des Logischen Positivismus in Wien inspiriert. Der junge Feyerabend besucht regelmäßig das Österreichische College – Forum Alpbach und übernimmt eine aktive Rolle in einer Gruppe um den analytischen Naturphilosophen Victor Kraft, sodass man Feyerabend hinsichtlich seiner philosophischen Prägung in jedem Sinne als „Philosoph aus Wien" bezeichnen darf (Stadler 2006). In dieser Zeit lernt er unter anderem Ludwig Wittgenstein, Rudolf Carnap, Herbert Feigl und Karl Popper kennen. Seine noch unveröffentlichte Dissertation und weitere Schriften dieser Zeit stehen im Kontext der Protokollsatzdebatte des Wiener Kreises und behandeln das Verhältnis von Beobachtungsbegriffen und theoretischen Termen. Feyerabend übernimmt vom Wiener Kreis die Skepsis gegenüber der Universitätsphilosophie und die grundsätzlich positive Einstellung gegenüber den empirischen Wissenschaften. Allerdings stellt er, nicht zuletzt unter dem Einfluss des kritischen Wiener Experimentalphysikers Felix Ehrenhaft, schon früh die tatsächliche empirische Fundierung physikalischer Theorien in Frage.

Zu Beginn seiner Karriere in den 1950er und 1960er Jahren macht sich Feyerabend vor allem einen Namen als kompetenter Interpret der Quantenmechanik und als Kritiker der Kopenhagener Deutung, der er die Mikrophysik David Bohms gegenüberstellt. Unter anderem stört ihn bei Niels Bohr ein gewisser „Dogmatismus in Grundprinzipien" (Feyerabend 1960, 238). Daneben entwickelt er eine spezifische Lösung für das *Leib-Seele-Problem*, die als frühe Form des eliminativen Materialismus gelten kann (Feyerabend 1963), und setzt sich in verschiedenen Schriften mit Problemen des Reduktionismus, mit Wittgenstein und mit Naturphilosophie auseinander. Auf den ersten Blick erscheinen diese Arbeiten als unverbundene Gelegenheitsstudien, die zu den späteren Arbeiten Feyerabends in keiner systematischen Verbindung stehen. Dabei greift Feyerabend oft zum Instrument der immanenten Kritik, sodass zudem nicht leicht zu sagen ist, worin seine eigene Position besteht. Dennoch lässt sich zeigen, dass zwei zentrale und durchgängige Motive im Denken Feyerabends zu finden sind, nämlich erstens die Kritik verschiedener

Formen des begrifflichen Konservatismus und zweitens das Bemühen um starke alternative Deutungen (Oberheim 2006). Feyerabend zeigt sich so als praktizierender Verfechter des Pluralismus.

Der Pluralismus markiert zugleich die Gemeinsamkeiten und Differenzen mit der Philosophie Karl Poppers, zu der Feyerabend ein ambivalentes und in späteren Jahren von groben Abgrenzungen bestimmtes Verhältnis hat. In den Vorbehalten gegenüber Dogmatismen und gegenüber einem empirischen Induktivismus bestehen deutliche Ähnlichkeiten mit dem Kritischen Rationalismus. Besonders in Vorträgen am Oberlin College unter dem Titel *Knowledge Without Foundations* (Feyerabend 1961) zeigt sich diese Übereinstimmung. Feyerabend verteidigt die hypothetische Vorgehensweise der Wissenschaften und betont die kritische Einstellung als fundamentales Merkmal der westlich-wissenschaftlichen Kultur. Allerdings wird ihm immer deutlicher, dass die Idee des direkten Vergleichs alternativer Theorien viel problematischer ist, als ein naiver Falsifikationismus glauben machen möchte, und dass „Wahrheitsähnlichkeit" oder „Wahrheitsannäherung" ebenfalls äußerst unklare Konzepte sind. Da Feyerabend zudem die akademischen Aktivitäten von Popper und seinen Schülern anstößig erscheinen, findet er andere Vorläufer des methodologischen Pluralismus. Eine „wahrhaft humanitäre Verteidigung dieses Standpunkts" sieht Feyerabend in dem Essay *On Liberty* von John Stuart Mill und vergisst nicht zu ergänzen, Poppers Kritischer Rationalismus sei „nur ein schwacher Abglanz von Mill" (Feyerabend 1975, 56).

Eines der wichtigsten Argumente gegen die Idee einer kumulativen Wahrheitsannäherung verbindet ihn mit Thomas Kuhn. Beide führen 1962 den Begriff der Inkommensurabilität in die wissenschaftstheoretische Debatte ein, allerdings mit leicht unterschiedlichem Inhalt. Feyerabend zeigt, dass zum Beispiel die Impetustheorie mit der Bewegungstheorie Newtons in dem Sinne „inkommensurabel" ist, nämlich dass der Hauptbegriff des Impetus „weder mittels der Grundbegriffe der letzten definiert noch mit ihnen auf dem Umweg über eine wahre empirische Aussage verbunden werden kann" (Feyerabend 1962, 106). Auf der Basis wissenschaftshistorischer Fallstudien und einer holistischen Konzeption des Bedeutungswandels wissenschaftlicher Begriffe argumentiert Feyerabend, dass konkurrierende universale Theorien unter bestimmten Bedingungen nicht anhand eines gemeinsamen Maßstabs zueinander ins Verhältnis gesetzt werden können. Weder die theorieabhängigen Daten noch die Begriffe oder die evaluativen Standards kommen dafür als neutrales gemeinsames Drittes in Betracht. Insofern kann man inkommensurable Theorien zwar als Historiker vergleichen, sie aber nicht anhand eines gemeinsamen Maßstabs evaluieren. Zudem zieht Feyerabend wie Kuhn die Lehre aus der Geschichte der Wissenschaften, dass ein gewisser Dogmatismus nicht nur eine leidige Tatsache, sondern wissenschaftlich funktional ist. Er folgert daraus, dass eine möglichst große Vielzahl von Alternativen am ehesten Aussicht auf wissenschaftlichen Erfolg hat. Seine späteren, auch kulturkritischen Thesen können als Radikalisierung dieser Überlegungen verstanden werden.

Besondere Berühmtheit auch über wissenschaftsphilosophische Kreise hinaus erlangt Feyerabend durch seine erste Buchveröffentlichung. *Against Method* war ursprünglich als provokante Hälfte eines gemeinsamen Buches mit Imre Lakatos über die Vor- und Nachteile der Methode geplant. Nach Lakatos unzeitigem Tod erscheint *Wider den Me-*

thodenzwang, so der deutsche Titel, 1975 ohne dessen Erwiderungen und löst international heftige Reaktionen aus. Anhand einer Vielzahl von Beispielen aus der Geschichte der Wissenschaften aber auch aus der Kunst, den homerischen Epen und sogenannten primitiven Kulturen verteidigt Feyerabend eine anarchistische Erkenntnistheorie. Bedeutende Fortschritte in den Wissenschaften seien gerade deswegen erzielt worden, weil manche Forscher alle guten Regeln verletzt hätten. In diesem Zusammenhang verwendet Feyerabend ein Schlagwort, das durch ihn berühmt geworden ist: *Anything goes*. Dieser Slogan ist oft als Plädoyer für hemmungslosen Relativismus verstanden und gescholten worden, obwohl Feyerabend wiederholt präzisiert, dass er nicht als neue Regel verstanden werden darf. „[M]eine Absicht ist vielmehr, den Leser davon zu überzeugen, daß *alle Methodologien, auch die einleuchtendsten, ihre Grenzen haben*" (Feyerabend 1975, 37). In den Wissenschaften ist daher Feyerabend zufolge durchaus nicht alles gleichermaßen zielführend, aber da es auch keine zwingend und stets erfolgreiche Vorgehensweise gibt, sollte man eine Vielzahl von Methoden im Repertoire haben.

Feyerabend belässt es allerdings nicht bei dieser wissenschaftsinternen Argumentation. Ein Blick in die ebenfalls Anfang der 1970er Jahre entstandene *Naturphilosophie* (Feyerabend 2009) verdeutlicht, dass er die Entwicklung des westlichen Rationalitätsmodells und die Rolle der Wissenschaften in der Kultur insgesamt problematisiert. In den Schlusskapiteln von *Wider den Methodenzwang* kritisiert er die privilegierte Stellung der Wissenschaften und fordert eine strikte Trennung von Wissenschaft und Staat. Diese Überlegungen lösten heftigen Widerspruch aus, vor allem sein Vorschlag, Laienkomitees über die Richtung und Form der Forschung entscheiden zu lassen, gilt vielen als naiv. Feyerabend weist die Kritik gereizt zurück, präzisiert in *Erkenntnis für freie Menschen* (Feyerabend 1978a) seine Forderung, die Wissenschaft einer demokratischen Kontrolle zu unterstellen und verteidigt in *Irrwege der Vernunft* (Feyerabend 1987) einen wohlverstandenen Relativismus. Besonders in seinen späteren, im Tonfall etwas moderateren Publikationen zeigt sich, welche weitreichenden Konsequenzen Feyerabend aus seiner Wissenschaftsphilosophie zieht. Weder könne man die Wissenschaften durch ihr angeblich methodisches Vorgehen von anderen Weltauffassungen abgrenzen noch dürften deren Standards zur Bewertung von Alternativen herangezogen werden. Vielmehr sei die Wissenschaft selbst eine Art Kunst (Feyerabend 1984). Auch die Realität kann nicht zur Entscheidung zwischen Alternativen herangezogen werden, da die Realität ihrerseits durch die jeweiligen Kulturen und Traditionen geprägt ist. In seinem letzten, posthum veröffentlichten Buch konstatiert Feyerabend eine *Vernichtung der Vielfalt* (Feyerabend 1999) und lädt dazu ein, die westliche Tradition des wissenschaftlichen Rationalismus mit starken Alternativen zu konfrontieren, um sie einer fairen Evaluation zu unterziehen. – Besonders lesenswert ist neben Feyerabends *Naturphilosophie* (Feyerabend 2009) und den Aufsatzsammlungen (Feyerabend 1978, 1981, 1999a) auch seine launige Autobiographie *Zeitverschwendung* (Feyerabend 1994).

Literatur: Feyerabend 1975, Feyerabend 1987, Feyerabend 1999, Feyerabend 2009, Duerr 1980, Oberheim 2006, Preston 1997

Helmut Heit

Fink, Eugen

Geboren 1905 in Konstanz, gestorben 1975 in Freiburg. 1925–29 Studium der Philosophie, Germanistik, Geschichte und Volkswirtschaft in Münster, Freiburg und Berlin. Begegnung mit Husserl im Winter 1925/26. Vom Winter 1928/29 bis zum Sommer 1932 Hörer der Lehrveranstaltungen Heideggers. 1930 Promotion bei Husserl und Heidegger; 1929–37 Assistenzzeit bei Husserl, 1939 Mitarbeit am Husserl-Archiv Leuven. 1940 in Belgien verhaftet und später in ein französisches Lager verschleppt, nach Rückkehr in die Wehrmacht eingezogen. 1946 Habilitation, 1948 Ernennung zum Ordinarius für Philosophie und Erziehungswissenschaft an der Universität Freiburg. 1949/1950 Gründung des Freiburger Husserl-Archivs, 1954–71 Leitung des Studium Generale. 1971 Ehrendoktorwürde der Universität Leuven und Emeritierung.

Finks früheste phänomenologische Schriften gliedern sich in die Werkgestalt der Spätphilosophie Husserls ein: so die Ausarbeitung der 1928 preisgekrönten Schrift *Noesis* (Fink 1928) zur Dissertation *Vergegenwärtigung und Bild* (Fink 1930), die Umarbeitung der *Méditations cartésiennes*, in deren Gefolge im Jahre 1932 die *VI. Cartesianische Meditation* (Finks spätere Habilitationsschrift) entstand (Fink 1988), die Entwürfe zum System der phänomenologischen Philosophie, die editorischen Vorarbeiten zu Husserls Zeitmanuskripten (Fink 2008), aus denen ein heute verschollenes Zeitbuch hervorging, und schließlich die Redaktion der letzten und schönsten Schrift Husserls: der *Krisis* (Husserl 1954).

An Finks Aufsatz aus den *Kantstudien* (Fink 1933) lässt sich seine Auseinandersetzung mit Husserls phänomenologischem Subjektivismus darlegen, die darauf zielt, kritisch die Frage nach der ontologischen Bestimmung von Husserls transzendentaler Subjektivität zu stellen. Diese ersten phänomenologischen Schritte münden in eine Meontik, die versucht, den *Lebensvorgängen* der absoluten, transzendentalen Subjektivität gerade in ihrer *ontogonischen*, d. h. Sein und Welt hervorbringenden Bedeutung näherzukommen. An den Rändern des Horizonts der Reduktion der intentionalen Analytik Husserls ansetzend, wagt sie deshalb den konstruktiven Rückgang in die vor-individuelle absolute Ursprungsdimension der Phänomenologie. Ein solcher konstruktiver Entwurf führt zugleich zu einer Neubestimmung dessen, was der transzendentale Beobachter leistet. Am Leitfaden der kantischen Lehre vom transzendentalen Schein wird sie versuchsweise in Finks *VI. Cartesianischen Meditation* unternommen. In ihr ringt Fink aber vor allem mit dem methodischen Grundprinzip der phänomenologischen Letztausweisung. Denn der Suche nach einer absoluten Ursprungsdimension des konstitutiven Weltgrundes droht nicht nur ein ständiger Rückfall in die phänomenologische Ausgangssituation einer intentionalen „Vorgegebenheitsanalytik" der Welt, sondern gerade der Forderung leibhafter Selbstgegebenheit entzieht sich die konstitutive Erschließung des *Weltursprungs* auf grundsätzliche Weise.

Eine deutliche Radikalisierung von Finks Denken vollzieht sich während des Krieges. Schon in den im Frühjahr 1940 verfassten Elementen einer Husserl-Kritik (Fink 1940), vor allem aber in der Freiburger Antrittsvorlesung „Die Voraussetzung der Philosophie" tritt diese neue Radikalität seines Denkens voll zu Tage. Philosophie ist „ihrer Idee nach Voraussetzung", und zwar „im aktiven Sinne des ontologischen Entwurfs". „Damit", so betont Fink, „entfernen wir uns entscheidend von Husserl" (Fink 1946). Wie Fink in seiner ersten Freiburger Vorlesung des Jahres 1946 darlegt, vollzieht sich der durchaus spekulative, von der Seinsbewegtheit und der beschwingenden Seinsströmung der Dinge innerlich ergriffene Entwurf aus einer „entbehrenden Sehnsuchtsbeziehung" (Fink 1985, 59 f.) zum eigentlich Seienden heraus. Auf dem wichtigen ersten nationalen Kongress für Philosophie in Mendoza (Argentinien) 1949, an dem er gemeinsam mit Hans-Georg Gadamer „die gegenwärtige Philosophie in Deutschland" vertrat, weist Fink daher auf die Aufgabe hin, „die ontologische Erfahrung, die jeden denkerischen Entwurf ermöglicht, noch ausdrücklicher [zu] be-denken" (Fink 1949, 733 f.). Der Takt dieser „vor-fragenden" Nachdenklichkeit wird nunmehr durch die rege Freiburger Lehrtätigkeit angegeben, die die „Weltfrage" als „eine Gestalt der Seinsfrage" (Fink 1985, 106) exponiert.

Die noch weitgehend Husserl verpflichtete Denkfigur einer „Meontik des absoluten Geistes", d. h. einer „ontogonischen Metaphysik" überwindet Fink zunächst in einer Konfrontation mit Hegels *Phänomenologie des Geistes* (Hegel 1807). Stein des Anstoßes bildet dabei „Hegels Durchgang durch die ontologische Prüfung, [...] wo das ME ON gänzlich in das ONTOS ON", die Nichtigkeit des erscheinenden Seienden in die Gewissheit des Selbstbewusstseins des Geistes, alle Realität zu sein, „aufgehoben wird" (Fink 1977, 263). Der Versuch, das Erscheinen des Seienden im Zwielicht eines lichtend-bergenden Seinsgeschehens aus jenen Bedingungen heraus zu bedenken, die zwar jeder Ding-Ontologie vorausgehen, jedoch nicht auf die apriorischen Strukturen eines Welt konstituierenden Bewusstseins (Husserl) zurückgeführt werden können, führt positiv zu einer Auseinandersetzung mit der Transzendentalphilosophie Kants. Für Fink bedeutet sie „den unbedingten Höhepunkt in der Geschichte des Weltproblems" (Fink 1985, 114). Die Abwehr aller binnenweltlichen Vorstellungen von der Welt selbst und die Verflüchtigung des Weltgedankens zu einem subjektiven Vernunftbegriff, einer *Idee*, bilden die beiden kritischen Bezugspunkte umfassender Analysen, die in den vom Winter 1962/63 bis zum Winter 1969/70 schrittweise zur Ausführung gelangenden Epilegomena zu Kants *Kritik der reinen Vernunft* einen Kulminationspunkt erreichen (Fink 2010). „Sturmvogel" einer neuen ontologischen Erfahrung ist für Fink jedoch vor allem Nietzsche, dem er im Jahre 1960 ein bis heute wegweisendes Buch widmet: *Nietzsches Philosophie* (Fink 1960).

Einen Einblick in die Grundlagen von Finks philosophischer Anthropologie und Sozialphilosophie vermitteln die im Winter 1952/53 gehaltene Vorlesung *Existenz und Coexistenz* (Fink 1987) und die im Sommer 1955 gehaltene Vorlesung *Grundphänomene des menschlichen Daseins* (Fink 1979). Die Weltoffenheit des Menschen deutet er aus einer Seinsentsprechung heraus, die sich in den Grundphänomenen Tod, Arbeit und Herrschaft, Eros und Spiel offenbart. Die Welt ist ihm deshalb auch gerade „kein anthropologischer Befund, keine Existenzstruktur des menschlichen Daseins" (Fink 1987, 450). Die aus der *syneidesis*, der Mitwisserschaft und Zeugenschaft des Lebensvollzugs, schöpfende Analyse stellt fünf ineinander verschränkte und sich gegenseitig beleuchtende „Grundmomente sozialer Co-existenz" (Fink 1987, 453) heraus. An der Schnittstelle zwischen *genesis* und *téchne* operierend, reißt Finks Lebensphänomenologie den Begriff des Daseins aus einer Indifferenz heraus, die fundamentale Wesensverhältnisse unterschlägt: „Das menschliche Dasein ist in Wahrheit [...] kein Neutrum, es ist [...] gebrochen in die Dualität der Geschlechter, entzweit in die werktätige Spannung zur Natur, zerrissen vom Gefälle der

Macht, überschattet vom Tod, innig versammelt im Kult, […] beschwingt gelöst und sinnlich-bildhaft über sich verständigt im Spiel" (Fink 1987, 433 f.). Die Mittlerschaft des Menschen im Weltaufbruch des Seins, die Fink als eine *planè*, eine Irrfahrt nach der abgründigen Mitte alles Seienden, auffasst, bringt nicht nur an den unterschiedlichen Bestimmungen des *mikton*, des *ergon* und des *eikon* den ontologischen Grundriss der Dinge je anders zum Vorschein, sondern gerade die Verklammerung von menschlicher Selbsterkenntnis und menschlichem Seinsproblem umschließt „verwirrende wechselseitige ‚Voraussetzungen'" (Fink 1987, 439), in denen sich Generativität und Geschichtlichkeit menschlicher Existenz ineinander verschlingen. „Die Seinsfrage ist ihrer Natur nach ‚labyrinthisch'" (Fink 1987, 439). Dass der Mensch etwas ist, das – im Ernstnehmen seines Mittlertums – überwunden werden muss, bedeutet für Fink an erster Stelle eine Unterwanderung von dessen sogenannter kentaurischer Wesensverfassung. Der kentaurische Grundzug des traditionellen Menschenbildes ist ihm „eine verhängnisvolle Erbschaft", „sofern dadurch der wesentliche Weltbezug des menschlichen Daseins durch die innerweltliche Abständigkeit des Menschen vom Tier und Gott verdeckt", die „ekstatische Kraft des menschlichen Daseins gebunden und aufgezehrt" wird (Fink 1960a, 42–44). Den co-existenzialen Horizont menschlichen Daseins projiziert Fink allerdings auf einer „Bodenstruktur menschlicher Sitte", die sich für ihn als „Verhalten zu Geschlecht und Tod" charakterisiert. Auf ihr erheben sich „Prinzipien des menschlichen Selbstseins", in denen „das ‚Geschichtliche' sich ausdrückt". „Als entscheidende Phänomene setzen wir an: die Arbeit und die Herrschaft" (Fink 1987, 230).

Die seit dem Sommer 1950 mehrfach wiederholten Heraklit-Interpretationen erlangten in dem im Winter 1966–67 angekündigten „Persönlichen Seminar Heidegger-Fink: Heraklit und Parmenides" die Form einer angespannten Zwiesprache mit dem Denker, dessen *daimonion* (bei Sokrates die innere Stimme, die über das Schicksal des Menschen wacht) Fink auch in dankenswerter Weise anerkannte (Fink 1969, 26). In systematischer Hinsicht zeichnet sich jedoch eine neue Horizonterweiterung ab, die Fink von der Phänomenologie der Sozialität zu Grundfragen der Pädagogik hinführt. Die Weltfrage „als Fundament der philosophischen Frage nach der menschlichen Gemeinschaft" ist „mittelbar auch die Basis einer prinzipiellen Verständigung des Erziehungsphänomens aus dem Horizont der humanen Coexistenz" (Fink 1987, 233). Die Grundlegung einer systematischen Pädagogik und die Ausarbeitung einer pädagogischen Kategorienlehre bilden somit das Schlussstück von Finks Lebenswerk.

Beginnend mit dem berühmten *Japaner Seminar* (Fink 1930a) gewann Finks phänomenologisches Denken und Wirken eine immer größere Ausstrahlung. Wertvolle Zeugnisse dieser einprägsamen, phänomenologischen Wirkungskraft sind Dorion Cairns' *Conversations* (Cairns 1976) sowie der mit Jan Patočka geführte Briefwechsel (Fink, Patočka 1999). Berufungen nach Köln (1948), Berlin (1957) und Wien (1965) sowie auf den Heidegger-Lehrstuhl lehnte Fink ab. Viele seiner Bücher sind in mehrere Weltsprachen übersetzt. Ihr kaum einzuschätzender Einfluss auf die gesamte „phänomenologische Bewegung" (Spiegelberg 1960) ist unumstritten. Die in Verbindung mit dem Freiburger Eugen-Fink-Archiv von der Eugen-Fink-Forschungsstelle Mainz betreute und durch die Familie Fink unterstützte Gesamtausgabe in 20 Bänden bietet erstmals Gelegenheit, sein Denken in der Konsequenz seiner Entfaltung wie in seiner Bedeutung für Fragen der Gegenwart zu entdecken.

Literatur: Fink 1933, Fink 1979, Fink 1985, Böhmer 2006, Hilt, Nielsen 2005, Kerckhoven 2003
Hilfsmittel: Fink, Graf 2006, Böhmer 2006, 294–349
Webseite: www.philosophie.uni-mainz.de/313_DEU_HTML.php

Guy van Kerckhoven

Frege, Gottlob

Geboren 1848 in Wismar, gestorben 1925 in Bad Kleinen. Nach dem Besuch des Gymnasiums in seiner Heimatstadt Studium der Mathematik, Physik, Chemie und Philosophie 1869–71 in Jena, dann Wechsel nach Göttingen, 1873 Promotion mit einer mathematischen Dissertation. Rückkehr nach Jena und 1874 dort Habilitation. Anschließend zunächst Privatdozent an der Universität Jena, ab 1879 außerordentlicher Professor und ab 1896 Honorarprofessor der Mathematik, Finanzierung dieser Professur durch die Stiftung Ernst Abbes, Freges Lehrer. Emeritierung 1917.

Obwohl Frege in seinen Lehrveranstaltungen den üblichen Stoff für die Ausbildung der Studierenden in Mathematik (und auch Physik) vermittelt, geht er in seinen Veröffentlichungen andere Wege, indem er eine philosophische Grundlegung der Mathematik in Angriff nimmt. Diese Bemühungen finden in der mathematischen Zunft allerdings wenig Zustimmung. Philosophisch steht Frege dem geltungstheoretischen Neukantianismus in der Tradition Hermann Lotzes nahe. In Absetzung vom empiristischen Naturalismus und Psychologismus verteidigt er die Möglichkeit einer von Erfahrung unabhängigen (apriorischen) Erkenntnis. In seinen späten Jahren entwickelt Frege in Verbindung von platonischen und kantischen Elementen die Position eines transzendentalen Platonismus mit der Anerkennung eines Bereichs des „Objektiv-Nichtwirklichen", eines logischen „dritten Reichs" jenseits des Subjektiv-Wirklichen (Psychischen) und Objektiv-Wirklichen (Physischen).

Freges Ausgangspunkt ist sein Logizismusprogramm, der Versuch, die Arithmetik auf die Logik zurückzuführen und damit als eine analytische Wissenschaft auszuweisen. Dabei deutet Frege die erkenntnistheoretischen Bestimmungen „analytisch", „synthetisch", „a priori" und „a posteriori" als beweistheoretische Metaprädikate für Urteile und ganze Wissenschaften. Im Rückgang von den Urteilen einer Wissenschaft zu deren Voraussetzungen, also nach regressiver Methode, soll die Gesamtheit der „Urwahrheiten" (der Axiome oder Grundgesetze) ermittelt werden, aus denen sich die Urteile dieser Wissenschaft beweisen lassen. Von der erkenntnistheoretischen Natur der Voraussetzungen und Schlussweisen hängt es dann ab, welcher Natur die jeweilige Wissenschaft ist. Die These der Analytizität der Arithmetik besagt, dass deren Theoreme mit rein logischen Mitteln lückenlos, ohne die Anschauung zur Hilfe zu nehmen, aus logischen Grundgesetzen und Definitionen bewiesen werden können. Um diese These zu begründen, entwickelt Frege in seiner *Begriffsschrift* (Frege 1879) eine neue Form der Logik. Die Besonderheiten ihrer zweidimensionalen Darstellung bleiben hier außer Betracht.

Der Logizismus geht über die Behauptung der Analytizität insofern noch hinaus, als er die Begriffe der Arithmetik definitorisch auf Begriffe der Logik zurückführen will. Der Logizismus besagt also, dass die Arithmetik nicht nur in ihrem Aufbau, sondern auch in ihrem Inhalt logisch ist. Da Frege eine inhaltliche Auffassung der Arithmetik vertritt, ist damit ein rein formales Verständnis der Logik ausgeschlossen; denn aus einer inhaltlosen Logik können keine arithmetischen Inhalte folgen. Der Begründer der modernen formalen Logik ist demnach kein Formalist.

Der Fortschritt der fregeschen Logik gegenüber der traditionellen Logik besteht in der Ersetzung der Subjekt-Prädikat-Struktur der Aussage durch die Argument-Funktions-Struktur, wodurch eine größere Vielfalt von Aussagenbildungen möglich wird. Der entscheidende Schritt ist die Erweiterung des mathematischen Funktionsbegriffs, indem Begriffe als Funktionen aufgefasst werden, deren Werte Wahrheitswerte sind (Frege 1891). So lässt sich der Begriff „Philosoph" funktional als „x ist ein Philosoph" oder „Philosoph(x)" darstellen. Setzt man für „Philosoph" abkürzend „P", so erhält man „P(x)" als funktionale Darstellung des Begriffs „Philosoph". Die Funktion „P(x)" nimmt z. B. für das Argument „Sokrates" den Wert des Wahren und für das Argument „Napoleon" den Wert des Falschen an. Dem entsprechen die wahre Aussage „Sokrates ist ein Philosoph" und die falsche Aussage „Napoleon ist ein Philosoph". „P(x)" nennt man deshalb auch eine *Aussagefunktion* oder *Aussageform*. In der funktionalen Darstellung der Aussage kommt die Kopula „ist" als eigener Bestandteil, der in der traditionellen Logik als Verbindung zwischen Subjekt- und Prädikatbegriff fungiert, nicht mehr vor. Die Aussage wird einfach dadurch gebildet, dass die Argumentstelle einer Aussagefunktion durch ein Argument ausgefüllt und die Funktion dadurch, wie Frege sagt, „gesättigt" wird. Neben Begriffen als einstelligen Funktionen gibt es Beziehungen (Relationen) als zwei- und mehrstellige Funktionen, deren Werte Wahrheitswerte sind. In einem nächsten Schritt werden Verknüpfungen zwischen Aussagen (wie „und", „oder", „wenn – so") als Wahrheitswertfunktionen bestimmt, nämlich als Funktionen, für die nicht nur die Werte, sondern auch die Argumente Wahrheitswerte sind. So ist z. B. der Wert einer zusammengesetzten Aussage der Form „p und q", wobei „p" und „q" bereits Aussagen sind, dann und nur dann das Wahre, wenn sowohl der Wahrheitswert von „p" als auch der Wahrheitswert von „q" selbst das Wahre ist. Auf diese Weise nimmt Frege schrittweise eine Neuordnung sämtlicher logischer Kategorien vor und führt so einen Paradigmenwechsel in der Logik herbei, der in seinen Grundzügen bis heute Bestand hat. Eine Besonderheit seines Aufbaus der Aussagenlogik (Junktorenlogik) ist, dass sämtliche Aussagenverbindungen mit Hilfe der Subjunktion und der Negation dargestellt werden.

Ein philosophisch besonders wichtiges Ergebnis der Prädikatenlogik (Quantorenlogik) ist die Analyse des Begriffs der Existenz, die auch den logischen Zusammenhang zwischen Existenz- und Zahlaussagen freilegt und eine Antwort auf die Frage erlaubt, was Zahlen sind. Es ist bereits ein Ergebnis der *Begriffsschrift* (Frege 1879), dass Existenz keine Eigenschaft von Gegenständen, sondern von Begriffen ist. Die Existenz von Begriffen auszusagen, besagt nicht etwa, dass die Begriffe selbst existieren, sondern, dass sie die Eigenschaft haben, dass Gegenstände unter sie fallen. Die positive Existenzaussage besagt danach, dass der entsprechende Begriff die Eigenschaft hat, *erfüllt* oder *nicht leer* zu sein, und die negative Existenzaussage besagt, dass er *nicht erfüllt* oder *leer* ist. Da in Existenzaussagen etwas über Begriffe ausgesagt wird, nennt Frege den Existenzbegriff einen „Begriff zweiter Stufe". Begriffe erster Stufe sind Begriffe, unter die Gegenstände fallen. Dazu gehören Begriffe wie „Mensch", „Tier", „sterblich", „glücklich", „Quadratwurzel aus 1" usw. Diese haben wir als Funktionen kennen gelernt, deren Argumente

Gegenstände und deren Werte Wahrheitswerte sind. Begriffe zweiter Stufe sind dagegen solche Funktionen, deren Werte ebenfalls Wahrheitswerte, deren Argumente aber Begriffe erster Stufe sind. Eine Existenzaussage der Form „∃xM(x)" (in Worten: „Es gibt (mindestens) ein x, für welches M(x) gilt"), in der „M(x)" für den Begriff des Menschen steht, ist demnach funktional so aufgebaut, dass der Begriff erster Stufe „M(x)" als Argument des Begriffs (der Funktion) zweiter Stufe „∃xF(x)" fungiert, wobei „F" die Argumentstelle markiert, in die weitere Begriffe erster Stufe eingesetzt werden können. Entsprechendes gilt auch für den Begriff der Allheit „∀xF(x)" (in Worten: „Für alle x gilt F(x)"). Existenzquantor „∃x" und Allquantor „∀x" stehen also für Begriffe zweiter Stufe. In Freges Formalismus wird allerdings kein eigener Existenzquantor eingeführt. Dieser wird vielmehr mit Hilfe des Allquantors und des Negators als „¬∀x¬F(x)" dargestellt, indem die allgemeine Geltung der Verneinung verneint wird.

Aus der Analyse des Existenzbegriffs ergibt sich ein tieferes Verständnis des Zahlbegriffs. Lassen sich Existenzaussagen („Es gibt *mindestens* ein P") als unbestimmte Zahlaussagen verstehen, so können Zahlaussagen („Es gibt *zwei* P's") als bestimmte Existenzaussagen aufgefasst werden. Die Zahlen in Zahlangaben wie „2 Bier" und „5 Bücher" sind danach als Begriffe zweiter Stufe aufzufassen, die sozusagen die „Zahligkeit" als eine Eigenschaft von Begriffen erster Stufe bestimmen. Die quantorenlogische Darstellung von Zahlaussagen genügt Frege noch nicht. Freges Logizismus ist wesentlich mit der Auffassung verbunden, daß Zahlen (Anzahlen) logische Gegenstände sind. Dabei meint Frege, dass sich diese Auffassung geradezu zwangsläufig ergebe, weil wir von *der* Eins und *der* Zwei usw. sprechen. Die Verwendung des bestimmten Artikels im Singular gilt Frege als ein sprachliches Anzeichen dafür, dass Zahlen Gegenstände sind; und wenn Zahlen nicht anders denn als Gegenstände gedacht werden können und die Arithmetik auf die Logik zurückführbar sein soll, dann müssen Zahlen *logische* Gegenstände sein. Es ist diese Überlegung, die dazu führt, Zahlen als Begriffsumfänge zu identifizieren und (mengentheoretisch) als bestimmte Klassen von Klassen zu definieren.

Die Anerkennung dieser logischen Gegenstände versucht Frege bereits in den *Grundlagen der Arithmetik* (Frege 1884) zu festigen. In den *Grundgesetzen der Arithmetik* geht er noch weiter und betont, dass ohne die Einführung der Begriffsumfänge „gar nicht auszukommen" wäre (Frege 1893, 10). Zu deren Einführung stellt er ein Grundgesetz auf (in seiner Zählung ist es das Grundgesetz V), welches insbesondere – nämlich für Begriffe (als besondere Funktionen) und deren Umfänge – besagt, daß sich die wechselseitige Unterordnung zweier Begriffe *stets* als Gleichheit der entsprechenden Begriffsumfänge darstellen lässt. Zugelassen ist damit die Bildung der Begriffsumfänge von beliebigen Begriffen. Genau diese Unbeschränktheit der Umfangs- bzw. Klassenbildung führt zu einer Antinomie, die Bertrand Russell Frege in einem Brief vom 16. Juni 1902 mitteilt (Frege 1976, 211 f.). Sie kommt folgendermaßen zustande:

Man bilde zu dem Begriff „x ist eine Klasse, die sich selbst nicht angehört" den Umfang, also die Klasse der Klassen, die sich selbst nicht angehören. Diese Klasse heiße *K*. Gehört *K* sich selbst an oder nicht? (Ist *K* Element von sich selbst oder nicht?) Gehört ein Gegenstand (Klassen sind nach Frege Gegenstände) einer Klasse an, so fällt er unter den Begriff, dessen Umfang diese Klasse ist. Angenommen *K* gehört sich selbst an. Dann fällt *K* unter den Begriff, dessen Umfang *K* selbst ist, nämlich unter den Begriff „x ist eine

Klasse, die sich selbst nicht angehört", und gehört sich damit also selbst nicht an, was ein Widerspruch zur Annahme ist. Angenommen nun K gehört sich selbst *nicht* an. Dann fällt K unter den Begriff „x ist eine Klasse, die sich selbst nicht angehört" und gehört damit dem Umfang dieses Begriffes an, also der Klasse der Klassen, die sich selbst nicht angehören. Diese Klasse ist aber K. K gehört sich demnach selbst an, was wiederum ein Widerspruch zur Annahme ist.

Nach vergeblichem Bemühen, die russellsche Antinomie in seinem System zu vermeiden, gibt Frege das Logizismusprogramm auf. In seinen späteren Vorlesungen (Frege 1996) kommt die Rede von Begriffsumfängen nicht mehr vor. Die Logik im engeren Sinne, nämlich die Junktoren- und Quantorenlogik, ist von der Antinomie nicht betroffen.

Wenig Anerkennung haben Freges Auseinandersetzungen mit dem Mathematiker David Hilbert über die Grundlagen der Geometrie gefunden. Dabei hat Frege mit sicherem Blick die Mängel der ursprünglichen Auffassung Hilberts aufgedeckt. Gegenstand seiner Kritik sind insbesondere die Definitionen durch Axiome, nämlich die Behauptung, dass formale Axiomensysteme die in den Axiomen vorkommenden Grundbegriffe (wie z. B. „Punkt", „Gerade", „Ebene" und „liegen", „zwischen") *implizit* definieren könnten. So macht Frege geltend, dass hier von Definitionen nicht die Rede sein könne, weil gar keine Bedeutungsfestlegungen der entsprechenden Ausdrücke erfolgen. Die hilbertschen Axiome sind gar keine Aussagen, sondern Aussageformen. In diesen haben die Grundausdrücke keine festen Bedeutungen, sie sind vielmehr Variablen. Was durch Axiomensysteme im hilbertschen Sinne festgelegt wird, sind daher (mit Frege zu sprechen) nicht Grundbegriffe *erster Stufe*, wie Hilbert meinte, sondern (mehrstellige) Grundbegriffe zweiter Stufe. Ein Axiomensystem mit n vorgeblichen Grundbegriffen erster Stufe bestimmt dabei eine n-stellige Relation zweiter Stufe – eine *Struktur*, wie man heute sagt, die erst durch eine semantische Interpretation der Variablen eine inhaltliche Bedeutung erhält.

Gegenwärtig ist Frege vor allem in der Sprachphilosophie präsent, obwohl diese für ihn selbst vor allem ein Mittel zu einem logischen Zweck war. Gleichwohl wäre es verfehlt, seine Auffassung der Sprache als einseitig logikzentriert einzustufen. Der inzwischen klassische Aufsatz „Über Sinn und Bedeutung" (Frege 1892) mit seiner Unterscheidung zwischen „Sinn" als Inhalt und „Bedeutung" als Objekt des sprachlichen Meinens zeigt ein feines Gespür für die Semantik der natürlichen Sprache bis hin zu grundlegenden Einsichten in die Natur fiktionaler Rede in der Dichtung. Bereits in der *Begriffsschrift* (Frege 1879) macht Frege unmissverständlich deutlich, dass die Sprache der Logik eine Idealsprache für wissenschaftliche Zwecke ist, die die „Sprache des Lebens" weder ersetzen kann noch soll. Gleichwohl hat Frege als einer der ersten das Ausmaß der Täuschungen erkannt, welche die Sprache gerade für das *philosophische* Denken bereithält, und dieses insbesondere durch seine Analyse der Verwendungen des Wortes „sein" exemplarisch vorgeführt. Die logische Analyse der Sprache hat er deshalb als Methode zur Kritik und Auflösung von kategorialen Begriffsverwirrungen angesehen und Kants Programm der Vernunftkritik durch logische Sprachkritik ergänzt und fortgeführt, um „die Herrschaft des Wortes über den menschlichen Geist zu brechen" (Frege 1879,VI). Dieses Anliegen hat sich die analytische Philosophie des 20. Jahrhunderts, die mit Namen wie Bertrand Russell, Ludwig Wittgenstein und Rudolf Carnap verbunden ist, zu eigen gemacht. Alle drei berufen sich maßgeblich auf Frege, so dass dieser heute international als Klassiker der modernen Philosophie gilt.

Literatur: Frege 1884, Frege 1891, Frege 1892, Beaney 1996, Dummett 1973, Kienzler 2009
Bibliographie: Frege 1971, 187–208

Gottfried Gabriel

Freud, Sigmund

Geboren 1856 im mährischen Freiberg (heute: Příbor), gestorben 1939 in London. Ab 1873 Studium der Medizin an der Universität Wien, 1881 Promotion. Ab 1883 Sekundararzt bei Theodor Meynert an der Wiener Psychiatrischen Klinik, 1885 Privatdozent für Neuropathologie, 1886 Eröffnung einer neurologischen Praxis in Wien. 1902 Professur für Neuropathologie. 1911 und 1913 Zerwürfnisse mit Alfred Adler und Carl Gustav Jung. 1917 letzte Vorlesung über Psychoanalyse an der Universität Wien. 1938 Emigration nach London.

In seiner studentischen Euphorie sieht sich Freud hin- und hergerissen zwischen Medizin, Zoologie und Chemie sowie einer Leidenschaft für Philosophie, die er ab 1875 im Hauptfach belegen will. Diese Rastlosigkeit endet erst, als er zwischen 1876 und 1882 im physiologischen Labor von Brücke „Ruhe und volle Befriedigung" findet. Während der ersten Berufsjahre setzt sich die Pendelbewegung der Forschungsinteressen fort. Freud arbeitet in seiner Praxis zwar noch mit traditionellen physikalischen Behandlungen, zunehmend aber erhält die Hypnose Bedeutung, deren faszinierende Wirkung er 1885 bei Charcot an der Pariser Salpêtrière erlebte. In dieser Phase des Hinübergleitens von der Neurologie und Physiologie zur Psychologie bringt das Jahr 1889 eine Vorentscheidung zugunsten der Psychologie. Freud wendet erstmals die Erinnerungstechnik von Breuers kathartischer Methode an und gewinnt durch die Begegnung mit Bernheim und Liébeault, den Koryphäen der Hypnose, die „stärksten Eindrücke" von der Macht unbewusster Kräfte (Freud 1925a, 35, 41).

1895 formuliert Freud den für das spätere Denken folgenreichen, posthum publizierten *Entwurf einer Psychologie* (Freud 1950), mit dem ein Modell des „seelischen Apparates" auf Basis der gerade aufgekommenen Neuronentheorie begründet werden sollte. In der akademischen Öffentlichkeit wiederum erregt die damals als skandalös empfundene „Verführungstheorie" – die ätiologische Herleitung von Abwehrneurosen als Folge eines sexuellen Missbrauches von Kindern – Aufsehen. Dieses „*Caput Nili* der Neuropathologie" (Freud 1896, 439) wird indes ab 1897 fragwürdig, als Freud die von den Patienten als real geschilderten Traumata oft genug als Verführungs*fantasien* erkennt. Die Neuorientierung sorgt später ihrerseits wieder für Debatten, da persönliche, intellektuell unlautere Motive Freuds für den Wandel verantwortlich gemacht wurden (Krüll 1979, Masson 1984). Allerdings will Freud die Berechtigung der Verführungstheorie nicht bestritten, sondern nur relativiert wissen, vor allem aber geht in der Diskussion bisweilen unter, dass sich mit dem Perspektivenwechsel ein Problemfeld auftut, das persönliche Motive als sekundär erscheinen lässt: die „sichere Einsicht" nämlich, „daß es im Unbewußten ein Realitätszeichen nicht gibt" und „Wahrheit" und affektiv besetzte „Fiktion" nicht zu unterscheiden sind (Freud 1986, 284).

Mit der Relativierung der Verführungstheorie ist Freud auf derartige Komplikationen beim Realitätsverständnis bzw. bei der Unterscheidung zwischen Wunsch und Wirklichkeit gestoßen, dass die von der Bewusstseinsphilosophie vorgegebenen Maßstäbe ins Wanken gerieten. Seine lebenslange Ergründung der Strukturen und Erscheinungsformen des *Unbewussten* kann daher auch als eine Spurensuche nach einem komplexeren Realitätsbegriff, als er der monokausalen Verführungstheorie zugrunde liegt, verstanden werden. In diesem Zuge intensiviert Freud seine zuvor begonnene Selbstanalyse und publiziert als deren gewichtigstes Resultat *Die Traumdeutung* (Freud 1900). Die entscheidenden Weichen für eine neue Disziplin namens „Psychoanalyse" sind damit gestellt.

Nun hat Freud den Kontinent des Unbewussten weder „entdeckt" (Ellenberger 1973) noch eine durchgängige Systematisierung des Begriffs geleistet. In jüngerer Zeit sind verstärkte Bemühungen erkennbar, eine Ordnung des schillernden Begriffs nach historisch-systematischen Gesichtspunkten vorzunehmen (Gödde 1999, Buchholz, Gödde 2005), wobei insbesondere drei Traditionslinien zu beachten sind: die des *kognitiven*, aus der Ära der Aufklärung stammenden Unbewussten (Leibniz, Kant, Herbart, Helmholtz, Fechner, Lipps), jene des *vitalen*, in Affinität zur Romantik stehenden Unbewussten (Herder, Goethe, Schelling, Carus) und schließlich die des *triebhaft-irrationalen* Unbewussten (Schelling, Schopenhauer, v. Hartmann, Nietzsche). In Freuds Œuvre lassen sich alle drei Traditionen in dieser oder jener Schattierung antreffen, wodurch dem Terminus eine gewisse Vieldeutigkeit zukommt. So fungiert das Unbewusste etwa als „Primärprozess", als Verdrängung, als „archaische Erbschaft" u. a. m. Besonders hervorzuheben sind indes zwei unterschiedliche Grundaspekte. Zum einen ist vor allem in den späteren Schriften eine „triebhaft-irrationale" Tradition bemerkbar, bei der das Unbewusste als „Kessel voll brodelnder Erregungen" definiert wird (Freud 1933, 80). Insbesondere in der *Traumdeutung*, aber etwa auch in *Das Unbewußte* (Freud 1915, 264 ff.) gelangt zum anderen die „kognitive" Tradition zum Durchbruch, und zwar so, dass das Unbewusste nur als Seelisches im Sinne eines Anderen des Bewusstseins infrage komme und etwa Träume und neurotische Symptome als dem Bewusstsein entzogene „Denkresultate" zu begreifen seien.

Es versteht sich, dass eine potenzielle Erkennbarkeit des Unbewussten an dieser rationalen Nahtstelle ansetzt. Dabei argumentiert Freud gegenüber dem psychophysischen Parallelismus (Fechner u. a.), die latenten Zustände des Seelenlebens seien uns in ihrer physiologischen oder chemischen Natur gerade nicht zugänglich. Vielmehr sei mit der Psychologie davon auszugehen, dass das Bewusstsein nur *eine* Qualität des Psychischen sei, das eigentliche Psychische aber das Unbewusste. Da aber das Psychische „an sich" unbekannt sei, stelle sich die Frage nach seiner Dechiffrierung. Dieser ausdrücklich im Umkreis von Kants Erkenntniskritik (Freud 1915, 270) angesiedelten Schwierigkeit begegnet Freud mit dem Argument, dass durch Schlussprozesse (Freud 1900, 617; 1940, 81) von der „Erscheinungswelt" (etwa von Symptomen) auf deren unbewusste Ursachen die Lücken des Psychischen zu ergänzen seien, was zu Kontroversen über die Problematik der implizierten Analogie des Unbewussten mit Kants „Ding an sich" führt (Heinz, Dahmer 1978, 129 ff. Böhme 1986, 768 ff.).

Namentlich die *Traumdeutung* lasse sich als „*Via regia*" (Freud 1900, 613) zur Erforschung des Unbewussten und als Beweis für dessen Erkennbarkeit heranziehen. Dem

Traum wurde seit jeher große Bedeutung für das Realitätsverständnis zugemessen. Während man diesen in kulturellen Frühzeiten allerdings noch als eine zweite reale Welt verstand und den Geistern „draußen" eine eigene Individualität beimaß, steht spätestens seit Descartes sowie Kants und Schopenhauers Arbeiten über das „Geistersehen" der Trugschluss einer solchen Erklärung fest: Demnach verdankt der Traum seine Entstehung gerade nicht dämonischen Winken oder göttlichen Direktiven, vielmehr ist er noch in seiner Fremdheit des Menschen Werk und Arbeit selbst. Freud schließt sich hier Schopenhauer an, der in einer auf Lichtenberg verweisenden Metapher den Menschen zum „heimliche[n] Theaterdirektor seiner Träume" erklärt (Schopenhauer 1851, 240).

Die Inszenierung des Traumtheaters wird nach Freud von zwei Gegenpolen getragen: einerseits von einem latenten, in der Regel verpönten (sexuellen) Traumgedanken bzw. dem entsprechenden Versuch einer „Wunscherfüllung" und andererseits von einem (moralischen) Traumzensor, der die missliebigen Gedanken in die Schranken weist. Resultat dieses Kampfes ist ein Kompromiss, der beiden seelischen Mächten Rechnung zu tragen sucht und durch die *Traumarbeit* realisiert wird. Um das biologische Schlafbedürfnis zu sichern, werden die Traumgedanken in einer Weise entstellt, dass der Zensor die Schranken der Zensur mildert und sie passieren lässt – ein Vorgang, der vergleichbar ist mit harmlosen Formulierungen zur Umgehung etwa der politischen Zensur (Freud 1900, 139 ff.). Soll der Schluss vom verwirrenden manifesten Trauminhalt auf die latenten Traumgedanken mehr als bloßes Rätselraten sein, wird allerdings eine Kenntnis der Verformungsmechanismen zur conditio sine qua non. Freud hat sie unter dem genannten Begriff der Traumarbeit als „Verdichtung", „Verschiebung" usw. beschrieben und damit eine spezifische Sprache des Unbewussten dechiffriert.

Als besondere Qualität des Unbewussten erkennt Freud dessen Zeitlosigkeit und Unzerstörbarkeit, eine These, mit der die Sinnhaftigkeit der Erinnerungsarbeit in der *Therapie*, das „Bewußtmachen des Unbewußten" (Freud 1917, 451), legitimiert wird und die Freud in Analogie zur Archäologie setzt, etwa der Ausgrabung Pompejis durch die „Arbeit des Spatens" (Freud 1907, 65). Unter verschiedenen Hypothesen gelangt er dabei zur stärksten Formulierung, nämlich, dass sich zumindest theoretisch „jeder frühere Zustand des Gedächtnisinhaltes wieder für die Erinnerung herstellen" lasse (Freud 1901, 77 f.).

Das in der „Notiz über den ‚Wunderblock'" (Freud 1925) vertretene Speichermodell des Gedächtnisses – die dauerhafte statische Speicherung und potenzielle Rekonstruierbarkeit von Erinnerungen – ist nach heutigem Forschungsstand allerdings obsolet, da Erinnern auch einen dynamischen Konstruktionsprozess bedeutet (Mertens, Haubl 1996, 87 ff.). Diese Neubewertung vermag die Pioniertat Freuds indes nicht zu überdecken: dass nach der langen Zeit suggestiver Techniken das aufklärerische Ideal des Arztes nun auch zu einem des Patienten wird, weil *ihm selbst* die Erinnerungsarbeit zugemutet wird. Damit steht nicht nur eine Beseitigung der Symptome in Aussicht, sondern auch ein unschätzbarer *Erkenntnisgewinn* über die unverstandenen Schicksale der Biografie. Psychoanalyse im Sinne von „Wo Es war, soll Ich werden" (Freud 1933, 86) lässt sich dann als jene „Bewegung der Selbstreflexion" (Habermas 1968, 306) begreifen, die dem Patienten die Befreiung aus seiner unbewussten „Unmündigkeit" ermöglicht.

Die Frage, welche seelischen Störungen mit der psychoanalytischen Technik (Freud 1940, 97 ff.) behandelt werden können, ist auch im Kontext der Erforschung der *infantilen Sexualität* zu sehen. Demnach durchläuft diese die in den *Drei Abhandlungen zur Sexualtheorie* (Freud 1905a, 98 ff.) bereits vorgezeichneten oralen, analen und phallischen Stadien, um schließlich auf den psychischen Grundkonflikt zuzusteuern: den *Ödipuskomplex*, in dem sich die „Urwünsche des [männlichen] Kindes" – die Beseitigung des Vaters und das sexuelle Begehren gegenüber der Mutter – fokussieren und „deren Wiedererweckung den Kern vielleicht aller Psychoneurosen bildet" (Freud 1913, 160). Mit dem Begriff Psychoneurosen bzw. im engeren Sinn mit dem der Übertragungsneurosen sieht sich Freud imstande, die durch Psychoanalyse therapierbaren, also durch Erinnerungsarbeit behebbaren Neurosen abzugrenzen von den therapeutisch schwer zugänglichen Psychosen, den narzisstischen Neurosen und bestimmten Perversionen einerseits und den Aktualneurosen andererseits (Freud 1917, 372 ff., 462 ff.).

Eine Faszination von Freuds Untersuchungen liegt darin, dass auch den kleinen Dingen des Lebens Respekt gezollt wird, weil gerade sie oft genug als Erkenntnisschlüssel für die großen Rätsel der Menschheit dienen. Vergleichbar mit Nietzsches „allzumenschlichen" Betrachtungen oder Schopenhauers „Lebensweisheiten" setzt sich das Material der Psychoanalyse durchaus aus dem von anderen Wissenschaften verworfenen „Abhub der Erscheinungswelt" (Freud 1917, 20) zusammen. Insofern ist es weder ein Zufall, dass die Entdeckung scheinbar marginaler Formen des Unbewussten wie etwa der *Fehlleistungen* (Vergessen, Versprechen etc.) mit dem Titel *Zur Psychopathologie des Alltagslebens* (Freud 1901) bedacht wird, noch auch, dass Freud sich mit einem Phänomen wie dem *Witz* befasst (Freud 1905).

Ein instruktives Beispiel für die Verflechtung eines Einzelschicksals mit sogenannten großen Problemen liefert die Fallstudie des fünfjährigen „Kleinen Hans" (Freud 1909), bei dem sich die unbewusste Vaterangst auf eine Tierphobie verschiebt, von der Freud wiederum die Verbindung zum Totemismus und damit zu den ödipalen Kulturanfängen herstellt. In einer gezielten Umschreibung der ethnologischen Literatur verweist Freud in *Totem und Tabu* auf den gewalttätigen, sexuell unumschränkt herrschenden Vater von Darwins Horde zurück, dessen Ermordung erst eine Art Gesellschaftsvertrag der Mitglieder mit gegenseitigem Triebverzicht erzwang und den Fundamenten von Moral und Recht Geltung verlieh (Freud 1913, 169 ff.). Da sich der an die Tragödie von Sophokles angelehnte ödipale Grundkonflikt aber noch in der heutigen Individualgeschichte als „archaische Erbschaft" wiederhole, liege die Analogie zwischen Individualpsychologie und Massenpsychologie auf der Hand.

Die Massenpsychologie selbst ist wiederum stark im Umfeld des Vaterkomplexes verwurzelt. Dabei wird das in Massen dominante „Gefühl der Einheit" in *Massenpsychologie und Ich-Analyse* (Freud 1921) weder aus einer ursprünglichen „Suggestion" (Le Bon) noch einem „Herdentrieb" (Trotter) hergeleitet, sondern aus der libidinösen Identifizierung mit einer Führerfigur, die das individuelle Ich-Ideal ersetzt. Diese Identifizierung ist regressiv und findet ihr Vorbild im ödipalen Konflikt der Kindheit, der durch eine Vateridentifizierung überwunden wird, zugleich aber auch in jener phylogenetischen Regression auf die Urszenen der Menschheitsgeschichte, in denen der „Führer der Masse" der „gefürchtete Urvater" war (Freud 1921, 142).

Ebenfalls im Kontext der Vaterautorität bewegt sich Freuds Religionskritik. Noch in der aufklärerischen Tradition eines Voltaire, Feuerbach, Marx oder Nietzsche stehend, erhält die Analyse der Religion eine spezifische Note, indem das ihr traditionell zugewiesene kultivierte „obere Stockwerk" ins „Souterrain" der *kindlichen* Ambivalenzen gegenüber „Gott-Vater" verlegt und sie generell als Ausdruck einer „Menschheitsneurose" (Binswanger 1956, 115) betrachtet wird. Der vor allem in *Die Zukunft einer Illusion* (Freud 1927) beleuchtete Infantilismus der Religion erfährt in *Der Mann Moses und die monotheistische Religion* (Freud 1939) insofern eine Korrektur, als die Religion und namentlich der jüdische Monotheismus nicht mehr polemisch gesehen, sondern in die (oft angezweifelte) These gekleidet wird, dass das ausgeprägte Schuldbewusstsein des jüdischen Volkes gegenüber dem einzigen Gott als späte und psychologisch entstellte, historisch aber nachvollziehbare Reaktion auf die faktische Ermordung des Religionsstifters Moses zu verstehen sei.

Eine Rechtfertigung dieser ödipalen „Wiederkehrsgeschichte" schien Freud einerseits durch eine umstrittene Erweiterung des biogenetischen Grundgesetzes von Haeckel, dem zufolge die Ontogenese die Phylogenese wiederholt, möglich (Sulloway 1982, 675 f.), andererseits aber durch Lamarcks These von der Vererbung erworbener Eigenschaften. Fernab solcher evolutionstheoretischer Legitimationsversuche nimmt sich Freuds patriarchalisch unterbaute Konzeption im Lichte der jüngeren Ideengeschichte wie eine der letzten kolossalen Unternehmungen aus, in einer sich fragwürdig gewordenen Moderne noch Gesetze der Historie *in the long run* aufzuzeigen, also die Tradition *großer Erzählungen* (Lyotard 1979) zu beleben; Erzählungen, die zwangsläufig auch auf vehemente Kritik – etwa bei der feministischen Psychoanalyse – stoßen mussten.

Was nun Freuds Beziehung zur Philosophie betrifft, darf diese als sehr ambivalent bezeichnet werden. Zwar finden sich zuhauf Komplimente über großartige Einsichten von Philosophen, nicht minder oft stellen sich allerdings Kommentare ein, die von Skepsis über Ironie bis zur puren Verachtung der philosophischen Begriffsbildung reichen. Die Berechtigung zu dieser Kritik entnimmt Freud der Überzeugung, die Psychoanalyse sei im Gegensatz zur Philosophie allein der Wahrheit der *Wissenschaft* verpflichtet, sie sei ein „parteiloses Instrument", eine „Naturwissenschaft, z. B. wie die Physik" (Freud 1927, 360; 1940, 80). Solche Aussagen ziehen Kontroversen nach sich, ob bzw. welchen wissenschaftlichen Kriterien die Psychoanalyse gerecht wird. Beginnend mit Poppers Einwand, ihr müsse der Wissenschaftsstatus wegen fehlender empirischer Falsifizierungsmöglichkeiten verwehrt werden (Popper 1979), führt ein Diskussionsstrang über die Klassifizierung der Psychoanalyse als Hermeneutik (Habermas 1968, Ricœur 1965) hinauf zu Grünbaums Replik (Grünbaum 1984) und schließlich zu weiteren Differenzierungen hinsichtlich der Evaluierbarkeit psychoanalytischer Erkenntnisse (Hale 2002).

Eine andere Diskussion verweist auf die deutsche Psychoanalyse der 1930er bis 1950er Jahre, die im Unterschied zur naturwissenschaftlich orientierten amerikanischen Ichpsychologie existenzphilosophische, daseinsanalytische und philosophisch anthropologische Grundlegungen der Psychoanalyse im Anschluss an Husserl, Scheler, Buber, Plessner, Heidegger und Binswanger sucht (Bohleber 2001, 21 ff.). Diese „idealistischen" Wurzeln wurden im Rahmen der „Kritischen Theorie" und insbesondere deren Nachfolgegenerationen hinterfragt und durch eine materialistische Fundierung der Psychoanalyse in Modifizierung des frühen Brückenschlages zwischen Psychoanalyse und Marxismus ersetzt (z. B. Lorenzer 1976, Honneth 2001). *Dass* es zu solchen und anderen Annäherungen von Philosophie und Psychoanalyse – etwa in der französischen Freud-Rezeption, namentlich der linguistischen „Übersetzung" des Werkes durch Lacan – überhaupt kam, ist in Freuds Opus selbst impliziert, denn bei aller Kritik an der Philosophie tritt eine zweite Seite von ihm ebenso zutage: die eigene Neigung zur „Spekulation", wie er das Tun der Philosophen gerne bezeichnete. Dafür stehen etwa die metapsychologischen Schriften von 1915 ein, die dem Namen nach auch den früheren Plan ansprechen, „die *Metaphysik in Metapsychologie* umzusetzen" (Freud 1901, 288), oder der philosophische Charakter einer Schrift wie *Jenseits des Lustprinzips* (Freud 1920), die buchstäblich von Leben und Tod handelt. Es konnte daher nicht ausbleiben, dass Freud sich immer wieder im Umfeld philosophischer Diskussionen bewegte oder selbst derartige Debatten lostrat, wie an den Beispielen der seelischen Instanzen von Es und Ich sowie der Trieblehre zu zeigen ist.

Die Zerlegung der Psyche führt in *Das Ich und das Es* zur Dreiteilung von Es, Ich und Über-Ich, wobei Freud die Herkunft des Begriffes *Es,* der nun den des Unbewussten ersetzt, bei Nietzsche ortet (Freud 1923, 251). An dieser Zuschreibung Freuds entzündet sich später ein Disput um die wahre Urheberschaft des Es, zumal Nietzsche seinerseits auf Descartes' cogito, Kants transzendentale Kritik sowie die Philosophien von Spir und Teichmüller anspielt. Nicht zuletzt ist damit eine *Es-denkt*-Tradition tangiert, die sich von Lichtenberg, Schelling, Feuerbach, Bastian, v. Hartmann, Mach, Weininger bis hin zu Groddeck und anderen erstreckt (Gasser 1997, 107 ff., 684 ff.).

Die von Freud vorgenommene Dekonstruktion des *Ich* nimmt im Narzissmus-Konzept ihren Ausgang (Freud 1914). Etwas später ist es nicht einmal mehr „Herr […] im eigenen Hause" (Freud 1917, 295), und 1923 folgert Freud, Teile des Ich seien immer schon vom Unbewussten infiltriert, sodass die Identität von Ich und Bewusstsein hinfällig werde. Außer Acht lassend, dass bereits Schopenhauer und Nietzsche ähnlich schwere Beschädigungen an der Autonomie des Ich vornahmen, stellt Freud seine Erkenntnisse auf eine Stufe mit den epochalen Entdeckungen von Kopernikus und Darwin (1917a, 7 ff.). In nuce läuft die psychoanalytische Entzauberung des Ich darauf hinaus, dass das Unbewusste noch das vernünftigste Ich durchdringe und alle Gewissheit um ein cogito zugleich eine scheinbare sei, da sich der Narzissmus eben dieses vermeintlich souveräne Subjekt der Vernunft zum *Objekt* seines Begehrens mache.

Die psychoanalytische *Trieblehre* wiederum konzentriert sich zunächst auf die Analyse der Sexualtriebe (Freud 1905a), findet dann zum Dualismus von Ich- und Sexualtrieben (Freud 1910), steht hernach durch die Annahme von gleichermaßen libidinösen Ich- und Objekttrieben kurz in der Gefahr eines Monismus (Freud 1914) und mündet in *Jenseits des Lustprinzips* (Freud 1920) in den fortan konstitutiven Dualismus von Lebens- und Todestrieben ein. Letztere Polarität glaubt Freud nicht nur biologisch erhärten, sondern auch durch Platons Geschlechtermythos (Freud 1920, 62) und die Philosophie des Empedokles (Freud 1937, 91 f.) verdeutlichen zu können. Vor allem die Todestriebhypothese, mit der Freud in den „Hafen der Philosophie *Schopenhauers*" einläuft (Freud 1920, 53), ist zum Anlass heftiger Diskussionen und teils massiver Kritik geworden (Sulloway 1982, 557).

Sowohl die späte Trieblehre als auch die Anspielung auf Schopenhauer geben Fingerzeige für einen Kulminationspunkt von Freuds Dualismus sowie seine insgesamt düstere Weltsicht. Das psychoanalytische Denken enthüllt sich im Kern ja als dualistische Konflikttheorie, deren tiefste Wurzel der Antagonismus zwischen einer unerbittlichen Triebnatur und den Verzichtsforderungen der Kultur bildet. Näher besehen ist es die äußere Not bzw. „Ananke", die zur zweckmäßigen Umwandlung ungezügelter Sexualenergien sowie zur kulturkonformen, insbesondere in *Das Unbehagen in der Kultur* (Freud 1930) thematisierten Verarbeitung der Aggressionen anleitet. Zwar konzediert Freud, gerade die Triebversagungen hätten den Menschen zu großartigen Kulturleistungen und *Sublimierungen* etwa auf dem Gebiet der Kunst angeregt, aber dieses Argument wird in aller Regel als Reaktion auf den bedrückenden Hintergrund des Daseins verstanden. Da Glück im „Plan der ‚Schöpfung'" nicht vorgesehen sei, gehe es für den Einzelnen vor allem um die „Vermeidung von Unlust", letztlich darum, das Leben „ertragen" zu lernen (Freud 1927, 337; 1930, 433 ff.).

Die ungeheure Resonanz, die Freuds Wirken erfuhr, liegt gewiss im Werk begründet, allerdings auch in der Bindung der Psychoanalyse an die therapeutische Praxis sowie ihrer weltweiten institutionellen Verankerung. Und da offenbar jeder dieser Bereiche für sich zahllose Angriffsflächen bot, kann man behaupten, dass die Kritik *an* der Psychoanalyse bereits *zur* Psychoanalyse gehört. Aber während die früheren, meist von außen herangetragenen Vorbehalte ob ihres Pansexualismus und suspekten Sittenbildes längst obsolet wirken, ist die auf dem Boden der Psychoanalyse selbst gewachsene Kritik noch heute von Relevanz. Selbst wohlmeinende Kommentatoren haben immer wieder die Fehlentwicklungen beim Namen genannt: den elitären Anspruch in Theorie und Therapie, die Ineffizienz der Ausbildung, die Verkrustungen der Organisationsstrukturen sowie die beschämenden Vorgänge in diversen nationalen und internationalen Vereinigungen.

Im Hinblick auf den Dogmatismus der *Theorie* ist festzuhalten, dass in den Gründerjahren eine kanonische Festlegung der psychoanalytischen Fundamente wohl eine notwendige Überlebensstrategie zur Sicherung einer einheitlichen Bewegung war. Allerdings erwies sich dieser „Konfessionszwang" zunehmend als kontraproduktiv, da jede Abweichung von den Grundwahrheiten unweigerlich Revisionismusdebatten und zuletzt Spaltungen nach sich zog, wofür nicht nur die abgefallenen Schulen von Adler und Jung oder die kulturalistische Richtung um Fromm und Horney, sondern auch Namen wie etwa Rank, W. Reich oder Lacan einstehen.

Innerhalb des jeweils definierten psychoanalytischen Spektrums wiederum kristallisierte sich sukzessive ein Pluralismus an Methoden heraus, der heute nur noch in den Hauptverzweigungen überschaubar ist. Zu ihnen zählen klassische Trieb- und Strukturtheorie, Ichpsychologie, Selbstpsychologie, die Kleinianische und Neokleinianische Richtung sowie diverse Varianten der Objektbeziehungstheorie (Mertens 1997). Daneben existiert aber noch eine derartige Anzahl disparater Strömungen, dass eine lückenlose Gesamtschau nicht einmal von einem kompetenten Polyhistor zu leisten wäre (Altmeyer 2004).

Wie die weitere Entwicklung „der" Psychoanalyse verlaufen wird, lässt sich deshalb schwer beantworten (Wallerstein 2006), auszuschließen ist aber wohl die Möglichkeit, sie werde jemals mit einer einzigen, mächtigen Stimme sprechen. Dass gewissen Theoretikernen indes ein ähnlich ernüchterndes Los beschieden sein wird wie der Praxis und hier namentlich der klassischen Langzeitanalyse, die innerhalb des aktuellen Psychotherapieangebots nahezu ein Schattendasein fristet, ist aber vermutlich gleichfalls auszuschließen. Und dies umso mehr, als nach einer Zeit teils wüster Freud-Beschimpfungen etliche Grundelemente der Psychoanalyse inzwischen glänzende Bestätigungen, insbesondere durch die Neurowissenschaften, erfahren haben (Roth 2003, Kaplan-Solms, Solms 2003). Die Frage endlich, ob der gegenwärtige Methodenpluralismus als Koexistenz divergenter Richtungen einfach hingenommen oder vielleicht doch als Chance für Konvergenzbestrebungen genutzt wird, muss ebenso offen bleiben. Die Zukunft wird es weisen.

Literatur: Freud 1900, Freud 1920, Freud 1933, Bohleber, Drews 2001, Buchholz, Gödde 2005, Gay 1987
Bibliographie: Meyer-Palmedo, Fichtner 1989
Webseite: www.psychoanalyse-aktuell.de/links.html

Reinhard Gasser

Fromm, Erich

Geboren 1900 in Frankfurt am Main, gestorben 1980 in Locarno-Muralto (Tessin). Studium der Soziologie in Heidelberg, Promotion 1922. Ausbildung zum Psychoanalytiker in München und Berlin. 1930–39 Leiter der sozialpsychologischen Abteilung des Frankfurter Instituts für Sozialforschung, ebenso in der Emigration in Genf und New York. Ab 1941 verschiedene Professuren in den USA, ab 1951 in Mexiko-Stadt. 1965 dort Emeritierung. 1974 Übersiedlung nach Locarno-Muralto.

Fromm ist ein Grenzgänger zwischen Psychoanalyse und Soziologie, Forschung und breitenwirksamer Publizistik, Ethik und Wissenschaft, Religion und Marxismus, westlicher und östlicher Kultur. Sein Lebenswerk, das dem Zusammenhang von Psyche und Gesellschaft gewidmet ist, ist durch ein Spannungsverhältnis zwischen sozialpsychologischer Analyse und humanistisch-ethischem Veränderungsappell gekennzeichnet. Einerseits kombiniert er sozialpsychologisch die Strukturtheorien von Freud und Marx, um die gesellschaftlichen und psychischen Ursachen des menschlichen Verhaltens freizulegen. Andererseits begehrt er als Sinnsucher und Weltverbesserer gegen eben diese Verhältnisse auf, wobei er auf Modelle der religiösen und profanen, individuellen und kollektiven Lebensumkehr zurückgreift, auf die mystischen Erweckungslehren Buddhas und Meister Eckharts, auf Spinozas Ethik ohne Sollen, auf Marx' Entfremdungskritik und auf Freuds Psychoanalyse. Biographisch grundlegend sind dafür seine frühen familialen Erfahrungen eines quasi mittelalterlichen, sich vom Wirtschaftsleben und von der Anpassung an den liberalen Zeitgeist bewusst absetzenden orthodox-jüdischen Ethos. An den kritischen Theorien von Marx und Freud interessiert ihn nicht zuletzt deren (von diesen Autoren selbst eher beiläufig eingestandener oder gar verleugneter) normativer Sinn: Welche aktuellen Situationsdeutungen und Zielvorstellungen liegen dem politischen oder therapeutischen Handeln zugrunde? Wie lässt sich tugendethisch für ein nicht-kapitalistisches Gesellschaftsmodell, für eine alternative Charakterstruktur argumentieren?

In der Zeit seiner Mitarbeit am Institut für Sozialforschung unternimmt Fromm sozialpsychologische Forschungen insbesondere zum Autoritarismus und verfasst religionspsychologische Studien (Fromm 1930). Fragen der normativen Ethik treten hier noch kaum auf. Von der Thematik her noch ganz dem Zusammenhang der Institutsarbeit verpflichtet, von seinem theoretischen Hintergrund her aber bereits neu orientiert, ist Fromms vielleicht wichtigste Buchveröffentlichung *Die Furcht vor der Freiheit* (Fromm 1941). Sie stellt eine frühe Formulierung des heute so genannten Problems der Individualisierung dar. Fromm interpretiert dabei die verschiedenen, dem totalitären Nazismus wie dem konsumsteigernden Kapitalismus angepassten Charakterstrukturen jeweils als Formen der Flucht vor der Last möglicher Freiheit. Er zeigt, wie die Menschen sich unter den mit der Individualisierung verbundenen Gefühlen von Angst und Ohnmacht in Abhängigkeit und Unterwerfung begeben. Hinsichtlich des persönlichkeitstheoretischen Hintergrundes dieser Zeitdiagnose wendet er sich gegen Freuds Triebtheorie und entwickelt eine „Interpersonale Psychoanalyse" (Harry S. Sullivan). Er vertritt die Auffassung, dass die das gesellschaftliche Handeln bestimmenden Triebe nicht, wie von Freud angenommen, umgeleitete sexuelle sind, sondern aus dem gesellschaftlichen Lebensprozess selbst resultieren (Fromm 1937). Dabei wird Moral insofern thematisch, als Freuds Dichotomie von Trieb und Kultur auch im therapeutischen Rahmen zu überwinden ist und jene positiven Normen und Werte namhaft zu machen sind, die dem Menschen zur Verwirklichung seiner selbst verhelfen können.

In *Man for Himself* – auf deutsch unter dem Titel *Psychoanalyse und Ethik* erschienen – (Fromm 1947) werden diese Gedanken fortgeführt. Fromm versteht das Freudsche Über-Ich als Ausdruck einer „autoritären Ethik", um dieser die „humanistische Ethik" entgegenzustellen: „In einer autoritären Ethik bestimmt eine Autorität, was für den Menschen gut ist, und stellt die Gesetze und Normen der Lebensführung auf; in einer humanistischen Ethik gibt sich der Mensch seine Norm selbst und unterwirft sich ihr aus eigenem Willen." (Fromm 1947, 10) Dabei ist „der Mensch" nicht der empirische Einzelne, dessen jeweilige Normsetzungen nach wie vor unter Autoritarismusverdacht stehen, sondern der von Psychoanalyse und humanistischer Ethik auf seine „Natur" hin bestimmte Mensch. Letzter Bezugspunkt moralischer Fragen ist das objektiv zu bestimmende Wohlergehen des Menschen. Auf diese Weise zielt Fromm auf Normen für die „Kunst des Lebens" ab, auf einen normativ gehaltvoll zu bestimmenden Begriff der menschlichen Natur.

Philosophisch verortet Fromm sich selbst in der Tradition des neuzeitlichen Humanismus und der Aufklärung. Wie diese geht auch er von der Voraussetzung einer einheitlichen menschlichen Natur aus, die mit der Möglichkeit zu einer im Prinzip unbegrenzten Höherentwicklung ausgestattet ist. Die dabei leitende Idee ist, dass in jedem Menschen die gesamte Menschheit enthalten ist, deren förderliche Seiten im Lebensprozess des Individuums wie der Gattung durch tätige Anstrengung zu entfalten sind. Daraus folgen für Fromm die ethischen Grundwerte von Würde, Freiheit, Toleranz und Liebe. Die Psychoanalyse ist in dieser Hinsicht primär eine Theorie des Menschen und erst sekundär eine Therapie zur Heilung von Neurosen. Das grundlegende Motiv der Psychoanalyse ist die Aufdeckung des Unbewussten, das Fromm als denjenigen Anteil der menschlichen Natur interpretiert, der mit den jeweiligen gesellschaftlichen Anforderungen inkompatibel ist. Da, wie schon Spinoza erkannte, „der Mensch sich zwar für frei halte, weil er seine Wünsche kenne, jedoch [...] sich nicht der Ursache für seine Wünsche bewußt" sei (Fromm 1963, 4), zielt der für Fromms Sozialpsychologie zentrale Begriff des „Gesellschafts-Charakters" auf das ethische Problem der Freiheit: zu erkennen, warum die Menschen das tun wollen, was sie gesellschaftlich tun müssen, und welche Kräfte sie dennoch entwickeln können, um diesen Circulus vitiosus der Unfreiheit zu durchbrechen.

Fromm wird in den letzten Jahrzehnten seines Lebens vor allem als Lebensdeuter – die Gelegenheitsschrift *Die Kunst des Liebens* (Fromm 1956) wird zu einem Welt-Bestseller – und politischer Publizist bekannt. Seit den 1960er Jahren wird er mit einer Reihe gesellschaftskritischer Bücher, vor allem mit *Haben oder Sein* (Fromm 1976), zu einer Leitfigur der damaligen Alternativ- und Friedensbewegung. Nicht nur theoretisch entwickelt er Vorschläge für einen humanistischen Sozialismus (*Wege aus der kranken Gesellschaft*, Fromm 1955, *Die Revolution der Hoffnung*, Fromm 1968), er engagiert sich auch praktisch und aktualpolitisch bei Abrüstungsinitiativen, Wahlkämpfen, Friedens- und Entwicklungskonferenzen. Der theoretische und philosophische Hintergrund dieser Tätigkeiten ist sein normativer Humanismus: die Idee, dass es universell gültige Kriterien der psychischen Gesundheit gibt, die von Gesellschaften entweder unterdrückt oder gefördert werden, und an denen diese Gesellschaften ethisch zu messen sind.

Literatur: Fromm 1941, Fromm 1947, Fromm 1973, Bierhoff 1993, Funk 1983, Klein 1982
Bibliographie: Fromm 1980
Webseiten: www.erich-fromm.de; www.fromm-gesellschaft.de

Gunzelin Schmid Noerr

Gadamer, Hans-Georg

Geboren 1900 in Marburg, gestorben 2002 in Heidelberg. 1918–19 Studium in Breslau, 1923 Freiburg und 1919–28 in Marburg, bei Natorp, Hartmann und vor allem Heidegger, der ihn 1928 habilitiert. 1939 Professor in Leipzig, dort Rektor 1946–47, 1947 Professor in Frankfurt am Main und ab 1949 in Heidelberg (als Nachfolger von Karl Jaspers). Nach der Emeritierung zahlreiche Gastprofessuren, Auszeichnungen und Ehrendoktorwürden.

Gadamers Hauptwerk *Wahrheit und Methode* (Gadamer 1960) macht ihn zum Begründer der philosophischen Hermeneutik. Dieses Werk hat es „mit dem hermeneutischen Problem zu tun" (ebd., 1960, 1), d. h. dem „des Verstehens und der rechten Auslegung des Verstandenen". Traditionell oblag der Hermeneutik die Aufgabe der korrekten Interpretation in den Auslegungswissenschaften, insbesondere der Exegese der Heiligen Schrift, der Philologie und der Jurisprudenz. Sie verstand sich dabei als methodische Regelanweisung. Dilthey hatte die Hermeneutik in Beziehung mit dem methodologischen Problem der Geisteswissenschaften gebracht: Sie sollte die Methoden klären helfen, die es diesen Wissenschaften erlauben könnte, fundierte Erkenntnisse zu liefern, etwa wie die Methoden der Naturwissenschaften deren Erfolge möglich machen. Gadamer übernimmt Diltheys Fragestellung nach der Wahrheit in den Geisteswissenschaften, stellt aber dessen Prämisse in Frage, wonach allein eine methodologische Reflexion imstande sei, dieser Wahrheit gerecht zu werden. Die Methodenidee bleibt nach seiner Ansicht zu sehr dem naturwissenschaftlichen Modell verpflichtet, wo die Erkenntnis unabhängig vom Beobachter sein soll. Gadamers Einsicht ist, dass diese Konzeption an der Erkenntnisweise der Geisteswissenschaften vorbeigeht, für die die Implikation des Verstehenden in das, was er versteht, ausschlaggebend ist.

Gadamers Ansinnen ist es, eine philosophische Rechtfertigung dieser Erkenntnis zu erbringen, die sie weder von einer Methodologie allein abhängen lässt noch dem Relativismus Tür und Tor öffnet. Er beruft sich dabei zunächst auf das vergessene Erbe der humanistischen Tradition, für die die Erziehungsaufgabe darin besteht, Bildung zu erwerben und damit den eigenen Horizont „über die Borniertheit der Interessen und die Privatheit der Vorlieben" (Gadamer 1960, 41) hinaus zu erweitern. Man gewinnt dadurch Urteilskraft und erhebt sich zur Allgemeinheit des *sensus communis*, der weder das Allgemeine des Naturgesetzes darstellt noch vom Erziehenden unabhängig ist. Gadamer beruft sich ferner auf die Kunsterfahrung, die auch mit einer Verwandlung des Beobachters einhergeht, der sich vom Spiel des Kunstwerkes ergreifen lässt. Das Spiel ist dabei weniger als ein Tun des Subjekts denn als ein vom Werk ausgehendes Geschehen zu denken, das uns die Welt mit neuen Augen sehen lässt. Ein Bild lässt nämlich eine Wirklichkeit mit einem „Zuwachs an Sein" erscheinen, wo das Dargestellte verwandelt hervortritt, jedoch nicht ohne dass wir dabei selber mit verwandelt werden. Die Kunst bietet damit eine Wahrheitserfahrung, die über den Kontrollbereich methodischer Wissenschaft hinausgeht. Worin besteht diese Wahrheit, fragt Gadamer, und lässt sie sich auf die Fragen des Verstehens insgesamt erweitern?

Die Kunst bietet ein attraktives Modell dafür, was unter Interpretation zu verstehen ist: Interpretieren heißt nicht einen subjektiven Sinn (etwa die Meinung des Künstlers oder Autors) hinter dem Ausdruck zu erhaschen, es besteht auch nicht in der Einlegung eines Sinnes von Seiten des Interpreten in einen Gegenstand, es ist die Antwort auf den aus dem Kunstwerk hervorgehenden Appell, der ein Gespräch mit dem Anspruch des Werkes in die Wege leitet. Dass dies keine Willkür impliziert, zeigen Darstellungskünste wie die Musik oder das Theater. Hier geht es darum, ein Werk darzustellen und zu spielen, indem man in ihm aufgeht, ohne dass damit ein schlechter Subjektivismus gemeint ist, denn es ist das Werk selbst, das gekonnt gespielt und interpretiert werden will. Die Interpretation kommt hier nicht wie eine subjektive Zutat zum Werk hinzu. Ohne sie bliebe das Werk stumm und ohne Wirklichkeit.

Es ist diese Art Erfahrung, die Gadamer in den Geisteswissenschaften wiedererkennt. Er stellt nie in Abrede, dass die Geisteswissenschaften vorzügliche methodische Arbeit leisten – das muss hervorgehoben werden, weil er oft als „Antimethodiker" gebrandmarkt wurde –, meint aber, dass distanzierende Methoden nicht ausreichen, um die Wahrheit der Geisteswissenschaften zu beschreiben. Wie in der humanistischen Tradition und der Kunsterfahrung hat in ihnen der Verstehende produktiven Anteil am Erkenntnisgeschehen. Gadamer geht dabei von Heideggers Analyse aus, die die antizipierende Struktur des Verstehens in den Vordergrund gerückt hatte, wendet sie aber originell auf die Geisteswissenschaften an: Der „hermeneutische Zirkel" des Verstehens besagt, dass es keine Interpretation ohne Vorurteile gibt, die indes im Auslegungsprozess einer ständigen Revision unterliegen. Die schlechten Interpretationen werden auf die

Dauer ausgesondert, während sich die guten bewähren. Der Zeitenabstand erweist sich in dieser Hinsicht als produktiv. Das führt Gadamer dazu, die Bedeutung der Tradition und der Geschichte im Verstehen zu betonen. Er wendet sich dabei gegen die Tendenz, Geschichte als eine Art Hindernis zu betrachten, wenn man etwa fragt, wie eine Erkenntnis möglich sei, die nicht von ihrer Zeit abhängig ist. Gadamer erhebt seinerseits die Geschichtlichkeit zum hermeneutischen Prinzip, dessen Fruchtbarkeit sich auf zwei Ebenen erweist: 1. Wir verstehen, *weil* wir geschichtliche Wesen sind und in der Geschichte Antworten auf unsere Fragen finden. Ungeschichtliche Wesen würden keine Geisteswissenschaften treiben oder nach Verstehen streben. 2. Die Verstehensgegenstände sind ihrerseits von der Geschichte vermittelt und getragen. Gadamer spricht hier von der *Wirkungsgeschichte*, in der sowohl die Verstehenden als auch ihre Objekte stehen. Das Verstehen erweist sich dabei „nicht so sehr als eine Handlung der Subjektivität", „sondern als Einrücken in ein Überlieferungsgeschehen, in dem sich Vergangenheit und Gegenwart beständig vermitteln" (Gadamer 1960, 295). Die Subjektivität wird hier zugunsten der in ihr arbeitenden Wirkungsgeschichte dezentriert: „In Wahrheit gehört die Geschichte nicht uns, sondern wir gehören ihr" (ebd., 281).

Führt das aber nicht in den Relativismus? Gadamer sieht in diesem Vorwurf ein Phantom ohne Gegenstand. Denn erstens ist es so, dass es eine von der Geschichte unabhängige Erkenntnis nicht gibt, sieht man von den mathematischen Wissenschaften ab. Zweitens schließt die Geschichtlichkeit keineswegs ein, dass wir einem heillosen Relativismus ausgeliefert sind. Im Gegenteil: Die Geschichte gewährt uns selber Orientierungshilfe, indem sie bleibende Leistungen als solche hervorbringt und auszeichnet. Das ist der Fall der Werke, die wir klassisch nennen. Das sind Werke, die herausragen und über die Epochen hinweg Verbindliches zu sagen haben. Klassiker oder Autoritäten, d. h. richtungweisende Referenzen gibt es in allen Geisteswissenschaften, ja in allen Wissenschaften und Sparten des Lebens. Sie fallen jedoch nicht vom Himmel: Es ist die Geschichte, genauer: die Wirkungs- oder Rezeptionsgeschichte, die geduldig Werke und Themen als klassisch erkennen lässt. Platon, Mozart und Beckett sind Klassiker, weil sich der Aussagewert ihrer Werke über die Zeit hinweg, aber auch dank ihr behauptet hat. Der Kanon der Klassiker bleibt gewiss nicht für alle Ewigkeit bestehen, sondern muss von jeder Gegenwart neu angeeignet und bestimmt werden. Jedes Werk spricht eine Gegenwart auf neue Weise an. Im Verstehen sind also eine wirkende Geschichte und eine Gegenwart im Spiel, aber so, dass sich der Anteil der einen und der anderen schwer auseinander halten lässt. Vergangenheit verstehen heißt also nicht über den Horizont der Gegenwart hinwegschauen, um sich in den der Vergangenheit hineinzuversetzen. Eher heißt es, die Vergangenheit in die Sprache der Gegenwart, in der sich die Horizonte der Vergangenheit und der Gegenwart miteinander verschmelzen, zu übersetzen. Diese „Horizontverschmelzung" (Gadamer 1960, 311) besagt nicht, dass alle Vorurteile der Gegenwart legitimiert sind. Ein hermeneutisches Bewusstsein wird vielmehr bestrebt sein, die legitimen von den illegitimen Vorurteilen zu unterscheiden. Dieses Bewusstsein nennt Gadamer ein „wirkungsgeschichtliches Bewusstsein" (ebd., 312), wobei sowohl ein Bewusstsein der jeweils in uns wirkenden Geschichte als auch ein Bewusstsein der Grenzen einer solchen Reflexion gemeint ist. Ein sich geschichtlich wissendes Bewusstsein geht nicht in Selbstwissen auf. Deshalb, sagt Gadamer, ist das wirkungsgeschichtliche Bewusstsein mehr

Sein als Bewusstsein, d. h. mehr eine Bestimmung unseres Seins und Bewusstseins durch die Geschichte als eine vollständige Erkenntnis dieser Bestimmung. Selbst diese Grenze der Reflexion zeigt eine positive Kehrseite: Sie mündet in eine grundsätzliche, sokratische Anerkennung unserer Endlichkeit, die zu einer neuen Offenheit führt. Ein seiner geschichtlichen Bedingtheit gewahres Bewusstsein wird für neue Erfahrungen und Perspektiven aufgeschlossen bleiben.

Die Übersetzung bietet eine glückliche Illustration der Horizontverschmelzung: Fremde Bedeutung soll in unsere Sprache übertragen werden, aber das erfolgt nur, wenn die Aussagekraft unserer Sprache voll zum Tragen kommt. Wie das Beispiel der Darstellungskünste lehrte, ist es das zu übersetzende Werk, dem man gerecht zu werden versucht, aber das kommt so zustande, dass es erfolgreich in die Gegenwart übersetzt wird. Es leuchtet ein, dass eine solche Übersetzung kreativ, aber nicht willkürlich sein darf.

Das Übersetzungsmodell deutet darauf hin, dass unser Verstehen wesentlich sprachlich verfasst ist. Sprache und Verstehen verschmelzen aber so sehr miteinander, dass die Sprachlichkeit als solche nicht auffällt und das Verstehen als ein Akt des reinen Denkens gilt. Das führt zu einer Verkennung der Sprache, ja zu einer Sprachvergessenheit in der abendländischen Tradition. Diese Vergessenheit hat ein Fundament *in re*, sofern die Sprache als solche zurücktritt, wenn sie die Welt präsent sein lässt. Dies kann aber zum Irrtum verleiten, dem Denken eine Selbständigkeit gegenüber der Sprache zu gewähren. So geschah es weitgehend in der philosophischen Tradition, wo die Sprache als ein sekundäres Instrument betrachtet wurde, als ob Denken sich ohne sprachliche Vorgabe vollziehen könnte und sich sprachlicher Zeichen nur bediente, um seine Gedanken nach außen zu verbreiten. Sprache wird hier instrumentell oder nominalistisch verstanden. Gibt es wirklich ein Denken vor oder unabhängig von der Sprache?, fragt Gadamer. Seine These ist, dass Denken oder Verstehen immer schon mit ihrem sprachlichen Vollzug verschmelzen.

Wie ist aber Sprache ihrerseits zu fassen? Durchweg wurde sie in der Tradition als Zeichen verstanden: die Nomina seien die Instrumente, kraft derer sich das Denken auf die Sachen beziehe. Nach Gadamer erweckt diese Zeichenkonzeption den Anschein einer Souveränität des Denkens gegenüber der Sprache. Er skizziert eine andere Sprachauffassung, die sie weniger als Zeichen denn als „Bild" versteht. Damit bezieht er sich auf seine Ausführungen zur Seinsvalenz des Bildes im 1. Teil von *Wahrheit und Methode* zurück. Er hatte dort zu zeigen versucht, dass das gelungene Bild nicht eine nachträgliche Reproduktion, sondern eine Art Emanation des Dargestellten ist, das dessen Wesen hervortreten lässt. Es ist das Bild, das die Wirklichkeit als solche mit Seinszuwachs allererst erscheinen lässt. So verhält es sich mit der als Bild anvisierten Sprache: Sie ist nicht eine sekundäre Manifestation der Dinge, sondern bringt sie allererst ins Sein. Nur dank der Sprache genießen wir Zugang zur Welt. Während das Tier Umwelt hat, zu der es keine rechte Distanz gewinnen kann, haben wir „Welt", d. h. Zugang zu den Sachen, über die wir damit auch reflektieren können. Ohne Sprache hätten wir keine Welt, sondern blieben von der Umwelt gefangen.

Mit dieser Sicht richtet sich Gadamer gegen die Konzeptionen, die in der Sprache eine Einschränkung unseres Denkens sehen wollen. Weit davon entfernt, Verstehen zu begrenzen, macht es Sprache allererst möglich. Sie ist so wenig begrenzt, dass sie imstande ist, alles in sich aufzunehmen. Alles, was wir verstehen, lässt sich sprachlich fassen. Ja, wir verstehen nur, solange wir etwas sprachlich auszudrücken suchen. Das bedeutet nicht, dass wir alles verstehen können. Wir bleiben endliche Wesen, denen Verstehensgrenzen gesetzt werden, aber die Grenzen der Sprache sind auch die des Verstehens. Insofern „überholt Sprache alle Einreden gegen ihre Zuständigkeit" (Gadamer 1960, 405). All diese Einreden müssten ja sprachlich geltend gemacht werden. Damit erweist sich die Universalität der Sprache für Gadamer, die mit der der Vernunft Schritt hält – denn die Vernunft hat selber sprachlichen Charakter –, indem sie auf Verständigung zielt. Diese Universalität der Sprache bedeutet erstens, dass alles Verstehen sprachlich ist, zweitens aber auch, dass sein Gegenstand selber sprachlicher Natur ist. In Gadamers Worten: Sprache bestimmt sowohl den hermeneutischen Vollzug (des Verstehens) als auch den hermeneutischen Gegenstand (das verstandene Sein). Gadamer fasst diese, seine Grundthese im Diktum zusammen: „Sein, das verstanden werden kann, ist Sprache" (Gadamer 1960, 478). Sein entfaltet sich nur im sprachlichen Verstehen, wo es zur Darstellung gelangt: Sein ist „Sichdarstellen", und diese Darstellung erbringt die Sprache. Damit mündet die Hermeneutik in eine Ontologie. Gemeint ist sowohl eine hermeneutische Wende der Ontologie (jede Besinnung über das Sein verdankt sich der Sprache) als auch eine ontologische Wende der Hermeneutik: Unsere Interpretationen gehen nicht bloß auf Zeichen oder kulturelle Konstrukte, sondern auf das Sein, das sich sehr wohl verstehen lässt.

Gadamers Werk hat die Debatten um die Geisteswissenschaften erheblich beeinflusst, wo sein Abschied von der methodologischen Auffassung der Hermeneutik zuweilen Widerstand fand (Betti 1962, Hirsch, Albert, Krämer 2007, teilweise Ricœur 1986). Noch mehr Widerhall fand die Diskussion um Gadamers Hermeneutik mit der Ideologiekritik von Habermas und Apel (Apel u. a. 1971): Obwohl beide seine sprachliche Wende und seine verständigungsorientierte Vernunftkonzeption wieder aufnehmen, kritisieren sie seine Verteidigung der Tradition. Eine Begegnung mit Derridas Dekonstruktion warf die Frage auf, ob der hermeneutische Gesichtspunkt des Verstehens nicht einseitig sei und den Zugang zum anderen versperre (Forget 1984, Derrida, Gadamer 2004). Gegenwärtige Diskussionen drehen sich um die Frage, ob Gadamers Hermeneutik zum Relativismus führt, wie manche Kritiker monieren, was aber postmoderne Erben wie Rorty und Vattimo begrüßen; oder ob sie es der Philosophie gestattet, erneut einen universalen Anspruch zu erheben. In diese letzte Richtung scheint die recht verstandene Hermeneutik zu weisen, da Gadamer selber den universalen Aspekt der Hermeneutik hervorhebt und sein Diktum „Sein, das verstanden werden kann, ist Sprache" als These über das Sein einführt.

Gadamers Philosophie und Wirkung werden weitgehend mit dem Hauptwerk *Wahrheit und Methode*, einem der Klassiker der Philosophie des 20. Jahrhunderts, identifiziert. Darüber hinaus hat Gadamer wesentliche Arbeiten beigesteuert zu Platon – insbesondere seine Habilitationsschrift (Gadamer 1931) und sein spätes Buch *Plato im Dialog* (Gadamer 1991) –, Aristoteles, Hegel (Gadamer 1971), Dilthey, Husserl, Heidegger (Gadamer 1983) sowie zur Ästhetik und Poetik (Gadamer 1993, 1993a). Wirkungsvoll waren zweifelsohne seine Ideen „Über die Möglichkeit einer philosophischen Ethik" (Gadamer 1963), in der er die Fragwürdigkeit der imperativischen Gesetzesethik Kants namhaft machte, um „das Wesen der Sittlichkeit" mit Aristoteles und Hegel eher „in der Sitte" zu sehen, „das heißt in der Substantialität der sittlichen Ordnung, die in den großen Objektivationen von Familie, Gesellschaft und Staat ihre Verkörperung hat" (ebd., 180). Gadamers ethischer Ansatz trug erheblich zur Rehabilitierung der praktischen Philosophie aristotelischer und hegelscher Provenienz bei. In seinen letzten Arbeiten widmet er sich kulturellen Themen, insbesondere in Vorträgen, die sich an ein breiteres Publikum wenden (Sammlungen dieser Vorträge und Texte finden sich in Gadamer 1976, 1983a, 1989, 1993b). Obwohl er einen Aufsatz „Über die politische Inkompetenz der Philosophie" schreibt (Gadamer 2000), hat der späte Gadamer immer mehr die kulturelle Bedeutung seiner Philosophie der gegenseitigen Verständigung im Zeitalter der Globalisierung hervorgehoben. „Die Seele seiner Hermeneutik", hat er dabei immer wieder eingeschärft, „besteht darin, dass der andere recht haben kann".

Literatur: Gadamer 1960, Gadamer 1977, Gadamer 1997, Grondin 2000, Hahn 1997
Hilfsmittel: Grondin 1999, Makita 1995

Jean Grondin

Gehlen, Arnold

Geboren 1904 in Leipzig, gestorben 1976 in Hamburg. Studium der Philosophie, Germanistik und Kunstgeschichte in Leipzig und Köln, 1927 Promotion, 1930 Habilitation (jeweils in Leipzig bei Hans Driesch). 1934 Berufung auf dessen Lehrstuhl, 1938 Berufung auf den Kant-Lehrstuhl in Königsberg, 1940 an die Universität Wien. 1947–61 Ordinarius für Soziologie an der von der französischen Militärregierung neu gegründeten Hochschule für Verwaltungswissenschaften in Speyer sowie von 1962 bis zu seiner Emeritierung 1969 an der Rheinisch-Westfälischen Technischen Hochschule Aachen.

Frühe philosophische Positionen – Gehlens Bedeutung als Philosoph ist vor allem dadurch bestimmt, dass er mit seinem Hauptwerk *Der Mensch. Seine Natur und seine Stellung in der Welt* (Gehlen 1940) neben Max Scheler und Helmuth Plessner zu den Hauptautoren der Philosophischen Anthropologie gehört. Zuvor hatte er seinen philosophischen Standort mehrfach gewechselt: Formelhaft kann man die von ihm eingenommenen philosophischen Positionen *existential-phänomenologisch*, *objektiv-idealistisch* und *erfahrungswissenschaftlich-anthropologisch* nennen.

In seiner Habilitationsschrift *Wirklicher und unwirklicher Geist* (Gehlen 1931), von deren „existentialistischem Pathos" er sich später distanziert (Gehlen 1963, 9), sucht er den Ausgangspunkt im „problematischen Leben des Menschen". Die einzige Hoffnung gegen die selbstzerstörerische „Unwirklichkeit" des menschlichen „Triebhanges" liegt in der Selbstfindung durch die Verankerung der Person in „höheren Ordnungen": Zuerst will das Kind sich nachahmend mit anderen identifizieren, auf einer zweiten Stufe der pubertären oder adoleszenten Jugendlichkeit bildet sich dann der Selbstbezug der Person aus. Dabei haben die Handlungen in dieser zweiten Phase zunächst etwas Zufälliges, sie sind „halb gewollt, halb erlitten". Der Jugendliche ist dadurch sozusagen eingeschlossen in die eigenen Phantasien. Gehlen spricht davon, dass er der „Krankheit des Negativen" ausgesetzt ist. Aus dieser narzisstischen Selbstzentriertheit kann ihn einzig die verpflichtende Kommunikation mit dem *Anderen* (als dem „einzig adäquaten Gegenstand für den

Menschen") und mit den Sachgegebenheiten erlösen. Schmerzhaft wird gelernt, dass Versachlichung der Schlüssel zu einer Welt ist, die bedrohlich und fremd, außerhalb der eigenen Verfügung existiert und doch der einzige „Raum" zum Wirklichwerden des Selbst ist (Gehlen 1931, 135, 173 ff., 185 ff.).

Elementare Anthropologie – Zwar orientiert sich Gehlen zunächst am philosophischen Idealismus Fichtes und Hegels, bevor er sich ab 1936 zögerlich der Philosophischen Anthropologie zuwendet (Rehberg 2010), aber das Grundmotiv seines gesamten Lebenswerkes war mit der Habilitationsschrift schon ausgesprochen worden (Rehberg 1994): wie nämlich das existenzbedrohte und schwankende, „entartungsbereite" und antriebsüberlastete „Mängelwesen" Mensch phylo- und ontogenetisch überleben könne. Für dieses „Kulturwesen von Natur aus" (Gehlen 1940, 88 u. ö.; Rehberg 1990a), das die tierische Instinktsicherheit verloren hat, bedarf es eines kompensatorischen Instinktersatzes. In *Der Mensch* hat Gehlen an diese Stelle die „obersten Führungssysteme" (Gehlen 1940, 709–743) gesetzt, d. h. verbindliche „Weltanschauungen". Das konnte 1940 – obwohl diese Anthropologie von manchem dogmatischen Nazi-Autor scharf kritisiert wurde (Krieck 1940) – durchaus als Option für faschistische „Zuchtbilder" (wie Gehlen opportunistisch Alfred Rosenberg zitierte) verstanden werden (Gehlen 1940, 710 f.). Nach dem Zusammenbruch des NS-Regimes trat dann in der 4. Auflage des Buches (1950) eine kategorial differenzierte Institutionenlehre an die Stelle der ersten Ordnungstheorie. Gehlen hat das neue Konzept in seinem institutionentheoretischen Hauptwerk *Urmensch und Spätkultur* (Gehlen 1956) weiter ausgearbeitet.

Fast reflexhaft wird Gehlens Anthropologie mit dem von Herder entlehnten und Deutungen der antiken Philosophie aufnehmenden (Pöhlmann 1970) Begriff des „Mängelwesens" identifiziert (Schmidinger, Sedmak 2009). Seine Betonung der organischen Unspezialisiertheit des Menschen im Verhältnis zu den genetisch „nächsten Verwandten" unter den Großaffen führt aus evolutionstheoretischer Sicht allzu oft zu einer Erledigung des gesamten Konzeptes. Schon Konrad Lorenz (Lorenz 1968, 69 f.) hatte dagegen den treffenderen Ausdruck „gehirnspezialisiertes Wesen" gesetzt. Schlüsselbegriff der gehlenschen Anthropologie ist jedoch die *Handlung*. Durch diesen Bezugspunkt soll jeder Leib-Seele- oder Körper-Geist-Dualismus vermieden werden. Auch kann von hier aus der ganze Reichtum menschlicher Empfindungen, Situationsdeutungen und Verhaltensweisen analytisch aufgeschlossen werden. Fundiert ist dieser Basisbegriff in einem das gesamte Menschen- und Weltbild Gehlens bestimmenden *Aktivismus,* der ihn einerseits auch mit Autoren des „Tat Kreises" und mit Hans Freyer verbindet, andererseits – wie Leo Kofler (Kofler 1958) und Wolfgang Harich (Harich 1974a) betonen – mit der marxschen „Anthropologie der Arbeit" (Rehberg 2000, 19). Wie Jean-Jacques Rousseau geht der „Anti-Rousseau" Gehlen davon aus, dass aus der „Eigentätigkeit" des Menschen seine Personwerdung entsteht (Rehberg 1995). Grundlegend ist – wie bei George Herbert Mead, den Gehlen als erster deutscher Philosoph positiv rezipiert – der Aufbau der Sprachverfügung: In den kleinkindlichen Lallmonologen werden Laute zugleich produziert und über das Ohr zurückempfunden. Gehlen hat den diesem Muster folgenden selbstdynamischen und kreisförmigen Handlungsaufbau genau beschrieben, dabei jedoch die aktive Herstellung menschlicher Lebensmöglichkeiten von der Reflexion abgekoppelt, von der er stets vor allem einen gefährlichen Handlungsverlust befürchtete (Lepenies 1976).

Von der Handlung aus lassen sich alle weiteren anthropologischen Kategorien ableiten, besonders die der „Entlastung", die sich ganz elementar und schon beim Kleinkind beginnend in der Höherlegung des Ertasteten in das optisch, später auch sprachlich Verarbeitete zeigt. So wird verstehbar, wie alle sozialen Normierungen von Entscheidungen „entlasten". Die organische Mängelhaftigkeit des Menschen zwingt zu Charakterbildung und Personenformierung. Die ordnungstheoretische Lösung der anthropologischen Ausgangslage – die Rettung eines immer riskanten Wesens durch die institutionellen Verpflichtungen – ist mit Gehlens Namen aufs engste verbunden und auch das Fundament seiner konservativen Zeitkritik. Dabei wird oft übersehen, dass seine Anthropologie die Offenheit und Produktivität der menschlichen Welt- und Selbstaneignung besser herausgearbeitet hat als jede andere. Das hängt vor allem mit der *Strukturgleichheit* von Sprache und Antrieben zusammen, die Gehlen mit Johann Gottfried Herder „Sprachmäßigkeit" nennt (Gehlen 1940, 208, 404 f. u. ö.). Mag die Phantasie auch als ein gefährlicher Vorzug des Menschen erscheinen, so betont Gehlen doch die produktive Kraft der Bewegungs-Phantasmen und der vorentwerfenden Phantasietätigkeit (Pagel 1984). Auch hebt er die (in der neuesten Gehirnphysiologie überall bestätigte) „Plastizität" des Menschen heraus, dass dieser also kulturell außerordentlich variabel ist, auf Lernfähigkeit ebenso angewiesen wie auf produktive Anpassungen an neue Situationen. Insofern ist diese Anthropologie nicht „biologistisch", denn ihr Grundprinzip ist es, dass der Mensch sein Leben und seine Welt kulturell, d. h. deutend und durch Sinnsetzungen, herstellen muss; eher mag seine Lehre vom Menschen eine mit biologischen Mitteln durchgeführte Rettung kulturwissenschaftlicher Ansätze im Zeitalter einer siegreichen Biologie sein. Zentral ist für Gehlen jedoch, dass der Mensch ein Risiko-Wesen ist, weshalb er auch mit Friedrich Nietzsche vom „nicht festgestellten Tier" spricht (Gehlen 1940, 4), was die menschliche Nicht-Determiniertheit ebenso meint wie dessen Bedrohtheit.

Institutionenlehre – Die anthropologische Deutung der menschlichen Existenzbedingungen wird von Gehlen in zwei Monographien, die er als unmittelbare Fortsetzungen von *Der Mensch* ansieht, weiterentwickelt. 1956 arbeitet er in *Urmensch und Spätkultur* zentrale Kategorien heraus, die für jede institutionelle Analyse von Bedeutung bleiben (Gehlen 1956, Rehberg 1990). Ähnlich Emile Durkheim leitet er die Institutionen aus dem „darstellenden Verhalten" ursprünglicher Rituale ab (Delitz 2011). Die Rhythmisierung von Bewegungsformen, z. B. in rituellen Tänzen, eröffnet die Chance zu Nachahmung und Wiederholbarkeit. Die damit verbundene und symbolisch verstärkte „unbestimmte Verpflichtung" begründet dann die Geburt der Geltung aus dem gemeinschaftlichen Vollzug. Zum Ritus geronnen, werden „Kontinuität" und „Invarianz" leitend, und es kann ein erwartbares Verhalten entstehen, aus dem sich weitere – auch sekundäre Funktionen erfüllende – Praktiken entwickeln lassen, z. B. kultische Tierhege oder Pflanzenzucht, die schließlich sogar wirtschaftlich auswertbar sind (Gehlen 1956, bes. 145–64 u.184 ff.).

Von dieser archaischen Stabilisierung aus entwickelt Gehlen zentrale „Kategorien", also nicht weiter ableitbare Schlüsselbegriffe einer „Philosophie der Institutionen". Schon aus dem Gebrauch von Werkzeugen und dem experimentellen Handeln ergeben sich „Selbstwerte" der Dinge und Handlungsvollzüge, die gesteigert werden können bis zu den großen „Wesenheiten" menschlicher oder göttlicher Ordnungen. Entscheidend sind auf allen Ebenen Handlungs- und Situationsüberschreitungen oder, wie Gehlen plastisch sagt, „Transzendenzen ins Diesseits" (Gehlen 1956, 16 ff.). So kommt es zur „Trennung des Motivs vom Zweck", ebenso zu einer „Umkehr der Antriebsrichtung", dass man nämlich von den verpflichtenden Zusammenhängen her motiviert werden kann und handelt (ebd., 31 u. 238 ff.). Es entstehen Verlässlichkeitsräume, die Gehlen „Hintergrundserfüllung" nennt, zugleich eine „Versachlichung der Triebe" und vielschichtige Möglichkeiten einer „stabilisierten Spannung", nämlich der institutionellen Balance interaktiver Ambivalenzen. Ein Beispiel dafür ist die Höflichkeit, welche Variationen nach der Seite größerer Vertrautheit ebenso ermöglicht wie in Richtung einer distanzierten Kühle (ebd., 78–81). Ein historischer Kurzschluss der anregungsreichen Institutionentheorie Gehlens mag sich in dem griffigen Titel *Urmensch und Spätkultur* widerspiegeln, so als seien die Institutionen wesenhaft durch ihre archaische Ur-Gründung bestimmt und heute allein durch ihren Niedergang charakterisiert.

Pluralistische Ethik – Eine zweite Fortführung des anthropologischen Programms sieht Gehlen in der Herleitung ethischer Impulse und Appelle als „Sozialregulationen". In *Moral und Hypermoral* (Gehlen 1969) entwickelt er eine „pluralistische Ethik", indem er voneinander unabhängige und teilweise einander entgegengesetzte ethische Quellen des moralischen Verhaltens annimmt. Unterschieden werden 1. „das aus der Gegenseitigkeit entwickelte Ethos", 2. „physiologische Tugenden", einschließlich einer „Ethik des Wohlbefindens und des Glücks (Eudaimonismus)", 3. das Familienethos (mit Erweiterungen bis zum „Humanitarismus") und schließlich 4. das „Ethos der Institutionen" (ebd., 47). Letzteres sieht er im Staat verkörpert und beide, verschärft durch die mit dem Symboljahr „1968" verbundenen Revolutionsrhetoriken und Reformprozesse, im Prozess der Auflösung. Diese zugespitzte Zeitkritik, welche die anthropologischen Grundmotive der letzten Monographie Gehlens überdeckt, ist – etwa bei Habermas – auf scharfe Ablehnung gestoßen (Habermas 1970).

Zeitdiagnosen – Durchaus auch von anthropologischen Motiven beeinflusst, legt Gehlen 1949 eine weitsichtige Zeitdiagnose vor, die später in erweiterter Fassung unter dem Titel *Die Seele im technischen Zeitalter* (Gehlen 1957) zu seinem größten Bucherfolg wird. Das neue Verhältnis von Mensch und Technik, die Eigendynamik der Produktionsmöglichkeiten und -verfahren führten zu einer durchdringenden „Entsinnlichung" und Intellektualisierung des Lebens, z. B. in der Relativitätstheorie ebenso wie in der abstrakten Malerei, in der atonalen Musik oder der experimentellen Poesie (ebd., 23 ff.). Entscheidend ist die Ausbreitung einer „experimentellen Denkart", verbunden mit einer zunehmenden Formalisierung (ebd., 30). Gehlen sieht die Dynamik des Abstraktwerdens mit gegenläufigen „Primitivisierungen" verbunden, beispielsweise mit dem Verfall der subtilen Denkkultur im sprachlichen Bereich: „alles muß eingängig, einprägsam und gestanzt geboten werden" (ebd., 35). Ähnlich wie David Riesman und in völliger Übereinstimmung mit Theodor W. Adorno (Thies 1997), geht Gehlen davon aus, dass das menschliche Verhältnis zur industriellen Welt wesentlich nur noch das der „Anpassung" sein kann (Gehlen 1957, 39 ff.). Wie Freyer sieht auch Gehlen eine Zunahme des Gesinnungshaften, bloßer Meinungen und von Stereotypen, die in dem durch die arbeitsteilige Komplexität moderner Sozialrealitäten bedingten „Erfahrungsverlust" begründet sei.

Ein korrespondierendes Phänomen ist der „neue Subjektivismus" bei gleichzeitiger Vereinsamung der Subjekte, aus der eine durchgängige „Psychisierung" folgt. Nie zuvor sind die Menschen gleichermaßen sensitiv und differenziert mit dem eigenen Innenleben konfrontiert gewesen, wie sich das am psychologischen Allgemeinwissen und der Bedeutung des psychologischen Romans zeigt.

Die „absolute Kulturschwelle" der Industrialisierung (welche Gehlen so bedeutsam erscheint wie die Sesshaftwerdung des Menschen) bestand im Wechsel von der Agrargesellschaft (bis ins 19. Jahrhundert lebten etwa 80 % der Bevölkerung auf dem Lande) zum industriellen System mit Verstädterung, weltweiten Wirtschaftsverklammerungen und Veränderungen der Konsumgewohnheiten in allen Lebensbereichen (vgl. die Arbeiten zur „Industriegesellschaft" in: Gehlen 1978, 3–87). Damit gehen Prozesse der Bürokratisierung einher, der überall durchgesetzten Betriebsförmigkeit, sodass nun „Zwangsläufigkeit" und die großen Sachzwänge zu den wahren Mächten emporgewachsen sind. Die Geltung von „Persönlichkeit" als einer „Institution in einem Fall" ist unter solchen Bedingungen ebenso unwahrscheinlich geworden wie die Stabilität von Ordnungen.

Lange vor dem weltweit bisher erfolgreichsten Export der These vom „Ende der Geschichte" durch Francis Fukuyama (Fukuyama 1992; zur Denkfigur: Niethammer 1989, Rehberg 1994a) in den frühen 1990er Jahren – jedoch Antoine-Augustin Cournot, Hendrik de Man, Roderick Seidenberg u. a. folgend – hat Gehlen schon seit Anfang der 1960er Jahre die These von der *posthistoire* entwickelt. Damit meint er jene „kulturelle Kristallisation", die eintritt, wenn auf „irgendeinem kulturellen Gebiet [...] die darin angelegten Möglichkeiten in ihren grundsätzlichen Beständen alle entwickelt sind" (Gehlen 1961, 307; vgl. auch das von Piet Tommissen erstmals publizierte Gehlen-Manuskript „Post-Histoire", in: Klages, Quaritsch 1994, 885–895). Dann sind neue Weltentwürfe nicht mehr möglich, und das Ende der „großen Schlüsselattitüde" ist gekommen, d. h. alle umfassenden Weltdeutungen sind ausgeschöpft. Dass dies auch für die bildenden Künste gilt, ist für ihn ausgemacht. Nach der hochgetriebenen Intelligenz der kubistischen Revolution von Pablo Picasso, Georges Braque und Juan Gris – so beschreibt er das in *Zeit-Bilder* (Gehlen 1960) –, nach den großen Gedankenkünstlern Wassily Kandinsky, Piet Mondrian und Paul Klee sowie nach Dada und Marcel Duchamp gibt es keine prinzipiell neuen Möglichkeiten der Bildgestaltung mehr, sondern nur noch Wiederauflagen und Neukombinationen. Das so prognostizierte „Ende der Geschichte" meint – darin Nietzsches (Nietzsche 1883, 18–21) Bild vom „letzten Menschen" ähnlich – allerdings nicht das Ende der Zeiten. Die Dramatik der Hoffnungslosigkeit liegt gerade in der Entdramatisierung: Im Massenzeitalter gibt es aus Gehlens Sicht unabsehbar viele Minimal-Veränderungen und die Unaufhörlichkeit der Ereignismassen, aber keine wirkliche Steigerungsmöglichkeit mehr; so bleibt Sacherledigung sozusagen als „Abwickelungsethos" übrig, der Aufgeregtheit der Zeiten soll mit dem kühlen Blick konservativer Distanz begegnet werden.

Literatur: Gehlen 1940, Gehlen 1956, Gehlen 1957, Gehlen 1969, Delitz 2011, Samson, 1976, Weiß 1971, Wöhrle 2010
Bibliographie: Rehberg 1994b

Karl-Siegbert Rehberg

Habermas, Jürgen

Geboren 1929 in Düsseldorf. 1949–54 Studium in Göttingen, Zürich und Bonn. 1954 Promotion in Bonn. Danach freier Journalist, u. a. für die *Frankfurter Allgemeine Zeitung* und das Düsseldorfer *Handelsblatt*. Ab 1956 als Forschungsassistent bei Max Horkheimer und Theodor W. Adorno am Frankfurter Institut für Sozialforschung. Wechsel nach Marburg, dort 1961 Habilitation. 1962–64 außerordentlicher Professor in Heidelberg. 1964–71 Professor für Philosophie und Soziologie in Frankfurt am Main. 1971–83 in Starnberg Direktor des Max-Planck-Instituts zur Erforschung der Lebensbedingungen der wissenschaftlich-technischen Welt. 1983 bis zu seiner Emeritierung im Jahre 1994 Inhaber des Lehrstuhls für Philosophie an der Universität Frankfurt. Zahlreiche Gastprofessuren und Ehrenpromotionen.

Habermas wächst im kleinstädtischen Gummersbacher Milieu und einem durch Anpassung an die politische Umgebung geprägten Elternhaus auf (Habermas 1981a, 511). Er erlebt das Kriegsende im Alter von fünfzehn Jahren. Erst da wird ihm bewusst, dass er bis dahin in einem politisch kriminellen System gelebt hatte (ebd., 512); eine Erfahrung, die sein späteres Denken prägt. Hat er nach der Zeit des Nazi-Terrors zunächst noch die Hoffnung, dass grundlegende politische Änderungen eintreten würden, erfährt er stattdessen zwei große Enttäuschungen. Desillusioniert zeigt sich Habermas zum einen durch die Regierungsbildung von 1949, da er es nicht für möglich hielt, dass ein Mann wie Seebohm, der politische Kontinuität verkörpert, in das erste Kabinett eines demokratischen Staates berufen werden konnte (Habermas 1981a, 513). Die zweite Enttäuschung besteht in der Veröffentlichung von Heideggers *Einführung in die Metaphysik* (Heidegger 1953), da die Publikation einer Vorlesung aus dem Jahre 1935 ohne ein Wort der Erklärung achtzehn Jahre später Habermas' Verdacht bestätigt, dass ein wirklicher Bruch im politischen Denken nicht stattgefunden habe. In seiner Stellungnahme betont er, dass nach dem Ende des Nazi-Terrors Zeit genug gewesen sei, um sich mit dem, „was war, was wir waren" (Habermas 1971, 72), auseinanderzusetzen. „Statt dessen veröffentlichte Heidegger seine inzwischen achtzehn Jahre alt gewordenen Worte von der Größe und der inneren Wahrheit des Nationalsozialismus, Worte, die zu alt geworden sind und gewiß nicht zu denen gehören, deren Verständnis uns noch bevorsteht" (ebd., 72). Diese Publikation muss Habermas umso mehr erschüttern, als er bis dahin in der heideggerschen Philosophie gelebt hatte (Habermas 1981a, 515).

Den Grund für dieses Schweigen sieht Habermas in einer Einseitigkeit, die darin besteht, dass Heidegger bei der geschichtlichen Betrachtung der Philosophie zwar die Brüche sieht, die in der Neuzeit zum rechnenden und auf Beherrschung abzielenden Denken führt, nicht jedoch die gleichzeitige Entwicklung moralischen Bewusstseins, das ein Korrektiv des technisch-instrumentellen Denkens sein kann (Habermas 1971, 71). Dieses Korrektiv wird fortan zum zentralen Gegenstand der habermasschen Untersuchungen, sodass man sein Werk bis zum Erscheinen seiner Rechtsphilosophie (Habermas 1992) – in der Habermas dem Recht eine Entlastungsfunktion der Moral in der modernen Gesellschaft zuschreibt und ihm damit den Vorrang einräumt – als eine groß angelegte Moralphilosophie der Moderne bezeichnen könnte. Für Heidegger liegen moralisch-praktische Erwägungen unter dem Niveau der Seinssuche und können als

Produkt der Seinsvergessenheit interpretiert werden (Rorty 1989, 319). (Aus dieser Konstellation wird verständlich, dass mit der habermasschen Philosophie ein Programm entsteht, das sich nicht komplementär, sondern konträr zum Denken Heideggers positioniert.)

Aus diesen persönlichen Erfahrungen resultieren Habermas' sozialphilosophische Forschungen, die von der Annahme ausgehen, dass das Projekt der Aufklärung noch unvollendet sei. Habermas stellt sich die Frage, wie dieses Projekt zeitweise derart ausgezehrt wurde, dass der nationalsozialistische Stumpfsinn die Oberhand gewinnen konnte. Dieses Problem, das Habermas dauerhaft beschäftigen wird, behandelt er zuerst in seinem immer lesenswerten Beitrag in dem Band *Student und Politik* (Habermas 1958) und dann in seinem ersten Buch *Strukturwandel der Öffentlichkeit* (Habermas 1961), das er zugleich als Habilitationsschrift an der Universität Marburg einreicht, weil sich Max Horkheimer weigerte, ihn in Frankfurt zu habilitieren. Das Engagement des jungen Assistenten missfiel ihm. Habermas' Rezept gegen einen erneuten Verfall bürgerlicher Öffentlichkeit ist damals wie heute die Notwendigkeit einer hochaufmerksamen Wachheit in Bezug auf das politische Geschehen, die bei ihm lebenslang nicht nachlässt. Habermas greift Kants Einsicht auf, dass ein Gesetz nur dann gerecht sein könne, wenn das ganze Volk ihm zustimmt und es für gerecht hält. „Alle auf das Recht anderer Menschen bezogene Handlungen, deren Maxime sich nicht mit der Publizität verträgt, sind unrecht" (Kant 1795, A 93). Habermas spricht die Überzeugung aus, dass die Demokratie „auf das Bewußtsein, daß die Staatsgewalt vom freien und ausdrücklichen Consensus aller Bürger getragen ist, angewiesen" ist (Habermas 1973, 13). Öffentlichkeit ist für Habermas der Prüfstein dafür, dass durch die Politik die Interessen des Souveräns, des Volkes vertreten werden und keine Arkanpolitik unter Ausschluss der Öffentlichkeit stattfindet.

Öffentlichkeit und Diskurs werden zu zentralen Begriffen der habermasschen Philosophie, da nur mit Hilfe der diskursiven Öffentlichkeit Demokratie Grund und Bestand haben kann. Die faire und unparteiische Weise der Ermittlung von rechtlichen und moralischen Regeln ist für Habermas einzig die diskursive: „Wir haben keine schlagenden Argumente für die Begründung moralischer Regeln. Was sollen wir also tun? Mein Vorschlag ist, Begriffe wie Wahrheit, moralische Geltung und Legitimität mit Blick auf Verfahren zu erklären, in denen wir Gründe angeben und andere überzeugen" (Habermas, in: Günther 1995, 18). Das gelingt nur mittels sprachlicher Verständigung und das angesprochene Verfahren ist der öffentliche Diskurs.

Seinen Forschungsgegenstand könnte man aber auch als „Dialektik der Rationalisierung" bezeichnen, die jedoch nicht mit dem skeptisch-resignativen Ergebnis der *Dialektik der Aufklärung* seiner Lehrer Max Horkheimer und Theodor W. Adorno endet (Horkheimer, Adorno 1947). Habermas legt sein Forschungsdesign in Absetzung von ihnen als Dreischritt an: Das Ideal einer gerechten Gesellschaft ist erstens der normative Maßstab von Habermas' soziologischen Analysen; zweitens muss ermittelt werden, welche Mechanismen in der unzulänglichen Gesellschaft die Weiterentwicklung verhindern, und drittens will Habermas das Entwicklungspotenzial aufzeigen, das auf dem Weg zu einer gerechteren Gesellschaft entfaltet werden muss. André Kieserling beschreibt diesen methodischen Dreischritt, zugespitzt und auf Habermas' politische Aktivitäten verweisend, folgendermaßen: „So ist die Gesellschaft, wenn Philosophen sie beschreiben, ein soziales System, das von guten Gründen abhängig ist – denselben, an deren laufender Verbesserung die Philosophen selbst arbeiten" (Kieserling 2004, 240). Aber wie soll diese Verbesserung bzw. die Entfaltung des Entwicklungspotenzials geschehen können?

Die Antwort in Habermas' Hauptwerk *Theorie des kommunikativen Handelns* (Habermas 1981), mit dem er weltweit bekannt wird, entfaltet sich über die Unterscheidung zweier Sphären in der modernen Gesellschaft. Auf der einen Seite steht eine durch Kommunikation bestimmte Lebenswelt, auf der anderen die durch instrumentelle Rationalität bestimmte Welt der Systeme, die ein Eigenleben entwickeln und deren Zwänge auf die Lebenswelt durchgreifen. Den Begriff der Systeme, die durch systemeigene Medien gesteuert werden (z. B. Geld im Falle der Ökonomie), übernimmt Habermas von Niklas Luhmann und integriert ihn in seine Gesellschaftstheorie, um die Rationalisierungstendenzen moderner Gesellschaften abbilden zu können. Die Lebenswelt besteht aus dem intuitiven Wissen, *wie* man mit einer Situation fertig wird und *worauf* man sich verlassen kann, also aus sicher geglaubten Hintergrundüberzeugungen, die in der Sprache enthalten sind.

Habermas' Interesse an der Sprachphilosophie, das in der *Theorie des kommunikativen Handelns* kulminiert, reicht zurück in die 1960er Jahre und entwickelt sich von da ab über mehrere Etappen fort. So heißt es in *Erkenntnis und Interesse*: „Die Sprache ist der Boden der Intersubjektivität, auf dem jede Person schon Fuß gefaßt haben muß, bevor sie in der ersten Lebensäußerung sich objektivieren kann – sei es in Worten, Einstellungen oder Handlungen" (Habermas 1968, 198). In der *Logik der Sozialwissenschaften* lesen wir: „Da Normen zunächst in der Form von Symbolen gegeben sind, liegt es nahe, die Systeme des Handelns aus Bedingungen der sprachlichen Kommunikation abzuleiten. Wo Grenzen der Sprache Grenzen des Handelns definieren, legen die Strukturen der Sprache die Kanäle für mögliche Interaktionen fest" (Habermas 1970, 165). Allerdings: „Noch ist Sprache nicht als das Gespinst durchschaut, an dessen Fäden die Subjekte hängen und an ihnen zu Subjekten sich erst bilden" (ebd., 220). Schon im Jahre 1976 heißt es in dem Aufsatz „Was heißt Universalpragmatik?", in dem die langjährige, produktive Zusammenarbeit mit Karl-Otto Apel sichtbar wird: „Kommunikative Handlungen sind, gleichviel ob sie eine explizit sprachliche Form annehmen oder nicht, auf einen Kontext von Handlungsnormen und Werten bezogen. Ohne den normativen Hintergrund von Routinen, Rollen, soziokulturell eingeübten Lebensformen, kurz: Konventionen, bliebe die einzelne Handlung unbestimmt. Alle kommunikativen Handlungen erfüllen oder verletzen normativ festgeschriebene soziale Erwartungen und Konventionen" (Habermas 1984, 397 f.). Die genannten Handlungsnormen und Werte können im Diskurs thematisiert werden. Erweisen sie sich dort als unzulänglich, können sie in Frage gestellt und verändert werden.

Die zweite gesellschaftliche Sphäre besteht aus Systemen, die im Gegensatz zur Lebenswelt starr sind. Zwar entlasten diese die Lebenswelt, indem sie die immer wiederkehrenden, aber für den Alltag notwendigen Handlungsabläufe automatisieren, doch sind sie nicht verhandelbar. Soll der vorgesehene Ablauf verändert werden, stößt man auf Widerstand, der sich in alltäglichen Situationen zeigt, wenn man etwa auf folgende Reaktionen trifft: „Diesen Verwaltungsakt können wir nicht zurücknehmen oder ändern, weil wir alle gleich behandeln müssen." Oder: „Das mag zwar moralisch richtig sein, ist aber nicht Rechtens, weshalb ich Sie verurteilen muss" (wie es ein Richter im Prozess gegen

Atomwaffengegner sagte, die die Tore einer Fabrikanlage blockierten). Je mehr Freizeit, Kultur, Erholung, Tourismus vom instrumentellen Denken erfasst werden und Schulen die Funktion übernehmen, Berufs- und Lebenschancen zuzuteilen, desto stärker wird die Lebenswelt nach Habermas von Systemen bestimmt. Dieses Überhandnehmen der systemischen Steuerung bezeichnet Habermas als „Kolonialisierung der Lebenswelt" (Habermas 1981, Bd. 2, 522).

Doch werden von ihm stets die Ambivalenzen gesehen (Dahrendorf 1989, 479): Auf der einen Seite wird der Rechtsschutz erweitert, werden Schule und Familie der Willkür entzogen und Handlungsbereiche für gerichtliche Kontrollen geöffnet; auf der anderen Seite allerdings wird der Rechtsschutz mit einer tief in Lehr- und Lernvorgänge eingreifenden Justizialisierung und Bürokratisierung erkauft.

Das zentrale Ergebnis von Habermas' Forschungen, das er nach seiner Rückkehr aus Starnberg von 1983 bis 1994 als Professor in Frankfurt weiterentwickelt, ist, dass es diese beiden Rationalitätsebenen gibt. Sie müssen weiter analysiert und in ihrer Wechselwirkung verstanden werden. Auf die Frage nach ihrer Verbindung und nach der Möglichkeit von Entwicklungen in Richtung auf eine gerechtere Gesellschaft trotz jener Kolonialisierung der Lebenswelt gibt Habermas folgende Antwort: Kristallisationspunkt für diese Entwicklung ist das Konfliktpotenzial, das an den Nahtstellen von System und Lebenswelt entsteht. Der lebensweltliche Protest richtet sich gegen die Abhängigkeit der Arbeitskraft vom Markt oder gegen die Verlängerung von Konkurrenz- und Leistungsdruck bis in die Grundschule, oder dagegen, dass Kindertagesstätten oder Pflegeeinrichtungen ausschließlich unter ökonomischen Gesichtspunkten geführt werden. Ob sich allerdings die Lebenswelt gegen die Systeme wird behaupten können, „ist eine Frage, die theoretisch nicht zureichend beantwortet werden kann und daher in eine praktisch-politische Frage gewendet werden muss" (Habermas 1990, 196).

Damit schließt sich der Kreis: Habermas kann auf der Basis seiner wissenschaftlich ausgearbeiteten Gesellschaftstheorie zeigen, dass politische Aktivität erforderlich ist. Daraus speist sich jahrzehntelang die Motivation für seinen Eingriff ins politische Tagesgeschehen. Immer hat er sich eingemischt und Diskussionen auf hohem intellektuellem Niveau geführt; bereits in der Adenauer-Ära, dann bei den Notstandsgesetzen, während der Studentenbewegung, während der Hochschulreform, später in der gefährlichen Pogromstimmung des deutschen Herbstes von 1977, anlässlich der NATO-Beschlüsse zur Nachrüstung, im Historikerstreit, schließlich bei der deutschen Vereinigung. Obwohl er seit 1994 emeritiert ist, reißen seine Interventionen nicht ab: während des Irak-Kriegs, zum NATO-Einsatz in Jugoslawien, in der Gentechnik-Debatte und angesichts der Finanz- und Wirtschaftskrise. Mehr als ein halbes Jahrhundert begleitet er aufmerksam die Entwicklung der Demokratie in Deutschland und erhebt regelmäßig seine Stimme als öffentlicher Intellektueller.

„Der Soziologe vom Fach wird die Neigung verspüren, Habermas als Philosophen, der Fachphilosoph, ihn als Sozialwissenschaftler anzusprechen. Tatsächlich ist er ein Grenzgänger, besser: ein Vermittler, der die Philosophie und die Sozialwissenschaften zur gemeinsamen Arbeit auffordert" (Höffe 1990, 358). Habermas' „ökumenische[r] Stil eines sich alles einverleibenden Theoretikers" (ebd., 359) „sprengt Barrieren" sowohl zwischen theoretischen Traditionen, wie der kontinentaleuropäischen und der amerikanischen, als auch zwischen verschiedenen einzelnen theoretischen Disziplinen (Honneth u. a. 1989, 9). Daraus ist die immense Wirkung von Habermas' Schriften zu verstehen. Er hat Diskussionen nicht nur in Philosophie und Wissenschaftstheorie angeregt, sondern Kontroversen ebenso in der Soziologie und der Politologie ausgelöst. Sein enzyklopädisches Wissen hat es möglich gemacht, dass Historiker, Pädagogen und Psychologen über seine Thesen streiten. Habermas ist es zu verdanken, dass „man als Sozialwissenschaftler oder als Philosoph über enge Fachgrenzen unzufrieden wird" (Höffe 1990, 371). Seine polyglotten Erfahrungen und seine genauen Kenntnisse der amerikanischen „community of investigators" führten dazu, dass Theoretiker außerhalb der territorialen Grenzen nicht vor Habermas' scharfsinniger Kritik sicher sein können. Sie treten mit ihm bereitwillig in eine wechselseitig förderliche Diskussion ein, sodass heute bereits von einer „Habermas LTD" gesprochen wird (Reese-Schäfer 1991, 80). Anlässlich seines 80. Geburtstages titelte *Die Zeit* „Weltmacht Habermas" (10. 9. 2009).

Das Vorwort zu der Habermas gewidmeten Festschrift mit internationaler Beteiligung bringt diese Würdigung auf den Punkt: „Der Band ist dem Philosophen, Soziologen und Theoretiker der Moderne gewidmet; er ist aber auch dem Intellektuellen gewidmet, der in einem Land, das immer noch und immer wieder von Schüben der Gegenaufklärung bedroht wird, stets unnachgiebig Positionen der Aufklärung öffentlich vertreten hat. Als Theoretiker gehört Habermas bereits zu den großen Figuren einer Epoche, die er wie kaum sonst einer auf ihren Begriff gebracht hat." (Honneth u. a. 1989, 9) Habermas wird wie kein anderer Philosoph für sein Werk weltweit durch die Verleihung von Ehrendoktorwürden und die Zuerkennung von renommierten und hochdotierten Preisen geehrt. Schließlich zeigen die Übersetzungen seiner Werke in mehr als 30 Sprachen, dass er der ganzen wissenschaftlichen Welt Impulse zu verleihen mag.

Literatur: Habermas 1968, Habermas 1984, Habermas 1996, Horster 1999, Jäger 2003, Reese-Schäfer 1991

Detlef Horster

Hahn, Erich

Geboren 1930 in Kiel. 1951–56 Studium der Philosophie an der Humboldt Universität zu Berlin, 1961 Promotion, 1965 Habilitation. 1966–71 Lehrstuhlleiter für marxistisch-leninistische Soziologie an der Akademie für Gesellschaftswissenschaften beim ZK der SED, 1971–89 Direktor des dortigen Instituts für marxistisch-leninistische Philosophie und zugleich Vorsitzender des Wissenschaftlichen Rates für marxistisch-leninistische Philosophie der DDR. Hahn wird als einziger DDR-Philosoph 1981–89 Vollmitglied im ZK der SED. 1990 Vorruhestand.

Wie bei keinem anderen DDR-Philosophen bilden bei Hahn einzelne Lebensabschnitte, fortlaufende Funktionsübernahmen und entsprechende Publikationsresultate eine homogene Einheit. Das Credo seiner philosophischen Daseinsweise beruht auf der unabdingbaren Einheit von Ideologie-Philosophie-Politik und Partei. So betrifft Hahns erster Bericht (Hahn 1959) die Durchführung von „Lehrveranstaltungen" beim landwirtschaftlichen Ernteeinsatz des „sozialistischen FDJ-Jugenddorfs Genschmar" im

Oderbruch, was mit der Analyse der sozialistischen Bewusstseinsentwicklung auf dem Lande in seiner Dissertation (Hahn 1961) fortgeführt wird. Noch in seiner letzten offiziellen Äußerung in der *Deutschen Zeitschrift für Philosophie* erklärt er ungebrochen rückblickend auf „40 Jahre DDR-Philosophie", dass er „als landwirtschaftlicher Lehrling möglicherweise ohne die Broschüre Stalins niemals erfahren hätte, was Philosophie ist. Denn Philosophie trat uns in der Partei Anfang der 50er Jahre in Gestalt der Arbeit der FDJ erstmalig in Gestalt eben dieses berühmten Kapitels aus Stalins ‚Kurzem Lehrgang' (der KPdSU) entgegen. Ich weiß nicht, wenn mir Hegel als erstes in die Hand gefallen wäre, ob ich nicht die Finger von der Philosophie gelassen hätte." (Hahn 1989, 996)

Hahns Ausbildungs-, Forschungs- und Publikationsgegenstände bilden durchgehend der Historische Materialismus und das Ideologieproblem. Unter Ideologie als Klassenbewusstsein subsumiert er auch die grundsätzlich parteiorganisierte marxistisch-leninistische Philosophie sowie das „geistig-kulturelle Leben" unter Führung der SED. Im Einklang mit dem „Kritik-Rat" von Manfred Buhr verschärft sich zunehmend die ideologische Auseinandersetzung mit der bürgerlichen Ideologie wie auch dem Revisionismus. Eine kritische Analyse der eigenen krisenhaften Gesellschaftsentwicklung bleibt jedoch außer Betracht, wodurch Philosophie als politideologisches Instrument zur bloßen Legitimation von Parteitagsbeschlüssen in Erscheinung tritt.

Lediglich in den 1960er Jahren (Hahn 1965) stehen im Anschluss an die Habilitationsschrift „philosophisch-methodologische Aspekte der soziologischen Theorie" im Vordergrund. Ausgehend von Durkheim und Parsons entwickelt Hahn eine „Soziologie der Gruppe". Doch bereits 1968 geht es in der Fortsetzung der „Studien zu methodologischen und erkenntnistheoretischen Grundlagen der soziologischen Forschung" vor allem um deren unabdingbare philosophisch-ideologische Fixierung als Einheit von „Historischem Materialismus und marxistischer Soziologie" (Hahn 1968). Hahn ist 1967–71 entscheidend an der parteiinstitutionellen Etablierung der Soziologie am Institut für Gesellschaftswissenschaften des ZK der SED beteiligt. Wenig später wird er als dessen Direktor eingesetzt, um in den 1970er und 1980er Jahren für fast zwei Jahrzehnte als Lehrstuhlleiter für dialektischen und historischen Materialismus sowie Vorsitzender des „Wissenschaftlichen Rates für marxistisch-leninistische Philosophie der DDR" für die vereinheitlichte und parteigeführte Steuerung (Planung, Kontrolle und Abrechnung) aller zentralen Forschungsaufgaben der Philosophie in der DDR verantwortlich zu sein. In den folgenden Jahren ist Hahn maßgeblich an diversen, stets parteikollektiv erarbeiteten marxistisch-leninistischen Philosophie-Lehrbüchern beteiligt, die in großen Publikumsauflagen erscheinen (Hahn 1974, Hahn, Kosing 1978, Hahn, Kosing, Rupprecht 1983, Eichhorn u. a. 1976). Auf DDR-Philosophie-Kongressen gibt Hahn in Auswertung vorangehender SED-Parteitage in „Hauptreferaten" die jeweils aktuellen ideologisch-politischen Leitlinien und Themenkomplexe der DDR-Philosophie für die folgenden Jahre vor (Hahn 1975).

Im Unterschied zu den spezifischen Bedingungen, unter denen die ostdeutsche Universitätsphilosophie nach der Wende 1989 abgewickelt wurde, löste sich die unmittelbar partei-institutionalisierte Philosophie schon vor dem staatlichen Ende der DDR wie von selbst auf. Ein später Nachtrag zum ideologischen Antagonismus zwischen Ost und West findet sich in den Notizen und Reflexionen, die Hahn im Rahmen der jahrelangen Vorgesprüche zum letztlich gescheiterten historischen „SPD-SED-Papier" von 1987 publiziert hat (Hahn 2002).

Literatur: Hahn 1965, Hahn 1974, Hahn 1989, Holz u. a. 2010, Mertens 2004, Rauh 2009

Hans-Christoph Rauh

Harich, Wolfgang

Geboren 1923 in Königsberg, gestorben 1995 in Berlin. 1944 Desertion aus der Wehrmacht, danach aktiv in verschiedenen Widerstandsgruppen. 1946 Mitglied der KPD, nach deren Fusion mit der SPD Mitglied der SED. 1951 Promotion und im Anschluss mit Professur für Geschichte der Philosophie an der Humboldt-Universität Berlin beauftragt. Ab 1953 Chefredakteur der Deutschen Zeitschrift für Philosophie und ab 1954 stellvertretender Cheflektor im Aufbau-Verlag. 1957–64 Strafhaft, danach Berufsverbot im Hochschulbereich; Tätigkeit als Lektor und freischaffender Wissenschaftler. März 1990 Aufhebung der Urteile wegen „Staatsverrat" gegen Harich u. a. durch das Oberste Gericht. 1992–94 Vorsitzender der Alternativen Enquetekommission Deutsche Zeitgeschichte in Berlin.

Harichs Stärke, sehr polemisch und zugespitzt zu formulieren, bringt ihn frühzeitig in Konflikt mit der SED. Was er in seinen Vorlesungen über antike Philosophie sowie klassische deutsche Philosophie (insbesondere Hegel) vorträgt, passt nicht in das Schema, das von Stalins Chefideologen Andrej Shdanow während der Nachkriegsjahre für die marxistisch-leninistische Darstellung des Kampfes zwischen Materialismus und Idealismus vorgeschrieben worden war. Vor allem Hegels Philosophie wurde als aristokratische Reaktion gegen die Französische Revolution und den französischen Materialismus abgewertet. Harichs Polemik gegen den philosophischen Dogmatismus im Ostblock wird von seinen Kollegen im Philosophischen Institut ideologisch-politisch entschieden bekämpft. Er erhält im Mai 1953 von der SED-Grundorganisation die Parteistrafe „Strenge Rüge". Nach Stalins Tod gibt er im Aufbau Verlag Georg Lukács' Werk *Der junge Hegel* heraus (Lukács 1954a).

Wie zahlreiche Intellektuelle im Kulturbund wertet er im Frühjahr 1956 den XX. Parteitag der KPdSU als befreiende Zäsur. Er glaubt, dass jetzt ohne dogmatische Einengungen Fragen der marxistischen Philosophie, der sozialistischen Politik, Kultur und Wissenschaft diskutiert werden könnten. Er verfasst Reformprogramme für eine Entstalinisierung der SED und eine Demokratisierung der DDR: im Juli ein „Memorandum", das er dem sowjetischen Botschafter Georgij Puschkin zukommen lässt, und im November den ersten Entwurf der „Plattform", der im „Kreis der Gleichgesinnten" im Aufbau-Verlag diskutiert werden soll. 1956 will er in der *Deutschen Zeitschrift für Philosophie* ein „Vademekum für Dogmatiker" (Harich 1956) veröffentlichen, was jedoch verhindert wird. Im gleichen Jahr wird ein von ihm gemeinsam mit Ernst Bloch konzipiertes und bereits gedrucktes Hegel-Heft der *Deutschen Zeitschrift für Philosophie* eingezogen. Seit 1955 befasst er sich mit Vorarbeiten für seine Habilitationsschrift zum Thema „Zur Grundlegung der marxistischen Anthropologie".

Alle diese Bemühungen werden jedoch durch seine Verhaftung wegen „Bildung einer konspirativen, staatsfeindlichen Gruppe", den folgenden Prozess (Harich wurde zu 10 Jahren Zuchthaus verurteilt) und die über acht Jahre Haft, die er im Zuchthaus Bautzen zubringt, abgebrochen. Nach seiner Haftzeit vermag er nicht mehr an den 1956 erreichten Erkenntnisstand anzuknüpfen. Harich begnügt sich 1965 mit einem Honorarvertrag, der ihm die Mitwirkung an der von Werner Schuffenhauer besorgten Gesamtausgabe der Werke von Ludwig Feuerbach ermöglicht (Feuerbach 1967). Noch in Bautzen beginnt er mit Studien zu Jean Paul, die er danach fortsetzt und deren Ergebnisse er rückblickend als seine wissenschaftliche Hauptleistung ansieht (Paul 1967, Harich 1974). Zur gleichen Zeit mischt er sich in die Anarchismus-Debatte in der Bundesrepublik ein (Harich 1971). 1972 wendet er sich dann ökologischen Themen zu, über die er mit Freimut Duve in einen Dialog tritt, der 1975 wegen des Desinteresses der offiziellen DDR nur in der Bundesrepublik veröffentlicht werden kann (Harich 1975). Harichs utopischer Öko-Sozialismus wird im Westen jedoch als „Öko-Stalinismus" missverstanden. Von 1981 bis 1986 entsteht eine Studie über seinen Lehrer Nicolai Hartmann (Harich 2000, 2004) und Anfang der 1990er Jahre eine Streitschrift gegen Walter Janka über die Vorgänge im Jahre 1956 (Harich 1993). Seine letzte abgeschlossene Arbeit ist eine sehr umstrittene Polemik zu Friedrich Nietzsche, mit der er davor warnen will, dass Nietzsche (wegen dessen Missbrauch durch die Nationalsozialisten) in die staatoffizielle Traditionspflege der DDR einbezogen wird (Harich 1994).

Harichs philosophischer Werdegang ist kriegs- und nachkriegsbedingt der eines philosophischen Autodidakten. Neben der geistesgeschichtlichen Beeinflussung durch den Bildungsphilosophen Eduard Spranger und den Begründer der Neuen Ontologie Nicolai Hartmann wirken auf Harich philosophisch-anthropologische Einflüsse vor allem von Arnold Gehlen. Als Chefredakteur der *Deutschen Zeitschrift für Philosophie* (1953–56) verhindert er, gestützt auf Ernst Bloch und Georg Lukács, dass die einzige philosophische Zeitschrift der DDR schon in dieser Zeit einer marxistisch-leninistischen Normierung unterworfen wird.

Literatur: Harich 1956, Harich 1993, Harich 1999, Dornuf 1999, Harich 2007, Prokop 1997

Siegfried Prokop

Hartmann, Nicolai

Geboren 1882 in Riga, gestorben 1950 in Göttingen. Studium der Philosophie und klassischen Philologie in St. Petersburg und Marburg, 1907 Promotion bei Hermann Cohen und Paul Natorp, 1909 Habilitation. 1914–18 Kriegsdienst als Dolmetscher. 1920–25 Professur in Marburg, 1925–30 in Köln, 1931–45 in Berlin und 1945–50 in Göttingen.

In seinen frühen Schriften schließt Hartmann sich dem logischen Idealismus der Marburger Neukantianer an. Deren zentrale These, dass die Wirklichkeit an sich nicht erkannt werden kann, da Erkennen stets auf selbst „erzeugte" Kategorien angewiesen ist, lässt er jedoch allmählich fallen. Sein erstes Hauptwerk *Grundzüge einer Metaphysik der Erkenntnis* (Hartmann 1921) liefert eine umfassende Kritik des neukantianischen Idealismus und begründet, als Voraussetzung der Ontologie, eine realistische Erkenntnistheorie, die Erkennen als Erfassen versteht, womit die Abbildtheorie rehabilitiert wird.

In der *Ethik* (Hartmann 1926) entwickelt Hartmann in Anknüpfung an Max Scheler seine Version der materialen Wertethik. Ihr Anliegen ist es, die Vielfalt und Rangordnung der Werte zu beschreiben und die Geltung der Werte dadurch zu sichern, dass ihnen ein ideales Sein zugesprochen wird, das durch das Wertgefühl erkannt werden kann. Die Theorie der Willensfreiheit, die Voraussetzung des Sittlichen ist, versteht sich als ontologische Umdeutung des kantischen Dualismus von determiniertem Naturwesen und freiem Vernunftwesen.

Hartmanns Ontologie besteht aus fünf Bänden (Hartmann 1933, 1935, 1938, 1940, 1950), wovon drei den allgemeinen Kategorien des Seins und zwei den speziellen Kategorien der Natur und des Geistes gewidmet sind. Die fünf Bände erscheinen, mit Ausnahme der Philosophie des Geistes (Hartmann 1933) in systematischer Reihenfolge: *Zur Grundlegung der Ontologie* (Hartmann 1935) bringt eine Analyse der allgemeinsten ontologischen Begriffe wie „Sein", „Nichts", „Dasein" und „Sosein"; *Möglichkeit und Wirklichkeit* (Hartmann 1938) liefert eine minutiöse Analyse der verschiedenen Formen, die die modalen Begriffe „Möglichkeit", „Wirklichkeit" und „Notwendigkeit" im idealen und realen Sein annehmen, wobei die Determination allen Geschehens als modal beweisbar betrachtet wird; im *Aufbau der realen Welt* (Hartmann 1940) entwickelt Hartmann zunächst die Lehre von den „Fundamentalkategorien", die als elementare Gegensatzpaare die Realität bestimmen. So meint etwa der Gegensatz „Substrat – Relation", dass Substrate als Träger von Eigenschaften und Relationen vorausgesetzt werden müssen. Die folgende Schichtenlehre, das Kernstück seiner Ontologie, begreift die reale Welt als ein System von vier Schichten – Materie, Leben, Seele, Geist. Die tieferen Schichten bilden die Seinsfundamente der höheren, doch haben die höheren Schichten Eigenschaften, die durch die tieferen Schichten nicht determiniert sind. Hartmann will damit eine Alternative zu Materialismus und Spiritualismus präsentieren, doch lässt sich seine Schichtenlehre wohl auch als nicht-reduktiver Materialismus verstehen, der eine Reduktion von organischen und seelisch-geistigen Eigenschaften auf physikalische Eigenschaften ablehnt. In der *Philosophie der Natur* (Hartmann 1950) arbeitet Hartmann in kritischer Auseinandersetzung mit Kant Raum und Zeit als Realkategorien heraus und versucht sodann, im Geiste Kants, aber gegen Relativitäts- und Quantentheorie, die universale Geltung von Kategorien wie Substanz und Kausalität nachzuweisen. Schließlich stellt er die Eigenart der Kategorien des Organischen heraus, lehnt jedoch Vitalismus und teleologische Naturdeutungen ab. Eine Ergänzung dazu liefert die Schrift *Teleologisches Denken* (Hartmann 1951), die eine scharfe, an Feuerbach erinnernde Kritik der klassischen religiösen Metaphysik enthält.

Das Problem des geistigen Seins (Hartmann 1933) entwickelt im ersten Teil in Anknüpfung an Scheler und Plessner mit der Lehre vom subjektiven Geist einen Beitrag zur philosophischen Anthropologie. Die beiden anderen Teile knüpfen an die kritische Auswertung der Lehre Hegels an, die Hartmann in seiner *Philosophie des deutschen Idealismus* (Hartmann 1923, 1929) geleistet hatte. Die Lehre vom objektiven Geist stellt Merkmale und Macht kollektiver Phänomene wie Klassen- oder Volksgeist heraus, wohingegen die Lehre vom objektivierten Geist die Materialisierungen des Geistes thematisiert, wie sie in Schrift und Kunst vorliegen. Mit der Kunst als Akt und (mehrschichtigem) Gegenstand befasst sich ferner die *Ästhetik* (Hartmann 1953).

Hartmanns Ontologie ist ein umfassendes System, das einerseits den systematischen Ertrag der Geschichte der Metaphysik von Platon bis Hegel zu bewahren versucht, ohne sich freilich den Irrwegen der Tradition immer entziehen zu können, und das andererseits den Weg zu einem naturalistischen Welt- und Menschenbild beschreitet. Bis in die 1950er Jahre hinein war Hartmann neben Heidegger und Jaspers der einflussreichste deutsche Philosoph des 20. Jahrhunderts, doch danach ging sein Einfluss rapide zurück. Gewirkt hat er vor allem auf philosophierende Biologen wie Max Hartmann oder Konrad Lorenz, aber auch auf Philosophen mit einem umfassenden systematischen Interesse wie Georg Lukács oder Mario Bunge.

Literatur: Hartmann 1909, Hartmann 1926, Hartmann 1942, Harich 2004, Morgenstern 1992, Morgenstern 1997
Bibliographie: Buch 1982, Heimsoeth, Heiß 1952

Martin Morgenstern

Heidegger, Martin

Geboren 1889 in Meßkirch, gestorben 1976 in Freiburg. 1909–13 Studium der Katholischen Theologie, der Philosophie sowie der Geistes- und Naturwissenschaften an der Universität Freiburg. 1913 Promotion, 1915 Habilitation bei Heinrich Rickert in Freiburg. Nach dem Krieg Privatassistent Edmund Husserls. 1923 Professor auf einem außerordentlichen Lehrstuhl in Marburg, 1928 Husserls Nachfolger in Freiburg, 1933–34 Rektor dieser Universität, ab 1945 Lehrverbot. Seit 1947 durch Jean Beaufret veranlasste starke Rezeption in Frankreich. 1951 Emeritierung. Seine letzte Lehrveranstaltung hält Heidegger gemeinsam mit Eugen Fink im Wintersemester 1966/67 über Heraklit. Zu Heideggers Studenten und Studentinnen gehören u. a. Hannah Arendt, Leo Strauss, Hans Jonas, Karl Löwith, Hans-Georg Gadamer und Ernst Tugendhat.

Heideggers frühe Beschäftigungen sind weit gestreut. Einerseits weist der Philosoph selbst im Rückblick auf Anstöße von Luther, Aristoteles, Kierkegaard und Husserl (Heidegger 1988, 5) hin. Andererseits erwartet sein erster Lehrer Rickert auf der Grundlage der Arbeit über Duns Scotus von seinem Schüler eine akademische Karriere in der „mittelalterlichen Logik" (Heidegger, Rickert 2002, 97).

Vor allem auf zwei wichtige Bildungsaspekte in Heideggers Frühwerk muss hingewiesen werden. Zunächst hat eine genaue Lektüre von Edmund Husserls *Logischen Untersuchungen* (Husserl 1900) den Philosophen zur Methode der „Phänomenologie" geführt. Die Phänomenologie befreit das Denken von Meinungen, Vorurteilen und (bloß vorausgesetzten) Theorien, um einen deskriptiven Zugang zu den „Sachen selbst" zu eröffnen. Mit dieser Methodenwahl entscheidet sich für das Denken, dass es seine Probleme nicht gleichsam aus sich selbst produziert, sondern sich geben lassen muss. Die Phänomenologie ist also von Anfang an durch die Gegebenheit der Phänomene hindurch zur Gabe des „Es gibt" unterwegs. Neben der Phänomenologie hat sich Heidegger, angesprochen durch eine Beschäftigung mit der Philosophie Wilhelm Diltheys, der Methode der Hermeneutik zugewendet, der Lehre der Interpretation nicht nur von schriftlichen Zeugnissen, sondern eben von Phänomenen im Allgemeinen. In diesem Sinne versteht Heidegger sein Denken von Anfang an als eine „phänomenologische Hermeneutik" (Heidegger 1985, 187). Es lässt sich jedoch fragen, ob der Philosoph, der noch spät programmatisch von einer „Phänomenologie des Unscheinbaren" (Heidegger 1976, 399) spricht und so eine Kontinuität seines Denkens suggeriert, in größeren Bereichen seines vielseitigen Werks die phänomenologische Methode nicht in ein Vorgehen transformiert, das mit ihrem anfänglichen Verständnis nicht mehr viel zu tun hat.

Im Kontext seiner „phänomenologische Hermeneutik" beschäftigt sich Heidegger zunächst mit der Erscheinung des „faktischen Lebens". Dass sich dieses als ein ursprüngliches Phänomen erweise, belege die Redewendung: „So ist nun einmal das Leben, so gibt es sich." (Heidegger 1993, 35) Was so die „Faktizität des Lebens" genannt wird, hat nichts mit einem naturalistischen Verständnis zu tun. Anders als bestimmte Vertreter der Lebensphilosophie wie z. B. Ludwig Klages geht es Heidegger nicht darum, das sinnliche Leben gegen den übersinnlichen Geist aufzuwerten, sondern das Leben, das „unsere Welt" (Heidegger 1993, 33) sei, als das primäre Phänomen des Denkens zu erfassen. In diesem Zusammenhang verwendet er dann früh den auch von Husserl gebrauchten Begriff der „Lebenswelten" (Heidegger 1985, 146), in denen der Mensch jeweils verschieden handelt und denkt.

In dieser Phase von Heideggers Denken am Beginn der 1920er Jahre bildet sich im Horizont der Thematisierung der Faktizität des Lebens ein Problem, das den Philosophen nicht mehr loslassen wird. Die Philosophie entwirft sich als ein spezifischer Zugang zum faktischen Leben. In ihm wird deutlich, dass der Philosoph selbst in diesem Leben vorkommt. Was aber bedeutet dann in diesem Zusammenhang die Wissenschaftlichkeit der Philosophie? Heidegger bestimmt die Wissenschaft als ein „erkennendes, rationales Verhalten" (Heidegger 1995, 8). Doch in der Faktizität des Lebens ist dieses Verhalten nur ein spezifischer Teil. Dazu kommt noch, dass die Wissenschaft in ihrem Verhältnis zur „Lebenswelt" eine „Tendenz der Entlebung" (Heidegger 1993, 77) verfolgt. Die Wissenschaft legt gleichsam die eigentümliche Bewegtheit des Lebens still, um sie zu rationalisieren. Damit betreibt sie nach Heidegger notwendig eine Verfälschung. So wird fraglich, ob die Philosophie überhaupt als eine (moderne) Wissenschaft aufgefasst werden kann. Anders als Husserl, der seine Phänomenologie stets als „strenge Wissenschaft" versteht, wird für Heidegger die Stellung der Philosophie an der Wissenschaftsinstitution „Universität" prekär. Wenn Heidegger später betont, dass die „üblich gewordene Ausrichtung der Philosophie an den ‚Wissenschaften' [...] völlig aufgegeben" (Heidegger 1989, 44 f.) werden müsse, dann ergibt sich dieser Gedanke aus einem frühen Problembewusstsein.

Ein wichtiges Merkmal des faktischen Lebens besteht darin, dass es seine Bestimmungen niemals gänzlich autonom gestalten kann. Die Konkretion einer Lebenswelt unterliegt vielerlei unverfügbaren Einflüssen, die in einer Hermeneutik der Faktizität auszulegen sind. Einer von ihnen ist die Geschichtlichkeit. Diese besteht nicht nur darin, dass sie den vorphilosophischen Lebensvollzug mit gegebenen Bedeutungen belegt. Auch die Philosophie, ihre Sprache oder Terminologie, wird von solchen Bedeutungen immer schon eingeholt. In dieser Hinsicht wird für Heidegger die sogenannte Destruktion zu einem „Grundstück phänomenologischen Philosophierens" (Heidegger

1993a, 35). Eine solche Destruktion hat demnach die Aufgabe, sowohl die aus der Geschichte stammenden, selbstverständlichen Auslegungen des faktischen Lebens als auch die terminologischen Gewohnheiten der Philosophie zu erschüttern. Dadurch kann eine vermeintlich verdeckte, ursprünglichere Bedeutung freigelegt werden. Jacques Derridas Unternehmen der „Dekonstruktion" (Derrida 1967) hat hier einen Ansatz finden können, ist aber gewiss in ihrer Motivation keineswegs identisch. Nach Derrida ist der Gedanke, die Annäherung an eine ursprüngliche Bedeutung sei möglich, selber noch einmal zu de(kon)struieren.

Es ist eine Eigenart von Heideggers Denken, dass die von ihm vorangetriebene Destruktion einer Doppelbewegung folgt. So wie sie es gemäß der europäischen Kulturgeschichte mit einer „griechisch-christlichen Lebensauslegung" (Heidegger 2002, 36) zu tun hat, sieht sie auch die Aufgabe, die „Begriffsbildung [...] der christlichen Theologie und der abendländischen Philosophie" (Heidegger 1995, 135) zu erhellen. Mit diesen Angaben steckt Heidegger das Problemfeld seines Denkens ab, das er erst später und dann auch eher selten verlassen wird.

Heideggers Beschäftigung mit dem Christentum und der Theologie beginnt früh und ist bis in seine letzten Lebensjahre hinein ein ständiges Thema. Im Wintersemester 1920/21 interpretiert er die Thessalonicherbriefe des Paulus. In dem programmatischen Vortrag von 1927 „Phänomenologie und Theologie" differenziert er den „Glaube[n]" als „eine spezifische Existenzmöglichkeit" von der „Philosophie" als „höchst veränderliche Existenzform" (Heidegger 1969, 66). Die Theologie bleibe für die Philosophie der „Todfeind"; eine Bestimmung, die bei aller Ferne die sachliche Nähe von Denken und Glauben andeutet. Diese Gleichzeitigkeit von Ferne und Nähe schlägt sich in Heideggers Philosophie insofern nieder, als diese christlich-theologische Elemente in sich integriert und zugleich ihren eigentlichen Sinn radikal verändert.

Die Destruktion der Begriffsbildung der europäischen Philosophie findet indes ihren ersten Höhepunkt in Heideggers *Sein und Zeit*. Dieser Text, der ausführliche Lektüren der Schriften Platons und Aristoteles' in das Projekt einer „Fundamentalontologie" überführt, bringt das Denken des Philosophen zum ersten Mal auf den Punkt: Es geht darum, die „Frage nach dem Sinn von Sein erneut zu stellen" (Heidegger 1927, 1). Es wird davon ausgegangen, dass der Sinn von Sein dem Menschen immer schon in einem unthematischen „Seinsverständnis" zugänglich ist, ohne dass dieses jemals in seiner vollen Bedeutung eingeholt werden konnte. Um dieses nun erneut zu bedenken, sei bei einem „ontisch ausgezeichneten Seienden", dem es „in seinem Sein um dieses Sein selbst" gehe, anzufangen, beim „Dasein". Deshalb entfaltet sich die Fundamentalontologie von *Sein und Zeit* als „Daseinsanalytik".

Das Sein selbst dieses Daseins bezeichnet Heidegger als „Existenz" (Heidegger 1927, 16). Angelehnt an den aristotelischen Begriff der Kategorien fasst der Philosoph die allgemeinsten Bestimmungen des Daseins als „Existenzialien". Im Gang ihrer Analyse wird die Methode verfolgt, von der „durchschnittlichen Alltäglichkeit" des Daseins aufzusteigen zu einer „ursprünglichen Explikation der Zeit als Horizont des Seinsverständnisses aus der Zeitlichkeit als Sein des seinsverstehenden Daseins" (ebd., 24). Dabei gelangt Heidegger zu einer Art von Grundphänomen, mit dem das Dasein auf jeweils „uneigentliche" oder „eigentliche" Weise umzugehen habe, dem „Sein zum Tode". Dieses melde sich in der „Befindlichkeit" der „Angst" (ebd., 314 ff.). In seinem Umkreis spitzt sich die Bedeutung anderer Existenzialien wie das „Mit- und Selbstsein", die „Sorge", das „Gewissen" oder auch die „Geschichtlichkeit" zu. Das Dasein hat sich zu „entscheiden".

Wichtig in der Erfassung des Daseins ist Heideggers Bestimmung: seine „Seinsverfassung" sei das „In-der-Welt-sein" (Heidegger 1927, 71). Ausgehend von der „Idee der Weltlichkeit" überhaupt entwickelt der Philosoph eine Interpretation der Umwelt, in der zuerst das „Zeug" einer ausführlichen Analyse unterzogen wird. Das Zeug oder das „Zuhandene" bildet einen „Bewandtniszusammenhang", der nun schlechthin zum Modell von Welt erhoben wird. Im Zusammenhang des aufeinander verweisenden Zeugs gewinnt das Dasein eine „Vertrautheit", die zur „Bedingung der Möglichkeit der Entdeckbarkeit von Seiendem" wird (ebd., 117). Indem die Daseinsanalytik mit der Erhellung der durchschnittlichen Alltäglichkeit beginnt, bekommt das Weltverständnis von *Sein und Zeit* eine Prägung, die sich vor allem in der Auslegung des sogenannten „Man" bestätigt.

Sein und Zeit ist ein Fragment geblieben, das schließlich in einem offenen Ende ausschwingt. Der „Streit bezüglich der Interpretation des Seins" sei „noch nicht einmal entfacht", das zu veranlassen sei die Untersuchung „unterwegs". Schließlich wird die Frage betont, ob die „Zeit selbst als Horizont des Seins" (Heidegger 1927, 577) gedacht werden könne. Die Daseinsanalytik wird ansatzweise relativiert. Vom Dasein aus den „hermeneutischen Zirkel" zu ziehen, um nach dem Sein selbst zu fragen, wird von nun an für problematisch gehalten.

Die Untersuchung der „Frage nach dem Sinn von Sein" ist ein initiales Werk der Phänomenologie. Sie hat unzählige Deutungen erhalten. Auf zwei sei kurz hingewiesen. Hannah Arendts Verständnis der Welt, wie sie es z. B. in der *Vita activa* (Arendt 1958) entfaltet, ist von Heideggers Verständnis beeinflusst. Das „Zusammenleben in der Welt" bedeute, „daß eine Welt von Dingen zwischen denen liegt, deren gemeinsamer Wohnort sie ist" (Arendt 1958, 52). Wo die Welt als eine Art von „Zwischen" bestimmt wird, klingen Heideggers Gedanken nach. Eine andere Bezugnahme auf *Sein und Zeit* enthält Emmanuel Levinas' Totalität und Unendlichkeit (Levinas 1961). Dort wird kritisch bemerkt, dass die „Heideggersche Ontologie", die „alle Beziehung mit dem Seienden der Beziehung mit dem Sein" unterordne, den „Primat der Freiheit im Verhältnis zur Ethik" bestätige. Damit setze *Sein und Zeit* den „Primat des Selben voraus, in dem die ganze abendländische Philosophie nachwirkt und der sie definiert" (Levinas 1961, 55). Es wäre demgegenüber möglich zu fragen, ob sich das Ethische nicht gerade in der „Beziehung mit dem Sein" finden lasse.

Eines der aus *Sein und Zeit* für Heidegger entspringenden Probleme war die Auslegung des Verhältnisses von Sein und Seiendem. Dieses wird nun als „ontologische Differenz" (Heidegger 1975, 454) bezeichnet. Sie ist der ausdrücklich vollzogene „Unterschied von Sein und Seiendem", der sich „in der Zeitigung der Zeitlichkeit" zeige. Dieser Unterschied sei „latent in der Existenz des Daseins da". Die „Ausbildung der ontologischen Differenz" sei nichts „Beliebiges und Beiläufiges, sondern ein Grundverhalten des Daseins", in dem sich die „Philosophie als Wissenschaft" konstituieren könne. Die ontologische Differenz erweist sich im Folgenden als eine Art von stetiger Motivation des Denkens. Sie treibt dieses in immer neue Positionen vor. So bemerkt der Philosoph bald, dass die „dergleichen wie Ontologisches überhaupt tragende und leitende Differenz" durch ihre „Namensgebung und Sachcharakteristik" das Denken womöglich festlege. Indem aber das „Problem noch radikaler" entfaltet werde, könne sich zeigen, dass „wir alle Ontologie schon der Idee nach als unzureichende metaphysische Problematik zurückweisen müssen" (Heidegger 1983, 571), mit anderen Worten: In der Frage nach der ontologischen Differenz meldet sich das Problem der ganzen abendländischen Philosophie im „Primat des Selben" (Levinas 1961). Heideggers spätester Nachhall der ontologischen Differenz im Gedanken der „Unterscheidung selbst als solcher" (Heidegger 1946, 43) oder einer „Differenz als Differenz" (Heidegger 1957, 76) hat diesen „Primat" hinter sich gelassen und in der „Überwindung der Metaphysik" (Heidegger 1953a, 68 ff.) der Philosophie einen neuen Weg eröffnet.

Die Motivationskraft der ontologischen Differenz entfaltet sich noch in weitere Problemfelder. Sie führt zuletzt auf das, was als die „Kehre" bezeichnet wird, als die Bewegung, die zwischen dem Sein und dem Seienden hin und her geht. Mit ihr verbunden ist auch die Frage nach der Wahrheit. Heideggers Destruktion des klassischen Verständnisses der Wahrheit wendet sich weniger gegen den Sachverhalt, dass dieses sich an der Aussage orientiert; es geht vielmehr darum, dass die Aussage den Gegenstand, den sie entweder wahr oder falsch aussagt, ganz selbstverständlich von der Anwesenheit her versteht. Dass eine spezifische Abwesenheit zur Wahrheit gehört und erst das Anwesende erscheinen lässt, wird nicht gesehen. So betont Heideggers Interpretation der Wahrheit als ἀλήθεια gerade die Dimension der Verborgenheit. Die „Verborgenheit des Seienden im Ganzen, die eigentliche Un-wahrheit", sei „älter als jede Offenbarkeit von diesem und jenem Seienden" (Heidegger 1943, 193 f.). Diese Verborgenheit hängt aber eng mit der sich entziehenden Differenz als Differenz zusammen.

Wie schon angedeutet hat Heidegger von Anfang an das Verhältnis zwischen der Philosophie und der Wissenschaft für heikel gehalten. Wenn die Philosophie als eine Wissenschaft gilt, dann muss sie etwas Gemeinsames mit anderen Wissenschaften teilen. Dieses Gemeinsame gibt es aber nach Heidegger nur insofern, als die Philosophie es den Wissenschaften vorgibt. In seiner Freiburger Antrittsvorlesung „Was ist Metaphysik?" expliziert er in Bezug auf das „Nichts" (Heidegger 1929a, 118 ff.), dieses erst ermögliche eine Transzendenz, von der ausgehend überhaupt Wissenschaft stattfinden könne. Wissenschaft besteht in einer „immer neu zu vollziehenden Erschließung des ganzen Raumes der Wahrheit von Natur und Geschichte". Es ist aber die Philosophie, die genuin nach dem „Nichts" frage. Daher kann sie „nie am Maßstab der Idee der Wissenschaft gemessen werden". Die Nicht-Wissenschaft „Philosophie" eröffnet also jenen „Raum", den die Wissenschaft durchforschen kann. In der berüchtigten Rede über die „Selbstbehauptung der deutschen Universität" wird diese Tendenz der Begründung der Wissenschaft auf der Philosophie fortgesetzt. Der Anfang schlechthin „unseres geistig-geschichtlichen Daseins" sei die „griechische Philosophie". „Alle Wissenschaft" müsse diesem „Anfang" „verhaftet" bleiben. Daher sei „alle Wissenschaft Philosophie", während die Philosophie darum keineswegs schon zur Wissenschaft werde (Heidegger 1933, 108 f.).

Heideggers politisches Engagement für den Nationalsozialismus ist also primär von der Bemühung getragen, der Philosophie eine Bedeutung zurückzugewinnen, die sie bereits im Verlauf des 19. Jahrhunderts eingebüßt hatte. Seit Hegel war sie nicht mehr die Wissenschaft der Wissenschaften, sondern nach Diltheys Begriffen eine spezifische

Geisteswissenschaft. Daher liegt es nahe, dass Heidegger in dieser Zeit ein einziges Mal einen klassischen Text der politischen Philosophie, nämlich Hegels *Grundlinien der Philosophie des Rechts* (Hegel 1820), in einem Seminar interpretierte. Besonders in Passagen, die der Philosoph „Grundsätzliches zur Staatslehre" nennt (Heidegger 2011, 159 ff.), versucht er den Nationalsozialismus sowohl auf eigene als auch auf Hegels Einsichten zu begründen. So wird die „Sorge" zum Fundament des „Politischen", das von einem „‚Geist' des Volkes" als einer „Art des Seins" mitbestimmt werde. Die Diskussionen um die Relevanz von Heideggers politischem Engagement wurden zuletzt von Emmanuel Fayes Buch *Heidegger. Die Einführung des Nationalsozialismus in die Philosophie* (Faye 2005) neu in Bewegung gesetzt. Sie werden fortdauern. Die These aber, dass Heideggers Werk als ein vermeintlicher Proto-Nationalsozialismus in einer „Schlacht" auftrete, „bei der die Zukunft der Menschheit auf dem Spiel" (Faye 2009, 11) stehe, ist indiskutabel.

In der Zeit, in der sich Heidegger dem Nationalsozialismus nähert, geschieht ein für sein Denken erstaunlicher und wichtiger Schritt. Während er auf der einen Seite durchaus mit öffentlichen Auftritten für den politischen Umbruch wirbt, beginnt er eine Arbeit an Manuskripten, von deren Existenz noch nicht einmal enge Freunde etwas ahnen. Es handelt sich um das Denken des „Ereignisses". Dieses verfolgt einen reflektierten Rückzug aus den Kontexten der Öffentlichkeit. Das „Sichverständlichmachen" sei der „Selbstmord der Philosophie" (Heidegger 1989, 435). So eröffnet Heideggers Denken eine esoterische Dimension; esoterisch soll hier heißen, dass diese Philosophie sich von einem prinzipiell unbegrenzten, d. h. universalen Diskurs ablöst und sich nur noch an bestimmte Adressaten wendet (Trawny 2010). Die Bestimmtheit der Adressaten besteht nach Heidegger in einer Bereitschaft zum „Hören". Insofern kann potentiell jeder dieser Adressat sein. Da aber die Forderung eines solchen Hörens die gewöhnliche Rezeptionshaltung der Interessierten anscheinend überfordert, sind es faktisch die „Wenigen".

Das „Er-eignis" sei „übereignender Einfall, so zwar, daß es ereignend lichtend zwischen das (Seiende) sich er-eignet als das Inzwischen für seine (des Seienden) Wahrheit" (Heidegger 2009, 183). Das Er-eignen selbst wird als „das in die Erscheinung kommende und so zugleich sich verbergende Sich zu eigen werden" (Heidegger 2009, 185) gedacht. Auf diese Weise geschehe eine „Verwindung des Seyns in den Anfang" (ebd., 279), d. h. ein „Abschied vom Seyn", der als „Schmerz" erfahren werde. Was Heidegger so zu denken versucht, ist eine „seynsgeschichtliche" Bewegung des Sinns von Sein, die mit einem Überschuss von Bedeutungen die Sicherheiten eines philosophisch-metaphysischen Selbstverständnisses des Denkens erschüttert. Zwar gibt es in der Geschichte des Seyns (Heidegger 1998) noch Konturen des „Zuwurfs" eines zu denkenden Sinns, doch seine sprachliche Erfassung kann diesen „Ab-grund" nicht mehr in gewohnten Formen zur Darstellung bringen. Im „Wortschatz" des „Ereignisses" (Heidegger 2009, 145 ff.) herrsche eine „Sprachlosigkeit", die „anfänglich und wesenhaft gedacht nur das reine Ereignis des Wortes" selbst sei (Heidegger 2009, 172).

Ausgehend von dieser Sprachlosigkeit vermag Heidegger fundamentale Voraussetzungen philosophischen Sprechens neu zu fassen. Noch in *Sein und Zeit* hatte Heidegger die Frage nach dem Sinn von Sein in die Mitte seines Denkens gerückt. So gesehen scheint das Denken mit einer Frage zu beginnen. Doch nun lässt sich sagen, dass „vielleicht jede Aussage und Sage eine Antwort", aber „nicht jede Antwort […] Antwort auf eine Frage" (Heidegger 1995a, 22) sei. Vielmehr seien „die wesentlichen Antworten vielleicht ‚nur' Gegenworte zum Wort". Die Verwendung des „vielleicht" an dieser Stelle ist nicht unwichtig. Heidegger unterläuft ein Gewissheitsideal der neuzeitlichen Aussagenlogik, um ein anderes Sprachverständnis anzudeuten. „Jede Sage" könne eine Antwort sein, wobei dieser keine Frage vorausgesetzt werden dürfe. Das Denken wäre in seiner Bewegung schon im Vorhinein auf etwas Verborgenes bezogen. Das „Gegenwort" würde unmittelbar auf ein (noch) abwesendes „Wort", auf die Sprachlosigkeit zugehen. Mit solchen Überlegungen gehört Heidegger ganz offenbar zu den Ersten, die an einem „responsiven" Sprachverständnis arbeiten.

Es dürfte schließlich jene Sprachlosigkeit gewesen sein, die Heidegger in eine immer intensivere Nähe zur Dichtung und dabei vor allem zu Friedrich Hölderlin führte. Was die Metaphysik bzw. die Philosophie nicht mehr vermag, nämlich sich aus ihren eigenen Voraussetzungen zu erneuern und einen anderen Anfang zu entwerfen, könne dem „Dichter des Dichters" (Heidegger 2005, 166), eben Hölderlin, gelingen. Dazu bedarf es freilich einer besonderen „Auslegung", die notwendig „unmittelbar Jenes zu treffen suche", „wodurch sie selbst vom Befremdlichen betroffen und so gezwungen" werde, „zur Verschließung des Wortes zu werden" (Heidegger 2005, 165). Die Auslegung von Hölderlins Gedichten setzt sich demnach der in der Dichtung zu erfahrenden Verborgenheit, dem Entzug des Sinns aus. Heidegger ist sich bewusst, dass die Deutung der Gedichte nicht voraussetzungslos ist. Hölderlins „Wort" bereite den „anderen Anfang der Geschichte des Seyns" vor, indem „zugleich dieser andere Anfang durch die Überwindung der Metaphysik zuvor im Denken entschieden werden" müsse (Heidegger 2005, 167). In dieser Hinsicht sei dann auch „jedesmal je jedes Gedicht in das Einzige, als eine Sage des Heiligen zu deuten" (Heidegger 2005, 164). Das Heilige dürfte also als jenes Moment der Seinsgeschichte verstanden werden, von dem aus das Ereignis seine epochale Wendung zu einem anderen Anfang nähme.

Hatte die Begegnung mit Hölderlins Gedichten Heidegger seit dem Beginn der 1930er Jahre immer deutlicher gemacht, dass eine neuartige und betonte Bezugnahme auf die Dichtung das Denken des Ereignisses stützen konnte, so wurde die Lektüre bestimmter Texte von Ernst Jünger zu einem unübersehbaren Hinweis auf die wachsende Bedeutung der Frage nach der Technik. Besonders Jüngers viel gelesener Essay „Der Arbeiter. Herrschaft und Gestalt" (Jünger 1932) öffnet Heidegger die Augen. Nach einer anfänglichen, politisch motivierten Zustimmung zu Jüngers Ausführungen beginnt Heidegger dessen „metaphysische Grundstellung" (Heidegger 2004, 12 ff.) auf das Denken Friedrich Nietzsches zurückzuführen. Jünger könne sogar sehen, was Nietzsche noch nicht kennen konnte, nämlich „Erscheinungen der Technik als der Grundweise der Einrichtung und Sicherung des Wirklichen als Wille zur Macht" (ebd., 264). Aber was Jünger für den „Anbruch einer neuen Zeit" hält, versteht Heidegger als die „Einleitung zum raschen Veralten alles Neuesten in der Langeweile des Nichtigen, in dem die Seinsverlassenheit des Seienden" zu erkennen sei.

Durch Jüngers Sicht auf die Wirklichkeit wurde Heidegger davon überzeugt, dass eine Analyse der Lebenswelt am Phänomen der Technik nicht mehr vorbeigehen konnte. Im Kontext des seinsgeschichtlichen Denkens fasste der Philosoph die Technik zunächst als „Machenschaft". Sie bedeute „die alles machende und ausmachende Machbarkeit des Seienden, dergestalt, daß in ihr erst die Seiendheit des vom Seyn [...] verlassenen Seienden" sich bestimme. Es gehe nun um das „Sicheinrichten auf die Machbarkeit von Allem" (Heidegger 1997, 16). In dieser aus dem „Seyn selbst" stammenden Totalität der Technik könne jede Möglichkeit eines anderen Denkens verloren gehen. Später hat er dasselbe Phänomen als „Gestell" charakterisiert. Das „Ge-Stell" sei das „Wesen der Technik" (Heidegger 1954, 33). Im Verbum „stellen" hört Heidegger sämtliche Möglichkeiten, in denen sich der Mensch technisch zu den Dingen verhalten kann: im Vorstellen, Darstellen, Bestellen, Aufstellen, Wegstellen, Nachstellen, Anstellen etc. Auch der Mensch selbst bleibt von einem solchen Verhalten nicht ausgenommen. Er werde wie alles andere zu einem „Bestandstück eines Bestandes" (Heidegger 1994, 56), das er im technischen Umgang verbrauche. Indem Heidegger mithin in der „planetarischen Totalität" (ebd., 51) des „Gestells" bemerkt, wie sich durch die Beschleunigung der Lebensprozesse Raum und Zeit verändern, dürfte er als einer der ersten Philosophen betrachtet werden, die die Globalisierung thematisieren.

Heideggers Ausführungen zum Gestell bilden einen Zusammenhang mit seiner Erörterung des „Gevierts". Bereits in den frühen Vorlesungen vom Anfang der 1920er Jahre beschäftigt sich Heidegger mit einem phänomenologischen Verständnis der Welt. In *Sein und Zeit* hatte er die Welt-Analyse mit einer des Zeugs verbunden. Im ersten Teil des Kunstwerk-Vortrags können wir sehen, wie der Philosoph die Bedeutung des Zeugs hinter die des Dings zurückstellt. Was das Ding ist, wird nun anhand eines Kruges gezeigt (Heidegger 1954, 5 ff.). Der Krug erweist sich als ein „dingendes Ding" (ebd., 13), d. h. als ein Ding, das „vier Weltgegenden" (Heidegger 1985, 199) zu versammeln vermag. Ihre Einheit ist „das Geviert von Himmel und Erde, Sterblichen und Göttlichen" (Heidegger 1962, 77). Zu diesem Geviert gehört der Mensch insofern anfänglich, als er sich in ihm als der Sterbliche erweist. Das Sein zum Tode ist so gesehen nicht mehr eine von der Daseinsanalytik herausgehobene Existenziale neben anderen, sondern die seinsgeschichtliche Bestimmung des „Menschenwesens" schlechthin.

In dem späten Vortrag „Zeit und Sein" von 1962 hat Heidegger seinem Denken eine weitere, wichtige Wendung gegeben. Sein und Zeit werden jeweils als eine „Sache" bezeichnet, die „es gibt" (Heidegger 1969a, 9). Im Beginn des abendländischen Denkens sei zwar das Sein gedacht worden, jedoch nicht das „Es gibt", das sich „zugunsten der Gabe, die Es gibt" entziehe (ebd., 12). Das Geben selbst wird als „Schicken" bezeichnet. Die Seinsgeschichte wird dabei als ein an sich haltendes „Geschick von Sein" gedacht, das „Epochen des Seinsgeschickes" freigebe. So wie das Sein in einem solchen Geschick gegeben werde, werde die Zeit „gereicht". Dieses „Schicken des Geschickes von Sein" sowie das „Reichen der Zeit" bringe beide in ihr „Eigenes". Dieses Geschehen, das Zusammengehören von Sein und Zeit, sei „das Ereignis" (ebd., 24). Die Besonderheit dieser Ausführungen besteht darin, dass Heidegger das Sein „aus dem Ereignis [...] ohne Rücksicht auf die Beziehung des Seins zum Seienden" zu denken versucht (ebd., 29). In einem zum Vortrag veranstalteten Seminar hat Heidegger Hinweise gegeben, wie seine späte Auslegung der Seinsgeschichte zu verstehen sei. Der Entzug, der in der Seinsgeschichte selbst nicht gedacht werden konnte, weil er sich ja als solcher entzog, wird im Ereignis als Verbergung in einem „Aufmerken des Denkens" anerkannt. Insofern aber nun die in der Seinsgeschichte unerkennbare Verbergung in der Geschicklosigkeit des Ereignisses gedacht werden kann und muss, sei „für das in das Ereignis einkehrende Denken die Seinsgeschichte als das zu Denkende zu Ende" (Heidegger 1969a, 29). Der Schluss des Vortrags wird von einer für den Denker charakteristischen Geste akzentuiert: er habe „nur in Aussagesätzen gesprochen" (ebd., 30), d. h. er habe ein entsprechendes „Sagen des Ereignisses" nicht erreicht. Dennoch hat der Vortrag weit gewirkt. Eine inzwischen als „Phänomenologie der Gabe" (Därmann 2010) bekannte Richtung der Philosophie erkennt in ihm einen seiner Gründungstexte.

Literatur: Heidegger 1927, Heidegger 1929a, Heidegger 1957, Heidegger 1959, Heidegger 1983, Pöggeler 1999, Schürmann 1990, Wolin 1991
Hilfsmittel: Bulletin heideggérien 2010, Heidegger-Jahrbuch 2004, Heidegger Studies 1985, Thomä 2003
Webseite: www.heidegger-gesellschaft.de

Peter Trawny

Holz, Hans Heinz

Geboren 1927 in Frankfurt am Main, gestorben 2011 in Sant'Abbondio (Schweiz). Studium der Philosophie, Psychologie, Kunst- und Literaturwissenschaft in Frankfurt am Main und Mainz. 1962–64 Leiter des Abendstudios des Hessischen Rundfunks. 1971 Professor für Philosophie in Marburg, von 1979 bis zu seiner Emeritierung 1997 an der niederländischen Rijksuniversiteit Groningen. 1981–88 Präsident der Internationalen Gesellschaft für dialektische Philosophie – Societas hegeliana, seit 1992 deren Ehrenpräsident.

Die Philosophie von Holz stellt den Versuch dar, in der Aneignung der Metaphysikgeschichte den Problemhorizont der klassischen Metaphysik in die spekulative Begründung der materialistischen Dialektik einzubringen. Im sogenannten nachmetaphysischen Zeitalter hält Holz an der Orientierungsfunktion der Philosophie fest, die zwar nicht mehr in der Form der traditionellen metaphysischen Denkweise, aber für Holz auch nicht ohne den Anspruch der Metaphysik, im Unterschied zu den Wissenschaften Totalität zu denken, verwirklicht werden kann. Dieser metaphysische und spekulative Hintergrund verbindet sich in der Philosophie von Holz mit dem Marxismus als Verschränkung von Theorie und Praxis, in der die Orientierungsfunktion der Philosophie für Holz erst ihren vollen Sinn gewinnt.

Am Anfang der intellektuellen Entwicklung von Holz steht die Erfahrung des Nationalsozialismus. Prägende Einflüsse nach der Befreiung von der nationalsozialistischen Diktatur sind Sartre, der philosophisch die subjektiv-moralische Empörung gegen staatliche Unterdrückung zum Ausdruck bringt (Holz 1951), und Lukács, dessen Philosophie die klassische humanistische Tradition in den Marxismus einbringt und Holz die Objektivität des Geschichtsprozesses begreifbar macht. Als wesentlicher Einfluss ist Ernst Bloch zu nennen, bei dem Holz 1956 in Leipzig promoviert und der innerhalb des hegelianischen Marxismus der Dialektik eben jenen Horizont der Metaphysikgeschichte erschlossen hat, den Holz selbst später in seiner Widerspiegelungstheorie systematisch begründet. Ein entscheidender Einfluss ist die über Josef König 1946 vermittelte Rezeption von Leibniz, dessen Philosophie Holz nicht nur historisch erforscht, sondern die für ihn auch von systematisch zentraler Bedeutung ist: Kernstück seiner dialektischen Interpretation von Leibniz ist die Herausarbeitung des Substanz- und Strukturaspekts im Monadenmodell, d. h. die Pluralität der Einzelsubstanzen als Gesamtzusammenhang zu konstruieren, der sich in jeder Einzelsubstanz als Spiegel der ganzen Welt perspektivisch darstellt (Holz 1958).

Dies hat Holz in seiner Widerspiegelungstheorie zu einem eigenen spekulativen Modell der Dialektik weiterentwickelt, für dessen Verständnis die formale Analyse der Spiegelung unverzichtbar ist, weil sie zeigt, dass Widerspiegelung nicht – wie im Marxismus sonst häufig geschehen – als Schema für die Abbildung objektiver Realität im Erkennen missverstanden werden darf, sondern ein Modell für den ontologischen Grundgehalt der Dialektik darstellt, alles Sein als In-Beziehung-Sein, das Eine als das Eine des Anderen zu begreifen. Die formale Struktur des Spiegelungsverhältnisses deutet auf die Möglichkeit eines Modells materialistischer Dialektik hin, insofern es nicht nur das Verhältnis von Sein und Denken überhaupt, sondern dieses als materielles Verhältnis auszudrücken vermag, das in sich einen immanenten Idealismus enthält, weil das Verhältnis nur im virtuellen Bild erscheinen kann (Holz 1961).

Versteht man Subjektivität in Analogie zum Spiegel, so ergibt sich ein Begriff objektiver Transzendentalität. Ein Begriff des Subjekts als reflexives In-Sein, das den transzendentalen Schein der Priorität des Bewusstseins durchschaubar macht: Denn die Struktur des Spiegels zeigt, dass Seiendes Bedingung für Bewusstsein ist, dieses aber der einzige Ort und das Medium der Erscheinung materieller Verhältnisse ist. Aus der formalen Struktur des Widerspiegelungsverhältnisses ergibt sich die logische Grundfigur, die Holz im Anschluss an Hegel und König als das übergreifende Allgemeine fasst. Der Spiegel ist Gattung seiner selbst und seines Anderen: als Spiegelbild übergreift er seinen Gegenstand, und als materielles Ding zeigt er die Materialität als übergreifende Gattung ihrer selbst und ihres virtuellen Anderen, des Spiegelbildes. Die logischen Formbestimmtheiten des übergreifenden Allgemeinen lassen sich in spekulativen Sätzen fassen (Holz 1980).

In seiner dreibändigen Theorie der bildenden Künste systematisiert Holz seine lebenslange Beschäftigung mit der Kunst (Holz 1996). Holz' Grundeinsicht besteht darin, dass vor der heterogenen und komplexen Gesamtwirklichkeit der Künste die Ästhetik nicht mehr als allgemeine Theorie der Kunst, sondern als Regionalontologie der einzelnen Künste entwickelt werden muss. Das Werk besteht aus einer allgemeinen Ontologie des ästhetischen Gegenstandes, einer Rekonstruktion der allgemeinen Darstellungsstrukturen der bildenden Künste sowie einer Interpretation der Krise der Kunst als Folge ihres Zur-Ware-Werdens im Spätkapitalismus. Systematischer Kern von Holz' Ästhetik ist die Einsicht, dass das Kunstwerk das spekulative Spiegelungsverhältnis im Modus der Anschauung, nämlich als sinnliches Reflexionsverhältnis zeigt. Aus dieser spekulativen Grundlegung des Kunstwerks heraus gelingt es Holz, einen Realismusbegriff zu entwickeln, der nicht Reproduktion der Wirklichkeit im Werk meint und sich nicht am bürgerlichen Realismus und seinem Formkriterium orientiert, sondern sich als Prinzip der eidetischen, verwesentlichenden Reflexion von Wirklichkeit in der ganzen Pluralität der künstlerischen Ausdrucksformen verwirklichen lässt, wie Holz auch am Beispiel des Konstruktivismus zeigt (Holz 2001).

Ferner legt Holz eine dreibändige Problemgeschichte der neuzeitlichen Dialektik vor (Holz 1997), die die historiographische mit der systematischen Perspektive verbindet:

Holz organisiert das historische Material von den Problemen der spekulativen Dialektik her, gewinnt die systematischen Grundstrukturen bei Leibniz und Hegel, um diese dann für die Rekonstruktion der materialistischen Dialektik bei Marx, Engels und Lenin fruchtbar zu machen. Dieser problemgeschichtliche Ansatz wird von Holz auch für die historische Rekonstruktion der antiken und der mittelalterlichen Dialektik weiterverfolgt.

In den letzten Jahren hat Holz sein systematisches Hauptwerk *Weltentwurf und Reflexion* vorgelegt (Holz 2005). Gegenüber seinem ersten systematischen Grundlagenwerk (Holz 1983), das auch schon die spekulative Struktur der Widerspiegelung, materielle Verhältnisse als Reflexionsverhältnisse zu verstehen, zum Gegenstand hat und von ihr her die Grundprobleme der materialistischen Dialektik entwickelt, verfolgt dieses Werk den weitergehenden Ansatz, das engelsche Programm der Dialektik als Wissenschaft des Gesamtzusammenhangs, die marxsche Konzeption des gegenständlichen Wesens des Menschen sowie die Einheit von Naturdialektik und Praxisverhältnis spekulativ zu begründen. Die Aufhebung der Metaphysik in materialistische Dialektik und die Entfaltung ihres spekulativen Sinns werden in systematischer Breite entwickelt. Dabei zeigen sich zwei Grundelemente der Philosophie von Holz in ihrer systematischen Bedeutung für die Grundlegung der Dialektik: das Problem der Apriorität in ihrem nicht nur formalen transzendentalen, sondern ihrem dialektisch-materialistischen Sinn und die Frage nach dem für spekulative Theorie unverzichtbaren, d. h. konstitutiven Charakter notwendiger Metaphorik. Von der Begründbarkeit der Legitimität metaphorischer Rede in philosophischen Grundlegungszusammenhängen hängt es ab, ob im Widerspiegelungstheorem der Gesamtzusammenhang materieller Verhältnisse als universelles Reflexionssystem konstruiert werden kann, um so materialistische Dialektik tatsächlich begründbar zu machen.

Literatur: Holz 1983, Holz 1997, Holz 2005, Hubig, Zimmer 2007, Klenner u. a. 1997

Jörg Zimmer

Horkheimer, Max

Geboren 1895 in Stuttgart, gestorben 1973 in Nürnberg. 1919–25 Studium der Philosophie, Psychologie, Nationalökonomie in München, Freiburg und Frankfurt am Main. 1922 Promotion und 1925 Habilitation in Philosophie in Frankfurt. 1930 Ernennung zum Professor für Philosophie ebendort und zum Direktor des an der Frankfurter Universität angesiedelten Instituts für Sozialforschung. Herausgabe der *Zeitschrift für Sozialforschung* von 1932–39. 1933 Flucht aus dem nationalsozialistischen Deutschland, zunächst in die Schweiz, dann 1934 Emigration in die USA. 1949 Rückkehr nach Deutschland und Professor für Philosophie und Soziologie in Frankfurt. 1950 Neueröffnung des Instituts für Sozialforschung. Von 1951–53 Rektor der Frankfurter Universität, von 1954 bis zu seiner Emeritierung im Jahre 1959 Gastprofessor an der Universität Chicago. Anschließend Wohnsitz in der Schweiz.

Die philosophische Frühphase – In seinen ersten philosophischen Arbeiten hält Horkheimer der kantischen Ethik, die er als repräsentativ für den Idealismus ansieht, entgegen, dass sie den historisch-gesellschaftlichen Zusammenhang nicht reflektiere, aus dem sie entstanden ist. Damit könne sie nicht sehen, dass der von ihr formulierte moralische Universalismus aufgrund der für die bürgerliche Gesellschaft konstitutiven Ungleichheit nicht eingelöst werden kann (Horkheimer 1925). Horkheimer löst sich daher von den Themen der akademischen Philosophie und wendet sich einer an Marx orientierten materialistischen Philosophie zu, die nach der historisch-gesellschaftlichen Genese philosophischer Systeme fragt. Die Analyse der frühbürgerlichen Theoretiker soll zum Verständnis der „geschichtsphilosophischen Problemlage in der Gegenwart beitragen" und damit das kulturelle Selbstverständnis der Gegenwartsgesellschaft beleuchten (Horkheimer 1930a, 179). In seinen Vorlesungen über die Geschichte der Philosophie interpretiert Horkheimer die neuzeitliche Philosophie als Medium der Selbstverständigung in der Entstehungsphase der bürgerlichen Gesellschaft (Horkheimer 1927). Ideen sind demnach weder eine bloße Widerspiegelung der gesellschaftlichen Wirklichkeit noch Resultate eines immanenten Entwicklungsprozesses. Dieser Ansatz erweist sich insbesondere hinsichtlich des Verständnisses vom Wesen der Aufklärung als fruchtbar: Die Entwicklung der durch Aufklärung ausgelösten geistigen Entwicklung verlief in Europa deshalb ungleich, weil die bürgerliche Gesellschaft sich in den drei großen Ländern Europas unterschiedlich schnell entwickelte.

Horkheimers Vorlesungen machen deutlich, dass für ihn Erkenntnis von Kritik nicht trennbar ist. Die gesellschaftliche Wirklichkeit ist zu kritisieren, um an ihrer Veränderung mitwirken zu können. Ein Verständnis von der Welt, ohne in der gesellschaftlich-politischen Auseinandersetzung Position zu beziehen, erklärt Horkheimer für illusorisch (Horkheimer 1930). Die Beschäftigung mit der modernen europäischen Geistesgeschichte ist als Vorarbeit zu einer umfassenden Gesellschaftstheorie zu sehen, die im Mittelpunkt des Programms der Kritischen Theorie stehen sollte.

Kritische Gesellschaftstheorie – Die Frage nach der Gesellschaftskritik bleibt stets das Zentrum von Horkheimers philosophischem Interesse. In der Textsammlung *Dämmerung. Notizen in Deutschland* wird deutlich, wie Horkheimer eine politische Position ausarbeitet, die schließlich für seine im Projekt der kritischen Sozialforschung entwickelte Gesellschaftslehre grundlegend sein wird (Horkheimer 1934). Die darin aufgezeichneten Beobachtungen von moralischen Praktiken demonstrieren, wie die Herrschaftsverhältnisse in der bürgerlichen Gesellschaft von Einzelnen konkret erfahren werden. Darüber hinaus geben Horkheimers Aufzeichnungen Hinweise darüber, inwieweit die politische Krise in der Spätphase der Weimarer Republik in eine allgemeine gesellschaftliche Krise eingebettet ist.

Mit der Übernahme der Leitung des Instituts für Sozialforschung, das seit 1924 als marxistische Forschungsstätte in autonomer Anbindung an die Frankfurter Universität existiert, nimmt Horkheimers theoretische Beschäftigung mit der bürgerlichen Gesellschaft konkrete Züge an. Die Erforschung der gesellschaftlichen Wirklichkeit soll im Rahmen einer Theorie stattfinden, die sowohl philosophische Fragestellungen als auch Einzelwissenschaften miteinander verbindet. Erst die aus der Perspektive einer Gesellschaftstheorie gewonnene Erkenntnis des gesamtgesellschaftlichen Prozesses kann demnach Einblicke in die einzelnen gesellschaftlichen Sphären und den soziokulturellen und psychischen Reproduktionsbedingungen der Individuen ermöglichen und den Zusammenhang der „Veränderungen auf den Kulturgebieten" verschaffen (Horkheimer 1931, 32).

Horkheimer teilt mit vielen Intellektuellen seiner Zeit das Bedürfnis nach umfassender Analyse des gesamtgesellschaftlichen Entwicklungsprozesses angesichts der tiefgreifenden Krise der bürgerlichen Gesellschaftsform. Mit anderen marxistischen Theoretikern teilt er die Einsicht, dass von den universitären Einzelwissenschaften eine derartige Analyse nicht erwartet werden kann, da es ihnen an Selbstreflexivität mangelt; sie sehen das gesellschaftliche Ganze nicht und können ihre eigene Rolle im gesellschaftlichen Reproduktionsprozess nicht einschätzen. Nach Horkheimer kann nur eine Theorie der Gesellschaft, die auch die universitären Wissenschaften zu Hilfe nimmt, Einblicke in die gesellschaftlichen Bereiche verschaffen, die den auf Makroebene gerichteten philosophischen Ansätzen, aber auch dem Marxismus verschlossen blieben.

Hinter diesem Konzept steht die Einsicht, dass der spätbürgerlichen Periode nur ein theoretisches Denken gerecht werden kann, das nicht auf die Ausarbeitung eines philosophischen Systems gerichtet ist. Nur nachmetaphysische Konzepte können Horkheimer zufolge die Bedingungen dafür liefern, Wissen über die gesellschaftliche Wirklichkeit einzuholen, um die die kapitalistische Struktur transzendierende politische Praxis zu unterstützen. Horkheimers Idee einer Gesellschaftstheorie verfolgt die politisch dezidierte Absicht, die sozialen Bedingungen einer gesellschaftlichen Umwälzung zu erforschen. Das nachmetaphysische Konzept der kritischen Gesellschaftstheorie begreift er zugleich als einen Beitrag zur Erneuerung des Marxismus, der sowohl in seiner reformistischen als auch in der leninistischen Variante stagnierte (Horkheimer 1934, 373 ff.; 1937, insb. 195; 1937a; Dubiel 1978).

Um diese marxistische Engführung zu vermeiden, stützt sich die kritische Gesellschaftstheorie auf drei Säulen: die marxsche Kritik der politischen Ökonomie, empirische Sozialforschung und Psychoanalyse (Horkheimer 1931. Horkheimer u. a. 1936, Abromeit 2011). Es ist bezeichnend, dass in dem Programm keine Hierarchie in dem Verhältnis von Philosophie und einzelwissenschaftlicher Forschung begründet wird: Relevant für die Fragestellungen wird einzig der Nutzen für die Gesellschaftstheorie angesehen. Die kritische Gesellschaftstheorie setzte sich damit zum Ziel, die Auswirkungen der Transformation des Industriekapitalismus in einzelnen Gesellschaftsbereichen zu erforschen.

Die bedeutendste Veränderung war der Funktionswandel der kapitalistischen Ökonomie selbst. Der Markt hatte seine Funktion, Koordinationsmedium zu sein, zugunsten staatlicher Bürokratien eingebüßt, womit eine neue historisch-gesellschaftliche Periode – der postliberale Spätkapitalismus – eingeleitet war. Die kapitalistische Metamorphose führte, so Horkheimer und sein Mitarbeiterkreis, zu einem tiefgreifenden Wandel im gesamtgesellschaftlichen Reproduktionsprozess, der seiner Einschätzung nach den Verfall der geistigen, soziokulturellen und institutionellen Säulen der bürgerlichen Gesellschaft nach sich ziehen musste (Horkheimer 1937, 208 f.). Vor diesem Hintergrund untersuchen Horkheimer und seine Mitarbeiter die Transformation der menschlichen Sozialisationsbedingungen (Horkheimer u. a. 1936) und zeigen auf institutioneller Ebene die Destruktion der rationalen Struktur des Rechts auf, das sein historisches Versprechen, als Medium gesellschaftlicher Kompromissbildung zu fungieren, nicht einlösen konnte (Neumann 1937, Pollock 1933, Horkheimer u. a. 1936). Politische Autorität, die in früheren geschichtlichen Epochen den historischen Fortschritt ermöglicht hatte, hat in der spätbürgerlichen Gesellschaft ihre Berechtigung verloren. Damit ist Klassenherrschaft nicht mehr gerechtfertigt. Das Beharren auf Herrschaft der bürgerlichen Klasse führt Horkheimer zufolge zur Entstehung autoritärer politischer Ordnung (Horkheimer 1942).

Die philosophische Grundlegung der Kritischen Theorie – Das Verhältnis von Horkheimers Philosophie zum Theorieprogramm der kritischen Gesellschaftstheorie lässt sich in zwei Phasen einteilen. In seinen in den 1930er Jahren in der Institutszeitschrift veröffentlichten Aufsätzen arbeitet Horkheimer die philosophische Grundposition der kritischen Gesellschaftstheorie heraus, die sich auf drei Themen konzentriert: Materialismus, Anthropologie des bürgerlichen Zeitalters und theoretisch-methodische Position als eine dialektische Methode, welche die gesellschaftliche Abhängigkeit des Handelns betont, ohne allerdings die Eigenständigkeit der geistigen Praxis zu bestreiten.

Horkheimer definiert den Materialismus im Unterschied zu jenen Ansätzen, die er als metaphysische definiert. Im Gegensatz zu diesen beschäftigt sich der Materialismus nicht mit absoluten Wahrheiten und geht stattdessen von der historischen Bedingtheit von Erkenntnissen aus. Er bringt das Verlangen der Menschen nach Glück und einem von Leid und Unrecht befreiten Leben zum Ausdruck. Das Streben nach Glück bedarf aus materialistischer Sicht keiner Rechtfertigung (Horkheimer 1933a, 103). Er ist eine philosophische Haltung, die in der Geschichte von Kräften eingenommen wird, die auf Förderung der Freiheit und der Bekämpfung gesellschaftlichen Unrechts ausgerichtet sind. Materialismus hat also seine Genese in sozialen Kämpfen (Horkheimer 1933, 1933a).

Die für die bürgerliche Gesellschaft charakteristische Diskrepanz zwischen idealistischer Moral und egoistischer Praxis versucht Horkheimer in dem Begriff der bürgerlichen Anthropologie aufzuzeigen. Wie in vorangehenden geschichtlichen Epochen ist auch die bürgerliche Moral das Ergebnis einer bestimmten historisch-gesellschaftlichen Formation. Horkheimer interessiert die Antinomie der Moral der bürgerlichen Epoche, die der Grund für die Verhinderung einer vernünftigen Sozialordnung ist, die auf fortschrittlichen Prinzipien der bürgerlich-demokratischen Revolution gründet. Die generelle Bekämpfung des Egoismus in der frühbürgerlichen Philosophie dient dazu, die Befriedigung des Egoismus seitens der nichtbürgerlichen, zu Armut gezwungenen, Massen zu verhindern. Die Durchsetzung von politischen Prinzipien wie Freiheit und Gerechtigkeit verläuft danach parallel zur Konsolidierung von Verzicht und Aufopferung der Massen. Erst in der vernünftigen Ordnung, die das Werk von Benachteiligten sein wird, kann das gesellschaftliche Unrecht beseitigt werden (Horkheimer 1936). Damit drückt Horkheimer ein Vertrauen in die historische Bewegung aus, das in seiner weiteren Philosophie in dieser Deutlichkeit nicht mehr zu finden sein wird.

Die theoretisch-methodische Grundposition der kritischen Gesellschaftstheorie wird explizit im Aufsatz „Traditionelle und kritische Theorie" (Horkheimer 1937, 1937a) herausgearbeitet, der zu einem Manifest der Kritischen Theorie wird. Horkheimer formuliert hier den wissenschaftstheoretischen Unterschied der nachmetaphysischen Konzeption der kritischen Gesellschaftstheorie gegenüber dem herrschenden Wissenschaftsverständnis. Dieses Wissenschaftsverständnis – das Horkheimer als „traditionelle Theorie" betitelt – übersieht den gesellschaftlichen Zusammenhang, in dem sich die Wissenschaft reproduziert. Die „kritische Theorie" dagegen beansprucht, die Gegenstände in ihren historisch-gesellschaftlichen Bezügen zu erfassen. Während sich die traditionelle Theorie mit den

Zielen der bestehenden Gesellschaft identifiziert, setzt sich die kritische Theorie die „Veränderung des Ganzen" zum Ziel (Horkheimer 1937, 172). Anknüpfend an seine Kritik der bürgerlichen Moral, die in einer Klassengesellschaft nicht eingelöst werden kann, stellt Horkheimer das gesellschaftlich verursachte Unrecht in den Mittelpunkt seiner Überlegungen. Bedeutsamer als Moral ist eine Politik, die auf Aufhebung des Mitleids abzielt. Demnach kann die vernünftige Ordnung nicht durch Moral, sondern nur durch eine Umwälzung der das Unrecht objektiv hervorbringenden gesellschaftlichen Struktur geschehen. Die praktische Zielvorstellung der kritischen Theorie ist das „Interesse an vernünftigen Zuständen" (Horkheimer 1937, 172).

Ende der 1930er Jahre bahnt sich eine Umbruchphase an, die auf eine wesentliche Relativierung der einzelwissenschaftlichen Arbeit für das Theorieprogramm hinausläuft (Horkheimer, Adorno 1947, 16). Horkheimer und Adorno sind der Überzeugung, dass die interdisziplinäre Forschung zur Entwicklung der Gesellschaftstheorie nicht mehr fortentwickelt werden kann. (Es muss allerdings angemerkt werden, dass die diagnostischen Resultate der Gesellschaftstheorie sowohl für Horkheimer als auch für die beiden anderen zentralen Figuren Adorno und Marcuse selbst bis in die Nachkriegszeit bestimmend sein sollten.) (Horkheimer 1942, 1942a, Marcuse 1964, Adorno 1968) Daraus folgt allerdings keine politische Desorientierung. Es ist vielmehr die historisch-gesellschaftliche Entwicklung, die Horkheimer und seinen Kreis zu einer intellektuellen Neuorientierung zwingt. Der Übergang vom liberalen Kapitalismus in den durch Planung charakterisierten Staatskapitalismus, der die bürgerliche Gesellschaft transformiert und den Beginn einer neuen kapitalistischen Periode einleitet, bedeutet eine Stilllegung der historisch antagonistischen Beziehung von Produktivkräften und Produktionsverhältnissen. Damit war keine objektive Begründung einer die Gesamtgesellschaft transzendierenden sozialen Kraft mehr möglich. Horkheimer zeigt nun keine Hoffnung mehr auf die Realisierung einer auf Vernunft beruhenden Gesellschaftsorganisation im Staatskapitalismus (Horkheimer 1942).

Radikale Vernunftkritik – In Anbetracht dieser historischen Entwicklung unternimmt Horkheimer eine Akzentverschiebung des Theorieprogramms hin zu einer radikalen Kritik der philosophischen Grundprinzipien der Moderne, wie sie in den Aufsätzen der 1930er Jahre nicht zu finden ist. Im Mittelpunkt stehen Analyse und Kritik des Vernunftverständnisses der Moderne. An der neuzeitlichen Vernunftkonzeption kritisiert Horkheimer die vorrangige Orientierung an Selbsterhaltung, die er als die philosophische Grundlage der bürgerlich-kapitalistischen Gesellschaft ansieht. Horkheimer erinnert daran, dass in der westlichen Zivilisation Vernunft zunächst als Begriff einer objektiven Struktur auftritt, der sich auf das Verhältnis der Menschen zueinander bezieht (Horkheimer 1942, 322). Diese Tradition findet sich bei Platon, Aristoteles und im Deutschen Idealismus.

Die vollständige Reduzierung der Vernunft auf Selbsterhaltung im Industriekapitalismus entspricht einer historisch-gesellschaftlichen Entwicklung, in der die Rationalität in Technik und Wissenschaft allein unter dem Gesichtspunkt ihrer Nützlichkeit für die Reproduktion der bürgerlichen Gesellschaft aufgebaut ist. Die Geschichte der Vernunft erweist sich als Verfallsgeschichte. Zwar hatte die Vernunft von Beginn an eine Herrschaftsdimension, doch in der gegenwärtigen historischen Situation der kapitalistischen

Gesellschaft erreicht ihre Instrumentalisierung zu Herrschaftszwecken ihren Kulminationspunkt. Das Selbsterhaltungsprinzip, die verminderte Vernunft, ist zur geistigen Grundlage des von Konzentration und Machtballung gekennzeichneten industriellen Staatskapitalismus geworden.

In dieser historischen Situation, in der die Unvernunft triumphiert, scheint das Projekt der Aufklärung gescheitert zu sein. Ausgehend von der Staatskapitalismusthese richtet Horkheimer sein Augenmerk auf die philosophische Metamorphose des Vernunftbegriffs. Dies schließt eine Reflexion der westlichen Denktradition ein, deren Höhepunkt die Philosophie der Aufklärung bildet. Die Problematik der der westlichen Rationalität innewohnenden Tendenzen der Selbstzerstörung ist Gegenstand der von Horkheimer und Adorno gemeinsam verfassten *Dialektik der Aufklärung* (Horkheimer, Adorno 1947). Die gesellschaftstheoretische Grundannahme, die der philosophischen Kritik zugrunde liegt, ist die von den Mitgliedern der Kritischen Theorie geteilte These, wonach die Bürokratisierung nicht nur universell werde, sondern einen neuen Typus von Totalitarismus hervorbringen würde, der im Nationalsozialismus kulminiert und mit dem Holocaust in die tiefste Barbarei versinkt (Rabinbach 1997). Die Tendenz der Verwaltung und technologischer Rationalisierung durchdringt die westlichen Gesellschaften und absorbiert alle Freiheitsräume, wodurch das autonome Individuum als Träger der Vernunft zerstört wird. Die zentrale These der Aufklärungskritik besteht darin, dass der totalitär gewordene Prozess der Aufklärung die instrumentelle Rationalität der Naturbeherrschung derart intensiviert, dass sie selbst mythische Zwänge einnimmt (Horkheimer, Adorno 1947, 21, 38).

Die durch den Prozess der Aufklärung ausgelöste fortschreitende Entzauberung der Welt schaltet alle mythischen Elemente aus, die in der Geisteswelt noch vorhanden sind. Die westliche Rationalität programmiert Ökonomie sowie Wissenschaft und Technik um der Steigerung des auf Nutzen orientierten Wissens willen. Mit der Instrumentalisierung der Vernunft zu einem Mittel der Naturbeherrschung gerät der Mensch in Entfremdung von den Gegenständen, die er beherrscht (Horkheimer, Adorno 1947, 31, 40). Emanzipation und Entfremdung sind damit in der westlichen Zivilisation gleichermaßen angelegt. Odysseus steht idealtypisch für das moderne Subjekt, das um der Selbsterhaltung willen seine Triebe unterdrückt und sich auf eine Vergesellschaftung einlässt, für die Macht und Instrumentalisierung konstitutiv sind. Die Entzauberung der Welt schlägt somit in das Gegenteil um. Der zum Zwecke der Selbsterhaltung ausgeübte Zwang „blinder Herrschaft" führt dazu, dass das Individuum zum Anhängsel eines sich verselbstständigenden systemischen Vergesellschaftungsprozesses wird.

Adorno und Horkheimer tragen ihre Kritik an der Aufklärung in der Absicht vor, die „Selbstzerstörung der Aufklärung" aufzuhalten (Horkheimer, Adorno 1947, 18). Der Zerfallsprozess der Aufklärung kann nur dann aufgehalten werden, wenn sich die Menschen der Herrschaftsdimension der Aufklärung bewusst werden. Diese Absicht, Aufklärung über die Aufklärung zu betreiben, leitet auch Horkheimers im Anschluss an die *Dialektik der Aufklärung* erschienene Schrift *Zur Kritik der instrumentellen Vernunft* (Horkheimer 1947), die aus Vorlesungen in den 1940er Jahren entstanden ist. Horkheimer geht davon aus, dass der diagnostische Wert des Begriffs der instrumentellen Vernunft nicht auf die politischen Systeme der 1930er und 1940er Jahre (Faschismus, Sowjetunion, westlicher

Staatskapitalismus) begrenzt ist, sondern auch von enormer Bedeutung für das Verständnis der gesellschaftlichen Entwicklung in der Nachkriegszeit (Spätkapitalismus).

Die Reduzierung der Vernunft auf Formalismus und Instrumentalisierung ist eine notwendige Folge der historischen Entwicklung der kapitalistischen Gesellschaftsorganisation, die durch extreme Versachlichung der sozialen Verhältnisse gekennzeichnet ist. Das Abstrahieren von Besonderheiten entspricht dem kapitalistischen Vergesellschaftungsmodus, der die quantifizierbaren Eigenschaften von Gegenständen und menschlichen Verhältnissen einem abstrakten Wertgesetz unterordnet (Horkheimer, Adorno 1947, 29, 35, 52 f.; Schweppenhäuser 2005, 266). Anhand des Begriffs der instrumentellen Vernunft beschreibt Horkheimer die Entwicklung der westlichen Rationalität im Rahmen des technologischen Fortschritts als einen Prozess der Dehumanisierung der modernen Gesellschaft (Horkheimer 1947, 25). Die instrumentelle Vernunft beschränkt sich auf die Steuerung und Optimierung von Verfahrensweisen zur Erreichung vorgegebener Ziele. „Sie legt der Frage wenig Bedeutung bei, ob die Ziele als solche vernünftig sind." (Ebd., 27) Horkheimer will zeigen, dass die Vernunft nicht nur Selbsterhaltung bedeutet, sondern eine auf eine objektive Struktur bezogene Kategorie ist. Er will die Erinnerung daran wach halten, dass der Vernunftbegriff eine über den Kapitalismus hinausgehende Bedeutung haben kann.

Kritische Theorie des Politischen – Im Mittelpunkt der intellektuellen Tätigkeit des späten Horkheimer steht die Reflexion über die Kritische Theorie. Anknüpfend an das Theorieprogramm der 1930er und frühen 1940er Jahre setzt Horkheimer die Kritik an der sich zur „verwalteten Welt" entwickelnden spätkapitalistischen Gesellschaft und des daraus folgenden Verlusts an Individualität fort. Weil die Einrichtung einer vernünftigen Gesellschaft auf absehbare Zeit nicht zu verwirklichen ist, sieht Horkheimer die Aufgabe kritischen Denkens in der Negativität; die Gesellschaftskritik kann „daran arbeiten, daß das Schlechte schließlich verschwinden würde" (Horkheimer 1970, 339). Die bestehende Gesellschaft verhindert, dass Alternativen gedacht werden können. Indem sie die Individuen zur Anpassung zwingt, lässt sie keine politischen Handlungszusammenhänge entstehen, die individuelle Freiheitsräume und Möglichkeiten kollektiver Selbstbestimmung hervorbringen würden (Horkheimer 1968, 324).

Mit Adorno und Marcuse teilt Horkheimer die Kritik an der westlichen Zivilisation und das damit verbundene Gesamtziel der Begründung eines neuen Weltverhältnisses. Anders als Adorno und Marcuse, die zu philosophischen Leitfiguren der mit den Studentenprotesten entstehenden Neuen Linken wurden, hatte Horkheimer aber nur geringen Einfluss auf die Studentenbewegung. Der Grund hierfür liegt darin, dass Horkheimer nach der Rückkehr aus dem Exil mehr durch seine organisatorisch gestaltenden Aktivitäten als durch die Publikation philosophischer Texte in der Öffentlichkeit hervortrat. Darüber hinaus verminderten seine Distanzierung von der radikalen Studentenbewegung und seine Zustimmung zum Verfassungsstaat (Horkheimer 1950) seinen Einfluss noch weiter (Demirović 1999). Es ist jedoch bezeichnend, wie Horkheimer angesichts der gesellschaftlichen Konstellation des Spätkapitalismus an der Notwendigkeit politischer Strategie festhält. Als Gegenmittel zur administrativen Kontrolle schwebt ihm die Schaffung von politischen Handlungszusammenhängen vor, deren Zielsetzung die Förderung der Autonomie des Einzelnen ist (Horkheimer 1947, 50 f.; 1970, 341; 1970a, 403). Eine theoretische Praxis, die sich kritisch auf die Aufklärung beruft, kann diesen destruktiven

Tendenzen entgegenwirken und kritisches Bewusstsein schaffen (Horkheimer 1968; 1950a, 139; 1952, 22 ff.). Damit ist ein Konzept des Politischen formuliert, das gegen die administrativen Strukturen der offiziellen Politik gerichtet ist und das Bewusstsein über eine die bestehende Ordnung transzendierende Gesellschaftsform am Leben hält – die „Sehnsucht nach dem ganz Anderen" (Horkheimer 1970a, 385).

Literatur: Horkheimer 1931, Horkheimer 1937, Horkheimer 1947, Horkheimer, Adorno 1947, Abromeit 2011, Demirović 1999, Hese 1987

Ersin Yildiz

Husserl, Edmund

Geboren 1859 in Prossnitz (heute: Prostejov) in Mähren, gestorben 1938 in Freiburg. Studium der Mathematik und der Philosophie in Leipzig, Berlin und Wien. 1883 Privatassistent des Mathematikers Karl Weierstraß in Berlin. 1884/85 bei Franz Brentano in Wien. 1887 Habilitation in Halle bei Carl Stumpf. 1901–16 Professor in Göttingen, 1916–28 in Freiburg. Nach der nationalsozialistischen Machtergreifung lebt Husserl, der bereits in seiner Jugendzeit zum Lutheranismus konvertierte Jude, mit seiner Frau Malvine immer einsamer in Freiburg.

In seinem ersten größeren Werk unter dem Titel *Philosophie der Arithmetik* (Husserl 1891) versucht Husserl die Grundlage des Abstraktionsprozesses zu enthüllen, der zum Zahlbegriff führt. Er geht von der Beobachtung aus, dass etwa dem Begriff der Zahl 4 eine „Menge" beliebig gewählter vier Elemente – z. B. „ein Gefühl, ein Engel, der Mond und Italien" (ebd., 16) – zugrunde liegen kann. Der Zusammenhalt solcher Elemente kann nicht durch Reflexion auf sachhaltige Beziehungen unter den Elementen herausgestellt werden, sondern nur „durch Reflexion auf den psychischen Akt" (ebd., 74, 77), der eine „kollektive Verbindung" (ebd., 20 u. ö.) in sie einführt. Husserl scheint sich damit einer psychologistischen Auffassung der Arithmetik zu verschreiben. Mit harten Worten wird ihm dies von Gottlob Frege zum Vorwurf gemacht (Frege 1967, 181). Davon ist jedoch nur so viel wahr, dass Husserl noch nicht über die gedanklichen Mittel verfügt, die es ihm später ermöglichen werden, den gegenständlichen Gehalt eines psychischen Aktes, in dem er das gesuchte Abstraktionsfundament des Zahlbegriffs entdeckt, genau vom Aktvollzug zu unterscheiden. Auch sieht er zwar deutlich, dass Ausdrücke wie Etwas, Eins, Einheit, Vielheit oder Zahl als „Formbegriffe oder *Kategorien*" zu bestimmen sind (Husserl 1891, 84), aber zu dieser Zeit teilt er noch die später von ihm als „grundirrige Lehre" bezeichnete Ansicht von Locke, Leibniz und dem Kant der Dissertation von 1770, derzufolge „die *logischen* Kategorien […] durch Reflexion auf gewisse psychische Akte […] entspringen" (Husserl 1901a, 668).

Im Jahre 1900 veröffentlicht Husserl den ersten Band seiner *Logischen Untersuchungen*, in dem er den Psychologismus einer grundsätzlichen Kritik unterzieht. Ähnlich wie Frege wendet er sich gegen eine – beinahe vorherrschend gewordene – Richtung des 19. Jahrhunderts, die versucht hat, die Grundsätze der Logik und der Mathematik aus den Eigentümlichkeiten des menschlichen Denkens abzuleiten und damit auf empirische Grundlagen zurückzuführen. Husserl entdeckt in diesem Versuch einen – sich selbst widerlegen

– „skeptischen Relativismus" (Husserl 1900, 118, 122 f.) oder auch „Anthropologismus" (Husserl 1900, 124) und zeigt, dass zum Beispiel ein logisches Gesetz wie der Satz vom Widerspruch sich seinem Sinn gemäß keineswegs auf psychische Denkvorgänge des biologischen Wesens Mensch, sondern einzig und allein auf Aussagegehalte bezieht. Im Anschluss an Bernhard Bolzano fasst er diese Aussagegehalte als subjektunabhängige „Wahrheiten an sich" auf und eignet sich damit, wiederum ähnlich wie Frege, eine an Platon erinnernde Auffassung von den Gegenständen der Logik und der Mathematik an. Allerdings schreibt er den so umschriebenen idealen Gegenständen kein reales – oder auch nur quasi-reales – Sein, sondern eben nur eine denkinterne Selbstständigkeit zu. Damit hängt zusammen, dass er sich im Gegensatz zu Bolzano und Frege sogleich vor die Aufgabe gestellt sieht, zu klären, wie das Subjekt Zugang zu diesen Gegenständen findet. Aus dieser Frage erwächst im zweiten Band der *Logischen Untersuchungen* (Husserl 1901, 1901a) die deskriptive Methode, die Husserl als „Phänomenologie" bezeichnet.

Die psychischen Akte, in denen die Gegenstände von Logik und Mathematik zugänglich werden, betrachtet Husserl von vornherein als intentionale Akte. Den aus der mittelalterlichen Scholastik stammenden und von Franz Brentano erneuerten Begriff der Ausrichtung des Bewusstseins auf einen Gegenstand rücken die *Logischen Untersuchungen* in ein völlig neues Licht, indem sie den *intentionalen Gegenstand* – der in manchen Fällen ein wirklich existierender Gegenstand sein kann, in anderen Fällen aber eben nur ein durch das Bewusstsein gemeinter Gegenstand ohne wirkliche Existenz bleibt – von dem *Sinn* unterscheiden, in dem dieser Gegenstand durch das Bewusstsein aufgefasst wird. Dieser „Auffassungssinn" (Husserl 1901a, 621) bildet für Husserl – zusammen mit der jeweiligen „Auffassungsform" (ebd.) – das Abstraktionsfundament zur Bildung des Begriffs von *Bedeutung* (Husserl 1901, 431), den er vom Begriff einer *Beziehung auf den Gegenstand* deutlich abhebt (ebd., 54–62). Unter „Bedeutung" versteht er jedoch nicht einfach ein Charakteristikum sprachlicher Ausdrücke, sondern, allgemeiner, eine Eigentümlichkeit von Denkvorstellungen, die er in Anknüpfung an eine (letztlich auf Immanuel Kant zurückgehende) Tradition als – anschaulicher Erfüllung bedürftige – „Leervorstellungen" auffasst. Deshalb kann er anschaulichen Vorstellungen auch einen Auffassungssinn – genannt „erfüllender Sinn" (ebd., 56 f., 625a) – zuschreiben. Er begreift die Erfüllung eines bedeutungsverleihenden, bloß zeichenmäßigen (das heißt signifikativen oder signitiven), rein symbolisch fungierenden Denkaktes durch eine anschauliche (intuitive) Vorstellung – also durch Wahrnehmung, Erinnerung, Bild- oder Phantasievorstellung – als eine Synthese, der ein Entsprechungsverhältnis zwischen Bedeutung und erfüllendem Sinn zugrunde liegt. Auf diesem Begriff der Erfüllung baut er seine Auffassung von Erkenntnis, Evidenz und Wahrheit auf.

Allerdings werden durch Begriffe wie „Bedeutung" oder „erfüllender Sinn" nicht etwa konkrete Bestandteile einzelner Bewusstseinsakte, sondern „allgemeine Gegenstände" (Husserl 1901, 106) erfasst. Wie ein derartiges „Allgemeinheitsbewusstsein" (Husserl 1901, 113 ff.) möglich ist, versucht Husserl, durch eine Auseinandersetzung mit den bekannten Abstraktionstheorien aus der empiristischen Tradition herauszustellen. Seine Vertrautheit mit den Denkmethoden der Mathematik verhilft ihm dazu, den Begriff der „ideierenden" Abstraktion zu bilden und damit die Idee einer „Wesensschau" oder „Eidetik" in einer ersten Variante vorzulegen. Der Grundgedanke ist dabei, dass eine Wahrnehmung oder eine Phantasievorstellung den Ausgangspunkt zur Herausbildung einer neuen Bewusstseinsintention bilden kann, die sich nicht mehr auf einen Einzelzug des vorliegenden Anschauungsgehalts konzentriert, sondern *auf Grund* dieses Gehalts – also auf eine durch ihn *fundierte* Weise – etwas Allgemeines intendiert. In dieser frühen Phase fehlt noch die Idee einer grundsätzlich ins Unendliche gehenden Phantasievariation, bei der das Allgemeine als eine Invariante fassbar wird. Aber selbst in der Gestalt ideierender Abstraktion ist die Eidetik bereits ein erster Schritt zur Beantwortung der Frage, wie die idealen Gegenstände von Logik und Mathematik in intentionalen Bewusstseinsakten zugänglich werden.

Als zweiter Schritt kommt eine Klärung des Begriffs von *a priori* hinzu. Husserl versucht dabei zu zeigen, dass sich auf einen allgemeinen oder idealen Gegenstand, der auch als „Wesen", „Spezies" oder „Eidos" bezeichnet werden kann, notwendig *apriorische Gesetze* beziehen, die jedoch – anders als bei Kant die Grundsätze des reinen Verstandes – nichts mit dem Subjekt, dem Selbstbewusstsein oder der transzendentalen Apperzeption zu tun haben. Sie ergeben sich vielmehr daraus, dass ein Ganzes, von welcher Art auch immer es sein mag, nicht allein selbstständige Bestandteile, sondern auch unselbstständige Momente haben kann (Husserl 1901, 231, 243). Mit den hierher gehörenden Betrachtungen wird Husserl einer der Begründer der logisch-philosophischen Disziplin der Mereologie. Wichtiger für sein eigenes Denken ist jedoch, dass er zwischen analytisch-apriorischen und synthetisch-apriorischen Gesetzen unterscheiden und damit nicht allein ein *formales*, sondern auch ein *materiales Apriori* ins Auge fassen kann (ebd., 256). Als Beispiel für einen material apriorischen Zusammenhang gilt ihm die Zusammengehörigkeit von Farbe und Ausdehnung bei materiellen Gegenständen – eine Einsicht, die er seinem Lehrer, dem Brentano-Schüler Carl Stumpf entlehnt. Aber auch die phänomenologischen Zusammenhänge zwischen den verschiedenen Bewusstseinsweisen gehören in den Bereich des materialen Apriori. Dagegen werden die logischen Gesetze und die mathematischen Theoreme als Beispiele für analytisch-apriorische Gesetze betrachtet und zum Bereich des formalen Apriori gerechnet. Damit werden Logik und Mathematik als formale Wesenswissenschaften etabliert, die nicht auf empirische Grundlagen zurückgeführt werden können.

Zur vollständigen Überwindung des Psychologismus fehlt aber noch ein letzter Schritt: Es gilt, die bereits erwähnte „grundirrige Lehre" vom psychologischen Ursprung logischer Kategorien zu überwinden. Dies geschieht durch die Ausarbeitung einer Lehre von den kategorialen Anschauungen. Es handelt sich dabei nicht etwa um eine intellektuelle Anschauung. Eine solche nimmt Husserl noch weniger als Kant an, da er sie im Gegensatz zu Kant nicht einmal für möglich hält. Vielmehr geht er von der einfachen Beobachtung aus, dass wir auf Grund einer sinnlichen Anschauung nicht nur zu der schlichten Behauptung berechtigt sind, wir sähen zum Beispiel einen grünen Baum vor uns, sondern auch zu der viel folgenschwereren Behauptung, wir sähen, dass dieser Baum vor uns grün ist. Im ersten Fall bezeichnet das Wort „sehen" die schlichte, sinnliche Wahrnehmung eines Gegenstandes, im zweiten Fall dagegen die kategorial geformte Wahrnehmung eines Sachverhalts. Diese Erweiterung der Bedeutung von „sehen" ist durch einen nachvollziehbaren *Fundierungszusammenhang* geregelt: Die kategoriale Anschauung eines Sachverhalts ist immer nur *auf Grund* der sinnlichen Anschauung eines entsprechend beschaffenen Gegenstandes möglich, selbst wenn sie über den sinnlichen

Gehalt dieser Anschauung hinausgeht, indem sie sie kategorial überformt (Husserl 1901a, 681–685). Die so verstandene kategoriale Anschauung beschränkt sich nicht auf die Sachverhaltswahrnehmung, sondern umfasst darüber hinaus die ideierende Abstraktion (die Wesensschau) und diejenige Anschauung von Mengen, die nach der *Philosophie der Arithmetik* dem Zahlbegriff zugrunde liegt. Nur dass dabei nicht etwa eine Reflexion auf diesen *Akt* selbst, sondern vielmehr eine Reflexion auf den *Gegenstand* dieses Aktes, so wie er anschaulich gegeben ist, das eigentliche Abstraktionsfundament zur Bildung des Zahlbegriffs darstellt (ebd., 669 f.).

Martin Heidegger wird später drei fundamentale Entdeckungen der Phänomenologie hervorheben: *Intentionalität, materiales Apriori* und *kategoriale Anschauung* (Heidegger 1979). Alle drei Entdeckungen sind bereits in den *Logischen Untersuchungen* enthalten, in denen Heidegger das einzig authentische Grundwerk der Phänomenologie zu erkennen meint. Husserl selbst fasst jedoch die *Logischen Untersuchungen* als das Werk des ersten Durchbruchs zu einer bereits eidetisch angelegten Phänomenologie auf, der jedoch noch die transzendentale Wende fehlt. Diese Wende erfolgt erst in den Jahren von 1906 bis 1908.

Bereits aus den ersten Jahren nach der Veröffentlichung der *Logischen Untersuchungen* stammen Vorlesungstexte, die neue Gedanken bergen. Eine besondere Bedeutsamkeit kommt einer Vorlesung aus dem Wintersemester 1904/05 zu, in der anschauliche Aktformen des intentionalen Bewusstseins einer eingehenden Analyse unterzogen werden. Der Wahrnehmung, die ihren Gegenstand in seiner Leibhaftigkeit gegenwärtig macht, werden hier verschiedene Aktformen anschaulicher Vergegenwärtigung wie Erinnerung, Bildbewusstsein und Phantasie gegenübergestellt. Im Mittelpunkt des Interesses stehen damit nicht mehr die bedeutungsverleihenden, signi(fika)tiven Denkakte, die als nicht-anschauliche Vergegenwärtigungen betrachtet werden können. Die Analyse von Bildbewusstsein und Phantasie liefert ein Beispiel dafür, zu welcher deskriptiven Fülle und Konkretheit die phänomenologische Methode führen kann. Ähnlich steht es mit der Erörterung der Aufmerksamkeit oder der Zergliederung des Zeitbewusstseins, die ebenfalls zu dieser Vorlesung gehören.

Auf derartige Detailarbeiten kann sich Husserl bereits stützen, wenn er in einer Vorlesung aus dem Wintersemester 1906/07 zum ersten Mal von „phänomenologischer Reduktion" spricht (Husserl 1984, 211 ff.). Er versteht darunter einen grundlegenden Einstellungswechsel, der die Seinssetzungen, auf die es uns in der natürlichen Einstellung vornehmlich ankommt und mit denen unsere Interessen untrennbar verbunden sind, im Rahmen einer universalen „Epoché" außer Kraft setzt, neutralisiert oder einklammert und damit die Aufmerksamkeit von den intentionalen Gegenständen des Bewusstseins systematisch auf die Sinnzusammenhänge lenkt, in die diese Gegenstände durch das Bewusstsein eingebettet werden. Daraus ergibt sich die Möglichkeit einer universal angelegten Sinnforschung, die sich von allen objektivierenden Wissenschaften der natürlichen Einstellung von Grund aus unterscheidet. Dieser Sinnforschung kommt ein transzendentaler Charakter zu, weil sie allein zu zeigen vermag, wie eine Vorstellung in mir einen nicht in ihr eingeschlossenen Gegenstand erkennend treffen kann, wie also der von der neuzeitlichen Philosophie ständig gesuchte, aber niemals gefundene Übergang (*transcensus*) von der Vorstellung zum Gegenstand überhaupt möglich ist (Husserl 1950, 35).

Husserl antwortet auf diese bereits von Kant gestellte Frage, indem er deutlich macht, dass die Transzendenz ein innerer Charakter gewisser bewusstseinsimmanenter Sinngebilde wie etwa des erfüllenden Sinnes der äußeren Wahrnehmung ist (ebd., 46). Zunehmend wendet er sich dabei dem internen Bau der Intentionalität zu, den er im ersten Band seines Werkes *Ideen zu einer reinen Phänomenologie und phänomenologischen Philosophie* (Husserl 1913) als eine „noetiko-noematische Struktur" fassen wird. Er macht einen wichtigen Schritt zum Verständnis des noematischen Sinnkorrelats des intentionalen Bewusstseinsaktes in seiner *Vorlesung über Bedeutungslehre* aus dem Sommersemester 1908, indem er zwischen „phansischer" und „ontischer" Bedeutung unterscheidet (Husserl 1987a, 87 ff.).

Zur Zeit seiner transzendentalen Wende befasst sich Husserl zwar eingehend mit Kant und nimmt ohne Zweifel Anstöße von ihm auf. Aber die transzendentale Wende der eidetischen Phänomenologie lässt sich keineswegs auf diese Wirkung zurückführen. Dies geht schon aus der Tatsache hervor, dass die transzendentale Phänomenologie zunächst ohne transzendentales Ich verstanden wird. Husserl sagt ausdrücklich: „Das Denken, von dem sie spricht, ist niemandes Denken." (Husserl 1973, 41.) Erst als Ergebnis lang anhaltenden Nachdenkens erscheint im ersten Band der *Ideen* das „reine Ich". Der Grund, der Husserl zu dieser tiefgehenden Änderung an der anfänglichen Grundstruktur seiner transzendentalen Phänomenologie bewegt, ist Kant völlig fremd. Es handelt sich um das Problem der Intersubjektivität, so wie es in der Vorlesung von 1910/11 über die *Grundprobleme der Phänomenologie* zum ersten Mal ausführlich erörtert wird (Husserl 1973a, 183–191).

Die Phänomenologie geht davon aus, dass die philosophischen Probleme erst dann sinnvoll behandelt werden können, wenn sie vom philosophierenden Ich her verständlich gemacht und als seine eigenen Probleme begriffen werden. Das philosophierende Ich wird dabei zwar nicht mit der Einzelperson des Philosophen identifiziert, denn es wird eidetisch aufgefasst, aber dadurch wird es auch nicht etwa uniformisiert und gleichgeschaltet, sondern es wird in seinem Verhältnis zu Anderen betrachtet, die als seine Mitsubjekte zu gelten haben. Der Unterschied zwischen Subjekt und Mitsubjekt bleibt dabei grundlegend und unüberwindlich. Daher spaltet sich das in der Neuzeit immer einheitlich festgehaltene Subjekt bei Husserl in eine Vielheit (Marbach 1974, 79 f.). Der Erlebnisstrom des einen Subjekts bleibt dabei vom Erlebnisstrom des anderen „abgrundtief geschieden" (Husserl 1973b, 339). Das „reine Ich" stellt im ersten Band der *Ideen* nichts anderes als eben nur das Einheitsprinzip des je singulären Erlebnisstroms dar.

Im veröffentlichten ersten und im nicht veröffentlichten zweiten Band der *Ideen* wird die transzendentale Phänomenologie gegen Ende der Göttinger Periode voll ausgebaut. Von der Philosophie als „strenger Wissenschaft" (Husserl 1987) meint Husserl dadurch ein angemessenes Bild entworfen zu haben. Mit der Berufung nach Freiburg im Jahre 1916 beginnt eine Periode in Husserls Denken, die zwar an den Grundlagen der transzendentalen Phänomenologie nicht mehr rüttelt, aber auch nicht einfach das bereits Erworbene und Gesicherte weiter ausarbeitet, sondern wieder Neues bringt. Die bis dahin einzig angewandte Methode *statischer* Analyse wird durch eine *genetische* Vorgehensweise ergänzt (Husserl 1966, 336–345). Die Anfänge der genetischen Phänomenologie finden sich bereits in den *Bernauer Zeitmanuskripten* von 1917/18 (Husserl 2001,

274–288). In der Zeitanalyse oder in der Phänomenologie der Intersubjektivität macht die neue Methode bis dahin kaum geahnte Problemzusammenhänge zugänglich. Aber damit ist ihre Bedeutung noch nicht erschöpft. Sie führt ebenfalls zur Entdeckung völlig neuer Fragebereiche. Das trifft vor allem auf den Bereich passiver Intentionalität und passiver Synthesen zu, dem Husserl mehrere Vorlesungen (Husserl 1966, 3–225; 2000) in der Freiburger Periode widmet.

Husserl arbeitet auch nach seiner Emeritierung im Jahre 1928 unaufhörlich weiter. Er veröffentlicht ein neues Buch unter dem Titel *Formale und transzendentale Logik* (Husserl 1929), und im Anschluss an eine Vortragsreise nach Paris arbeitet er ein umfassenderes Werk unter dem Titel *Cartesianische Meditationen* (Husserl 1931) aus, das zunächst in einer ersten Textfassung – von Emmanuel Levinas und Gabrielle Peiffer übersetzt – auf Französisch erscheint (Husserl 1931a). Wie bereits seit vierzig Jahren schreibt Husserl dabei täglich seine stenographischen Forschungstexte, aus denen er seit dem Beginn seiner Freiburger Periode immer wieder in Zusammenarbeit mit seinen Assistenten publizierbare Bücher zusammenzustellen sucht.

Auf Husserls äußeres Schicksal in seinen letzten Lebensjahren wirft die nationalsozialistische Machtübernahme einen Schatten. Ende 1935 wird ihm die Lehrbefugnis entzogen, im Jahre 1937 die Teilnahme am IX. Internationalen Kongress für Philosophie verweigert. Innerlich bewahrt er jedoch in dieser Periode seine volle Schaffenskraft. Er gelangt zu Gedanken, die zur dauerhaften Wirkung seiner Phänomenologie im höchsten Maße beitragen. Im Jahre 1934 hält er in Wien einen Vortrag über „Die Krisis in der Philosophie der europäischen Menschheit"; diesem Vortrag folgen im nächsten Jahr Vorträge in Prag, wo seine Schüler Ludwig Landgrebe und Jan Patočka leben und lehren. Zwei Jahre später wird der erste Teil des Werkes *Die Krisis der europäischen Wissenschaften und die transzendentale Phänomenologie* (Husserl 1936) in der Belgrader deutschsprachigen Zeitschrift *Philosophia* veröffentlicht. Husserl stellt hier den Transzendentalismus der Phänomenologie der objektivistisch gewordenen Wissenschaft der Neuzeit gegenüber. Damit weist er der phänomenologischen Philosophie nicht allein einen Ort in der bis heute andauernden Auseinandersetzung mit dem Naturalismus als philosophischer Überzeugung zu, sondern er entwirft zugleich eine Geschichtsphilosophie, die Europa im geistigen Sinne des Wortes im Ausgang von der – zum ersten Mal von den Griechen vollzogenen – „Urstiftung" von Philosophie und Wissenschaft als unendlicher Aufgabe zu begreifen sucht. Zu diesem groß angelegten Entwurf gehört auch die Diagnose, dass diese Urstiftung durch den Naturalismus und Objektivismus der neuzeitlichen Wissenschaft ihres ursprünglichen Sinnes entledigt worden und dadurch in eine umfassende Krise geraten sei, der die im geistigen Sinne „europäisch" zu nennende Menschheit einzig und allein durch eine angemessene „Nachstiftung" des einmal schon erfassten Sinnes entkommen könne. Zu dieser Nachstiftung bietet sich nun die transzendentale Phänomenologie an. Dazu muss sie sich allerdings umwandeln. Husserl stützt sich auf sein zwei Jahrzehnte langes Nachdenken über die zuerst von Richard Avenarius ins Auge gefasste „natürliche Welt" oder, wie Husserl sie seit 1917 nennt, „Lebenswelt" (Husserl 2008), um den cartesianischen Weg zur transzendentalen Phänomenologie – ebenso wie den zuerst in den Vorlesungen über *Erste Philosophie* (Husserl 1956, 1959) betretenen Weg über die Psychologie – nunmehr durch einen Weg über die „Ontologie der Lebenswelt" zu ergänzen. Damit soll der eigentliche Boden der Wissenschaft, ihre vereinheitlichende Sinngrundlage, zurückgewonnen werden.

Durch diesen Rückgang auf die lebensweltliche Erfahrung hat Husserl seinen phänomenologischen Ansatz zur Philosophie gleichsam auf den Punkt gebracht. Damit ist eine Vorlage vorhanden, der sich seine Nachfolger weitgehend anschließen können. Bereits zur Zeit seiner Göttinger Lehrtätigkeit hatte Husserl bedeutende Anhänger wie Max Scheler, Alexander Pfänder, Adolf Reinach oder Moritz Geiger. In seiner Freiburger Periode hatte er dann Assistenten, die sich später selbst als eigenständige Denker einen Namen gemacht haben: Edith Stein, Martin Heidegger, Ludwig Langrebe und Eugen Fink. Allerdings haben Scheler und Heidegger der phänomenologischen Methode in den 1920er Jahren ein Gepräge aufgedrückt, das Husserl nicht ohne Befremden betrachtete. Gleichwohl trugen sie dazu bei, dass die Phänomenologie aus dem philosophischen Ansatz eines einzelnen Denkers zu einer bis heute lebendig gebliebenen Denkströmung geworden ist, die der analytischen Philosophie gegenübersteht. Das liegt zu einem nicht unerheblichen Teil daran, dass die französische Philosophie seit Jean-Paul Sartre und Maurice Merleau-Ponty immer wieder entscheidende Anstöße von der Phänomenologie aufgenommen hat, indem sie sie zugleich schöpferisch weiterentwickelte. Aus dieser zum ersten Mal von Merleau-Ponty als „phänomenologische Bewegung" bezeichneten Denkströmung sind in Frankreich inzwischen so herausragende Denker hervorgegangen wie Emmanuel Levinas, Michel Henry, Jacques Derrida, Paul Ricœur, Marc Richir oder Jean-Luc Marion. In unseren Tagen hat die Phänomenologie in den meisten Ländern der Welt – von den USA bis zu Japan – eine starke Position. In Deutschland haben während der letzten Jahrzehnte Bernhard Waldenfels, Klaus Held, Ernst Wolfgang Orth, Rudolf Bernet sowie ihre Schüler und Nachfolger Wesentliches zur Weiterentwicklung der Phänomenologie beigetragen.

Literatur: Husserl 1900, Husserl 1901, Husserl 1913, Husserl 1936, Bernet, Kern, Marbach 1989, Mohanty 2008, Zahavi 2003

László Tengelyi

Jaspers, Karl

Geboren 1883 in Oldenburg, gestorben 1969 in Basel. Studium der Rechtswissenschaft, später der Medizin. 1909 Approbation zum Arzt in Heidelberg, anschließend Tätigkeit als Psychiater am Universitätsklinikum in Heidelberg. 1913 Habilitation. 1916 Ernennung zum Extraordinarius für Psychologie, 1920 für Philosophie, 1922 zum Ordinarius für Philosophie in Heidelberg. Während des Nationalsozialismus zwangspensioniert und Publikationsverbot, 1945 Wiedereinsetzung in die Universität, 1948 Berufung an die Universität Basel, dort Lehrtätigkeit bis zur Emeritierung 1961.

Jaspers' Denkentwicklung erfolgt in drei Phasen. In der ersten Phase profilierte er sich als Methodologe der Psychiatrie und Psychologie, in der zweiten als Existenzphilosoph und in der dritten als Philosoph der Vernunft und der Politik.

Methodologie der Psychiatrie und Psychologie – In seinem Standardwerk zur Psychiatrie, der *Allgemeinen Psychopathologie* (Jaspers 1913), bemängelt er die einseitige Fixierung auf gehirnphysiologische und neurobiologische Ansätze bei der Erklärung von psychischen Krankheiten. Für deren Erforschung hält er auch Verfahren einer deskriptiven und verstehenden Psychologie (Jaspers 1913, 253 ff., 595 ff.) geeignet, wie er sie in der Phänomenologie Husserls und der Hermeneutik Diltheys vorgegeben sieht. Einen derart spekulativen psychologischen Theorieansatz wie die Psychoanalyse lehnt er jedoch ab. Als Werk einer verstehenden Psychologie verfasst er das Buch *Psychologie der Weltanschauungen*, in dem bereits wichtige existenzphilosophische Gedanken enthalten sind (Jaspers 1919, 143 ff., 229 ff.).

Existenzphilosophie – In dem dreibändigen Werk *Philosophie* arbeitet Jaspers seine Existenzphilosophie aus (Jaspers 1932, 1932a, 1932b). Im Mittelpunkt steht dabei die Sinnfrage der menschlichen Existenz. Er entwickelt eine philosophisch-anthropologische Konzeption mit mehreren Stufen der Verwirklichung des Menschseins (Jaspers 1932a, 24 ff.). Die unterste Stufe ist das „bloße Dasein". Damit meint Jaspers die körperlich-vitale, trieb- und instinktgeleitete Seite des Lebens. Die zweite Seinsweise nennt er im Anschluss an Kants Erkenntnislehre das „Bewusstsein überhaupt". Hier realisiert der Mensch die Verstandesfähigkeit. Die dritte Stufe bildet der „Geist" oder die Vernunft. Der Mensch ist in der Lage, an „geistigen Ganzheiten" teilzuhaben. Er ist Schöpfer und Träger von Ideen wie der Idee der Demokratie, der Idee der Universität usw. Während diese drei Seinsweisen wissenschaftlich erforschbar sind, ist die eigentliche Seinsweise, das „eigentliche Selbstsein" oder die „Existenz", nicht empirisch-rational erfassbar. Jedes Individuum kann sie nur in jeweils eigenen, existentiellen Lebensvollzügen intuitiv erfahren. Im Aufschwung zur Existenz verwirklicht der Mensch seine individuelle und unvertretbare Weise (Möglichkeit) des Menschseins. Dieser Aufschwung ist nicht planbar und er hat den Charakter von existentiellen „Augenblicks"-Erlebnissen. Hier zeigen sich offensichtliche Parallelen zu Kierkegaards Existenzverständnis, von dessen Denken Jaspers ebenso stark beeinflusst wurde, wie von Immanuel Kant und Friedrich Nietzsche.

Für die Verwirklichung des eigentlichen Selbstseins gibt es zwei grundsätzliche Möglichkeiten: das Durchleben von Grenzsituationen des Daseins und die Kommunikation mit einem anderen Menschen. Bei der Konfrontation mit Grenzsituationen – Jaspers erwähnt vor allem den Tod, das Leiden, die Schuld, den Kampfcharakter und die Geschichtlichkeit des Lebens (ebd., 20 ff.) – scheitert der Mensch mit allen bisher eingeübten Verfahren zur Bewältigung von Situationen. Er wird sich der Ungesichertheit, Fragwürdigkeit und Endlichkeit des Daseins bewusst. Dieses Scheitern hat aber insofern eine positive Funktion als es die Möglichkeit des Aufschwungs zum eigentlichen Menschsein eröffnet. Durch das Scheitern kann der Mensch auf die nicht-objektivierbare Dimension seiner Innerlichkeit und Freiheit verwiesen werden, von der aus er allen Erschütterungen durch Grenzsituationen standzuhalten vermag.

Die Lebenshaltungen, die Jaspers für die positive Bewältigung von Grenzsituationen voraussetzt, kann man im traditionellen Sinne als Tugenden bezeichnen. So plädiert er u. a. für Tapferkeit, Illusionslosigkeit, Wahrhaftigkeit und heitere Gelassenheit angesichts der Grenzsituation des Todes, für das würdevolle Ertragen und die innere Aneignung von Leiden, für einen liebenden statt eines egoistischen Kampfes mit einem anderen Menschen, sowie für die Anerkennung persönlicher Verantwortung für Schuld. Jaspers lehnt es ab, eine explizite Ethik zu entwickeln. Er möchte indirekt an jeden Einzelnen appellieren, sich die genannten Tugenden im eigenen Prozess der Selbstreflexion anzueignen und zum Leitfaden des praktischen Handelns zu machen.

Die zweite grundsätzliche Möglichkeit zur Verwirklichung des Selbstseins ist die interpersonale Kommunikation. Jaspers unterscheidet mehrere Formen der Kommunikation, die mit den zuvor genannten Seinsweisen des Menschen korrelieren. Im vitalen Dasein geht der Mensch eine Kommunikation in „primitiver Gemeinschaftlichkeit" (ebd., 54) ein, wenn er die Befriedigung vitaler Bedürfnisse (Macht-, Geltungs-, Geschlechtstrieb usw.) anstrebt und dabei oft auch andere Menschen egoistisch instrumentalisiert. Auf der Verstandesebene gibt es Kommunikation in „sachlicher Zweckhaftigkeit und Rationalität" (ebd.), bei der mit anderen Menschen auf Grund von logischen Regeln und rationalen Kategorien Übereinstimmung über Sachverhalte erzielt wird. Auf der Ebene des Geistes bzw. der Vernunft findet eine Kommunikation in „ideenbestimmter Geistigkeit des Gehalts" (ebd.) statt. Es geht um das Verstehen und um Mitteilung aus einem Sinnzusammenhang, dem die Kommunizierenden durch gemeinsame Teilhabe an Ideen angehören. Die eigentliche Kommunikation ist aber erst die persönliche, „existentielle Kommunikation" (ebd., 58 ff.). Damit meint Jaspers geglückte zwischenmenschliche Beziehungen, wie Liebes- und Freundschaftsbeziehungen, ein ideales Geschwister- oder Eltern-Kind-Verhältnis oder auch ein ideales Arzt-Patient-Verhältnis. Diese intimen Formen der Kommunikation entziehen sich dem objektivierenden Denken, sie können nur durch einen nichtrationalen, intuitiven Akt erlebt werden.

Auch mit dieser Form der Verwirklichung eigentlichen Selbstseins verbindet Jaspers eine Reihe von Tugenden. Dazu gehören: Bereitschaft zu Einsamkeit und autonomer Selbstbesinnung, der Wille zu bedingungsloser Offenheit gegenüber anderen Menschen, ein nicht-egoistisches Engagement für den anderen sowie die Bereitschaft, den (die) Kommunikationspartner(in) in der Möglichkeit seiner (ihrer) Selbstverwirklichung als prinzipiell gleichrangig anzuerkennen, und zwar trotz Verschiedenheit in äußeren Belangen, wie sozialem Status, Vermögensverhältnissen, Bildungsgrad, ethnischer Herkunft, usw.

Die Selbstverwirklichung in der existentiellen Kommunikation kann nicht von Dauer sein, die miteinander Kommunizierenden fallen stets in die empirisch nachweisbaren Formen der Kommunikation zurück.

Im Zusammenhang mit der Sinnfrage der Existenz behandelt Jaspers auch Probleme der Metaphysik und Religionsphilosophie. Er ist der Ansicht, dass sich der Mensch im Akt der existentiellen Selbstverwirklichung von der Transzendenz als „geschenkt" erlebt (Jaspers, 1932b, 11 ff.). „Transzendenz" steht für das „eigentliche Sein", die „eigentliche Wirklichkeit", das „Ganze des Seins", den „Ursprung", das „Umgreifende" oder auch für „Gott" bzw. die „Gottheit". Die Transzendenz ist ungegenständlich und nicht in inhaltlichen Kategorien zu denken, sie ist nur subjektiv erlebbar oder über Chiffren indirekt erfahrbar.

Anstelle eines religiösen Glaubens an einen Gott und dessen Offenbarung in der Zeit, geht es Jaspers um einen philosophischen Glauben (Jaspers 1948, 11 ff.). Das ist ein Glaube, der das Vorhandensein einer gänzlich ungegenständlichen Transzendenz anerkennt und zugleich eine grundlegende Lebenseinstellung darstellt. Es ist ein spontanes, unmittelbares Seinsvertrauen und eine fundamentale Lebenszuversicht. Für den philosophisch Glaubenden sind Religionen, die sich auf Offenbarungsgehalte berufen, bereits in ihrem Ansatz dogmatisch und autoritär. Durch den Offenbarungsanspruch werden Wertstandpunkte verabsolutiert, was mit Jaspers' Freiheitsverständnis nicht vereinbar ist (Jaspers 1962, 110 f.).

Philosophie der Vernunft und der Politik – In Jaspers' dritter Denkphase stehen Überlegungen zu einer Philosophie der Vernunft und der Politik im Mittelpunkt. Mit einer Philosophie des Umgreifenden („Periechontologie") zielt er darauf ab, „Räume" und „Horizonte" des Seins vom Gesichtspunkt der Vernunft aus zu erhellen (Jaspers 1947, 53 ff.). Die Vernunft als vermittelndes Band zwischen den Weisen des Umgreifenden erhält verschiedene Aufgaben zugesprochen. Die wichtigste liegt in der Universalisierung jener Tugenden, die in Jaspers' Existenzphilosophie notwendige Bedingungen für die Selbstverwirklichung sind. Werthaltungen wie Redlichkeit, Wahrhaftigkeit, persönliche Verantwortlichkeit, Anerkennung der prinzipiellen Gleichrangigkeit eines Kommunikationspartners usw. sollen von vernünftigen Individuen, unabhängig von ethnischer Zugehörigkeit und religiös-weltanschaulicher Orientierung, in öffentliche Lebensbereiche übertragen und dort zur Geltung gebracht werden. Vernunft soll zur normativen Leitlinie des öffentlichen, politischen Denkens und einer möglichst universalen Kommunikation werden.

Jaspers stellt das Problem des Erlebens von Grenzsituationen in einen politischen Kontext, wobei er nicht nur die Ära des Nazi-Regimes als Grenzsituation für das deutsche Volk interpretiert. Die ganze Menschheit befindet sich in einer Grenzsituation angesichts der Gefahr der totalen Selbstvernichtung durch die Atombombe sowie der Gefahr der Errichtung eines weltweiten totalitären Herrschaftssystems mit Hilfe neuer technischer Erfindungen (Massenkommunikationsmittel, Überwachungsgeräte usw.). Um die universale Grenzsituation meistern zu können, bedarf es ihrer existentiellen Aneignung durch möglichst viele Menschen und eines radikalen Wandels der sittlich-politischen Denkungsart. Der Wandel muss von jedem Einzelnen als Repräsentant einer weltweiten „Gemeinschaft der Vernünftigen" (Jaspers 1958, 301 f.) in die Wege geleitet werden. Dazu sollten vor allem auch „vernünftige Staatsmänner" als Leitfiguren und Vorbilder gehören.

War alle bisher praktizierte Politik in erster Linie Kampf um Durchsetzung von Interessens- und Machtansprüchen, muss die neue Politik über alle partikularen Gruppeninteressen und Machtambitionen hinaus durch Vernunft und ein überpolitisches Ethos geleitet sein. Die neue, vernunftgeleitete Politik muss an einem Pluralitätsideal und der Idee der Demokratie orientiert sein sowie einen dauerhaften „Weltfriedenszustand" anstreben (Jaspers 1958, 419 ff.).

Im Dienste des Vernunftideals und dem damit verbundenen Appell zur universalen Kommunikation steht auch die Vision einer Weltphilosophie im Rahmen von Jaspers' origineller Konzeption einer Geschichte der Philosophie. Ansätze zu dieser Vision finden sich in dem Buch *Die großen Philosophen*. Dort wird z. B. auch auf indische und chinesische Philosophen (Buddha, Nagarjuna, Konfuzius, Lao-tse usw.) eingegangen (Jaspers 1957, 128 ff., 898 ff.).

Zur Geschichts- und Kulturphilosophie hat Jaspers die These von einer kulturellen Achsenzeit in der Weltgeschichte (zwischen 800 und 200 v. Chr.) beigetragen (Jaspers 1949, 76 ff.). Damit macht er darauf aufmerksam, dass es eine Periode in der Menschheitsentwicklung gegeben hat, in der in verschiedenen Weltgegenden (Palästina, Griechenland, Iran, China und Indien) kulturelle Werte und Traditionen unabhängig voneinander entstanden sind, die die weitere Entwicklung der Menschheit bis in die Gegenwart geprägt haben. Die Erinnerung daran, soll die Bereitschaft zur universalen Kommunikation in der Gegenwart fördern.

Auch Bildungs- und Erziehungsphilosophie waren Jaspers' ein Anliegen. Im Laufe seines Lebens schrieb er mehrmals über *Die Idee der Universität* und trat für eine an einem liberal-demokratischen Ethos orientierte Persönlichkeitsbildung an den Universitäten anstelle einer bloß wertneutralen Fach- und Berufsausbildung (Jaspers 1923, 85 ff., 199 f.) ein.

Schriften von Jaspers wurden in circa 26 Sprachen übersetzt. Diskutiert werden in der Gegenwart im Zusammenhang mit der Sinnfrage der Existenz vor allem das Kommunikationsideal und das Konzept der Grenzsituationen (Peach 2008, 55 ff.; Hügli 2009, 1 ff.), in religionsphilosophischen Kontexten die Begriffe der Transzendenz und des philosophischen Glaubens (Saner 2008, 221 ff.; Spaemann 2009, 147 ff.) und in der Interkulturalitätsdebatte die Achsenzeit-These, die Idee einer *philosophia perennis* und die Vision einer Weltphilosophie (Cesana 2008, 195 ff.; Mall 1996, 159 ff.; Mall 2008, 219 ff.).

Literatur: Jaspers 1932a, Jaspers 1947, Jaspers 1958, Cesana, Walters 2008, Salamun 1985, Schulz, Bonanni, Bormuth 2009
Hilfsmittel: Jahrbuch 1988, Rabanus 2000, Saner 1970

Kurt Salamun

Jonas, Hans

Geboren 1903 in Mönchengladbach, gestorben 1993 in New Rochelle bei New York. Sohn einer jüdischen Fabrikantenfamilie. Zunächst Schüler von Edmund Husserl, dann von Martin Heidegger und Rudolf Bultmann, 1928 Promotion bei Heidegger und Bultmann in Marburg. 1933 Emigration nach London, 1935 nach Palästina, 1948–49 Offizier in der Haganah. Ab 1949 Fellow an der McGill University Montreal, 1950–54 an der Carleton University Ottawa, 1955–76 Professor an der New School for Social Research in New York. 1987 Friedenspreis des Deutschen Buchhandels.

Religionsphilosophie – Bereits in Bultmanns Seminar entwickelt Jonas eine hermeneutische Methode der Entmythologisierung, die auf der Grundlage von Heideggers Daseinsanalyse immanente Auslegung, existentiale Interpretation und Kritik verbindet. So vermag er in *Augustinus und das paulinische Freiheitsproblem* (Jonas 1930) die Dogmen der Erbsünde und der Prädestination als metaphysische Verdinglichungen zu begreifen, denen die, hermeneutisch eigentlich interessanten, existialen Phänomene und Erfahrungen vorausgehen. Ist es im Falle der wirkmächtigen Erbsündenlehre „das Phänomen der menschlichen Insuffizienz vor Gott" (ebd., 85), so ist es im Falle der Prädestinationslehre die Erfahrung des Eingebundenseins „in die Gesamtheit überweltlicher Tatsächlichkeiten, die die Welt und mich in ihr ‚kausal' bestimmen." (Ebd., 88) Seine Gnosisforschung (Jonas 1934, 1954, 1999) führt ihn hinter die mythologischen Objektivationen der späthellenistisch-frühchristlichen Gnosis auf die existentiale Grunderfahrung einer dualistischen Entzweiung von Gott und Welt, mithin Geist und Natur, die in ihrer Radikalität über die jüdisch-christliche Tradition hinausgeht: „Der gnostische Gott ist nicht nur *außer*weltlich und *über*weltlich, sondern in einem äußersten Sinn zugleich *gegen*weltlich." (Jonas 1999, 298) Vor allem der gnostische „Zusammenhang zwischen der Entdeckung des Selbst, der Entspiritualisierung der Welt und dem Postulat eines transzendenten Gottes" (Jonas 1934, 314) sprechen für eine gegenüber der antiken Kosmosfrömmigkeit neue, revolutionäre „Daseinshaltung", deren *anti*kosmischer Dualismus zugleich jene Weltflucht und jenen Nihilismus befördert, gegen dessen moderne Spielarten von Blaise Pascal über Nietzsche bis zu Heidegger sich Jonas energisch wendet (Jonas 1963).

Philosophie des Lebens – In der Absicht, eine der Evolution des Organischen inhärente Zweckursache nachzuweisen, ohne auf tradierte Teleologien aristotelischer oder hegelscher Provenienz zurückzugreifen, entwickelt Jonas vor allem in *Organismus und Freiheit* (Jonas 1973) eine Philosophie des Lebens, die „in ihrem Gegenstand die Philosophie des Organismus und die Philosophie des Geistes" (ebd., 11) umgreift. Die Leitfrage ist, wie sich aus anorganischer Natur Leben und aus diesem freier menschlicher Geist hat entwickeln können. Mit der Antwort sei jene „absolute Wesenskluft" zwischen Mensch und Natur bzw. Mensch und Sein zu überwinden, die bereits „jüdischer Schöpfungsglaube, griechische Vernunftmetaphysik und – beide einbegreifend – christlicher Transzendentalismus […] aufgerissen hatten" (Jonas 1992, 36), die aber erst in der Fassung des kartesischen Dualismus von denkender und ausgedehnter Substanz zwei spezifisch partikulare Zerfallsprodukte neuzeitlichen Denkens hervorbringen konnte: den monistischen Idealismus der Bewußtseinsphilosophie einerseits und den alles objektivierenden Materialismus andererseits. Als ontologische Positionen müssten beide Monismen für sich Totalität beanspruchten und daher einander antithetisch begegnen (Jonas 1973, 36 ff., 138 ff.).

Diesem ontologischen Dilemma will Jonas mit einer aufhebenden Perspektive beikommen, die ohne Rückfall in einen primitiven Panvitalismus das von beiden verkannte *Phänomen des Lebens* – verstanden als stoffliches Leben, lebender Körper bzw. organisches Sein – ins Zentrum einer post-dualistischen, integral-monistischen Ontologie rückt. Im lebendigen Leib als dem „Gegenzeugnis" des modernen, ganz von toter Materie beherrschten mathematisch-mechanistischen Weltbildes der Naturwissenschaften (ebd., 149 ff., 152 ff.) ist schließlich „der Knoten des Seins geschürzt" (ebd., 48). Denn mit der Entstehung des Lebens ist im naturgeschichtlichen Prozess ein qualitativer Sprung zur Subjektivität und Freiheit verbunden, der sich kraft des Stoffwechsels bereits im kleinsten Organismus manifestiert. Mit der metabolischen, insofern „tätigen Selbstbesorgung seines Seins" (ebd., 162) kommt dem lebenden Organismus eine von der Materie unabhängige Identität zu, wenngleich er, um leben zu können, auf das bloße Vorhandensein von Materie angewiesen bleibt. Diesen, erst dem organischen Leben eigentümliche, in einem dialektischen Verhältnis „*bedürftiger Freiheit* zum Stoffe" (ebd., 151) stehenden Existenzmodus erfahren wir am eigenen Leib. Daher kann Jonas methodologisch von sich selbst als einem philosophierenden Organismus ausgehen, wenn er in *phänomenologisch-zweckverstehender* Perspektive das Potential zu Intentionalität und Subjektivität, Freiheit und Geist als inhärente, stufenweise sich entwickelnde Momente der Evolution des Organischen begreift und später – in *Materie, Geist und Schöpfung* (Jonas 1988) – des Kosmos insgesamt.

Bei aller Würdigung der Leistungen moderner Naturwissenschaften muss er für diese Perspektive nicht nur die biologische Systemtheorie Ludwig von Bertalanffys und Norbert Wieners kybernetischen Ansatz als bloße „Verfeinerungen des kartesischen Modells" (Jonas 1973, 120; vgl. 205 ff.) zurückweisen, sondern grundsätzlich das antimetaphysische Postulat einer strikt zweckfreien Naturerklärung und die philosophische Trennung von Sein und Sollen in Frage stellen. Wenn nämlich erstens *Finalität*, d. i. Zielstreben in lebenden Naturwesen „subjektiv-manifest auftritt" (Jonas 1988, 221) und objektiv-kausal wirksam wird, kann sie der Natur nicht fremd, sondern muss „naturerzeugt" sein (ebd.). „Es folgt, dass Endursachen – und damit aber auch Werte und Wertdifferenzen – in den Begriff der (eben nicht durchaus neutralen) Weltkausalität mit hineingenommen werden müssen" (ebd., 221 f.) Sofern zweitens das Organische immanent zweckorientiert sei, habe es einen *Wert an sich*: Leben soll sein. Anhand dieser ontologischen „Revision der Idee der Natur" (Jonas 1973, 358) erweist sich die Philosophie des Lebens als eine Teleologie naturethischen Zuschnitts und die Ontologie als Grundlage der Ethik.

Philosophie der Verantwortung – In seinem späten Werk *Das Prinzip Verantwortung* (Jonas 1979) verbindet Jonas die metaphysisch ontologische Annahme eines *sittlichen Eigenwertes der Natur* mit der Diagnose einer technologischen Gefahrenzivilisation, in der der Mensch als „endgültig entfesselte[r] Prometheus" (ebd., 7) Gefahr läuft, seine natürlichen Lebensgrundlagen und damit die Grundlagen künftiger Verantwortungsträger zu zerstören. Mit der „utopischen" Eigendynamik der technologischen Entwicklung und ihren kumulativen, vielfach nicht prognostizierbaren Wirkungen gerät der Mensch in das moralische Dilemma, „lauter präzedenzlose Situationen" (ebd., 28) zu schaffen, in denen einerseits die Orientierungskraft aller „herkömmlichen Ethik" (ebd., 27) und des erfahrungsgestützten, sittlichen *common sense* versagt, andererseits aber die für eine treffende Situationseinschätzung und ethische Reflexion nötige Bedenkzeit zunehmend schwindet. Mit der Verfügung über seine genetischen Anlagen schließlich kommt der Mensch an einen moralischen Scheidepunkt, könnten doch bei allen Heilungsversprechen Biotechnologien, wie die in Aussicht gestellte Klonierung von Menschen, in entwürdigende Selbstinstrumentalisierung umschlagen (Jonas 1985, 162–203).

Angesichts dieser Herausforderungen einer gewandelten *condition humaine* muss die Ethik wesentliche Ergänzungen einführen: Sie soll den raumzeitlichen Nahbereich des Handelns übersteigen hin zu einer global- und zukunftsorientierten Ethik, die dem Faktum einer unaufhebbaren Diskrepanz zwischen entgrenzter technologischer Macht und beschränktem prognostischen Wissen Rechnung trägt. Daher stellt Jonas dem Imperativ der Zukunftsverantwortung – „Handle so, dass die Wirkungen deiner Handlung verträglich sind mit der Permanenz echten menschlichen Lebens auf Erden" (Jonas 1979, 36) – eine Reihe von Pflichten zur Seite: die wissenschafts- wie wirtschaftspolitisch einschlägigen Pflichten zur Beschaffung von prognostischem Wissen über mögliche Fernwirkungen und zur Vorsicht bei fernwirksamen Risiko-Technologien („in dubio pro malo", Jonas 1985, 67) sowie die bildungspolitisch relevante Pflicht, zur Vorstellbarkeit der Fernwirkungen eine intellektuelle und emotionale Sensibilität auszubilden (Jonas 1979, 64 f., 70 ff.). Darauf zielen seine Gedankenexperimente der Wette im technologischen Handeln und der „Heuristik der Furcht" (ebd., 35–37, 64–66, 76–83, 90, 186). Als Pionier der Bio- und Medizinethik hat Jonas in *Technik, Medizin und Ethik* (Jonas 1985) seine Verantwortungsethik in kasuistischen Einzelstudien und Gesprächen zu Fragen der Forschungsfreiheit, der Humanexperimente, dem Todesbegriff und der Sterbehilfe, der Pränataldiagnostik und der Keimbahntherapie wie auch der Klonierung von Menschen erprobt.

Angelpunkt der Theorie der Verantwortung ist die nicht-reziproke Konstellation, wie sie zwischen machtvollem Mensch und versehrbarer Natur, aber auch zwischen den aktuell Lebenden und künftigen Generationen besteht. Paradigmen dieser Verantwortungsrelation sieht Jonas im Verhältnis des Staatsmannes zum Gemeinwesen, vor allem aber im Verhältnis der Eltern zum Kind. Hier zeigt sich auch Jonas' wertintuitionistisches Grundmotiv, das *Sollen im Sein* zu verorten und damit das „ontologische Dogma" (Jonas 1979, 235) ihrer Trennung zu brechen: Der bloße Anblick des schutzlosen, hilfsbedürftigen Säuglings reicht aus, uns zu verpflichten.

Das Prinzip Verantwortung bringt Jonas kritisch gegen einen ressourcenhungrigen, auf kurzfristige Effizienz abstellenden Kapitalismus, stärker aber noch gegen einen marxistischen Utopismus, insbesondere Ernst Blochs „Prinzip Hoffnung", zur Geltung (ebd., 256–393). Die Realisierung der utopischen Befreiung des Menschen von entfremdender Arbeit hin zu einer „wirklichen" Muße als *terra utopica* impliziert eine katastrophale Überbelastung der Ökosphäre. Zudem verkennt Blochs eschatologische (quasignostische) „Ontologie des Noch-Nicht-Seins" des Menschen die Würde der Lebenden, da sie deren Geschichte und Gegenwart als bloßen „Vor-Schein des Eigentlichen, das erst kommt" (ebd., 387) entwertet und den Sinn der menschlichen Natur verkennt, die als solche Leid und Tod ausgesetzt wie auch „für Gut und Böse offen" ist.

Zurückhaltend, aber fatalismuskritisch schätzt Jonas die Realisierungschancen der Zukunftsverantwortung in freiheitlich-demokratischen Systemen ein. Mittels verfassungsrechtlicher Grundpflichten sollen wir das Ganze der Natur der Macht ökonomischer und politischer Nah-Interessen entziehen. Gegen pragmatische Sorglosigkeit und technischen Utopismus richtet er die Warnung, es nicht zu einer Situation kommen zu lassen, in der nur noch der Dispens der Demokratie (mit ihrer langwierigen Willensbildung) zugunsten von Notprogrammen die Ökosphäre vor dem Kollaps retten könnte (Jonas 1979, 302–305; 1987, 41–42).

Das „Prinzip Verantwortung" ist als Schlagwort seit Jahren in der Öffentlichkeit präsent. Auch ist die neuere bioethische Debatte ohne die Stellungnahmen von Jonas kaum denkbar. Inzwischen wird Jonas' Werk aber auf ganzer Breite international diskutiert (Böhler, Gronke, Herrmann 2008, Tirosh-Samuelson, Wiese 2008).

Im philosophischen Diskurs hat Vittorio Hösle (Hösle 1997) den ontologischen Ansatz von Jonas in einen objektiven Idealismus integriert und zu einer detaillierten, bis in sozial- und rechtspolitische Fragen ausgreifenden Wertethik ausgebaut. Ebenso wie Jonas' eigener Ansatz setzt sich freilich auch dieser Versuch dem Einwand aus, einen logisch unmöglichen Schluss vom Sein auf ein Sollen („naturalistic fallacy") zu propagieren. Die von Karl-Otto Apel begründete Diskursethik will Jonas' Anliegen der Zukunftsverantwortung aus dem metaphysischen Kontext lösen (Apel 1988). Die Kernkonstellation der Zukunftsverantwortung lasse sich nicht auf die asymmetrische Beziehung zwischen Mensch und Natur reduzieren, sondern umfasse zugleich die symmetrische Beziehung von Rechten und Pflichten, in der Personen für ihre Handlungen und deren Folgen einander Rechenschaft geben. Durch eine Reflexion auf den je aktuellen Diskurs lasse sich zeigen, dass wir zur Schonung natürlicher Ressourcen als notwendiger Voraussetzung aktueller wie künftiger Diskurse verpflichtet sind. Überdies sei Jonas' einseitige Perspektive der Bewahrung um eine kritisch moralische Perspektive des globalen Fortschritts von Gerechtigkeit und Achtung der Menschenwürde zu erweitern (Apel 1988, 141 f., 198 ff., 212 ff.).

Literatur: Jonas 1973, Jonas 1979, Jonas 1985, Böhler 2004, Böhler, Gronke, Herrmann 2008, Hösle 1997
Bibliographie: Böhler 1994, Tirosh-Samuelson, Wiese 2008, 523–529

Jens-Peter Brune

Kamlah, Wilhelm

Geboren 1905 in Hohendorf (heute: Neugattersleben in Sachsen-Anhalt), gestorben 1976 in Erlangen. 1924–30 Studium der Musikwissenschaft, Geschichte, Philosophie (bei Heidegger) und Theologie (bei Bultmann) in Göttingen, Tübingen, Heidelberg und Marburg. 1931 Promotion in Geschichte (bei P. E. Schramm in Göttingen), 1940 Habilitation in Philosophie (in Königsberg). 1951 außerordentlicher Professor an der Technischen Hochschule Hannover, ab 1954 ordentlicher Professor in Erlangen, 1970 Emeritierung.

Im Mittelpunkt des intellektuellen Werdegangs Kamlahs stehen die den Menschen bedrängenden existentiellen Fragen, die sein philosophisches Werk über gut vier Jahrzehnte hinweg bestimmen. Bis etwa Mitte der 1950er Jahre erfolgt ihre Bearbeitung wesentlich unter dem Einfluss Heideggers und Bultmanns, während sich Kamlah spätestens ab 1954 einem sprachkritischen Zugang verpflichtet. Für Kamlah war Philosophie Zeit seines Lebens nicht bloß theoretisches Räsonieren über lebenspraktische Fragen, sondern stets ein Denken um des Menschen willen, das als reflektierte Lebensführung auch handlungswirksam werden muss.

Das bereits in der geschichtswissenschaftlichen Dissertation *Apokalypse und Geschichtstheologie* (Kamlah 1935) angelegte theologische und philosophische Sachinteresse führt in der Habilitationsschrift *Christentum und Selbstbehauptung* (Kamlah 1951) zu einem ersten anthropologischen Entwurf, der sich mit der Frage auseinandersetzt, ob die Vorstellung von der Autonomie des Menschen in der Neuzeit noch vereinbar ist mit einem religiösen Bewusstsein der Abhängigkeit und des Ausgeliefertseins. Kamlahs Untersuchung ist beeinflusst durch Heideggers Daseinsanalyse sowie Bultmanns theologische Analyse des neutestamentlichen Begriffs des Glaubens. Im Unterschied zu Heidegger bedient Kamlah keine Existenzphilosophie der heroischen Selbstbehauptung, sondern eine Philosophie der dienenden Hinnahme. Die damit benannte Grunderfahrung der Gelöstheit, die in Kamlahs Anthropologie dauerhaft die zentrale Bedingung für ein gelingendes Leben darstellt, wird im Unterschied zu Bultmann nicht als Ergebnis göttlicher Offenbarung verstanden, sondern als eine philosophische Erfahrung. Die Entmythisierung des Neuen Testaments wird also konsequenter vollzogen, als es bei Bultmann je vorgesehen war. Damit deutet sich an, was in Kamlahs erstem anthropologischen Hauptwerk *Der Mensch in der Profanität* (Kamlah 1949) zur leitenden Einsicht wird: In unserer Zeit bedürfen wir zur Lebenshilfe nicht der mythischen Autorität, sondern der hier und jetzt rechtfertigbaren Ratschläge zur Lebensführung, wobei Vernunft und Offenbarung zusammen neu zu begründen sind. Der Mensch in der Profanität ist ein Mensch ohne Religion, aber die Überwindung der Religiosität durch die profane Vernunft führt in der Neuzeit zu Zynismus und Ohnmacht. Kamlahs Entwurf einer vernehmenden Vernunft sieht entsprechend eine Vereinigung zwischen Selbstbestimmung und Machtlosigkeit, zwischen Autonomie und Heteronomie vor.

1954 erfolgt Kamlahs Abkehr von Heidegger durch einen offenen Brief (Kamlah 1954). In diesem wirft er Heidegger vor, Philosophie nicht mehr ernst zu nehmen, weil dieser sich einzig den „Gespinsten von Worten", der „Technik des Sprachzaubers" und dem „snobistischen Gerede" (ebd., 115) hingebe, während für Kamlah die klare und einfache Rede zusehends deutlicher zu einer unverzichtbaren Bedingung vernünftigen Philosophierens wird. Dies ist eines der Motive, die zur Zusammenarbeit mit Paul Lorenzen und zur Begründung der methodisch-konstruktiven Wissenschaftstheorie führt, um der „Disziplinlosigkeit des monologischen Drauflosschreibens und Aneinandervorbeiredens" (Kamlah, Lorenzen 1967, 13) entgegenzuwirken. So stellt die von beiden verfasste *Logische Propädeutik* (Kamlah, Lorenzen 1967) ein sprachkritisches Instrumentarium bereit, das dem Abbau der Bildungssprache in der alltäglichen Rede sowie dem Aufbau präziser Wissenschaftssprachen dient. Im Lichte dieser Wende zur Logik und Wissenschaftstheorie erachtet Kamlah sein anthropologisches Frühwerk *Der Mensch in der Profanität* als vorkritisch, da es „eher Literatur als strenge Philosophie" (Kamlah 1972, 7) ist. Im Mittelpunkt seiner *Philosophischen Anthropologie* (Kamlah 1972) stehen nach wie vor die den Menschen bedrängenden existentiellen Fragen. Ihre Behandlung geht nicht mehr von anthropologischen Konstanten aus, sondern setzt mit einer deskriptiven Analyse lebensweltlicher Erfahrung ein, an die sich im normativen Teil die Formulierung der praktischen Grundnorm „Beachte, dass die Anderen bedürftige Menschen sind wie du selbst, und handle demgemäß!" (ebd., 95) anschließt. Die damit noch offene Grundfrage nach dem Leben-Können greift Kamlah im abschließenden Kapitel auf, in dem die eudämonistische Ethik als eine Philosophie der Lebenskunst verstanden wird. Gelingendes Leben zeigt sich in der Grunderfahrung des „fallen/loslassen/ruhen Könnens" (ebd., 158). Mittels dieser reflektierten Gelöstheit diskutiert Kamlah zudem die Frage nach einem gerechtfertigten Freitod, die schließlich auch Gegenstand seiner Vermächtnisschrift *Meditatio Mortis* ist (Kamlah 1976).

Literatur: Kamlah 1949, Kamlah 1951, Kamlah 1972, Bultmann 1941a, Gethmann 1991, Mittelstraß, Riedel 1978
Webseite: www.uni-konstanz.de/FuF/Philo/philarchiv/bestaende/Kamlah.htm

Matthias Wille

Kelsen, Hans

Geboren 1881 in Prag, gestorben 1973 in Orinda (Kalifornien). Herkunft aus einer deutschsprachigen jüdischen Familie, Studium der Rechtswissenschaften an der Universität Wien. 1918–30 ebendort Professor für Staats- und Verwaltungsrecht und Rechtsphilosophie, 1930–33 Professor für Völkerrecht an der Universität Köln, 1933–40 Professor für Völkerrecht in Genf und Prag. 1940 Auswanderung in die USA, 1940–42 Harvard Law School, 1942–52 University of California in Berkeley.

Kelsen war nicht nur Verfassungs- und Völkerrechtler und maßgeblich an der Erarbeitung der österreichischen Bundesverfassung beteiligt, sondern auch ein führender Vertreter der positivistischen Wiener Schule der Rechtstheorie. Sein frühes rechtsphilosophisches Denken, das seinen Höhepunkt in der ersten Auflage der *Reinen Rechtslehre* (Kelsen 1934) findet, ist – anders oder zumindest offenkundiger als das Spätwerk (Kelsen 1960, 1979) – stark vom Neukantianismus geprägt. Allerdings lässt sich Kelsen, wie etwa auch Hermann Cohen, weniger von Kants ethischen und rechtsphilosophischen Schriften inspirieren als von der transzendentallogischen Argumentation der *Kritik der reinen Vernunft*. Die Frage, die ihn zur Entwicklung seiner von Anfang an hochumstrittenen Theorie der Rechtsgeltung veranlasst, ist die Frage nach der Bedingung der Möglichkeit von objektiver Rechtserkenntnis. Nach Kelsen hat die Geltung einer Norm ihren Grund immer in einer höheren Norm. Die höchste Norm, die letzte Grundlage jeglichen Sollens in einem Normensystem, bildet die „Grundnorm". Diese ist für eine moralische Ordnung naturgemäß eine andere als für eine hierarchisch strukturierte, dynamische Rechtsordnung.

Kelsen beharrt auf der Eigenart des Rechts, die nur ein Denken vollständig erfassen kann, das strikt zwischen Sein und Sollen unterscheidet und dabei Letzteres gerade nicht als *moralisches* Sollen versteht. Dementsprechend konzipiert er die Grundnorm des Rechts nicht als tatsächliches moralisches Gebot, sich dem Recht entsprechend zu verhalten, sondern als lediglich hypothetisch anzunehmende transzendentale Geltungsvoraussetzung. Auch eine positivrechtliche Norm ist sie nicht: „Ebenso wie die transzendentalen Gesetze der Erkenntnis nicht Erfahrungsgesetze, sondern nur die Bedingung aller Erfahrung sind, so ist die Grundnorm kein positiver Rechtssatz, kein positives Rechtsgesetz, weil nicht selbst gesetzt, sondern nur vorausgesetzt: die Bedingung aller positiver Rechtsnormen. Und so wie man die empirische Welt nicht *aus* den transzendentalen Gesetzen, sondern nur *vermittels* ihrer begreifen kann, so kann man das positive Recht nicht etwa aus der Grundnorm gewinnen, sondern nur vermittels ihrer begreifen." (Kelsen 1928, 64 f.) Damit unterscheidet sich Kelsens Ansatz deutlich vom dem anderer neukantianischer Rechtsphilosophen seiner Zeit, die, wie z. B. Emil Lask oder Gustav Radbruch, noch immer irgendwie an der Idee des *richtigen* Rechts festhalten.

Als Begründer der „Reinen Rechtslehre" wendet sich Kelsen nicht nur gegen sämtliche Naturrechtslehren, sondern auch gegen die Ende des 19. und Anfang des 20. Jahrhunderts gängigen positivistischen Theorien des Rechts, die nach seiner Auffassung dem Naturalismus verhaftet bleiben, indem sie die Geltung des Rechts aus empirischen Fakten wie Wirksamkeit, Anerkennung oder (souveräner) Autorität ableiten. Ein gewisses Maß an empirischer Wirksamkeit sieht allerdings auch Kelsen als notwendige Bedingung für die Existenz eines Rechtssystems an. Seine Kritik richtet sich gegen den Reduktionismus, und dabei vor allem gegen jene psychologistischen Lehren, die, wie Georg Jellineks Theorie, Rechtsnormen letztlich als „*Seins*-Regeln" begreifen, „die sich – psychologisch – im subjektiven Bewußtsein des regelhaft Handelnden als Sollen spiegeln" (Kelsen 1922, 119). Der Rechtstheoretiker und Jurist Kelsen befindet sich damit in Gesellschaft einer Reihe von Philosophen und Logikern, die den Psychologismus auf anderen Gebieten bekämpfen (u. a. Gottlob Frege, Heinrich Rickert und Edmund Husserl).

Der Verzicht auf alle inhaltlichen Vorgaben für das Recht und die strenge Trennung zwischen dem Gegenstand der empirischen (Sozial-)Wissenschaften und dem Gegenstand der Rechtswissenschaft setzt sich in Kelsens Staatstheorie fort (Kelsen 1922, 1925, 1934, Kap. VIII). Der Staat ist demnach kein soziologisch fassbarer Verband von Menschen, jedenfalls nicht primär, sondern die Rechtsordnung selbst, die vollendete Form des positiven Rechts: „Der Begriff des Staates spielt in der Rechtswissenschaft durchaus die gleiche Rolle wie der Begriff der ‚Kraft' in der Physik, der Begriff der ‚Seele' in der Psychologie, allgemein der Begriff der Substanz in der Naturwissenschaft. […] Und wenn die moderne Physik den Begriff der Kraft aus ihrem Erkenntnissystem eliminiert hat, so wie die moderne Psychologie keine von den einzelnen psychischen Akten verschiedene ‚Seele' mehr kennt, so muß die Rechtswissenschaft den Staat *als ein von der Rechtsordnung verschiedenes Wesen* aus ihrem Bereich ausscheiden." (Kelsen 1922, 206 ff.) Kelsen leugnet nicht, dass sich auch aus soziologisch-empirischer Perspektive Interessantes über den Staat sagen lässt. Allerdings hat der dabei zur Anwendung kommende materielle Staatsbegriff den formalen Staatsbegriff zur Voraussetzung.

Die Behauptung der Identität von Recht und Staat stellt eine dem damaligen Zeitgeist geradezu diametral entgegenstehende Profanisierung des Staates dar. Repräsentanten des Staates sind für Kelsen keine mehr oder weniger mächtigen Menschen, sondern schlicht Organe der Rechtsordnung, bloße juristische Zurechnungspunkte. Das gilt für die Ministerin genauso wie für eine Vertragspartei oder das Blutrache vollziehende Mitglied eines Naturvolkes. Weder der Staat noch der einzelne Mensch verfügt über natürliche Rechte, und wie der Staat keine andere Macht als die Rechtsmacht hat, so kann sich der Einzelne nicht auf höheres Recht berufen, wenn er gegen den Staat Widerstand leistet. Damit ist nicht ausgeschlossen, dass Menschen gute Gründe haben mögen, dem positiven Recht und also dem Staat den Gehorsam zu verweigern. Darüber zu urteilen ist aber nicht Aufgabe der Rechtswissenschaft, die nur das positivrechtliche Sollen wertfrei zu beschreiben hat.

Wenig überraschend hat dies Kelsen Vorwürfe von verschiedenen Seiten eingebracht. Während die einen „Staatsvergottung" annehmen und die positivistische Neutralität des Kelsen'schen Rechts- und Staatsdenken als Willfährigkeit gegenüber den jeweiligen Machthabern deuten, unterstellen die anderen Anarchismus, Nihilismus oder liberalbürgerliche Dekadenz. Tatsächlich ist Kelsen, anders als viele Staatsrechtslehrer seiner Zeit, überzeugter Demokrat – allerdings ohne zu glauben, eine rationale Begründung dafür anbieten zu können. Zwar ist die Demokratie für ihn abhängig von bestimmten Wertprämissen, die auch einer systematisch-wissenschaftlich Rekonstruktion zugänglich sind. Aber ihrem Wesen nach handelt es sich bei diesen Prämissen um Setzungen, die man vornimmt oder eben nicht. Nur wer Demokratie möchte, kann nicht auf sie verzichten. Während die Grundnorm bereits voraussetzt, wer dem Recht Existenz als objektive Ordnung des Sollens zubilligt (mag er sich durch sie auch nicht moralisch gebunden fühlen), sind die Wertprämissen der Demokratie also wenig mehr als subjektive Präferenzen. Als Basiswert der Demokratie betrachtet Kelsen – gegen Carl Schmitt die Gespaltenheit und Heterogenität des Volkes betonend – die Freiheit des Einzelnen bzw.

die gleiche Freiheit aller. Während der frühere Kelsen aber noch einen Gegensatz von Liberalismus und Demokratie annimmt (Kelsen 1929), bezieht der spätere Kelsen dem Mehrheitsentscheid entzogene individuelle Rechte ausdrücklich in seine Begriffsbestimmung ein (Kelsen 1955). Auf diese Weise werden Diskurs und Deliberation *vor* der Abstimmung zu einem konstitutiven Merkmal der Demokratie erhoben.

Abgesehen vom Wert der Freiheit gründet nach Kelsen die Demokratie auf dem Wertrelativismus, verstanden als Ablehnung der Idee absoluter Werte und als Anerkennung der Notwendigkeit von Toleranz und Kompromiss. Im Ergebnis können ihm hier viele liberale Gegenwartsphilosophen der Politik, nicht zuletzt Diskursethiker, recht weitgehend zustimmen – auch wenn sie seine Metaethik nicht teilen, sich selbst nicht als Relativisten beschreiben und etwas schärfer unterscheiden zwischen vernünftiger Rechtfertigung und rationaler Letztbegründung.

Während Kelsen im angelsächsischen Raum, abgesehen von der Kritik des Oxford-Rechtsphilosophen H. L. A. Hart, lange Zeit kaum rezipiert wurde, haben seine Lehren in der deutschsprachigen Rechts- und Staatstheorie sowie in Südamerika und Ostasien großen Eindruck hinterlassen. Besonders fest verankert ist die kelsensche Tradition nach wie vor in Wien, wo sie von hochrangigen Verfassungsrechtlern im Rahmen des Hans-Kelsen-Instituts weitergeführt wird. In den letzten Jahren ist aber auch in England und in den USA das Interesse an Kelsen wieder deutlich gewachsen. Den Programmen internationaler Konferenzen und Kongresse nach zu urteilen wird Kelsen auch weiterhin nicht bloß die Ideengeschichte beschäftigen. Das dürfte nicht zuletzt damit zusammenhängen, dass ein weitgehend entsubstanzialisierter Rechts- und Staatsbegriff für die Analyse globalisierungsbedingter Veränderungen der Form von Recht und Politik mehr zu versprechen scheint als ein überkommenes Souveränitätsdenken.

Literatur: Kelsen 1928, Kelsen 1934, Kelsen 2006, Dreier 1986, Paulsen, Stolleis 2005, Walter, Ogris, Olechowski 2009
Webseiten: www.hans-kelsen.org

Christian Hiebaum

Klages, Ludwig

Geboren 1872 in Hannover, gestorben 1956 in Kilchberg (Schweiz). Nach einem Studium der Chemie, Physik, Philosophie und Psychologie 1900 Promotion in Chemie. Mitbegründer der Deutschen Graphologischen Gesellschaft (1896) sowie der „Kosmologischen Runde" (1899–1904). 1905 Gründung eines „Psychodiagnostischen Seminars" in München und 1920 eines „Seminars für Ausdruckskunde" in der Schweiz (Kilchberg).

Als außerakademisch engagierter Privatgelehrter hat Klages nicht nur philosophisch, sondern zudem als Charakterologe, Graphologe und Ausdruckstheoretiker gewirkt. Klages gilt als Vertreter der Lebensphilosophie, die er als biozentrische Metaphysik und Naturhermeneutik betreibt. Latente Beziehungen unterhält sein Denken zur Phänomenologie, zur Prozessontologie (Nicolai Hartmann, Alfred N. Whitehead) sowie zur Philosophischen Anthropologie; manifeste Bezüge bestehen zur romantischen Natur- und Kulturphilosophie (Johann Jakob Bachofen, Carl Gustav Carus), zum biopsychologischen Vitalismus (Hans Driesch, Menyhért Palágyi) sowie zur frühen (Schopenhauer, Nietzsche) und späten Lebensphilosophie (Bergson, Lessing, Spengler). Da Klages, ähnlich wie fast zeitgleich Heidegger, den Anspruch erhebt, die traditionelle Ontologie radikal umzubilden, weist er eine Beeinflussung durch vorausgehende Denker zumeist zurück. Offenkundige Einflüsse gehen jedoch u. a. von Heraklit, Goethe, Nietzsche und Palágyi aus.

Im Zentrum der Philosophie von Klages steht die Kritik am Logozentrismus der abendländischen Philosophie und der Wissenschaften, dem ein systematisch breit entfalteter Biozentrismus entgegengestellt wird. Dieser zeichnet sich zwischen 1910 und 1925 in kleineren Schriften ab (Klages 1920, 1921, 1922) und erreicht in Klages' Hauptwerk *Der Geist als Widersacher der Seele* (Klages 1929) seinen 1500 Seiten starken Höhepunkt. Die ausdruckspsychologischen, charakterologischen und graphologischen Schriften, die das metaphysische Werk von Klages mehr als nur flankieren, dienen der Konkretisierung philosophischer Einsichten auf empirischen Anwendungsfeldern. Dies gilt etwa für *Die Prinzipien der Charakterologie* (Klages 1910), *Handschrift und Charakter* (Klages 1917), *Die psychologischen Errungenschaften Nietzsches* (Klages 1926), die *Grundlegung der Wissenschaft vom Ausdruck* (Klages 1935) sowie *Die Sprache als Quell der Seelenkunde* (Klages 1948).

Ausgangspunkt von Klages' Lebenslehre ist der unversöhnliche Widerstreit zwischen Leben und Geist. Der Geist wird als außerraumzeitliches Prinzip verstanden: Einem Infekt vergleichbar befällt er das raumzeitlich wirkliche, leibseelisch organisierte „Prinzip Leben", welches dadurch von seinen vitalen Ursprüngen entfremdet wird. Als klares Zeugnis dieser Entfremdung wertet Klages das begriffliche Denken in Wissenschaft und Philosophie. Die Leistung von Begriffen besteht ihm zufolge in der Objektivierung eines substratlos-fließenden Lebensgeschehens, das als solches jedoch nicht konzeptuell erfasst, sondern allein in pathischen Weisen des Erlebens zugänglich ist. Sämtliche Grundbegriffe der klassischen Ontologie, darunter etwa der Ding-, der Gesetzes- oder der Personbegriff, sind laut Klages abstrakte Tätigkeitsprodukte des Geistes. Da ihnen in der symbolisch verfassten Erlebniswirklichkeit nichts entspricht, referieren Begriffe auf bloße „Phantome" (Klages 1929, 1235) der Erscheinungen. Während das Geist-Prinzip auf theoretischem Gebiet primär in Gestalt sprachlicher und gedanklicher Rationalisierungen in Erscheinung tritt, verbindet es sich in der Praxis mit dem an das persönliche Ich gebundenen Willen, dessen Wesen sich in der Vorbereitung naturzerstörerischer Zweckhandlungen erschöpft. Die technisch-praktische Destruktion des Lebens mittels Willen und Bewusstsein betrifft laut Klages die gesamte Wirklichkeit; also sowohl die äußere Natur (die Erde und ihre Lebewesen) als auch die menschliche Kultur, die unter der Überlast technischer Imperative zur Zivilisation verkommt.

Das psychologische Pendant zur kosmischen Geist-Leben-Dualität liegt Klages zufolge in der Zweiheit von Erlebnis und Bewusstsein. Gegen die cartesianische Trennung von Körper und Geist reaktiviert Klages die antike Trias von Leib, Seele und Geist. In ihrer vorpersonalen Ursprünglichkeit bilden leibseelische Prozesse die „Pole der Lebenszelle" (ebd., 7), welche den pflanzlichen, tierischen und menschlichen Lebensvollzug ganzheitlich auf die Wirklichkeit abstimmen. Auf personalem Niveau dagegen bewirkt der Eingriff des Geistes die Zerstörung einer Wirklichkeit der Bilder, die sich, der rationalen Auffassung unzugänglich, einzig einem gefühlsmäßigen „Schauen" (ebd., 280) öffnet. An die Stelle der Bilder treten so das Empfinden (physischer Widerstände), die Wahrnehmung (sinnlicher Gegenstände) sowie das Denken (mittels zeitloser Begriffe). Während die nichtpersonale und daher geistungestörte Seele dem „Zug der Bilder" (ebd., 600) in Richtung des vergehenden Lebensgeschehens träumerisch nachhängt, fixiert die durch Wachheit charakterisierte geistige Lebensanschauung alles seelisch Geschaute in einer (Geistes-)Gegenwart, in welcher schließlich nur noch Tatsächliches objektiv registriert wird. Transzendiert wird das so festgestellte Faktische allenfalls noch in Gestalt eines Zweck- und Fortschrittsdenkens, das jedoch aufgrund seiner Zukunftsorientierung ebenfalls auf etwas Unwirkliches verweist.

Klages spitzt die Widersacher-These geschichtsphilosophisch zu. Das Ergebnis ist eine zivilisationsskeptische Verfallshistorie, in deren Verlauf sich die geschichtliche Menschheit durch gesteigerte Rationalisierung, durch einen rastlosen Willen zur Macht sowie durch eine totalitäre Tendenz zur Naturbeherrschung mit logischer Notwendigkeit selbst abschafft. Das Gegenstück zur historischen Menschheit bildet das vorgeschichtliche „Weltbild des Pelasgertums" (ebd., 1249), welches Klages aus kulturethnologischer Perspektive sowie in neopaganer Absicht einführt. In der Figur des frühgriechischen Pelasgers, die Klages unter Bezugnahme auf Ideen Bachofens, Nietzsches und Alfred Schulers zeichnet, entsteht das Modell eines naturverbundenen, noch völlig bildgefesselten Menschen. Allerdings geht es Klages, ähnlich wie Rousseau in seinen Schriften zur Kulturentstehung, nicht um die realgeschichtliche Existenz bzw. Existenzweise des natürlichen Menschen. Das Pelasgertum dient ihm vielmehr als eine Differenzgröße zur Veranschaulichung derjenigen Beschädigungen, die durch die Überhandnahme des Logos in Theorie und Praxis entstanden sind. Insofern ist Klages' Urzustandskonstruktion als methodischer Topos zu betrachten, der mit Husserls Rekonstruktion einer vorwissenschaftlichen Lebenswelt ebenso vergleichbar ist wie mit Cassirers Philosophie des mythischen Bewusstseins.

Bis Mitte des 20. Jahrhunderts übt Klages' Denken erheblichen Einfluss auf unterschiedliche Wissenschaftsgebiete aus, so etwa auf die Psychologie (Gordon Allport, Robert Heiß, Karl Jaspers, Albert Wellek), die Sprachwissenschaft (Karl Bühler), die Kulturphilosophie (Walter Benjamin, Erich Rothacker), die Soziologie (Hans Freyer, Werner Sombart) sowie die Philosophische Anthropologie und Biologie (F. J. J. Buytendijk, Arnold Gehlen, Helmuth Plessner, Adolf Portmann). Nach 1945 verflachen diese Wirkungslinien merklich, obschon eine untergründige Wirkungsgeschichte national wie international fortbesteht (Kasdorff 1969). In der zweiten Jahrhunderthälfte wird Klages zumeist als Repräsentant eines lebensphilosophischen Irrationalismus rezipiert – dabei wirken sein Kulturpessimismus, vor allem aber sein (nicht rassentheoretisch begründeter) Antijudaismus rezeptionshemmend. In jüngerer Zeit sind Tendenzen dahingehend erkennbar, die ideologisch unbelasteten Dimensionen seines Denkens wiederzubeleben. Die entsprechenden Anknüpfungen an Klages gehen u. a. in Richtung auf eine allgemeine Renaissance der Lebensphilosophie (Kozljanic 2004), eine ökologisch akzentuierte Philosophie der Natur (Behnke 1999) sowie eine „Neue Phänomenologie" (Hermann Schmitz). Ob Klages im 21. Jahrhundert das Schicksal des Vergessenwerdens, vor dem selbst ehemals so prominente Philosophen wie Nicolai Hartmann und Josef König nicht sicher sind, tatsächlich ereilen wird, bleibt abzuwarten.

Literatur: Klages 1910, Klages 1929, Klages 1935, Falter 2003, Großheim 1994, Kasdorff 1969
Hilfsmittel: Jahrbuch 1960

Thomas Rolf

König, Josef

Geboren 1893 in Kaiserslautern, gestorben 1974 in Göttingen. 1912–14 Studium der Philosophie und klassischen Philologie in Heidelberg, Marburg und München. Nach der Teilnahme am ersten Weltkrieg Fortsetzung des Studiums in Göttingen, 1923 Promotion. Noch vor seiner 1935 erfolgten Habilitation Ruf nach Hamburg als Nachfolger auf den Lehrstuhl Cassirers. Da dieser Ruf vom Ministerium in Berlin blockiert wurde, ließ die Universität Hamburg die Stelle unbesetzt und berief König 1946. Von 1953 bis zur Emeritierung 1961 Professor für Philosophie in Göttingen.

König ist Schüler von Georg Misch und knüpft, beginnend mit der Dissertation von 1924 zum Begriff der Intuition (König 1926), an dessen Projekt einer Göttinger Lebenslogik respektive einer Ausdrucks-Hermeneutik an. Dabei betont er vor allem das logische Moment des gemeinsamen lebenslogischen Projekts; der Titel seiner Habilitation *Sein und Denken* ist Programm einer Philosophie des *logos*: Es umfasst Studien im Grenzgebiet von Logik, Ontologie und Sprachphilosophie (König 1937). Neben der antiken ist die hegelsche Philosophie die Hintergrundfolie seines Philosophierens – Vorlesungen zur Philosophie Hegels (WiSe 1935/36, SoSe 1936) sind bisher noch nicht aus dem Nachlass veröffentlicht (Hinweise bei Schürmann 1998).

Von König veröffentlicht sind lediglich neun, jedoch durchweg „gewichtige Bücher und Aufsätze" (Patzig 1974, 79): neben der Dissertation und Habilitation sechs umfangreiche Abhandlungen (König 1978) sowie die umfassende Darstellung und Würdigung seines Lehrers Georg Misch (König 1967). Die Arbeiten sind in einem eigentümlichen Duktus geschrieben, der den Zugang schwer und leicht zugleich macht. Die Argumentationen verfolgen nahezu ausschließlich eine bestimmte Sachfrage, während beinahe jeder Bezug auf andere Texte neutralisiert ist. Falls man sich darauf einlässt, bieten sie jedoch in ihrer Feingliedrigkeit und Akribie einen hohen intellektuellen Genuss. König hört auf feinste Unterscheidungen unseres alltäglichen, wissenschaftlichen und philosophischen Sprechens, und eine seiner wichtigsten logischen Figuren ist die der „mittleren Eigentlichkeit", sichtbar dort, wo derselbe Wortlaut Verschiedenes meinen kann und eine Bedeutung nicht nur aus didaktischen Gründen, sondern aufgrund der Sache selbst gegen Fälle rein eigentlicher und rein uneigentlicher Bedeutung abgegrenzt werden muss. König erklärt gelegentlich „eine Art gewollter Schwerhörigkeit" zur „philosophische[n] Tugend" (König 1957, 265), und ihm wird ein „gleichsam absolute[s] Gehör[] für feine […] Unterschiede" bescheinigt (Delius, Patzig 1964a, VII). Anderseits kann man mit schlecht gehörten Unterschieden „sehr viel Lärm" machen (König 1949, 224). Insofern ist der Titel der Festschrift *Argumentationen* (Delius, Patzig 1964, mit Beiträgen u. a. von Adorno, Dahrendorf, Lorenzen, Plessner, Snell, C. F. von Weizsäcker) einerseits glücklich gewählt, andererseits schlicht falsch. Denn König kennt ein „nur" argumentatives Antworten (König 1937, 93); ein Argument zu geben, ist gleichsam nur heuristisch, denn ein

Argument muss andere Gründe bemühen, d. h. Gründe außerhalb derjenigen Sache, die gerade verhandelt wird (Schürmann 1999, 62 f.). Über die genannten Arbeiten hinaus ist mittlerweile einiges aus dem Nachlass veröffentlicht (König 1935, 1935a, 1936, 1944, 1948, 1953, 1994, 2004).

Eine leitende Fragestellung übernimmt König von Misch, nämlich die nach dem Verhältnis von traditioneller und lebensphilosophischer Logik. Auch König geht entschieden davon aus, dass eine Philosophie des Logos nicht auf traditionelle, formale, mathematische Logik reduziert werden kann. Das, was er in Bezug auf Misch festhält – „Das Recht zu der Unterscheidung von Logismus und Logik ist insofern recht eigentlich das *hic rhodus hic salta* dieser Philosophie" (König 1948, 136) –, ist auch für ihn selbst leitend. Das Verhältnis zwischen „moderner mathematischer Logik" und „spekulative[r] Logik" ist „bis zur Stunde völlig ungeklärt, unbegriffen, undurchdrungen", und „nur eine noch nicht vorhandene allgemeine philosophische Logik" könnte, „wenn überhaupt", das „Prinzip auch der mathematischen Logik enthalten", nicht aber umgekehrt (König 1946, 32 f.). Dabei vermeidet König jegliche Abwertung der mathematischen Logik – es geht ausschließlich um deren Verortung und Grenzbestimmung (König 1953, 227). In der spärlichen Rezeption sind es vor allem die Arbeiten von Holz, die an diese Programmatik einer spekulativen resp. dialektischen Logik anknüpfen (Holz 1980, 1982, 1983, 2005, Buchheim 1990).

Die Leitfrage nach dem Verhältnis von traditioneller und spekulativer Logik führt dazu, dass König das von Misch eingeführte Prinzip der Verbindlichkeit der Unergründlichkeit zuspitzt. Was man bei Misch, wenn auch mit erheblichen Vorbehalten, immer noch auch als Bereichsunterscheidung von Erklären und Verstehen ansehen kann – die These, dass das rein Diskursive an sich selbst kein Verstehens-Moment im engeren Sinne besitzt und umgekehrt –, versucht König abzuweisen. Wenn Misch Recht hat in der Annahme, dass das Verhältnis von Feststellbarkeit und Unergründlichkeit in jedem Wissen notwendig ist, dann muss sich Mischs Unterscheidung von „rein diskursiv" und „evozierend" auch als eine notwendige Binnendifferenzierung des apophantischen Logos aufzeigen lassen. Genau dies versucht König zu zeigen (König 1937): Er unterscheidet determinierende und modifizierende Prädikationen. Um deren Verhältnis artikulieren zu können, entwickelt bzw. reformuliert er logische Verhältnisbestimmungen, die man vielleicht als eine Logik der Dreiheit oder auch als mediale Logik bezeichnen kann: mittlere Eigentlichkeit, Selbstunterschied, Selbstinterpretation, übergreifendes Allgemeines. Als notwendig erweisen sich je drei Bestimmungen: Eine polare Dualität ist nur im Medium eines Gemeinsamen eine wohlbestimmte Unterscheidung – freilich so, dass dieses dritte Moment nicht als ein drittes Etwas substantialisiert wird. Die Sphäre des Gemeinsamen ist insofern ein Feld (und nicht ein voraus-gesetztes Ganzes), als es „nichts ist als" die Unterscheidung der beiden Pole. Dieses „nichts sein als" ist die logische Mitte zwischen einem reduktionistischen „nichts anderes sein als" und einem substantialistischen „als ein Anderes sein".

Diese Begründungsstruktur ist sichtbar zirkulär: König muss an die Figur einer logischen Mitte appellieren, die es zugleich aufzuzeigen gilt. Er kommt so auf den metaphorischen Grund der Logik im folgenden Sinne: Damit das Postulat einer gewissen logischen Mitte nicht nur eine gedankliche Forderung bleibt (und damit jene Zirkularität eine schlechte), bedarf es eines „Ausdrucks", der diese Logik nicht nur veranschaulicht, sondern diese Struktur an sich selbst aufweist. König meint nun genau dies zeigen zu können: Der Ausdruck „Spiegel" veranschauliche nicht nur einen Selbstunterschied, sondern sei ein Selbstunterschied als veranschaulichter; der Ausdruck „Wecken" veranschauliche nicht nur eine „geschichtliche (statt organische) Kontinuität" (König 1967), sondern sei eine solche Kontinuität als veranschaulichte; der Ausdruck „Geist (einer Gemeinde)" sei nicht nur die Anschauung einer medialen Vermitteltheit, sondern sei ein prototypischer Fall medialer Vermitteltheit als Idee (Schürmann 1999, Kap. 4). – Hier eröffnet sich geradezu eine Fundgrube für eine Theorie notwendiger Metaphern (König 1937a, Holz 1955, 1961). Gleichsam nebenbei bereichert König an entscheidender Stelle das von Misch begonnene Programm einer „anderen" Hermeneutik. Auch König schaltet um von einer Erlebnis-Hermeneutik auf eine Ausdrucks-Hermeneutik, die kein verborgenes Innen von Ausdrücken mehr kennt – der korrelative Begriff zu Ausdruck ist nicht Erleben, sondern Eindruck.

In beinahe jeder Hinsicht ist die Philosophie von König unausgeschöpft. Es spricht jedoch vieles dafür, dass seine mediale Logik ein grundlegender Beitrag zur Anatomie der „medialen Moderne" ist (Scheier 2000).

Literatur: König 1926, König 1937, König 1978, Holz 1980, Holz 1982, Schürmann 1999

Volker Schürmann

Korsch, Karl

Geboren 1886 in Tostedt (Lüneburger Heide), gestorben 1961 in Belmont (Massachusetts). 1906–10 Studium der Rechtswissenschaften, Nationalökonomie und Philosophie. Juristische Promotion und Habilitation 1911 bzw. 1919. 1923 Professor für Zivil-, Prozess- und Arbeitsrecht in Jena. 1933 aus dem Universitätsdienst entlassen, Emigration nach Dänemark, England und schließlich in die USA. Zahlreiche Gastprofessuren, aus politischen Gründen jedoch kein Ruf in den USA.

Karl Korsch gilt mit Georg Lukács und Antonio Gramsci als Begründer des kritischen oder „westlichen" Marxismus (Anderson 1978). Er ist ein politischer Aktivist, dessen Entwicklung vom rechten Flügel der Sozialdemokratie zum revolutionären Marxismus führt. Engagiert er sich zunächst in der sozialliberalen Studentenbewegung und schließt sich in England der Fabian Society an, führt die politische Entwicklung 1919 zu einer Revision seiner „sozial-idealistischen Vergangenheit" (Buckmiller 1973, 35).

Was ist Sozialisierung? – Nach dem Zusammenbruch des Deutschen Kaiserreichs wird 1918 eine Sozialisierungskommission eingesetzt, der Korsch als Assistent des Kathedersozialisten Wilbrandt angehört. In *Was ist Sozialisierung?* lehnt er ausgehend von Marx' relationalem Kapitalbegriff Bernsteins Vorschlag ab, den Privatbesitz an Produktionsmitteln lediglich unter öffentlich-rechtliche Kontrolle zu stellen; Sozialisierung bestehe in der „*gänzliche[n]* Ausschaltung des Privateigentümers aus dem gesellschaftlichen Produktionsprozeß" (Korsch 1919, 106). Korsch positiviert diesen Sozialisierungsbegriff mittels einer Unterscheidung der Fabier: Im Sozialismus stünden sich die Interessen der Konsumenten und Produzenten gegenüber, was in der Forderung nach einer staatlichen Leitung der Wirtschaft einerseits und in der syndikalistischen Bewegung andererseits zum Ausdruck komme. Als Extreme liefen beide Konzepte auf eine neue Form des Sondereigentums hinaus: auf den Staats- bzw. Produzentenkapitalismus. Korschs Ansatz, einen Ausgleich der Interessen herbeizuführen, wird von der MSPD nicht aufgegriffen; sie entscheidet sich für den privatkapitalistischen Weg. Korsch tritt daraufhin in die USPD ein und später in die VKPD. Das Scheitern der Vergesellschaftung führt er auf die Rückständigkeit der sozialistischen Theorie zurück. Er widmet sich einer intensiven Marx-Lektüre und stellt dabei das Verhältnis von Marxismus und Philosophie in den Mittelpunkt.

Marxismus und Philosophie – Mit *Marxismus und Philosophie* (Korsch 1923, ebenso: Korsch 1930), einem der klassischen Werke des kritischen Marxismus, verfolgt Korsch das Anliegen, für die Philosophie zu leisten, was Lenin mit *Staat und Revolution* auf anderem Gebiet bereits geleistet hat: die „*Wiederherstellung* der wahren Marxschen Lehre" (Lenin 1918, 397 f.).

Mitte des 19. Jahrhunderts hat sich die Philosophie vom deutschen Idealismus abgewendet. Der Grund dafür ist nach Korsch rein ideengeschichtlich nicht einsichtig zu machen; er liegt in der Entwicklung, welche die bürgerliche Gesellschaft seit ihren Anfängen genommen hat: Während der dritte Stand einst Motor einer revolutionäre Bewegung gewesen ist, die ihren „theoretischen Ausdruck" (Korsch 1923, 339) im deutschen Idealismus fand, hat er in den 1840er Jahren seinen revolutionären Charakter an das Proletariat abgetreten – weshalb die bürgerliche Philosophie, wollte sie bürgerlich bleiben, Hegels dialektische Betrachtung der Beziehung von Philosophie und Wirklichkeit aufgeben und dem Marxismus jeden philosophischen Gehalt absprechen musste.

Bekannt wurde *Marxismus und Philosophie* durch den Gedanken, die materialistische Geschichtsauffassung auch auf die marxistische Theorie anzuwenden, die seit ihrer Entstehung drei Phasen durchlaufen hat. In der ersten Phase (1843–48) ist sie eine „trotz aller Absagen an die Philosophie mit philosophischem Denken durch und durch gesättigte Theorie der [...] als lebendige Totalität begriffenen und betätigten sozialen Revolution." (Korsch 1923, 328) Korsch nennt hier zwei Punkte, die sein Verständnis eines kritischen Marxismus ausmachen: 1. Der Begriff gesellschaftlicher Einheit schließt „selbständig nebeneinander bestehende Einzelwissenschaften" aus (Korsch 1923, 331). 2. Theorie weist einen Praxisbezug auf. Der wissenschaftliche Sozialismus darf nicht „als eine Summe von rein wissenschaftlichen Erkenntnissen ohne *unmittelbare* Beziehung zur [...] Praxis des Klassenkampfs aufgefaßt" werden (ebd.). Die Vorstellung einer reinen Theorie, aus der nicht zwingend eine revolutionäre politische Praxis folgt, die sich unter den Marxisten der Zweiten Internationale durchgesetzt hatte, kennzeichnet die zweite Phase. Erst in der dritten Phase (ab 1900) beginnt die Rückbesinnung auf ihre ursprüngliche Intention und deren Weiterentwicklung.

Gemäß des Selbstanwendungspostulats sind die drei Entwicklungsperioden des Marxismus nur „im Zusammenhang mit der realen gesellschaftlichen Gesamtentwicklung" (Korsch 1923, 327) zu verstehen – sie sind „notwendig durchlaufen" worden (ebd.). Diese Determination des Geistigen steht in einem Spannungsverhältnis zu Korschs Kritik der Widerspiegelungstheorie. Der geistige Bereich ist Teil des gesellschaftlichen Ganzen, welches nur durch jenen bestehen kann. Einer reinen Abbildtheorie, die Bewusstsein als einen „unselbständigen Reflex" (Korsch 1923, 351) der materiellen Entwicklung auffasst, erteilt er eine Absage – und argumentiert damit, ohne es zu wissen, gegen Lenins Auffassung in *Marxismus und Empiriokritizismus*. Die Philosophie muss wie der Staat als Teil der sozialen Totalität ernst genommen, die „geistige Aktion [...] bis zu Ende durchgeführt werden." (Korsch 1923, 366 f.)

Leninismus und Leninismuskritik – In der KPD avanciert Korsch zu einem einflussreichen Politiker und Theoretiker. Nach dem Scheitern der Einheitsfronttaktik, die er 1923 noch befürwortet, bringt ihn sein aktivistischer Leninismus (Orsoni 1981, 90 f.) jedoch in einen Gegensatz zur russischen Sektion der Komintern, welche sich schließlich in der KPD mit der These einer zeitweiligen Stabilisierung des Kapitalismus durchsetzt. 1926 wird Korsch aus der KPD ausgeschlossen.

Die kritische Auseinandersetzung mit dem Leninismus erfolgt durch eine erneute Anwendung des materialistischen Prinzips: Die Überwindung des Feudalismus konnte in Russland nicht mit den „bereits verbrauchten Illusionen und Selbsttäuschungen" der bürgerlichen Gesellschaft, sondern nur mittels eines „neuen ideologischen Kostüms" (Korsch 1932, 502) erreicht werden: dem Marxismus, der in Russland eine adaptierte Ideologie war, welche im Dienste der nachholenden Kapitalisierung stand und schließlich zur „Staatsreligion" (Korsch 1932, 507) erhoben wurde. Für Korsch ist der Marxismus-Leninismus eine „ideologische Rechtfertigung eines in seiner tatsächlichen Entwicklungstendenz kapitalistischen und die revolutionäre Bewegung des Proletariats unterdrückenden *Staates*" (ebd.). Gleichwohl führt die russische Revolution dem Proletariat die Möglichkeit seiner Emanzipation vor Augen. Die Vorstellung, mit der disziplinierten Partei den Staat erobern und für die eigenen Belange instrumentalisieren zu können, muss für die Zukunft jedoch aufgegeben und zu dem Pluralismus zurückgefunden werden, der die Erste Internationale noch ausgezeichnet hatte (Korsch 1933, 612). Diese Etatismus-Kritik weitet er auf Marx aus, dessen Revolutionstheorie noch mit den „Muttermalen des Jakobinismus" (Korsch 1931, 500) behaftet ist.

Exil – In dem Buch *Karl Marx*, das hauptsächlich im dänischen Exil entsteht, hebt Korsch die konsequente Differenzierung historisch-spezifischer Produktionsverhältnisse hervor. Er wendet sich gegen eine *Kapital*-Lesart, nach der die Entwicklung der Kategorien die geschichtliche Entstehung des Kapitalismus komplexitätsreduzierend nachzeichne. Der Hauptgegenstand sei die nur begrifflich-systematisch zu fassende Reproduktion des Kapitals auf seiner eigenen Grundlage (Korsch 1929, 249 f.). Obgleich Korschs Überlegungen zur Dialektik als wissenschaftlicher Form der Darstellung im *Kapital* „unexpliziert" (Elbe 2008, 40) bleiben, nehmen sie einen wichtigen Punkt der Neuen Marx-Lektüre früh vorweg. Ende 1936 emigriert er in die USA, überarbeitet dort mehrmals *Karl Marx*, vertieft seine Studien zur Konterrevolution, wirkt an der Zeitschrift des Rätekommunisten Paul Mattick mit, bleibt aber ansonsten weitgehend isoliert.

Neben Erich Gerlach, Heinz Langerhans u. a. beeinflusst Korschs Denken Bertolt Brecht, der ihn in Fragen des Marxismus als seinen „Lehrer" betrachtet (Brecht 1967, 65).

Literatur: Korsch 1923, Korsch 1938, Korsch 1939, Buckmiller 1973, Buckmiller 1981, Zimmermann 1978

Sven Ellmers

Kracauer, Siegfried

Geboren 1889 in Frankfurt am Main, gestorben 1966 in New York. Philosoph, Soziologe, Schriftsteller, Filmhistoriker, Journalist und Essayist. Von 1907–13 Studium der Architektur in Darmstadt, München und Berlin, Promotion 1914. Besucht während des Studiums Vorlesungen der Soziologie und Philosophie, Bekanntschaft mit Georg Simmel. Von 1921–33 arbeitet er zunächst in Frankfurt und dann ab 1930 in Berlin als Redakteur der *Frankfurter Zeitung*. Emigration 1933 erst nach Paris und dann 1941 in die USA, wo er u. a. für das Museum of Modern Art in New York arbeitet.

Das Œuvre von Siegfried Kracauer, das Essays, Romane, zahllose Kritiken, Feuilletons und Rezensionen, diverse Monographien mit einem enormen thematischen Spektrum und nicht zuletzt auch viele wissenschaftliche Aufsätze sowie Hunderte nur im Nachlass zugängliche Gutachten umfasst, ist überaus vielfältig und kann nicht auf eine alles überspannende Theorie zurückgeführt werden.

Nach einigen mittlerweile edierten frühen philosophischen Aufsätzen erschien die Schrift *Soziologie als Wissenschaft* (Kracauer 1922), in der Kracauer sich in Fortsetzung von Theoremen Husserls an einer Profilierung der noch jungen Disziplin als einer dezidiert wissenschaftlichen versucht. Die recht schematische Opposition zwischen der „Geschichte", die es mit einzelnen Ereignissen zu tun habe, und der „Soziologie", die „Regelhaftigkeiten" und „Gesetzmäßigkeiten" zu ihrem Gegenstand habe (die allerdings erst Konsequenz des Vergesellschaftungsprozesses und der damit verbundenen Entfremdung seien), verdeckt das ebenfalls formulierte Bemühen, die Begriffe direkt aus den konkreten Gegebenheiten abzuleiten. Dieser Versuch, das Denken von den konkreten Phänomenen und nicht von den abstrakten theoretischen Begriffssystemen her zu bestimmen, wird auch ein Movens seiner späteren Schriften sein. Wichtig ist bereits hier die Frontstellung zwischen einzelnen, konkreten Phänomenen einerseits und einem abstrakten theoretischen Zugriff, der von diesen abstrahiert. Kracauers weitere Schriften versuchen in je unterschiedlicher Weise, die konkrete phänomenale Wirklichkeit zum Ausgangspunkt der Begriffs- und Theoriebildung zu machen. Diese eigentümliche Perspektive ist als Betonung der Oberfläche beschrieben worden, trifft damit aber nur einen Teil des theoretischen Ansatzes. Weitere wichtige Aspekte sind 1. die Betonung der Alltagswelt und der Massenkultur, die bei ihm – anders als etwa bei Adorno und Horkheimer, denen er in anderen Punkten nahesteht – keineswegs per se abgewertet werden, sondern vielmehr einen auch theoretisch gewichtigen Gegenstand darstellen, 2. die Polyperspektivität (Kracauer fasst sie im Begriff des „Mosaiks"), die seiner Auffassung nach entscheidend ist, um den konkreten Gegenstand theoretisch angemessen in den Blick nehmen zu können, und 3. das, was man als „rettende Kritik" bezeichnen kann.

Daher sind auch die zahlreichen essayistischen und feuilletonistischen Texte Kracauers nicht selten als philosophische Beiträge zu lesen und zu entdecken. Das gilt auch für seine beiden Romane *Ginster* (Kracauer 1928) und *Georg* (Kracauer 1973), die in subtiler Weise narrativ philosophische Fragen aufnehmen und ausbuchstabieren.

Während die in Auszügen erschienene Schrift *Der Detektiv-Roman* (Kracauer 1971) noch theologische und religiöse Motive verhandelt und dabei aber in Anknüpfung an Kierkegaard anhand eines populären Genres existenzphilosophische Fragen aufnimmt, entwerfen der Essay „Das Ornament der Masse" (Kracauer 1927) und das Buch *Die Angestellten* (Kracauer 1930) noch vor Adorno und Horkheimer das Theorem der „Dialektik der Aufklärung", das aber anders als bei diesen nicht in eine geschichtsphilosophische Verfallstheorie mündet. Beide Texte haben einen dezidierten ideologiekritischen Grundzug, den sie mit vielen Arbeiten der Frankfurter Schule teilen, versuchen aber gleichwohl jenseits der Kritik an der unterhaltungsindustriellen Zerstreuung diese als faszinierendes Phänomen einer Ästhetisierung und Poetisierung des Profanen zu lesen. Hunderte von Filmkritiken, die über einen langen Zeitraum entstehen und von denen einige eine regelrecht programmatische Bedeutung haben, zeugen von seiner besonderen Sensibilität für diese doppelte Artikulationsform der Massenkultur. Gleiches gilt auch für den Aufsatz „Die Photographie" (Kracauer 1927a, 97), der auf der einen Seite das technische Medium scharf kritisiert, um es dann auf der anderen für eine rettende Kritik zu nutzen. Die Fotografie eröffnet in Kracauers Deutung gerade durch ihre Kontingenz, Punktualität, Oberflächlichkeit und Geschichtslosigkeit die Möglichkeit, die Wahrnehmung zu schärfen, Geschichte und Natur voneinander zu trennen und „Vorläufigkeit aller gegebenen Konfigurationen nachzuweisen". Die Fotografie ist in diesem Sinne nicht nur Zeichen der Entfremdung, sondern bildgewordene Entfremdung und bietet daher der Wahrnehmung und dem Bewußtsein einen durch Geschichte, Kultur und Bewusstsein unverstellten Blick auf die Natur: „Das photografische Archiv versammelt im Abbild die letzten Elemente der dem Gemeinten entfremdeten Natur."

Das im Pariser Exil entstandene Buch *Jacques Offenbach und das Paris seiner Zeit* (Kracauer 1937) ist keineswegs eine Biografie des Komponisten, sondern versucht, konsequent dieser Logik des historischen Materials folgend und ähnlich wie Walter Benjamins Fragment gebliebenes *Passagen-Werk* (Benjamin 1982), die Darstellung durch das Material selbst zu bewerkstelligen: Es ist, wie die neue Edition schlagend zeigt, ein nachgerade montierter Text, der die Quellen im Sinne einer „Gesellschaftsbiographie" nutzt. Dabei spielt wie auch bei Benjamin die eigentümliche Interferenz zwischen Vergangenheit und Gegenwart eine entscheidende Rolle. Durch das eher filmsoziologische Buch *Von Caligari zu Hitler* (Kracauer 1947), das durch die Perspektive des Films und ausgehend von dem Nationalsozialismus retrospektiv die Gesellschaftsstrukturen in Deutschland in den Blick nimmt, und der allgemeiner einsetzenden *Theorie des Films* (Kracauer 1960), die beide zuerst auf Englisch erschienen, begründet sich Kracauers Ruf als herausragender Filmtheoretiker. Diese beiden Texte haben bis heute einen erheblichen Einfluß auf die Medien- und Filmphilosophie und gehören zu den Klassikern der Filmtheorie. Der emphatische wie enigmatische Untertitel der *Theorie des Films*, nämlich *Die Errettung der äußeren Wirklichkeit*, ist hier Programm: Kracauer geht es um eine Sichtbarmachung, Aufzeichnung und schließlich „Errettung" der materiellen Wirklichkeit. Aufgrund des fotografischen Charakters des Filmbildes ist der Film in herausragender Weise an das Sichtbare gebunden, auch wenn er dieses durch die Formgebung in spezifischer Weise prägt. Doch auch diese formgebende Tendenz kann ihrerseits als beinahe existentialontologisches Weltverhältnis wahrgenommen und gedeutet werden. Kracauer vertritt hier eine starke ontologische Position, die er mit anderen Theoretikern, wie etwa André Bazin oder Roland Barthes teilt, doch sein Gedanke einer Rettung durch das filmische Bild führt weit über diese hinaus. In seinem letzten, Fragment gebliebenen Buch *Geschichte – Vor den letzten Dingen* (Kracauer 1969) nimmt er noch einmal eine der Grundfragen seiner Philosophie, jene nach der Geschichte auf, bei der es ähnlich wie bei dem Film darauf ankommt, die Realität zu enthüllen und zwar mitsamt der unscheinbaren Details, Nebengeschichten, Facetten sowie unterdrückten und übersehenen Aspekte. Diese überhaupt wahrzunehmen ist nicht nur die Leistung des Films und der Fotografie, sondern auch Aufgabe der Philosophie und der Theorie.

Literatur: Kracauer 1922, Kracauer 1927, Kracauer 1960, Agard 2010, Koch 1996, Mülder-Bach 1985
Webseite: http://www.polunbi.de/pers/kracauer-01.html

Bernd Stiegler

Landgrebe, Ludwig

Geboren 1902 in Wien, gestorben 1991 in Köln. Studium der Philosophie, Kunstgeschichte, Geographie und Geschichte in Wien 1921–22 sowie ab 1923 in Freiburg, 1928 Promotion. Privatassistent von Husserl 1923–30. 1935 Habilitation und Lehrtätigkeit an der Deutschen Universität in Prag bis 1939. 1939–40 Husserl-Archiv in Löwen. 1940–45 in Hamburg. 1945 Umhabilitierung in Hamburg, 1947 Ordinarius Kiel. 1956–71 Lehrstuhl und Leitung des Husserl-Archivs an der Universität Köln.

1928 promoviert Landgrebe bei Husserl mit einer Arbeit zu *Wilhelm Diltheys Theorie der Geisteswissenschaften* (Landgrebe 1928). Die Geschichtsphilosophie bildet neben der Anthropologie und der Politik zeitlebens einen systematischen Schwerpunkt seines Werkes (Landgrebe 1982a). Ab 1951 nimmt er an der Arbeit der Marxismus-Kommission teil, und verfasst in diesem Zusammenhang eine Reihe von Beiträgen zur politischen Philosophie, die in mehreren Sprachen erschienen sind (Landgrebe 1969, 1982a). In dieser Zeit entsteht auch die Publikation *Über einige Grundfragen der Philosophie der Politik* (Landgrebe 1969). Wirkungsgeschichtlich am Wichtigsten ist seine systematische Arbeit an der Deutung und „Weiterbildung" (Landgrebe 1975, 158) der transzendentalen Phänomenologie in Auseinandersetzung mit Husserl. Landgrebe hat durch seine Tätigkeit an der Universität und am Husserl-Archiv in Köln eine der wenigen deutschen Schulen der Husserl-Forschung gegründet.

Ab 1923 war Landgrebe als Assistent Husserls mit der editorischen Vorbereitung von dessen Texten intensiv beschäftigt und er gilt bis heute als wichtiger Kenner von Husserls Philosophie. Ein frühes Beispiel für die auf der intensiven Lektüre gründende Auseinandersetzung mit Husserl ist Landgrebes erstes, nicht akzeptiertes Habilitationsprojekt *Der Begriff des Erlebens. Ein Beitrag zur Kritik unseres Selbstverständnisses und zum Problem der seelischen Ganzheit* (Landgrebe 2010). Diese postum erschienene Schrift bringt (neben dem Versuch, die Lebensphilosophie Diltheys und die Fundamentalontologie Heideggers dem husserlschen Ansatz einzugliedern) die „passive[] Genesis" als eines der Grundprobleme der husserlschen Konstitutionslehre zur Darstellung. Diesen Themenkreis betreffend kommt es 1933 zur ersten Publikation in Form des Aufsatzes „Die Methode der Phänomenologie E. Husserls" (Landgrebe 1933), der nach Angaben Landgrebes (Landgrebe 1975, 141) zu den wichtigsten Sachfragen seines Werkes gehört. Ende der 1930er Jahre kommt er in seinen Publikationen auf dieses Thema zurück, zunächst in den Aufsätzen „Husserls Phänomenologie und Motive ihrer Umbildung" und „World as a philosophical Problem"; diese wurden nach dem Krieg in das Buch *Phänomenologie und Metaphysik* (Landgrebe 1949) aufgenommen, in dessen letztem Kapitel Kerngedanken bzw. -überzeugungen zum Ausdruck kommen, die für seine Deutung Husserls und seine eigene philosophische Position zu diesem Zeitpunkt charakteristisch sind: Die transzendentale Phänomenologie ermöglicht eine Metaphysik, in der es um die Selbstenthüllung des Absoluten geht. Für Landgrebe, der in diesem Punkte über Husserl hinaus- und gegen Heideggers Ansatz vorgeht, ist der Ort dieser Selbstenthüllung Gottes die transzendentale Subjektivität. Diese Selbstenthüllung geschieht nicht in einer reflexiven Wende, sondern ist als „Du offenbar […] das spricht und fordert" (Landgrebe 1949, 194).

Die Faktizität als Grenze der reflexiven phänomenologischen Methode Husserls war für Landgrebe von Anfang an eine wichtige, durch Heideggers Kritik an Husserl motivierte Herausforderung, dem Kern der transzendentalen Subjektivität auf die Spur zu kommen. Dem suchte aber Landgrebe eben anders als Heidegger, nämlich vom husserlschen Ansatz her zu entsprechen. In seiner „Philosophischen Autobiographie" bemerkt er dazu: „Husserl selbst hat ihr [der Metaphysik] die ‚Frage nach dem Faktum', d.i. der Faktizität zugewiesen, ohne sie weiter ausgeführt zu haben" (Landgrebe 1975, 135). In diese Richtung gehen so auch Landgrebes eigene Versuche, die Frage der Faktizität und Individuation bei Husserl zu klären und weiterzudenken. Aufgrund zahlreicher, weiterer Beiträge zu Fragen der transzendentalen Phänomenologie Husserls (Landgrebe 1963, 1986, 1982) formt sich auf diese Weise bei ihm wie seinen Schülern ein neues Bild des Werkes von Husserl. Berühmt geworden ist u.a. ein Aufsatz über „Husserls Abschied vom Cartesianismus" (Landgrebe 1962), der die Bedeutung Landgrebes für die Entdeckung des „neuen Husserl" (d.h. für die neue Interpretation seines Werkes) deutlich macht. Aufgrund dieser Erneuerung der Husserllektüre, die sich auf dessen Forschungsmanuskripte aus dem Nachlass stützt, die inhaltlich oft über das von Husserl selbst Publizierte hinausgehen, konnte Husserl selbst trotz der Akzente phänomenologischer Philosophie seiner Zeit – wie etwa Merleau-Ponty, den Landgrebe neben anderen französischen Autoren rezipiert hat (Landgrebe 1968) – an Aktualität und Relevanz gewinnen. Landgrebes Arbeiten beispielsweise zur Inkarnation der transzendentalen Subjektivität, zur Lebenswelt und Intersubjektivität als Leitfäden der phänomenologischen Analyse werden international zitiert und übersetzt (Husserl 1999). Auch sein Buch *Philosophie der Gegenwart* (Landgrebe 1952) wurde schon bald nach seinem Erscheinen in sechs Sprachen übersetzt.

Literatur: Landgrebe 1933, Landgrebe 1952, Landgrebe 1962, Vetter 2003,
Bibliographie: Landgrebe 1982a

Karel Novotný

Lipps, Hans

Geboren 1889 in Pirna an der Elbe, gefallen 1941 als Regimentsarzt im Russlandfeldzug bei Shabero (Bezirk Ochwat). 1912 Promotion zum Dr. phil., 1919 Approbation als Arzt, 1921 Promotion zum Dr. med., 1921 Habilitation über die Philosophie der Mathematik. Im Ersten Weltkrieg Batallionsarzt. 1922 Lehrtätigkeiten in Göttingen, Marburg, Hannover und Frankfurt am Main, unterbrochen durch Reisen als Schiffsarzt. 1939 Verleihung eines planmäßigen Ordinariats in der philosophischen Fakultät der Universität Frankfurt.

Selbst wenn seit Mitte der 1970er Jahre eine Werkausgabe von Hans Lipps vorliegt, zählt er zu den weniger bekannten Philosophen. Seine *Untersuchungen zu einer hermeneutischen Logik* (Lipps 1938) genießen unter Fachleuten Anerkennung als ein eigenständiger Weg im Rahmen der Sprachphilosophie. Seine Studien „zur Phänomenologie der Erkenntnis" (Lipps 1927) bekunden seine Verbundenheit mit Edmund Husserl, zu dem er in dessen Göttinger Zeit als Schüler kam. Er kritisiert Husserls Bevorzugung des Sehens als „Rechtsquelle" der Erkenntnis, weil sie eine Frontstellung zur Welt fixiert, in welcher das Ding immer schon als Gegenstand betrachtet wird. Er betont dagegen die Vorrangigkeit des Umgangs mit den Dingen, eine unausdrückliche Auslegung der Welt, die erst nachträglich zu Bewusstsein zu bringen ist. Das geschieht durch ein Innesein und ist nicht Ergebnis einer vergegenständlichenden Reflexion. Diese ist deshalb ausgeschlossen, weil das aktuelle Jetzt nur als soeben vergangen zu fassen ist. Konkrete Vollzüge sind als solche nicht zu vergegenständlichen. Sie lassen sich jedoch hermeneutisch interpretieren, und zwar in unaufhebbarer Nachträglichkeit.

Als sein Hauptwerk kann *Die menschliche Natur* (Lipps 1941) betrachtet werden (Bollnow 1989). Es dokumentiert die Einflüsse von Søren Kierkegaard, Friedrich Nietzsche sowie von Martin Heidegger auf Lipps. Es illustriert allerdings auch die Eigenständigkeit seines philosophischen Ansatzes. Immer wieder kommt er auf die Frage nach der „Wirklichkeit des Menschen" (Lipps 1954) zurück. Anders als Husserl und Heidegger wendet er sich anthropologischen sowie psychologischen Forschungen zu und thematisiert deren philosophische Implikationen. Allerdings richtet er sich hier wie im Philosophieren überhaupt gegen das geschlossene System. Wie Nietzsche achtet er auf Abweichungen, Abschweifungen, würdigt die Produktivität des Diskontinuierlichen und hat seine Zweifel am bloß Einheitlichen und kausal Verketteten. Statt Phänomene in Definitionen einzufangen, zielt er auf eine Art „kaleidoskopartige Verschiebung" (Lipps 1941, 34). In einem Geflecht von Verweisungen auf- und Differenzen zueinander bekunden etwa Scham, Verlegenheit, Schüchternheit, Prüderie und Schuld ihre jeweils spezifische Gestalt. Es geht nicht um übergreifende oder fundierende Ordnungen, sondern um Verstrickungen mit den Dingen, der Situation und sich selbst, aus denen sich der Mensch nur zeitweilig durch ein Innehalten (*epochē*) befreien kann.

Genau dies ist der Ort der Philosophie, die nach Lipps den Vollzug des Sich-seiner-bewusst-Werdens meint. Sie ist geradezu eine Antwort darauf, dass wir unseres Daseins nicht mächtig sind. „Wir ‚haben' ‚zu' sein. Das heißt unser Dasein ist uns nicht gegeben, sondern ‚aufgegeben'." (Lipps 1954, 47) Lipps' Philosophieren ist geprägt von dieser Einsicht in die prinzipielle Nachträglichkeit des Bewusstwerdens. Nietzsche ist ihm dabei ein ständiger Wegbegleiter, der Pragmatismus eine unentwegte Herausforderung, die Fundamentalontologie Heideggers permanente Anregung, Husserls Phänomenologie ist für ihn jedoch stets ausschlaggebend. Er sieht sich als Schüler Husserls auch und insbesondere dort, wo er von ihm abweicht.

Lipps führt in seinen Untersuchungen eine Bewegung des Denkens zwischen Idealismus und Naturalismus vor, nicht weil sein Denken unschlüssig wäre, sondern da es beachtet, dass es niemals vollständig über sich selbst herrscht. „Das Aporetische der Philosophie liegt darin, daß man nicht über seinen Anfang verfügt, daß man sich hier nur eben betreffen kann bei einer Grundlegung, die als vorgängig geschehen ist. Es zeigt sich als die Unmöglichkeit, herauszufinden, – darin, daß man immer in sich selbst verstrickt und im Umkreisen seines Grundes verfangen bleibt." (Lipps 1941, 56) Das Selbst begreift Lipps mit Kierkegaard als das Verhältnis zur eigenen Verhältnishaftigkeit. Dabei richtet sich seine Aufmerksamkeit nicht auf die gesuchte Selbstthematisierung, sondern auf solche Ereignisse, in denen „der Mensch vor sich selbst gebracht wird" (Lipps 1941, 39, 56, 147). Der philosophische Einsatz wird durch diese Konfrontation markiert. Man wird beim Denken auf sich selbst hin beansprucht und übernimmt die Verantwortung dafür. Man soll darüber Rechenschaft ablegen können (*logon didonai*). Philosophieren ist deshalb bei Lipps immer auch ethisch gestimmt. Das Bewusstwerden seiner selbst ist gegen die Vergessenheit gerichtet, welche in den vorbewussten Verflechtungen mit den Situationen wurzelt. Zutage tritt eine Haltung, welche der Mensch einnimmt. Diese konkrete Haltung „schaltet geradezu die Affekte" (Lipps 1941, 21; van Kerckhoven 2011).

Die Verstrickung in die Wirklichkeit, die Tatsache, dass Realität immer schon wirkt, bedingt unterschiedliche Vorzeichnungen des Philosophierens. Einerseits wird deutlich, dass die erkennende Zuwendung zur Welt nur ein bestimmter Modus menschlicher Existenz ist. Andererseits kehrt uns unsere Wirklichkeit immer nur eine Seite zu. Wir streifen Dinge und andere. Wir befinden uns nicht in Frontstellung zur Welt, sondern unter Dingen und anderen. Weder Dinge noch die anderen begegnen uns dabei unmittelbar. Dinge bedürfen unserer Fürsprache. Sie geben ihre Bedeutung nicht von sich aus preis (Wewel 1968, 15).

Lipps widmet sich dem Appellcharakter der Dinge, die unseren Eingriff beanspruchen, um verstanden werden zu können. Dinge können uns zwar animieren, etwas Bestimmtes mit ihnen zu tun, aber wir führen keinen Dialog mit ihnen. Der Anblick, den etwas bietet, und der Blick, der diesem Reiz folgt, meinen keinen Blickaustausch. Das Ding, das mir auffällt, geht mich zwar etwas an, meint mich aber nicht. Lipps ist weit davon entfernt, sich in seiner Kritik an Husserl in eine emphatische Alterität des Dinges zu versteigen. Es geht ihm vielmehr um die besondere Rolle, welche die Sprache spielt. Denn das Wort bringt mich zwar auf eine Sache. „Es gibt sie mir aber nicht." (Lipps 1938, 8) Um diese Leistung von Sprache würdigen zu können, ist es unerlässlich, von der Vorstellung Abstand zu nehmen, Sprache vermittle Informationen oder sei ein bloßes Chiffrierungssystem. Mit seiner hermeneutischen Logik und seinen Arbeiten über die „Verbindlichkeit der Sprache" (Lipps 1944) ergänzt Lipps seine Bemühungen, die Wirklichkeit des Menschen als eines leiblichen Wesens zu begreifen, dem sich seine Welt sprachlich erschließt.

Das Wort spricht nicht nur über etwas, sondern zugleich zu jemandem. Es kann nicht über alles zugleich sprechen, sondern fasst bestimmte Seiten der Wirklichkeit und kehrt sie dem anderen zu. Das Selbstgespräch ist als Grenzfall der Verständigung nur zu begreifen, wenn das Ich sich selbst ein anderer geworden ist. Worte sind nicht im Sinne eines wissenschaftlichen Begriffs zu verstehen, unter dem Wirklichkeit bestandhaft hinterlegt wird, so dass auch der anonyme andere seine Fragen und Antworten hieran anknüpfen kann. Sie sind im Sinne von Lipps in erster Hinsicht „Griffe", „Konzeptionen". Durch sie bekommt man die Dinge in ihrer Umgänglichkeit zu fassen. Im Widerschein unserer Möglichkeiten werden sie selbst zur Sprache gebracht. Die „Potenz der Sprache liegt darin, wie durch das Wort die Dinge getroffen und dadurch entfaltet werden, daß sie in den Bedeutungskreis des Wortes gezwungen werden." (Lipps 1944, 115) Worte kopieren die Wirklichkeit nicht, sie artikulieren sie. Sie haben einen unvermeidlichen Gleichnischarakter, weil sie gar nicht anders können, als über sich hinauszuweisen auf die Situation, die sie treffen wollen, auf die Dinge, deren unermüdlicher Gegenwart sie ein Relief verleihen, und schließlich auf den anderen, der an sie mit seiner Rede anknüpft. Lipps entfaltet in diesem Sinne eine Sprachauffassung, welche die Erweiterung der traditionellen zu einer hermeneutischen Logik erfordert, die das Erkennen in ein vieldeutiges Feld von Bezügen des Menschen zu seiner Wirklichkeit zurückversetzt.

Indem Lipps das Wirken von Wirklichkeit in seiner hermeneutischen Logik untersucht, ist er bemüht, die Engführung eines Wirkungsbegriffs als Bezeichnung eines bloß kausalen Mechanismus zu überwinden und Realität als Resonanzboden unseres Sprechens zurückzugewinnen. Er sucht damit einen Weg, die Mitwirkung der Dinge am Erkenntnisprozess zu zeigen, was für Husserl nur sehr schwer fasslich ist, wenngleich dieses Problem auch von ihm nicht übersehen wurde. Nach Lipps ist die Arbeitsteilung von Subjekt und Objekt aufgehoben, in der das Objekt nur gegeben ist, ohne genommen zu werden, und das Subjekt ausschließlich konstituierend ist, ohne animiert zu sein.

Mit seiner hermeneutischen Logik hat Lipps Otto Friedrich Bollnow, Hans-Georg Gadamer und Günther Buck inspiriert. Er befindet sich mit ihr in der Nähe zu Ludwig Wittgensteins Auffassung von Sprache als Lebensform. Seine Achtsamkeit gegenüber den Zwischenmöglichkeiten und Abweichungen sowie seine Aufmerksamkeit gegenüber der Leiblichkeit der menschlichen Existenz verbinden ihn auch mit der Phänomenologie Maurice Merleau-Pontys. Sprechen ist selbst ein leibliches Phänomen, „gestaltet durch die Kurve des Atems" (Lipps 1941, 74). Es bedeutet als Sprachtätigkeit für ein leibliches Wesen eine Wiederaufnahme einer Welt, mit der es umgeht. Es profitiert von seinen leiblichen Bindungen und geht gleichzeitig über sie hinaus, indem es sie in sprachliche Bedeutungen transformiert.

Literatur: Lipps 1938, Lipps 1941, Lipps 1954, Bollnow 1989, van Kerckhoven 2011, Wewel 1968

Käte Meyer-Drawe

Löwith, Karl

Geboren 1897 in München, gestorben 1973 in Heidelberg. Ab 1917 Studium der Philosophie und Biologie in München und Freiburg, u. a. bei Edmund Husserl, 1923 Promotion. 1924 Wechsel zu Heidegger nach Marburg, Habilitation 1928. 1928–33 Dozententätigkeit in Marburg. 1934 Emigration nach Italien, von dort vertrieben durch die italienischen Rassengesetze, ab 1936 Professur in Sendai (Japan). 1941 Dozent am Theologischen Seminar in Hartford (USA), 1949 Berufung als Professor an die New School for Social Research in New York. 1952–64 Professur für Philosophie in Heidelberg.

Löwith vertritt in seiner Habilitationsschrift *Das Individuum in der Rolle des Mitmenschen* (Löwith 1928) zunächst eine sozialphilosophisch fundierte Anthropologie, bevor er mit einer Reihe von Werken (u. a. zu Ludwig Feuerbach, Jacob Burckhardt, Friedrich Nietzsche, Max Weber und Carl Schmitt) als maßgeblicher Interpret der neueren Geistesgeschichte hervortritt. Deren Rekonstruktion dreht sich für Löwith besonders um die Diagnose der europäischen Modernität „nach Hegel" und um die im Geist der Skepsis vorgetragene Kritik einer rückhaltlosen Auslieferung des Menschen an die Geschichte. Zu dieser Schaffensperiode zählen besonders die Bücher *Nietzsches Philosophie der ewigen Wiederkehr des Gleichen* (Löwith 1935), *Jacob Burckhardt. Der Mensch inmitten der Geschichte* (Löwith 1936) und *Von Hegel zu Nietzsche* (Löwith 1941). Später verschärft Löwith seine vor allem in *Meaning in History* (Löwith 1949) vorgetragene Kritik eines säkularisierten Geschichtsdenkens, das schlechten Ersatz biete für ein unter dem Eindruck des Nationalsozialismus nicht mehr zu erhoffendes Heilsgeschehen. Löwiths Versuch, die theologischen Implikationen eines Geschichtsdenkens zu entlarven, das sich scheinbar als Religionsersatz präsentiert, ist besonders von Hans Blumenberg ausführlich aufgegriffen worden (Blumenberg 1966a). Eine häufig als stoisch eingestufte Kritik neuzeitlichen Geschichtsdenkens führt in Löwiths Spätwerk schließlich zum Versuch der Rehabilitierung eines natürlichen Weltbegriffs. Das ganz im Zeichen dieser Rehabilitierung stehende Spätwerk repräsentiert v. a. das Buch *Gott, Mensch und Welt in der Metaphysik von Descartes bis zu Nietzsche* (Löwith 1967), worin schon der Einfluss Paul Valérys festzustellen ist, dem Löwith sein letztes Buch widmet (Löwith 1971). Postum erschien Löwiths bereits im Jahre 1940 verfasste autobiographische Bilanz *Mein Leben in Deutschland vor und nach 1933* (Löwith 1986), die zusammen mit den z. T. nach dem Zweiten Weltkrieg wieder aufgenommenen Auseinandersetzungen mit Carl Schmitt und Martin Heidegger noch heute zu den wichtigsten philosophischen Gegenwartsdiagnosen der ersten Hälfte des 20. Jahrhunderts zählt.

Löwiths akademischer Denkweg beginnt in großer Nähe zur Münchner, Freiburger und Marburger Phänomenologie mit einer Sozialanthropologie der sogenannten Mitwelt. Dieser Denkweg führt ihn in seinen weiteren, vor allem geistesgeschichtlichen, maßgeblich von Nietzsche inspirierten Arbeiten dann zur Rekonstruktion einer tief greifenden Krise der bürgerlichen Welt Europas. Kernpunkt dieser Rekonstruktion ist die Diagnose einer *„Entweltlichung" der Welt durch deren Verzeitlichung*, die am Ende das Sein restlos durchdringe (Löwith 1951, 375 f.). In einer rückhaltlos verzeitlichten, kontingenten Welt müsse sich angeblich ein im Sinne Martin Heideggers „entschlossenes" Selbst behaupten; ggf. auch in unbedingter Auslieferung an politisch-futuristische bzw. (pseudo-)messianische Heilsversprechen, die auf einen letzten „Halt" an der Zukunft hoffen lassen (Löwith 1949, 14 ff.), nachdem die Weltlosigkeit der Moderne die Erfahrung einer weitgehenden „Haltlosigkeit" nach sich gezogen hat.

So formuliert Löwith seine Kritik des „historischen Bewusstseins", demzufolge sich der Mensch primär „aus der Zukunft" zu verstehen hat, in die man eine machbare Geschichte projiziert, um derentwillen die jeweilige Gegenwart als bloß vorläufige Vorgeschichte mediatisiert wird. Dagegen setzt Löwith seinen Versuch der Rehabilitierung eines natürlichen Weltbegriffs (Löwith 1959, 461) „auf der Spitze der Modernität" (Löwith 1935, Kap. IV), der alles Seiende, ja das Sein selbst kontingent geworden zu sein scheint (Löwith 1956, 267 f.). Die „Wiederholung" eines solchen Weltbegriffs in Anlehnung an die Kosmologie der Antike (ein Ansinnen, mit dem sich Löwith in der Nähe Nietzsches weiß) sieht sich indessen mit prinzipiellen Problemen konfrontiert. Man kann nicht einfach ein neues Weltbild durch ein altes ersetzen. „We cannot choose not to be modern" (Löwith 1948, 122). Ausdrücklich legt Löwith seine Auseinandersetzung mit der Moderne (wie später Hans Blumenberg) auf der Höhe der Physik der Neuzeit dar, die ein im Bruch mit der relativ-natürlichen Einstellung gewonnenes „Weltbild" entwirft und den „ewigen" Kosmos zerstört zu haben scheint (Koyré 1957). Diese Entwicklung ist nicht einfach rückgängig zu machen. Wir haben es insofern mit einer nachkopernikanischen, „modernen" Welt zu tun, deren Natürlichkeit uns abhanden gekommen ist (Löwith 1956, 263).

An der Maßgeblichkeit der modernen Physik, speziell ihrer Kosmologie lässt Löwith einerseits keinen Zweifel (Liebsch 1995, 37, 62); andererseits setzt er dennoch auf die Möglichkeit einer Rückbesinnung auf eine den Sinnen anschaulich erschlossene und verlässliche Welt. Diese Rückbesinnung soll die rückhaltlose Verzeitlichung der modernen, kontingenten Welt unterlaufen, um einen Weltbegriff zu rehabilitieren, der weder von dieser Kontingenz noch von der Dezentrierung des Kosmos anfechtbar ist. Und nachdem sich die „Natur des Menschen" in einer kontingenten Vielfalt geschichtlicher Existenzweisen oder Lebensformen „aufgelöst" zu haben scheint, wie Löwith annimmt, soll der Rehabilitierung dieser anschaulichen Welt sogar ein „menschliches Maß" abzugewinnen sein (Ries 1992, 56). (Womit sich Löwith in deutlichem Gegensatz zu Max Weber befindet, von dem er früh beeindruckt war.) Wer wir sind, ergebe sich schließlich daraus, „wo wir sind", nämlich im Ganzen der natürlichen Welt, die nicht etwa konstruiert, sondern in ihrer Wahrheit den menschlichen Sinnen zugänglich ist, wie Löwith annimmt.

Jacob Taubes sieht in diesem Ansatz Löwiths den Versuch einer „Reintegration in die Welt" (ebd., 60), die von keinem futuristischen (geschichtlichen) Sinn oder Zweck der menschlichen Existenz bzw. Gattung abhängig sein soll und insofern vormodern anmutet. Geschichten spielen sich demnach in der Welt ab; aber die Welt geht nicht in einer menschlichen Welt-Geschichte auf. Wäre es so, meint Löwith, so wären die „Schrecken der Geschichte" in Zeiten des Historismus nicht zu ertragen (Eliade 1986, 163). Genau das verspricht er sich dagegen von der Rückbesinnung auf die schweigende, gegen den Menschen gleichgültige Welt. Es ist keine Welt „für uns" (Löwith 1960, 313, 317), sondern ein (ungastlicher) Kosmos, der des Menschen und seines technischen Handelns nicht bedarf. Insofern verweist der Versuch einer Wiedereinhausung in die Welt auf eine untilgbare Welt-Fremdheit zurück. Auf den Spuren Paul Valérys geht Löwith, wie Hannah Arendt ein „gelernter Heimatloser", „Phänomene[n] der Welt in ihrer ursprünglichen Befremdlichkeit" nach (Löwith 1971, 307). Bis zum Schluss bleibt dabei das zentrale Motiv einer weitgehenden „Vergleichgültigung" kollektiver (bzw. als Kollektivsingular begriffener) Geschichte maßgebend, deren realistische Einschätzung Löwith bei Jacob Burckhardt und Leo Tolstoi zu finden meint (Löwith 1928a, 38). Seine Abwendung von gattungsgeschichtlichem Denken spielt gelegentlich mit der fernöstlichen Option weitgehender Indifferenz gegenüber jeglichem „Sinn für Verlust und Besitz" (Löwith 1960a, 587 f.), die sich ganz einer vermeintlich beständigen Welt überlässt, in der die Gewalt der Geschichte und ein alles Lebendige wieder vernichtendes Leben am Ende zum bloßen Schein werden (Löwith 1935, 340; 1962, 471). Nach der Einschätzung Reinhart Kosellecks war Löwith auf der Suche nach einer philosophischen Skepsis, die sich der historischen Erfahrung von Terror und Exil gewachsen sieht und um die Hinfälligkeit alles Menschlichen weiß (Löwith 1986, 123), statt in unverantwortlicher Art und Weise mit blutiger Gewalt erkaufte Fortschritte in Aussicht zu stellen. So verwirft Löwith schließlich geschichtliche Sinnfragen überhaupt, *sofern* sie auf einen finalen Zweck der Geschichte abzielen, und arbeitet an der Apologie einer Welt, der nichts fehlt und in der nichts Wesentliches noch „aussteht". Doch gerade als jemand, der sich so in die Welt *wieder einzufügen* versuchen kann, geht der einzelne Mensch niemals ganz in einer rein „welthaften Existenz" auf. Und worin sich deren „Verlässlichkeit" konkret erweisen würde, bleibt offen. Löwith insistiert selbst, dass sie nicht einfach im Rekurs auf angeblich „Ewiges im Menschen", auf „‚Bilder[]' des kosmischen Lebens" oder „‚Chiffren' des Seins" herbeizuphantasieren ist (Löwith 1941, 250). Genauso verweigert er einer „Theologie der Versöhnung" auf den Spuren Hegels die Gefolgschaft (ebd., 69). Infolge des weitgehenden Glaubwürdigkeitsverlusts geschichtsphilosophischen Versöhnungsdenkens sieht Löwith die Menschen einer „Wüste der Freiheit" überantwortet, die sie sich selbst bereitet haben. Sie zwinge zu ständiger Selbstbestimmung im Zeichen des „ich will", ohne zum biblisch inspirierten Primat des Anderen (als „Du") zurückfinden zu können, wie es teilweise in der modernen Tradition des Dialogismus versucht worden ist (an die der frühe Löwith anknüpfte). Den dagegen „entscheidenden", auch von Friedrich Nietzsche nicht vollzogenen Schritt sieht Löwith in einer radikal ernüchterten Akzeptanz des „Ich bin" (Löwith 1935, 255 f.), das nur für und vor sich verantwortlich scheint (ebd., 364 f.) – um den Preis der Vergleichgültigung jeglicher Horizonte eines „Lebens aus der Erwartung", die über die Auflösung des Einzelnen in die Natur hinausweisen könnten.

Literatur: Löwith 1928, Löwith 1935, Löwith 1986, Dabag 1989, Liebsch 1995, Ries 1992

Burkhard Liebsch

Luhmann, Niklas

Geboren 1927 in Lüneburg, gestorben 1998 in Oerlinghausen. Vor 1946 kurze Zeit im Dienst als Luftwaffenhelfer. 1946–49 Studium der Jurisprudenz in Freiburg. Bis 1959 Referent im niedersächsischem Kultusministerium. 1960/61 Forschungsaufenthalt an der Harvard Universität, danach Tätigkeit an der Verwaltungshochschule Speyer. 1966 Promotion und Habilitation bei Helmut Schelsky und Dieter Claessen. 1968 Ruf an die Universität Bielefeld. Die Wirkung seiner zahlreichen Publikationen macht Bielefeld zu einem der wichtigsten Standorte für soziologische Theorie und Luhmann zu einem ihrer bedeutendsten Vertreter.

Die aus dem Forschungsaufenthalt in den USA mitgebrachten Anregungen zu einer

Theorie der Gesellschaft setzt Luhmann in ersten Aufsätzen und Monographien um, die ihn in den 1960er Jahren als Systemtheoretiker und Fortdenker Talcott Parsons profilieren, dessen Leitbegriffe (*system, media, information, function, structure, differentiation, evolution* etc.) seine Texte prägen. Die Systemtheorie klingt – bis heute – anders als philosophisch geprägte Soziologien wie etwa die der Frankfurter Schule: unterkühlt, distanziert, inhuman (Greshoff 2006, 221, Beyerle 1994, 218). Dies liegt daran, dass mit den theoretischen Grundlagen einer *general systems theory* Rückkopplungsschleifen in Organisationen genauso beschrieben werden wie in Schaltkreisen oder Nervensystemen, insofern es sich in allen Fällen um Systeme handelt (Luhmann 1984, 16 ff.).

Auf dem IX. Internationalen Hegel-Kongress von 1972 erklärt Hans Jörg Sandkühler die Systemtheorie für überflüssig. Andere Teilnehmer setzen Luhmanns Konzept der „Selbstregelung" als Neuauflage des alten Begriffs der „Spontaneität" herab (Grenz 1973, 451 f.). Immerhin: Luhmann findet unter Philosophen große Beachtung, wenn auch der Versuch vorherrscht, der systemtheoretischen „Sozialkybernetik" ihre Irrationalität, Kritiklosigkeit und technokratisch-willfährige Bindung an „die Imperative der Bestandserhaltung des Bestehenden" nachzuweisen (Habermas 1971a, 170). Bei dieser Einschätzung bleibt es lange Zeit, obschon Luhmann bereits in seinen frühesten Aufsätzen deutlich gemacht hat, inwiefern er den für frühe Systemtheorien zentralen Begriff des „Bestands" durch den des „Problems" ersetzen möchte, um so das Bestehende als „unstabil" modellieren zu können. Ein Bestehendes, das zu erhalten wäre, bestehe keineswegs, wenn jedes Problem anders lösbar ist und es immer funktionale Äquivalente gibt (Luhmann 1964, 33).

Zwar hat Luhmann auch wiederholt betont, man würde das Individuum, oder genauer, Milliarden von Individuen als Soziologe gerade dann „empirisch ernst" nehmen, wenn man sie nicht zu einem Element der Gesellschaft reduziert (Luhmann 2000, 283), doch wirkt seine paradigmatische Abkehr vom Menschen verstörend. In seiner ersten systemtheoretischen Monographie stellt Luhmann klar, er habe „gleich anfangs die These abgelehnt, dass Organisationen aus Menschen bestehen" (Luhmann 1964a, 382). Die These, dass nicht nur Verwaltungen, sondern soziale Systeme überhaupt, *nicht* aus Menschen bestehen, war 1964 eine Zumutung, die noch heute „skandalisiert" (Fuchs 1994, 15). Doch findet sich in ihr auch der Schlüssel zum Verständnis von Luhmanns Werk, denn die Pointe liegt in der Alternative: Soziale Systeme bestehen nicht aus Menschen, sondern aus „Reduktionsleistungen", die eine Innen/Außen-Differenz stabilisieren. Gesellschaft sei keine kosmische oder sonstwie intendierte „Ordnung menschlichen Zusammenlebens" oder Zweck und Ziel eines Vertrags, sondern „ins Unbestimmbare und Voraussetzungslose gebaute", unteleologische und, wenn man will, anarchische „Reduktion von Komplexität" (Luhmann 1968, 15 f.). „*Alles*, was über Systeme ausgesagt wird – Differenzierung in Teile, Hierarchiebildung, Grenzerhaltung, Differenzierung von Struktur und Prozeß, selektive Umweltentwürfe usw. –, lässt sich […] funktional analysieren als Reduktion von Komplexität" (Luhmann 1968, 11). Wer derartige Thesen im Jahre 1968 vertritt, darf mit Unverständnis und Widerspruch rechnen, selbst auf dem Soziologentag.

Aus „kritischer" Perspektive wird Luhmanns funktionalistischer, von biokybernetischen und informationstheoretischen Modellen inspirierter Ansatz als „Sozialtechnologie" verbucht (Habermas 1971a). Dies mag unzutreffend sein, Habermas stellt allerdings in seinem Referat zu Recht fest, dass die „Grundbegriffe System/Umwelt und Komplexität" seien und die „Umwelt immer komplexer sei als ein System" (Habermas 1971a, 147). Das System ist also nicht in der Lage, sich zu jedem Element in der Umwelt in Beziehung zu setzen. Es verhält sich hier ähnlich wie bei jeder Landkarte, die eine Landschaft ja nicht im Maßstab 1:1 verdoppeln kann, wenn nicht Karte und Territorium in eins fallen sollen. Es muss also selektiert werden. Dieser Zusammenhang ist für Luhmanns Theoriedesign fundamental: „Komplexität heißt Selektionszwang, Selektionszwang heißt Kontingenz, und Kontingenz heißt Risiko" (Luhmann 1984, 46). Mit anderen Worten: Wenn das System auf Welt nur selektiv zugreift, um Komplexität zu reduzieren, steht jede konkrete Selektion vor dem Problem der Wahl. Jede Selektion ist kontingent, d. h. auch anders möglich. Die Frage danach, warum dann welche Art von Selektion getätigt wird, führt die Systemtheorie zu Analysen von Strukturen (Organisationen, Medien, Codes), die bestimmte Muster von Komplexitätsreduktion wahrscheinlicher machen als andere. Witwen werden nicht verbrannt, wenn es Rentenversicherungen gibt. Und wo der Sohn nicht einfach Macht, Gefolgschaft und Rang seines Vaters übernehmen kann, muss er Bildungszertifikate erwerben oder einen Beruf erlernen, um selbst Karriere zu machen. Der Funktionsbezug macht hier Problemlösungen vergleichbar und verdeutlicht mit dem Hinweis auf funktionale Äquivalente den Zusammenhang von Komplexität, Kontingenz, Selektion und Risiko.

Was nicht anders möglich ist, ist auch nicht komplex. Erst wenn mehrere Verknüpfungsmöglichkeiten denkbar sind, aber nur eine (selektiv und kontingent) realisiert werden kann, haben wir es mit sozialen Sachverhalten zu tun. Soziale Ordnungen sind daher nie alternativlos (und Luhmann, der das so deutlich macht, ist dementsprechend kein Agent der „Bestandserhaltung"). Selektion und Kontingenz implizieren aber keinesfalls Beliebigkeit. Soziale Systeme stellen vielmehr Mechanismen zur Verfügung, die bestimmte Selektionen erwartbar machen: Wer Appetit und Geld hat, kann sich ein belegtes Brötchen kaufen – oder einen Hamburger. Das Risiko, dass das eine schlechter schmeckt als das andere, muss man eingehen. Doch ist erwartbar, gegen Geld das eine oder andere zu erhalten – und zumindest muss man nicht etwa jagen oder sammeln. Wie jedes System reduziert die Wirtschaft Komplexität. Für die unterschiedlichsten Situationen und Verknüpfungsmöglichkeiten wird hier aber nur *ein* Mechanismus zur Verfügung gestellt: Geld. Alles, was es *nicht* zu kaufen gibt, wird von diesem selektiven Zugriff der Wirtschaft auf die Welt *nicht* erfasst. Für die Wirtschaft hingegen gibt es nichts anderes als knappe Güter und ihre Verteilung.

Jedes System reduziert Komplexität. Denn nicht jedes Ereignis in der Umwelt löst Zustandsänderungen im System aus. Was das System überhaupt beobachtet und zu seiner Umwelt zählt, wovon es sich irritieren lässt und was es mithin selbst ist, hängt von der Weise ab, wie es selektiert. Das System fällt mit seinen „Selektionsleistungen" zusammen (Habermas 1971a, 148). Die Umwelt der Wirtschaft ist nicht deshalb eine andere als die Umwelt der Politik oder die der Kunst, weil es mehrere Welten gäbe, sondern weil die Systeme Wirtschaft, Politik und Kunst nach anderen Prämissen Komplexität reduzieren und so auch andere Identitäten und andere Umwelten konstruieren. Schon bevor er Habermas im Wintersemester 1968/69 in Frankfurt als Vertreter des Lehrstuhls von Adorno kennenlernte, hatte Luhmann diese theoretischen Prämissen präsentiert, an denen er bei allen Modifikationen sein Leben lang festhalten wird: Ein System wird durch seine Differenz zu seiner Umwelt definiert (Luhmann 1964a, 24). Diese Differenz ist an „unterscheidenden Grenzen" erkennbar, die 1. Produkte einer inneren Ordnung sind, die sie errichtet, unterhält und modifiziert, und 2. Voraussetzung für die Zurechnung von Elementen und Ereignissen zum System oder zur Umwelt. Jemand ist Mitglied im Golfclub oder nicht, Teil einer Jugendgang oder nicht, Student einer Universität oder nicht, Bürger eines Staates oder nicht. Über die Inklusionsbedingungen entscheiden Sozialsysteme selbst, und ihre Grenzen lassen erkennen, was das System sich selbst und was es der Umwelt zurechnet. Dies kann eine Staatsgrenze sein, aber auch die Immatrikulationsliste einer Hochschule oder ein Dresscode. Die Inklusionsregeln und damit die Grenze können freilich verändert werden, doch wird damit zugleich die Identität des Systems modifiziert, wenn etwa der Numerus Clausus abgeschafft wird oder eine Mutprobe nicht mehr nötig ist.

Die hier implizierte „Unterscheidung von innen und außen" (Luhmann 1964a, 24) mag im Fall von Körpern unmittelbar einleuchten: Das Butterbrot gehört erst dann zum Körper, wenn es verdaut ist, wenn es also schon kein Butterbrot mehr ist, sondern Adenosintriphosphat, das in den Zellen in Energie umgewandelt werden kann. Es wird „nicht-identisch reproduziert" (Luhmann 1976, 257 f.), und zwar nach Maßgabe der inneren Strukturen des Systems, das ja nicht nur Butterbrote, sondern auch Nudeln, Reis oder Sushi verdaut. Auch das biophysische System reduziert Komplexität, wenn auch mit ganz anderen Mechanismen als soziale Systeme. Die Wirtschaft könnte für all diese Gerichte Preise angeben, das Gesundheitssystem kardiologische Risiken ausweisen, Wissenschaftler könnten Kalorien berechnen, das Rechtssystem auf der Einhaltung lebensmittelrechtlicher Vorschriften bestehen usw.

„Ein Beamter, der im Dienst sein Butterbrot isst, handelt im System der Staatsverwaltung, mag er eine Pause benutzen oder unerlaubt handeln, und außerdem im System seiner Familie. Er kann diese verschiedenen Systeme aber auch auseinanderhalten. Seinen Ärger darüber, dass seine Frau ihm wieder Käse und nicht Wurst mitgegeben hat, wird er nicht ohne Weiteres seinem Vorgesetzen oder seinen Kollegen gegenüber ausdrücken, obwohl es Transformationsregeln gibt, die es ermöglichen, Sinn aus dem einen System ins andere zu übertragen" (Luhmann 1967, 116). Wenn er das Butterbrot gekauft hätte und dann feststellen müsste, dass es gegen seinen ausdrücklichen Wunsch mit Käse belegt ist, würde der Beamte vielleicht den Händler wechseln, bei dem er morgens einkauft; im Umgang mit seiner Frau sind andere Maßnahmen opportun. Entscheidend ist hier, dass das Butterbrot auf unterschiedlichste Weise eine Rolle im Erleben und Handeln des Beamten spielen kann und er diese Unterschiede ohne weiteres beachtet. Der Grund dafür liegt in den verschiedenen „Systemreferenzen" einer Bearbeitung des Problems (Luhmann 1964, 31). Für den Vorgesetzten mag es gleichgültig sein, ob das Brot mit Käse oder Wurst belegt ist, wenn der Beamte nur die vorgeschriebene Zeit für die Pause nicht allzu lang ausdehnt; für die Ehefrau mag das Beharren auf Wurst ein Zeichen für störrisches Ignorieren guter Ratschläge einer Vegetarierin sein, was die Intimbeziehung in eine Krise stürzen könnte. Ein Händler würde dagegen einen Kunden verlieren, wenn der Beamte für sein Geld woanders nach dem gewünschten Gut nachfragt. Die Frage *Käse* oder *Wurst* macht mithin ganz unterschiedlich *Sinn*, je nachdem nämlich, welches

System seine eigenen Strukturen damit befasst, diesen Sinn zu konstituieren, und das heißt immer, Komplexität (durch Komplexität) zu reduzieren: die Verwaltung, die Ehe oder die Wirtschaft. Es sind auch je unterschiedliche Strukturen (symbolisch generalisierte Medien der Kommunikation) involviert, um den Sinn zu prozessieren: Im Falle der Verwaltung könnte eine Weisung ergehen, nur in den Pausen zu essen, es muss aber nicht entschieden werden, ob das dann Käse oder Wurst sein müsse; die Ehefrau dagegen kann von ihrem Mann Beachtung dafür verlangen, dass sie sich sorgt, er esse zu viel Fleisch; der Händler dagegen wird seine Interessen an dem Verhältnis von Verkaufs- und Einkaufspreis bemessen und auch gerne Käse verkaufen, wenn sich das lohnt. Je nach Medium (Macht, Liebe, Geld) wird auf eigene Weise Selektivität verstärkt und übertragen (Luhmann 1967, 126 f.). Der Chef kommuniziert anders als die Ehefrau und anders als der Händler. Der Beamte weiß dies – und beachtet dies in seinen eigenen Beiträgen zur Interaktion. Die These einer Ausdifferenzierung bestimmter Kommunikationssphären mit eigenen Codes, eigenem Gedächtnis und eigenen Symbolen ist längst nicht so abstrakt, wie es der Systemtheorie immer wieder unterstellt wird, sondern Teil der Lebenswirklichkeit aller Mitglieder einer modernen und das heißt funktionsdifferenzierten Gesellschaft.

Niklas Luhmann wird 1988 der Hegel-Preis der Stadt Stuttgart verliehen. Dies macht aus einem Soziologen noch keinen Philosophen – auch Ernst Gombrich ist Kunsthistoriker und Jacques Le Goff Historiker geblieben –, illustriert aber, wie sehr sich die Lage seit dem Hegel-Kongress von 1972 verändert hat. Allein die Prominenz des Preisträgers macht es nun schwierig, das systemtheoretische Unternehmen als überflüssig oder redundant zu deklarieren. Was ihn für die Philosophie relevant macht, sind vor allem seine Transformationen „klassischer" philosophischer Begriffe und Problemstellungen. Sinn und Lebenswelt Husserls, die Ethik der praktischen Philosophie, die Dekonstruktion Derridas, die Logik Gotthard Günthers, Probleme der Ontologie und der Metaphysik werden aufgegriffen und systemtheoretisch reformuliert – und so aus der Philosophie in die Soziologie hineingeholt. Luhmanns Projekt einer *Soziologischen Aufklärung* ließe sich vielleicht als Unternehmen der Aneignung oder Enteignung der philosophischen Tradition bezeichnen. Luhmanns Verhältnis zur Philosophie lässt sich exemplarisch am *Sinn*-Begriff skizzieren.

Luhmanns „Skizze" der modernen Gesellschaft am Leitfaden einer „Theorie sinnhaft-selbstreferentieller Systeme" formuliere „weder eine erste noch eine Letzte Philosophie". Sie „vermeidet auch eine fachliche Zuordnung zur ‚Philosophie'", die Luhmann hier, wie so oft, in Anführungszeichen setzt (Luhmann 1984, 127). „Gleichwohl", so gesteht er zu, „soll ein Zusammenhang nicht bestritten werden." Dieser bestehe in der „Isomorphie der Problemstellung" (Luhmann 1984, 145 f.). Die Grundfrage, der sich die Systemtheorie und „die Philosophie" in vergleichbarer Weise gegenübersehen, ist die Sinnfrage. Luhmann unterstellt nun „der Philosophie", dass sie sich diese Frage nur innerhalb eines bestimmten Schemas gestellt habe: nämlich der Unterscheidung von Subjekt und Objekt (Luhmann 1997, 1023 f.). Dieser philosophische Rahmen wird von Luhmann historisiert und als „alteuropäisch" verabschiedet. Das Sinn-Problem wird dagegen übernommen, aber auf die kontingenten Selektionsleistungen eines Systems in einer überkomplexen Umwelt bezogen und so, wie oben skizziert, völlig anders, nämlich subjektlos formuliert.

Es überzeuge nicht, die Sinnfrage mit dem Subjekt zu beantworten, denn die Selbstbeschreibung des Menschen als Subjekt in einer „objektiven, in ihren Möglichkeiten limitierten Welt" setze die „Reduktion hoher Komplexität", also konstituierten Sinn, immer schon voraus (Luhmann 1971, 61).

Diese Reduktionsleistung, die aus dem unüberschaubaren Möglichkeitshorizont der Welt selektiert und das Ausgewählte zur Voraussetzung weiterer Selektionen macht, ist das System, das sich so operativ von seiner Umwelt unterscheidet. Ob es dies anhand der Unterscheidung von Fremd- und Selbstreferenz auch reflektierend nachvollzieht und ob es sich dann selbst als Subjekt und alles andere als Objekt beschreibt, ist eine Frage der Selbstbeschreibung des Systems. Für jedes System gilt: „Es gibt kein Außen, keine externe Bedingtheit, keine tragende Welt – es sei denn als Komponente der Unterscheidung von innen und außen." Die „Anmaßung" des Menschen, „Subjekt der Welt zu sein", verliert so ihren Halt (Luhmann 1992, 72 f.). Sinn wird von Luhmann also nicht intentional an ein Subjekt zurückgebunden. Der Gegenvorschlag lautet, Sinn als „Grunddifferenz von Aktualität und Möglichkeitshorizont" aufzufassen. Was immer konkret auch Sinn in einer Situation ausmacht, immer geht es um etwas Bestimmtes im Unterschied zu vielen anderen Möglichkeiten, die unbestimmt bleiben können. Sobald diese Unterscheidung prozessiert wird, kann unterstellt werden, dass ein System bestimmte Möglichkeiten aktualisiert und andere ausschließt. Diese Theorie ist nicht nur subjektlos, sondern auch inhaltlich (und also auch in moralischer oder politischer Hinsicht) vollkommen unspezifisch. Denn was unterschieden wird, ist für die Aktualisierung von Sinn und die Selbstausgrenzung eines Systems völlig gleichgültig: An und aus, warm und kalt, Äpfel und Birnen, links und rechts, Riesen und Drachen, entscheidend ist allein die „Notwendigkeit der Selektion, also auch die Notwendigkeit des Übergehens anderer Möglichkeiten" (Luhmann 1980, 65). Ob andere Systeme diese Selektionen übernehmen, daran mit eigenen Operationen anschließen und beispielsweise so komplexe soziale Ordnungen entstehen wie ein Marktstand, eine Ideologie oder ein phantastischer Roman, ist eine Frage der Evolution. Äpfel oder Birnen auf einem Marktstand feilzubieten, setzt das Medium Geld voraus, ein Roman dagegen Buchdruck und Leser mit viel freier Zeit. Verbreitungs- und Speichermedien wie der Buchdruck oder das Internet, aber auch Erfolgsmedien wie Geld oder Macht spielen eine tragende Rolle als evolutionäre Errungenschaften. Sie erhöhen die Wahrscheinlichkeit dafür, dass Anschlüsse an Selektionsofferten erwartbar werden. Sprache encouragiert zur Kommunikation; Geld zu haben, ermutigt zum Kauf einer Ware; der Buchdruck motiviert das Verfassen eines Textes für unbekannte Leser. Ein Gespräch, ein Einkaufsbummel oder eine Romanlektüre machen Sinn, doch werden hier sehr voraussetzungsvolle Möglichkeiten aktualisiert, die der Selektion als Auswahlhorizont überhaupt erst einmal zur Verfügung stehen müssen: sei es in sprachlicher Form, sei es in Form einer Geldwirtschaft oder eines Genres fiktionaler Texte.

Luhmann hat Sinn als „Medium" bezeichnet, dessen „Form" die Differenz von Aktualität und Möglichkeit sei (Luhmann 1997, 44, 50). Wie jede Unterscheidung setzt die Differenzierung von Medium und Form einen Beobachter voraus, der die eine von der anderen Seite unterscheidet und so Sinn konstituiert. Jede Unterscheidung konstituiert derart Sinn und bringt das Medium der Welt in Form (Luhmann 1990). Die Form aktualisiert etwas Bestimmtes im Unterschied zur Potentialität der Welt, die für andere Formen verfügbar bleibt. Von Intentionen, Zwecken, Nutzen oder bedeutendem Gehalt ist dieser operative Sinnbegriff völlig frei. Er setzt nichts voraus als die Handhabung irgendeiner Unterscheidung. „Am Anfang steht also nicht Identität", kein Logos oder Subjekt, „sondern Differenz" (Luhmann 1984, 112, 107 ff.). Die anti-philosophische Pointe, die Luhmann seinem Sinnbegriff gibt, sei noch einmal betont: „Der Sinnbegriff ist primär, also ohne Bezug auf den Subjektbegriff zu definieren, weil dieser als sinnhaft konstituierte Identität den Sinnbegriff schon voraussetzt", schreibt Luhmann in der gemeinsam mit Habermas herausgegebenen Aufsatzsammlung (Luhmann 1971, 28). Habermas' im gleichen Band publizierte Entgegnung zitiert und kritisiert genau dieses Diktum, um den Sinn den intersubjektiv kommunizierenden Subjekten zurückzugeben (Habermas 1971a, 180). Da es noch Philosophen gibt, aber auch noch Systemtheoretiker, könnte man sagen, dass dieser Streit noch nicht entschieden ist.

Literatur: Luhmann 1971, Luhmann 1984, Luhmann 1997, Horster 1997, Krause 1996, Reese-Schäfer 1992

Niels Werber

Lukács, Georg

Geboren 1885 in Budapest, gestorben 1971 ebendort. 1906 Promotion zum Dr. phil. in Budapest. Bis 1911 Studienaufenthalte in Berlin und Heidelberg bei Georg Simmel, Wilhelm Dilthey, Max Weber und Emil Lask. 1913–18 Mitarbeit beim „Sonntagskreis" in Budapest, 1918 Eintritt in die ungarische KP, 1919 stellvertretender Volkskommissar für Unterrichtswesen der ungarischen Räterepublik. 1920 Emigration nach Wien, seit 1930 in Moskau, 1933–44 Emigration in die Sowjetunion. 1945 Professur in Budapest, 1956 Minister für Volksbildung im Kabinett von Imre Nagy. Verbannung nach Rumänien, ab 1957 Privatgelehrter.

Lukács gilt als bedeutender Repräsentant undogmatischer marxistischer Philosophie. Geprägt durch Vorkriegszeit und Oktoberrevolution, durch die Auseinandersetzung mit Lebensphilosophie, Neukantianismus und Webers Soziologie, sucht er nach seiner vormarxistischen Essayphase auf der Basis einer philosophischen Zeitdiagnose eine Synthese hegelianischer und marxscher Denkmotive. Von Marxisten-Leninisten als Revisionist bekämpft, wird er Wegbereiter des Westlichen Marxismus und der Frankfurter Schule. Seine Arbeiten zur Literaturwissenschaft und Ästhetik werden v. a. in sozialistischen Ländern Grundlage literaturwissenschaftlichen Studiums. In seinen letzten Lebensjahren arbeitet er an einer *Ontologie des gesellschaftlichen Seins* (Lukács 1971, 1971a) als einer Vorstudie zur Ethik.

Lukács' Philosophie kann nur etappenweise dargestellt werden, hat er doch in seinem (langen) gelebten Denken trotz wiederkehrender Leitmotive und Basisüberzeugungen fundamental unterschiedliche Theorieansätze entwickelt. Frühere Konzeptionen hat er immer wieder einer Selbstkritik unterworfen. Das vormarxistische Werk ist geprägt durch eine antisystematische Essayistik, die durch den ersten, noch Fragment bleibenden Versuch einer systematischen Ästhetik beendet wird. In *Geschichte und Klassenbewusstsein* (Lukács 1923) oszillieren essayistische Form und systematischer Ansatz. Das Spätwerk ist geprägt durch großformatige Werksynthesen, die dennoch *Prolegomena* (Lukács 1971, 1971a) bleiben.

Mit der Essaysammlung *Die Seele und die Formen* (Lukács 1910) und der etwa fünf Jahre später entstandenen *Theorie des Romans* (Lukács 1916) begründet der junge Lukács seinen Ruf als glänzender Stilist und philosophisch inspirierter Literaturkritiker. Die essayistische Darstellungsweise des Literaturkritikers wird als selbstständige Reflexionsform zwischen Kunst und Philosophie präsentiert. So wie die Idee früher da sei als alle ihre Äußerungen, so habe der Kritiker die Idee der Dichtung als Maßstab aller einzelnen Richtungen zu offenbaren, denn nur das Große, Wahrhaftige könne in der Nähe der Idee leben. Die *Theorie des Romans* zeigt dann die Entwicklung von einer beinahe postmodern anmutenden Denkform hin zu einer systematischeren, an Hegels Ästhetik orientierten Poetik, die in der berühmten Formulierung von der „transzendentalen Obdachlosigkeit" des modernen Individuums ihre zeitdiagnostische Zusammenfassung findet. Ähnlich wie zuvor in der ambitiösen *Entwicklungsgeschichte des modernen Dramas* (Lukács 1911) macht sich der knapp dreißigjährige Autor daran, die Geschichte eines ganzen Genres zu erfassen; beginnend mit dem klassisch-antiken Epos, schildert er die Entwicklung des Romans von Cervantes über Balzac und Flaubert bis zu Dostojewski. Die Geburtsstunde des Romans ist mit der Entstehung des problematischen Individuums verknüpft, dem die Welt nicht mehr wie den Menschen des antiken Epos ein poesiefähiges Universum ist. Die Geschichte der Romanformen liest sich als Geschichte der vergeblichen Anstrengungen des problematischen Individuums, substantiell zu werden. Der Held des Romans des abstrakten Idealismus, Cervantes' Don Quixote, ist ein Held, dessen Innenwelt in grotesker Weise der Außenwelt inadäquat ist. Für diesen Subjekttypus, der sich wirkungsvoll von der sozialen Logik (mit Hegel zu sprechen: der „List der Vernunft") steuern lässt, sind die Zerrissenheit von Innerlichkeit und Außenwelt noch nicht reflexiv geworden. Andererseits bleibt dem Roman des abstrakten Idealismus die epische Totalität der klassischen Epopöe unerreichbar: Individualität und Totalität sind heterogene Prinzipien, die Reise der Seele durch die Prosa der Verhältnisse endet in Resignation. Mit dem neuen Romantypus der Desillusionsromantik (Flaubert) rücken Protagonisten ins Blickfeld, die über ein klares Bewusstsein der tragischen Situation moderner Subjektivität verfügen. Die Inkongruenz von Innen und Außen, die die Auflösung der epischen Form, der Ersatz der Erzählung durch psychologische Analyse indizieren, offenbart sich in der Dimension der Zeit. Wie Lukács mit Bergson festhält, differenziert sich die „erlebte" Zeit von der Zeit als Dauer; das Zeitproblem wird für den modernen Roman ein konstitutives Thema. Den Aporien der Vorgänger entgeht auch der dritte Typus, der Erziehungsroman mit seinem Telos der Versöhnung, nicht. Erst in den Texten Dostojewskis wird die Überwindung der Romanform schlechthin sichtbar, die Darstellung einer „neue[n] Welt, fern von jedem Kampf gegen das Bestehende, als einfach geschaute Wirklichkeit" (Lukács 1916, 119).

Lukács' Überzeugung, die Differenz von Kunst und Leben könne nur aufgehoben werden, wenn das Leben anders geworden ist, verlangt eine Philosophie der revolutionären Praxis, die er in *Geschichte und Klassenbewußtsein* darstellt. Lukács will mittels einer Synthese hegelianischer und marxscher Denkmotive auf der Basis einer originären Gegenwartsanalyse eine undogmatische Diskussion der dialektischen Methode initiieren –

eine Verständigung über Grundlagenprobleme der marxschen Theorie. Als klassisches Werk der politischen Philosophie, der Geschichtsphilosophie und materialistischen Dialektik betrachtet, sind vor allem die Verdinglichungstheorie, die Verknüpfung von Marx und Weber, seine Vorstellungen über die Funktion von Bewusstseinsformen bzw. Ideologien sowie seine Überlegungen zu nachbürgerlichen Demokratieformen von Relevanz. Zweifellos bildet der umfangreiche Essay „Die Verdinglichung und das Bewußtsein des Proletariats" (Lukács 1923a) das theoretische Herzstück der Aufsatzsammlung. Lukács, um die theoretische Durchdringung der Gegenwart als eines „Zeitalters der vollendeten Sündhaftigkeit" bemüht, findet mit dem Begriff der Verdinglichung einen sozialphilosophischen Grundbegriff von paradigmatischem Wert. Von der marxschen Beschreibung der *Warenstruktur* bzw. *Warenform* ausgehend, entwirft Lukács ein eindrucksvolles Szenario der Dynamik der *Warenform*, die zunächst die ökonomischen Strukturen und die in ihrem Horizont lebenden Akteure erfasst, deren Logik bzw. Rationalität aber auch die Assimiliation tendenziell sämtlicher sozialer Felder anstrebt. Die Phänomenologie der Verdinglichung bietet eine Reformulierung der seinerzeit praktisch unbekannten Entfremdungstheorie von Marx, sie liefert aber auch ein Verständnis moderner Gesellschaften, das Impulse der Rationalisierungsthese Webers mit Motiven der Lebensphilosophie Simmels verbindet.

Im nächsten Schritt rekonstruiert Lukács in einer ebenso einflussreichen wie umstrittenen Art den Typus des bürgerlichen Denkens; dessen Gipfelgestalten sind für ihn Kant und Hegel. Lukács geht es um den Nachweis, dass das bürgerliche Denken noch in seinen höchsten Gestaltungen ein Pendant des aus der *Warenform* ablesbaren Rationalitätsprinzips darstellt. Hat die moderne Wissenschaft mit ihren positivistischen Rationalitätsidealen die Totalität aus den Augen verloren, so ging es gerade Kant noch darum, die Antinomien des verdinglichten Denkens mit unerbittlicher Klarheit zu analysieren und sich um die Transzendierung der Widersprüche formaler Rationalität zu bemühen. Der neukantianisch sozialisierte Lukács versteht Kants Antinomienlehre als prägnantesten Ausdruck solcher Widersprüche: Die abstrakte Rationalität der *reinen Vernunft* gelangt zu intern unlösbaren Problemen von rationaler Form und irrationalem Inhalt, von Sein und Sollen – Problemen, die in Kants Theorien der Unerkennbarkeit des Dinges an sich ihren zugespitzten Ausdruck finden.

Eine Überwindung der Methodenprobleme moderner Philosophie und wissenschaftlicher Rationalität erwartet Lukács vom dialektischen Prozessdenken: Die Gegensätze von Subjekt und Objekt werden, Hegel folgend, als notwendige, aufhebbare Zwischenstationen verstanden und gelangen somit zur Vermittlung des unvermittelbar Erscheinenden. Für den Praxisphilosophen Lukács ist aber Hegels Mythem des absoluten Geistes in seinen idealistischen Voraussetzungen und Verkürzungen nicht das letzte Wort. Er möchte den Nachweis führen, dass das Bewusstsein des Proletariats potentiell eine praktische wie theoretische Eliminierung der Verdinglichung darstellt: Indem die Ware „Arbeitskraft" im Proletarier zur Bewusstheit gelangt und in revolutionären Handlungen praktisch wird, ist für Lukács ein Standpunkt erreicht, für den Subjekt und Objekt zur praktisch-theoretischen Einheit werden. Die Wirklichkeit wird endlich angemessen in ihrer Historizität erfasst als gewordene und veränderbare konkrete Totalität. Die Verdinglichungstheorie wird an dieser Stelle zur Geschichtsphilosophie der objektiven

Möglichkeiten, die Arbeiter werden zum Mythos des Proletariats als des identischen Subjekt-Objekts der Geschichte. Um dieses geschichtsphilosophische Konstrukt soziologisch und ideologiekritisch abzusichern, entwirft Lukács eine Theorie des Klassenbewusstseins. In Anlehnung an Weber entwickelt Lukács seinen Begriff des „zugerechneten Bewusstseins", d. h. eines Bewusstseins, das als rationell angemessene Reaktion einer sozialen Gruppe aufgrund ihrer bestimmten typischen Lage im Produktionsprozess zuzuschreiben ist.

Um 1930 wendet sich Lukács eher unfreiwillig wieder der Ästhetik zu. Lukács' neue marxistische Ästhetik kreist um eine Theorie des Realismus und hat in den Begriffen „Mimesis", „Alltagsleben" und „Gattungsmäßigkeit" ihre Leitbegriffe (Lukács 1963, 1963a). Im System der menschlichen Tätigkeiten stellen Ethik und Kunst nicht identische, aber doch aufeinander bezogene Praxisformen dar. Sie sind rationale Weisen eines anthropomorphisierenden Umgangs mit Wirklichkeit und sondern sich so vom wissenschaftlichen Konstitutionsmodus von Wirklichkeit ab. Durchaus konsequent wird die Katharsis zur Schlüsselkategorie des Rezeptionsverständnisses: Die letzte Funktion der Kunst ist die Evokation des Gefühls „Du mußt dein Leben ändern". In der Kunstrezeption wird der partikuläre Mensch in den Sog der Entverdinglichung gezogen. Der „ganze Mensch" des Alltags sieht sich zum „Menschen ganz" verwandelt (diese Begriffe finden sich bereits im Frühwerk). Damit ist die Kunstrezeption eine Realisierung jener Substanzethik Lukács', deren Kernstück die These ist, das Individuum könne sich – ohne Selbstnegation – vom Partikulären emanzipieren. Aus Lukács' Sicht der Reifikationsstrukturen ergibt sich die Parteinahme für jene Kunstwerke, die in der Diskussion als organische verstanden werden. Wenn es zutrifft, dass die Mitglieder der Gegenwartsgesellschaften im wörtlichen Sinne „zer-legt" werden in ihre sozialen Funktionen, dann ist es durchaus plausibel, dass gerade das „welthafte Kunstwerk" den Fluss des Alltagslebens unterbricht; es evoziert einen kathartischen Schock. Es ist daher nicht bloße Geschmackssache, dass Lukács sein Leben lang die Klassik zu revitalisieren suchte, während er den großen, heute längst selbst Klassikerstatus besitzenden Avantgardisten meist nur polemisch gegenübertrat.

Der wichtigste und umstrittenste philosophische Vorschlag des späten Lukács besteht darin, den Marxismus als Ontologie zu verstehen (Lukács 1971, 1971a). Er bleibt Philosoph der Praxis, wählt aber als Horizont der mannigfachen zeitgenössischen Praxisfelder eine gattungsgeschichtliche Perspektive. Der moderne Mensch versteht sich allererst, wenn er die Spuren seiner Konstituierung verfolgt, die zum Paradigma der Arbeit, dem *ens realissimum* des gesellschaftlichen Seins, führt. Durch die und in der Arbeit besitzt das Bewusstsein niemals nur den Status eines Epiphänomens. Die teleologischen Setzungen (so Lukács im Rekurs auf Aristoteles) beanspruchen für die Prozesse der Vergegenständlichung durchaus konstitutive Funktionen. Der *homo faber* ist auf natürliche Gegebenheiten angewiesen, die eigene Kausalitätsformen (Strukturen) aufweisen. Auch die höchstentwickelte Gesellschaft kann sich diesem Bann nicht vollständig entziehen, die soziale Welt ersetzt nie total-totalitär die Welten der ersten Natur. Die ontologische Kritik der gesellschaftlichen Vernunft zeigt: Praxis ist stets an Bedingungen gebunden; diese gewinnen immer mehr den Charakter sozialer Normen, Konventionen, Situationen, bleiben aber an nicht aufhebbare Voraussetzungen gebunden; zur Geltung gebracht und eventuell kontrolliert werden können die unterschiedlichen Konditionen des handelnden Menschen nur im Rahmen eines ontologisch und gattungsgeschichtlich reflektierten Handelns.

Die Folgen der ontologischen Wendung des Marxismus sind bei der Revision des Entfremdungstopos sichtbar: Sie zeigen einen skeptisch gewordenen Philosophen, dem die Idee einer vollständigen Aufhebung von Entfremdung suspekt geworden ist. Verdinglichung und Vergegenständlichung unterscheidend, erkennt der Ontologe: In einem bestimmten Sinne muss von einer ontologischen Dimension von Entfremdung bzw. Verdinglichung ausgegangen werden. So sind Verdinglichungseffekte zwar reduzierbar, es gibt aber eine unversiegbare Quelle von Entfremdung, die Unaufhebbarkeit der Dialektik von Teleologie und Kausalität. Die Systemlogik überbietet stets die Logiken der sie konstituierenden Subjekte. Die Gegenwartsanalyse der *Ontologie* spricht von dem neuen, universellen „Manipulationskapitalismus". Dessen Kritik ist Teil einer Kritik jenes Wirklichkeitsverlustes, den Lukács in den modernen Wissenschaften, der neuen Kunst wie in aktuellen Politikformen ausmacht.

Zeit seines Lebens ist Lukács Gegenstand der Bewunderung wie der Kritik gewesen. Dass *Die Seele und die Formen* den Essay zu einer eigenen Kunstform zwischen Literatur, Ästhetik und Philosophie erhebt und im Kritiker den Prototyp der Moderne sieht, ist folgenreich geworden, u. a. für Theodor W. Adorno und Walter Benjamin. Die *Theorie des Romans*, die die Haupttypen der großen Epik aus durchaus philosophischer Perspektive als Ausdruck der transzendentalen Obdachlosigkeit des Menschen rekonstruiert, hat nach Adorno „einen Maßstab der philosophischen Ästhetik aufgerichtet, der seitdem nicht wieder verloren ward" (Adorno 1958, 251). Das Frühwerk beeindruckt Thomas Mann, Max Weber und Ernst Bloch, es ist für die philosophisch und typologisch orientierten Geisteswissenschaften der 1920er Jahre bedeutend, später für die kritische Literaturwissenschaft der 1960er Jahre (u. a. für Lucien Goldmann, Peter Bürger). *Geschichte und Klassenbewusstsein* entdeckt das Erbe der hegelschen Dialektik wieder, versteht die Praxisphilosophie von Marx als Gipfel neuzeitlichen Philosophierens und rückt das Phänomen des Warenfetischs in den Mittelpunkt. Bloch kommentiert: „Georg Lukács hat als Einziger fast das Niveau der fälligen, gültigen Sache betreten" (Bloch 1923, 600). Lukács wird zum Geburtshelfer des *Westlichen Marxismus* (Merleau-Ponty 1955), der eine Praxisphilosophie möglich macht, die ohne die Dogmatismen des Marxismus-Leninismus auskommt, und zum oft verleugneten theoretischen Wegbereiter der Kritischen Theorie. Gerade in Adornos Werk lassen sich die Spuren des Einflusses in dessen methodologischen wie zeitdiagnostischen Aspekten nachweisen.

Seine polemischen philosophie- und literaturgeschichtlichen Arbeiten finden in der Nachkriegszeit in den sozialistischen Ländern große Verbreitung. Der antimoderne Impetus seines Realismusbegriffs und die Kritik der deutschen Ideengeschichte nach Hegel in *Die Zerstörung der Vernunft* (Lukács 1954) werden heute in der Regel skeptisch betrachtet, während die Verdienste seiner Studie über den jungen Hegel (Lukács 1948) inzwischen anerkannt sind.

Trotz der erheblichen Breitenwirkung, die sich bis nach Lateinamerika erstreckt, kommt es erst in den letzten Lebensjahren zur Etablierung einer eigenen Schule: der Budapester Schule (Agnes Heller, Mihály Vajda, György Márkus u. a.). Nach 1989 ist die

Lukács-Rezeption stark zurückgegangen, doch mehren sich die Anzeichen einer stilleren, aber nachhaltigen Wiederentdeckung. Axel Honneth hat eine anerkennungstheoretische Reformulierung der Verdinglichungstheorie begonnen (Honneth 2005), während Nicolas Tertulian, Guido Oldrini, Erich Hahn u. a. sich um die Erschließung des ontologischen Spätwerks bemühen. Judith Butler (Butler 2010) sieht in den frühen Essays einen Ansatz, der den Fallstricken der methodischen Gegenüberstellung von *Historismus* und *Formalismus* entgeht. Habermas hat die Bedeutung von Lukács' *Webermarxismus* für die Entwicklung einer Theorie des kommunikativen Handelns ausgewiesen (Habermas 1981).

Literatur: Lukács 1920, Lukács 1923, Lukács 1948, Dannemann 1997, Goldmann 1959, Mittenzwei 1975
Hilfsmittel: Jahrbuch 1997
Webseiten: www.lukacs-gesellschaft.de; www.lua.hu

Rüdiger Dannemann

Marcuse, Herbert

Geboren 1898 in Berlin, gestorben 1979 in Starnberg. Nach dem Notabitur 1916 eingezogen in die Reichswehr. 1918 Mitglied im Soldatenrat in Berlin. Nach dem Krieg Studium der Germanistik, Philosophie und Nationalökonomie in Berlin und Freiburg, 1922 Promotion. 1928–32 Studium der Philosophie bei Edmund Husserl und Martin Heidegger in Freiburg. 1932 Beginn der Zusammenarbeit mit dem Frankfurter Institut für Sozialforschung. 1934 Emigration in die USA, 1954 Professur für Politikwissenschaft an der Brandeis University, 1965 für Politologie an der University of San Diego. Nimmt 1968 in den Vereinigten Staaten und Europa Einfluss auf die Studentenbewegung.

Marcuse gilt mit Theodor W. Adorno und Max Horkheimer als bedeutender Vertreter einer *Kritischen Theorie der Gesellschaft*. Ohne den ökonomischen Determinismus und Fortschrittsoptimismus des älteren Marxismus zu teilen, gilt das Interesse der *Kritischen Theorie* (Horkheimer 1937, Marcuse 1969) seiner Fortsetzung als emanzipatorisches Projekt. Die intendierte Transformation des Marxismus, welche die Konsequenzen aus der Erfahrung des Totalitarismus in der Mitte des 20. Jahrhunderts ziehen soll, nimmt bei Marcuse zunächst die Gestalt einer Rückkehr zu Hegel an. Sowohl in *Hegels Ontologie und die Theorie der Geschichtlichkeit* (Marcuse 1932) als auch in *Vernunft und Revolution* (Marcuse 1941) liest er die marxschen Entfremdungsanalysen von Hegel her. Das Problem der Vermittlung von Subjekt und Objekt erscheine bereits bei Hegel als eines der Praktischen Philosophie. Das Subjekt-Objekt-Problem stelle sich für ihn als „*Entfremdung*' des Geistes [dar], was bedeutete, daß die Welt der Objekte, ursprünglich das Produkt der Arbeit und Erkenntnis des Menschen, sich gegenüber dem Menschen verselbständigt und von unkontrollierten Kräften und Gesetzen beherrscht wird, in denen der Mensch nicht länger sein eigenes Selbst wiedererkennt" (Marcuse 1941, 32). Diese Kluft vermag der Mensch nur praktisch zu überwinden, indem er die Wirklichkeit vernünftig macht; dies, so Marcuse mit Marx, ist nur möglich im Zuge der Revolution.

Mit Horkheimer und Adorno situiert Marcuse Philosophie im Übergang zu kritischer Gesellschaftstheorie. Die Pathologien der Moderne analysiert er als Ausdruck instrumenteller Rationalität, mit deren Hilfe der Mensch die Natur zu beherrschen sucht. Nach Marcuse richtet sich die Herrschaft, die der Mensch mittels Wissenschaft und Technik über die Natur auszuüben trachtet, letztlich gegen ihn selbst; sie erstreckt sich „auf alle Bereiche des privaten und öffentlichen Daseins, integriert alle Opposition und verleibt sich alle Alternativen ein". Sie bringt ein „wahrhaft totalitäres Universum" hervor, „in dem Gesellschaft und Natur, Geist und Körper in einem Zustand unaufhörlicher Mobilisation zur Verteidigung dieses Universums gehalten werden" (Marcuse 1964, 38). Als kritisch begreift sich dieser philosophische Zugang in der Infragestellung von Hegemonialansprüchen. Im Gegensatz zu traditioneller Theorie reflektiert kritische Theorie dabei auf Herrschaftsverhältnisse, wie sie in wissenschaftlichen Methoden und philosophischen Begriffen selbst impliziert sind, auf erkenntnisleitende Interessen von Wissenschaft sowie auf den gesellschaftlichen Ort des Wissenschaftlers. Ihr wesentliches Anliegen besteht darin, gesellschaftliche Verhältnisse als von Menschen hervorgebrachte (und damit veränderbare) zu fassen. Motiviert wird kritische Theorie durch „die Sorge um das Glück der Menschen und die Überzeugung, daß dieses Glück nur durch die Veränderung der materiellen Daseinsverhältnisse zu erreichen ist" (Marcuse 1937, 228).

Marcuse schließt sich damit einem Theorieprojekt an, wie es von Horkheimer und Adorno (Horkheimer 1937, Horkheimer, Adorno 1947) angestoßen wird, setzt aber zugleich eigene Akzente. So sieht er in unreglementierter Spontaneität und Sinnlichkeit stärker als diese ein subversives Moment am Werk. Die in Teilen hedonistischen Protestformen der Studentenbewegung gegen den Vietnamkrieg verkörpern für Marcuse eine neue Einheit von Erotik und Politik, der gegenüber Adorno höchst skeptisch bleibt (vgl. beider Briefwechsel im Umfeld der Ereignisse: Marcuse 2004). Adorno gegenüber betont Marcuse zudem stärker die Chancen wissenschaftlich-technischer Zivilisation, da diese für ihn, zumindest dem Prinzip nach, jenseits von Entfremdung und Notwendigkeit ein gesellschaftliches Reich der Freiheit etablieren kann.

In *Triebstruktur und Gesellschaft* (Marcuse 1955) verbindet Marcuse eine marxistisch inspirierte Gesellschaftstheorie mit der freudschen Psychoanalyse (im Umkreis des Instituts für Sozialforschung Erich Fromm vergleichbar). Triebkonflikte der Individuen sind für Marcuse Ausdruck gesellschaftlicher Verhältnisse. Im Gegensatz zu naturalistischen Deutungen der Psychoanalyse betont er zunächst, dass es „keine Triebstruktur ‚außerhalb' der historischen Struktur" (Marcuse 1955, 117) gebe. Insofern sich in Triebverhältnissen Machtverhältnisse spiegeln, wird für Marcuse die Psychoanalyse zum Instrument der Gesellschaftskritik. Als Signum seiner Zeit gilt ihm vor allem die „Depersonalisation des Über-Ich" (ebd., 87): Anonymisiert zu einem „System objektiver Verwaltung" (ebd.), das jeden Widerstand tendenziell ins Leere laufen lässt, bindet sich Herrschaft im Spätkapitalismus nicht länger an die Instanz eines Souveräns oder Übervaters.

In einigen Hinsichten kündigt Marcuse Freuds Kulturtheorie indessen die Treue auf, vor allem der in *Das Unbehagen in der Kultur* (Freud 1930) entfalteten These, dass der Mensch als Kulturwesen das Lustprinzip zugunsten des Realitätsprinzips zurückstellen muss, weil Kultur *immer* auf Verzicht und Entsagung beruht. Auf dem Stand der technisch-ökonomischen Entwicklung fortgeschrittener Industriegesellschaften, so Marcuses

Entgegnung, wird die Befriedigung der Bedürfnisse aller sowie das Ende körperlicher Arbeit zu einer lebendigen Option; dies lässt die Entsagung, von der Freud spricht, obsolet werden. Durch zunehmende Automatisierung der Produktion kann der Mangel an Ressourcen und das individuelle Leiden an der entfremdenden Arbeit dem Prinzip nach behoben werden. Mangel und Leid unter den aktuellen gesellschaftlichen Bedingungen erscheinen Marcuse allein künstlich erzeugt, als Mittel der Herrschaft. Auf dem Stand der für den Menschen in Dienst genommenen Produktivkräfte kann Eros – vom Todestrieb befreit – Grundlage einer neuen Sozialität werden. An Schillers Spielbegriff orientiert, entwirft Marcuse in *Triebstruktur und Gesellschaft* letztlich eine ästhetisch-erotische Utopie, die er in späteren Studien, dem *Versuch über die Befreiung* (Marcuse 1969a) und *Konterrevolution und Revolte* (Marcuse 1972), weiter konturiert. Dieser utopische Zustand wird nur möglich durch die „große Weigerung" (Marcuse 1955, 131), den „Protest gegen unnötige Unterdrückung, den Kampf um die höchste Form der Freiheit" (ebd.), deren Idee bisher nur in der Sprache der Kunst hatte artikuliert werden können. Als Subjekt dieser Weigerung bestimmt Marcuse nicht wie ehedem das Proletariat, sondern das „Substrat der Geächteten und Außenseiter: die Ausgebeuteten und Verfolgten anderer Rassen und anderer Farben, die Arbeitslosen und die Arbeitsunfähigen. Sie existieren außerhalb des demokratischen Prozesses; ihr Leben bedarf am unmittelbarsten und realsten der Abschaffung unerträglicher Verhältnisse und Institutionen. Damit ist ihre Opposition revolutionär, wenn auch nicht ihr Bewußtsein" (Marcuse 1964, 267). Die Tatsache, dass sie „anfangen, sich zu weigern", kann „den Beginn des Endes einer Periode" markieren (ebd.).

Gibt *Triebstruktur und Gesellschaft* noch der Hoffnung auf eine mögliche Revolution Raum, so zeichnet *Der Eindimensionale Mensch* (Marcuse 1964) ein nahezu illusionsloses Bild der Gegenwart. Marcuse führt hier die Kultur- und Gesellschaftskritik fort, die Horkheimer und Adorno 1944 in der *Dialektik der Aufklärung* vorgelegt haben, und fragt nach den Reproduktionsbedingungen des Kapitalismus nach dem Krieg. Die Gesellschaft seiner Zeit ist für Marcuse eine „Gesellschaft ohne Opposition"; sie ist „als Ganzes irrational" (Marcuse 1964, 11). Die weltpolitische Lage ist in den 1960er Jahren durch den nuklearen Bipolarismus gekennzeichnet. Die Existenz des Gegners stellt in beiden ideologischen Formationen einen Vorwand dar, um von systemimmanenten Widersprüchen abzulenken, insbesondere von dem gemeinsam geteilten zwischen der Perpetuierung der Not und den technischen Möglichkeiten, sie zu beheben.

Nicht die Ungleichheit, wie noch im orthodoxen Marxismus, steht im Mittelpunkt der von Marcuse entfalteten Kritik, sondern die Vereinheitlichung und Ideologisierung der Welt. Der Mensch erscheint hier als ohnmächtiges Anhängsel des Produktionsprozesses und als vollständig subjektiviert durch eine Kulturindustrie, die seine Bedürfnisse manipuliert. Statt ihre Libido in kulturelle Arbeit zu überführen und schöpferisch zu gestalten, werden die Menschen unter dem Einfluss von Kino, Fernsehen und Reklame in repressiver Weise entsublimiert, auf ihre primären Triebe und deren Befriedigung reduziert (Marcuse 1964, 76 ff.). Die von Freud beschriebene Sublimierung wird letztlich in ihr Gegenteil verkehrt. Dabei durchdringen die von der Kulturindustrie bereitgestellten Konsumgüter das Individuum vollständig; sie weben ein „Muster *eindimensionalen Denkens und Verhaltens*, worin die Ideen, Bestrebungen und Ziele, die ihrem Inhalt nach das bestehende Universum von Sprache und Handeln transzendieren, entweder abgewehrt oder zu Begriffen dieses Universums herabgesetzt werden" (Marcuse 1964, 32).

Der *Eindimensionale Mensch* bewegt sich unablässig zwischen zwei Hypothesen: Einerseits unterbindet die spätkapitalistische Industriegesellschaft jegliche Veränderung, andererseits aber sind „Kräfte und Tendenzen" vorhanden, um den Verblendungszusammenhang, und damit die Gestalt von Gesellschaft selbst, zu „durchbrechen" (Marcuse 1964, 17). Einen Durchbruch verspricht sich Marcuse insbesondere von einem Bilder- und Maschinensturm: Sofern Fernsehen und Reklame durch subversive Aktionen zum Kollabieren gebracht werden, könnte dies zum „Zerfall des Systems" insgesamt führen (ebd., 257). Ein solcher Schritt würde die Rezipienten in eine „traumatische Leere" (ebd., 256) stürzen, die sie ihre eigene Lage in der Gesellschaft zu überdenken und kritisch zu agieren zwänge. Obwohl weitgehend im Einvernehmen mit der in der *Dialektik der Aufklärung* entwickelten Analyse von Kulturindustrie als organisiertem Massenbetrug, kritisiert Marcuse scharf die „Unfähigkeit" der älteren Kritischen Theorie, „die befreienden Tendenzen *innerhalb* der bestehenden Gesellschaft aufzuweisen" (ebd., 265). Demgegenüber setzt er stärker auf die „Befreiung der inhärenten Möglichkeiten" als Organon der Kritik (ebd.). Diese Möglichkeiten sieht er nicht zuletzt in einer Technik, die nicht an sich verwerflich ist, sondern durchaus im Sinne der „Verbesserung des menschlichen Lebens" reformuliert und neu angeeignet werden kann (ebd., 13).

Im Unterschied zu Adornos Kritik geht diejenige Marcuses nicht von einem Ideal autonomer Kunst und Kultur aus. Bereits in seinem Aufsatz *Über den affirmativen Charakter der Kultur* (Marcuse 1937a) weist er auf die Identität von Kultur und Praxis im klassischen Altertum hin, die im 19. und 20. Jahrhundert aufgekündigt werde. Dem Bürgertum gilt Kultur nunmehr als schöngeistiger Kanon des „Guten, Wahren und Schönen" (Marcuse 1937a, 188), womit ihre Separierung von alltäglicher Praxis einhergeht. Kultur wird ihrer Funktion nach wesentlich affirmativ, insofern sie reale gesellschaftliche Bedingungen und Widersprüche verdeckt (ebd., 192 f.). Doch sie ist bereits in diesem frühen Text mit ihrer affirmativen Rolle nicht vollständig beschrieben: enthält sie doch „nicht nur die Rechtfertigung der bestehenden Daseinsform, sondern auch den Schmerz über ihren Bestand; nicht nur die Beruhigung bei dem, was ist, sondern auch die Erinnerung an das, was sein könnte" (ebd., 195).

Auf den Spuren Schillers sieht Marcuse insbesondere in ästhetischen Praktiken, die den Rahmen autonomer bürgerlicher Kunst transzendieren, Potenzial zu revolutionärer Befreiung. Künstlerische Praxis vermag spielerisch zwischen den Triebbedürfnissen und den Anforderungen des Realitätsprinzips zu vermitteln. Dem Verfasser der Briefe *Über die ästhetische Erziehung des Menschen* (Schiller 1795) vergleichbar, wird für Marcuse die Freiheit im Verhältnis zwischen den Gehalten eines Kunstwerks und seiner ästhetischen Form zum Vorbild sozialer Integration. In einer in diesem Sinne befreiten Gesellschaft wäre nicht Arbeit die paradigmatische Tätigkeitsform, sondern das Spiel, genauer würde Arbeit selbst spielerisch. Die Befreiung der Menschen wäre zugleich eine der Natur; insofern erschiene diese nicht länger als (zu unterwerfende) Bedrohung, sondern wäre libidinös zu besetzen.

Aus mehreren Gründen kann Marcuse als der Philosoph der 1968er gelten. Seine Texte, gleichwohl an Hegel und Heidegger geschult, sind sprachlich offenbar zugänglicher als die Hauptwerke Adornos. Insbesondere in jener Zeit ist Marcuse in den Vereinigten Staaten und in Europa als Redner gefragt. In den neuen sozialen Bewegungen, der Jugend-, Studenten- und Frauenbewegung sowie in alternativen Lebensformen, etwa den Kommunen, erkennt er das Potenzial, Subjekte hervorzubringen, die Träger einer kommenden Revolution zu sein vermögen. In dieser Rolle als Sprachrohr der Protestbewegung ist Marcuse durchaus umstritten. Nicht wenige Intellektuelle und Politiker halten Marcuse entgegen, er sei geistiger Urheber der Gewalttaten der Roten Armee Fraktion. Marcuse hingegen verwirft den Terrorismus mit allem Nachdruck. Durchaus Plausibilität beanspruchen kann indessen seine Berufung auf Sartre (in einem Brief an Horkheimer vom 17. Juni 1967 [Horkheimer 1996]); im Vorwort zu Fanons *Les Damnés de la Terre* (Fanon 1961) vermerkt der französische Philosoph, dass die Gewalt des Systems schlimmer sein kann als die Gewalt derjenigen, die gegen das System ihr nacktes Leben zu verteidigen suchen.

Literatur: Marcuse 1941, Marcuse 1955, Marcuse 1964, Brunkhorst, Koch 1990, Claussen 1981, Wiggershaus 1986

Mechthild Hetzel

Marquard, Odo

Geboren 1928 in Stolp (Pommern). 1947–54 Studium der Philosophie, Germanistik, Theologie und Kunstgeschichte in Münster und Freiburg. 1954 Promotion bei Max Müller in Freiburg mit einer Arbeit über Kant. Wissenschaftlicher Assistent von Joachim Ritter. 1963 Habilitation in Münster. 1965–92 Professor für Philosophie in Gießen.

In seiner Promotionsschrift betont Marquard, dass nicht das Wunder der Welt, sondern die Wunden des Lebens den Ursprung der Metaphysik bildeten, deren Aufgabe weniger Erkenntnis als Kompensation, nicht Wahrheit, sondern Linderung sei (Marquard 1958). Allerdings ist dies dem jungen Marquard zu wenig: Metaphysik sei ein schlechter Ersatz, ein Surrogat. Später folgen moderate Töne: Metaphysik ersetzt nicht die Wirklichkeit, sondern versetzt sie: Sie schafft Abstand zu Leben und Welt, ohne den der Mensch hoffnungslos überfordert wäre. In seiner Habilitationsschrift stellt Marquard die Idee eines transzendentalen und absoluten Ich radikal in Frage, indem er auf Unverfügbarkeiten des endlichen Daseins aufmerksam macht (Marquard 1987). Dem folgt später ein „Abschied vom Prinzipiellen" (Marquard 1981), wonach es nur den in Geschichten verstrickten, sterblichen Menschen gibt, der auf bewährte Traditionen angewiesen ist. Die geisteswissenschaftliche, hermeneutische Erinnerungsarbeit hat nicht nur eine deskriptiv-theoretische Funktion, sondern auch eine ethisch-praktische Seite: Sie dient der Orientierung und Stabilisierung des gefährdeten Menschen. Außerdem ist die Lebenszeit zu kurz, als dass der Einzelne mit allem immer wieder von vorne anfangen könnte.

Marquard erteilt jeder Art von Totalitarismus eine klare Absage und damit einhergehend allen sich aus der Theodizee des 18. Jahrhunderts ergebenden Ansprüchen der Geschichtsphilosophie an den Menschen, sich vor deren allgemeinen Zielen für den eigenen Lebensweg rechtfertigen zu müssen (Marquard 1973, 1986). Er bekennt sich zur liberalen Demokratie, der bürgerlichen Gesellschaft, für die nicht nur ein zustimmungswürdiger Pluralismus charakteristisch ist, sondern auch eigenwillige Entzweiungen, die sich nicht in höheren Synthesen miteinander versöhnen lassen: Auf der einen Seite stehen die zahlreichen Versachlichungen und Entzauberungen der Wirklichkeit durch die mathematischen Naturwissenschaften sowie die traditionsneutrale Technik, Medizin, Wirtschaft und das wachsende Entwicklungstempo der modernen Welt. Auf der anderen Seite befinden sich die Apotheosen für die unberührte Landschaft oder die Wiederverzauberungen der Natur durch den ästhetischen Sinn, eine wachsende Kultur der Langsamkeit, den aufs Bewahren und Erinnern fixierten historischen Sinn, die Geisteswissenschaften, Künste und Traditionen. Obwohl sich beide Seiten nicht dialektisch vermitteln lassen, stehen sie dennoch nicht unverbunden nebeneinander. Die Traditionen, Künste und Geisteswissenschaften kompensieren die Verluste, die mit den Versachlichungen der modernen Technik und der Naturwissenschaft einher gehen. Darum sind sie unverzichtbar. Das Gleiche gilt ebenso für die moderne Medizin, Technik und Wirtschaft, die den Menschen unbestreitbare Lebensvorteile bieten: ein Dasein in abgemilderter Not.

Wie bereits sein Lehrer Joachim Ritter befürwortet Marquard die neuzeitlichen Entzweiungen, statt das Misslingen ihrer synthetischen Vermittlung zu beklagen. Solche Vermittlungsversuche gehen immer zulasten von einer der beiden Seiten. Sonach sind sie unmöglich und dazu noch gefährlich, führen sie doch zur Entwertung und Unterdrückung der einen oder anderen Seite. Allerdings haben die Menschen beide Kulturen zum Überleben und guten Leben nötig.

Bei alldem hält Marquard an der alten These fest, dass der Mensch als schwaches, sorgenvolles Mängelwesen einer starken, rücksichtslosen Wirklichkeit gegenübersteht. Hierbei legt er den Akzent aber weniger auf die Übermacht der Welt und die Ohnmacht des Menschen, als vielmehr auf dessen Fähigkeit, damit zurechtzukommen. Die übermächtige Wirklichkeit auf Distanz zu bringen und die eigenen lebensbedrohlichen Mängel auszugleichen, gelingt dem Menschen mit Hilfe der Kultur, die von lebenserhaltenden Werkzeugen bis zu lebenserfüllenden Kunstwerken reicht.

Marquard gilt als einer der originellsten Philosophen der Nachkriegszeit, der mit seiner „Philosophie der Endlichkeit" jede überzogene Kritik an der Moderne zu bändigen sucht, ohne darauf zu verzichten, gegen herrschende Unvernunft vernünftigen Widerstand zu leisten. Seine brillante, überaus eigenwillige und gut verständliche Sprache hat ihn über philosophische Fachkreise hinaus einem breiteren Publikum bekannt gemacht. Marquards Schriften sind in mehrere Sprachen übersetzt. Er ist Träger zahlreicher akademischer Auszeichnungen.

Literatur: Marquard 1958, Marquard 1981, Marquard 1987, Leonhardt 2003

Franz Josef Wetz

Misch, Georg

Geboren 1878 in Berlin, gestorben 1965 in Göttingen. 1911–14 außerordentlicher Professor für Philosophie in Marburg, 1919–35 Professor der Philosophie in Göttingen. Aufgrund seiner jüdischen Herkunft 1935 zwangsweise Versetzung in den vorzeitigen Ruhestand. 1939 beantragte und genehmigte Ausreise nach England. 1946 Rückkehr nach Göttingen, Rehabilitierung, Übernahme des Lehramtes und Emeritierung.

Misch war Schüler und Schwiegersohn Wilhelm Diltheys und wirkte als Mitherausgeber seiner Werke (Bde. II, V und VI). Bekannt ist er primär als Dilthey-Interpret, insbesondere durch den wichtigen Vorbericht zu Band V der *Gesammelten Schriften* Diltheys. Misch stellt dort heraus, dass es Dilthey gerade nicht bloß um eine Logik der Geisteswissenschaften geht: „Die eigentliche Intention muss tiefer liegen." (Misch 1923, XIX) Im Anschluss an Dilthey geht es Misch darum, dass das Verstehen der Grund des Erklärens und des Verstehens im engeren Sinn ist. Dass Misch damit eine ganz eigene philosophische Position bezieht und verfolgt – eine „andere" Hermeneutik (Weingarten 1996, 2005) oder „Göttinger Lebenslogik" (Bollnow 1983a, Kühne-Bertram 1993, 1995, Rodi 1990) –, bleibt weitgehend noch zu entdecken (Esser 2008).

In der akademischen Philosophie hat das voluminöse Hauptwerk Mischs – die vierbändige *Geschichte der Autobiographie* (acht Teilbände) – kaum Wirkung gezeigt. Dies ist wohl nur wissenssoziologisch erklärbar. Es ist das Werk des Historikers Misch, das mit dem Blick des Philosophen geschrieben ist, der die Frage verfolgt, wie eine Wissenschaft vom Individuellen möglich ist, und der die philosophische Figur der Selbstbesinnung profilieren will. Dass auch überhaupt „Georg Misch als Philosoph" (König 1967) eine nur geringe Wirkung hat, hat viele Gründe: einerseits die tiefe Zäsur des Nationalsozialismus und dessen (Nicht-)Aufarbeitung (Dahms 1987, Sandkühler 2009), andererseits die öffentliche Wahrnehmung seiner Philosophie als zwar bedeutende, jedoch sich auf Dilthey-Exegese beschränkende, der auch Misch aus Respekt vor seinem Lehrer nicht entgegengetreten ist (König, Plessner 1994). Hinzu kommt der Umstand, dass die Traditionslinie der Hermeneutik von Gadamer besetzt wurde und wird, der erfolgreich das Bild durchsetzen konnte, Mischs Hermeneutik-Ansatz bereits „aufgehoben" zu haben (Gadamer 1991a). Nicht zuletzt ist es die sachlich korrekte, aber zu Verabschiedungen geradezu einladende Charakteristik dieser Philosophie als „metaphysisch" und „lebensphilosophisch", die der Rezeption nicht dienlich ist.

Worum es Misch im Anschluss an Dilthey geht, ist eine Grundlegung der Philosophie, und dies in einer historischen Situation, in der wir „ja überhaupt nicht mehr daran [glauben], daß es ein festes Fundament für die Begründung der Philosophie oder der Theorie des Wissens gibt oder geben kann" (Misch 1994, 139). Das Konzept von „Kategorien des Lebens" ist topologisch äquivalent etwa zum Konzept der Existentialien, beharrt aber darauf, dass dieses Fundament der Philosophie nicht ein festes sein kann; vielmehr müsse der „Boden des logischen Phänomens selber auf[gelockert]" werden (Misch 1930, 184), weil wir aus dem „Darinnen-sein im Leben" nicht herauskämen, um es von außen ansehen zu können (Rodi 1990, 123 ff.). Die Rede ist diesbezüglich auch von einer „Immanenz des Transzendenten" (König 1967, 156). Die selbstgestellte Aufgabe liegt darin, eine Philosophie zu entwerfen, die dem Historismus gerecht wird und zugleich relativistische und/oder irrationalistische Konsequenzen vermeidet (ebd., 128; Ginev 2001, Plessner 1953). Der Weg ist eine logische Analyse. Jene Grundlegung ist eine Lebens-Logik (Misch 1994), die Diltheys Anliegen (Misch 1923, 1924) weiterführt, nämlich eine Logik des Wissens überhaupt, nicht nur eine den Bestand ergänzende Logik der Geisteswissenschaften. „Logik" auch und vor allem deshalb, weil „[es] in der sogenannten Philosophie des Lebens geläufige Strömungen genug [gibt], die das Leben gegen die Logik ausspielen", womit „es doch nicht sein Bewenden haben [kann]" (Misch 1999, 28; Gabriel 1998).

Der systematisch entscheidende Schritt über Dilthey hinaus liegt in der Einführung eines zusätzlichen Prinzips, nämlich dem der Verbindlichkeit (Greisch 2000, Schürmann 1999, 48, 297–316). Die Nicht-Feststellbarkeit eines Fundaments der Philosophie hatte bereits Dilthey unter dem Titel der Unergründlichkeit des Lebens notiert. Misch erläutert einen Aspekt Diltheys und geht zugleich einen Schritt darüber hinaus. Er verdeutlicht, dass es sich nicht einfach um eine Polarität von gedankenmäßiger Feststellbarkeit und Unergründlichkeit handelt, die man noch als Komplementarität oder gar als ergänzende Addition ansehen könnte, sondern um ein Verhältnis, das im Wissen nicht nicht realisiert sein kann. Und er postuliert die Verbindlichkeit der Unergründlichkeit in jedem und für jedes Wissen; dies ist keine subjektive Emphase, sondern das Prinzip, die Unergründlichkeit nicht im Status eines offenen Horizonts, sondern als je schon realisiertes Verhältnis zu begreifen (Misch 1930, insbes. 50 f.). Hier hat Hegels Unterscheidung von schlechter und wahrer Unendlichkeit – und nicht Schopenhauers „metaphysisches Bedürfnis" (Greisch 2000, 23) – Pate gestanden, sodass Verstehen nicht eine unendlich-approximative Verstehensaufgabe (Rodi 1990, 97), sondern ein je schon bestimmt-unbestimmtes Innegewordensein ist. Konkret ist das eine Kritik an „romantischen" Verstehenskonzepten, denen gemäß der Sinn im sprachlichen oder sonstigen Ausdruck nicht erreichbar ist und somit verfälscht wird (Misch 1994, 79).

Dies ist die entscheidende Lockerung des „Bodens der Philosophie", denn nunmehr kann der Aufbau nicht mehr von einem festen Fundament aus erfolgen, sondern jenes Fundament kommt nur in einer Rückbeugung, in einem reflexiven Innewerden dessen, was im Wissensvollzug schon in Gebrauch genommen war, in den Blick. Misch beharrt jedoch darauf, dass solcherart Innewerden eine produktive Leistung, nicht aber eine bloße Explikation ist. Philosophie entspringt in „geschichtlicher Kontinuität", sie erwächst nicht in „organischer Kontinuität" (König 1967), und insofern ist die sprachliche Ableitung Heideggers „metaphysisch verfehlt" (Misch 1994, 120; Jung 1998). Verbindlichkeit der Unergründlichkeit heißt also: Primat von *energeia* vor *dynamis*. „Existenz" ist Seinkönnen, „Leben" ist *energeia* (Bollnow 1964, 36–42; Plessner 1931, 160; Schürmann 1999, 318–320).

Damit sind zwei wesentliche Konsequenzen verbunden: Erstens ist die von Misch konzipierte Hermeneutik eine Ausdrucks-Hermeneutik, nicht aber eine Erlebnis-Hermeneutik (Misch 1994, 78; Schürmann 2009). Zwar ist ein evozierend ausgedrückter Sinn nur je neu nachvollziehbar, denn er ist – anders als beim rein diskursiv ausgedrückten Sinn – im Ausdruck nicht festgestellt, doch ist das in keiner Hinsicht als eine Annäherung an einen im „Inneren" des Ausdrucks verborgenen Sinn zu begreifen; auch unfestgestellter Sinn teilt die Grundbestimmung von *logos*, öffentlich vernehmbarer Sinn zu sein, weil er im Ausdruck vorliegt. Zweitens geht Misch von einer Verbindlichkeit eines Ethos im und für das

Wissen aus. Insofern Wissen nicht außerhalb des Lebensvollzugs verortet sein kann und philosophische Artikulation deshalb nur ein reflexives Innewerden sein kann, ist Philosophieren unaufhebbar parteilich: „Um die Einheit von Logos und Ethos geht die Entscheidung [über das Schicksal der Philosophie]." (Misch 1926, 116; 1950) Hierin besteht die eigentlich aufregende Neuerung: Eine hermeneutische Logik kann, im Unterschied zur traditionellen und zur modernen mathematischen Logik, nicht neutral sein, und sie will es, anders als Kants transzendentale Logik, auch nicht. Dies wollte selbst Josef König, sein treuer Schüler, nicht wahr haben – im entschiedenen Unterschied zu Plessner. Rückt man diese Betonung der unausweichlichen Parteilichkeit aller Hermeneutik in den Vordergrund, könnte sich die *Fibel* für die Rezeption als das Hauptwerk von Georg Misch erweisen.

Literatur: Misch 1930, Misch 1950, Misch 1994, Bollnow 1983a, Jahrbuch 1998, Jahrbuch 2000
Bibliographie: Weingarten 2005

Volker Schürmann

Natorp, Paul

Geboren 1854 in Düsseldorf, gestorben 1924 in Marburg. Studium in Berlin, Bonn und Straßburg; eingehende Auseinandersetzung mit Musik, Geschichte, klassischer Philologie und Philosophie. Promotion 1876, Habilitation 1881 an der Universität Marburg. Ab 1885 außerordentlicher Professor für Philosophie, ab 1893 Ordinarius für Philosophie und Pädagogik in Marburg, 1922 Emeritierung. Mitbegründer der Marburger Schule des Neukantianismus.

In Anlehnung an Friedrich Albert Lange und Hermann Cohen entwickelt Natorp aus den Grundlegungen Kants und Platons eine vielschichtige Systematik, die das methodologische Programm des Marburger Neukantianismus individual- und sozialphilosophisch erweitert. Indem er den Idealismus zur Analyse gesellschaftlicher Konflikte nutzt und als lebensweltlich ausgerichteten Sozialidealismus mit praktischen Reformkonzepten verbindet, verleiht Natorp der kritischen Gesellschaftstheorie des Marburger Neukantianismus in Kaiserreich und Weimarer Republik politische und pragmatische Kontur.

Philosophie ist für Paul Natorp Grundwissenschaft. Transzendentale Methode und kritischer Idealismus, über Kant bis auf Platon zurückverfolgt, geben ihm den Hintergrund für eine antipositivistische und antiempiristische Erkenntnistheorie, der das Faktum zur unendlichen Aufgabe wird. Wissenschaft erscheint hier als infiniter Prozess der Konkretisierung, in dem das Sein seine Substanz verliert; es wird, wie Ernst Cassirer weiter ausführen wird, zu einer „Funktion des Denkens" (Natorp 1911, 37). Wahrheit liegt allein in den Begriffen und ihren Relationen, Verstehen heißt „in den Schöpferprozess des Denkens verflüssigen" (ebd., 16). Die Namen für die Einheit der Erkenntnis (Platons Logos, Kants synthetische Einheit, Cohens Ursprung) bezeichnen nur die Unendlichkeit ihres Potenzials. Das Denken erfasst sich und das Sein in durchgängiger Selbst- und Wechselbezüglichkeit, in einer Kohärenz von Begriffen, Sätzen und Urteilen, die weder Logik noch Sprachanalyse hintergehbar machen. Natorps korrelativistischer Monismus kennt keinen letzten Satz, keine absolute Erkenntnis, wohl aber perspektivische Setzungen, Richtungen der Idee. Dieser *Korrelativismus* sieht sich stets „auf Relativitäten und zuletzt auf eine Unendlichkeit von Relationen" (Natorp 1903, 7) verwiesen – Letztbegründungen bleiben in der Kontinuität der Wechselbeziehungen verwehrt.

In der Ethik geht Natorp mit Kant von einer regulativen Logik des Sollens aus, der die Menschen infolge der Autonomie ihres Bewusstseins folgen können. Das Sollen, als frei gewählter Maßstab gedacht, ermöglicht die Ausrichtung des Handelns auf den Endzweck, „die Idee des Guten als des unbedingt Gesetzlichen" (Natorp 1911, 81). Das Unbedingte ist hier kein Grenzbegriff, das autonome Bewusstsein kann es als positiven Wert denken, nach dem sich Pflichten und Tugenden einheitlich ordnen lassen – nicht durch Unterwerfung, sondern in der Anwendung. In Kants Ethik vermisst Natorp allerdings die „Durchführung ins Konkrete" (ebd., 72). Diese sieht er aber mit Friedrich Albert Lange durch Kapitalismus und Klassengesellschaft zwingend gefordert – die soziale Frage wird zur ethischen Frage, ihre Antwort heißt Emanzipation und Partizipation.

Neben Erkenntnis und Ethik vollzieht nach dieser Systematik auch die Ästhetik eine eigene Art der Objektsetzung. Die Kunst gibt jedoch nur vor, die Vereinigung des Seinsollenden mit dem Seienden zu leisten, sie bleibt ohne systematische Methode, die ein gesetzmäßig Allgemeines erbringt. Kunst ist höchste Individualität. Der Religion gelingt es im Unterschied dazu nicht, ihren Gegenstand begrifflich zu fassen. *Religion innerhalb der Grenzen der Humanität*, so der Titel einer Schrift Natorps, enthält einen sittlichen Kern; anders als bei Schleiermacher liegt er nicht im Gefühl des Unendlichen, sondern nur im Unendlichen des Gefühls. Das Transzendente kann nicht Gegenstand der Erfahrung sein, der sittliche Kern der undogmatischen Religion, die Idee des Menschen, bricht den Transzendenzanspruch. In der 2. Auflage der genannten Schrift (Natorp 1894) wendet Natorp sich gegen Hermann Cohens Verbindung von Logik, Ethik und Religion und damit gegen den Versuch, die Dignität des Religiösen dem kritischen Idealismus einzuschreiben. Dem religiösen Sozialismus, den Quäkern und Martin Buber verbunden, verhielt Natorp sich kritisch zu Paul Tillichs Kairos-Denken und zur Hoffnung auf die Offenbarung des Absoluten in der Geschichte.

Geschichte entwickelt sich nicht ohne Bewusstsein und Handeln des Menschen. Gegen den Historischen Materialismus und Herbert Spencers Naturalismus plädiert Natorp für einen *Sozialidealismus* (Natorp 1920), der den Willen und die Idee als Triebkräfte einer regulativ gedachten Sozialgesetzlichkeit versteht, die durch permanente Generalisierung und Individualisierung Kontinuitäten befördert. Aufgrund ihrer Diskontinuitäten sind Klassengesellschaften danach ethisch nicht begründet und nicht in der Lage, Arbeit, Besitz, Macht und Bildung gerecht zu verteilen.

Paul Natorp versteht sich als sozialistischen Intellektuellen, mit Genossenschafts- und Reformsozialismus steht er persönlich in Kontakt. Er kritisiert öffentlich Militarismus und Machtpolitik, wirbt für Gerechtigkeit, Sozialstaat, Demokratie (was ihm Angriffe von konservativer Seite, später auch aus „völkischen" Kreisen einbringt und Rufe an andere Universitäten verhindert). Natorps engagiertes, auf Pestalozzi verweisendes Plädoyer für Volksbildung und Bildungsgerechtigkeit macht ihn zu einem der meistgelesenen pädagogischen Autoren seiner Zeit. Seine „Sozialpädagogik", in der SPD bedeutsame Grundlage für die Abkehr vom Marxismus in der Pädagogik, betont die Bedeutung der Gemeinschaft für die Erziehung und verbindet die Fürsprache für die Individuierung durch

Bildung mit einer kritischen Analyse der Strukturen des Zusammenlebens. Bildung bestimmt Natorp hier als Entwicklung zur Mündigkeit in wechselbezogener Autonomie. Individuelles und Soziales, Autonomie und Relation sind untrennbar ineinander verwoben. Die Entwicklung der modernen Soziologie findet Natorps besonderes Interesse. Mit Ferdinand Tönnies befreundet, ist er Mitglied des Rates der Deutschen Gesellschaft für Soziologie.

Im Ersten Weltkrieg positioniert sich der politische Intellektuelle Natorp zwischen den Lagern. Er votiert gegen Völkerhass und deutschen Imperialismus, verteidigt aber, trotz pessimistischer Grundhaltung, Existenzrecht und kulturelle Eigenart seines Staates. Im Verband für internationale Verständigung tätig, wirbt er für einen „organischen" Pazifismus, nach dem Krieg für den Völkerbund. Während der Revolution treten rätedemokratische, syndikalistische und ökologische Themen in seine Sozialphilosophie, der Mord an Gustav Landauer schmerzt ihn zutiefst. Natorp nimmt am Aufbau der Weimarer Republik aktiv Anteil und wirkt auf Jugendbewegung und Jungsozialismus, Reformpädagogik und Soziale Arbeitsgemeinschaft Berlin-Ost, auf Adolf Reichwein, Ernst Reuter und Gustav Heinemann. Entschieden stellt er sich gegen den Antisemitismus in Kultur und Wissenschaft, die aufkommende NS-Rassenideologie und den Kulturpessimismus Spenglers. Er fördert hingegen die Rezeption Rabindranath Tagores und Mahatma Gandhis in Deutschland.

In seinem Spätwerk wendet sich Natorp gegen neue ontologische und metaphysische Strömungen; das Sein bleibt ihm in kritischer und skeptischer Sicht Metapher, Gleichnis, Symbol. Die Fortschritte in Mathematik und Physik bewegen ihn, Strukturen und Motive seiner Systematik dynamisch zu vitalisieren. Er versteht die allgemeine Relativitätstheorie, deren Vordenker Albert Einstein er in Berlin trifft, als Herausforderung, das autonom Individuelle im unendlichen Netz der Relationen schärfer zu fassen. Er bestimmt es aus der Idee des Schöpferischen; *Autopoiesis* wird ihm zum Inbegriff der aktiven Schöpfung des individuellen und sozialen Selbst. Autopoiesis integriert Autonomie und Autotelie, sie aktualisiert in allen Dissonanzen des Lebens mögliche Freiheit. Zuletzt wurzelt sie in jenem Potenzial, das schon in der „Sozialpädagogik" (Natorp, 1899, 93) aufgeschienen war: „In jedem ist ein Unendliches" (ebd., 19).

Literatur: Natorp 1894, Natorp 1911, Natorp 1920, Holzhey 1986, Jegelka 1992, von Wolzogen 1984

Norbert Jegelka

Nelson, Leonard

Geboren 1882 in Berlin, gestorben 1927 in Göttingen. Philosoph und Mathematiker. Studium in Heidelberg, Berlin und Göttingen. Dort 1904 Promotion und 1909 Habilitation. 1919 Übernahme eines Extraordinariates für systematische Philosophie der exakten Wissenschaften in Göttingen. Nelson wirkte aktiv in der Arbeiterbewegung mit und gründete eine Reformschule.

Nelson entwickelt die Kritische Philosophie Kants im Anschluss an Jakob Friedrich Fries weiter. Dazu begründet er u. a. 1913 die Fries Gesellschaft. Er knüpft aber auch an die sozialhedonistische Tradition der englischen Ethik des 18. Jahrhunderts an. Den philosophischen Richtungen seiner Zeit, insbesondere dem Neukantianismus, steht er ablehnend gegenüber. Nelsons Philosophie orientiert sich am Vorbild der Mathematik. Diese analytische und begründungsorientierte Ausrichtung steht konträr zur damals überwiegend geisteswissenschaftlich geprägten Philosophie. Anerkennung findet Nelson daher eher bei Mathematikern, so bei David Hilbert.

Nelson steht in der Tradition einer praktischen Philosophie, die den Anspruch erhebt, moralische Grundnormen philosophisch exakt begründen zu können. Er ist davon überzeugt, dass die Philosophie auf ebenso stringenten wissenschaftlichen Methoden beruht wie die Mathematik oder die Naturwissenschaften. Ausgehend von seinen zunächst vorgelegten Studien zur Philosophie baut er ein abgestimmtes System von ethischen, politischen und pädagogischen Subsystemen auf. Nelsons Hauptwerke sind *Kritik der praktischen Vernunft* (Nelson 1917), *System der philosophischen Rechtslehre und Politik* (Nelson 1924) und *System der philosophischen Ethik und Pädagogik* (Nelson 1932). Nelson sieht es als seine Pflicht an, den Prozess der gesellschaftlichen und politischen Durchsetzung seines Theoriegebäudes selbst zu organisieren. Dafür gründet er sogar eine eigene Partei.

Nelson entwickelt ein formales Sittengesetz, das die Beziehungen der Menschen untereinander regeln soll. Als Gebot der persönlichen Gleichheit bezieht es sich nur auf solche Interessenkollisionen, bei denen nur die Interessen einer Person befriedigt werden können. Dazu ist ein Abwägungsprinzip notwendig: „Handle nie so, daß du nicht auch in deine Handlungsweise einwilligen könntest, wenn die Interessen der von ihr Betroffenen auch deine eigenen wären." (Nelson 1917, 133) Zu dem Abwägungsgesetz bestimmt Nelson eine Regel, die eine Hierarchisierung der konkurrierenden Interessen erlaubt: Man solle sich – in der Form eines monologischen Gedankenexperiments – die konkurrierenden Interessen in ein und derselben Person vereinigt vorstellen, um von dem Unterschied der Personen als solcher zu abstrahieren. Jenes Interesse solle vorgezogen werden, welches sich als das vorzugswürdige herausstelle. In einer späteren Veröffentlichung stellte Nelson zu diesem Prinzip – der Abstraktion von der numerischen Bestimmtheit – eine alternative Vorgehensweise vor: Man könne sich auch sukzessive nacheinander in die Lage der Personen versetzen. Nelson befindet sich damit durchaus in Übereinstimmung mit neueren gesellschaftstheoretischen Konfliktmodellen. Seine beiden Verfahren zur Interessenabwägung werden jedoch anderen Autoren zugeschrieben: das Interessenabwägungsverfahren der hypothetischen Identifikation Richard M. Hare und das Modell der sukzessiven Identifikation Clarence Irving Lewis.

Aus dem Sittengesetz folgert Nelson seine Grundnormen von Ethik und Recht für eine gerechte Gesellschaft: „*Gerechtigkeit ist Recht.* [...] Gerechtigkeit aber bedeutet nichts anderes als die *persönliche Gleichheit*, d. h. die Ausschließung jedes durch die numerische Bestimmtheit der einzelnen Person bedingten Vorzugs." (Nelson 1924, 90)

Nelsons Ethik schreibt den Tieren einen eigenen Rechtszustand zu, da sie Träger schutzwürdiger Interessen seien. Seine theoretische Begründung von Tierrechten, die ein generelles Tötungsverbot ausspricht, wird heute wieder aufgegriffen.

Die dennoch faktische Nichtrezeption Nelsons hat mehrere Gründe. Mit seiner politischen Aktivität war er unter den Philosophen ein Außenseiter, seine schroffe Polemik, insbesondere gegen den Marburger Neukantianismus, verstärkte dies nur. Ein weiterer

Grund war der „Psychologismusvorwurf". Nelson hatte Fries' Begründungsverfahren der psychologischen Deduktion übernommen, das auf Kants problematische Lehre vom „Faktum der Vernunft" zurückgeht. Damit meint Nelson, die Existenz nicht-anschaulicher „dunkler" unmittelbarer Erkenntnisse empirisch gewinnen zu können. Bei Nelsons Vernunftkritik handelt es sich aber nur um einen attributiven Psychologismus. Zudem wirkte Nelsons Theorie durch den *linguistic turn* in der Philosophie veraltet. Auch haben diejenigen, die Nelson rezipierten, wie Richard M. Hare, ihn kaum zitiert.

Literatur: Nelson 1917, Nelson 1924, Nelson 1932, Neißer 1998, Vorholt 1996
Webseite: www.philosophisch-politische-akademie.de

Udo Vorholt

Neurath, Otto

Geboren 1882 in Wien, gestorben 1945 in Oxford. Nach der Promotion 1906 in Berlin von 1907–14 Lehrer für Nationalökonomie in Wien, anschließend Direktor des Deutschen Kriegswirtschaftsmuseums Leipzig. 1917 Habilitation in Nationalökonomie in Heidelberg. 1919 Sozialisierungsbeauftragter in der Münchener Räterepublik. 1921–24 Organisator der Siedlerbewegung in Wien, 1925–34 Direktor des Gesellschafts- und Wirtschaftsmuseums in Wien, Mitbegründer des „Wiener Kreises". 1934 Emigration nach Den Haag, 1940 nach Großbritannien.

Ökonomie – Mit einer vergleichenden Betrachtung von Wirtschaftsorganisationen will Neurath der Verengung des ökonomischen Denkens auf Markt- und Preistheorie entgegenwirken. Gegenstand der ökonomischen Theorie ist für Neurath (unter Rückgriff auf Aristoteles und Adam Smith) der Reichtum, definiert als „Inbegriff von Lust und Unlust […] bei Individuen und Individuengruppen" (Neurath 1911, 471), später „Standard of Living" (Neurath 1937). Er ist als ein Gesamtes heterogener Elemente aufzufassen, das nicht mit einer Maßeinheit gemessen werden kann. Heute wird das Problem von ökologischen Ökonomen als „incommensurablility of values" diskutiert (Uebel 2005). Neuraths „Standard of Living"-Theorie findet eine Weiterführung im Werk von Amartya Sen (Leßmann 2007). Dass Neurath dem Wohlergehen von Individuen zentrale Bedeutung in der ökonomischen Theoriebildung zuweist, verbindet ihn mit der „Österreichischen Schule" der Nationalökonomie. Den Begriff des „Ganzen der Gesellschaft", den er von der „Historischen Schule" übernimmt, versucht er modernen wissenschaftlichen Standards zu unterwerfen (sog. „Methodenstreit der Nationalökonomie", Uebel 2004, 2005a). Das in einer Bevölkerung verteilte individuelle Wohlergehen will Neurath mit mathematischen Methoden (Relationenkalkül) zum Gegenstand eines rationalen, empirisch überprüfbaren Wissens machen. Diese naturalwirtschaftliche Betrachtung soll Volkswirtschaften unter einem breiten Blickwinkel untersuchen: als Ensembles von ökononmischen Organisationsformen, natürlichen Voraussetzungen, politischen Maßnahmen und kulturellen Traditionen, die bestimmte Wirkungen auf ein Gesamtes von individuellem Wohlergehen ausüben. Geld und Märkte würden in dieser Konzeption nicht aus der Theoriebildung verschwinden, sondern als eine spezifische wirtschaftliche Organisationsform untersucht werden. Erst wenn ihre Wirkungen auf das Wohlergehen erfasst und mit anderen Maßnahmen verglichen werden, kann, so Neurath, die Frage nach ihrer ökonomischen Leistungsfähigkeit rational gestellt und empirisch beantwortet werden (Nemeth u. a. 2007).

Diese Erweiterung des Untersuchungsfeldes soll sowohl historisch verschwundene Ordnungen (z. B. die naturalwirtschaftliche Verwaltung des alten Ägypten) als auch Erscheinungen einbeziehen, die sich den definitorischen Grenzziehungen der traditionellen ökonomischen Theoriebildung nicht fügen (Raub, Schmuggel, Kriegswirtschaften). Nur so könnten Fragestellungen von höchster wissenschaftlicher Allgemeinheit (Neurath 1911) gewonnen werden. Wirtschaftsordnungen, die tatsächlich aufgetreten sind, sollen untereinander sowie mit rein gedanklichen Konstruktionen (Utopien) verglichen werden (Nemeth, Stadler 1996). Letztere sind nicht als unwissenschaftlich einzustufen (Nielsen, Uebel 1999). Ihnen kommt in der ökonomischen Theorie ein ähnlicher Status zu wie Gedankenexperimenten in der Naturwissenschaft. In der revolutionären Phase nach 1918 erhält Neurath in der Münchener Räterepublik den Auftrag, die Wirtschaft Bayerns zu sozialisieren, was wegen der Niederschlagung der Räterepublik nicht umgesetzt wird. In den 1920er und 1930er Jahren entwirft Neurath vom englischen Gildensozialismus inspirierte Sozialisierungsmodelle und vertritt in der „Sozialisierungsdebatte" (u. a. gegen Mises und Hayek, siehe O'Neill 1999) die Auffassung, eine sozialistische Wirtschaft sei nur als zentral verwaltete Naturalwirtschaft denkbar.

Bildpädagogik – Die „Wiener Methode der Bildstatistik" (vom Team des Gesellschafts- und Wirtschaftsmuseums in Wien entwickelt), später Isotype genannt („International System of Typographic Picture Education"), versteht Neurath als ein Mittel zur Humanisierung (im Gegensatz zur Popularisierung) von Wissen (Neurath 1945, Kraeutler 2008, Stadler 2011). Deren wichtigstes Prinzip besteht darin, dass Mengenunterschiede nicht durch unterschiedlich große Symbole, sondern durch Gruppen gleich großer Symbole dargestellt werden (Neurath 1931a). Die Visualisierung von Beziehungen in Gesellschaft und Wirtschaft soll Menschen ohne höhere Bildung in die Lage versetzen, eine vergleichende Betrachtungsweise, argumentatives Denken und somit eine wissenschaftliche Haltung einzuüben, was grundlegend für demokratisches Verhalten ist (Neurath 1945, 2010, Nemeth 2011).

Wissenschaftstheorie – Bereits um 1910 entwickelte Neurath eine am französischen Konventionalismus (Poincaré, Duhem, Rey) und Ernst Mach orientierte Sicht der Wissenschaft (siehe Uebel 2000 zum „ersten Wiener Kreis"). Descartes' Lehre eines auf klaren und distinkten Ideen aufbauenden, endgültig gesicherten Wissens widerspricht, so Neurath, der modernen Einsicht, dass alle wissenschaftlichen Theorien konventionelle Momente enthalten und daher als Ergebnisse menschlichen Handelns unter unübersichtlichen Bedingungen aufzufassen sind (Neurath 1913). Der cartesianische Begriff des Wissens ist philosophisch unhaltbar (Mormann 1999) und fördert die Neigung moderner Menschen zum Pseudorationalismus. Dieser verfälscht das Denken und Fühlen und gefährdet die Rolle rationaler Argumente im öffentlichen Leben und politischen Handeln.

In Neuraths Beiträgen zum „Wiener Kreis" der 1920er und 1930er Jahre bleiben diese Motive erhalten: die strikte Zurückweisung jedes Anspruchs auf Letztbegründung des Erkennens, die Kritik am Pseudorationalismus (auch in der Wissenschaftstheorie, siehe die Kritik an Popper in: Neurath 1935) und die Bemühung um Verbreitung einer wissenschaftlichen Sicht der Welt und des Wissens in der Öffentlichkeit (Carnap, Hahn, Neurath 1929). In den Diskussionen des Kreises drängt Neurath auf kompromisslos „metaphysikfreie" Formulierungen (Wittgensteins *Tractatus* war ihm sehr „metaphysikverdächtig"), auf eine Beschränkung der Logik auf die logische Syntax, auf eine strikt naturalistische Sicht der Wissenschaft (Gelehrtenbehavioristik) und den Aufbau der „Einheitswissenschaft" (Neurath 1935, 703; Stadler 1997). In der Debatte um den Status von Beobachtungssätzen in Theorien (sog. „Protokollsatzdebatte") schlägt er eine Form dieser Sätze vor, die er physikalistisch nennt (Uebel 2007). Sie hält fest, dass Aussagen über räumlich-zeitliche Ereignisse selbst räumlich-zeitliche Ereignisse sind und daher immer auch eine historische Einordnung der Beobachtungsaussagen enthalten. Deshalb sieht Neurath Gemeinsamkeiten zwischen seiner „Empirischen Soziologie" in physikalistischer Sprache und der materialistischen Geschichtsauffassung des Marxismus (Neurath 1931). Die „Einheitswissenschaft" soll Brücken zwischen den Natur- und Geisteswissenschaften sichtbar machen, wofür die radikale Grundlagenreflexion der modernen Physik (Ernst Mach) Ansatzpunkte bietet. Aber Neurath sieht die Sprache der Physik nicht als die fundierende Sprache der Wissenschaft („nicht-reduktiver Physikalismus", Uebel 2005a). Gegen das Konzept des hierarchischen Systems setzt er die enzyklopädische Einheit der Wissenschaft (Neurath 1936): Beziehungen zwischen unterschiedlichen Bereichen des Wissens verdanken sich nicht einer vorgegebenen Ordnung, sondern der Bemühung von WissenschafterInnen, immer neue Verknüpfungen herzustellen. Die *Encyclopedia of Unified Science* (die er ab 1938 mit einem internationalen Team herausgibt) sollte diese in sich plurale, sich ständig wandelnde Einheit der Wissenschaft darstellen und fördern (Nemeth, Roudet 2005). Das Projekt bleibt ein Torso (Dahms 1999). Neuraths berühmte Metapher der Wissenschaft (zitiert von Quine 1960) fasst sein philosophisches Erbe zusammen: „Wie Schiffer sind wir, die ihr Schiff auf offener See umbauen müssen, ohne es jemals in einem Dock zerlegen und aus besten Bestandteilen neu errichten zu können." (Neurath 1932, 579)

Literatur: Neurath 1913, Neurath 1945, Neurath 1979, Neurath, Nemeth 1994, Cartwright u. a. 1996, Uebel 2005a

Elisabeth Nemeth

Pieper, Josef

Geboren 1904 in Elte (Westfalen), gestorben 1997 in Münster. Studium in Philosophie, Recht und Soziologie an den Universitäten von Münster und Berlin. 1928 Promotion, 1946 Habilitation. Seit 1960 Professor für Philosophische Anthropologie an der Universität Münster und an der Pädagogischen Akademie Essen. Emeritierung 1972.

Pieper entdeckt mit großer Faszination noch während seiner Schulzeit das Werk des Thomas von Aquin, das er als Autodidakt studiert. Neben dem Studium an der Universität, das ihn enttäuscht, entdeckt er Romano Guardini und Erich Przywara als seine Lehrmeister. Unter anderem vermitteln sie ihm die Liebe zur Wahrheitssuche und die Überzeugung, dass die Wirklichkeit nicht in ein Denksystem eingeschlossen werden kann. 1928 verteidigt Pieper seine Doktorarbeit in Philosophie unter der Leitung von

Max Ettlinger. Er nimmt Stellung gegen den Subjektivismus in der Ethik und behauptet eine Beziehung zwischen dem Guten und der Realität, indem er zeigt, inwiefern das Gute die Wahrheit voraussetzt (Pieper 2007). Von 1928 bis 1932 ist er als Assistent bei Johann Plenge tätig, der das Forschungsinstitut für Organisationslehre und Soziologie der Universität Münster leitet. Während dieser Zeit verfasst er mehrere Arbeiten über Themen der Soziologie, der Politik und der sozialen Lehre der Kirche (Pieper 2004a). 1934 verbietet die nationalsozialistische Partei sein Buch *Thesen zu Gesellschaftspolitik* (Pieper 1933). Dies zwingt ihn, seine Forschungen zu unterbrechen. Er beschäftigt sich wieder mit Philosophie, besonders mit Thomas von Aquin, dem er in den späteren Jahren mehrere Arbeiten widmet (Pieper 2001). So schreibt er zunächst ein Traktat über die Kardinaltugend *Vom Sinn der Tapferkeit* (Pieper 1934) in Opposition zum Hitler-Regime, das eine falsche Konzeption dieser Tugend unterstützt. Pieper behauptet, dass man nur tapfer sein kann, wenn man gerecht ist. Von seinem Verleger Jakob Hegner ermutigt, verfasst er in den folgenden Jahrzehnten sechs Bücher, die sich mit den übrigen grundlegenden Tugenden befassen: *Traktat über die Klugheit* (Pieper 1937), gegen die kasuistische und sophistische Tradition; *Über die Hoffnung* (Pieper 1935); *Über das Ende der Zeit* (Pieper 1950) und *Hoffnung und Geschichte* (Pieper 1967), gegen die Verzweiflung, später vor allem gegen die Verzweiflung über Hiroshima und Auschwitz und über das Ende der Ideologie des Fortschrittes; *Zucht und Maß* (Pieper 1939), unter anderem gegen die Neugier oder das von Heidegger so gut beschriebene Gerede; *Über die Gerechtigkeit* (Pieper 1953), gegen die Unabhängigkeit der Gerechtigkeit in Bezug auf das Gute; *Über den Glauben* (Pieper 1962), gegen die rationalistische und wissenschaftliche Ideologie, sowie den Fideismus; *Über die Liebe* (Pieper 1972), gegen ein reduzierendes Verständnis der Liebe und die Trennung zwischen Eros und Agape.

Pieper ist zweifellos ein Pionier in der Wiederentdeckung einer Ethik der Tugenden und ihrer Bedeutung in Bezug auf die Verwirklichung und Entfaltung der Person, und zwar lange bevor die Tugenden im letzten Drittel des 20. Jahrhunderts erneut zu einem wichtigen philosophischen Thema werden (Jankélévitch 1949, Anscombe 1958, Geach 1977, MacIntyre 1981). Die von Pieper entwickelte Ethik der Tugenden steht im Gegensatz zum bürgerlichen Verständnis der Tugend des 19. Jahrhunderts und zu der formalen, von Gesetzen und Pflichten bestimmten kantischen sowie zur utilitaristischen Ethik. Pieper bezieht sich jedoch nicht auf Schelers Begriff des Wertes, sondern auf den Begriff des „Lebens im Ganzen", des architektonischen und aristotelischen Guten, der *eudaimonia*. „Tugend" meint die Verwirklichung dessen, was der Mensch in seinen höchsten Möglichkeiten sein kann, und ist daher der Schlüssel zur Glückseligkeit.

In seiner Habilitationsschrift nach dem zweiten Weltkrieg entwickelt Pieper die Thesen, dass die menschliche Handlung durch die Wahrheit in Bezug auf die Realität bestimmt wird, der menschliche Geist unfähig ist, die Welt vollständig zu verstehen und die Vernunft schließlich durch das Prinzip der Hoffnung durchdrungen ist (Pieper 2007). Durch Gerhard Krüger, bei dem er habilitiert, wird Pieper aufmerksam auf die Philosophie Platons; er inszeniert mehrere platonischen Dialoge für das Fernsehen und verfasst darüber hinaus Schriften über den griechischen Philosophen. Er lässt sich von ihm auch auf originale Weise inspirieren und widmet sich den Begriffen der Tradition, der Interpretation, des Mythos und des philosophischen Aktes. Er verfasst zudem eine Kritik des modernen

Sophisten und des Relativisten, des Menschen, der von reiner Produktivität und der instrumentalen Vernunft geprägt ist (Pieper 2002, 2004). Pieper verteidigt ebenfalls nach dem Krieg ein Verständnis des philosophischen Aktes (Pieper 2004), der von jeder instrumentellen Indienstnahme frei ist und auf Wahrheit und Weisheit in einer hoffnungsvollen Haltung orientiert ist. In allem findet sich Piepers Weigerung, die Philosophie auf Geschichte, „wissenschaftliche Philosophie", einen Akademismus, ein System oder ein Fach, das sich um regionale oder gar rein formale Probleme kümmert, zu reduzieren. Dem hält Pieper entgegen, dass der philosophische Akt, der auf der Basis eines Glaubensaktes durch das *intelligere* charakterisiert ist, von Natur aus offen auf vor-philosophische und theologische *data* bezogen ist. Verschiedene Publikationen über theologische Fragen begleiten diese Arbeit an einem offenen Philosophiebegriff (Pieper 2000).

Piepers Werk ist seit dem Ende des Zweiten Weltkrieges ebenfalls im Dienst der Humanisierung der Person durch die originelle Entwicklung einer Philosophie der Kultur und der Muße, des Festes und der Kontemplation gekennzeichnet. Als Visionär bekämpft er die Gefahr einer neuen Art von Proletariat und Totalitarismus in Form eines übertriebenen Aktivismus und der Arbeit für die Arbeit, in der die instrumentelle Vernunft herrscht und die freien Tätigkeiten, einschließlich die des Festes und der Kontemplation, zu nützlichen und damit unfreien Tätigkeiten reduziert werden. Die Förderung einer authentischen Kultur, die der Instrumentalisierung entgegenwirken kann, drückt sich nicht nur in einer Ethik der Tugenden, sondern auch in einer Verteidigung der authentischen Muße aus, die keinen unmittelbaren Nutzen trägt (Pieper 1999).

Die Rechtfertigung eines solchen lebensnotwendigen „Raumes" findet man in einer Anthropologie, bei der sich die Person nicht auf eine Rolle oder eine Funktion im Dienst der Arbeit oder der instrumentellen Rentabilität, auf die Rolle des Produzierenden oder des Bürgers reduzieren lässt. Die Person ist vielmehr berufen zu leben und sich als Person – d. h. auf authentisch freie und verantwortliche Weise mit Hilfe der Tugenden – zu engagieren. Pieper erinnert uns daran, dass die Verwirklichung der Person durch das tägliche Ausüben einer echten Muße die Entfaltung einer authentischen Kultur fördert, die zum gemeinsamen Gut der Gemeinschaft beiträgt. Wenn die Ordnung verkehrt ist, mit anderen Worten: wenn die Arbeit nicht als ein Mittel, sondern als der Zweck der persönlichen Existenz angesehen wird, dann erstickt die Kultur. Man kann daraus schließen, dass „[w]ahre Kultur [nicht] gedeiht [...], es sei denn auf dem Boden der Muße" (Pieper 1959, 456).

Pieper erhält zahlreiche Ehrendoktorate und Auszeichnungen für sein Werk, aus dem über 60 Texte in mehr als 20 Sprachen übersetzt sind. In der akademischen Philosophie findet Pieper wenig Gehör. Der beachtliche Publikumserfolg seines Werks erklärt sich hingegen durch seinen zugänglichen Stil und sein großes Talent als Redner. In Münster liest er bis ins 92. Lebensjahr mit fortwährend großer Hörerschaft aus Universität und Bürgerschaft.

Literatur: Pieper 1948, Pieper 1948a, Pieper 1972, Holm 2011, Schumacher 2000, Schumacher 2009, Wald 2009
Hilfsmittel: Pieper 2008
Webseite: http://josef-pieper-arbeitsstelle.de

Bernard N. Schumacher

Plessner, Helmuth

Geboren 1892 in Wiesbaden, gestorben 1985 in Göttingen. 1918 Promotion, 1920 Habilitation. Ab 1926 Privatdozent in Köln. 1933 Entlassung aus dem Amt. Anschließend Exil in Istanbul und den Niederlanden. 1939–43 Professor für Soziologie in Groningen. Dann Entlassung durch die deutsche Besatzungsmacht. 1946–51 Professor für Philosophie in Groningen, 1951–61 Professor für Soziologie und Philosophie in Göttingen. Nach der Emeritierung 1962 Lehre in New York und Zürich.

Plessner, der Theoretiker der Grenze (Plessner 1928, Kap. 3), ist selbst ein Grenzgänger. Sein Philosophieren platziert sich beständig zwischen den Stühlen, ohne dass dies zu einem bloßen Gestus herabsinkt. Es macht je eine eigenbedeutsame Position geltend, wo bis dato Alternativen erschöpfend oder dilemmatisch zu sein schienen. Plessner ist kein Bündnispartner bei der Suche nach Kompromissen zwischen zu vermeidenden Extremen, sondern steht für den Stolz eines eigenen Dritten. Dies mag man Dialektik nennen. Dieser Zug Plessners ist es, der teils noch in der heutigen Rezeption nicht hinreichend berücksichtigt ist, teils die Renaissance erklärt, die seine Philosophie in den letzten Jahren erfährt. Um es auf eine Formel zu bringen: Plessner ist der Philosoph der weltbürgerlichen, nicht kleinbürgerlichen Mittelwege.

Das betrifft zunächst das philosophische Programm als Ganzes. Es ist das Programm einer philosophischen Anthropologie, die gleichwohl nicht von ahistorischen Wesenheiten zu erzählen weiß, sondern sich als „Anthropologie der geschichtlichen Weltansicht" (Plessner 1931) präsentiert. Bei Plessner findet man konsequent das, was später die sogenannte Historische Anthropologie meint – zudem noch in Opposition zu Plessner – als ihr Eigenes profilieren zu sollen. Anthropologie ist und bleibt bei Plessner philosophisch (Orth 1991) – zwischen ahistorischer Wesenslehre und Reduktion auf empirische Wissenschaften. Es ist das philosophische Programm einer bedingten, historischen Meta-Physik – ein Programm im Geiste Herders und Feuerbachs.

Aber auch die Stufen der Durchführung dieses Programms sind Mittelwege solcher Art. Die *Krisis-Schrift* von 1918 (Plessner 1918, Pietrowicz 1992, 118–139) steht zwischen der (neu-)kantianischen Transzendentalphilosophie und der husserlschen Phänomenologie. Es ist diese Schrift, die das für Plessners Philosophie grundlegende Theorem der „Grundlosigkeit der Kritik" ausformuliert. Dieses zentrale Ergebnis der Auseinandersetzung mit Transzendentalphilosophie und Phänomenologie betrifft entschieden die Meta-Physik und – nur durch diese vermittelt – auch die Wissenschaften von Gegenständen *in* der Welt. Plessner macht geltend, dass jedes Philosophieren selbst einen zu legitimierenden Grund hat – eben deshalb ist Philosophie philosophisch und kann nicht nicht-metaphysisch sein. Diese Legitimation kann aber weder durch Aufweis eines Gegebenen – dies der Vorwurf an die Phänomenologie – noch durch den vornehmen Ton einer rein prozeduralen, sich als den Gegenständen der Welt gegenüber neutral und ahistorisch stilisierenden Logik – dies gegen die Transzendentalphilosophie im engeren Sinne – erfolgen. Dieser Grund muss legitimiert werden, aber die Legitimation kann nicht als Ableitung aus einem noch anderen Grund erfolgen; und eine bloß dezisionistische Setzung ist keine Legitimation, sondern Dogmatismus. Diese Konstellation trägt den Namen der Grundlosigkeit des Grundes.

Philosophieren ist laut Plessner prinzipiell doppelt gebrochen: durch den eigenen Ort des Philosophierens sowie gegenständlich. In Plessners Worten: „Das Verfahren der Kritik hat ein eigenes Apriori, dessen Möglichkeit zu begründen in den Kreis seiner Aufgaben hineingehört. Darin besteht das Problem. Seine Lösung ist nur gewährleistet durch das Kriterium der Selbstbegründung, welche allein als Selbsterzeugung denkbar ist." (Plessner 1918, 217, Fn.) Und folglich: „Eine Philosophie, welche der Schwierigkeit des Anfangens dadurch Rechnung trägt, daß sie ihren eigenen Sinn als Inbegriff zukünftiger Leistungen hypothetisch voraussetzt, ist kritisch; *jede Philosophie, die anders verfährt, ist dogmatisch.*" (ebd., 246) Dieser zentrale Ertrag der „Selbstentsicherung" wird auch heute noch verkannt (Krüger 1996).

Das gegenständliche Entsprechungsstück zur Grundlosigkeit heißt bei Plessner „materiales Apriori". In der *Einheit der Sinne* (Plessner 1923, Holz 1995, Lessing 1998, Schürmann 2005a) steht dieses eigene Konzept zur Bewährung an. Die *Kritik* der Sinne fragt nach der Geltung der Sinne – gegen alle Ansätze, die die Fragen der Sinnlichkeit durch die Figur der Anpassung und damit durch Nützlichkeit für das Überleben, beantworten wollen; aber ebenso „[e]ntgegen der von Kant vertretenen Auffassung, das sinnliche Element nur als Stütze und Gegenspieler der spontanen Erkenntnisfunktion[en] zu behandeln" (Plessner 1975, 319). Eine *Ästhesiologie des Geistes* – so der Untertitel der *Einheit der Sinne* – steht zwischen einer Naturalisierung der Sinne und einer transzendentalen Formung sinnlichen bloßen Materials.

Dass die Grundlosigkeit der Kritik nur eine andere Formulierung des Wissens um die eigene Situiertheit ist, dokumentiert Plessner dann mit den *Grenzen der Gemeinschaft* (Plessner 1924, Eßbach u. a. 2002, Haucke 2003). Wie selten sonst, und „nicht allein an die philosophische Fachwelt" gewandt (Plessner 1924, 11), bezieht er hier Stellung in Bezug auf Praktische Philosophie und politische Praxis. Er wendet sich gegen allen Gemeinschaftskult, und zwar ausdrücklich bei vergleichbarem Vorgehen wie in der *Ästhesiologie* (ebd., 13). Im unbedingten Plädoyer für Gemeinschaftlichkeit kann er nichts weiter sehen als die „gesinnungsmäßige[] Preisgabe eines Rechts auf Distanz zwischen Menschen", wodurch „der Mensch selbst bedroht" sei (ebd., 28). Auch dies ist freilich eine dritte Position. Die Gegenposition ist nicht „Gesellschaftlichkeit", falls man darunter lediglich eine rein formale Verbundenheit sonst unverbundener Individuen versteht. Zwar handelt es sich um ein leidenschaftliches Plädoyer für die Mitweltlichkeit (oder, wenn man dies vorzieht: Gesellschaftlichkeit) gegen jeden Gemeinschaftskult; aber dieses Plädoyer ist in der Sache dadurch getragen, dass es sich gegen den sozialontologischen Atomismus wendet, der sowohl dem Gemeinschaftskult als auch der „Gesellschaftlichkeit" des politischen Liberalismus zugrunde liegt. Weltbürgerliche Mittelwege zeigen sich hier von ihrer streitbaren Seite. Weil etwas auf dem Spiel steht, bezieht Plessner Position, was zugleich umgekehrt bedeutet: Weil Philosophie nicht nicht-situiert sein kann, kann sie nicht neutral bleiben, sondern hat sich schon im „Ansatz ihrer Frage für eine bestimmte Auffassung entschieden" (Plessner 1931, 221), wie es später heißt. Hinsichtlich des Mensch-Seins heißt das: Personalität wird wieder an die Schutzfunktion der Maske gebunden, ohne nach einem „eigentlichen" Gesicht hinter allen Masken suchen zu müssen oder auch nur zu können, d. h. unter Wahrung der Unergründlichkeit des Menschen. Grundgelegt ist hier eine Philosophie des mitmenschlichen Taktes und der Diplomatie, gerichtet gegen den „Wertrigorismus" der „radikalen Moralisten", die für „das Bedeutsame der verhüllenden, nichtssagenden Liebenswürdigkeit" keinen Sinn haben (Plessner 1924, 94).

Die *Stufen des Organischen* (Plessner 1928, Asemissen 1973, Beaufort 2000, Haucke 2000, Redeker 1993) sind zu Recht als Hauptwerk anerkannt. Hier begründet Plessner die personale Struktur der Exzentrizität als nicht nicht-sein könnende, gleichwohl nicht substantialisierbare Abständigkeit derart positionierter Naturkörper von sich selbst. „Positional liegt ein Dreifaches vor: das Lebendige ist Körper, im Körper (als Innenleben oder Seele) und außer dem Körper als Blickpunkt, von dem aus er beides ist. Ein Individuum, welches positional derart dreifach charakterisiert ist, heißt *Person*." (Plessner 1928, 365) Exzentrizität ist die Schutzfunktion gegen jene „Verdachtslogik" (Haucke 2000, 21), die hinter jeder Erscheinung des Mensch-Seins noch ein Eigentliches wittert. Exzentrizität sichert die Unergründlichkeit des *homo absconditus* (Plessner 1969).

Die Reichhaltigkeit dieses Werkes zeigt sich darin, dass man es in den verschiedensten Konstellationen von Dilemmata verorten kann. Über die bereits genannten hinaus kann es z. B. als eigener Weg zwischen den Fallstricken aller hermeneutischen Theoriebildung (Plessner 1939, dazu Kämpf 2003) gelesen werden, als ein Drittes angesichts der Alternative Natur *oder* Geschichte (Mitscherlich 2007), oder auch als eigentümliche Methodologie zwischen allen anderen Methodologien (Krüger 2006).

Für Plessner selbst war in diesem Feld möglicher Selbstpositionierungen eine besonders wichtig: Anthropologie ist nur als Naturphilosophie zu haben (Plessner 1928, 63 f.; König, Plessner 1994, 176 f.; Holz 2003).

Genau an dieser Stelle bleiben aber die *Stufen* noch schwankend. Man kann sie als alte Naturontologie lesen, die in der organischen Welt eine Stufung, von der Pflanze zum Menschen, sieht, und somit einen gewollten Zugriff auf Ontisches unterstellen (Gutmann 2005, Gutmann, Weingarten 2005a). Dafür gibt es zahlreiche textliche Indizien. Man muss dann aber andere Indizien – die Rede ist nicht von Pflanze, Tier und Mensch, sondern von der Idee der Pflanze, des Tieres, des Menschen – und vor allem die *Krisis-Schrift* leugnen. Plessner ist sich dessen bewusst, dass sich eine solche Stufung gerade nicht im Zugriff auf Gegebenes, sondern nur aus exzentrischer Position ergeben kann. Dass diese doppelte Lesart möglich ist, ist der systematischen These Plessners von der *doppelten* Gebrochenheit qua Gegenständlichkeit und eigener Situiertheit geschuldet. Doch ist es Plessners unzureichender Durchführung dieser These geschuldet, dass diese doppelte Lesart rezeptionsgeschichtlich bis heute die Form *alte Naturontologie oder kulturalistische Philosophie* annimmt. Offenkundig gelingt es Plessner nicht, mit den *Stufen* ein eigenständiges Drittes zu repräsentieren.

Dies liegt, so der Diagnosevorschlag, in einem Mangel der Ontologie begründet. Haucke macht geltend, dass eine Abkehr von jener „verheerenden Entlarvungslogik" eine „Neufassung der Substanz" (Haucke 2000, 23) erzwinge. Es sei das Hauptanliegen der *Stufen*, Dualismen nicht durch neue Monismen zu beseitigen, sondern dadurch zu entfundamentalisieren, dass der Dualismus von Substanz und Akzidentien beseitigt wird. Nur wenn es der Substanz wesentlich ist, auch selber in Akzidens-Stellung aufzutreten, ist kein Wesen mehr hinter den Erscheinungen zu unterstellen; erst dann ist es dem Wesen wesentlich, zu erscheinen. Haucke hebt nun aber hervor, dass sich dieses Anliegen mit dem Gesamttext der *Stufen* nicht bruchlos verträgt. Auch er sieht „zumindest zwei verschiedene Möglichkeiten, zwischen denen man sich entscheiden muss" (ebd., 50). Die Vereindeutigung, die Haucke aus Gründen sachlicher Konsequenz vornimmt, zahlt jedoch einen Preis: Sie kritisiert Plessner gerade dort, wo es nichts zu kritisieren gibt (ebd., 52), nämlich dafür, dass Substantialität in *anderer* Weise als die Akzidentien erscheint, und insofern nur „intuiert (erschaut) werden" könne (Plessner). Was Haucke nicht antastet, ist die zugrundeliegende Ding-Eigenschaft-Ontologie, die strukturell unverträglich ist mit der für die *Stufen* ebenso konstitutiven Rede von einer „dynamischen Form" (Plessner 1928, 187–193). Die konsequente Abkehr von jeder Verdachtslogik verlangt nicht lediglich die Reparatur, sondern den Wechsel der Ontologie hin zu einer Prozess-Ontologie (Schürmann 2002, 107–114). Bezeichnenderweise stärkt Plessner in der *Anthropologie der Sinne* (Plessner 1970) – also in jener Arbeit, die die „haltbaren Einsichten" von 1923 präsentiert (Plessner 1975, 319) – einerseits die Welt- und Situations-Wahrnehmung gegenüber ausschließlicher Ding-Wahrnehmung und andererseits den Vollzugscharakter wahrnehmender *Tätigkeit*.

Macht und menschliche Natur (Plessner 1931) ist ein eigenständiges Werk (Arlt 1996), und stellt gerade nicht lediglich die Anwendung der *Stufen* auf den Bereich des Politischen dar. Dort nämlich stellt Plessner jene doppelt mögliche Lesart der *Stufen* – Primat des Ontischen vor dem (Onto-)Logischen oder umgekehrt – als *notwendigen* Schein heraus. Dessen „eigentlicher Sinn" liegt darin, die Unentscheidbarkeit solcher Primatfragen, etwa von Natur- oder Kulturphilosophie, kenntlich zu machen – und zwar nicht als Mangel, sondern als eigene Position, die diese Unentscheidbarkeit als positives Charakteristikum der Sache nimmt, letztlich der Sache des Schutzes der Unergründlichkeit des Menschen. Hier erst bewährt sich, was Haucke schon für die *Stufen* herausstellt: Plessners „philosophische[s] Problembewusstsein [entzündet] sich nicht primär an erkenntnistheoretischen Fragen", sondern entspringt „einer ethischen Dimension" (Haucke 2000, 11). Durch das Werk *Macht und menschliche Natur* wird deutlich, dass die *Stufen* eine dritte Position zwischen alter Naturontologie und Kulturalismus einnehmen können – gerichtet gegen beide Positionen, die auf je eigene Weise ihre eigene Situiertheit verleugnen. Mit der Lektüre dieser Schrift wird jenes Schwanken der *Stufen* feststellbar: Plessners Philosophie ist „reflexive Anthropologie", die um sich als positionierte weiß (Lindemann 2005, Schürmann 1997, 2006). *Macht und menschliche Natur* ist die gleichsam elaborierte *Krisis-Schrift*. Hatte Plessner die Grundlosigkeit der Kritik 1918 noch als Nullpunkt, als „Nichts der Freiheit" (Plessner 1918, 241) kommentiert und somit nicht hinreichend von dezisionistischer Willkür-Freiheit unterschieden, so ist die Grundlosigkeit des eigenen Philosophierens 1931 als bedingte Freiheit ausgewiesen. Es handelt sich um eine Freiheit, sich frei zu „einer schon getroffenen Festlegung" verhalten zu können – sie trägt also „geschichtlich relevanten Charakter" (Plessner 1931, 192).

Lachen und Weinen (Plessner 1941, Fischer 2008a) macht dann noch einmal, gleichsam lächelnd (Plessner 1950), deutlich, dass auch dies nicht das letzte Wort sein kann, denn eine allein geschichtliche Verortung wäre eine Vereinseitigung jener doppelten Gebrochenheit des Philosophierens (so auch explizit; zit. bei Dietze 2006, 133, Fn. 11). Lachen und Weinen könnten uns die Grenzen unserer Macht zeigen: die Unentscheidbarkeit eines Primats von Macht und Ohnmacht. Dort, wo der Körper für die Person handelt, kann erfahrbar werden, dass unsere Macht nicht restlose Kalkulierbarkeit sein kann. Plessner ist ohne naturphilosophisches Moment nicht zu haben (Seel 1993, Schürmann 2005) – eingedenk dessen, dass „nur der Mensch [seine Natur-Abhängigkeit] feiert" (Feuerbach 1846, § 3).

Plessners Philosophie ist eine Philosophie (in) der Moderne. Sie thematisiert zwingend das Problem von Öffentlichkeit (Plessner 1960) und ist schon insofern politische Anthropologie (Schüßler 2000, Westermann 1995). Seine Warnung vor jedem Gemeinschaftskult von 1924 hat sich auf fatale Weise bestätigt. Die Kehrseite jener Verdachtslogik ist nämlich – dagegen richtet sich die Arbeit von 1931– die Idee von Politik als schmutziges Geschäft. Mit der *Verspäteten Nation* (Plessner 1959, Dietze 2006, 130–162, 508 f.) legt Plessner eine geistesgeschichtliche Interpretation vor, warum es in Deutschland, vornehmlich im Bürgertum, zu einer solchen Haltung der Unpolitik kommen konnte, die letztlich den Nationalsozialismus ermöglicht hat. Eine „nachgeholte" Würdigung seiner Philosophie könnte darin bestehen, die Groninger Antrittsvorlesung von 1936 (Plessner 1937) als kanonischen Text der deutschen Philosophie des 20. Jahrhunderts zu etablieren.

Im Zuge der Renaissance, die seine Philosophie erfährt, wird nunmehr nicht mehr nur über, sondern auch mit Plessner philosophiert. Beispiele dafür sind Krüger (1999, 2001), Lindemann (2002, 2009), Richter (2005).

Literatur: Plessner 1937, Plessner 1969, Plessner 1970, Fischer 2008, Haucke 2003, Richter 2005
Bibliographien: www.helmuth-plessner.de

Volker Schürmann

Popper, Karl Raimund

Geboren 1902 in Wien, gestorben 1994 in London. Ab 1918 Studium der Geschichte, Literatur, Psychologie, Philosophie, Mathematik und Physik, zunächst als Gasthörer. Musikkonservatorium, Tischlerlehre, Lehrerbildungsanstalt, 1928 Promotion. Ab 1930 Lehrer in Wien. Ab 1937 Exil in Neuseeland, Lecturer in Christ Church, ab 1946 Reader an der London School of Economics, ab 1949 dort Professor für Logik und Wissenschaftslehre. 1965 geadelt (Sir), 1969 emeritiert, 1976 Mitglied der Royal Society.

I – Nach der Promotion (in Wien bei Karl Bühler *Zur Methodenfrage der Denkpsychologie*) wendet sich Popper allgemeinen Fragen der Erkenntnistheorie zu, die er als Methodologie versteht. Sie bildet den Kern seiner Philosophie, des *Kritischen Rationalismus*. „Rationalismus" steht hier im Gegensatz zu „Irrationalismus", nicht zu „Empirismus", er umfasst den Empirismus und den klassischen Rationalismus (z. B. Descartes), den Popper „Intellektualismus" nennt. Dieser unkritische, umfassende Rationalismus folgt dem Prinzip, „daß jede Annahme zu verwerfen ist, die sich weder durch ein Argument noch durch die Erfahrung stützen läßt". Doch dieses Prinzip ist widersprüchlich, „da es sich seinerseits weder durch Argumente noch durch die Erfahrung stützen läßt". Deshalb ersetzt Popper den umfassenden durch den kritischen Rationalismus, der „anerkennt, daß die rationalistische Einstellung auf einem (zumindest vorläufigen) irrationalen Entschluß oder auf dem Glauben an die Vernunft beruht" (Popper 1945a, 269–71). Er versteht eine „rationale Diskussion" als „kritische Diskussion, die nach Fehlern sucht und dabei ernsthaft das Ziel verfolgt, möglichst viele dieser Fehler zu eliminieren, um der Wahrheit näher zu kommen" (Popper 1963, 355).

Er setzt sich mit Thesen des neoempiristischen Wiener Kreises auseinander. 1930 beginnt er ein Manuskript *Die beiden Grundprobleme der Erkenntnistheorie*. Humes Problem der Induktion, die Frage nach der Geltung der Naturgesetze, erscheint ihm als Vorfrage, das Abgrenzungsproblem hingegen, Kants Frage nach den Grenzen der wissenschaftlichen Erkenntnis, als Hauptfrage. 1933 zur Veröffentlichung angenommen, wird es stark gekürzt. Ein „Auszug" erscheint als *Logik der Forschung* (Popper 1935). Der Untertitel *Zur Erkenntnistheorie der modernen Naturwissenschaften* fehlt in allen späteren Ausgaben. Was von den Manuskripten der *Grundprobleme* erhalten blieb, erscheint 1979 (Popper 1979).

Popper teilt Humes abschlägige Antwort auf das *logische Induktionsproblem*: „Ist es gerechtfertigt, von Einzelfällen, die wir erfahren haben, auf andere zu schließen, die wir nicht erfahren haben?", denn es kann kein analytisches Induktionsprinzip geben und der Versuch, die Wahrheit eines synthetischen zu beweisen, führt in das Begründungstrilemma „Zirkel, unendlicher Regress, Dogma".

Endlich viele wahre Beobachtungssätze können eine generelle Hypothese nie verifizieren, doch ein einziger, ein Basissatz, kann sie falsifizieren. Deshalb schlägt Popper ein *Kriterium zur Abgrenzung der empirischen Wissenschaft* vor, nach dem genau jene synthetischen Sätze als empirisch-wissenschaftlich gelten, die empirisch widerlegbar sind, alle anderen fallen in die Residualkategorie „Metaphysik". Sein *Abgrenzungs*kriterium ersetzt das neopositivistische *Sinn*kriterium, nach dem nicht verifizierbare Sätze sinnlos sind. Methodologische Regeln definieren das Spiel „empirische Wissenschaft" und ergänzen das Abgrenzungskriterium.

Der Wiener Kreis führte eine *Protokollsatzdebatte* um Form und Gewissheit der Beobachtungssätze. Popper entgegnet, jeder konkrete Satz, der einer Hypothese logisch widerspricht und empirisch prüfbar ist, kann als Prüfsatz, als „Basissatz" dienen. Was ein Aussagesatz (z. B. „Anton ist weiß") darstellt, transzendiert jede Erfahrung, denn er enthält Universalbegriffe (hier: „[…] ist weiß"). Deshalb garantiert keine Erfahrung seine Wahrheit, er ist, wie auch jede Theorie, eine fehlbare Hypothese: Der Kritische Rationalismus ist also *fallibilistisch*. Scheitert eine Hypothese an wiederholten Beobachtungen oder Experimenten, so gilt sie einstweilen als widerlegt. Hält sie ernsthaften Widerlegungsversuchen stand, so bewährt sie sich. Je öfter und je strenger sie geprüft wird, desto besser bewährt sie sich. *Bewährung* ist, anders als Wahrheit, zeitrelativ.

Fast die Hälfte der *Logik* gilt dem Versuch, die *Häufigkeitstheorie der Wahrscheinlichkeit* zu verbessern, der allerdings nur historische Bedeutung hat, weil Andrej N. Kolmogorovs *Grundbegriffe der Wahrscheinlichkeitstheorie* (Kolmogorov 1933) die Häufigkeitstheorie obsolet machen.

II – Im Exil wendet Popper sich der Sozialphilosophie zu. Er will zeigen, wie der *Historizismus*, d. h. die Meinung, Hauptziel der Sozialwissenschaften sei die historische Vorhersage anhand von Gesetzen geschichtlicher Entwicklung, Marxismus und Faschismus inspirierte. In *Das Elend des Historizismus* (Popper 1944) kritisiert er pronaturalistische (für empirische Methoden in den Sozialwissenschaften) und antinaturalistische Doktrinen des Historizismus. Dessen Kardinalfehler besteht darin, bloße Trends für

Entwicklungsgesetze zu halten (ebd., 115). Nach holistischen Theorien des Sozialexperiments, wie der marxistischen, sind Sozialexperimente nur sinnvoll, wenn sie die Gesellschaft als Ganzes verändern. Doch je größer die Veränderungen, desto größer sind unerwartete Rückwirkungen. Nur wenn Veränderungen schrittweise erfolgen, kann man ihre Wirkungen einschätzen und so aus Fehlern lernen. Popper nennt dies „Stückwerk-Technik" (ebd., 56 ff.) und formuliert ein „Prinzip der dauernden Fehlerkorrektur" (ebd., XI).

Die offene Gesellschaft und ihre Feinde (Popper 1945, 1945a) richtet sich gegen Nazismus und Kommunismus. *Offen* wird eine Gesellschaft genannt, „in der sich die Individuen persönlichen Entscheidungen gegenübersehen", *geschlossen* „die magische, stammesgebundene oder kollektivistische Gesellschaft" (Popper 1945, 207). Die Spurensuche in der Geschichte führt Popper von Hitler zu Platon und von Stalin zu Marx (ebd., IX). Er untersucht die Formen des Historizismus bei Platon, Hegel und Marx. Der erste Band des Werks gilt Platons Staatsphilosophie und Ideenlehre. Theoretischer Kern der Staatsphilosophie sei der Historizismus. Die Ideenlehre liefere eine Theorie der Veränderung, nach der jede Entwicklung von der Vollkommenheit der Ideen wegführt. Gerecht ist, „daß jeder das Seinige verrichtet" (Platon, *Der Staat*, 433b), d. h. in seiner Klasse bleibt. Platons Idealstaat sei ein Vorschlag, politische Veränderungen aufzuhalten und zum Staat der Vorväter mit seiner natürlichen Klassenherrschaft der weisen Wenigen über die unwissenden Vielen zurückzukehren. Weil politische Führer selten weise sind, ersetzt Popper Platons Frage „,Wer soll regieren?'" durch die Frage „*Wie können wir politische Institutionen so organisieren, daß es schlechten oder inkompetenten Herrschern unmöglich ist, allzugroßen Schaden anzurichten?*" (Popper 1945, 145)

Der zweite Band gilt Aristoteles, Hegel und vor allem Marx. Aristoteles' Theorie der Veränderung enthalte alle Elemente, die zum Aufbau einer historizistischen Philosophie notwendig sind. Sie finden sich leicht verändert bei Hegel wieder. Der ist „gleichsam das ‚Bindeglied' [...] zwischen Platon und den modernen Formen des Totalitarismus" (Popper 1945a, 39). Der Marxismus sei die gefährlichste Form des Historizismus. *Das Kapital* soll das Bewegungsgesetz der modernen Gesellschaft enthüllen. Diese Idee naturgesetzlicher Entwicklung schließe rationale politische Interventionen aus. Popper kritisiert Marx' Versuch, anhand des ökonomischen Bewegungsgesetzes der Gesellschaft Revolution und klassenlose Gesellschaft zu prophezeien. Teils folgten seine Konklusionen nicht aus seinen Prämissen, teils träfen die Prämissen nicht zu. Die historische Entwicklung habe ihn widerlegt.

Die *Offene Gesellschaft* ist eine Theorie und Verteidigung der Demokratie. Zwar herrscht nirgends das Volk, aber entscheidend ist die Absetzbarkeit der Regierungen ohne Blutvergießen (Popper 1945, 149). Erfahrungswissenschaftliche Erkenntnis ist fehlbar, ethische Erkenntnis unmöglich. Da wir nicht erkennen können, was wir tun sollen, müssen wir entscheiden, was wir tun wollen. Damit die Entscheidung rational ist, muss sie alle Ziele, die sie tangiert, sowie das Wissen über Mittel und Nebenfolgen berücksichtigen. Weil Ziele und Wissen sich ändern können, muss sie revidierbar sein (ebd., Kap. 5). Die Geschichte hat keinen Sinn, aber wir können ihr einen Sinn geben, indem wir unsere Ziele wählen (Popper 1945a, 326).

III – In London entstehen das *Postskript zur Logik der Forschung* (Popper 1982, 1982a, 1983) sowie zahlreiche Aufsätze und Vorträge, deren wichtigste in *Vermutungen und*

Widerlegungen (Popper 1963) und in *Objektive Erkenntnis* (Popper 1972) zusammengefasst sind. Popper entwickelt die Thesen der *Logik* (Popper 1935) zu Induktion und Abgrenzung weiter. Er erwägt ein *Abgrenzungskriterium* zur Unterscheidung rational wertloser von diskussionswürdigen metaphysischen Systemen (Popper 1982a, 242). Das *logische Induktionsproblem* will er nun mit der These des hypothetischen Charakters aller Theorien lösen. Dann bleibt die Frage, wie wir zwischen guten und schlechten Theorien unterscheiden (Popper 1972, 5 ff.). Darauf antwortet seine *positive Theorie der Bewährung*, die auch zeigt, dass der Bewährungsgrad keine Wahrscheinlichkeit ist (Popper 1983, 250 ff.). Humes These der *empirischen Induktion*, der Bildung von Hypothesen aufgrund von Wiederholungen, verwirft er, weil der Gesichtspunkt, unter dem sich etwas wiederholt, bereits eine Hypothese ist (Popper 1935, Anhang *X).

Die Idee der *objektiven Wahrheit* identifiziert er mit der *Korrespondenztheorie*, die er durch Tarskis Wahrheitsdefinition für die formalisierten Sprachen rehabilitiert sieht: „Eine Aussage ist genau dann wahr, wenn sie mit der Wirklichkeit übereinstimmt." (Popper 1972, Kap. 9) Als er seinen Irrtum erkennt, sucht er noch im letzten Lebensjahr eine bessere Lösung. Die wichtige Idee der *Annäherung an die Wahrheit* fasst er wie folgt: „Angenommen, Wahrheitsgehalt und Falschheitsgehalt von zwei Theorien t_1 und t_2 sind vergleichbar, so können wir sagen, daß t_2 eine größere Ähnlichkeit mit der Wahrheit hat oder mit den Tatsachen besser übereinstimmt als t_1, dann und nur dann, wenn entweder (a) der Wahrheitsgehalt, aber nicht der Falschheitsgehalt von t_2 den von t_1 übersteigt; oder (b) der Falschheitsgehalt von t_1, aber nicht der Wahrheitsgehalt, den von t_2 übersteigt" (Popper 1963, 361 f.). Das erscheint plausibel, scheitert aber, weil Wahrheits- und Falschheitsgehalt (die Mengen der wahren und der falschen Konsequenzen) eines jeden falschen Satzes gleichmächtig sind. Von den zahlreichen Vorschlägen, dieses Problem zu umgehen, ist außerhalb einfacher Modellsprachen bisher keiner erfolgreich.

Poppers Arbeit an klassischen metaphysischen Problemen beginnt 1953 mit einem Aufsatz zum Leib-Seele-Problem (Popper 1963, Kap. 13) und findet 1994 in seinem Buch *Knowledge and the Body-Mind Problem* ihren Abschluss (Popper 1994a). Seit 1966 publiziert er Beiträge zu einer Theorie dreier Welten, die der ersten, physischen Welt eine zweite, mentale und eine dritte Welt objektiver Gedankeninhalte hinzufügt (Popper 1972, 109–197). Im Zusammenhang seiner Welt-3-Theorie entwirft er eine Evolutionstheorie und setzt sich mit dem Determinismus-Indeterminismus-Problem auseinander (Popper 1982).

Ursprünglich erklärt er mit seinem tetradischen Schema $P_1 \to VL \to FE \to P_2$ den Erkenntnisfortschritt. Später will er damit auch Darwins Evolutionstheorie verbessern (Popper 1972, 251 ff., 300). P_1 ist ein *Problem* zu Beginn einer Entwicklung. *VL* ist eine *vorläufige Lösung* (eine Theorie oder Mutation). *FE* ist die auf den Versuch folgende *Fehlerelimininierung*. Sie beruht auf kritischer Diskussion (bei Theorien) oder auf natürlicher Auslese (bei biologischen Arten), jedenfalls auf dem Scheitern eines Versuchs, P_1 mit *VL* zu lösen. P_2 ist das neue Problem, das aus *VL* oder *FE* resultiert. Er erhofft eine Theorie emergenter Evolution durch Problemlösen, die das Entstehen von evolutionär Neuem mit dem Entstehen neuer Probleme erklärt.

Popper verteidigt die Ideen der Freiheit, Kreativität und Verantwortlichkeit. Um die Idee der Willensfreiheit zu retten, will er den ontologischen Determinismus („Jedes

Ereignis hat eine Ursache") untergraben. Er gibt sogar den methodologischen Determinismus („Suche stets nach deterministischen Hypothesen") der *Logik* auf. Der Indeterminismus genügt aber nicht, um die Willensfreiheit zu sichern. Es bedarf auch einer „plastischen Steuerung" (Popper 1994a). Doch es gelingt nicht, diesen Begriff zu präzisieren.

Popper interpretiert nun die Wahrscheinlichkeitstheorie als *physikalische Theorie der Propensitäten*, die Kräften analog sind. Eine Versuchsanordnung determiniert Propensitäten, und deren Vorliegen erklärt, wieso gleiche Versuchsbedingungen (Münzwurf) zu verschiedenen Ergebnissen (Kopf, Zahl) führen können. Wollte man das kausal erklären, so erforderte jeder Erklärungsschritt den Rückgriff auf probabilistische Anfangsbedingungen. Dadurch entstünde ein unendlicher Regress (Popper 1982, 1990). Popper kritisiert die These, rationale Diskussion sei nur in einem feststehenden Rahmen möglich. Vielmehr können die Voraussetzungen, die man in einer Diskussion macht, in einer anderen kritisiert werden. Nichts darf grundsätzlich von der Kritik ausgenommen werden (Popper 1994).

IV – Die *Logik der Forschung* ist Poppers Hauptwerk. Carnap zählt sie „zu den wichtigsten gegenwärtigen Arbeiten auf dem Gebiet der Wissenschaftslogik" (Carnap 1935). Sie beendet die Diskussion um das Sinnkriterium und die Protokollsatzdebatte und entwickelt den Neoempirismus des Wiener Kreises zum kritischen Rationalismus fort. Danach ist alles „Wissen" fehlbar und wir lernen nicht primär aus erfüllten, sondern aus gescheiterten Erwartungen: Erkenntnisfortschritt resultiert aus Versuch und Irrtum. In *Vermutungen und Widerlegungen* (Popper 1963) erweitert Popper den Gedanken der Widerlegung zu dem der Kritik, die sich nicht nur auf Annahmen, sondern auch auf Forderungen, Einstellungen und Aktivitäten richtet. Sein bekanntestes Werk ist *Die Offene Gesellschaft* (Popper 1945, 1945a). Sie zeigt, dass die Werke von Platon und Marx Argumente enthalten, die Formen des modernen Totalitarismus stützten. Trotz der Kritik, die vor allem Poppers Platonkritik galt, hatte sie eine große Wirkung. So reden Politiker oft von einer offenen Gesellschaft, wenn sie auch meist etwas anderes meinen als Popper, etwa ein Einwanderungsland. Kritische Beiträge zu Poppers Erkenntnistheorie und Sozialphilosophie und seine Antworten darauf finden sich in Schilpp (Schilpp 1974). Die meiste Beachtung in den Geisteswissenschaften fand neben der Kritik von Thomas S. Kuhn, nach dem es in der normalen Wissenschaft keine Widerlegung von Theorien und auch in der revolutionären Wissenschaft nur deren Ablösung durch Paradigmenwechsel gibt (Kuhn 1962), die aus der Frankfurter Schule, die behauptete, erkennen zu können, was wir tun sollen, und im Positivismusstreit den kritischen Rationalismus, der das bezweifelt, des „positivistisch halbierten Rationalismus" zieh (Adorno u. a. 1969).

Die Tradition des Neoempirismus hat eine Stätte im Institut Wiener Kreis – Verein zur Förderung wissenschaftlicher Weltauffassung (Wien), die des Kritischen Rationalismus im Karl Popper Institut (Wien) und in der Karl Popper Foundation (Klagenfurt).

Literatur: Popper 1945, Popper 1963, Popper 1974, Keuth 2000, Schilpp 1974
Bibliographien: Hansen 1974, Lube 2005
Webseite: http://ub.uni-klu.ac.at/cms/sondersammlungen/karl-popper-sammlung

Herbert Keuth

Preglauer, Jacob

Geboren 1871 in Waldhausen bei Linz, gestorben 1928 in Wien. Herkunft aus Kirchenmusiker-Familie. Zunächst Studium der Theologie in Linz an der bischöflichen Diözesanlehranstalt (heute: Katholisch-Theologische Privatuniversität Linz), dann Theologie und Philosophie in Graz und Wien. Zu seinen akademischen Lehrern gehören: Alexius Meinong, Ludwig Boltzmann, Franz Brentano, Hermann Zschokke, Wilhelm Anton Neumann.

Preglauers erste (theologische) Dissertation behandelt die Problematik der Erbsünde in der Theologie des 19. Jahrhunderts; seine zweite (philosophische) Dissertation ist dem Zusammenhang der Freiheit des Menschen mit der Notwendigkeit der Sünde in der Dissertation Schellings gewidmet. Seitdem befasst er sich mit der Thematik der Sünde. Erwähnenswert ist seine Studie über die Frankisten. Seine Studien zu exorzistischen Praktiken einerseits und sein Versuch einer Kontaktaufnahme zu verbliebenen Frankisten in Galizien andererseits führen ihn schließlich zur Ausarbeitung seines Hauptwerks, dem *Ontologischen Teufelsbeweis* (Preglauer 1915). Im Wissen um die in der philosophischen Tradition seit Kant erfolgreich bestrittene Triftigkeit des ontologischen Gottesbeweises von Anselm von Canterbury bemüht sich Preglauer unter erheblichem logischen Aufwand, angelehnt an die Wissenschaftslehre Bolzanos, um eine möglichst präzise Absicherung seiner Theorie, die in manchen Spitzfindigkeiten schon auf den späteren Wiener Kreis vorauszuweisen scheint. (Leider fand sich für dieses voluminöse wie epochemachende Werk kein Verleger, so dass es Preglauer im Eigenverlag drucken ließ, was ihn finanziell nahezu ruinierte, zumal sich auch seine Hoffnung auf eine Professur nicht erfüllte.)

Zentraler Punkt des ontologischen Teufelsbeweises ist die Annahme, dass es Vielheiten gibt, die sich unter keinen Umständen unter eine Ordnung des Einen subsumieren lassen: das Nichtidentische, das durch „ontologische[] Wandlung" (Preglauer 1915, 374) sich jeglicher Identifikation und damit auch jeglicher Repräsentation entzieht. Sagt Gott statt eines Namens „Ich bin, der ich bin", so gilt für den Teufel genau das nicht. Die ontologische Wandlung darf nach Preglauer aber nicht als zeitlicher Wandel verstanden werden; denn das wäre nichts weiter als der Lauf der Welt in ihrer Geschichtlichkeit. Die „ontologische Wandlung" hat eher Ähnlichkeit mit einem Kipp-Phänomen, das beides *ist*, nur als das eine oder das andere erscheint und in das jeweils andere umspringen kann; in der ontologischen Wandlung kann es jedoch nicht nur in eine einzige Alternative umspringen, sondern in eine Unendlichkeit beliebiger Möglichkeiten. Übrigens erscheint das Kipp-Phänomen später in Wittgensteins *Philosophischen Untersuchungen* (Wittgenstein 1953) als Häschen/Ente wieder (von einer persönlichen Begegnung Preglauers mit Wittgenstein ist jedoch nichts bekannt, auch wenn für beide Linz und Wien Stationen ihres Lebensweges waren). In moralischer Hinsicht (Preglauer 1915, 410 ff.) – aber das ist für Preglauer nur eine der Manifestationen der Ontologie des Teufels – äußert sich diese Wandlung z. B. in dem „bösen" Kampf des „Guten" gegen das „Böse". Der Teufel, gedeutet als der Böse, ist genau dort, wo man ihn nicht vermuten kann, ohne mit sich selbst in Widerspruch zu geraten: im guten Gewissen. Damit ist der ontologische Teufelsbeweis jedem Manichäismus abhold.

Es ist nicht zu leugnen, dass Preglauer damit auch in Widerspruch zu den Naturwissenschaften geriet. Gehorchten diese lange dem Prinzip *natura non facit saltus* und kennt auch die Quantenphysik nur geregelte Sprünge, so verlangt der ontologische Teufelsbeweis geradezu danach, dass es diese absoluten Sprünge und Abweichungen als Spiel des Teufels gibt. Damit kann Preglauer in gewisser Hinsicht als ein Vorläufer der Chaosforschung betrachtet werden, die ja selbst ihre Ursprünge in Henri Poincarés Lösung des N-Körper-Problems findet, d. h. gut 30 Jahre vor Preglauers bahnbrechenden Einsichten, die sich ebenfalls um eine nicht unerhebliche Formalisierung bemühen. Aber für die Philosophen seiner Zeit ist die Theorie noch skandalöser, weil Preglauer das, was Kant mit dem *mundus intelligibilis* – oder der „Kausalität aus Freiheit" – als Durchbrechung der Naturordnung durch Gehorsam gegenüber dem Sittengesetz postulierte, geradewegs als die eigentliche Wirkungsweise des Teufels erkennen muss. In seinen verschiedentlich in sein Werk eingestreuten Invektiven gegen Kant mag man natürlich auch eine österreichisch-katholische Positionierung gegen den großen preußisch-protestantischen Denker vermuten.

Einer der wenigen, die sich – wenngleich eher untergründig, aber doch erkennbar – intensiv mit Preglauers Werk auseinandergesetzt haben, ist Hans Blumenberg. Seine anfänglich strikte, ja sarkastische Ablehnung von Preglauers „ontologischem Teufelsbeweis" weicht beim späten Blumenberg einer vom Esprit getragenen Auseinandersetzung mit dem Teufelsthema (Blumenberg 1989a). Wegen des ihm nachgesagten moralisch dubiosen Lebenswandels vermieden jedoch fast alle bedeutenden Philosophen, die etwas auf sich halten, ihn namentlich zu erwähnen, so dass er hier erstmals die ihm gebührende doxographische Darstellung erfährt. Ohne seine Namensnennung hat sein ontologischer Teufelsbeweis jedoch eine umfangreiche Rezeption in der Philosophie des 20. Jahrhunderts erfahren (Lütkehaus 1986).

Literatur: Preglauer 1915, Bolz 2008, Gruber 1931, Macho 1992

Rüdiger Conradi

Radbruch, Gustav

Geboren 1878 in Lübeck, gestorben 1949 in Heidelberg. Studium der Rechtswissenschaft und der Philosophie in München, Leipzig und Berlin. 1904–14 Privatdozent und Professor in Heidelberg, 1914 Professor in Königsberg, 1919 in Kiel. 1920–24 Abgeordneter des Reichstags, 1921/22 und nochmals 1923 Reichsjustizminister. 1926–33 wieder Professor in Heidelberg. Im Mai 1933 wird Radbruch aus politischen Gründen seiner Professur enthoben, im September 1945 wieder in sein Lehramt eingesetzt.

Der Rechtsphilosoph und Strafrechtler Gustav Radbruch ist nicht nur wissenschaftlich tätig, sondern in der Weimarer Republik auch politisch aktiv. Das rechtsphilosophische Werk Radbruchs ist wesentlich von der Philosophie der *südwestdeutschen Schule des Neukantianismus* (Lask, Rickert, Windelband) beeinflusst. Der Erkenntnistheorie des Neukantianismus entspricht die Anerkennung einer scharfen Trennung von Sein und Sollen, des Prinzips des *Methodendualismus* (Radbruch 1932, 230), dem die grundsätzliche Unterscheidung zwischen Seins- und Sollenswissenschaften – im Bereich der

Rechtswissenschaften zwischen Rechtsdogmatik und der Sozialtheorie des Rechts – korrespondiert (Radbruch 1914, 175 f.). Aus diesem dualistischen Modell von Sein und Sollen folgt für Radbruch einerseits die Ablehnung eines „evolutionistischen" Standpunkts, der aus den faktischen Entwicklungstendenzen einer Gesellschaft auf das Gesollte schließen will (Radbruch 1932, 230), andererseits die Kritik an der Position des „Rechtsrealismus", die das Recht auf ein empirisches Phänomen reduzieren will (Radbruch 1946a, 78 f.). In diesem Zusammenhang wendet sich Radbruch in Übereinstimmung mit Kelsen wie mit Lask (Lask 1905, 316 ff.) auch gegen ein naturalistisches Verständnis juristischer Begriffe und plädiert für eine funktionale Interpretation von Rechtsbegriffen (Radbruch 1911, 519 f.).

Der Wissenschaftstheorie des Neukantianismus Heidelberger Prägung bleibt Radbruch auch bei der Interpretation der Rechtswissenschaft als *wertbeziehender Kulturwissenschaft* verpflichtet. Mit dem insbesondere von Windelband und Rickert ausgearbeiteten Modell der Kulturwissenschaften als wertbeziehende Disziplinen tritt neben die wertblinde Betrachtungsweise der Naturwissenschaften und die bewertende Haltung der Wertphilosophie in ihren Disziplinen Logik, Ethik und Ästhetik die Perspektive der Kulturwissenschaften, die ihren Gegenstand auf Werte beziehen und ihn damit als Substrat von Werten, als wertbehaftete Wirklichkeit konstituieren (Radbruch 1932, 222). Die wertbeziehende Methode ergänzt die Positionen des (Sein und Sollen in eins setzenden) Methodenmonismus und des (beide Bereiche scharf trennenden) Methodendualismus um den *Methodentrialismus,* der allerdings strukturell eine Spielart des Methodendualismus bildet (ebd., 230).

Den Bezugspunkt der Rechtswissenschaft – und damit auch des Rechts – bildet für Radbruch die *Rechtsidee* (ebd.). Das Recht wird dementsprechend bestimmt als „die Gegebenheit, die den Sinn hat, die Rechtsidee zu verwirklichen" (Radbruch 1932, 227). Die Rechtsidee selbst ist mehrdimensional. Sie umfasst neben der *Gerechtigkeit* als weitere Bestandteile die *Rechtssicherheit* und die *Zweckmäßigkeit* (ebd., 302 ff.). Während es sich bei der Gerechtigkeit (als formalem Prinzip) und der Rechtssicherheit um allgemeingültige Elemente der Rechtsidee handelt, bildet die Zweckmäßigkeit, ebenso wie die Rangfolge der unterschiedlichen Elemente, ein relativistisches Element (ebd., 303 f.). „Zweckmäßigkeit" ist dabei nicht in einem positivistisch-instrumentellen Sinn, sondern als Bezogenheit des Rechts auf oberste Rechtswerte zu verstehen (ebd., 278 f.). Hinsichtlich dieser obersten Rechtswerte unterscheidet Radbruch drei Wertideen: Neben dem *individualistischen* Wertsystem, in dem das höchste Gut die Einzelperson ist, stehen das dem Wert der Gesamtpersönlichkeit verpflichtete *überindividualistische* Wertsystem sowie das *transpersonalistische,* in dem die Werkwerte den höchsten Rang einnehmen (ebd., 279 ff.; 1948, 145 f.). Zwischen diesen letzten Wertkategorien kann eine verbindliche Rangordnung nicht hergestellt werden; in diesem Sinne ist eine Entscheidung erforderlich. Das ist der Kernpunkt des sogenannten *Relativismus* in der Rechtsphilosophie Radbruchs.

Diesem Relativismus entspricht in den früheren Arbeiten Radbruchs tendenziell eine *positivistische Rechtsauffassung,* der zufolge Rechtsnormen nicht aufgrund ihres Regelungsgehalts Geltung beanspruchen können, sondern deshalb, weil sie von der zuständigen Instanz in dem vorgesehenen Verfahren gesetzt worden sind. Jedenfalls der Richter (nicht zwangsläufig auch der Bürger) sei auch zur Beachtung von „Schandgesetzen" verpflichtet (Radbruch 1932, 315 f.). In späteren, nach 1945 erschienenen Arbeiten spricht Radbruch dagegen grob ungerechten Gesetzen die Geltung ab. Im Konflikt zwischen der Gerechtigkeit und der Rechtssicherheit habe letztere zwar grundsätzlich den Vorrang. Dies soll aber dann nicht gelten, wenn „der Widerspruch des positiven Gesetzes zur Gerechtigkeit ein so unerträgliches Maß erreicht, daß das Gesetz als ‚unrichtiges Recht' der Gerechtigkeit zu weichen hat". Werde bei der Rechtssetzung Gerechtigkeit nicht einmal erstrebt, so handele es sich nicht nur um unrichtiges Recht, sondern das Gesetz entbehre „überhaupt der Rechtsnatur" (Radbruch 1946, 89). Beide Kriterien („Unerträglichkeitsthese" und „Verleugnungsthese") werden im Schrifttum im Begriff der *Radbruchschen Formel* zusammengefasst.

Ob in dieser Einführung „materieller" Voraussetzungen der Rechtsgeltung ein Umbruch in Radbruchs Rechtsphilosophie oder aber nur eine Akzentverschiebung zu sehen ist, ist in der Radbruch-Forschung umstritten (Überblick bei Adachi 2006, 13 ff.). Die Antwort dürfte davon abhängen, ob man der Bezogenheit des Rechts auf die Rechtsidee, die in Radbruchs Werk durchgehend präsent ist und auf die er sich zur Verneinung des Rechtscharakters im Anwendungsbereich der „Verleugnungsthese" beruft (Radbruch 1946, 89), neben der ursprünglich akzentuierten methodologischen auch eine normative Bedeutung geben kann, wie sie bei der Begründung der „Verleugnungsthese" vorausgesetzt wird. Denn in dieser These erfährt der Bezug des Rechts auf die Rechtsidee, der – dem neukantianischen Ansatz entsprechend – in den früheren Arbeiten Radbruchs als transzendentallogische Beziehung verstanden wird, eine normativ relevante ontologische Wendung (Neumann 2005, 149 ff.).

Radbruch gilt neben Kelsen als der bedeutendste Rechtsphilosoph deutscher Sprache im 20. Jahrhundert. Er hat die deutsche wie die internationale rechtsphilosophische Diskussion bis in die Gegenwart hinein maßgeblich geprägt. Besonders groß war und ist sein Einfluss in Japan und Korea. Die Radbruchsche Formel wurde auch in der deutschen Strafjustiz rezipiert und insbesondere bei der Ahndung systemkonformen Unrechts der NS-Zeit herangezogen. Durch die von Arthur Kaufmann besorgte, 1987 begonnene und 2003 abgeschlossene 20-bändige Gesamtausgabe hat die Radbruch-Forschung national wie international wichtige Impulse erhalten.

Literatur: Radbruch 1932, Radbruch 1946, Adachi 2006, Kaufmann 1987, Saliger 1995

Ulfrid Neumann

Reichenbach, Hans

Geboren 1891 in Hamburg, gestorben 1953 in Los Angeles. Von 1911–15 Studium der Philosophie, Mathematik und Physik in Berlin, Göttingen und München, 1915 Promotion in Erlangen. 1920 Habilitation in Stuttgart, anschließend Privatdozent in Philosophie und Physik ebendort. 1926 Berufung als Professor für Philosophie der Physik nach Berlin (auf Einsteins Vorschlag). 1933 Emigration in die Türkei, Professur in Istanbul. 1938 Ruf an die University of California in Los Angeles.

Obwohl Reichenbach Fragen der Logik, der Sprachphilosophie und der Ethik in verschiedenen Schriften behandelt, sind seine umfangsreichsten und wirkungsvollsten Beiträge eindeutig dem Gebiet der Wissenschaftstheorie, insbesondere der Philosophie der Physik, zuzuordnen. Von Anfang an begreift er die große Tragweite der Relativitätstheorie nicht nur für die Physik, sondern auch für die Philosophie. Schon zu Beginn der 1920er Jahre versucht er, eine adäquate Axiomatisierung der relativistischen Raum-Zeit-Theorie zu entwickeln, und sein erstes größeres Werk trägt den bezeichnenden Titel *Philosophie der Raum-Zeit-Lehre* (Reichenbach 1928). Die wissenschaftstheoretische Analyse des Raum- und vor allem des Zeitbegriffs hat Reichenbach zwar bis an sein Lebensende begleitet, doch ab den 1930er Jahren widmet er sich zunehmend einer anderen Thematik, von der er meint, dass sie eine noch zentralere Rolle in den Grundlagen der empirischen Erkenntnis spielt: der Wahrscheinlichkeitstheorie. Wollte man Reichenbachs Philosophie auf ein plakatives Stichwort reduzieren, dann wäre dies *Probabilismus*.

In vielerlei Hinsicht steht Reichenbachs Denken den Auffassungen des Wiener Kreises, insbesondere seines Freundes Rudolf Carnap, nahe. Reichenbachs eigener Kreis, die sogenannte Berliner Gruppe, zu der unter anderem Kurt Grelling, Walter Dubislav und Carl G. Hempel zählen, versteht sich als Verbündeter des zeitgenössischen Wiener Kreises in der Bestrebung, eine wissenschaftliche, von Metaphysik befreite, mit den formalen Mitteln der neuen Logik arbeitende Philosophie zu etablieren. Dennoch sind wichtige Differenzen zwischen den beiden Gruppen unübersehbar. So findet Reichenbach etwa die Bezeichnung „logischer Positivismus" für die aufstrebende wissenschaftliche Philosophie unpassend, und zog es vor, von einem „logischen Empirismus" zu sprechen. Die Bezeichnung „Positivismus" hat für Reichenbach eine irreführende dogmatische Konnotation, da sie den Versuch nahelegt, absolut sichere Grundlagen der Erkenntnis anzustreben. Für Reichenbach dagegen kann auch die beste empirische Theorie nur eine bis zu einem gewissen Grad abgesicherte Erkenntnis liefern – daher die zentrale Bedeutung, die dem Wahrscheinlichkeitsbegriff in der philosophischen Analyse der empirischen Wissenschaft beizumessen ist, und auch das Bedürfnis, die logischen Grundlagen der Wahrscheinlichkeitsrechnung zu klären, was er in seiner Abhandlung *Wahrscheinlichkeitslehre* (Reichenbach 1935) unternommen hat.

Für Reichenbach ist das entscheidende Merkmal der Aussagen naturwissenschaftlicher Theorien – im Unterschied zu den Aussagen der Logik und der Mathematik –, dass sie lediglich mit einem gewissen Wahrscheinlichkeitsgrad zu akzeptieren sind. Und das heißt, dass sich diese Aussagen immer wieder als falsch erweisen können, auch dann, wenn sich viele positive (und keine negativen) Instanzen für sie aufführen lassen. Dieser inhärente probabilistische Zug empirischer Theorien hat für Reichenbach nicht nur methodologische und erkenntnistheoretische, sondern auch *semantische* Konsequenzen: Selbst die Bedeutung der empirischen Aussagen ist stets probabilistisch zu explizieren. Daher bezeichnet Reichenbach seinen eigenen Ansatz in der allgemeinen Wissenschaftstheorie, so wie er ihn in seinem Buch *Experience and Prediction* (Reichenbach 1938) darlegt, auch als „probabilistischen Empirismus". In der Nachfolge des Wiener Kreises haben die meisten Wissenschaftstheoretiker, allen voran der späte Carnap, die Bedeutung des Wahrscheinlichkeitsbegriffs für die methodologische Analyse empirischer Theorien anerkannt. Doch Reichenbachs weitergehender Gedanke, dass auch die *Semantik* der empirischen Wissenschaft mit probabilistischen Kategorien zu rekonstruieren sei, stieß auf wenig Sympathie.

Bekanntlich gibt es eine physikalische Theorie, die durch und durch probabilistisch konzipiert ist: die Quantenmechanik. Daher ist es nicht verwunderlich, dass Reichenbach in seinem Spätwerk den philosophischen Grundlagen der Quantenmechanik große Aufmerksamkeit widmet. Aus diesen Bestrebungen heraus entsteht seine Abhandlung *Philosophic Foundations of Quantum Mechanics* (Reichenbach 1944), in der er unter anderem versucht, eine neue, dreiwertige Logik zu entwickeln, die der Quantenmechanik angemessener sein soll. Der Grundgedanke dabei ist, dass die Aussagen der Quantenmechanik neben den klassischen semantischen Werten „wahr" und „falsch" unter Umständen einen dritten Wert „unbestimmt" annehmen dürfen. Hauptsächlich aufgrund technischer Schwierigkeiten stieß Reichenbachs dreiwertige Logik auf viel Skepsis seitens der zeitgenössischen Kommentatoren. In abgewandelter Form ist die Idee der Entwicklung einer dreiwertigen Logik für die Quantenmechanik von späteren Autoren jedoch weiter verfolgt worden.

Literatur: Reichenbach 1928, Reichenbach 1935, Reichenbach 1944, Salmon 1977, Zittlau 1981

Carlos Ulises Moulines

Reinach, Adolf Bernhard Philipp

Geboren 1883 in Mainz, gefallen 1917 bei Diksmuide (Belgien). Aus jüdischem Elternhaus stammend (1916 konvertiert zum Protestantismus). Ab 1901 Studium des Rechts und unter anderem der Philosophie in München bei Theodor Lipps. Im Kreis der Münchner Phänomenologen um Johannes Daubert und Alexander Pfänder Studium von Husserls *Logischen Untersuchungen*. 1909 Habilitation in Göttingen bei Husserl mit einer Arbeit zur Urteilstheorie, von da ab Privatdozent. Reinachs Lehrtätigkeit, die dank ihrer Klarheit und Präzision von großem Erfolg begleitet ist, dauert nur bis zum Ausbruch des Ersten Weltkriegs. Reinach meldet sich 1914 als Kriegsfreiwilliger.

Reinachs Studium der Jurisprudenz legt den Grundstein für sein rechtsphilosophisches Interesse: Schon seine Dissertation *Über den Ursachenbegriff im geltenden Strafrecht* (Reinach 1905) setzt sich mit dem Verhältnis von Recht und (der lippsschen) Psychologie auseinander. Sein Hauptwerk *Die apriorischen Grundlagen des bürgerlichen Rechts* (Reinach 1913) entsteht unter dem Einfluss Husserls in der Göttinger Lehrperiode. Reinach befasst sich außerdem mit Erkenntnistheorie, Urteilstheorie, Handlungstheorie, mit dem Wesen von Zahlen und Bewegung und nicht zuletzt mit Grundproblemen logischer, ethischer und phänomenologischer Natur. Er gilt als einer der führenden Vertreter der realistischen Phänomenologie, zu deren Betonung einer denkunabhängigen Realität ebenso die Anerkennung von *idealen* denkunabhängigen Objekten zählt.

Reinachs Methode ist wesentlich durch die beiden Begriffe des „materialen Apriori" und der „kategorialen Form" charakterisiert, die er im Anschluss an die *Logischen Untersuchungen* (Husserl 1900) für sich weiterentwickelt. Er gehört damit zu einer Gruppe von Husserlschülern (mit Edith Stein, Dietrich v. Hildebrand, Roman Ingarden, Hedwig

Conrad-Martius u. a.), die dessen Wende zur transzendentalen Phänomenologie nicht mitvollziehen, sondern sich der Wesensanalyse verschiedenster Gebiete zuwenden, um damit auf eine umfassende Ontologie idealer Gegenstände abzuzielen: „[A]uch von dem Materialen, ja dem Sinnlichen, von Tönen und Farben gelten apriorische Gesetze. Damit öffnet sich der Forschung ein Gebiet, so groß und so reich, daß wir es heute noch gar nicht übersehen können." (Reinach 1914, 546 f.)

Ebenso übernimmt Reinach von Husserl die Lehre der Gegenstandsgerichtetheit von psychischen Akten (Intentionalität) und entwickelt davon ausgehend eine Theorie des „Sachverhalts" (DuBois 1995, Schuhmann 2003, 343 f.). Wahrnehmungsakte sind auf Dinge gerichtet (z. B. „A"), während Urteilsakte auf Sachverhalte gerichtet sind („das [Nicht-]Sein von A" bzw. „dass A [nicht] ist"). Reinach folgt seinem Lehrer Daubert darin, dass Sachverhalte einmalig in der Welt vorkommen, die Urteile über sie hingegen beliebig wiederholbar sind. Wahre Urteile (positiv oder negativ) drücken bestehende (positive oder negative) Sachverhalte aus, falsche Urteile dagegen nichtbestehende Sachverhalte. Alle *Begründungszusammenhänge* sind Zusammenhänge von Sachverhalten: Sie besitzen die Form „das B-sein des A". Grund und Folge sind daher nicht in oder zwischen den Dingen zu suchen („A ist nicht Grund oder Folge von B"), sondern sind Relationen zwischen Sachverhalten („dass A [nicht] ist, kann Grund oder Folge dafür sein, dass B [nicht] ist"). Die logischen Modalitäten wie Wahrscheinlichkeit, Notwendigkeit und Möglichkeit sind ebenfalls keine Eigenschaften von Dingen, sondern kommen Sachverhalten zu: Nur das Rotsein der Rose ist notwendig oder zufällig, nicht die rote Rose selbst.

Reinachs apriorische Rechtslehre gründet auf der Auffassung, dass „die Gebilde, welche man allgemein als spezifisch rechtliche bezeichnet, ein Sein besitzen so gut wie Zahlen, Bäume oder Häuser" (Reinach 1913, 143). Um ein solches „Apriori des sozialen Verkehres" (ebd., 146) herauszuarbeiten, entwickelt Reinach die Theorie des „sozialen Akts", die das Herzstück von *Die apriorischen Grundlagen des bürgerlichen Rechts* bildet. Die *sozialen Akte*, die Reinach als eine spezifische Gruppe von Akten herausarbeitet (Mulligan 1987, 32 f.), haben besondere Eigenschaften: Intentionalität, Spontaneität, Fremdpersonalität und, am wichtigsten, *Vernehmungsbedürftigkeit*. Ein sozialer Akt ist weder eine rein äußerliche Handlung noch ein rein innerliches Erlebnis oder die kundgebende Äußerung eines solchen Erlebnisses (beim Befehl etwa gibt es kein internes Erlebnis, das geäußert wird) – vielmehr ist er *die untrennbare, sich gegenseitig bedingende Einheit von all diesem*: „Der soziale Akt […], wie er von Mensch zu Mensch vollzogen wird, scheidet sich nicht in einen selbständigen Aktvollzug und eine zufällige Konstatierung, sondern bildet eine innige Einheit aus willkürlichem Vollzug und willkürlicher Äußerung. Das Erlebnis ist hier ja nicht möglich ohne Äußerung." (Reinach 1913, 160) Soziale Akte sind etwa: Befehlen, Bitten, Versprechen, Fragen, Antworten usw.

Im Mittelpunkt der Rechtstheorie steht der soziale Akt des Versprechens, dem, so Reinachs These, wesensmäßig Anspruch und Verbindlichkeit entspringen. Das heißt: Gibt eine Person A einer anderen Person B ein Versprechen, welches diese verstehend vernimmt, so entsteht aus diesem sozialen Akt ein *wesensmäßiger Anspruch* des B auf Erfüllung des Versprechens, sowie eine ebensolche *Verbindlichkeit* in A, das Versprechen zu erfüllen. Dies ist die Grundfigur Reinachs, auf der die These aufbaut, dass sich schlichte Seinsgesetze von rechtlichen Gebilden aufstellen lassen, die unabhängig vom positiven Recht sind (z. B. der Satz: „Durch die Erfüllung der im Versprechen gegebenen Leistung erlischt der Anspruch notwendigerweise.") Das positive Recht, welches Reinach als beliebig und geschaffene „Bestimmung" charakterisiert, fußt in seinen grundlegenden Sinnstrukturen auf diesen Wesensgesetzen („das positive Recht findet die rechtlichen Begriffe, die in es eingehen *vor; es erzeugt sie mitnichten*", Reinach 1913, 143), auch wenn es ihnen durch seine willkürlichen Setzungen widersprechen kann. In diesem Fall kann aber nur von Abweichungen der Sollensbestimmungen von den Seinsgesetzen die Rede sein: „Die Abweichungen [...] können niemals gegen die Gültigkeit der apriorischen Seinsgesetze geltend gemacht werden, da es, wie wir gezeigt haben, ja eben solche Seinsgesetze sind, die sie allererst möglich und verständlich machen." (ebd., 252) Genauso wenig ist die apriorische Rechtslehre aber als Naturrecht zu verstehen: Denn dieses bestimmt „richtiges Recht", operiert also auf einer normativen Ebene, während Reinach „schlichte Seinsgesetze" aufdecken möchte, nach welchen Rechtsverhältnisse überhaupt entstehen und wie sich Ansprüche und Verbindlichkeiten wesenhaft zueinander verhalten: „Wir reden nicht von einem höheren Rechte, sondern von schlichten Seinsgesetzen." (ebd., 273)

Durch den Umstand, dass Ansprüche jahrelang unverändert dauern können oder auch dann „da" sind, wenn der Anspruchsberechtigte stirbt oder schläft, macht Reinach klar, dass der Anspruch (ebenso wie die Verbindlichkeit) *kein Erlebnis* (d. h. bloß „Psychisches") *sein kann*, sondern etwas *dem Erleben Transzendentes sein muss*. Er ist damit ein Vordenker einer genuin sozialen Sphäre, in der Handlungen durch ihren performativen Charakter reale Verhältnisse zwischen Menschen stiften. Ebenso wie die Sachverhaltstheorie ist auch die Lehre von den sozialen Akten erst in neuerer Zeit im Kontext der *Speech Act Theory* und der angelsächsischen analytischen Philosophie wiederentdeckt worden (vgl. dazu v. a. den Sammelband Mulligan 1987, dessen Beiträge einen Überblick über die neuere Rezeption im Kontext von Austins, Searles und Wittgensteins Theorien sowie über die Weiterführung von Reinachs realistischer Phänomenologie und Sachverhaltstheorie, z. B. durch B. Smith, geben). Reinachs Verdienst innerhalb der Rechtsphilosophie, obwohl nur marginal im rechtsphilosophischen Diskurs rezipiert, besteht darin, einen „dritten Weg" jenseits der Kontroverse von positivem Recht und Naturrecht aufgezeigt zu haben. Ebenso gilt er als einer der Wegbereiter der deontischen Logik (Gardies 1987).

Literatur: Reinach 1911, Reinach 1913, Reinach 1914, Burkhardt 1986, DuBois 1995, Mulligan 1987
Bibliographie: Mulligan 1987

Sophie Loidolt

Rickert, Heinrich

Geboren 1863 in Danzig, gestorben 1936 in Heidelberg. 1888 Promotion bei Windelband, 1891 Habilitation. 1894–1915 Professor in Freiburg, 1915–32 in Heidelberg.

Rickert wird sowohl dem Neufichteanismus als auch (gemeinsam mit Windelband) dem südwestdeutschen Neukantianismus zugerechnet. Die häufige Rede von der „Windelband-Rickertschen Philosophie" ist aber irreführend. Seine fast ausschließlich systematische, gegen Traditionen und Moden gerichtete Philosophie entwickelt sich weg vom erkenntnis- und wissenschaftstheoretischen Primat hin zu einer transzendentalen Ganzheitsphilosophie, die als „aktivistischer Idealismus der Freiheit" auch eine (früher abgelehnte) Ontologie und Metaphysik enthält. Für Rickert unterscheidet sich Philosophie einerseits von den (je nur ein Seinsgebiet bearbeitenden) Einzelwissenschaften, andererseits von der un-, vor- oder überwissenschaftlichen Praxis, die Weltanschauung geben soll. Philosophie ist vielmehr theoretisch-logisches, kritisches Denken des Weltganzen als Wissenschaft, die zum offenen System strebt und eine Weltanschauungs*theorie* enthält. Nur als wissenschaftliche Theorie kann Philosophie dem Menschen dienen, weswegen Rickert die „überwissenschaftliche" Lebensphilosophie (Nietzsche, Bergson) ebenso wie die Existenzphilosophie (Jaspers) ablehnt (Rickert 1920, 179). Philosophie kann nicht sagen, wie ich leben soll, sie kann nur die für die (Lebens-)Praxis nötige theoretische Basis bereitstellen. Dabei soll sie jedoch nicht in Intellektualismus oder Theoretizismus verfallen. Wichtig ist für Rickert das – gegen die (hegelsche) Dialektik behauptete – „*heterologische Prinzip* des universalen Denkens" (Rickert 1934, 45): Dieses basiert nicht auf einer unterschiedslosen Einheit (These), aus der ein negativer Gegensatz (Antithese) folgt, sondern das Eine *und* das Andere als positiver Alternative (Heterothesis): Identität gibt es nicht ohne Andersheit (die keine Negation ist).

Der Erkenntnistheorie stehen für Rickert zwei mögliche Wege offen (Rickert 1892): der subjektive (die Erkenntnis des Gegenstandes) und der objektive (der Gegenstand der Erkenntnis). Grundproblem ist die (kantische) Frage, wonach sich der Erkenntnisgegenstand richtet. Für Rickert ist er weder völlig unabhängig vom erkennenden Subjekt, noch wird er von ihm erzeugt. In genauesten Analysen versucht er daher die Vereinseitigungen der Erkenntnistheorie zu widerlegen: Dazu gehören für ihn Naturalismus, Biologismus, Psychologismus, Empirismus, (transzendentaler) Realismus ebenso wie Immanenzlehre, Vorstellungsidealismus, Voluntarismus, Spiritualismus, Rationalismus, theoretischer Intuitionismus und Abbildtheorie. Erkennen ist für Rickert mehr als Denken, Vorstellen und Anschauen: Es ist auf Wahrheit bezogen und nur in Urteilen anzutreffen. Rickert lehnt daher auch den hyletischen Sensualismus (Kants und Husserls) ab, demzufolge aller erfahrbarer Welt*stoff* sinnlich ist. Für Rickert ist nicht alles Unsinnliche *nur* Form, es gibt auch unmittelbar unsinnlichen Stoff, weshalb alles *bloß* Wirkliche irrationalen Charakter hat. Philosophie hat dem Irrationalen gerecht zu werden durch eine kritische Theorie des Atheoretischen. Rickerts Lösung des Erkenntnisproblems lautet daher: Maßstab des Erkennens ist kein (transzendentes oder immanentes) Sein, sondern ein transzendentes Sollen: ein transzendenter, irreal geltender Wert als Form, dessen Anerkennung durch Urteile aus dem bloßen Denken ein Erkennen macht und diesem Objektivität verleiht. Wirklich ist nur der Inhalt, der vom urteilenden Subjekt als wirklich anerkannt werden *soll*. Erkenntnis von Wirklichem geschieht durch Anerkennung von Unwirklichem. Der Gegenstand der Erkenntnis ist nicht gegeben, sondern aufgegeben. Es gibt damit ein praktisches Moment im Erkennen und aller Theorie, womit die Grenze zwischen theoretischer und praktischer Philosophie ihre traditionelle Schärfe verliert und der kantische Primat der praktischen Vernunft variiert wird.

Rickert vertritt einen transzendentalen Idealismus, der mit dem empirischen Realismus der Einzelwissenschaften harmonieren soll und der sich von dem Kants vor allem durch den (auch bei Windelband fehlenden) Begriff der „objektiven Wirklichkeit" (die mit Natur nicht identisch ist) unterscheidet. Rickert will damit „noch eine Stufe tiefer hinab, als Kant es getan hat" (Rickert 1892, 379). Gegen Windelband behauptet Rickert zudem einen Unterschied zwischen Kausalität (als konstitutiver Wirklichkeitskategorie des Materials) und Gesetzlichkeit (als methodologische Auffassungsform der Wissenschaft).

Auf der Basis seiner Erkenntnistheorie versucht Rickert auch eine Antwort auf die seinerzeit brennende Frage nach der Wissenschaftlichkeit der Kulturwissenschaften, besonders der Historie, zu geben (Rickert 1896, 1899). Wissenschaften unterscheiden sich nicht (absolut, substantiell) durch ihre Gegenstände, sondern (relativ, logisch-formal) durch ihre Methoden. In Ablehnung Diltheys und Windelbands Trennung von nomothetischem und idiographischem Verfahren geht es Rickert weniger um systematisierende Wissenschaftsklassifikation als vielmehr um die methodologische Begriffsbildung mit dem Unterschied von generalisierender und individualisierender Methode: Da in allen Wissenschaften Allgemeines *und* Besonderes Thema ist, liegt der Unterschied der Wissenschaften in der *Art*, diese Verknüpfung durch die jeweilige Begriffsbildung herzustellen. Das Allgemeine der Naturwissenschaft ist die Gattungsallgemeinheit der Natur (bes. des Gesetzes), das Allgemeine der historischen Wissenschaften ist die nichtgattungsmäßige Allgemeinheit (der Bedeutung/Geltung) des kulturellen Wertes, der nur an Individuellem, Einmaligem aufzuweisen ist. Historie ist somit eine wertbeziehende (nicht eine wertende) Wissenschaft und kann ebenso generalisieren wie umgekehrt Naturwissenschaft individualisieren kann. Da „Geist" auch Psychisches, d. h. Naturhaft-Reales meinen kann, schlägt Rickert vor, statt von Geisteswissenschaften von Kulturwissenschaften zu sprechen, denn es gehe in diesen Wissenschaften um Geltendes als Kultur (entsprechend ist Psychologie eher Natur- als Kulturwissenschaft).

Seiner Erkenntnistheorie ordnet Rickert in der späteren Phase seines Schaffens die Ontologie zu, in der für ihn vier Seinsarten zu unterscheiden sind (Rickert 1930, 1934): das *prophysische* Sein der vorgegenständlichen Welt der Zustände, das sinnliche *psychophysische* der gegenständlichen Erfahrungswelt, das intelligible *verstehbare* bzw. *sinnhafte* ebenso der gegenständlichen Erfahrungswelt und das *metaphysische* Sein der übergegenständlichen Welt. Am wichtigsten ist ihm dabei die Trennung des Realen bzw. Wirklichen, das wir mit Daseinsbegriffen erklären, vom irreal-logischen Gehalt bzw. transzendenten Wert, den wir in Geltungsbegriffen verstehen. Gelten muss von Existieren – ideal (Zahlen) oder real (Psychophysisches) – streng geschieden werden. Das Reich der Wirklichkeit und das Reich des Wertes sind jedoch durch ein Zwischenreich verbunden, das wir mit Leistungsbegriffen deuten: das des Sinnes und des bejahten Sollens. Den Wirklichkeit und Wert verbindenden Sinn nennt Rickert auch den „Weltknoten" (Rickert 1921, 260). In seiner Spätphilosophie argumentiert er dafür, dass der notwendige Abschluss des Systems der Philosophie in der Metaphysik besteht: Sie thematisiert die jenseitige, überverstehbare Wertrealität, die nur formal und symbolisch zu erkennen ist. Die *ganze* Welt ist eben mehr als die philosophisch-wissenschaftlich erkennbare.

Zentral sind damit die Werte, die weder subjektiv noch wirklich sind, sondern gelten und von Wertungsakten als auch von Gütern (Seiendes, an dem ein Wert haftet) zu trennen sind. Die beiden letztgenannten verbinden Werte mit Wirklichkeit in Kultur. Bloße Bedingungswerte unterscheiden sich von autonomen Eigenwerten; bei letzteren gibt es die Werte des „diesseitigen" (theoretischen, ästhetischen, ethischen, erotischen) und die des „jenseitigen" (metaphysischen, religiösen) Kulturlebens. Diese lassen sich jeweils durch drei Wertarten-Ränge (un-endliche Totalität, voll-endliche Partikularität, voll-endliche Totalität) und drei Alternativen (persönlich/sachlich, aktiv/kontemplativ, sozial/asozial) spezifizieren. Durch Kombination dieser Momente entsteht ein System mit sechs Wertgebieten (Rickert 1921).

Unter Kultur versteht Rickert im Unterschied zu Zivilisation den Inbegriff der Güter, die wir um ihrer überhistorisch autonomen Werte willen pflegen. In ihr sind Wert und Geschichte, zeitloses Gelten und zeitlicher Wandel in der Deutung des irrealen Sinnes vereinigt. Prinzip der Kultur ist die Autonomie (nicht im moralistischen Sinne) als ein Werte verwirklichendes Handeln. Die philosophische Anthropologie ist keine Psychologie zeitlich seelischen Geschehens, sondern die übergeschichtliche, universale Sinndeutung des Menschenlebens im Kulturzusammenhang. Der Mensch ist ein wesentlich soziales und geschichtliches Wesen (Rickert 1934). Philosophie ist dennoch eine systematische Wissenschaft; historische Philosophie gibt es nicht. Gerade deshalb muss der Philosoph die Geschichte bedenken (aber anders als die Einzelwissenschaften), denn „nur *durch* die Geschichte kommen wir *von* der Geschichte los" (Rickert 1932, 288). Zur systematischen Universalität gelangen wir nur über die historische; wer Zeitloses sagen will, muss seine eigene Zeitbedingtheit kennen.

Rickerts Philosophie war bis zum Zweiten Weltkrieg sowohl im Ausland (besonders in Italien, Russland und Japan) als auch bei zahlreichen Nichtphilosophen (z. B. Max Weber, Ernst Troeltsch, Gustav Radbruch und Carl Sternheim) von grossem Einfluss. Danach galt sie zunehmend als verknöcherte Kathederphilosophie und fiel zu Unrecht in Vergessenheit. Von Rickerts zahlreichen Hörern sind nur wenige zu seinen Schülern geworden (u. a. Hermann Glockner), die bedeutendsten haben sich von ihm wegentwickelt (Emil Lask, Martin Heidegger).

Literatur: Rickert 1911, Rickert 1920, Rickert 1921, Bast 1999, Bast 2007
Bibliographie: Bast 1999

Rainer A. Bast

Ritter, Joachim

Geboren 1903 in Geesthacht bei Hamburg, gestorben 1974 in Münster. 1925 Promotion an der Universität Hamburg (bei Ernst Cassirer, danach dessen Assistent), 1932 Habilitation ebendort. 1943 Professur in Kiel (wegen Kriegsteilnahme nicht angetreten). 1946 bis zur Emeritierung 1968 ordentlicher Professor für Philosophie an der Universität Münster. 1962/63 dort Rektor. 1953–55 Gastprofessor in Istanbul.

Nachdem sich Ritter als junger Mann in seiner Dissertation mit Cusanus (Ritter 1927) und in seiner Habilitationsschrift mit Augustin (Ritter 1937) beschäftigt und zugleich mit dem Marxismus auseinandergesetzt hatte, war es sein späteres Bemühen, den Anschluss an die Tradition der Philosophie mit einer Analyse der modernen Gesellschaft zu verknüpfen. Ritters Philosophie ist eine Philosophie der Freiheit in der modernen Welt und verbindet deshalb die Praktische Philosophie unlösbar mit einer Theorie der Moderne. Sie trägt ihre Grundthesen nicht in Form eines Systems, sondern als systematische

Interpretation richtungsweisender Philosophien der Vergangenheit vor. Im Zentrum steht die aktualisierende Vergegenwärtigung Hegels und von ihm aus wird auch besonders die Bedeutung des Aristoteles aufgewiesen. Ritters Studie *Hegel und die Französische Revolution* (Ritter 1957) wurde in viele Sprachen übersetzt und gilt weltweit als renommierteste „liberale" Interpretation von Hegels Rechtsphilosophie. Ritters Anschluss an jene Klassiker ist geleitet von einer bestimmten Auffassung von Philosophie: Sie soll und kann nicht von einem letzten Prinzip her die ganze Welt ableiten, sondern muss in ihrer geschichtlichen Situation an die sich bereits artikulierende Vernunft anknüpfen und an ihr weiterarbeiten. Da Ritter die Gegenwart über den Rückgriff auf die philosophische Tradition verständlich zu machen sucht, wurde sein Denken oft als „hermeneutisch" gekennzeichnet.

Sein Hauptinteresse gilt dem Umbruch, der sich mit der modernen Gesellschaft vollzogen hat und fortgehend vollzieht. Sie ist nur begreifbar als Welt der „Entzweiung", wie Ritter im Anschluss an Hegel pointiert. Denn sie ist durch zwei typische Tendenzen gekennzeichnet: durch Naturwissenschaften und Technik, die dem Menschen die Arbeit erleichtern und die Befriedigung seiner Bedürfnisse ermöglichen, und durch das moderne Recht, das die Gleichheit der Menschen als Menschen zur Geltung bringt und durchsetzt. Beide dienen der Freiheit: der Freiheit von den Bedrohungen durch die Natur und der Freiheit des Einzelnen von dem Zwang drückender sozialer Ordnungen. Allerdings hat der Freiheitsgewinn auch seinen Preis: Durch die „abstrakten" neuen Prinzipien werden die alten gelebten Traditionen außer Kraft gesetzt, die Natur verdinglicht und die Gesellschaftsorganisation versachlicht, und so bringt die Modernisierung einen Bruch in die Geschichte, Herkunft und Zukunft treten auseinander.

Aber die moderne Subjektivität in ihrer negativen Freiheit ist zugleich positive Selbstbestimmung und ihr fällt als Inhalt die gesamte Kultur zu: Religion, Kunst und Moral werden nicht mehr dem Einzelnen gesellschaftlich aufgezwungen, sondern werden Sache seiner freien Zuwendung und Entscheidung. Diese freie Subjektivität schafft sich eigene Organe, welche die „Abstraktheit" der modernen Welt ausgleichen, und es entstehen Gegenbewegungen: Während die Wissenschaft die Natur in tote Untersuchungsobjekte verwandelt, entwickelt sich ein ästhetischer Sinn, der sie in ihrer Schönheit und als Landschaft entdeckt. Ritters berühmte Abhandlung „Landschaft" (Ritter 1963) interpretiert sie als moderne Gestalt der aristotelischen Theoria, der Anschauung des göttlichen Kosmos. Demnach lässt sich das ästhetische Naturverhältnis nicht gegen Wissenschaft und Technik ausspielen, da diese mit der Befreiung von den Naturzwängen erst die Voraussetzungen für eine rein ästhetische Anschauung geschaffen haben. Generell übernehmen es in der Moderne die Künste, „einen Zugang zur Welt zu vermitteln, den weder die Philosophie noch die Wissenschaften zu geben vermögen." (Ritter 2010, 71) Ähnlich wie mit dem ästhetischen Sinn verhält es sich mit dem modernen Sinn für die Geschichte. Während die moderne Gesellschaft sich von den traditionalen Lebensweisen ihrer Vergangenheit befreit und dabei „geschichtslos" im Sinne von erinnerungslos zu werden droht, entstehen die historischen Geisteswissenschaften, die geistig das einholen, was real zurückgelassen wird. Im Sinne von Hegels Begriff der „Aufhebung" werden so Traditionen negiert und zugleich bewahrt. In seiner viel diskutierten Abhandlung über „Die Aufgaben der Geisteswissenschaften in der modernen Gesellschaft" (Ritter 1963a) hat

Ritter deren wichtige Leistung näher expliziert: Nicht auf äußeren Nutzen bezogen, vergegenwärtigen sie das geschichtlich-geistige Leben, das zu den Prinzipien der industriellen Gesellschaft quersteht, und vermitteln dabei die Vergangenheit mit der Gegenwart. Als hermeneutisch-kritische Wissenschaften verhindern sie, dass alte Orientierungen zu verpflichtenden Ideologien werden, bewahren sie aber für die „Subjektivität", für die Bildung des Einzelnen in seiner Freiheit, zum Verständnis seiner selbst und seiner Gegenwart. Da Ritter – eher beiläufig – von der „Kompensation" der Geisteswissenschaften gesprochen hatte und seine Schüler das als Schlüsselbegriff aufnahmen, entspann sich eine heftige, nicht abgeschlossene Kontroverse (Dutt 2008, Hacke 2006, 70–79).

Gemäß seiner Diagnose ist die moderne Welt in Gegensätze entzweit: in geregelte Gesellschaft und freie Subjektivität, Verdinglichung und Subjektivierung, Naturentfremdung und Naturverklärung, Zukunftsorientierung und Vergangenheitszuwendung, und dementsprechend auch bekämpfen sich die Philosophien: Die Utopisten und Fortschrittsenthusiasten träumen von einer zukünftigen glücklichen Gesellschaft durch weiteren Fortschritt von Wissenschaft und Technik, während Verfallstheoretiker den Untergang des Abendlandes beklagen, Konservative die alten Zustände festhalten wollen und Romantiker sich nach scheinbar heilen Vergangenheiten zurücksehnen. Mit der von Europa ausgehenden Modernisierung geraten weltweit die traditionalen Lebenswelten mit den modernen Prinzipien in einen Konflikt, der auch gewaltsame Formen annehmen kann. In dieser Situation muss die Philosophie verhindern, dass aus der Entzweiung eine Entfremdung wird, sie muss Brücken schlagen und begreiflich machen, dass die gegenläufigen Tendenzen für die Moderne und die Freiheit konstitutiv sind. Denn: *„Wo es keine Macht der Versöhnung und Vermittlung gibt, da gehören die revolutionäre Verneinung der Herkunft und die reaktionäre Verneinung der Zukunft unlösbar zusammen"* (Ritter 1956, 335). Philosophie ist insofern im Sinne ihrer alten Bestimmung eine Theorie des Ganzen – allerdings jetzt mit dem zentralen Augenmerk auf der Subjektivität, der Freiheit des Einzelnen. Denn diese Subjektivität ist für sich selbst auch eine Gefahr: Je mehr sie sich in ihre bloße Innerlichkeit und ihre Träume zurückzieht, desto mehr überlässt sie die Gesellschaft sich selbst und begünstigt ihre eigene Destruktion. Auguste Comtes Positivismus ist die reinste Gestalt einer Gesellschaftstheorie, in welcher die Subjektivität ganz getilgt wurde, und diese Gefahr droht auch in der gesellschaftlichen Wirklichkeit.

Damit befindet man sich im Zentrum von Ritters Praktischer Philosophie, die im Anschluss an Aristoteles und Hegel nach dem richtigen und sittlichen Leben fragt. Ritter wehrt sich gegen ihre Verengung auf universale moralische Postulate, da diese nur ein kleiner Teilbereich sind und da sie vor allem ohnmächtig und fremd dem konkreten Leben gegenüber stehen. Stattdessen bezieht er in die Praktische Philosophie wieder die Politik mit ein, aber neben dem Staat auch alle anderen Institutionen, da der Mensch nur in ihnen seine menschlichen Anlagen verwirklichen kann und die moderne Subjektivität, der Einzelne in seiner Freiheit, auch des Schutzes bedarf (Schweda 2010). Ritters – für einen Intellektuellen ungewöhnliche – Verteidigung des „bürgerlichen Lebens" wendet sich gegen allen Eskapismus und Subjektivismus und zeigt die Einbettung des Menschen in die Aufgaben der Berufe und Institutionen als Möglichkeit seines Glücks. Gute Institutionen sind wichtiger als gute Begründungen allgemeiner Moralnormen, da nicht diese sondern jene das Leben der Einzelnen in der Gesellschaft bestimmen. Im Einklang damit war Ritter auch für die Universitäten engagiert und z. B. Mitglied von drei Gründungsausschüssen. Wenn er gegen das formale Regelwerk einer kantischen Moral- und Gesinnungsethik das verteidigt, was Hegel die „konkrete Sittlichkeit" nennt, und dabei voraussetzt, dass es eine spezifisch institutionelle Vernunft gibt und geben muss, so hat diese stets dem modernen Prinzip der Freiheit Rechnung zu tragen: „Recht, Staat und alle öffentlichen Institutionen können jetzt und fortan nur dann noch als recht gelten, wenn der einzelne in ihnen – nicht mehr sein Selbstsein negierenden äußeren Gewalten unterworfen – als er selbst zu bestehen und bei sich selbst zu sein vermag." (Ritter 1961, 31) Nur unter dieser Bedingung sind in der Moderne die Institutionen „ethische Institutionen" (Hacke 2006, 161–166). Deshalb lässt sich diese Position nicht als bloßer Konservatismus oder Konventionalismus bezeichnen. Ritter hat mit seinen Gedanken wesentlich zur breiten „Rehabilitierung der praktischen Philosophie" beigetragen, wie man inzwischen im Anschluss an einen bekannten Buchtitel sagt (Riedel 1971).

Wenngleich es üblich wurde, von einer „Ritter-Schule" zu sprechen – und damit sind zumeist Günter Bien, Karlfried Gründer, Hermann Lübbe, Reinhart Maurer, Odo Marquard, Willi Oelmüller, Günter Rohrmoser und Robert Spaemann gemeint –, so hat Ritter weder eine eigene Schulsprache noch eine bestimmte Methodik ausgebildet, und das einzig Verbindende der Schüler ist die Zuwendung zu den Problemen der Gegenwart und die Abwehr von Systemkonstruktionen. Aus seinem Oberseminar hervorgegangen, versammelten sich in Ritters „Collegium Philosophicum" junge Philosophen mit sehr verschiedener Ausrichtung und Gelehrte aus ganz unterschiedlichen Fakultäten – bis heute vorbildlich in einer Zeit der Schulstreitigkeiten und der Spezialisierung der Fächer. Diese Offenheit der Philosophie gegenüber ihren vielfältigen konkurrierenden Strömungen und gegenüber den Wissenschaften bestimmt dann auch die Grundsätze des von Ritter begründeten *Historischen Wörterbuchs der Philosophie* (Ritter 1971). Es will nicht einer bestimmten Schule zur Anerkennung verhelfen, sondern die Vielgestaltigkeit und die Bewegung der „perennierenden Philosophie" ins Bewusstsein heben sowie ihre stete Wechselwirkung mit den anderen Disziplinen, auch mit Naturwissenschaften und Theologien, vor Augen führen. Als größtes philosophisches Handbuch auf begriffsgeschichtlicher Grundlage gehört es mit seinen 13 Bänden weltweit zur Standardliteratur nicht nur der Philosophie, sondern aller Geisteswissenschaften. Ritter selbst hat zu dem Projekt große, wichtige Artikel beigetragen: z. B. über Ästhetik, Ethik, Fortschritt, Glück. Wenn er dennoch relativ wenig publizierte und doch einer der wirkungsreichsten Philosophen in der zweiten Hälfte des 20. Jahrhunderts war, so dürfte das daran liegen, dass er die Aufmerksamkeit auf die Grundprobleme der Moderne richtete, dabei die traditionelle Philosophie fruchtbar machte und sein Denken nicht dogmatisierte.

Literatur: Ritter 1969, Ritter 1974, Ritter 2010, Dierse 2004, Marquard 1994, Ottmann 1991
Bibliographie: Gedenkschrift 1978, 59–72

Gunter Scholtz

Rosenzweig, Franz

Geboren 1886 in Kassel, gestorben 1929 in Frankfurt am Main. Nach dem Studium der Philosophie und Geschichte 1912 Promotion bei Friedrich Meinecke in Freiburg mit einer Arbeit über die „Hegelsche Staatsansicht". 1913 erwägt er die Taufe zum evangelisch-lutherischen Christen, entscheidet aber, Jude zu bleiben. Aufgrund dieser Krise entwickelt Rosenzweig sich vom akademischen Historiker und Philosophen zum gläubigen Denker und Lehrer des Judentums. Zeugnis dieser Kehre ist sein Hauptwerk *Der Stern der Erlösung*. 1920 Gründung des Freien Jüdischen Lehrhauses in Frankfurt. Ab 1924 Übersetzung von Gedichten und Hymnen Jehuda Halevis und gemeinsam mit Martin Buber neue Verdeutschung der Heiligen Schrift. Er kommt damit auf den Bibel-„Text" zurück, dessen „Kommentar unter Weglassung des Textes" er mit dem *Stern* geschrieben habe (Rosenzweig 1935, 1196).

In der Auseinandersetzung mit der Philosophie des deutschen Idealismus, insbesondere in einem von Schellings positiver Philosophie und Hegels *Phänomenologie des Geistes* (Hegel 1807) bestimmten Prozess produktiver Rezeption von Hermann Cohens *Religion der Vernunft aus den Quellen des Judentums* (Cohen 1919), vergewissert sich Rosenzweig im *Stern der Erlösung* seines jüdischen Standpunktes (Schmied-Kowarzik 2004). Er entwirft darin ein spezifisches Offenbarungsdenken, das sich als Phänomenologie des Geistes und des gelebten Daseins aus den Quellen der jüdischen Religion begreifen lässt. Rosenzweig selbst spricht von „Standpunktphilosophie" (Rosenzweig 1921, 117), „neuer Metaphysik" (Rosenzweig 1979, 715) und in Anlehnung an Schellings „Weltalter" von „erzählender Philosophie". Sein „neues Denken" zielt dabei vor allem auf ein geschwisterliches Verhältnis von Philosophie und Theologie: Die Philosophie ist „erfahrende Philosophie", die „des anderen bedarf" und „die Zeit ernst nimmt", weshalb ihre Methode die des „Sprechens" ist, während die Theologie mit der Religion „aus ihren Spezialitäten und ihren Ummauerungen" ins „offene Feld der Wirklichkeit" zurückfindet, da Gott nicht die Religion, sondern die Welt geschaffen hat (Rosenzweig 1925, 152–154).

Rosenzweig konturiert sein „neues Denken" auf dem Weg der bestimmten Negation eines „alten Denkens", das davon geprägt ist, die Zeit nicht zu brauchen. Von solcher Zeit- und Bedürfnislosigkeit sieht er das abendländische Denken von den Vorsokratikern bis Hegel beherrscht. Hegels „eindimensionales" System- und Totalitätsdenken ist für ihn der Gipfel einer Tradition, die mit Thales' Satz „Alles ist Wasser" als „Philosophie […] des All" ihren Anfang nahm (Rosenzweig 1921, 13, 116). Dem „alten Denken" dient der Gottesbeweis laut Rosenzweig dazu, auch noch den schlechterdings anderen Gott in seine allumfassende Einheit aufzuheben. Er selbst dagegen geht von der positiven Religion aus, denn die „Tatsache", das „factum erst befreit von der bloßen visio, zu deutsch idea – Idee". Rosenzweig betont, dass es im *Stern der Erlösung* nur um den einen Begriff der „Tatsächlichkeit" geht und dass dieser für ihn das philosophisch Wichtigste sei (Rosenzweig 2002, 226). Konkret ist dies für Rosenzweig die „Tatsache", dass er Jude ist. Deren Erfahrung ist für ihn im geschichtlichen Ereignis der Offenbarung gestiftet, dass Gott seinen Namen als „dir Daseienden", „zu dir Kommenden" mitteilt (Rosenzweig 1979, 1161) und den Einzelnen wie das Volk („Höre Israel!") beim Namen ruft. Vor allem Sehen gilt es deshalb, den Namen und das Wort zu hören (Rosenzweig 1921, 209). Gott denken heißt für Rosenzweig, diesem Ereignis nach-denken: „Das Denken kommt hernach. Hernach freilich muß es kommen." (Rosenzweig 1979, 1197) Rosenzweig bricht folglich mit der Tradition abendländischer Philosophie, insofern sie in seinen Augen idealistische Philosophie ist, die vom Paradigma des Sehens bestimmt ist. Sein Antihegelianismus gilt über Hegel hinaus der ganzen von ihm so verstandenen „alten Philosophie". Mit dem Ansatz bei der „Tatsache" bewegt er sich in der Bahn der schellingschen Spätphilosophie.

Im *Stern der Erlösung* enthüllt Rosenzweig jene Voraussetzungen der Offenbarung, die umgekehrt die Offenbarung selbst sich so voraussetzt, dass das „alte Denken" erneuert wird: So zerbricht die All-Einheit des Wissens an der Sterblichkeit des Menschen. Mensch, Welt, Gott treten in ihren getrennten Selbststand, ihre jeweilige „Tatsächlichkeit", auseinander. Das heißt wiederum für Gott: Sein „Sein" entzieht sich dem synthetisierenden Zugriff des Denkens. Sucht das Wissen diese „Elemente" zu ergründen, restituiert es nur ihre Verschlossenheit und Getrenntheit – so Gott als mythischen Gott – und erfährt es in der Furcht des Todes seine eigene Ohmacht und Unwirklichkeit. Denn in der Wirklichkeit erfahren wir nach Rosenzweig nicht die elementaren „Tatsächlichkeiten", sondern die „Brückenschläge" zwischen ihnen, die „Tatsachen" von Schöpfung, Offenbarung und Erlösung. Diese ereignen sich nicht in der Zeit, sondern als die Zeit selbst (Rosenzweig 1925, 150 f.); die Offenbarung verbindet solchermaßen, was das Denken nicht zusammengreifen kann. Das heißt wiederum für Gott: Er „ist" nicht, er „ereignet" sich, er ist nicht die Liebe, sondern er liebt (Rosenzweig 1921, 183). Die Offenbarung verwirklicht auf diese Weise die Sterblichkeit des Menschen als Schöpfungstatsache. Sie setzt den Tod als „Weissagung" des „Wunders" ihrer Liebe voraus, die stark ist wie er (ebd., 120 bzw. 173 f.). Rosenzweig verwirklicht also das Wissen, indem er es auf den in der Erfahrung des Todes gewonnenen Begriff der Schöpfung baut. Aus dieser Umkehrung geht das Denken als neues Sprachdenken hervor, für das zuletzt der Sinn von Sein in der Rede „Gott ‚ist'" als endzeitliches Ereignis Gottes selbst aussteht. Dass dies so ist, gilt es gleichwohl nach Rosenzweigs „messianischer Erkenntnistheorie" – die „die Wahrheiten wertet nach dem Preis ihrer Bewährung und dem Band, das sie unter den Menschen stiften" – jetzt zu bewähren (Rosenzweig 1925, 159). Solchermaßen ist das Jüdische im *Stern der Erlösung* durchgängig Rosenzweigs Methode und nicht einfachhin sein Gegenstand (Rosenzweig 1979, 720).

Rosenzweig vollzieht den philosophischen Vergewisserungsprozess seines Judeseins im zeitgenössischen kulturprotestantischen Kontext gegenüber Christen. Diese Sprechsituation ist methodisch und sachlich konstitutiv für sein Sprachdenken. Ebenso wie Offenbarung und Philosophie bilden Judentum und Christentum die Koordinaten seines Denkens. Davon zeugt der rege Briefwechsel mit den Freunden Hans Ehrenberg, Rudolf Ehrenberg und Eugen Rosenstock sowie mit dessen Frau Margrit Rosenstock-Huessy. Diese Briefe lesen sich wie ein Kommentar zum *Stern der Erlösung*. Mit seinem „eigentlichen Lehrer in Philosophie" (Rosenzweig 1979, 809), dem vom Judentum zum evangelisch-lutherischen Christentum konvertierten Windelband-Schüler und späteren Pfarrer Hans Ehrenberg (1883–1929), fühlt Rosenzweig sich in „philosophischer Kampfgemeinschaft" (Rosenzweig 1979, 889) bis hin zur „Neuschöpfung des dialektischen Prinzips" (Ehrenberg 1911, 131) als Geschehen von Zeit verbunden. Dass nicht nur Hermann Cohen, sondern auch der Rechtshistoriker und Soziologe Eugen Rosenstock (1888–1973), ebenfalls getaufter Jude, dem Paradigmenwechsel vom Sehen zum Hören Pate gestanden hat, hält Rosenzweig ausdrücklich fest. Rosenstock verdankt er insbesondere Hinweise auf die orientierende Kraft der Offenbarung (Rosenzweig, 1937, 125 f.) und die Sprachgebundenheit des Denkens (Rosenzweig 1925, 152). Mit dem Biologen und Physiologen Rudolf Ehrenberg (1884–1969), dem getauften evangelischen Sohn einer christlichen Mutter und eines zum Christentum konvertierten Juden, teilt Rosenzweig vor allem die Überzeugung vom theologischen Charakter der „neuen Metaphysik", die beide im Blick auf die „Irreversibilität des elementaren Lebensvorganges" (Ehrenberg 1923) als „Bionomie" begreifen (Rosenzweig 1979, 715 f.). Das „Herzbuch" des *Sterns der Erlösung* (Rosenzweig 1925, 151), das Buch von der Offenbarung, das Rosenzweig in den Worten des Hohelieds als Wechselgespräch des liebenden Gottes mit der geliebten Seele konzipiert, „schreibt sich eigentlich selbst", insofern es sich für ihn der Beziehung mit Margrit Rosenstock-Huessy verdankt, weshalb „ebensoviel von dir […] wie von mir" darin steht (Rosenzweig 2002, 189 f.). In der Sache hat der *Stern der Erlösung* hier seinen logischen Anfang, wenn denn von der Offenbarung, vom Erlebnis ihres Ereignisses der Liebe und nicht „von der Furcht des Todes", „alles Erkennen des All an[hebt]" (Rosenzweig 1921, 3).

1920 unter dem Titel *Hegel und der Staat* erschienen, gilt Rosenzweigs Dissertation noch heute als grundlegendes Werk der Hegelforschung (Rosenzweig 1920). Darüber hinaus hat er sich in der Philosophie als Ersteditor des Fragments *Das älteste Systemprogramm des deutschen Idealismus* (Hegel 1796) einen Namen gemacht, auf das er bei seinen Hegelforschungen in Berlin gestoßen war. Rosenzweig wird des Weiteren in einem Atemzug mit Martin Buber im Zusammenhang der dialogischen Philosophie und der Existenzphilosophie genannt; was den spekulativen Charakter des Denkens angeht, kommt Rosenzweig hier eine Vorrangstellung zu (Casper 1967, 334 f.). Nachhaltige Wirkung zeitigt Rosenzweigs Denken vor allem bei und durch Emmanuel Levinas: Die Religion als den „ursprünglichen Horizont jedes Sinnes, einschließlich der Welt- und Geschichtserfahrung zu denken", würdigt Levinas als dessen große Originalität (Levinas 1982, 14 f., 10). Analog zu den phänomenologischen Analysen erschließe Rosenzweig „Haltungen des Lebens als Strukturen des Absoluten", indem er die theologischen Begriffe – Schöpfung, Offenbarung, Erlösung – als ontologische Kategorien in die Philosophie einführt (Levinas 1976, 140 f., 153). So sei denn die Religion bei Rosenzweig „kein Bekenntnis, sondern das Gewirr oder das Drama des Seins, wie es der Totalisierung durch die Philosophie vorausgeht." Das „ewige Leben" werde zum „Fundament der Neuen Philosophie", entfalte sich in „neuen ‚Begriffen'", gebe dem „Philosophen den Platz zurück, den sein System usurpiert hatte", und der Offenbarung „die Würde eines Gründungsaktes der intellektuellen Erkenntnis" (Levinas 1965, 105).

Literatur: Rosenzweig 1920, Rosenzweig 1921, Rosenzweig 1925, Casper 2002, Levinas 1965, Schmied-Kowarzik 2004
Hilfsmittel: Anckaert, Casper 1995, Rosenzweigiana 2006, Rosenzweig-Jahrbuch 2006
Webseite: www.rosenzweig-gesellschaft.org

Heinz-Jürgen Görtz

Rothacker, Erich

Geboren 1888 in Pforzheim, gestorben 1965 in Bonn. Studium in Kiel, Straßburg, München, Tübingen und Berlin. 1911 Promotion, 1920 Habilitation in Heidelberg, ab 1924 außerordentlicher Professor ebendort. 1928 Ruf nach Bonn, Lehre der Philosophie und Psychologie. Trat 1933 in die NSDAP ein.

Seine Kindheit verbringt Rothacker in Süddeutschland und Italien, seine akademischen Lehrer sind der Soziologe Ferdinand Tönnies, der Physiologe Martin Gildemeister, der Kunsthistoriker Heinrich Wölfflin und der Philosoph Max Scheler. Rothackers Ausbildungsgang prädestiniert ihn für die philosophische Grundlegung der *Wissenschaften vom Menschen*. Neben der Beschäftigung mit den Ergebnissen der Geisteswissenschaften registriert er die Forschungen auf dem Gebiet der Lebenswissenschaften mit steter Aufmerksamkeit. Rothacker versucht mit seinem Lebenswerk, der Begründung einer philosophischen Kulturanthropologie, die künstliche Trennung zwischen Bios und Logos zu überwinden, indem er den bildhaft vermittelten Zusammenhang von Leben und Geist als Weltgeschichte der Kulturen erforscht. Sein Hauptaugenmerk gilt dabei den anschauungsnahen Symbolisierungen, in denen die menschlichen Phänomene ihren Ausdruck finden. Bereits durch den Neukantianer Heinrich Maier, der Rothackers Dissertation *Über die Möglichkeit und den Ertrag einer genetischen Geschichtsschreibung im Sinne Karl Lamprechts* in Tübingen betreut (Rothacker 1912), ist ihm die spezifische Bedeutung emotional-volitionaler Aspekte der menschlichen Denktätigkeit nahegelegt worden. Rothacker, der zeitlebens seinem Heidelberger Kollegen Heinrich Rickert gegenüber ein dankbares Andenken bewahrt, ist nicht vornehmlich am wissenschaftlichen Erkennen und der Wertphilosophie, die zu den wichtigsten Domänen des Neukantianismus zählten, interessiert. Es ist stattdessen die *protophysische Einstellung* in Rickerts Spätwerk, der Rothackers Hochachtung gilt. Der Hypostasierung der Werte tritt er mit der Betonung des schöpferischen Lebensausdrucks in den Kulturen entgegen. Diese Einsichten in die lebenspraktische Bewusstseinstätigkeit und ihre weltgeschichtlichen Stilbildungen bleiben Rothackers zentraler Beitrag zur deutschen Philosophie des 20. Jahrhunderts. So ordnet er bereits in seiner *Logik und Systematik der Geisteswissenschaften* (Rothacker 1926), die auf seine sechs Jahre zuvor als Habilitationsschrift eingereichte historische *Einleitung in die Geisteswissenschaften* folgte (Rothacker 1920), die Gesetze der Sachlichkeit und der Richtigkeit denen der Bedeutsamkeit unter.

In der Genese dieser Bedeutsamkeiten spielen die bildhaften Verdichtungen menschlicher Erfahrungen, wie beispielsweise in Metaphern, kulturanthropologisch eine zentrale Rolle. Rothacker favorisiert eine *Sinn- und Sachphilologie*, fordert *Bedeutungsgeschichte* statt *Wortgeschichte*. Rothacker geht es darum, dem historisch-philologischen Verständnis der Menschheit eine Hermeneutik der affektnahen Ausdrucksformen zugrunde zu legen. Dazu hat er die damaligen naturwissenschaftlich verfahrenden Verhaltenswissenschaften umfassend zur Kenntnis genommen und zur Grundlage seiner Phänomenologie des verstehenden Verhaltens gemacht. Die *Allgemeine Systemtheorie* Ludwig von Bertalanffys, die Umwelttheorie Jakob von Uexkülls, die Neurophysiologie Ulrich Ebbekes und die Ethologie, wie sie von Konrad Lorenz, Rudolf Bilz, und Paul Leyhausen vertreten wurde, werden von ihm ebenso rezipiert wie die Phänomenologie Max Schelers und die Geisteswissenschaften in der Tradition Wilhelm Diltheys. Vor allem in *Die Schichten der Persönlichkeit* (Rothacker 1938) kommt diese integrative Sichtweise zum Ausdruck. Rothackers Theorie der *imagomotorischen Reaktionen* kann zudem als Vorwegnahme gewisser Elemente des *iconic* oder *imagic turns* (Fellmann 1991, 26) in den Geisteswissenschaften betrachtet werden. Der Weg vom Bildentwurf, von der Anschauung, zur Kultur gibt seinem Ansatz im Kontext der deutschen Philosophischen Anthropologie sein spezifisches Gepräge. Rothackers *Menschheitswissenschaft* (Tremmel 2009) wurzelt im anschaulichen Erleben, das sich von den imagomotorischen Fähigkeiten bis zu den anschaulichen Sprachleistungen aufstuft. Rothacker hat mit seiner Kulturanthropologie, wie sie bereits in der *Geschichtsphilosophie* (Rothacker 1934) und dann in den *Problemen der Kulturanthropologie* vorliegt (Rothacker 1942), letztlich einen Versuch vorgelegt, den Gesamtaufbau von Kulturen aus dem Ineinandergreifen von Sinnlichkeit und Sittlichkeit, von Endlichkeit und Unendlichkeit, von Partikularismus und Universalismus zu begreifen. Das anthropologische Mensch-Umwelt-Verhältnis wird als geschichtliche *Lage* konkretisiert, durch die Menschen zu *schöpferischen Antworten* herausgefordert werden. Die auf Dauer gestellten schöpferischen Leistungen verdichten sich zu *Haltungen* und, bezogen auf die historischen Gemeinschaften, zu *Lebensstilen*. Die treibende Kraft ist die *schöpferische Einbildungskraft*, die stilbildend auf neue Lagen reagiert.

Die deutsche Kulturanthropologie lässt sich als eine spezifisch moderne Wissensform betrachten, durch die die lokale, leibliche Lebensform rehabilitiert wurde. Die Wahrung des Individuellen gegenüber der Herrschaft des Begriffs stand aber auch in der Gefahr, in eine Apologie der kleinen Individualität (Landmann 1976, 201), in die Welt der Idiosynkrasien abzugleiten. Rothacker ist der darin liegenden politischen Untiefe nicht entgangen. Sein zumindest zeitweiliges Engagement im Rahmen der NS-Kulturpolitik (Böhnigk 2002) verdeutlicht die Problematik einer völkisch-rassistischen Engführung des Individualitätsgedankens. Rothackers zuweilen heikle Gratwanderung zwischen Kulturhermeneutik und naturalistischem Reduktionismus blieb nicht ohne Abstürze. Vergleichbare philosophische Positionen, wie sie beispielsweise Helmuth Plessner und Michael Landmann vertreten haben, zeigen, dass in der konstellativen Verschränkung von Lokalem und Universalem der Humanität durchaus keine solchen Vereinseitigungen zugemutet werden mussten.

Dass das darin zutage tretende Spannungsverhältnis philosophisch durchaus fruchtbar sein konnte, zeigen die Werke der Rothacker-Schüler Hermann Schmitz und Jürgen Habermas. Die Leibphänomenologie des absoluten Ortes und die Universalpragmatik bezeichnen die äußeren Pole, die bereits im Denken ihres Lehrers angelegt waren. Dazwischen haben andere Schüler wie Wilhelm Perpeet, Hans Thomae und Gerhard Funke produktive Konstellationen erprobt, die der deutschen Philosophie bis heute Impulse vermitteln. Obwohl von einer Rothacker-Schule im engeren Sinne nicht gesprochen werden kann, verbürgt doch der gedankliche Stil einer auf das Konkrete hin angelegten Wissenschaftsauffassung die kognitive Einheit dieser ansonsten so verschiedenen Ansätze.

Literatur: Rothacker 1938, Rothacker 1942, Böhnigk 2002, Landmann 1976, Stöwer 2009

Frank Tremmel

Ruben, Peter

Geboren 1933 in Berlin. Ab 1955 Studium der Philosophie in Berlin, 1969 Promotion. 1975 Wechsel an das Zentralinstitut für Philosophie der Akademie der Wissenschaften der DDR, 1976 Habilitation. 1990 Wahl zum Direktor des Akademie-Instituts, Ernennung zum letzten ostdeutschen Philosophie-Professor an der Akademie der Wissenschaften der DDR. 1994–96 wissenschaftlicher Mitarbeiter am Lehrstuhl für Politikwissenschaft der Europa-Universität Viadrina Frankfurt (Oder). Seit 1998 Rentner in Berlin. Von 1990–2010 Präsident des Vereins Berliner Debatte INITIAL e. V. und Mitbegründer der gleichnamigen Zeitschrift.

Unter dem Vorwurf, eine partei- und staatsfeindliche Studentengruppe nicht bekämpft und eine parteifeindliche Fraktion gebildet zu haben, wird Ruben 1958 aus der SED und vom Studium ausgeschlossen. Dieser Ausschluss wird nach der „Bewährung in der Produktion" als Bauhilfsarbeiter von 1958–61 wieder aufgehoben. Danach kann Ruben sein Philosophiestudium in Berlin fortführen und wird anschließend sogar wieder in die SED aufgenommen. Nach Revisionismus-Vorwürfen wird Ruben 1981 dann erneut aus der Partei ausgeschlossen und ihm droht der Verlust seiner Stelle am Zentralinstitut für Philosophie. Aufgrund von Protesten vor allem aus der Bundesrepublik Deutschland (unter anderem von Theunissen, Lorenzen, Mittelstraß, Kambartel und Kimmerle) bleibt er jedoch weiter am Zentralinstitut für Philosophie beschäftigt, wird aber mit Lehr- und Vortragsverbot belegt.

Rubens Interesse gilt zunächst dem Verhältnis der Philosophie zur theoretischen Physik und Mathematik. Im Gegensatz zu der in der offiziellen DDR-Philosophie vorherrschenden Vorstellung, Philosophie sei Verallgemeinerung fachwissenschaftlicher Ergebnisse, besteht Ruben auf ihrer Autonomie. Er sieht die *Dialektik* als Methode der Philosophie, die *Analytik* als die der Fachwissenschaft, wobei erstere Konkreta, letztere (insbesondere in der messenden Wissenschaft) Abstrakta thematisiert. Ruben übernimmt dabei den Abstraktionsbegriff der mathematischen Grundlagenforschung, nach dem Abstrahieren im Übergang von der Betrachtung einer Gleichheit zu der entsprechenden Identität bei vorausgesetzter Äquivalenzrelation besteht. Diesen Begriff sieht Ruben durch Marx' Begriff der „verständige[n] Abstraktion" realisiert (Marx 1903, 617). Damit erarbeitet er eine Lösung des seit den Eleaten kontrovers diskutierten Problems des *dialektischen Widerspruchs*, das in den 1950er Jahren in der DDR durch Georg Klaus neu aufgeworfen wurde. Klaus argumentiert, dass der logische Satz vom ausgeschlossenen Widerspruch primär aus einem ontologischen Gesetz folge, weshalb Hegels Satz über die Bewegung als Sein und Nichtsein eines Körpers an einem Orte ein logischer Fehler sei. Ruben widerlegt diese Deutung, indem er die zwingende Voraussetzung der Logik, den *logischen Widerspruch* als Satzkonjunktion unterstellen zu müssen, durch Einführung der Operation der Satzgliedkonjunktion für dialektische Prädikationen als unerfüllbar aufweist. Hegels Aussage über die Bewegung ist daher als logische Satzkonjunktion gar nicht sinnvoll rekonstruierbar (Ruben 1966, 1979).

Ausgangspunkt materialistischer Philosophie ist für Ruben (im Gegensatz zur offiziellen DDR-Lehrmeinung) die *Kategorie der Arbeit* (Ruben 1978). Diese Auffassung war im Tätigkeitskonzept von Kant bis Hegel als Subjekt-Objekt-Problem vorgegeben, aber in ihm wurde die Frage, wie das denkende Subjekt zu Objekten gelangt, idealistisch beantwortet: Die Objekte werden vom Subjekt gesetzt, Dinge erscheinen als Verdinglichungen ideellen Tuns. Ruben hebt dieses Konzept materialistisch auf, indem er, Marx folgend, in der Arbeit die Tätigkeit des Subjekts bestimmt und sie in ihrer kategorial dreigliedrigen, aus Subjekt, Arbeitsmittel und Objekt bestehenden Struktur herausarbeitet. Im Arbeitsmittel (Werkzeug), das sich der Mensch herstellt, um sich seine natürliche Umwelt anzueignen, ist der unvermittelte Gegensatz von Subjekt und Objekt aufgehoben, da es immer zugleich subjektiv-ideell und objektiv-materiell bestimmt ist. Hieraus folgt Ruben, dass der Gegenstand der philosophischen Analyse der Wissenschaften nicht allein durch Theorien – wie in der analytischen Wissenschaftstheorie –, sondern im erkennenden Verhalten der Wissenschaftler – also ihrer jeweils spezifischen Arbeitsweise – gegeben sei. Den Begriff der Wissenschaft bestimmt Ruben nach Marx als „allgemeine Arbeit" (Marx 1859, 17). Nicht nur die Arbeitenden in der materiellen Produktion stellen ihre dinglichen Werkzeuge her, sondern auch die Wissenschaftler produzieren ihre materiellen Arbeitsmittel: Experimentalanordnungen, Messmittel, Modelle usw.

In den 1970er Jahren wendet sich Ruben, von Ökonomen aufgefordert, zunehmend methodologischen Problemen der Wirtschaftstheorie zu. Er greift Schumpeters und Kondratieffs Idee der „langen Wellen" (Konjunkturzyklen mit einer Dauer von 55 Jahren) auf und legt sie als Arbeitshypothese seiner Deutung historischer Entwicklung überhaupt zugrunde (Ruben 1990). Ferner sucht er am Vorbild des Systems der Grundgrößenarten der Mechanik die Ökonomie neu zu bestimmen, und sie als messende Wissenschaft zu präsentieren.

Als eines der Mittel, den Niedergang des (ost-)europäischen *Kommunismus* zu begreifen, dient Ruben in den 1980er Jahren Tönnies' Unterscheidung von *Gemeinschaft und Gesellschaft* als zweier Verbindungsarten zwischen Menschen, die er mittels der Kategorien Produktion und Austausch bestimmt: Eine Gemeinschaft ist ein Verein kooperativ produzierender Individuen, während eine Gesellschaft eine Assoziation freier Personen bzw. verschiedener Gemeinschaften ist, die miteinander in einen vertraglich geregelten Austausch treten (Ruben 1995). Das kommunistische Experiment ist für Ruben deswegen zum Scheitern verurteilt gewesen, weil es diesen Dualismus und damit den Austausch zwischen den Menschen, d. h. ihre Gesellschaftlichkeit, zerstört hat (Ruben 1991, 1991a).

Literatur: Ruben 1978, Ruben 1979, Ruben 1991a, Rauh 1991, Warnke 2009
Webseite: www.peter-ruben.de

Hans-Christoph Rauh und Camilla Warnke

Schapp, Wilhelm

Geboren 1884 in Timmel (Ostfriesland), gestorben 1965 in Sanderbusch. Studium der Rechtswissenschaft und Philosophie bei Heinrich Rickert in Freiburg und bei Wilhelm Dilthey und Georg Simmel in Berlin. Neben seinem Rechtsreferendariat 1909 Promotion bei Edmund Husserl in Göttingen. Verzicht auf eine akademische Laufbahn, ab 1911 Tätigkeit als Anwalt und Notar in Aurich.

Schapp beschäftigt sich in den 1920er und 1930er Jahren, nicht zuletzt aufgrund seiner beruflichen Tätigkeit, insbesondere mit rechtsphilosophischen Fragen. Dabei entsteht die zweibändige Untersuchung *Die neue Wissenschaft vom Recht* (Schapp 1930, 1932) und etwa 1937 das Manuskript *Zur Metaphysik des Muttertums*, für das Schapp allerdings keinen Verleger findet (Schapp 1965a). Wie der Sohn Wilhelm Schapps, Jan Schapp, hervorgehoben hat, können alle Schriften in dieser Zeit als „Beiträge zu einer Phänomenologie der Werte" gedeutet werden, die den Versuch unternehmen, in einer neuen Weise nach den Werten im Recht und in personalen Beziehungen zu fragen (Schapp 2010, 66). Dabei können Bezüge zu Adolf Reinachs Werk *Die apriorischen Grundlagen des bürgerlichen Rechts* (Reinach 1913) ebenso hergestellt werden, wie zu Max Schelers wertphänomenologischem Ansatz. Schapps Überlegungen kreisen dabei um eine Grundeinsicht, die sich in der Schrift *Zur Metaphysik des Muttertums* findet: „Der Mensch lebt, und darauf beruht seine Würde, in einer von Werten erfüllten Welt." (Schapp 1965a, 67) Wichtig ist für Schapp in diesem Zusammenhang, dass auch das menschliche Schaffen „in unmittelbarer Beziehung zur Wertewelt" steht. Implizit klingt hier bereits der Grundgedanke an, der für Schapps später entfaltete originäre Konzeption leitend ist: „Dieser Ausschnitt erhält nun eine ganz andere Bedeutung, wenn der Einzelne nicht mehr für sein kurzes ungewisses Leben und auch nicht für eine losere Gemeinschaft schafft, sondern für die Folgegenerationen, als deren lebendiges Glied er sich fühlt, und deren Freude am Geschaffenen er vorfühlend genießt." (Schapp 1965a, 67 f.) Schränkt man seinen Blick bei der Betrachtung des Menschen nämlich nicht auf den Einzelnen in seiner kurzen Lebensspanne ein, sondern sieht ihn in dem lebendigen Zusammenhang kommender (und vergangener) Generationen, ist es nur ein kleiner Schritt hin zur Deutung des Menschen, der konstitutionell in Geschichten „verstrickt" ist.

Die Entwicklung hin zu dem eigenständigen philosophischen Ansatz, der sich mit der Bezeichnung „Geschichtenphilosophie" überschreiben lässt, erfolgte zunächst weitestgehend unbemerkt von der Öffentlichkeit in der schrittweisen Loslösung von Husserl, bei dem er promoviert hatte (Schapp 1910). Diesen Ansatz stellt Schapp erst in den 1950er Jahren in drei philosophischen Schriften der Öffentlichkeit vor, die man üblicherweise unter dem Titel „Geschichtentrilogie" subsumiert: 1. *In Geschichten verstrickt. Zum Sein von Mensch und Ding* (Schapp 1953), 2. *Philosophie der Geschichten* (Schapp 1959) und 3. *Metaphysik der Naturwissenschaft* (Schapp 1965).

Schapp entfaltet in dieser Trilogie den anthropo-ontologischen Gedanken des menschlichen „Verstricktseins in Geschichten", der zum Ausdruck bringt, dass dem Menschen qua Mensch konstitutionell eine Geschichtenhaftigkeit zu eigen ist. Die Wendung „Verstricktsein" ist nicht negativ zu verstehen, kann sie doch das untrennbare Zusammengehören menschlichen Seins und menschlicher Geschichten kenntlich machen.

Hatte man den Menschen in der abendländischen Tradition dadurch vor allem von anderen Lebewesen abgegrenzt, dass man ihm Rationalität zusprach und ihn als *animal rationale* definierte, wird er in dieser Neudeutung zum Inbegriff einer Vielzahl von Geschichten. Geradezu programmatisch wird diese Deutung in einer viel zitierten Stelle aus der Schrift *In Geschichten verstrickt* formuliert: „Das Wesentliche, was wir von den Menschen kennen, scheinen ihre Geschichten und die Geschichten um sie zu sein. Durch seine Geschichte kommen wir mit einem Selbst in Berührung. Der Mensch ist nicht der

Mensch von Fleisch und Blut. An seine Stelle drängt sich uns seine Geschichte auf als sein Eigentliches." (Schapp 1953, 105)

Schapp kann mit seiner Geschichtenphilosophie nicht nur das Sein des Menschen, des Dings und der Welt in verwandelter Weise erfassen, sondern auch in einer historischen Perspektive in seinem Buch *Philosophie der Geschichten* die bisherige Geschichtenvergessenheit der Tradition aufdecken. Durch diese Geschichtenvergessenheit wurde der Blick darauf verstellt, dass Geschichten „Urgebilde" und „Urphänomene" sind, hinter bzw. vor die nicht weiter zurückgegangen werden kann. Gelingt es mit Schapp der Geschichtenvergessenheit ansichtig zu werden und sie aufzudecken, kann nach den drei „Revolutionen der Denkart" von Thales, Francis Bacon und Immanuel Kant mit der „Philosophie der Geschichten" eine vierte Revolution möglich werden. Diese reduziert Philosophie nicht auf eine Wissenschaft wie Mathematik oder Naturwissenschaft, sondern lässt sie von Geschichten ausgehen, die „urhafter als die Gebilde der Wissenschaft" sind und von denen aus die geläufige Unterscheidung von Wissen und Glauben überwunden werden kann.

Vor dem Hintergrund einer Geschichtenphilosophie gelingt daher nicht nur ein neues Verständnis des Menschen, seines Umgangs mit den Dingen und des Zugangs zur Außenwelt, sondern es wird auch ein anderer Zugang zum naturwissenschaftlichen Wissen eröffnet. Deutet man nämlich den Menschen als den immer schon in Geschichten Verstrickten – und zwar unabhängig davon, ob er sich dessen bewusst ist oder nicht –, und wird man des unhintergehbaren lebendigen Geschichtenzusammenhangs ansichtig, der der Sache nach das Primärphänomen ist, dann liegt, wie Schapp in der *Metaphysik der Naturwissenschaft* ausführt, „das Hauptgewicht des Weltganzen nicht in Naturwissenschaft und Mathematik [...], sondern in den Geschichten" (Schapp 1965, 5). Aus dieser Sicht kann ein angemessenes Verständnis der Welt der Naturwissenschaften und ihrer Grundbegriffe nur dann erfolgen, wenn man sie in ihrem Verhältnis zur Geschichtenwelt zu erfassen versucht. Auf diese Weise tritt der abgeleitete Status der naturwissenschaftlichen Welt hervor, insofern dieser die Geschichtenwelt notwendig voraussetzt.

Das Denken Wilhelm Schapps wird nicht nur in der Philosophie, sondern auch auf weiteren disziplinären Feldern (u. a. der Theologie, der Pädagogik, der Psychologie und den Kulturwissenschaften) rezipiert. In jüngster Zeit wurde eine Wilhelm-Schapp-Forschungsstelle eingerichtet, die den umfangreichen Nachlass Schapps, der im Staatsarchiv in München aufbewahrt ist, sichtet. Von diesem können bei einer Veröffentlichung weitere Forschungsimpulse ausgehen.

Literatur: Schapp 1953, Schapp 1959, Schapp 1965, Joisten 2010, Lembeck 2004, Lübbe 1972
Webseite: www.wilhelm-schapp-forschung.philosophie.uni-mainz.de

Karen Joisten

Scheler, Max Ferdinand

Geboren 1874 in München, gestorben 1928 in Frankfurt am Main. 1894/95 an der Universität München Studium der Medizin, Psychologie und Philosophie bei Theodor Lipps, 1895/96 an der Universität Berlin bei Wilhelm Dilthey und Georg Simmel, ab 1896/97

Philosophie bei Rudolf Eucken an der Universität Jena, dort Promotion 1897 und Habilitation 1899. 1900–05 Privatdozent in Jena, 1907–10 Privatdozent in München, 1910 Verweis von der Universität, seitdem freier Schriftsteller. 1919 Berufung nach Köln, 1928 Ruf auf den Lehrstuhl für Philosophie und Soziologie der Universität Frankfurt am Main.

Schelers Denkweg umfasst eine enorme Weite: Er reicht von der Phänomenologie bis zur Anthropologie. Die Promotion bei Rudolf Eucken in Jena mit der Dissertation *Beiträge zur Feststellung der Beziehungen zwischen den logischen und ethischen Prinzipien* (Scheler 1899) wie auch die Habilitationsschrift *Die transzendentale und die psychologische Methode* (Scheler 1900) stehen in der systematischen Erarbeitung einer Erkenntnistheorie und Geistphilosophie noch unter neukantischem Einfluss Euckens. Doch zeichnen sich bereits früh jene Themen ab, die Scheler Zeit seines Lebens beschäftigen sollten: Kritisch setzt er sich mit den Ergebnissen der Naturwissenschaften auseinander, etwa mit jenen der Psychologie und Evolutionstheorie. Das jedoch weniger, um diese vollkommen abzulehnen, als vielmehr, um ihre isolierten Aussagen in den lebensweltlichen Zusammenhang des Menschen zurückzuführen.

Als Privatdozent in München und als freier Schriftsteller ab 1910 hält Scheler vor allem Vorträge im Kreis der Münchner und Göttinger Phänomenologen. Als Mitherausgeber des von Husserl begründeten „Jahrbuchs für Philosophie und phänomenologische Forschung" veröffentlicht Scheler dort 1913 und 1916 die zwei Teile seines Hauptwerks *Der Formalismus in der Ethik und die materiale Wertethik*, das 1921 als eigenständige Monographie erscheint (Scheler 1913a). 1913 veröffentlicht er zudem *Zur Phänomenologie und Theorie der Sympathiegefühle und von Liebe und Haß*, worin Scheler – wie bereits im Formalismusbuch – den Grundakt der Liebe in seiner Erkenntnisfunktion betont (Scheler 1913). Nach Schelers Konversion vom jüdischen Glauben zum Katholizismus 1916 ist sein Schaffen geprägt von einer Phänomenologie, die die Auseinandersetzung mit dem Christentum sucht. Scheler widmet sich in dieser Zeit vor allem der Religionsphilosophie. Hiervon löst er sich jedoch wieder und versteht die christliche Religion zunehmend in ihrer soziologischen Bedeutung. In den 1920er Jahren entstehen jene Schriften, die sich der Soziologie und speziell der Wissenssoziologie widmen, so etwa *Die Wissensformen und die Gesellschaft* (Scheler 1926). Kurz vor seinem Tod verfasst Scheler jenen komprimierten Aufsatz, der ihn als Begründer der Philosophischen Anthropologie bekannt gemacht hat, *Die Stellung des Menschen im Kosmos* (Scheler 1928), der an die Abhandlung *Zur Idee des Menschen* anknüpft (Scheler 1914). Die Frage nach dem Menschsein beantwortet er kritisch vor dem Hintergrund der Naturwissenschaften und verbindet die Anthropologie gleichzeitig in struktureller Einheit mit Erkenntnistheorie und Metaphysik.

„Die Fragen: *Was ist der Mensch, und was ist seine Stellung im Sein?* haben mich seit dem ersten Erwachen meines philosophischen Bewußtseins wesentlicher beschäftigt als jede andere philosophische Frage." (Scheler 1928, 9) Mit diesen einleitenden Worten in die Hauptschrift der Anthropologie *Die Stellung des Menschen im Kosmos* macht Scheler deutlich, dass seinem Werk bei aller Vielfalt der Themen und Ansätze gleichwohl eine Systematik zugrunde liegt: Ob in der Auseinandersetzung mit den Ergebnissen der Naturwissenschaften, der seit seiner Dissertation anhaltenden Ausarbeitung einer Ethik, der durchgängigen Frage nach den Voraussetzungen menschlicher Erkenntnisfähigkeit und dem Bestreben, die im 19. Jahrhundert aus der Philosophie verbannte Metaphysik in ihrer Bedeutung zu rehabilitieren – im Zentrum all dieser Perspektiven steht die Frage nach dem Wesen des Menschen. Es nimmt daher nicht wunder, dass Schelers Schaffen in der Ausarbeitung der Philosophischen Anthropologie kulminiert.

Den zentralen Themen widmet sich Scheler unter dem Blick der Phänomenologie. Durch die Begegnung mit Edmund Husserl 1902 und dem darauf folgenden regen Austausch mit dem Schülerkreis um Theodor Lipps lässt Scheler den Neukantianismus hinter sich. Er konturiert jedoch Husserls Phänomenologie, indem er sich von dem Verständnis der Phänomenologie als reiner Methodik löst und Husserls Begriff des transzendentalen Egos ablehnt. Das Subjekt bleibt im Erkennen verbunden mit dem Gegenstand der Erkenntnis. Phänomenologische Wesensschau reduziert den Gegenstand nicht aktiv auf seinen Kerngehalt; der Strukturzusammenhang zwischen Mensch und Welt ermöglicht vielmehr ein passiv intuitives Erfassen der Gegenstände. „Und in diesem Sinne geht denn auch die *Ontologie des Geistes und der Welt* aller Theorie der Erkenntnis *voran*." (Scheler 1957, 396) Phänomenologie ist nicht reine Vernunfteinsicht, da die Erkenntnisquellen des Menschen sowohl in der Vernunft als auch in Gefühlsakten bestehen.

Die Wissenssoziologie versteht sich als Praxis der Kulturphilosophie Schelers. „*Wissen ist ein Seinsverhältnis*" (Scheler 1928a, 111), d. h. es erklärt sich nicht von der Vernunft her, sondern aus dem Zusammenhang von Welt und Wissendem. Gemäß der Ausrichtung auf den Menschen geht es Scheler nicht um die Festlegung vermeintlich ewig gültiger Wissensinhalte. Im Anschluss an Hegel versteht er Kultur als einen Prozess, in den die Individuen eingebunden sind und den sie mit ihrem eigenen Werden und sich entwickelnden Wissen prägen. Wissen als Seinsverhältnis zielt also nicht auf weiteres (Fakten-)Wissen ab, sondern auf „die Entwicklung und das Anderswerden eines Seienden" (Leonardy 1976, 60).

Drei Axiome der Wissenssoziologie verdeutlichen nach Scheler das Verhältnis von Wissen und Sozialität: 1. Individualität steht in Beziehung zur Gesellschaft. Jeder Einzelne ist sich a priori bewusst, dass er Mitglied der Gesellschaft ist; d. h. sein Wissen und sein eigenes Sosein gehen grundsätzlich aus der gegenseitigen Beziehung zur Sozialität hervor. 2. Teilhabe am Erleben der Mitmenschen. Der Austausch von Wissensdaten zwischen den Mitgliedern der Gesellschaft ist kein rein kognitiver. Das Erleben bezeichnet die Verbundenheit der Individuen über die Struktur der Sozialität. Der Topos der Teilhabe verweist auf Momente des Wissens, die einerseits vor jeder Reflexion stattfinden, andererseits durch den Grundakt der Erkenntnis, die Liebe, ermöglicht werden. „Das ‚Gewußte' wird ‚Teil' dessen, der ‚weiß', ohne Veränderung des Soseins; [...] das bewegungsbestimmende Moment für den Vollzug dieses Aktes der Teilhabe ist die sich selbst und sein eigenes Sein transzendierende *Teil-nahme*, die Scheler Liebe nennt." (Leonardy 1976, 61) 3. Es existiert ein Ordnungsgesetz. Dieses stellt fest, dass die einzelnen Sphären menschlichen Wissens aufeinander aufbauen und in der Sphäre der Gesellschaft ihren Ursprung haben.

Die obersten Wissensarten, die in diesem Prozess wechselseitiger Bezogenheit von individuellem und gesellschaftlichem Wissen ausgebildet werden, sind das Herrschaftswissen der positiven Wissenschaften, das Heilswissen der Religion und das Bildungswissen der Philosophie. Anders als die positivistisch-teleologische Geschichtsinterpretation etwa Auguste Comtes, hebt Scheler hervor, dass diese obersten Wissensarten zum einen gleichursprünglich und gleichzeitig existieren, zum anderen in ihrem Bestehen selbst der Dynamik des Wissens unterliegen. Scheler trägt mit der Feststellung dieser drei Wissensformen einem „Interessensperspektivismus" (Scheler 1913, 188 ff.) Rechnung, der dem Wesen des Menschen entspricht. Das Erschließen des eigenen Soseins auf einer mikrokosmischen Ebene bedingt aufgrund des Teilhabeverhältnisses zugleich die Erkenntnis des Weltganzen.

Scheler lehnt mit seiner Soziologie des Wissens jede Wesensbestimmung des Menschen ab, die Menschsein allein aus der Sozialität heraus definieren will. „[G]egen den Soziologismus behauptet Scheler, daß das Wissen durch die Gesellschaft nur ‚mit'-konstituiert ist." (Henckmann 1998, 186) Keinesfalls ist der Mensch durch die Strukturen der Gesellschaft determiniert.

Die Spätschriften Schelers verdeutlichen, dass die Definitionen der einzelnen Wisssphären über das menschliche Wesen zwar vermittels ihres gemeinsamen Gegenstandes aufeinander Bezug nehmen, *„eine einheitliche Idee des Menschen aber besitzen wir nicht"* (Scheler 1928, 11). So hat die Diversifizierung der Wissenschaften im 19. Jahrhundert nach Scheler das Bild vom Menschen in unzusammenhängende Einzelteile zergliedert: „Jede dieser Wissenschaften sieht den Menschen einem anderen Daseinskreis teilweise eingeordnet, aber keine sieht seine Totalität und den Aufbau dieser Totalität." (Scheler 1925, 5) Die nihilistische Tendenz, vor allem auch die Katastrophe des Ersten Weltkriegs haben zudem dazu geführt, dass sich der Mensch zu Beginn des 20. Jahrhunderts in einem Zeitalter befindet, „in dem [er] sich […] völlig und restlos ‚problematisch' geworden ist; in dem er nicht mehr weiß, was er ist, zugleich aber auch *weiß, daß* er es nicht weiß" (Scheler 1928a, 120).

Vor dem Hintergrund der Prozesshaftigkeit von Person und Wissen kann es nach Scheler nicht darum gehen, das Wesen des Menschen, sein wieder zu erlangendes Selbstbewusstsein mit bestimmten Attributen festschreiben zu wollen. Scheler bringt einen umfassenderen, ganzheitlichen Ansatz vor: Der Mensch ist das „mit einem vernünftigen Geiste verknüpfte […] Vitalwesen" (Scheler 1926, 242). Seine Stellung im Ganzen des Seins muss in einer Stufenfolge gesehen und aus dem Bereich des Lebens verstanden werden können, „die das *Wesen des Menschen im Verhältnis zu Pflanze und Tier*, ferner die *metaphysische Sonderstellung des Menschen* betreffen" (Scheler 1928, 11).

Scheler wendet sich damit strikt gegen die wirkmächtige Überzeugung, der Mensch sei allein und zuerst *animal rationale*, seine Sonderstellung ergebe sich aus dem Vernunftgebrauch, der ihn von jedem Bezug zur Welt löse. Den Phänomenologen interessiert die Stellung des Menschen im Kosmos, der Ort des Menschen im Ganzen des Seins, sein Bewusstsein „von sich selbst und von seinen Beziehungen zu allen wesenhaften Seins- und Gegenstandsbereichen" (Scheler 1925, 16). Um diesen benennen zu können, definiert er den Menschen nicht von der Ratio her, sondern entwickelt dessen Verständnis mittels einer ontologischen Phänomenologie aus der lebendigen Natur heraus.

Diese Entwicklung geht aus dem Stufenreich des Psycho-Physischen hervor, in das der Mensch wie alles Leben gestellt ist. Durch die psychischen Elemente Drang, Trieb und Intelligenz sind Tier und Mensch allerdings noch nicht wesentlich, sondern allenfalls graduell voneinander unterschieden. Die Sonderstellung des Menschen ist erst durch den Geist gegeben, der dem Menschen anders als dem umweltgebundenen Tier „*die existentielle Entbundenheit vom Organischen*" ermöglicht und ihn so „‚umweltfrei' und […] ‚weltoffen'" macht (Scheler 1928, 32). Nur durch diese Entbundenheit von der Umwelt kann sich der Mensch auf sich selbst zentrieren und hat Welt. Der den Menschen auszeichnende Geist ist reine Aktualität. „Der Geist ist das einzige Seiende, das selbst *gegenstandsunfähig* ist – er ist reine, *pure Aktualität*, hat sein Sein nur *im freien Vollzug seiner Akte*." (Ebd., 39) Scheler nennt das Zentrum des Geistes, das allein als werdendes, sich vollziehendes existiert, dementsprechend auch nicht „Ich" oder „Selbst", wie es bisherige Subjektphilosophie titulierte, sondern Person. Das Wesen des Menschen ergibt sich also aus dem Zusammenspiel zweier Dimensionen: aus der Existenz als Lebewesen im Weltganzen und aus der Weltoffenheit. Der Mensch wird sich damit selbst zur Aufgabe, weil sein Wesen nicht letztgültig bestimmbar ist: „[G]erade die *Undefinierbarkeit* gehört zum Wesen des Menschen. Er ist nur ein ‚Zwischen', eine ‚Grenze', ein ‚Übergang' […] und ein ewiges ‚Hinaus' […]. Ein definierbarer Mensch hätte keine Bedeutung." (Scheler 1914, 186)

Die Gründe für die Notwendigkeit dieser labilen Stellung des Menschen im Kosmos gibt Scheler bereits mit der materialen Wertethik an: Der Mensch als Person existiert nur handelnd, im Vollzug seiner Akte. Im Gegensatz zu einer Pflichtethik, die aus Vernunfteinsicht Imperative formuliert, führt Scheler in seinem Hauptwerk eine Ethik aus, die auf sittlicher Einsicht beruht. Jede Handlung, d. h. im Sinne Schelers jedes Wollen, jede Bewegung des Leibes wie auch jede Regung des Gemüts, alles Erleben und Empfinden ist selbst Träger sittlicher Werte.

Wäre Menschsein also substantiell und letztgültig definiert, stünde das Subjekt beziehungslos zur Welt und zu den in ihr gegebenen Werten. Die Entwicklung der Person ist wesentlich mit dem Erfassen der Werte durch das intentionale Fühlen verknüpft. Scheler spricht von der wertfühlenden Person und vertritt somit einen ethischen Personalismus. „Fühlen" darf hier nicht mit blinder Emotionalität oder einem unbewussten Erahnen verwechselt werden. Der Phänomenologe verdeutlicht mit diesem Begriff vielmehr, dass der Mensch Werte nicht allein durch die Vernunft als vermeintlich einziger Erkenntnisquelle erfasst, sondern auch Gefühlsakte Erkenntniskraft besitzen. Den Grundakt aller Handlung – den somit zentralen Akt – nennt Scheler die Liebe. Damit ist kein erotisches Gefühl gemeint, sondern eine geistige Haltung, ein liebendes, offenes Zur-Welt-Sein. In Verbindung mit dem Erfassen von Werten ist der Topos der geistigen Liebe vor allem im Bereich der Erkenntnistheorie verortet.

Mit der materialen Wertethik weist Scheler Werte als „unreduzierbare Grundphänomene der fühlenden Anschauung" (Scheler 1913a, 278) aus. Die fühlende Anschauung und die Werte korrelieren demnach miteinander. Anders als Kant, der in der *Grundlegung zur Metaphysik der Sitten* postuliert, „daß alle sittlichen Begriffe völlig a priori in der Vernunft ihren Sitz und Ursprung haben" (Kant AA IV, 411), legt Scheler seinem Ansatz eine wesensontologische Methode zugrunde: Werte sind nicht erst im Bewusstsein verankert, sondern bestehen in der Welt als gegebene. Bezüglich der erkennbaren Gegenstände weist Scheler Werte damit als Urphänomene aus, die weniger definierbar, als vielmehr erfassbar sind, wodurch er den subjektiven Charakter von Werten zurückweisen kann.

Die Labilität der Position des Menschen ist letztlich auch dadurch gegeben, dass er im Erfassen der Werte und somit in der Entwicklung seines Personseins fehlschlagen, ja scheitern kann. Denn keineswegs ist das Wertfühlen ein subjektiver Vollzug, der auf das je einzelne Individuum bezogen und damit beliebig wäre. Zum einen stellt Scheler eine Wertrangordnung heraus, die dem Erfassen zugrunde liegt und die im gelingenden Falle erkannt, im Falle des Fehlschlagens verkannt wird. Zum anderen geschieht jede Art von Handlung im Kontext der Sozialität, wie Scheler bereits in der Wissenssoziologie herausgestellt hat. Verantwortlich ist die Person also sowohl für das Gelingen des eigenen Werdens wie auch für das der Gesellschaft vor dem Hintergrund des adäquaten Erfassens der Werte.

Die Wirkung der schelerschen Philosophie ist seinen Ansätzen entsprechend vielfältig, wenngleich sich nie ein Schülerkreis um ihn entwickelt hat. Die Anthropologie beeinflusst vor allem Arnold Gehlen und Helmut Plessner, die die Philosophische Anthropologie des 20. Jahrhunderts weiterführen, wie auch die Psychologen Ludwig Binswanger und Viktor Frankl. Mit Karl Mannheim zählt Scheler zudem zu den Begründern der Wissenssoziologie. Die materiale Wertethik wird von Edith Stein und Dietrich von Hildebrand aufgegriffen, besonders jedoch in Nicolai Hartmanns *Ethik* (Hartmann 1926) deutlich aufgearbeitet. Der Einfluss Schelers reicht dementsprechend sowohl in die Grundlegung einzelner Disziplinen der Wissenschaft wie auch in rege Debatten in der aktuellen Forschung.

Literatur: Scheler 1913, Scheler 1913a, Scheler 1928, Henckmann 1998, Leonardy 1976, Sander 1996
Webseite: www.max-scheler.de

Annika Hand und Christian Bermes

Schlick, Moritz

Geboren 1882 in Berlin, gestorben 1936 in Wien. Studium der Physik, Chemie, Mathematik und Philosophie, Promotion 1904 bei Max Planck. 1911 Habilitation in Philosophie an der Universität Rostock mit anschließender Lehrtätigkeit. 1921 ordentlicher Professor an der Universität Kiel, 1922 Ruf auf den Lehrstuhl für „Philosophie der induktiven Wissenschaften" nach Wien als Nachfolger von Ernst Mach. 1924 Gründung eines Diskussionszirkels, aus dem der „Wiener Kreis" wird. Gastprofessuren in Stanford und Berkeley. 1936 von einem ehemaligen Studenten vor der Wiener Universität erschossen.

In seinem Hauptwerk *Allgemeine Erkenntnislehre* (Schlick 1918) legt Schlick zunächst dar, dass er Erkennen als ein Wiedererkennen oder Wiederfinden auffasst: Eine Person erkennt ein Objekt A als B, d. h. sie findet an A die Merkmale vor, die B zukommen. Man erkennt z. B. ein braunes Etwas, das aus der Ferne herankommt, als einen Hund. Im alltäglichen Wahrnehmen ist B oft eine vage Erinnerungsvorstellung, in der wissenschaftlichen Erkenntnis sollte B ein präzise definierter Begriff sein, z. B. der physikalische Begriff „Welle". Dabei verfolgt die Wissenschaft das Ziel, mit möglichst wenigen Begriffen viele Objekte bzw. Vorgänge zu bezeichnen. So ist es beispielsweise gelungen, viele Naturvorgänge als Wellen zu identifizieren und auf diese Weise zu erkennen.

Erkenntnisse werden in Form von Urteilen ausgesprochen. Urteile haben nach Schlick die Funktion, Tatsachen zu bezeichnen. In diesem Zusammenhang entwirft Schlick eine neue Version der Korrespondenztheorie der Wahrheit (die sich allerdings nicht durchsetzt): Ein Urteil ist wahr, wenn es eine Tatsache eindeutig bezeichnet, ansonsten ist es falsch. Wer beispielsweise auf ein Glas mit Alkohol deutet und sagt „Dies ist Wasser", der nimmt eine mehrdeutige Bezeichnung oder Zuordnung vor, da der Begriff „Wasser" bereits zur Bezeichnung einer anderen Flüssigkeit vereinbart worden ist.

Mit seiner Erkenntnistheorie will Schlick zum einen den Neuerungen in der Physik Rechnung tragen, vor allem der Relativitätstheorie Einsteins, mit der er sich eingehend auseinandergesetzt hatte (Schlick 1917); zum anderen sucht er nach Alternativen zu den damals dominierenden philosophischen Richtungen des Neokantianismus und der Phänomenologie Husserls, die ihn nicht überzeugen. Erkenntnis ist für Schlick keine Wesensschau. Erkennen ist überhaupt kein bloßes Anschauen (obgleich die Anschauung im Erkenntnisprozess eine Rolle spielt), kein Kennen oder Bekanntwerden mit etwas. In der Anschauung werden uns Gegenstände *gegeben*, aber sie werden dabei nicht als etwas *begriffen*.

Wenn Erkennen ein Bezeichnen und Wahrheit ein eindeutiges Bezeichnen ist, dann muss es Gegenstände geben, die bezeichnet werden. Schlick setzt sich eingehend mit dem Immanenzpositivismus von Mach und Avenarius auseinander, wonach Gegenstände als Komplexe von Empfindungen (Farben, Tönen usw.) aufzufassen seien. Schlick zeigt die Probleme dieser Lehre auf: Wir sprechen ständig auch von Gegenständen, die gerade nicht als Empfindungen gegeben sind, z. B. über ein Blatt Papier in einer Schublade. Soll man ein solches Blatt als einen *möglichen* Empfindungskomplex auffassen? Doch als welchen? Empfindungen hängen von Standpunkt und von Bedingungen der Umgebung ab, etwa der Beleuchtung. Am Ende kommt man nicht umhin, reale oder wirkliche Gegenstände anzunehmen. Nur auf diese Weise kann man auch der Tatsache Rechnung tragen, dass verschiedene Personen zu übereinstimmenden Urteilen über Gegenstände kommen. Ohne die Annahme realer Gegenstände wäre diese Übereinstimmung ein fortwährendes Wunder. Schlick vertritt einen erkenntnistheoretischen Realismus.

Gegen den Neokantianismus wendet Schlick ein, dass wir keineswegs nur die Erscheinungen, sondern auch die transzendenten Dinge, die *Dinge an sich* erkennen können, wenn diese auch nicht bekannt, d. h. anschaulich gegeben sein mögen: Durch die Zuordnung von Begriffen zu Erscheinungen werden die erscheinenden Dinge (an sich) stets *mitbezeichnet* (denn auch zwischen einem realen Ding und seiner Erscheinung muss es eine Zuordnung geben). Wenn wir gesetzmäßige Beziehungen zwischen den Erscheinungen entdecken, erkennen wir somit zugleich gesetzmäßige Beziehungen zwischen den realen Dingen. – Noch in einem anderen Punkt widerspricht Schlick der kantischen Tradition: Es gibt keine *synthetischen Urteile a priori*. Was man für synthetisch a priori gehalten hat, erweist sich bei näherer Analyse entweder als nicht synthetisch oder als nicht a priori.

Große Bedeutung hat nach Schlick die Feststellung von *Koinzidenzen* in unseren Empfindungen. Wenn wir z. B. eine Bleistiftspitze sehen und zugleich berühren, so rechtfertigt es diese Übereinstimmung von Seh- und Tastempfindung, die Bleistiftspitze einem Punkt im objektiven Raum zuzuordnen.

Schlick war der Überzeugung, dass sich die Gesetze und Theorien der Wissenschaft nicht streng beweisen lassen. Alle Aussagen über die Wirklichkeit haben den Charakter von Hypothesen. Sie sind niemals vor der Gefahr sicher, eines Tages widerlegt zu werden.

Seine spezielle Auffassung von Erkenntnis ermöglichte Schlick die Lösung einiger weiterer philosophischer Probleme, z. B. des Leib-Seele-Problems: Die räumlich-zeitlich-quantitative Sprache der Physik und die Sprache der Psychologie können sich auf dieselbe Wirklichkeit beziehen. Schlick spricht von einer Beziehung der *Identität* zwischen dem Physischen und dem Psychischen. Er erkennt allerdings die Wirklichkeit des Psychischen an; es ist für ihn das schlechthin Gegebene. Seine Auffassung ist keine Identitätstheorie im Sinne eines reduktiven Physikalismus.

1924 gründet Schlick den Diskussionszirkel, der sich den Namen „Wiener Kreis" gab. Die Teilnehmer waren philosophisch interessierte Kollegen verschiedener Disziplinen. Zu den regelmäßigen Mitgliedern gehörten Rudolf Carnap, Otto Neurath, Hans Hahn, Herbert Feigl, Friedrich Waismann und Kurt Gödel. Der Wiener Kreis hatte das Ziel, eine *wissenschaftliche Weltauffassung* zu entwickeln und zu verbreiten. Er gründet eine gleichnamige Programmzeitschrift. Die Mitglieder des Kreises tragen maßgeblich zu der philosophischen Richtung bei, die man später den logischen Empirismus (auch logischen Positivismus, Neopositivismus) nennen wird. Erheblichen Einfluss auf den Kreis hat Ludwig Wittgenstein. Karl Popper steht in Kontakt zu einigen Mitgliedern und entwickelt seine *Logik der Forschung* in kritischer Auseinandersetzung mit ihnen. Der Kreis besteht bis zu Schlicks Ermordung und löst sich dann auf. Aufgrund der politischen Verhältnisse in Deutschland und Österreich müssen viele ehemalige Mitglieder fliehen oder werden vertrieben.

Die Diskussionen im Wiener Kreis, vor allem aber der Einfluss Wittgensteins, den Schlick sehr verehrt, bewirken einen Wandel in seinem Denken. Er sprach selbst von einer „Wende der Philosophie" (Schlick 1931). Hatte er früher die philosophischen Probleme, vor allem solche der Erkenntnistheorie, als wichtig erachtet und eingehend behandelt, so kommt er nun zu der Auffassung, dass die philosophischen Probleme überhaupt keine echten Fragen, sondern sinnlose Aneinanderreihungen von Worten seien. An ihre Stelle sollen Fragen nach dem Sinn von Sätzen treten. Philosophie wird zu reiner Sprachphilosophie; ihre Aufgabe ist die Klärung des Sinnes von Sätzen.

In Schlicks späteren Schriften findet man weiterhin das neopositivistische *Verifikationsprinzip* in verschiedenen Formulierungen, nach dem der Sinn eines Satzes in der Methode zu sehen ist, mit der man feststellen kann, ob er wahr oder falsch ist. Das Sinnkriterium soll vor allem dazu dienen, die Sätze der Metaphysik als sinnlose Aneinanderreihungen von Worten zu erweisen.

Die Untersuchungen zur Verifikation und Falsifikation von Sätzen führen in den 1930er Jahren zu einer längeren Debatte über die Rolle der *Protokoll-* oder *Beobachtungssätze*. Die Diskussion zwischen Carnap, Neurath und später auch Popper erbringt u. a. das Ergebnis, dass auch Beobachtungssätze als grundsätzlich revidierbar anzusehen sind und insofern nicht als absolut sicher gelten können. Dagegen bringt Schlick vor, dass es doch eine Art von Beobachtungsaussagen gäbe, denen absolute Gewissheit zukomme (Schlick 1934). Er nennt sie *Konstatierungen*. Sie sind von der Form „Hier jetzt so und so". Sie drücken Erlebnisse der Verifikation oder Falsifikation aus und können daher nicht am Anfang des Erkenntnisprozesses stehen. Dennoch sah Schlick in ihnen das „Fundament" der Erkenntnis.

Wenn man auf den Wandel in Schlicks Denken hinweist, so muss man zugleich auch dessen Kontinuität in einigen Punkten beachten. So findet sich z. B. die Kritik des synthetischen Apriori, ein zentraler Punkt des logischen Empirismus, bereits in Schlicks frühen Werken. Weiterhin äußert er schon 1918 die Vermutung, dass manche der großen philosophischen Probleme einfach nur falsch gestellt seien.

Schlick befasst sich auch mit Fragen der Ethik, Ästhetik und der Lebensweisheit. Er lehnt eine Pflichtethik ebenso ab wie eine Wertethik und vertritt eine Ethik des Glücks und der Güte, die er als Teil der Psychologie auffasst. Schlick ist überzeugt, dass zu den größten Quellen des Glücks jene Handlungen gehören, die anderen Glück verschaffen.

Schlick zählt neben Philosophen wie Russell und Wittgenstein zu den Begründern des logischen Empirismus. Er hat dieser Denkrichtung entscheidende Ideen geliefert, die von anderen (Carnap, Feigl) aufgegriffen und weitergeführt wurden. Vor allem sein früheres Werk (Schlick 1918) hat durch seinen Denkstil und durch einzelne Resultate (z. B. zum Realismus, synthetischen Apriori und Leib-Seele-Problem) einen Einfluss gehabt, der sich in der analytischen Philosophie bis heute nachweisen lässt. Dagegen wurde das Verifikationsprinzip und die These vom Scheincharakter der philosophischen Probleme im Zuge der Kritik am logischen Empirismus verworfen.

Literatur: Schlick 1917, Schlick 1918, Schlick 1931, Gadenne 2003, McGuinness 1985, Stadler, Wendel 2009
Webseite: www.moritz-schlick.de

Volker Gadenne

Schmitt, Carl

Geboren 1888 in Plettenberg (Sauerland), gestorben 1985 ebendort. Jurastudium in Berlin, München, Straßburg. Promotion zum Dr. jur. 1910 bei Fritz van Calker, Habilitation 1916 in Straßburg. Nach Entlassung aus dem Heeresdienst Dozent in München, wo er Max Weber kennenlernt. Lehrstühle in Greifswald, Berlin, Köln und wieder Berlin. Vor 1933 Berater der Reichswehr, 1933–36 Jurist im Dienste des NS-Regimes, nach dem Krieg Entlassung aus dem Staatsdienst, zunächst ohne Pension, ab 1952 erhält er eine Rente. Eine Professur sowie die Mitgliedschaft in der Vereinigung der deutschen Staatsrechtslehrer bleiben ihm jedoch versagt.

Schmitt ist ein juristisch geschulter Staatsdenker, politischer Philosoph und Geschichtsphilosoph. Er hat eine Fülle von Veröffentlichungen zu den unterschiedlichsten Themen vorgelegt (Benoist 2003). Insgesamt besteht sein Werk aus 50 Büchern und nahezu 300 Aufsätzen, Rezensionen und kleineren Beiträgen, die im In- und Ausland eine teilweise zustimmende, teilweise ablehnende Resonanz gefunden haben. Er ist ein meisterhafter Stilist, zugleich aber auch ein provozierender Denker mit einer äußerst spitzen Zunge, der auch vor unbequemen „Wahrheiten" nicht zurückschreckt. Ähnlich wie Thomas Hobbes geht er von einem negativen Menschenbild aus und fürchtet wie dieser Chaos und Bürgerkrieg. Mit seinem Werk *Der Leviathan in der Staatslehre des Thomas Hobbes* (Schmitt 1938) hat er die Hobbes-Interpretation nachhaltig beeinflusst. Sein Fazit des *Leviathan* ist, dass dieses Symbol letztlich gescheitert sei. Allerdings wird seine Sicht auf Hobbes und dessen *Leviathan* heute von einem nicht geringen Teil der Philosophie abgelehnt (Rumpf 1992).

In Fortsetzung der Tradition des europäischen Staatsdenkens knüpft Schmitt aber auch an Niccolò Machiavelli, mit dessen Schicksal er sein eigenes vergleicht, sowie an Jean Bodin („Bodinus"), den Begründer des neuzeitlichen Souveränitätsbegriffs, an. Auch der spanische Theoretiker der katholischen Gegenrevolution, Juan María Donoso Cortés, steht ihm nahe. Mit ihm sieht er im Anarchismus den größten Feind staatlicher Ordnung. Schmitt bezieht in seine Arbeiten neben spanischen vor allem auch französische Philosophen (z. B. Louis de Bonald, Joseph de Maistre, Maurice Hariou) ein und macht sie auf diese Weise in Deutschland bekannt. In seiner Geschichtsphilosophie setzt er sich insbesondere mit dem marxistischen Theoretiker George Sorel auseinader. Im politischen Denken Schmitts lassen sich fünf Phasen unterscheiden (Ottmann 1990):

Phase 1: Staatsrechtlicher Antipositivismus und radikale Kulturkritik (1910–16)
Phase 2: Dezisionismus und staatliche Souveränität (1919–32)
Phase 3: Konkretes Ordnungs- und Gestaltungsdenken (1933–36)
Phase 4: Vom „Leviathan" zum Ende des Jus Publicum Europaeum (1938–50)
Phase 5: Das Politische in der technischen Welt (1950–78).

Schmitt ist Katholik, Ästhet, Etatist (mit späterer Orientierung auf das Reich und den Großraum), Dezisionist und Nationalist. Manche seiner Formulierungen sind sprachliche Meisterwerke. Begriffe wie „dilatorischer Formelkompromiss" (politische Konflikte werden nicht gleich entschieden, sondern auf eine für alle Beteiligten akzeptable Formel gebracht und einer späteren Auseinandersetzung überlassen) und Aussagen wie „Souverän ist, wer über den Ausnahmezustand entscheidet", waren schon zu Lebzeiten ihres Schöpfers in aller Munde. Als einziger Staatsrechtslehrer hat Schmitt darauf hingewiesen, dass die eigentlichen Kämpfe um die Macht im geistigen Bereich der „Metaphysik" und ihrer großen „Bilder" geführt und gewonnen werden (siehe hierzu besonders Schmitt 1938). Die Bedeutung von Symbolen und Mythen für die Herstellung von Legitimität ist ihm sehr wohl bewusst. Schmitt hat unterschiedliche Epochen der deutschen Geschichte miterlebt, kommentiert und z. T. (für kurze Zeit) mitgestaltet: Deutsches Kaiserreich, Weimarer Republik, NS-Regime, Besatzungszeit und Bonner Republik. Ein Teil seines Werkes lässt sich daraus erklären, dass Schmitt Zeitzeuge und politischer Beobachter mit einem analytischen Verstand und dem Hang zu einer scharfen (z. T. verletzenden) Polemik war.

Nach seiner strafrechtlichen Dissertation 1910 wendet sich Schmitt in seiner Habilitationsschrift *Der Wert des Staates und die Bedeutung des Einzelnen* (Schmitt 1914) bereits einem zentralen Thema seines späteren Werkes, der Staatsphilosophie, zu. In seiner Auseinandersetzung mit dem liberalen Verfassungsdenken setzen seine Schriften *Die Diktatur* (Schmitt 1921), *Die geistesgeschichtliche Lage des heutigen Parlamentarismus* (Schmitt 1923), *Der Hüter der Verfassung* (Schmitt 1931), *Legalität und Legitimität* (Schmitt 1932) und *Der Begriff des Politischen* (Schmitt 1932a) starke Akzente. Als Nationalstaat beruht nach Schmitt der Staat auf der „souveränen Diktatur" des durch politisches Selbstbewusstsein individualisierten Volkes. Souveränität ist eines seiner zentralen Themen, wobei er sich eher mit Hermann Heller auf einer Linie bewegt, während er Hans Kelsens Vorstellung vom Staat als Rechtsordnung strikt ablehnt. Schmitt betont die Notwendigkeit eines souveränen Staates, dessen Exponent der (direkt gewählte) Reichspräsident ist. Die parlamentarische Demokratie Weimars hält er für gescheitert, die Gesetzgebungstätigkeit des Parlaments erzeugt seiner Ansicht nach nicht zwangsläufig Legitimität. Gerade mit dem Thema Legitimität politischer Entscheidungen ist Schmitt heute im Zeichen einer zunehmenden Wut der Bürger auf die einsamen Entscheidungen der Politiker wieder „anschlussfähig", indem er versteckte Grundwidersprüche aufdeckt. Besondere Wirkung entfaltet dabei seine Schrift *Der Begriff des Politischen* (Schmitt 1932a), da er darin den (unauflöslichen) Zusammenhang zwischen dem Politischen und der Freund-Feind-Unterscheidung postuliert. Ein Volk ist nur insoweit souverän, als es selbst darüber entscheiden kann, wer sein Feind ist. Diese Arbeit ist Schmitts „großer Wurf" und reicht in seiner Wirkung an Machiavellis *Principe* heran. Insofern ist Schmidt nicht der „Hobbes des 20. Jahrhunderts", wie Helmut Schelsky meint, sondern eher ein moderner Machiavelli. Kaum ein anderes seiner Werke ist – bis heute – so intensiv und kontrovers im In- und Ausland diskutiert worden. Seine Arbeit *Politische Theologie* (Schmitt 1922) ist Ausgangspunkt vor allem theologischer Kontroversen (Kodalle 1973), auch wenn es dabei in erster Linie um die Souveränität geht.

In seiner Schrift *Über die drei Arten des rechtswissenschaftlichen Denkens* (Schmitt 1934) unterscheidet Schmitt zwischen dem naturrechtlichen, dem normativen Denken und dem konkreten Ordnungsdenken, bei dem er sich ausdrücklich auf Hegels Rechts- und Staatsphilosophie bezieht. Auch der Einfluss Martin Heideggers wird hier besonders deutlich. Das schmittsche Ordnungs- und Gestaltungsdenken reicht zu dieser Zeit bis weit in das Privatrecht hinein. Nachdem Schmitt 1937 bei der nationalsozialistischen Führung in Ungnade gefallen ist, wendet er sich stärker völkerrechtlichen und geschichtsphilosophischen Themen zu. Neben der Erzählung *Land und Meer* (Schmitt 1942) sind besonders seine Arbeiten zum Großraumbegriff breit diskutiert worden. Der Großraum tritt für Schmitt an die Stelle des alteuropäischen Staates. Er postuliert u. a. ein Interventionsverbot raumfremder Mächte und zielt damit direkt auf die USA, die 1917 im Ersten und 1941 im Zweiten Weltkrieg interveniert und damit den Kriegsausgang bestimmt haben. Heute wird die Frage diskutiert, ob die Europäische Union ein solcher Großraum im Sinne Schmitts ist. Mit seinem letzten großen Werk *Theorie des Partisanen* (Schmitt 1963) hat Schmitt eine Diskussion in Gang gesetzt, die nicht nur zu Zeiten des „Kalten Krieges", sondern auch fast fünfzig Jahre nach ihrem Erscheinen immer noch erstaunlich aktuell ist. Wie sollen westliche Demokratien mit dem Phänomen des weltweiten Terrorismus umgehen, ohne ihre grundlegenden Werte (Menschenwürde, Freiheit, Toleranz) zu verraten?

Schmitt hatte eine Reihe bedeutender Schüler, u. a. Ernst-Rudolf Huber, Werner Weber, Ernst Forsthoff und Joseph H. Kaiser (zugleich Schmitts Testamentsvollstrecker). Otto Kirchheimer, der als jüdischer Sozialdemokrat 1937 aus Deutschland emigrieren musste, promovierte 1928 bei Schmitt in Bonn. Ähnlich wie Ernst Fraenkel und Franz L. Neumann stand Kirchheimer Schmitts Ideen zeitweilig nahe, zerstritt sich aber mit ihm nach dem Kriege. Großen Einfluss hatte Schmitt auf Helmut Schelsky und auf (den deutlich jüngeren) Ernst-Wolfgang Böckenförde. Eine lebenslange Freundschaft verband ihn mit Ernst Jünger. Trotz seines Ausschlusses aus offiziellen Einrichtungen (z. B. Vereinigung der deutschen Staatsrechtslehrer) und vom Professorenamt ist er als „virtueller

Gesprächspartner" bei den staatsphilosophischen Debatten auch nach dem Kriege „anwesend". Ende der 1940er, Anfang der 1950er Jahre bildet sich ein Freundeskreis um Schmitt – zunächst informell, später als eingetragener Verein – die sogenannte Academia Moralis, in der man sich regelmäßig zu Vorträgen trifft. Zu dem Freundeskreis gehören – neben Hans Barion und Hans Freyer – auch Nicolaus Sombart, Percy Ernst Schramm, Rüdiger Altmann und Peter Suhrkamp. Viele jüngere Teilnehmer – wie Heinrich Popitz, Roman Schnur, Reinhart Koselleck oder Hanno Kesting – werden später prominente und einflussreiche Professoren.

Schmitts Werke sind in zahlreiche Sprachen übersetzt und z. T. breit rezipiert worden. Das gilt in besonderem Maße für seine Schrift *Der Begriff des Politischen*, an dem sich heute wieder Kontroversen entzünden (Mouffe 2005). Schmitt hat Denker vor allem aus dem konservativen, aber auch aus dem liberalen und dem sozialdemokratischen Milieu angezogen. Armin Mohler, der Privatsekretär Ernst Jüngers, hat hierfür die Unterscheidung in Rechts-, Establishment- und Links-Schmittisten geprägt (im Gegensatz zu „Schmittianern" stehen diese zwar den Ideen Schmitts nahe, gehen gegenüber der Person aber auf Distanz), zu denen dann auch jüngere Wissenschaftler und Wissenschaftlerinnen wie Ingeborg Maus, Ulrich K. Preuss und Herfried Münkler gezählt werden. Zwar fehlt es nach wie vor an einer Gesamtausgabe der Werke Schmitts, mit der großen Biographie von Reinhard Mehring (Mehring 2009) liegt jetzt aber eine umfassende Darstellung der gesamten Spannbreite des Lebens von Carl Schmitt vor. Der Belgier Piet Tommissen hat durch seine „Schmittiana" (Tommissen 1991) dazu beigetragen, Schmitts Werk sowie die Rezeption dieses Werkes in Form eines veröffentlichten Archivs für jedermann zugänglich zu machen. Die Diskussion schmittscher Ideen und Konzepte ist keineswegs beendet, sie folgt vielmehr einem Auf und Ab, das an den Verlauf ökonomischer Konjunkturen erinnert.

Literatur: Schmitt 1922, Schmitt 1932a, Schmitt 1963, Balke 1996, Hofmann 2002, Laak 1993
Bibliographie: Benoist 2003
Webseite: www.carl-schmitt.de

Rüdiger Voigt

Scholem, Gershom

Geboren 1897 als Gerhard Scholem in Berlin, gestorben 1982 in Jerusalem. Trotz des assimilierten jüdischen Elternhauses aktiv in der zionistischen Jugendbewegung, ab 1915 Freundschaft mit Walter Benjamin. Studium der Mathematik, Philosophie und Semitistik in Berlin, Jena, Bern und München, 1922 Promotion. 1923 Emigration nach Jerusalem. 1925–33 Mitglied des Brit Shalom. 1925 Dozent, 1933 Professor für jüdische Mystik und Kabbala an der Hebräischen Universität Jerusalem.

Bis heute dominiert Scholems Werk die von ihm begründete Disziplin der Erforschung der jüdischen Mystik, sein Verständnis des Judentums wird interdisziplinär diskutiert und die Ausstrahlung seiner Darstellung der Kabbala erreichte bereits zu seinen Lebzeiten die bildende Kunst und die Belletristik. Neben der bibliografischen, editorischen und historiografischen Erschließung dieses riesigen Forschungsgebiets auf der Basis historisch-kritischer Philologie liegt Scholems Hauptverdienst – in Auseinandersetzung mit den Vertretern der Wissenschaft des Judentums im 19. Jahrhundert und scharfer Abgrenzung von diesen (Scholem 1944) – in der Neubewertung der Kabbala als maßgeblicher Kraft der jüdischen Kultur- und Geistesgeschichte. Seine Rekonstruktionsarbeit beschränkte sich nicht auf Textüberlieferung, motivgeschichtliche Entfaltung und historische Entwicklung kabbalistischen Denkens, sondern eröffnete mit dialektischem Ansatz Zusammenhänge zwischen Tradition und Offenbarung, Sprache und Schöpfung, Funktion der Symbolik und des Mythos sowie Spannungen in der messianischen Idee vom rabbinischen Judentum bis zum Zionismus. Religionswissenschaftliche Anregungen (Mircea Eliade, Henry Corbin) für diese systematischen, übergreifenden Studien erhielt Scholem durch seine Teilnahme am Eranos-Kreis (1949–79), wobei er sich allerdings nicht auf psychologische und nur bedingt auf phänomenologische Fragestellungen einlässt.

Wenn Scholems Auffassung des Judentums als lebendiger Organismus in gewisser Weise die „theosophische" Vorstellung von der „mystischen Gestalt der Gottheit" (Scholem 1960) reflektiert, entspricht dies seiner Überzeugung, dass zur Kabbala nicht nur eine historische, sondern auch eine metaphysische Ebene gehört. Die Implikationen dieser These durchziehen Scholems Werk wie ein roter Faden, ohne dass er – abgesehen von einer „unhistorischen" Skizze (Scholem 1938) – sein ursprüngliches Vorhaben, eben diese „Metaphysik der Kabbala" zu schreiben, jemals eingelöst hätte. Er hält es vielmehr mit dem wissenschaftlichen Instrumentarium der „destruktiven Kritik" der Vernunft allein für undurchführbar. Für die von ihm angenommene kabbalistische Perspektive historischer Realitäten verwendet er gleichwohl den Begriff „Historiosophie", mit dem die Interpretation der jüdischen Geschichte gemeint ist, wie er sie sich terminologisch und konzeptionell in der kabbalistischen Literatur erschloss. Dass sein Entwurf der jüdischen Mystik entweder als wissenschaftlich recherchierte „Gegen-Geschichte" (Biale 1979) gefeiert oder zugespitzt als nihilistische Ersatzkonstruktion des halachischen Judentums verdammt werden konnte, liegt nicht zuletzt an der Bandbreite von Scholems deutscher und hebräischer Rhetorik, die er mitunter so rigoros einsetzte, dass sie ambivalente Deutungen provozierte. Sein Neuansatz schließt auch die kompromisslose Abtrennung „pseudo-kabbalistischer" Elaborate vom Strom authentischer Kabbala ein, was Scholem immerhin für philologisch nachweisbar hält. Die „Philologie der Kabbala" wird zum „Eckstein" einer „neuen Wissenschaft des Judentums" (Schäfer 1995) und ist die einzig angemessene wissenschaftliche Beschäftigung mit diesem Gegenstand.

Die Dimension der jüdischen Mystik gehört seit der Frühzeit des Judentums untrennbar zu seiner Geschichte, wie Scholem erstmals in einem Gesamtentwurf zeigt (Scholem 1941), den er durch eine Monographie über die Anfänge der Kabbala, die ab dem Mittelalter die Mystik prägte (Scholem 1962), ergänzt. Zu Charakteristika der Mystik gehören neben einer vorrangig auf *communio* (seltener *unio mystica*) ausgerichteten Gottesbeziehung auch Kontinuität mit und innovativer Widerspruch zu den autoritativen Quellen der jüdischen Tradition: Die Tora ist Dreh- und Angelpunkt des mystischen Weltverständnisses, denn ihre hebräischen Buchstaben konstituieren Offenbarung und Schöpfung. Die „unendliche Sinnfülle" der „Sprache Gottes" legt die Ausdrucksmöglichkeiten der Kabbalisten (Scholem 1970) fest, die die Tora symbolisch erklären und als Quintessenz mit dem Namen Gottes identifizieren, um ihre mystische Erfahrung zu beschreiben. Ebenso bestimmt sie die historische Analyse des Forschers, der sich bei der adäquaten Deutung der kabbalistischen Symbole zunächst in der gleichen Situation der Sprachlosigkeit befindet wie der Mystiker selbst, und ihnen nur durch die symbolische Lesart der jüdischen Geschichte bzw. Tradition auf die Spur kommen kann – vorausgesetzt, er lässt sich auf die sakrale Bedeutung der Symbole ein; erst dann wird das verborgene Wort Gottes in der mystischen „Sprachwerdung" kommunizierbar. Scholem veranschaulicht diese Korrelation anhand des Reservoirs an Symbolen, auf das er in der lurianischen Kabbala stößt. Die biblischen Kategorien von Schöpfung, Exil und Erlösung werden darin auf Begriffe gebracht, die in implizitem Zusammenhang mit der historischen Erfahrung von Vertreibung und Verfolgung sowie der Interdependenz von Heiligkeit und Sünde stehen. Konsequenterweise sind für Scholem scheinbar deviante Formen der Kabbala, wie die häretische Theologie der Sabbatianer, nur die andere Seite der jüdischen Mystik, gehören aber ganz wesentlich zu ihrem dialektischen Potenzial.

Der umstrittene Essay *Erlösung durch Sünde* (Scholem 1937) steht bis heute im Mittelpunkt einer Debatte, in der Scholem vorgeworfen wird, er sei gerade bei der zentralen These, dass der vom Sabbatianismus angestiftete antinomistische Angriff auf den rabbinischen Gehalt des Judentums diesem erst den Weg für Aufklärung und Säkularisierung gebahnt hat, den historischen Nachweis schuldig geblieben. Mithin habe sich nur seine eigene Sympathie für subversive Denkweise verraten, zu der auch seine Vorliebe für Gnosis (Erklärungsmodell kabbalistischer Geheimnisse), Magie (primitive Begleiterscheinung der Mystik) und Mythos (Reaktivierung eines vorinstitutionellen Stadiums der Religion) zählt. Als Schlüssel zur Beurteilung dieser mutmaßlichen Dominanz anarchisch-nihilistischer Tendenzen stellt Scholem – mit den Worten Wilhelm Diltheys – seiner detailreichen Synthese zum Sabbatianismus (Scholem 1957) die Erkenntnis voran, dass „Paradoxie ein Merkmal der Wahrheit ist".

Nicht nur die kabbalistische Tradition, sondern auch der Messianismus ist ein widersprüchliches Phänomen, zielt er doch auf ein Absolutum, das er historisch nie erreichen kann und bereitet damit gleichzeitig sein eigenes Scheitern vor (Scholem 1959). Der Zionismus – für Scholem nur in der Weiterführung von Achad Haams Ideen und der Ablehnung des Revisionismus gangbar – hätte dieser Aporie ausweichen können, wenn er die Gefahr des Nationalismus gebannt hätte und wenn Politik von Religion getrennt geblieben wäre. Tatsächlich zog sich Scholem, dem vor der *Shoa* weniger an der Staatsbildung als an der geistigen Erneuerung im Land Israel gelegen war, auf die Position eines „esoterischen Zionisten" zurück, was ihn nicht hinderte, öffentlich Stellung zu gesellschaftspolitisch brisanten Themen zu nehmen, wie seine streitbare Position gegen Hannah Arendts *Eichmann in Jerusalem* oder sein Verdikt „Wider den Mythos vom deutsch-jüdischen ,Gespräch'" (Scholem 1964) belegen.

Das intellektuelle Profil Scholems und sein geistiger Werdegang lassen sich mit den posthum publizierten Tagebüchern der Jahre 1913–23 (Scholem 1999) und Briefen aus den Jahren 1914–82 (Scholem 2000) besser nachzeichnen als es mit seinen autobiographischen Schriften und Forschungsarbeiten möglich war; dadurch verändert und verstärkt sich zunehmend auch die philosophische Wahrnehmung seines Gesamtwerks, obwohl er bereits jetzt als „Klassiker der Judaistik" und als einer der wichtigsten Interpreten des Judentums im 20. Jahrhundert gilt (Dan 1995). Dieser Bedeutung wird Scholem nicht nur als Kabbala-Forscher gerecht, sondern auch als Übersetzer der „mythopoetischen Symbolwelt" für das moderne Denken (Funkenstein 1995). Durch seine dialektische Auffassung von Tradition und Säkularisierung kann er das Welt- und Wirklichkeitsverständnis des zeitgenössischen Judentums erklären. Vier Beispiele stehen dabei modellhaft im Vordergrund: die Auffassung von Franz Rosenzweigs *Stern der Erlösung* (Rosenzweig 1921) als *theologia mystica*, die Einschätzung von Walter Benjamin als Verfechter eines radikalen Messianismus und als „Sprachmystiker", der vice versa Scholems Sprachtheorie der Kabbala inspirierte, die Lesart von Franz Kafkas Schriften als „säkularisierte Darstellung des kabbalistischen Weltgefühls" (Scholem 1970, 271) und Samuel Joseph Agnon, dessen dialektische Haltung zur Überlieferung als Schriftsteller dem Wissenschaftler Scholem wesensverwandt war.

Obwohl nach eigenem Verständnis Religionshistoriker, artikulierte Scholem auch Merkmale einer zeitgemäßen jüdischen „Theologie", wie er – aus einer dezidiert nicht-orthodoxen und genauso wenig atheistischen Perspektive – seine Reflexionen über religiöse Grundfragen, beispielsweise nach der Legitimität autoritativer Quellen von Offenbarung und Tradition und den daraus ableitbaren ethischen Werten, nennt. Auch ohne den „archimedischen Punkt" des Glaubens an den göttlichen Charakter der Tora hält Scholem die Möglichkeit mystischer Formulierungen offen; aber nicht das kabbalistische „Nichts der Offenbarung" ist seine Antwort auf das Ringen zwischen Religion und Säkularisation: Er geht vielmehr von einer Offenbarung aus, die sich, nach einem hebräischen Wortspiel aus rabbinischer Zeit, nicht nur als auf den beiden biblischen Bundestafeln „eingegraben" findet, sondern sich auch als „Freiheit" lesen und als Mut zu neuen Interpretationen verstehen lässt (Scholem 1974).

Literatur: Scholem 1941, Scholem 1962, Scholem 1974, Biale 1979, Dan 2007, Schäfer, Smith 1995
Bibliographie: Israelische Akademie der Natur- und Geisteswissenschaften u. Hebräische Universität Jerusalem 1977

Gerold Necker

Schütz, Alfred

Geboren 1899 in Wien, gestorben 1959 in New York. Philosoph und Soziologe. Schüler von Edmund Husserl und Ludwig von Mises. 1917 freiwilliger Kriegsteilnehmer. 1919–21 Studium von Nationalökonomie und Jura in Wien. Danach Beginn der Arbeit als Bankangestellter, weil ihm aufgrund antisemitischer Restriktionen die Universitätslaufbahn verwehrt war. 1938 Flucht nach Frankreich, 1939 Emigration in die USA. Ab 1943 nebenberuflicher Dozent an der New School in New York, ab 1952 dort Professor für Soziologie und Philosophie.

Alfred Schütz entwickelte seine philosophischen Überlegungen aus einer komplexen theoretischen Konstellation heraus: erstens den handlungstheoretischen und ökonomischen Positionen der Österreichischen Schule der Nationalökonomie, in deren Zentrum die subjektiven Wahlakte der ökonomischen Akteure standen; zweitens Max Webers Grundlegung der verstehenden Soziologie im sinnhaften Handeln. Der methodologische Individualismus, das Postulat der Wertfreiheit und die idealtypische Methode sind wichtige Bezugspunkte für Schütz. Gleichzeitig dient ihm der webersche Ansatz als Ausgangspunkt für seine eigene, sein gesamtes Werk grundierende Problemstellung: die Lösung der philosophischen Probleme der Sinnkonstitution und der Intersubjektivität. Die Grundlagen dafür sucht Schütz in einer ersten Phase (bis etwa 1929) in der Philosophie Henri Bergsons und insbesondere in dessen zeitphilosophischem Konzept der Dauer (*durée*). Hier gewinnt er Alternativen zur neukantianischen Erkenntniskritik und insbesondere zum logischen Positivismus des Wiener Kreises um Otto Neurath und Rudolf Carnap. Aus dieser Dreieckskonstellation heraus entwirft er ein erstes Theoriekonzept in dem Fragment „Lebensformen und Sinnstruktur" (Schütz 1925). Allerdings erweist sich Bergson wegen der prinzipiellen Unzugänglichkeit der reinen Dauer als problematische Grundlage einer Theorie der Sinnkonstitution.

Schütz beginnt deshalb mit der Rezeption der pragmatischen Phänomenologie Max Schelers und – auf Anraten seines Freundes Felix Kaufmann – Edmund Husserls Phänomenologie. Hier findet er eine tragfähigere Grundlage für die Lösung seiner Probleme. Gerade die mit Bergson vorbereitete Temporalisierung der Sinnkonstitution kann er mit Husserls Begriffen deutlich präziser fassen. Auch das Problem der Intersubjektivität scheint ihm in dieser ersten Phase der beinahe enthusiastischen Rezeption der Phänomenologie einer Lösung sehr nahe.

In seiner ersten und einzigen veröffentlichten Monographie *Der sinnhafte Aufbau der sozialen Welt. Eine Einleitung in die verstehende Soziologie* (Schütz 1932) entwirft er eine Konstitutionstheorie der sozialen Welt. Ausgehend von Webers Handlungs- und Sinnbegriff beginnt er mit einer Analyse der Sinngenese im einsamen Ich (§§ 7–18), die vor allem auf Husserls *Phänomenologie des inneren Zeitbewußtseins* zurückgreift (Husserl 1928). Sinn wird dabei als je gegenwärtige, selektive und reflexive Bezugnahme auf ein abgelaufenes Erlebnis gefasst. Jede Selbstauslegung erfolgt dabei vor einem Horizont von sedimentierten, fraglos gegebenen Erfahrungs- und Deutungsschemata. Nicht nur der Sinnbegriff wird auf seine zeitlichen Grundlagen hin bestimmt, sondern auch der Handlungsbegriff, und das in zweierlei Hinsicht: Zum einen wird Handeln als eine auf Zukünftiges gerichtete spontane Aktivität in ihrem Ablauf von der vollzogenen Handlung, dem Ziel des Handelns, unterschieden, zum anderen danach, ob es durch etwas in der Zukunft liegendes (Um-zu-Motiv) oder aber aus vergangenen Erlebnissen (Weil-Motiv) motiviert wird.

Im Anschluss an diese Entwicklung des Selbstverstehens erfolgt eine Analyse des Fremdverstehens (§§ 19–28). Ausgehend von Schelers Begriff der „natürlichen Weltanschauung" entwickelt Schütz die Grundzüge einer Theorie des Fremdverstehens: Das Verstehen des Anderen vollzieht sich in Gleichzeitigkeit anhand der zeichenhaften Erfassung fremden Erlebens. In Prozessen der Interaktion entstehen durch die wechselseitige Abstimmung der je subjektiven Erfahrungsschemata soziale, intersubjektiv geteilte Muster der Erfahrungsverarbeitung.

Dieses geteilte, typenhafte Wissen wird in einem weiteren Schritt zur Grundlage der Konstitution der Sozialwelt vom Individuum aus, zum einen in der Wir-Beziehung der sozialen Umwelt und zum anderen in der anonymen Ihr-Beziehung der sozialen Mitwelt. In den Prozessen der Interaktion und Kommunikation vollziehen sich Sinnsetzungsprozesse, in denen sich der Aufbau der sozialen Wirklichkeit vollzieht.

Den Schluss des *Sinnhaften Aufbaus* bilden methodologische Überlegungen zur Position der Sozialwissenschaften und zum Begriff des Idealtypus. Dabei versucht Schütz, Mises' „begreifende Ökonomik" mit Webers „verstehender Soziologie" zu amalgamieren, indem er Sozialwissenschaft als Einordnung subjektiver Sinnzusammenhänge in den objektiven Sinnzusammenhang der Wissenschaft fasst mit dem Ziel der Untersuchung „invariante[r] eigenwesentliche[r] Strukturen".

Mit dem *Sinnhaften Aufbau* hat Schütz den Kern seines Denkens entwickelt und die Konturen seines weiteren Werkes vorgezeichnet. Auf den letzten Seiten des Werkes werden das Problem der soziologischen Person, das Problem der Relevanz und die Konstitution des Du als Desiderata benannt. Entsprechend beginnt Schütz in den 1930er Jahren an den *Personalitätsmanuskripten* (Schütz 1936, 1937) zu arbeiten, die insbesondere die pragmatische Komponente seiner Handlungstheorie betonen. Parallel dazu beginnt er seine methodologischen Überlegungen auf Anregung seiner Freunde Fritz Machlup und Friedrich August von Hayek weiter auszuführen und in der Auseinandersetzung mit Talcott Parsons weiter zu schärfen. Gegen Ende der 1940er Jahre kann er schließlich seine Überlegungen zu einer Theorie der Selektivität in den *Relevanzmanuskripten* (Schütz 1951) ausformulieren.

In den Vereinigten Staaten kann Schütz über seine Kontakte aus der phänomenologischen Bewegung intellektuell relativ schnell Fuß fassen. Er ist an der Gründung der *International Phenomenology Society* beteiligt und gewinnt über deren Zeitschrift *Philosophy and Phenomenological Research* eine wichtige Publikationsmöglichkeit. Als einer der späten Schüler Husserls war er an der Verbreitung, aber auch der kritischen Weiterentwicklung der Phänomenologie sehr interessiert.

Mit der Emigration beginnt er auch die pragmatistischen Ansätze (James, Dewey, Mead) intensiv zu rezipieren. Diese bestärken ihn in seiner Distanzierung von der transzendentalen Perspektive der Phänomenologie und führen zu einer stärkeren Betonung des pragmatischen Motivs: Mundane Intersubjektivität bildet sich in der Verschränkung von Wirkhandlungen, insbesondere von Kommunikationen. Zentral bleibt für Schütz Husserls Begriff der Lebenswelt, allerdings pragmatisch fundiert. Die alltägliche Wirklichkeit als Kernbereich der Lebenswelt bildet den Rahmen für subjektive Sinnkonstitutionsprozesse, die somit in einer immer schon vorhandenen mundanen Sozialität erfolgen. Die *Strukturen dieser Lebenswelt* (Schütz, Luckmann 1979) in ihrer Typizität und mit ihren Relevanzstrukturen zu erschließen, war das Anliegen von Schütz' unvollendet gebliebenem Abschlusswerk.

Alfred Schütz' Hauptwerk, der *Sinnhafte Aufbau*, wurde kaum rezipiert, eine zweite Auflage erschien erst nach seinem Tod. Von den kurz nach dem Tod veröffentlichten *Collected Papers* haben sich die Anschlüsse an die phänomenologische Begründung der Soziologie breit aufgefächert: in den Sozialkonstruktivismus von Peter L. Berger und Thomas Luckmann (Berger, Luckmann 1966), die Ethnomethodologie von Harold Garfinkel und Aaron Cicourel, die Interaktionsanalysen von Erving Goffman, die Grounded Theory von Anselm Strauss. In den deutschen Diskurs wurde Schütz durch Jürgen Habermas' *Logik der Sozialwissenschaften* (Habermas 1967) wieder eingeführt und erlebt seit den 1970er Jahren eine Renaissance. Bezugnahmen auf die philosophischen Theoreme von Alfred Schütz finden sich insbesondere im Konstanzer Kreis um

Thomas Luckmann und bei Bernhard Waldenfels sowie jüngst bei Joachim Renn (Renn 2006), der darin wichtige Bausteine für seine Theorie der Gesellschaft findet.

Literatur: Schütz 1932, Schütz 1936, Schütz 1937, Schütz, Luckmann 1979, Barber 2004, Endreß 2006, Srubar 1988

Gerd Sebald

Seidel, Helmut

Geboren 1929 in Welkersdorf in Schlesien (heute: Rząsiny/Lwówek Śląski), gestorben 2007 in Leipzig. 1946 Umsiedlung nach Leipzig, 1951 Abitur. Bis 1956 Studium der Philosophie in Moskau bei Michail Lifschitz und Ewald Wassiljewitsch Iljenkow, Promotion 1961 in Leipzig, 1966 Habilitation ebendort. 1969–90 Lehrstuhl für Geschichte der Philosophie am Institut für Philosophie der Universität Leipzig. Mitglied der Leibniz-Sozietät (ab 1995) und Präsident der Rosa-Luxemburg-Stiftung Sachsen (1998–2000).

Seidel ist mit seiner Habilitationsschrift *Philosophie und Wirklichkeit* (Seidel 1966) der Begründer der sogenannten *Praxisphilosophie* in der DDR (s. Peter Rubens Konzeption von Wissenschaft als allgemeiner Arbeit, Ruben 1978). Mit seiner Orientierung auf die vom jungen Marx als systematisch bedeutsam hervorgehobene *tätige Seite* (*Praxis*) im Denken als *Zentralkategorie* eines modernen Marxismus hat er eine eigene originelle Rekonstruktion der marxschen Theorie unternommen. (Seidels philosophisches Werk steht in der Tradition der (kantischen) Subjekt-Philosophie. Es entwickelt sich aus dem Geist der transzendentalen Logik. Ganz im Sinne Kants kann Seidel sagen: *Die Grenzen meiner – transzendentalsubjektiven – Aktivitäten sind die Grenzen meiner Welt.*) Damit wird das bis dahin dominierende Interpretations-Paradigma von der sogenannten *Grundfrage der Philosophie* überwunden, derzufolge im Streit zwischen Materialismus und Idealismus eine wissenschaftliche Philosophie – parteilich – für den Materialismus zu optieren hat.

Da allerdings international zeitgleich viele reformorientierte Marxisten, u. a. in Zagreb (in der Zeitschrift *Praxis*), in Prag (Jiri Cerny), Budapest (Hermann István, Agnes Heller) oder Warschau (Adam Schaff), den Marxismus auch als Subjektivitäts- bzw. Handlungstheorie oder Anthropologie begreifen, wird dieser seidelsche Denkeinsatz in Leipzig sofort unter „Revisionismus"-Verdacht gestellt, abgebrochen und Seidel parteilich abgestraft.

Helmut Seidel wird maßgeblich durch Ewald Iljenkow auf Spinoza und das Freiheitsdenken des Deutschen Idealismus hin orientiert. Seidels erste philosophische Edition als Leipziger Dozent war 1966 die Herausgabe von Spinozas *Theologisch-politischem Traktat* im Reclam-Verlag Leipzig, dessen Interpretationsmittelpunkt die von Spinoza im Abschlusskapitel formulierte Idee der *Gedankenfreiheit* bildet: In einem freien Staat muss jedem erlaubt sein, zu denken, was er will und zu sagen, was er denkt. – Helmut Seidel hat auch im Hörsaal immer wieder die Warnung Spinozas vor denjenigen wiederholt, die gedankenarm aber lautstark verkündeten, „sie besäßen etwas, das höher steht als die Vernunft". Diese Textstelle des Spinoza hatte sich schon Marx in sein Notizbuch notiert. Seidel wollte damit seinen Studenten diese unbedingte Idee der universellen *Einen* Vernunft ans Herz legen, der gegenüber alle „parteilichen" oder „transversalen" Relativierungen bzw. Instrumentalisierungen der Vernunft zurückzustehen haben. Das war seinerzeit im Gerangel mit der Parteiorthodoxie nicht ungefährlich, wie es auch in der geistigen Situation von heute noch nicht abgegolten ist. Seidel hat sich auch nach seiner Zwangsemeritierung 1990 immer wieder mit Vorträgen und Büchern (Seidel 1994, 1997) zur Verteidigung aufklärerischen Denkens am öffentlichen Diskurs beteiligt.

Seine fakultätsübergreifenden Vorlesungen zur Geschichte des philosophischen Denkens zwischen griechischer Antike und europäischer Aufklärung wurden in vier Bänden veröffentlicht (Seidel 1980, 1984, 1990, 2010).

Literatur: Seidel 1964, Seidel 2009, Caysa, Eichler 1994, Neuhaus, Neuhaus 2008, Stölting 1969

Steffen Dietzsch

Simmel, Georg

Geboren 1858 in Berlin, gestorben 1918 in Straßburg. Studium der Philosophie, Geschichtswissenschaft, Völkerpsychologie und Kunstgeschichte in Berlin. Promotion 1881 mit einer Arbeit über das Wesen der Materie in Kants Physischer Monadologie, Fortsetzung der Kant-Studien. 1885 Habilitation an der Berliner Universität, dort bis 1900 Privatdozent mit philosophischen und soziologischen Lehrveranstaltungen. 1900 Extraordinarius für Philosophie, 1914–18 ordentlicher Professor für Philosophie an der Universität Straßburg.

In philosophiegeschichtlicher Hinsicht ist Georg Simmel wiederholt als eine Übergangserscheinung bezeichnet worden. Damit ist gemeint, dass sein Werk eine Brücke zwischen dem europäischen Positivismus und den Evolutionslehren des 19. Jahrhunderts, der neukantianischen Kulturphilosophie der Jahrhundertwende sowie der Renaissance des metaphysischen Denkens im 20. Jahrhundert darstellt, der sein lebensphilosophisches Spätwerk den Weg geebnet hat. Zu seinen Lehrern gehören unter anderem Wilhelm Dilthey, Johann Gustav Droysen, Moritz Lazarus, Heymann Steinthal, Eduard Zeller und Adolf Lasson. Seit seinem Studium setzt sich Simmel intensiv mit der Philosophie von Immanuel Kant auseinander und widmet dieser in der Folgezeit zahlreiche Veröffentlichungen. Sein Denken ist ursprünglich stark durch die modernen Entwicklungslehren geprägt und findet zunächst in seinem später nicht weiter verfolgten Programm einer genetischen Zurückführung des Apriori seinen Niederschlag. Simmels Ende der 1880er Jahre aufgenommenen soziologischen Studien stehen unter dem Einfluss der Völkerpsychologie von Lazarus und Steinthal, wobei die von ihm entwickelte Theorie der sozialen Differenzierung – unter dem Einfluss von Theodor Gustav Fechners spekulativem Atomismus – schließlich zu einer Weltformel gerät, mit der er das Wesen des modernen Zeitalters zu begreifen versucht (Böhringer, Gründer 1976, 105 ff.). Innerhalb der neukantianischen Bewegung der Jahrhundertwende steht er Wilhelm Windelband und Heinrich Rickert nahe, deren diesbezügliches Werk er um höchst originelle und eigenwillige Gedankengänge ergänzt. Nach 1900 gerät er zunehmend unter den Einfluss von Wilhelm Dilthey, der ihm das Werk von Schleiermacher zugänglich macht, und mit dem ihn nicht nur sein soziologischer Grundbegriff der „Wechselwirkung", sondern auch seine berühmten Essays über die Geselligkeit und das „individuelle Gesetz" verbinden (Simmel 1910, 1913). Simmels spätere Hinwendung zur Metaphysik verdankt sich spezifisch lebensphilosophischen Motiven, wobei neben Schopenhauer und Nietzsche auch seine Rezeption des Werks von Henri Bergson eine zentrale Rolle spielt (Gassen, Landmann 1958, 9–33).

Simmels Werk liegt die Annahme zugrunde, dass das moderne Zeitalter durch eine antinomische Struktur gekennzeichnet ist, die er zum einen – im Anschluß an den österreichischen Kunsthistoriker Alois Riegl – als Eigentümlichkeit jeder „Übergangszeit" ansieht und die er zum anderen auf die anthropologische Funktion der Parteiung, des Gegensatzes, Kampfes und Konfliktes zurückführt. Erscheinen diese spezifischen Antinomien der Moderne im Unterschied zu der Geschlossenheit des antiken und mittelalterlichen Weltbildes als Zeichen einer epochalen „Stillosigkeit", so versucht Simmel der mit ihr verbundenen „Vielheit der Stile" aber zugleich eine positive zeitdiagnostische Bedeutung abzugewinnen. Er zeigt nämlich, wie man mit solchen Gegensätzen produktiv umgehen kann, ohne sie vorschnell zugunsten einer übergreifenden Einheitsvorstellung aufzulösen. Kennzeichnend für sein Denken ist dabei die Rehabilitierung des *Tertium datur*, bei dem das „Vielleicht" und das „Sowohl-als-Auch" an die Stelle des „Entweder-Oder" tritt (Bloch 1958). Genau dieser Denkstil ist es, der uns Simmel heute „moderner" erscheinen lässt als viele seiner Zeitgenossen und Nachfolger. Dabei ist zugleich dem multiperspektivischen Charakter seines Werkes Rechnung zu tragen. Denn dieses umfasst neben philosophischen Arbeiten im engeren Sinn auch soziologische, kultur- und kunstphilosophische sowie zeitdiagnostische Studien, die zu seiner Berühmtheit beigetragen haben. Er grenzt dabei die Vorgehensweise in den empirisch verfahrenden Einzelwissenschaften strikt von ihrer erkenntnistheoretischen Grundlegung ab (wobei er den Apriorismus Kants auch für die Geschichtswissenschaft und die moderne Soziologie fruchtbar zu machen versucht) und trägt gleichzeitig dem metaphysischen Bedürfnis seiner Zeitgenossen nach einem umfassenden philosophischen Weltbild Rechnung.

Simmels erste soziologische Studien sind in dem Buch *Über sociale Differenzierung* zusammengefasst (Simmel 1890). Es beginnt mit einem Kapitel über die „Erkenntnistheorie der Socialwissenschaft", in dem Simmel erstmals den Begriff der *Wechselwirkung* als ein „regulatives Weltprinzip" einführt und zur Grundlage der von ihm entwickelten Richtung der *Formalen Soziologie* macht. Wechselwirkung und Vergesellschaftung sind für ihn identische Begriffe, wobei Gesellschaft nur noch der „Name für die Summe dieser Wechselwirkungen" ist (Simmel 1890, 131). Dass es Gesetze der historischen und sozialen Entwicklung geben kann, schließt er in diesem Zusammenhang bewusst aus. Simmel löst aber nicht nur den Gesellschaftsbegriff in eine Vielzahl sozialer Wechselwirkungen auf, sondern auch das Individuum erscheint ihm zu dieser Zeit nur als ein „Schnittpunkt socialer Fäden", der berechtigter Gegenstand der modernen historisch-soziologischen Betrachtungsweise ist (ebd., 158). Individualisierung und Vergesellschaftung sind Simmel zufolge korrelative Begriffe. Denn bei fortschreitender sozialer Differenzierung ist jeder Mensch durch spezifische Gruppenzugehörigkeiten bestimmt, die ihn unverwechselbar von anderen Menschen unterscheiden. Insofern ist sie ein „echtes Kulturprinzip" (ebd., 168).

Simmel übernimmt in seiner „großen Soziologie" von 1908 zentrale Gedankengänge dieser Studien und entwickelt sie weiter. Er geht dabei von einigen „apriorischen" Grundannahmen aus, deren eigentliche Stoßrichtung nicht nachvollzogen werden kann, wenn man nicht sein erstmals 1892 und dann 1905 in einer völlig veränderten Fassung erschienenes Buch *Die Probleme der Geschichtsphilosophie* berücksichtigt. Gilt ihm ursprünglich noch die Psychologie als das Apriori der geschichtlichen Erkenntnis, so ist es nun die „formende Produktivität" des Historikers, die eine Antwort auf die Frage geben soll, wie Geschichtsschreibung überhaupt als ein wissenschaftliches Unternehmen möglich sein kann (Simmel 1905, 231). Aufgabe der Geschichtswissenschaft ist es nach Simmel, sowohl die sichtbaren Handlungen als auch die unsichtbaren Zwecke und Gefühle der Menschen in einen verständlichen Zusammenhang zu bringen. Hierzu bedarf es einer Umbildung des vorhandenen historischen Materials durch den Historiker, die seine Arbeit der des Schriftstellers und Künstlers angleicht. Die zu entwickelnde „charakterologische Einheit" beschränkt sich Simmel zufolge jedoch nicht nur auf historische Persönlichkeiten, sondern bezieht sich auch auf die verschiedensten sozialen Gruppen, weshalb sie zu den „apriorischen Voraussetzungen jeder Geschichtsforschung" gehört (ebd., 255). Die dabei unterstellte „Einheit der Person" wird von ihm jedoch nicht als ein Konstrukt des Historikers verstanden, sondern als „eine Art Halbprodukt [...], an dem bereits apriorische Formen der Auffassung wirksam geworden sind" (ebd., 260). Insofern ist auch das „wirkliche Erleben" bereits eine „apriorische Kategorie", woraus Simmel die Schlussfolgerung zieht, dass die Kategorien des Historikers „solche zweiter Potenz" sind (ebd., 291). Voraussetzung für das *Verstehen* der historischen Akteure ist dabei, dass deren Bewusstseinsakte von uns nachgebildet werden können und wir insofern fähig sind, uns in ihre Lage zu versetzen. Dies schließt nach Simmel jedoch nicht aus, dass der Historiker auch Sinnzusammenhänge rekonstruiert, die den Akteuren gar nicht bewusst gewesen sind.

In seinem Buch *Soziologie. Untersuchungen über die Formen der Vergesellschaftung* (Simmel 1908) entwickelt Simmel die Grundzüge seines soziologischen Ansatzes weiter. Er unterscheidet dabei zwischen dem Inhalt bzw. Material und der jeweiligen Form der Vergesellschaftung. Erstere sind mit den Trieben, Interessen und Wünschen der handelnden und erlebenden Individuen identisch, während die Letztere ausschließlich die formale Besonderheit einer Vergesellschaftung zum Ausdruck bringt. Dass eine solche „formale Soziologie" auf eine Berücksichtigung der Motive der jeweiligen Akteure verzichten kann, zeigt Simmel unter anderem am Beispiel der jeweiligen Gruppengröße, der Über- und Unterordnung, dem Streit, der Geheimhaltung, der Kreuzung der sozialen Kreise, der Selbsterhaltung einer sozialen Gruppe, der räumlichen Bedingungen der Vergesellschaftung sowie der durch die soziale Arbeitsteilung und Differenzierung ermöglichte Steigerung der Individualität. Seine in diesem Buch zusammengefassten Studien versteht er dabei bewusst als *Fragmente*, nicht aber als einen systematischen Beitrag zur soziologischen Theoriebildung. Denn zum gegenwärtigen Zeitpunkt, so Simmel, ist es nur über den Weg der *Analogiebildung* möglich, eine Verallgemeinerung des soziologischen Wissens zu erreichen (Simmel 1908, 31, 39).

Dass die objektive soziale Welt dennoch nicht in unzählige amorphe Wechselwirkungen zerfällt, versucht Simmel im Soziologie-Buch in Gestalt eines zum ersten Mal unternommenen Versuchs einer *apriorischen* Grundlegung seiner Soziologie deutlich zu machen. Dem „Exkurs: Wie ist Gesellschaft möglich?", mit dem das Buch anhebt, liegt die Vorstellung zugrunde, dass der Untersuchungsgegenstand des Historikers und Sozialwissenschaftlers im Unterschied zu dem des Naturwissenschaftlers selbst bereits durch Synthesen gekennzeichnet ist, die für diesen Zusammenhalt des Sozialen sorgen. Ihm zufolge gibt es drei „soziologische Apriloritäten", die bewirken, dass die soziale Welt auch unabhängig vom professionellen Blick des soziologischen Beobachters bereits sinnhaft strukturiert ist. Simmel nennt in diesem Zusammenhang die soziale Typisierung des Individuellen, die Nichtreduzierbarkeit des Individuums auf allgemeine Merkmale sowie dessen unverwechselbare Position innerhalb der Gesellschaft als Voraussetzung dafür, dass gesellschaftliches Leben überhaupt möglich ist (Simmel 1908, 46 ff.).

Simmel hat diese Überlegungen der *Sozialphilosophie* zugeordnet und insofern von seinem formalsoziologischen Ansatz bewusst abgegrenzt. Sie stellen ihm zufolge nämlich die Bedingungen der Möglichkeit der Vergesellschaftung sowie ihrer soziologischen Erkenntnis dar. Seine *Philosophie des Geldes* (Simmel 1900) versucht dagegen dem „metaphysischen" Bedürfnis nach einer einheitlichen Deutung der modernen Welt Rechnung zu tragen. Warum er dabei ausgerechnet das Geld zum Ausgangspunkt der Rekonstruktion eines entsprechenden objektiven Sinnzusammenhangs gemacht hat, lässt sich nur durch eine minutiöse Lektüre dieses Werkes erschließen. In dessem ersten, dem sogenannten *analytischen* Teil unternimmt Simmel eine ausführliche werttheoretische Fundierung des Geldes. Der ökonomische Wert eines Gutes stellt ihm zufolge einen rein intersubjektiven Tatbestand dar, weil der Wert des Opfers bzw. des Konsumverzichts eines Menschen zugleich der Gegenstand des Begehrens eines anderen Menschen ist. Im Akt des Tauschens werden Simmel zufolge somit zwei verschiedene Begehrungsintensitäten miteinander verglichen. Dadurch entsteht der Eindruck, dass sich die getauschten Gegenstände ihren Wert jeweils gegenseitig zusprechen, ohne dass noch ein Bezug auf den tauschenden Menschen erforderlich wäre (Simmel 1900, 52 ff.). Dies ist zugleich der Ausgangspunkt eines Objektivationsprozesses des wirtschaftlichen Wertes, den Simmel als Urbild aller anderen Formen der Verselbständigung von rein intersubjektiven Sachverhalten zu eigengesetzlich verlaufenden Sozialprozessen ansieht (ebd., 93 ff.).

Im *synthetischen* Teil stellt Simmel dagegen die Auswirkungen der Geldwirtschaft auf die moderne Kultur dar, wobei er den engen historischen Zusammenhang zwischen der Entfaltung der Geldwirtschaft und der individuellen Freiheit in der europäischen Neuzeit verdeutlicht sowie verschiedene Formen der Monetarisierung von ursprünglich rein personalen Werten analysiert. Hier zeigt Simmel zum einen, wie die Entfaltung der Geldwirtschaft mit einer zunehmenden Rationalisierung und Intellektualisierung aller Lebensbereiche im Sinne einer allgemeinen Steigerung der Berechenbarkeit einhergeht; zum anderen stellt er nun erstmals die Grundzüge seiner Kulturtheorie dar. Dieser zufolge treten die *objektive Kultur* und die *subjektive Kultur* zunehmend auseinander, weil der einzelne Mensch aufgrund der fortschreitenden gesellschaftlichen Arbeitsteilung immer weniger in der Lage ist, sich in dem historisch erreichten Stand der Kulturentwicklung persönlich wiederzuerkennen und diesen für seine eigene Lebensführung fruchtbar zu machen (Simmel 1911). Simmel weist in diesem Zusammenhang darauf hin, dass das Geld dabei das adäquate Symbol für den allgemeinen Relativitätscharakter des Seins darstellt (Simmel 1900, 591 ff.).

Das im Jahr seines Todes erschienene Alterswerk *Lebensanschauung* (Simmel 1918) versucht in vier „metaphysischen Kapiteln" diesem Relativitätscharakter des Seins in lebensphilosophischer Hinsicht Rechnung zu tragen. Die ursprüngliche Frage, wie eine Objektivität des wirtschaftlichen Wertes möglich ist, wird nun zur Frage nach dem Objektivwerden des Lebens verallgemeinert. Simmel hat dies im Begriff der *Transzendenz des Lebens* zum Ausdruck gebracht. In ihr wird der Gegensatz zwischen dem Absoluten und dem Relativen aufgehoben, weil das Leben nicht nur zu einem „Mehr-Leben", sondern auch zu einem „Mehr-als-Leben" drängt, welches das Wesen des „geistigen Lebens" darstellt. Dieser Dualismus ist es, in dem sich die Einheit des Lebens vollzieht. Die „große Achsendrehung des Lebens", die Simmel zufolge mit der „Wendung zur Idee" einhergeht, bezeichnet den schöpferischen Charakter des Lebens, das damit zugleich über sich selbst hinausweist.

Simmels Werk hat der Philosophie und der Soziologie des 20. Jahrhunderts wichtige Anstöße gegeben. Ihm ist es zu verdanken, dass die Marxismus-Diskussion seit der Jahrhundertwende eine philosophische Tiefenschärfe anzunehmen beginnt, die in Georg Lukács' Buch *Geschichte und Klassenbewußtsein* (Lukács 1923) ihren ersten Höhepunkt findet und die sich später auch in den kulturtheoretischen Schriften von namhaften Vertretern der Kritischen Theorie niedergeschlagen hat. Simmels eigene Zeitdiagnose, wie er sie in seiner *Philosophie des Geldes* entwickelt hat, stellt aber nicht nur die verborgene Klammer einer im Laufe des 20. Jahrhunderts in zahlreiche Einzelströmungen ausufernden Kulturkritik dar, sondern zugleich einen sublimen Dialog mit der gesamten philosophischen Tradition des Abendlandes, der bis zu den Vorsokratikern zurückreicht, auf deren uralte Seinsfrage Simmel mit dem Versuch eines „modernen Heraklitismus" eine zeitgemäße Antwort zu geben versucht hat. Sein Werk hat ferner der deutschen Soziologie entscheidende Impulse gegeben. Insbesondere sein Bestreben, die Kapitalismusproblematik nicht einseitig auf eine Geschichte von Klassenkämpfen zu reduzieren, sondern die intimen Verwandtschaften zwischen einer voll entfalteten Geldwirtschaft und den kulturellen Erscheinungsformen des okzidentalen Rationalismus aufzuspüren, hat seinen Niederschlag in den entsprechenden Arbeiten von Werner Sombart, Max Weber und Max Scheler gefunden. Die von ihm aufgeworfene Relativismusproblematik ist ferner in der von Karl Mannheim entwickelten Variante der modernen Wissenssoziologie wieder aufgegriffen und produktiv weiterentwickelt worden.

Literatur: Simmel 1890, Simmel 1900, Simmel 1911, Böhringer, Gründer 1976, Gassen, Landmann 1958, Lichtblau 1997
Hilfsmittel: Georg-Simmel-Gesellschaft 2000
Webseiten: www.simmel-gesellschaft.de; http://socio.ch/sim

Klaus Lichtblau

Sohn-Rethel, Alfred

Geboren 1899 in Paris, gestorben 1990 in Bremen. 1928 Promotion in Heidelberg mit einer Arbeit über Schumpeter bei Emil Lederer. Nach zweijährigem Kuraufenthalt in Davos ab 1931 Mitarbeit beim Mitteleuropäischen Wirtschaftstag e. V. und Beteiligung am Widerstand gegen die Nationalsozialisten. 1936/37 Flucht über die Schweiz und Frankreich nach England. 1938 einjähriges Forschungsstipendium von der britischen Society for the Protection of Science and Learning und dem nach New York übergesiedelten Institut für Sozialforschung. 1940/41 Internierung auf der Isle of Man. 1955–68 Französischlehrer. 1972–76 Gastprofessur an der Universität Bremen und ab 1978 ordentliche Professor ebendort.

Im Mittelpunkt der Lebensarbeit von Sohn-Rethel steht der in immer neuen Ansätzen durchgeführte Versuch einer materialistischen „Kritik der Erkenntnistheorie", welche auf der Grundlage und in Erweiterung der marxschen „Kritik der politischen Ökonomie" die idealistische Transzendentalphilosophie, insbesondere den kantischen Apriorismus, widerlegen will (Sohn-Rethel 1985). Der „idealistischen Interpretation des rationalen Denkens" sollte „seine materialistische Erklärung [entgegengesetzt]" werden (Sohn-Rethel 1971a, 27). Radikaler als es die Wissenssoziologie Karl Mannheims einerseits und die marxistische Ideologiekritik – sowohl bei Georg Lukács und erst recht im ideologiekritischen Programm der Kritischen Theorie – andererseits taten, stellt Sohn-Rethel die Frage nach den Grundlagen der Erkenntnis. Dabei geht es ihm nicht um eine historische Relationierung und Relativierung des Wissens, sondern um die Genese der Ratio als Denkform: „Wenn es dem Marxismus nicht gelingt, der zeitlosen Wahrheitstheorie der herrschenden naturwissenschaftlichen Erkenntnislehre den Boden zu entziehen, dann ist die Abdankung des Marxismus als Denkstandpunkt eine bloße Frage der Zeit" (Sohn-Rethel 1970, 17). Sohn-Rethels These: Die „Synthesis" warenproduzierender Gesellschaften, also die „funktionale Vergesellschaftung" menschlicher Beziehungen, basiert auf einem spezifischen System der Ausbeutung und der strukturbildenden Form des Warentausches, das mit der Einführung des generalisierten Tauschmittels „Geld" das begriffliche und abstrahierende Denken ermöglichte, welches für die antike Philosophie ebenso charakteristisch ist wie für die moderne mathematisch-naturwissenschaftliche und technische Ratio. Diese „Erweiterung" der marxschen Waren- und Wertformanalyse wurde von orthodoxer Seite als „Revisionismus" zurückgewiesen (Kratz 1980), von anderen Autoren wenigstens als „produktives Missverständnis" angesehen (Halfmann, Rexroth 1976). Jedenfalls blieb es eine offene Frage, wie die „Transformation" vom geldvermittelten Warentausch zur Denkform in der von Sohn-Rethel durchgeführten materialistischen Transzendentalanalyse der Bedingungen des abstrakten Denkens zu belegen ist.

Für ihn scheint es allerdings ausgemacht, dass in der Antike der auf Geld gestützte Handel die Abstraktion des Tauschprinzips begründet hat. Der in der Renaissance entstandene Produktionskapitalismus hat dann entscheidend zur autonomen Institutionalisierung der Naturwissenschaften und damit eines neuen abstrakt-quantitativen Denkens beigetragen. Dabei handelte es sich nicht einfach um eine parallellaufende Entwicklung, sondern um die bewusste Auslagerung mathematischer und naturwissenschaftlicher Wissensproduktion in eigene akademische Institutionen, weil der Kapitalist dieses für die Produktion fundamentale abstrahierende Denken im Zusammenhang der Warenproduktion nicht selbst finanzieren konnte. So erweist sich der scheinbar unabhängige Siegeszug naturwissenschaftlichen Denkens doch unmittelbar durch die Produktionssphäre bedingt. Eine ähnliche Revolution zeichnet sich im Zeitalter der

Elektronik ab, ohne dass deren gesellschaftliche Genese und Folgen durch Sohn-Rethel eingehend analysiert worden wären.

Eine solche materialistische Erkenntnistheorie kann nur im Rahmen einer „Theorie der Gesellschaft" entwickelt werden, schließt also die Analyse der Ausbeutungsformen, eine „Geschichtstheorie" der Trennung von Geistarbeit und Handarbeit ebenso ein wie eine „materialistische Phänomenologie" der „dialektischen Genesis der menschlichen Wesensformen (wie Subjektivität, Personalität etc.)" (Sohn-Rethel 1971, 21). Sohn-Rethel unterscheidet zwischen „Produktionsgesellschaften" (z. B. einem idealtypisch entworfenen „ausbeutungsfreien ursprünglichen Gemeinwesen" bzw. einer erst zu realisierenden sozialistischen Gesellschaft) auf der einen Seite und „Aneignungsgesellschaften" auf der anderen Seite (Sohn-Rethel 1970, 123–124). Ausbeutung, Grundlage aller Aneignungsgesellschaften, bedeutet die Trennung von Arbeitszwang und Muße, von Produktion und Konsumption, von Hand- und Kopfarbeit. Auf eine sozialistische Umwandlung kapitalistischer (wie auch staatsbürokratischer) Gesellschaften bezogen heißt das: Ohne die Aufhebung der formbedingten Trennung von geistiger und physischer Arbeit wird es eine neue Gesellschaftsordnung, eine Selbstbestimmung der Produzenten, nicht geben können.

Die Ableitung der Denkform aus der Warenform sowie der abstrahierenden Begrifflichkeit und – um einen Terminus Max Webers zu verwenden – der Zweckrationalität des modernen Denkens aus den Abstraktionsleistungen und -zwängen des die warenproduzierenden Gesellschaften konstituierenden Tauschaktes führt nicht zum Gegenentwurf einer alternativen Logik, zur Utopie einer neuen Technik; die Ableitung des Denkens aus den Basisverhältnissen des gesellschaftlichen Lebens macht die in ihrer Genese begriffene Denkform nicht durch Entlarvung obsolet. Sohn-Rethels politische Schlussfolgerungen zielen vielmehr auf eine Veränderung der Verwertungs- und Produktionsbedingungen des rationalen, besonders des technisch-naturwissenschaftlichen Denkens. Beispiele der Produktionsplanung durch die Lohnabhängigen in britischen Arbeitskämpfen machen ihm politisch begreifbar, was er theoretisch postuliert: dass nämlich „dieselbe" technische Rationalität in ganz unterschiedlicher Weise gesellschaftlich wirkt, je nach dem Interessenzusammenhang, der ihre Anwendung bestimmt. Deutlich wird das auch am Taylorismus, der nicht – wie Sohn-Rethel früher meinte – etwas von den „Bildungselementen einer neuen und den Umwälzungsmomenten der alten Gesellschaft" (Marx 1867, 526) miteinander verbindet. Er entwickelt vielmehr im Kontext der Aneignungs- und Ausbeutungsinteressen kapitalistische Unternehmen und treibt die Zerstörung des menschlichen Arbeitsvermögens voran, statt dessen produktive Assoziation zu fördern.

Über ein halbes Jahrhundert hin arbeitet Sohn-Rethel unermüdlich an diesem theoretischen Projekt – aller Ignoranz, Skepsis und Ablehnung zum Trotz. Aus einer alten Künstlerfamilie stammend und als Pflegekind zeitweise im Haus des Düsseldorfer Stahlindustriellen Ernst Poensgen aufgewachsen, bricht er noch als Gymnasiast mit seinem großbürgerlichen Elternhaus, nachdem er im ersten Weltkrieg Pazifist und in der Folge Sozialist geworden war. Während seiner Heidelberger und Berliner Studien kommt er in Berührung mit Georg Simmel, Alfred Weber, Karl Mannheim, Georg Lukács, Ernst Bloch, Alfred Seidel, Heinrich Rickert und Ernst Cassirer. Später lernt er Walter Benjamin, Theodor W. Adorno und Siegfried Kracauer kennen, im englischen Exil auch George Thompson und John D. Bernal. Ohne Aussicht auf eine akademische Karriere arbeitet Sohn-Rethel ab 1931 auf Empfehlung von Poensgen bei einer der wichtigsten Koordinationsstellen industrieller Wirtschaftspolitik in Deutschland, dem „Mitteleuropäischen Wirtschaftstag". Als Zeuge des Zusammenspiels von Teilen der Großindustrie mit der NSDAP kann er nach 1933 Widerstandsgruppen über deren Absichten informieren; seine Analyse des deutschen Faschismus dokumentiert diese Erfahrungen (Sohn-Rethel 1973). Aufgrund eines Hinweises auf seine geplante Verhaftung, verlässt er Deutschland 1936. Im Exil gelingt ihm die Fortsetzung der wissenschaftlichen Arbeit nur unter schwierigsten Bedingungen. Trotz der Zustimmung im Grundsätzlichen von den Vertretern der Kritischen Theorie ebenso isoliert wie von orthodox orientierten Marxisten, findet seine Arbeit erst im Zusammenhang mit der Studentenbewegung Resonanz, nachdem sein Hauptwerk *Geistige und körperliche Arbeit* (Sohn-Rethel 1970) erschienen war und er in der Folge an der Universität Bremen lehrte.

Literatur: Sohn-Rethel 1970, Sohn-Rethel 1971, Dombrowski, Krause, Roos 1978, Kratz 1980, Negt 1988, Wassmann 1979

Karl-Siegbert Rehberg

Spaemann, Robert

Geboren 1927 in Berlin. Studium der Philosophie, Katholischen Theologie und Romanistik in Münster, München, Fribourg und Paris. 1952 Promotion an der Universität Münster. 1952–56 Verlagslektor. 1956–62 Wissenschaftlicher Assistent an der Universität Münster, dort 1962 Habilitation in Philosophie und Pädagogik. 1962–68 Professor für Philosophie und Pädagogik in Stuttgart, von 1969–72 Professor für Philosophie in Heidelberg und von 1972–92 in München.

Der Schüler Joachim Ritters ist als Philosoph vor allem mit seinen Beiträgen im Bereich der Ethik bekannt geworden. In seinen besonders von aristotelischem und christlichem Denken beeinflussten Werken sind allerdings Ethik, Metaphysik und Naturteleologie eng miteinander verbunden. Dabei kommt dem Gedanken der Naturteleologie für das Verständnis seiner gesamten Philosophie eine Schlüsselstellung zu.

Bereits in seiner Dissertation über den französischen Revolutionskritiker und Restaurationsphilosophen de Bonald (Spaemann 1959) und in seiner Habilitationsschrift über Fénelon und dessen berühmten theologischen Streit mit Bossuet Ende des 17. Jahrhunderts über die reine Gottesliebe (Spaemann 1963) spielt der vor allem an Aristoteles angelehnte antike Naturbegriff und der damit verbundene Gedanke der Teleologie eine wichtige Rolle. Thematisch in den Mittelpunkt rückt das teleologische Denken in dem mit Reinhard Löw veröffentlichten Buch *Die Frage Wozu?* (Spaemann, Löw 1981), das in seinen Schlussfolgerungen zu einer wichtigen Grundlage für Spaemanns später folgende Hauptwerke *Glück und Wohlwollen* (Spaemann 1989) und *Personen* (Spaemann 1996) wird.

Spaemann wendet sich gegen ein rein kausales, auf Naturbeherrschung angelegtes Naturverständnis, wie er es insbesondere seit der Neuzeit am Werk sieht (Spaemann 1983, 44). Statt natürliches Sein als bloß vorhandene, manipulierbare Materie zu betrachten, tritt er dafür ein, es nach Vorbild des aristotelischen *Physis*-Verständnisses im Ausgang von der eigenen Subjektivität, der eigenen bewussten Erfahrung von Leben, und analog zu ihr als ein Selbstsein wahrzunehmen, das auf etwas aus ist, dem es um Selbsterhaltung und Selbstverwirklichung geht (Spaemann 1989, 210). Bezogen auf nichtmenschliche Lebewesen bedeutet diese anthropomorphe Betrachtungsweise, dass wir „es nur wie bewußtes Leben abzüglich des Bewußtseins betrachten" können (Spaemann 2000, 22 f.) Im Unterschied zu den meisten zeitgenössischen Vertretern teleologischer Positionen wendet Spaemann das teleologische Denken in stark abstrakter, metaphorischer Weise auch auf nichtlebendiges Seiendes an und sieht sich damit wiederum in aristotelischer Nähe, aber auch in der von Leibniz und Whitehead (Spaemann 1989, 135). Wie schon in der antiken Tradition meint Teleologie für ihn mehr als das Streben nach individueller Selbsterhaltung, sie erschöpft sich nicht in einer „bloßen Selbsterhaltungsteleologie" (Spaemann, Löw 1981, 296). Letztere Sichtweise, die er auch als „Inversion der Teleologie" bezeichnet, hat in der Neuzeit das antike naturteleologische Verständnis abgelöst. Die Folge ist, dass das individuelle Streben nach Selbsterhaltung zwar noch als für das jeweilige Wesen sinnvoll, insgesamt aber als an sich sinn- und wertlos gedeutet werden kann und damit in einen Nihilismus zu münden droht.

Spaemann setzt dem einen absoluten, unbedingten Sinn, ein Unbedingtes entgegen. Dieses wird in der Metaphysik thematisch, die er als „die höchste Form der Philosophie" bezeichnet und der es um „absolute Wahrheit", um das, „was in Wahrheit ist" gehe, wie er mit Hegel sagt (Spaemann, Nissing 2008, 125 f.). In Anknüpfung an den antiken und christlich-mittelalterlichen Gedanken der *repraesentatio* wird das teleologisch verstandene Seiende, wird Selbstsein für Spaemann zum Bild des Unbedingten, durch das es „in einem Glanz erscheint, der nicht sein eigener ist" (Spaemann 1989, 127; Spaemann, Löw 1981, 294 f.). Im Licht dieses Unbedingten wird die bloße, natürliche Selbsterhaltung, die nur relativ auf ein bestimmtes Seiendes als sinnvoll und gut erscheint, noch einmal transzendiert und Selbstsein als unbedingt sinnvoll und als an sich wertvoll und gut erfahren. Ohne die Erfahrung der „Unbedingtheit" und „Heiligkeit" von Selbstsein, in letzter Konsequenz: ohne „die Einsicht: Gott ist" (Spaemann 2008, 136; 2001, 277), lässt sich die absolute Selbstzweckhaftigkeit von Selbstsein für Spaemann nicht weiter „erklären". Der Wahrnehmung eines solchen absoluten, nicht-relativen Sinns des eigenen wie anderen Selbstseins jenseits aller Funktionalität schreibt Spaemann gleichwohl eine metaphysische Evidenz zu, die besonders klar in der Kommunikation mit anderen Personen wird und die die Grundlage jeder Ethik darstellt. „Es gibt daher keine Ethik ohne Metaphysik" (Spaemann 1989, 132).

Auf dieser Basis rückt die Liebe bzw. das Wohlwollen (*amor benevolentiae*) in den Mittelpunkt der Ethik. Im Wohlwollen wird die wahrgenommene Wirklichkeit, wird das begegnende Selbstsein spontan als an sich wertvoll und gut bejaht und anerkannt. Voraussetzung dafür ist das aktive, freie Heraustreten der Person aus der selbstzentrierten Triebstruktur des Lebens und das „Erwachen zur Vernunft": „Theoretisch dringen wir vor zu Objekten. Selbstsein wird nur zugänglich in freier Affirmation, in einem Akt der Anerkennung. Dieser Akt aber, in dem Leben sich selbst transzendiert und in dieser Selbsttranszendenz zu einem seine Zustände überprüfenden Ganzen wird, ist nur möglich aus der höchsten Kraft des Lebens. Diese Selbsttranszendenz des Lebens ist das Vernünftige: In ihrer elementarsten Form sprechen wir von Gerechtigkeit, in ihrer höchsten von Liebe" (Spaemann 1989, 122). In praktischer Hinsicht wird der *Telos*-Begriff entscheidend: Nur teleologisch verfasstes Sein kann im moralischen Handeln berücksichtigt werden. Denn nur wenn erkennbar ist, worin das Wohl des begegnenden Seienden besteht, was es in seinem „Aus-sein-auf" ausmacht, lässt sich sagen, was „normal" und „unnormal" bzw. gut und schlecht für es ist. Was sich so als das Normale oder „Natürliche" darstellt, wird auch – in einem freien Akt der Anerkennung – zum Maßstab richtigen und falschen Handelns (ebd., 204). Wohlwollen gegenüber anderem Selbstsein, Mit-Sein mit ihm drückt sich in Beistand aus, wo das Gelingen seines Entwurfs in Gefahr ist, aber auch im schonenden Umgang und im „Seinlassen" des Anderen (ebd., 138, 232). Im praktischen Umgang plädiert Spaemann für einen „ordo amoris", für eine Stufung des universellen Wohlwollens nach dem Grad des Wirklich-Werdens von Selbstsein für uns und nach dem Kriterium der Nähe. Da sich Selbstsein für ihn in höchster Weise in der Subjektivität realisiert, werden uns andere Personen in höchstem Maße wirklich, gefolgt von Tieren, Pflanzen und unbelebtem Natürlichen (ebd., 137).

Spaemann hat in den vergangenen Jahrzehnten immer wieder auch öffentlich zu aktuellen Themen wie etwa Atompolitik, Umgang mit der Natur, Menschenwürde, aktive Sterbehilfe und Abtreibung kritisch Stellung genommen. In Bezug auf letztere Debatten tritt er für den unbedingten Schutz des menschlichen Lebens – ab Beginn seiner Zeugung bis zu seinem natürlichen Tod – ein. Spaemanns wichtigste Werke wurden in zahlreiche Sprachen übersetzt, darunter ins Englische, Französische, Spanische, Italienische und Polnische.

Literatur: Spaemann 1989, Spaemann 1996, Spaemann 2012, Kruse-Ebeling 2009, Nissing 2008, Zaborowski 2010

Ute Kruse-Ebeling

Spengler, Oswald

Geboren 1880 in Blankenburg, gestorben 1936 in München. Nach dem Studium der Mathematik, Naturwissenschaften und Philosophie in Halle, Berlin und München 1904 Promotion bei Alois Riehl mit einer Arbeit über Heraklit. Von 1905–10 Tätigkeit als Lehrer an verschiedenen Schulen, von 1911 bis zu seinem Lebensende freier Schriftsteller in München. Steht politisch der *Konservativen Revolution* nahe.

Spenglers Hauptwerk *Der Untergang des Abendlandes. Umrisse einer Morphologie der Weltgeschichte*, dessen erster Band *Gestalt und Wirklichkeit* 1918 und dessen zweiter Band *Welthistorische Perspektiven* 1922 erscheint, vereint Motive der Geschichtsphilosophie, Kulturtheorie und Kulturkritik. Der Autor vertritt eine zyklische Geschichtsauffassung. Er rekonstruiert die Weltgeschichte als Folge von acht geschlossenen Hochkulturen: der indischen, chinesischen, ägyptischen, babylonischen, apollinisch-antiken, magisch-arabischen, altamerikanischen und faustisch-abendländischen Kultur. Eine neunte, die russische Kultur, ist Spengler zufolge im Entstehen begriffen und schickt sich an, die abendländische schon bald abzulösen. Die acht Hochkulturen entwickeln sich in einer analogen Weise. Spengler beschreibt ihre Entwicklung in Metaphern der Jahreszeiten, des Menschenalters und der Metamorphose der Pflanzen: Kulturen werden geboren, reifen heran, erreichen eine Blütezeit, um daraufhin langsam zu verfallen und einer neuen Kultur Raum zu geben.

Mit dem Abschluss ihres Entwicklungsprozesses treten die einzelnen Kulturen in einen nachgeschichtlichen Zustand ein. Vor- und Nachgeschichte ähneln sich; sie zeichnen sich durch einen formlosen „Kampf um die bloße Macht, um den animalischen Vorteil an sich" aus (Spengler 1918, 614). Die Nachgeschichte belegt Spengler auch mit dem Begriff der „Zivilisation". Seine eigene, von den Ambivalenzen des gesellschaftlichen Modernisierungsprozesses und der Erfahrung des ersten Weltkriegs geprägte Gegenwart deutet er als den Beginn einer solchen Zivilisation, die mit dem Untergang der antiken Welt im Alexandrinismus und Byzantinismus korrespondiert.

Die „allgemeinsten Grundbegriffe", die die Weltverhältnisse der acht Hochkulturen konstituieren, sind für die Angehörigen einer Kultur jeweils unhintergehbar. Daraus folgt ein radikaler Relativismus in Bezug auf die Möglichkeit einer Verständigung über Kulturgrenzen hinweg. Spengler selbst bezeichnet die allgemeinen Grundbegriffe auch als „Ursymbole", die eine Art primäre Welterschließung leisten. Für die ägyptische Kultur etwa gibt er den „Weg" als Ursymbol an, der sich in der landschaftlichen Struktur der Pharaonenreiche gespiegelt findet, die wesentlich vom Nil geprägt ist. Als Ursymbol des Abendlandes begreift er Goethes *Faust* und spricht vom abendländischen als dem „faustischen" Menschen, der auf das Unendliche zielt (wie es gestalterisch in den „Strebesystemen" der gotischen Dome und in der barocken Fuge verwirklicht wird).

Der Relativismus Spenglers richtet sich zum einen gegen die Dreiteilung der Geschichte in Altertum, Mittelalter und Neuzeit, die auf die *historia tripartita* des Christoph Cellarius zurückgeht. Spengler vereinigt demgegenüber Spätantike und Frühmittelalter zu einem eigenständigen, als „magisch" definierten Kulturkreis. Der Aufwertung dieser beiden Epochenabschnitte korrespondiert eine Abwertung der Renaissance als Epochenschwelle (Spengler 1918, 300 ff.). Das „faustische" Abendland beginnt für Spengler bereits um das Jahr 1000. Zum anderen richtet sich Spenglers Kulturrelativismus gegen den Eurozentrismus der Geschichtswissenschaften seiner Tage: „Das Wort Europa sollte aus der Geschichte gestrichen werden. Es gibt keinen ‚Europäer' als historischen Typus." (Spengler 1918, 22)

Dem strengen Relativismus steht bei Spengler unvermittelt ein Objektivismus der Entwicklungsgesetze von Kulturen gegenüber. Historische Gestalten wie „Pythagoras, Mohamed und Cromwell" (Spengler 1918, 880) können als Zeitgenossen bezeichnet werden, die jeweils innerhalb ihrer sich nach einem identischen Gesetz entwickelnden Kulturen an den gleichen Entwicklungspunkten stehen. Spengler beansprucht, unabhängig von jedem Quellenstudium ein Panorama der gesamten Weltgeschichte geben, zukünftige Entwicklungen voraussagen und alle wesentlichen Ereignisse sämtlicher Kulturen mit entsprechenden Ereignissen anderer Kulturen vergleichen zu können. Auf drei „Tafeln ‚gleichzeitiger' Geistesepochen" (Spengler 1918, 70) versammelt er alle wichtigen Ereignisse der Geistes-, Kunst- und politischen Geschichte und ordnet sie nach Gleichzeitigkeiten.

Seinem zyklischen Geschichtsdenken liegt implizit eine dualistische, von Nietzsche inspirierte Metaphysik des Werdens und des Gewordenen, des Wirklichen und Möglichen, des Lebens und des Todes, der Zeit und des Raums zugrunde. Das Werden und das Mögliche auf Seiten der Kultur stehen dem Gewordenen und Wirklichen auf Seiten der Zivilisation gegenüber. Zivilisationen seien auskristallisierte Kulturen, die ihre immanenten Möglichkeiten durchgespielt, sich „vollendet" haben. Das Symbol der Kultur sei die Zeit, das der Zivilisation der Raum. Auf Seiten der Kultur stehe das Leben, auf Seiten der Zivilisation der Tod.

Die implizite Heuristik der spenglerschen Geschichtsphilosophie ließe sich am ehesten als „Hermeneutik des Stils" kennzeichnen. Unter dem Vorzeichen des Relativismus sieht sich die Geschichtsschreibung mit dem Problem der Darstellbarkeit fremder Kulturen konfrontiert. Spengler versucht diesem Problem zu begegnen, indem er sein Interesse auf Stile richtet, mittels derer sich Kulturen selbst darstellen. Kulturen begreift er als Formen symbolisch vermittelter Selbstinterpretationen von Menschen aus einer räumlich und zeitlich begrenzten Sphäre. Stile sind Spengler zufolge die Verdichtungszentren solcher Selbstinterpretationsprozesse. Aus künstlerischen Dokumenten der von ihm untersuchten Kulturen liest Spengler deren sich über den Stil vermittelnden Selbstinterpretationen ab. Der Stil einer Kultur bildet für ihn sowohl den Gegenstand als auch den heuristischen Leitfaden der Untersuchung. Spengler bemüht sich darum, die „Formwelt der Künste für eine Durchdringung des Seelischen ganzer Kulturen nutzbar zu machen, indem man sie durchaus physiognomisch und symbolisch auffaßt" (Spengler 1918, 277). Seine „Physiognomik" richtet sich auf die kollektiven Weltbilder einer Epoche.

Spenglers *Untergang des Abendlandes* gilt als auflagenstärkste philosophische Veröffentlichung des 20. Jahrhunderts im deutschsprachigen Raum. Sein durchschlagender publizistischer Erfolg verdankt sich der Tatsache, dass Spengler dem deutschen Bürgertum zum Ende des Ersten Weltkriegs eine ideologische Rechtfertigung seines Scheiterns lieferte. Die militärische Niederlage Deutschlands wird ihrer historischen Einmaligkeit entkleidet und zu einer weltgeschichtlichen Tendenz überhöht. Spengler prophezeit eine Apokalypse, verficht aber vor allem in *Preußentum und Sozialismus* (Spengler 1919) und in *Der Mensch und die Technik* (Spengler 1931) im gleichen Zuge einen der Literatur Ernst Jüngers nahestehenden heroischen Nihilismus, einen Appell zum Ausharren an ausgewählte Einzelne, die sich dem kulturellen Niedergang entgegenstellen sollen. Er antizipiert mit diesem entpolitisierenden Blick eine Ideologie, die das Abendland zwischen 1933 und 1945 tatsächlich an den Rand des Untergangs bringen sollte. Innerhalb der akademischen Philosophie und Geschichtswissenschaft wird Spengler, der von Kurt Tucholsky nicht ganz zu Unrecht als „Karl May der Philosophie" tituliert wurde, bis auf wenige Ausnahmen kaum rezipiert.

Literatur: Spengler 1918, Spengler 1919, Spengler 1931, Conte 2004, Felken 1988

Andreas Hetzel

Stein, Edith

Geboren 1891 in Breslau, ermordet 1942 in Auschwitz. 1998 heiliggesprochen. 1911–15 Studium der Psychologie, Philosophie, Germanistik und Geschichte in Breslau und Göttingen, 1915 Staatsexamen, 1916 Promotion in Philosophie in Freiburg. 1916–18 Assistentin bei Edmund Husserl, 1918–23 und 1931–32 freie wissenschaftliche Arbeit. 1922 katholische Taufe. 1923–31 Lehrerin in Speyer, 1932–33 Dozentin am Deutschen Institut für wissenschaftliche Pädagogik in Münster. 1933 Eintritt in das Karmel-Kloster, Köln, als Teresia Benedicta a Cruce. 1938 Flucht in die Niederlande, 1942 in den Gaskammern des KZ Auschwitz-Birkenau ermordet.

Edith Stein leistete Beiträge zur Philosophie der Person, zur Sozialphilosophie, zur Geschlechterphänomenologie, zur Philosophie des Leibes, zur Grundlegung der Wissenschaften auf phänomenologischer Basis und zur Vermittlung zwischen aristotelisch-thomanischer Ontologie und zeitgenössischer Phänomenologie. Aufgrund der erst seit dem Jahr 2000 edierten Gesamtausgabe (Stein 2000) sind viele ihrer Beiträge noch unerforscht. Als Schülerin von Husserl rezipiert sie vor allem seinen frühen Ansatz der realphänomenologischen Korrelationsforschung und konstitutiven Phänomenologie, wendet aber bereits in ihrer Dissertation die transzendentalphänomenologische Reduktion im Zurückgehen auf das „Bewusstsein selbst" an, ohne Husserls idealistische Vorentscheidung zu teilen. Steins 1917–20 entstandene *Einführung in die Philosophie* (Stein 1991) führt zugleich in die Forschungsweise der München-Göttinger Phänomenologie ein. Neben Husserl üben vor allem Adolf Reinach (Sachverhaltslehre, soziale Akte) und Hedwig Conrad-Martius (Phänomenologie der Seele) Einfluss auf Stein aus, auch Max Scheler, von dem sich Stein allerdings deutlicher absetzt.

Steins frühe Werke (Stein 1917, 1922, 1925) beschäftigen sich mit der Klärung von Begriffen wie „Einfühlung", „Bewusstsein", „Psyche", „Geist", „Geisteswissenschaft", „Seele", „Wille", „(Lebens-)Kraft", „Person" mit dem Ziel einer „Analyse der Person". Das Individuum erlebt trotz kausaler Determination von psychischen Vorgängen Freiheit in geistigen Motivationen gegenüber natürlichen und intersubjektiven Vorgängen (Stein 1922). Aus Steins politischem Engagement nach dem Ersten Weltkrieg erwachsen Untersuchungen zu Individuum, Gemeinschaft und Staat (Stein 1922, 1925). Steins vier Habilitationsversuche scheitern im Vorfeld an ihrem Jüdin- bzw. Frausein; Husserl ist aus Prinzip gegen eine Habilitation von Frauen (Stein 2001, 46). Husserls Unsicherheit hinsichtlich der systematischen Stellung von Leiblichkeit und Gemütssphäre für die Einfühlung und damit für die Konstitution der Person, des Ich und des (menschlichen bzw. göttlichen) Anderen, löst Stein. Dies zeigt sich in ihrer Anordnung von Husserls Manuskripten zu *Ideen II* (Husserl 1952), die Steins Verständnis der Konstitutionsleistung widerspiegelt (Sawicki 1997, 2007).

Steins philosophische Klärung der eigenen existentiellen Sinnsuche (Konversion vom Judentum bzw. Atheismus zum Christentum) erfolgt 1921 in der religionsphilosophischen Arbeit „Freiheit und Gnade" – bisher unter dem Titel „Die ontische Struktur der Person und ihre erkenntnistheoretische Problematik" (Stein 1962c, Wulf 2003) veröffentlicht. Die Übersetzungen von Aquins *Über die Wahrheit* (Stein 1931, 1932) und *Über das Seiende und das Wesen* (Stein 2010), in denen Stein phänomenologische Begriffe einführt, die zu einer Weitung der thomistisch-dogmatischen Rezeption in Deutschland beitragen, regen sie zum Projekt einer Synthese zwischen phänomenologischer und thomanischer Philosophie an (Stein 1929, 1962a, 1962d, 1993). Steins zweiter Habilitationsversuch von 1931, *Potenz und Akt* (Stein 1998), enthält wichtige Reflexionen zum Verhältnis von Transzendentalphänomenologie und Ontologie. Mit deutlichem Selbstverständnis als Philosophin scheidet Stein klar philosophische und theologische Ansätze bei Aquin (Speer, Tommasi 2010, XXXII) und in ihren Werken zur Anthropologie (Stein 1994, 1994a, 2000, 2003). Nach dem Berufsverbot 1933 setzt Stein ihre philosophische Tätigkeit im Karmel, Köln, fort und erweitert in ihrem späten, 1935–37 verfassten Hauptwerk *Endliches und ewiges Sein* (Stein 1950) die aristotelisch-thomanische Ontologie durch phänomenologische Analysen des Zeitlichkeit-Erlebnisses im Bewusstseinsstrom. Stein bestimmt die Mehrdeutigkeit des Seins, nach vertiefenden Anregungen durch Augustinus und Duns Scotus, mittels phänomenologischer Analysen der Hierarchie des Seins als Analogie von reinem und zusammengesetztem Sein, von „ewigem Sein" und „reinem Ich".

Aus ihren frühen phänomenologischen Forschungen kristallisiert sich in einer weiteren Schaffensphase eine Phänomenologie der Gotteserkenntnis bzw. Mystik heraus. Die erkenntnistheoretischen Voraussetzungen der mystischen Schau klärt Stein durch eine Ausweitung der husserlschen Terminologie von bewusstseinsimmanenter („Innenwelt"), bewusstseinstranszendenter („Außenwelt") und absolut-transzendenter Sphäre („Überwelt") (Stein 1998, 17 f.). Sie verfasst phänomenologische Studien zu den Mystikern Teresa von Ávila (Stein 1962), Dionysius Areopagita (Stein 1946) und Johannes vom Kreuz (Stein 1950a). Der phänomenologische Zugang über die Erlebnisqualitäten im Erlebnisstrom des Bewusstseins macht die Gottesfrage jenseits von herkömmlicher Metaphysik auf Grundlage von phänomenologischer Religionsphilosophie neu denkbar (Beckmann 2003).

Die Gliederung in drei scharf geschiedene Werkphasen („Philosophie", „scholastische Theologie", „Mystik"), angestoßen von den ersten Herausgebern (Gelber 1962), ist nach heutiger Manuskriptsichtung überholt. Sinnvoller erscheint eine Einteilung nach Schwerpunkten: 1916–20 frühe Konstitutions-Phänomenologie, 1922–37 Synthese von Phänomenologie und scholastischer Philosophie, 1921–42 phänomenologische Religionsphilosophie, 1937–42 Phänomenologie der Mystik. Steins phänomenologische Methode und philosophische Fragestellung durchziehen alle Phasen, wie z. B. der Aufsatz „Was ist Phänomenologie?" (Stein 1924) und das Kapitel „Seele, Ich und Freiheit" in *Kreuzeswissenschaft* zeigen (Stein 1950a).

Insgesamt erlebt die München-Göttinger Phänomenologie, zu der Stein zählt, eine Marginalisierung nach 1945 durch die dominante Stellung der heideggerschen Phänomenologie. Posthum edierten die ersten Herausgeber zunächst Steins mystische und religionsphilosophische Werke sowie erneut die Thomas-Übersetzungen und regten zur internationalen Rezeption vor allem von theologischer Seite an (zu Editionspraxis und philosophischer Rezeption vgl. Beckmann-Zöller 2010, LIX–LXII). Ab den 1980er Jahren erfolgte eine Rezeption von Steins Leibphilosophie im angelsächsischen Raum (Oben 1979, Baseheart 1989, Lebech 2009). Steins frühe Phänomenologie wurde zunächst im französischen und italienischen Sprachraum rezipiert (Guilead 1974, Ales Bello 1976), dann im deutschen (Imhof 1987, Volek 1998), seit den 1990er Jahren verstärkt auch in Spanien, Polen, Irland und Japan.

Literatur: Stein 1950, Stein 1991, Stein 1994, Beckmann, Gerl-Falkovitz 2003, Beckmann-Zöller, Gerl-Falkovitz 2006, Fetz, Rath, Schulz 1993
Hilfsmittel: Jahrbuch 1995
Webseiten: www.edith-stein-archiv.de; www.edithsteincircle.com

Beate Beckmann-Zöller

Strauss, Leo

Geboren 1899 in Kirchhain, gestorben 1973 in Annapolis. Studium der Philosophie, Mathematik und Naturwissenschaften an den Universitäten Marburg, Frankfurt am Main, Berlin und Hamburg, 1921 Promotion in Philosophie an der Universität Hamburg (bei Cassirer). Anschließend Studium bei Husserl und Heidegger in Freiburg. 1925–32 Mitarbeiter an der Akademie für die Wissenschaft des Judentums in Berlin. Anschließend mehrjährige Forschungsaufenthalte in Paris und Cambridge. 1938 Übersiedelung in die USA, zunächst Lehre an der New School for Social Research. 1949 Berufung als Professor an die University of Chicago. Nach der Emeritierung 1968 Fortsetzung der Lehr- und Forschungstätigkeit am Claremont Men's College und am St. John's College.

Leo Strauss hat ein philosophisches Werk vorgelegt, das sich äußerlich in gelegentlich kommentarhaften Auslegungen von Schriften zentraler Denker der westlichen philosophischen Tradition einschließlich ihrer islamischen und jüdischen Zweige präsentiert. Dazu gehören für die Moderne vor allem Niccolò Machiavelli, Thomas Hobbes, John Locke, Spinoza, Jean-Jacques Rousseau, Moses Mendelssohn, Friedrich Nietzsche sowie zahlreiche zeitgenössische Denker. Im Bereich der Antike und des Mittelalters stehen Aristophanes, Xenophon, Platon, Aristoteles, al-Farabi und Moses Maimonides im Vordergrund. Sein leitendes Interesse ist die reflektierte Verteidigung des philosophischen Standpunkts unter den geistigen und religiösen Bedingungen der Moderne. Dabei kristallisieren sich thematische Bereiche heraus, die von zentraler philosophischer Bedeutung sind und die Rezeption der strausssschen Philosophie geprägt haben: Das theologisch-politische Problem der Philosophie, die antike Grundlegung der politischen Philosophie, das Verhältnis von Philosophie und Gesetz sowie die Hermeneutik.

Das theologisch-politische Problem der Philosophie stellt sich Strauss im Zusammenhang mit der jüdischen Frage zur Zeit der Weimarer Republik. Das jüdische Problem betrachtet er als so grundlegend, dass er es als das handgreiflichste Symbol des menschlichen Problems bezeichnet, insoweit dieses ein soziales oder politisches Problem ist. Im Rahmen der zeitgenössischen jüdischen Identitätsdiskurse konstatiert Strauss eine paradoxe Situation. Selbstverständigungsdiskurse, in denen nicht nur Vorurteile bestätigt werden sollen, können nur von einem radikal philosophischen Standpunkt aus ergebnisoffen geführt werden, da die Berechtigung eines philosophischen Standpunktes im selben Moment hinsichtlich seiner Notwendigkeit von der politischen und der religiösen Einstellung sowie hinsichtlich seiner Möglichkeit von Historismus und Positivismus bestritten werden. Der atheistische Zionist als Repräsentant der politischen Einstellung im Judentum betreibt die Wiederherstellung der Ehre des jüdischen Volkes nicht mit Argumenten, sondern durch die Aktion. Die religiöse Orthodoxie baut indessen auf dem gehorsamen Glauben an das göttliche Gesetz und verwirft das philosophische Fragen als nicht notwendig. Die moderne Kulturphilosophie hingegen hat nach Strauss' Analysen den religiösen Standpunkt so verwaschen, dass Religion nur mehr als freie Schöpfung des menschlichen Geistes erscheint und ihren Anspruch nicht mehr mit der Autorität der Offenbarung rechtfertigen kann.

Angesichts dieser Situation legt Strauss minutiöse Studien der geistigen und religiösen Entwicklung in der Moderne vor. Sie formulieren sich in Arbeiten zu Spinoza und

Moses-Mendelssohn (Strauss 1928), zum jüdischen und islamischen Rationalismus des Mittelalters, zu Thomas Hobbes und Carl Schmitt (Strauss 1935). Der moderne Rationalismus hat nach Strauss zu einem Patt geführt zwischen einem politischen Atheismus, der nicht beweisbar ist, einer religiösen Orthodoxie, die ihre Glaubwürdigkeit verloren hat, und einer philosophischen Analyse der Gegenwart, der durch den vorherrschenden Historismus und Positivismus der Boden entzogen worden ist. Die Fragwürdigkeit der modernen Situation erweist sich für Strauss als Fragwürdigkeit der Moderne überhaupt. Wie es dazu kommen konnte, zeige sich nur, wenn die Begründung der Moderne in einem nicht modernen Horizont nachvollzogen werden könne. Dies erfordert es zugleich, den nicht-modernen Horizont wiederzugewinnen, den die Moderne aus moralischen Gründen hatte überwinden wollen.

Aus diesem Zusammenhang ergibt sich Strauss' Interesse an Gründungssituationen der politischen Philosophie in der Moderne und der Antike. Die Untersuchungen zur Genese der Moderne laufen auf den Nachweis hinaus, dass sich die machtorientierte und naturfeindliche Philosophie der Moderne einer moralischen Entscheidung verdankt. Um die Ansprüche der Offenbarungsreligion abzuwehren, die sich auf theoretischem Wege nicht widerlegen ließ, habe man eine machtpragmatische Wendung gesucht. Die Politik sollte die Wissenschaft sichern und habe dafür eine Orientierung am praktischen Nutzen eingefordert. Die Preisgabe der Frage nach der besten Regierung zugunsten einer Technologie des Machterhalts, die Aufgabe der Idee der Natur zugunsten der Wertschätzung der menschlichen Kultur, die Ersetzung der Vorstellung von einer natürlichen Verpflichtung durch diejenige eines natürlichen Anspruchs, die Substituierung jeglicher übermenschlicher Autorität durch die Anerkennung allein menschlicher Autoritäten, die Gründung der Politik auf Leidenschaften an Stelle der Tugend seien nur einige Aspekte dieser Bewegung. Die Erosion der politischen Vernunft und die Krise der Philosophie in der Moderne sind als Kehrseite dieser Entwicklung zu verstehen.

Komplementär zur Untersuchung der Genese des modernen Denkens versucht Strauss „zu Platon durchzukommen" und die ursprüngliche Gründung der politischen Philosophie nachzuvollziehen. Hier zeigt sich ihm analog zum theologisch-politischen Problem der Philosophie ein „Problem des Sokrates". In kommentierenden Auslegungen der Schriften von Aristophanes, Xenophon, Platon und Aristoteles (Strauss 1966, 1972, 1975) macht Strauss deutlich, wie sich die klassische politische Philosophie gegenüber Politik und Religion als konkurrierenden Antworten auf die sokratische Frage nach dem richtigen Leben konstituiert und selbst behauptet hat. Politik und Religion verlangen beide Gehorsam von den Menschen, während die ausgebildete Vernunftnatur den Menschen in Stand setzt, sich selbst zu regieren und ihn zur Freiheit befähigt. Dies ist eine zentrale Komponente der Bildungskonzeption des klassischen Liberalismus (Strauss 1968). Die allgemeine Philosophie hat dabei in der Verteidigung der philosophischen Lebensweise einen Modus der Mäßigung gegenüber den Ansprüchen von Politik und Religion entwickelt, die ihr eine politische Verantwortlichkeit und Qualität abverlangt. In diesem Sinn wäre jede Philosophie „politisch" und folglich die Politische Philosophie die eigentlich „Erste Philosophie". Dies findet Strauss insbesondere bei Platon ausgearbeitet, der die Grenzen der politischen Leistungsfähigkeit der Philosophie ausgelotet und in seinem Werk über die Gesetze die Funktionalität des Philosophen als Gesetzgeber ausformuliert hatte (Strauss 1975).

Unter diesen verschiedenen Sinnaspekten thematisiert Strauss das Verhältnis von Philosophie und Gesetz (Strauss 1932, 1953). Die zentrale Frage des klassischen Naturrechts ist demnach die Frage nach der besten Regierung und ihrer Realisierungsbedingungen. Im klassischen Kontext ist „Natur" ein eminent philosophischer Ausdruck der Unterscheidung und nicht ein vereinheitlichendes Ideal. Die beste Regierung hat als Maßstab für die Beurteilung gegebener politischer Verhältnisse dienen sollen. Sofern der Philosoph als Gesetzgeber fungiert, ist eine vernünftige Ordnung zwischen Menschen möglich. Diese bezieht auch das Gerechtigkeitsbedürfnis der Polis und die Anforderungen des göttlichen Gesetzes mit ein. Insofern zeigt sich in der antiken politischen Philosophie die Tendenz zu Integration und Inklusion antagonistischer Lebensweisen. Das Regime der Vernunft hingegen ist in der politischen Realität nicht zu verwirklichen, da es ausschließlich „in der Rede" besteht, während „in der Tat" die moderierte Zustimmung und Partizipation der Bürger die Grundlage des politischen Lebens ist.

Der Nachvollzug der antiken Gründung der politischen Philosophie außerhalb der modernen Begrifflichkeit lässt Strauss auf besondere Methoden der literarischen Darstellung und der philosophischen Mitteilung aufmerksam werden, welche die westliche Tradition der politischen Philosophie bis ins 19. Jahrhundert geprägt haben. Unter Bedingungen der Verfolgung entwickelten Philosophen eine mehrschichtige, esoterisch-exoterische Textgestalt, welche die Bedürfnisse unterschiedlicher Adressatengruppen berücksichtigt (Strauss 1952). Zensur, Öffentlichkeit und philosophische Leser nehmen unterschiedliche Mitteilungen auf. Das gilt insbesondere für philosophische Texte, die in religiösen Kontexten entstanden sind. Anhand des Problems des Platonischen Dialogs und Platons Schriftkritik entwickelt Strauss selbst eine Auslegungstechnik, die nicht darauf zielt, bestimmte Lehren zu identifizieren und in einer beschreibenden Darstellung zu objektivieren, sondern die im Gang durch die Argumentationen zeigt, was geschieht, indem etwas geäußert wird. Diese „Hermeneutik der dritten Dimension" macht deutlich, was unausgesprochen im Text mitwirkt und was für die Interpretation von Belang ist.

Strauss gehört zu den einflussreichsten Philosophen des 20. Jahrhunderts. In Chicago entfaltet er seine größte Wirksamkeit als politischer Philosoph und als akademischer Lehrer. Seine „Schule" gilt bis heute als eine der größten akademischen Bewegungen in den USA. Die neokonservative bis subversive Einstellung, die ihr zugeschrieben wird, findet indessen keine Grundlage in den philosophischen Untersuchungen von Strauss. In Deutschland stößt Strauss zunächst im Rahmen „normativ-ontologischer" Ansätze der Politischen Wissenschaft auf Resonanz. Sein Einfluss wurde teils unter methodologischen Vorwänden und mithilfe politischer Diskreditierungen bekämpft, die in seinen Schriften keinen Rückhalt finden. Seit den 1990er Jahren ist eine zunehmend sachliche und lebendige Rezeption festzustellen, die durch die schlagartige Rückkehr der politischen Relevanz von Religion in das öffentliche Bewusstsein neue Impulse erfahren hat.

Literatur: Strauss 1953, Strauss 1975, Kauffmann 2000, Meier 1996, Pangle 2006, Tanguay 2003

Clemens Kauffmann

Theunissen, Michael

Geboren 1932 in Berlin, wo er während der NS-Zeit im oppositionellen Umfeld der Bekennenden Kirche aufwächst. Studium der Philosophie, Theologie und Germanistik in Bonn und Freiburg, 1955 Promotion in Freiburg bei Max Müller und 1964 Habilitation an der FU Berlin. Nach einer Dozentur ebendort 1967–71 Professor in Bern, danach in Heidelberg und von 1980 bis zur Emeritierung 1998 an der FU Berlin. 2001 Verleihung des Dr.-Leopold-Lucas-Preises und 2004 des Karl-Jaspers-Preises.

Die philosophiegeschichtlichen Eckpunkte seines Werks reichen von der frühgriechischen Dichtung über den Deutschen Idealismus und Nachidealismus bis zur Phänomenologie und Kritischen Theorie. In seinen Neudeutungen der Philosophiegeschichte drückt sich eine Skepsis gegen (vermeintliche) Theorieoppositionen aus („Metaphysik versus postmetaphysische Zeit", „Marxismus versus Existentialismus" etc.). Ebenso wie den systematischen Schnittpunkten scheinbar unvereinbarer Theorien gilt sein Interesse den transdisziplinären Berührungspunkten. Philosophie, Theologie und Kunst nähmen, so Theunissen, gleichermaßen Schaden, würde das Gespräch zwischen ihnen verstummen.

Ein Leitfaden, der seine Philosophie im Ganzen durchzieht und die verschiedenen Traditionslinien zu verknüpfen erlaubt, ist die von Kierkegaard aufgegriffene philosophische Anthropologie, die nach der conditio humana fragt. Sie untersucht die Bedingungen des Gelingens menschlichen Lebens und fasst insbesondere deren Ambivalenz ins Auge. Als Bedingungen, unter denen menschliches Leben gelingt, stellen sie zum einen den Ermöglichungsgrund eines Selbstseins dar; als Bedingungen, denen sich ein Gelingen verdankt, markieren sie zum anderen die Grenzen der Möglichkeiten, die ein Mensch hat. Demnach hängt das Gelingen von der Anerkennung der eigenen Grenzen ab, während das Misslingen darauf zurückgeht, dass jemand die Unverfügbarkeit, mit der ihn seine begrenzten Möglichkeiten konfrontieren, nicht wahrhaben will.

Ein weiteres Merkmal seiner philosophischen Anthropologie betrifft die Verschränkung von Perspektiven, unter denen die Frage nach dem Gelingen menschlichen Lebens behandelt wird. Die Wissenschaftsperspektive unbeteiligter Beobachter und der unvertretbare (individuelle) Selbstbezug je Betroffener schieben sich hier übereinander. Einerseits wird ein Begriff des Lebens von einer philosophischen Wissenschaft rekonstruiert, die den Anspruch auf verallgemeinerbare Erkenntnis erhebt – Glück, Intersubjektivität, Lebenszeit, Gerechtigkeit, aber auch Negativitäten wie der Tod werden als anthropologische Strukturen nachgezeichnet, die das menschliche Leben als solches kennzeichnen –, andererseits geht wissenschaftliche Erklärung Hand in Hand mit dem Appell an die unvertretbare Selbstverständigung. Einen Zugang zur menschlichen Lebensform eröffnet die selbstbezogene Perspektive des Verstehens, in der Phänomene und Erfahrungsgehalte des eigenen Weltverhältnisses gedeutet werden. Diese Aneignung besitzt zwei Aspekte: Die epistemische Unvertretbarkeit besteht darin, dass Erfahrungsgehalte aus der Einstellung der Ersten Person beurteilt werden. Ausgangspunkt ist je der Einzelne, der – wenn auch in Gemeinschaft – sich selbst ein Bild macht und eine eigenständige Perspektive bezieht. Die evaluative Unvertretbarkeit bedeutet, dass nicht beurteilt wird, was für die Menschen im Allgemeinen zu tun gut ist, sondern was im – wenn auch anderen gewidmeten oder mit anderen geteilten– eigenen zeitlichen Leben von Belang ist. Die Selbstverständigung ist zwar in einem radikalen Sinne subjektiv, weil sie unübertragbar ist und allein Geltung für die eigene Lebensführung hat. Sie erhebt dennoch einen Erkenntnisanspruch, allgemeine Erfahrungsgehalte zu betreffen, die dem menschlichen Leben an sich zukommen. Theunissen vollführt dabei einen Paradigmenwechsel von der apriorischen zur historischen Erkenntnis. Statt sich auf fragwürdige apriorische Aussagen über anthropologische Invarianten zu berufen, bedient er sich einer kritischen Hermeneutik, um seine anthropologischen Grundannahmen am historischen Material auszuweisen. In empirisch gesättigten und durch philologische Wissenschaft flankierten Interpretationen überlieferter Texte werden konstante Beobachtungen freigelegt, die sich trotz historischer Verschiebungen und Transformationen bis auf die frühgriechische Dichtung zurückverfolgen lassen. Im Lichte ihrer Fremdheit können Erfahrungsinhalte, die etwa in Pindars Lyrik zum Ausdruck kommen, als die der Moderne wiedererkannt werden (Theunissen 2000).

Theunissen bezeichnet das theoretische Fundament seiner Anthropologie als *philosophischen Negativismus* und ordnet diesen der Tradition dialektischer Philosophie zu (Theunissen 1991a, 1993). Dialektik wird hier zum Namen für den Vorrang des Positiven im Widerstreit mit dem Negativen, das ein selbständiges, wenn auch nicht gleichrangiges Prinzip ist. Dialektische Philosophie sucht die Auffassung, dass Wahrheit und Moralität Grundprinzipien sind, in Einklang zu bringen mit der gegenteiligen Diagnose einer selbstverschuldeten Verblendung und des Immoralismus. Theunissen untergliedert den Negativismus in eine inhaltliche und eine methodische Variante.

Als *inhaltlichen* Negativismus bezeichnet er die Einsicht, dass eine Philosophie, die der historischen, sozialen und existentiellen Wirklichkeit gerecht werden will, von einer Diagnose negativer Phänomene ausgehen muss. Ihre diagnostische Kraft speist sich aus der Anerkennung von Konflikten, Krisen und Leiden. Das unverwechselbare Merkmal dabei ist, dass das Negative als eine selbständige Kraft wirkt, sofern es aus Freiheit hervorgeht. Mit dieser Vorstellung setzt sich Theunissen im Anschluss an Hegels und insbesondere Heideggers Metaphysikkritik von der privativen Bestimmung des Negativen ab, die in der traditionellen aristotelischen Metaphysik vorherrscht. Täuschungen sind hier akzidentiell und gewaltsam verursachte Blockaden einer Vernunftfähigkeit, die ohne äußere Hindernisse von sich zur Wahrheit strebt. Täuschung erscheint daher in diesem Zusammenhang – ausschließlich – als Defekt, Mangel oder Dysfunktion einer Fähigkeit. Der inhaltliche Negativismus dagegen trägt einer Form des Scheins Rechnung, die eine eigenständige und vom Wahrheitsvorrang unabhängige Realität bildet. Diese autonome Form des Scheins wird von Theunissen als Phänomen der Selbsttäuschung beschrieben. Selbsttäuschungen sind kognitive Entlastungen, in denen man sich ohne Zwang oder Not mit vereinfachten Selbst- und Weltbildern zufriedengibt. Theunissen zeichnet die historischen Versionen nach, die das Selbsttäuschungsphänomen in seinen Darstellungen annimmt: von der *acedia* des Mittelalters, die sich durch ihre Selbstverschuldung vom aristotelischen Begriff der Melancholie unterscheidet (Theunissen 1996), über den Begriff der Verzweiflung bei Kierkegaard bis zu Heideggers Konzept der Uneigentlichkeit sowie Sartres Theorie der Unaufrichtigkeit (Theunissen 1993). Die Stärke des inhaltlichen Negativismus beruht darauf, mit der Beschreibung von Selbsttäuschungen ein illusionsloses und unverkürztes Bild von der Wirklichkeit zu geben. Dass Akteure sich nicht einfach in das Bild vernünftigen Abwägens von Interessen fügen, stellt eine Beobachtung dar, auf die man, statt sie zu entkräften, eine Antwort finden sollte, indem man zunächst die eigenständige Kraft des Negativen anerkennt.

Der *methodische* Negativismus verfolgt das Programm, ausgehend vom Negativen das Positive in den Blick zu nehmen. Das Negative ist zwar eine selbständige, aber keine gegenüber dem Positiven gleichrangige Kraft, dem letztlich der Vorrang gebührt. Zwei Annahmen sind damit verbunden: zum einen die Überlegung, dass sich das Positive strukturell als Verneinung des Negativen beschreiben lässt. Was gelingendes Leben heißt, erschließt sich, wenn beschrieben wird, wie es gelingt, das Negative einzudämmen. Zum anderen kommt ein Rest von Kontingenz in Betracht, der durch keine erkenntnistheoretische Aufklärung zum Verschwinden gebracht werden kann. Der Widerstreit zwischen zwei selbständigen Kräften bleibt ein Konflikt mit offenem Ausgang, also ohne die Sicherheit, dass das Positive notwendig die Oberhand gewinnt. Die Anerkennung einer unauflöslichen Kontingenz markiert den Unterschied zu Hegel, der Dialektik in Spekulation überführt. In der Bezeichnung des *dialektischen Negativismus* (Angehrn 1992) bringen sich Tradierung und Rebellion gleichermaßen zum Ausdruck. Theunissen beerbt Hegels Dialektik und ergreift zugleich Partei gegen Hegel und für Schellings Spätphilosophie, Kierkegaards christliche Philosophie, Adornos negative Dialektik und Heideggers Ereignisbegriff, die je auf ihre Weise der Kontingenz Rechnung zu tragen versuchen.

Kontingenz wird von Theunissen auf zwei Ebenen geltend gemacht. Erstens wird der Negativismus als ein Gegenprojekt zum moralischen Normativismus in Stellung gebracht, ohne dabei Ansprüche auf eine normative Ethik preiszugeben (Theunissen 1991). Gelingendes Leben setzt zwar die Einheit von Selbstbeziehung und sozialer Beziehung zu anderen voraus (Theunissen 1965); diese Einheit selbst aber wird, wie Theunissen am Begriff der kommunikativen Freiheit ausführt, durch eine Kontingenz ermöglicht, in deren Licht die moralische Autonomie, auf die Kants Sollensethik aufbaut, sich als unzureichender Ermöglichungsgrund der Ethik zeigt (Theunissen 1970, 1978, 1981, 1982, Habermas 1992a). Theunissens Kontingenzbefund zielt nicht auf eine Diskreditierung der Ethik und der Gesellschaftstheorie. Im Gegenteil drückt sich in seiner solidarischen Kritik die Überzeugung aus, dass man den Formen des Sozialen nur gerecht wird, wenn der Kontingenz als dem Anderen, das von Ethik und Gesellschaftstheorie allein nicht eingeholt werden kann, Rechnung getragen wird. Zweitens wird mit dem Kontingenzgedanken der Rationalitätsbegriff in eine zeitphilosophische Perspektive gerückt. Theunissens Negativismus verabschiedet die Vorstellung, dass der Übergang von Möglichkeit zur Wirklichkeit mit Notwendigkeit erfolgt: die Vorstellung, dass sich die Vernunftfähigkeit *zeitlos* (Metaphysik), *von Natur aus* (Naturalismus) oder *immer schon* (Transzendentalphilosophie) aktualisiert und Irrationalität nur die akzidentiell verursachte Abweichung ist (Theunissen 1991). Die Notwendigkeit, mit der sich eine potentielle Rationalität aktualisiert, ist für ihn keine zeitlose Invariante, sondern selbst ein in der Zeit Werdendes. Kontingenz nimmt hier die Gestalt des Schicksals an, dem sich eine Entstehungsgeschichte der Vernunft verdankt, indem es die ewige Wiederkehr des Gleichen einer Geschichte aufbricht, deren Glücks- und Freiheitsversprechen uneingelöst bleiben (Theunissen 2000, 2004).

Literatur: Theunissen 1965, Theunissen 1978, Theunissen 1991, Anghern u. a. 1992, Hattstein u. a. 1992
Bibliographie: Angehrn u. a.1992

Tilo Wesche

Tillich, Paul

Geboren 1886 in Starzeddel (heute zu Polen gehörig), gestorben 1965 in Chicago. Studium in Berlin, Tübingen und Halle. 1910 Promotion in Philosophie und 1912 in Theologie. 1916 Habilitation für Theologie an der Universität Halle. Professuren für Theologie in Marburg 1924/25, für Religionswissenschaft in Dresden 1925–29 sowie Philosophie und Soziologie in Frankfurt am Main 1929–33. Nach seiner Emigration in die USA 1933 Professor für Philosophische Theologie am Union Theological Seminary in New York 1940–55, danach 1955–62 University Professor an der Harvard Universität und schließlich 1962–65 Professor für Theologie in Chicago.

Neben Karl Barth ist Tillich der bedeutendste evangelische Theologe des 20. Jahrhunderts und einer der originellsten Religionsphilosophen. Gegenüber der Dialektischen Theologie Karl Barths zeichnet sich Tillichs Denken durch Offenheit gegenüber der Philosophie, der Kultur und den nichtchristlichen Religionen aus. Seine religionsphilosophische Bedeutung kann man mit den Stichworten „Theologie der Kultur", „Symbolbegriff", „Korrelationsmethode" und „Begriff des Dämonischen" umreißen. Die Erkenntnis, dass Tillich auch philosophisch ein recht origineller Denker ist, wird erst in jüngster Zeit deutlich und verdankt sich der Edition von Schriften aus dem Nachlass in den vergangenen Jahren.

Religionsphilosophisch von besonderer Bedeutung ist sein programmatischer Aufsatz „Über die Idee einer Theologie der Kultur" von 1919 (Tillich 1919), in dem er sein Hauptanliegen schon früh artikuliert: Hiernach ist die Religion nicht eine Geistesfunktion neben anderen, sondern die Dimension der Tiefe in den theoretischen und praktischen Funktionen des menschlichen Geistes. Diese Einsicht hat weitreichende theologische Konsequenzen. Tillich versteht Theologie nicht als Rede von Gott als von einem Gegenstand neben anderen, sondern als Rede von der Manifestation des Göttlichen in allem Seienden und durch alles Seiende hindurch. So wie die Religion nach Tillich das gesamte Geistesleben umfasst, so muss auch die Theologie alle Fragen des Geisteslebens umfassen. In seiner späteren Zeit kleidet Tillich dieses Programm, das man auch als eine „Religionsphilosophie der Kultur" bezeichnen kann, in die folgenden Worte: „Religion ist die Substanz der Kultur und Kultur die Form der Religion" (Tillich 1946, 84) – oder verkürzt formuliert: „Religion is ultimate concern". Tillichs Rede von Gott als „Tiefe des Seins" (Tillich 1948, 57) ist auch diesen Überlegungen geschuldet, was aber nicht heißt, dass er die Transzendenz Gottes leugnen würde; diese drückt sich in seinem Begriff „Gott über Gott" (Tillich 1961) aus, ein Begriff, der Anklänge an ähnliche Formulierungen der neuplatonischen Tradition aufweist.

Tillichs Symbolbegriff (Tillich 1928), dessen erste Ausarbeitung ebenfalls in seine frühe Zeit fällt, ist auch als Konsequenz dieses programmatischen Ansatzes zu deuten:

Diesen hat er in der Auseinandersetzung mit der Mythen- und Symboldeutung Schellings und Ernst Cassirers, dem Begriff des Ideogramms bei Rudolf Otto sowie dem Symbolverständnis C. G. Jungs entwickelt, wobei hier auch einiges an die sogenannte Negative Theologie und die Lehre von der *analogia entis* erinnert. Darin wird auch schon ein Grundzug von Tillichs Denken deutlich: Er knüpft nicht selten an Theoreme der klassischen Tradition an, reformuliert diese dann aber immer auf ganz eigene Weise. Mit dem Symbolbegriff richtet sich Tillich entschieden gegen Bultmanns Programm der Entmythologisierung; diesem stellt er sein eigenes Programm einer „Deliteralisierung" gegenüber, da ein buchstäbliches Verständnis religiöser Dinge Gott auf die Ebene des Bedingten herabdrücke.

Auch den Begriff des Dämonischen (Tillich 1926) führte Tillich in seiner Frühzeit wieder in die philosophisch-theologische Diskussion ein, nachdem Goethe und Kierkegaard diesem erste Konturen gegeben hatten. Mit diesem Begriff sucht er die über-personale Macht zu charakterisieren, welche nicht nur den Menschen, sondern ganze Gesellschaften befallen kann (Schüßler 2009, 331–343). Dieser Begriff spielt besonders in seinen Schriften zum „religiösen Sozialismus" (Tillich 1923) eine entscheidende Rolle.

Ursprünglich von Kant und dem Deutschen Idealismus, besonders dem späten Schelling, herkommend (Schüßler 1997, 26–35), rücken mit der Zeit aber immer mehr lebens- und existenzphilosophische Aspekte in das Zentrum von Tillichs Denkens. So hat er in seiner Frankfurter Zeit eine „Philosophie der Begegnung" (Tillich 1930) entwickelt, die er in seiner amerikanischen Zeit zu einer „Existentialontologie" weiterentwickelt (Tillich 1951), auf der sein *opus magnum*, die 3-bändige *Systematic Theology* (Tillich 1951a, 1957, 1963), fußt. Mit der Selbst-Welt-Korrelation als Ausgangspunkt seiner neuen, konstruktiven Ontologie ist Tillichs Anspruch verbunden, die ungelösten Aporien sowohl der klassischen Metaphysik als auch der neuzeitlichen Transzendentalphilosophie hinter sich zu lassen. In diese Existentialontologie ist auch eine Philosophische Anthropologie eingezeichnet, die den Menschen als eine dreidimensionale Einheit, bestehend aus Körper, Seele und Geist zu begreifen sucht, wobei sich das eigentlich Menschliche nach Tillich in der Freiheit dokumentiert; wo Freiheit ist, ist aber auch Sprache und umgekehrt, wobei sich menschliche Sprache wesentlich durch „Universalien" auszeichnet (Tillich 1951, 32 f.).

Den „Existentialismus", dem sich der späte Tillich verbunden weiß, versteht er weniger als eine bestimmte Schule, sondern in einem weiteren Sinne als Frage, Haltung und Bewegung. In diesem Sinne hat er schon in seiner Frankfurter Antrittsvorlesung deutlich gemacht (Tillich 1929), dass die Philosophie notwendig im Schicksal steht und dass letztlich selbst dezidiert essentialistische Philosophien, wie beispielsweise die platonische oder die hegelsche, nie ganz frei sind von existentialistischen Elementen.

Seine späte *Systematic Theology* (Tillich 1951a, 1957, 1963) arbeitet Tillich entsprechend der von ihm entwickelten Korrelationsmethode auf der Grundlage von philosophischen Fragestellungen und theologischen Antworten aus, was schon in den Überschriften der fünf Teile dieses Werkes deutlich wird: „Vernunft und Offenbarung", „Sein und Gott", „Die Existenz und der Christus", „Das Leben und der Geist", „Die Geschichte und das Reich Gottes". Neben diesem Hauptwerk zählen zu seinen bekanntesten Schriften u. a. die beiden ontologischen Werke *The Courage to Be* (Tillich 1952) sowie *Love, Power, and Justice* (Tillich 1954). Geht es in ersterem um die Sinnfrage im menschlichen Leben, so wird in letzterem eine Ontologie von Liebe, Macht und Gerechtigkeit entwickelt, die weitreichende Konsequenzen aufweist bis hinein ins Psychologische, Politische und Ethische.

Tillich hat keine Schule begründet, eine solche würde auch seinem Denkansatz zuwiderlaufen. Aber verschiedene seiner Gedanken wurden aufgegriffen, so besonders sein Symbol- und Korrelationsbegriff. Über den religionsphilosophischen und theologischen Bereich werden seine Ansätze inzwischen auch in den Religions- und Kulturwissenschaften diskutiert (Schüßler, Sturm 2007, 215–258, Danz, Schüßler 2011). Insgesamt gilt es aber, Tillichs originelles philosophisches Denken erst noch zu entdecken, was sicherlich durch die Publikationen weiterer Nachlassschriften entscheidend vorangetrieben wird.

Literatur: Tillich 1919, Tillich 1951a, Tillich 1957, Tillich 1963, Danz, Schüßler 2011, Re Manning 2009, Schüßler 1997, Schüßler, Sturm 2007
Hilfsmittel: Jahrbuch 2005
Webseite: www.dptg.de

Werner Schüßler

Tönnies, Ferdinand

Geboren 1855 im Kirchspiel Oldenswort (Nordfriesland), gestorben 1936 in Kiel. Studium der Altphilologie, Geschichte und Philosophie in Jena, Leipzig, Bonn, Berlin, Kiel und Tübingen, 1877 Promotion, 1881 Habilitation. Ernennung zum ordentlichen Professor für wirtschaftliche Staatswissenschaften in Kiel erst 1913. Ab 1909 Präsidiumsmitglied der neu gegründeten Deutschen Gesellschaft für Soziologie, 1922–33 deren Präsident. Tönnies gilt als Begründer der deutschsprachigen wissenschaftlichen Soziologie und Pionier der modernen Hobbes-Forschung.

Tönnies' intellektueller Weg führt von der klassischen Philologie über die Nationalökonomie zur Philosophie, von der Philosophie zur Soziologie, wobei die anfänglichen privaten Studien insbesondere der Geschichte der politischen Philosophie und – nach seiner Promotion – des rationalistischen Naturrechts einer Theorie der Voraussetzungen, Bedingungen, Grenzen und Leistungsfähigkeiten wissenschaftlichen Wissens dient. Die wissenschaftliche Weg war für ihn vorbereitet durch Denker wie Thomas Hobbes, Platon, Spinoza, Kant, Hegel, Schopenhauer, Darwin, Nietzsche und Friedrich Paulsen; durch Auguste Comtes Klassifikation der Wissenschaften, durch Marx' Kritik der politischen Ökonomie, durch die rechtsethnologischen Forschungen Maines und Gierkes Darstellung der Geschichte des Genossenschaftswesens, durch die Entwicklungsidee Herbert Spencers und auch durch den von Adolph Wagner vermittelten Zusammenhang von nationalökonomischen mit rechtsphilosophischen Begriffen.

Aus der Verbindung der Hobbes-Forschung (Tönnies 1896) mit dem Studium der Nationalökonomie und des Naturrechtes, der historischen Rechtsschule und der Rechtsgeschichte, der vergleichenden und ethnologischen Jurisprudenz sind wesentliche Gedanken seiner Grundlegung der Soziologie hervorgegangen. In der Auseinandersetzung seiner auf Hobbes konzentrierten wissenschaftsgeschichtlichen Untersuchungen gelangt Tönnies zur Einsicht, dass Kausalität das entscheidende Ordnungsprinzip natürlicher und sozialer Prozesse und ihrer Erkenntnis sei. Seine erkenntniskritische Interpretation des hobbesschen Nominalismus führt zu dem Ergebnis, dass reine Wissenschaft nur von Gedankendingen, abstrakten Gegenständen und ideellen Ereignissen möglich ist. Das Prinzip des kritischen und konstruktiven Rationalismus ist zwar durch das rein mathematische Erkenntnisinteresse zur Problemlösung in der Naturwissenschaft geeignet, ist aber in den Sozial- und Kulturwissenschaften unzureichend. Der Frage nach dem Verhältnis von Natürlichem, Psychischem und Sozialem, nach dem ursächlich Gewordensein des aktuellen menschlichen Zusammenlebens, begegnet Tönnies mit dem Konzept des Willens, der eine Handlungs-, Motivations- und Institutionserklärung mit der Kausalitätskonzeption verknüpft. Dabei sind die Rechts- und Staatsphilosophie – und besonders die Vertragstheorie der Frühaufklärung – sowie die psychologische Anthropologie, die aus der Kritik an Spinoza zu einem sozialpsychologischen Voluntarismus-Theorem führt, von zentraler Bedeutung für Tönnies' Willenstheorie. Inwieweit eine bereinigte Willensmetaphysik Schopenhauers für die Konstruktion der Vergesellschaftung relevant ist, bleibt in der Rezeption strittig.

Um die Tendenzen und Notwendigkeiten des organischen Werdens und Vergehens verstehen zu können, kann Wissenschaft nicht rein mechanisch und empirisch verfahren, sondern muss mittels Begriffsschemata wissenschaftlich notwendige Fiktionen produzieren und sich aus diskursiver und rationaler zu intuitiver und dialektischer Ansicht verwandeln (Tönnies 1887, 5 f.). Die Übertragung dieser Annahme auf einen politischen Körper, der mit den Sinnen nicht wahrnehmbar ist, sondern als Typus konstruiert werden muss, verlangt für die Sozialwissenschaften dabei ein Verständnis der Rationalität aus dem geschichtlichen Prozess ihrer Herausbildung selbst. Das hobbessche Allgemeininteressenkalkül bedarf einer ergänzenden historischen Betrachtung der durch den neuzeitlichen Rationalisierungs- und Individualisierungsprozess erzeugten Veränderungen politischer Ordnungen. Das Ziel ist die Konstruktion ideeller Typen und ihre Definition durch Normalbegriffe als objektivierte, allgemeine Objekte, mithin eine Theorie zur logisch richtigen Konstruktion sozialwissenschaftlicher Objekte und eines eigenen wissenschaftlichen Beobachtungsinstrumentes für Nicht-Naturwissenschaften. Diese Als-Ob-Fiktionen erhalten in der Erfahrung durch fortwährende Progression zunehmende Wahrscheinlichkeit und können somit als Gewissheiten behandelt werden.

Die Grundlage aller sozialen Verhältnisse, Willensformen und Verbindungen für eine wissenschaftliche Behandlung dieser Gegenstände ist im Gegensatz zu theologischen Erklärungen im neueren Naturrecht zu finden. Dieser Grundlage mangelt es am vorrationalistischen Denken, da es Wollen und Denken auf ausschließlich rationalistische Ausdrücke bringt und keine anderen kennt. Dies erfordert die Untersuchung der Bedeutung, der Wirkung und des Wandels entsprechender Handlungsmentalitäten als Wesen- und Kürwille (Tönnies 1982). Dabei ist die Begriffslogik für von ganzheitlich motivierten menschlichen Impulsen bedingte Formen des Zusammenlebens eine andere als die analytische Begriffslogik für durch zweckrationales Verhalten der Mitglieder dominiertes Zusammensein. Seine organologische Terminologie für lebensweltliche Erfahrungen reflektiert die Bestimmung der Realität dieses Konstruktes als nicht nur konkrete sondern auch reale Allgemeinheit, was allgemein verkannt wird und weitgehend nur Missverständnisse und romantische Ansprüche oder Aversionen zur Folge hat.

Mit Tönnies' Willenstheorie ergeben sich zugleich Ansätze zu einer philosophischen und historischen Anthropologie (Tönnies 2009). Der Typenkonstruktivismus einer zweckrationalen und einer substantiellen sozialen Grundform menschlichen Zusammenlebens wird zudem ergänzt durch eine zeichentheoretische und sprachphilosophische Geltungslogik als Instrument des Denkens gegen eine naive Begriffsverwendung. Die sozialwissenschaftliche Erkenntnistheorie und damit die Fundamentierung der reinen Soziologie führt durch Erweiterung des rechtsphilosophischen Fundaments zu einer Sozialphilosophie. In diese begriffliche Konstruktion idealer Typen ist, obwohl in der Rezeption meist verkannt, die Ethik nicht eingebunden, da die Objektivität soziologischer Erkenntnis durch die individual-ethische Natur der Eigenschaften des Willens nicht nur prekär, sondern auch begrifflich indifferent würde.

Andererseits problematisieren die Auseinandersetzung mit Spinoza und die Überzeugung, dass Wille und Intellekt ein und dasselbe sind (Tönnies 1981, 161), die Klärung des Verhältnisses von Sozialtheorie und Ethik und damit Fragen des Rechtsrealismus. Wenn menschliche Handlungen wie alles Bedingte aus den Bedingungen heraus erklärt werden müssten, dann muss eine ethisch konzipierte Normenlehre methodisch von der Soziologie getrennt werden. Sozialethik im philosophischen Sinne ist dann das Studium der Tatsachen und ihrer Zusammenhänge. Die Erkenntnistheorie wird ergänzt durch eine Rechts- und Staatsphilosophie, die – in Entgegensetzung zur liberalen Demokratie – eine Entwicklung zum Staat als Sozialreform aus begrifflicher und historischer Notwendigkeit propagiert (Tönnies 2010). Indem durch die wechselseitige Anerkennung ein Normensystem gilt, wird ein Gleichgewichtszustand von Willensprozessen und damit Stabilität hergestellt.

Auch die Philosophie der Geschichte (Tönnies 1903), die den Rationalisierungsprozess durch das Auffinden kausaler Zusammenhänge zu einer kontemplativen Deutung der Geschichte insgesamt zu führen hat, ist – sofern sie wissenschaftlich verfährt – soziale Entwicklungsgeschichte. Dabei ist sie nicht Teil der Philosophie, sondern nur durch sie befruchtet, denn alle *Wissenschaft* und damit auch Philosophie als Wissenschaft ist empiristisch, alle *Philosophie* und damit alle Wissenschaft als Philosophie hingegen rationalistisch.

Das mit dem Namen Tönnies verbundene Theorem *Gemeinschaft und Gesellschaft* (Tönnies 1897) erfuhr erst mit der 2. Auflage 1912 in missverstehender Weise eine erhebliche Würdigung in der kulturevolutionären Jugendbewegung; die Bedeutung verlor sich im Dritten Reich vollständig und wurde durch René König als „Darstellung ontologischer Merkmale des sozialen Daseins" für die Soziologie sakrilegisch (König 1955). Erst die Liberalismus-Kommunitarismus-Debatte, die eine direkte Wiederaufnahme des von Tönnies theorisierten Problems darstellt, hat Tönnies en passant wieder zur Kenntnis genommen. Andererseits hat diese Fokussierung der Diskussion seinen Szientismus, seine Theorie der Rationalität oder die ideologiekritischen Momente weitgehend verdeckt. Auch die zeichentheoretische und sprachphilosophische Konzeption wider eine Verworrenheit der Terminologie in der Philosophie und Psychologie (Tönnies 1906) wirkte gleichsam unterirdisch auf die Entwicklung im „Wiener Kreis". Generell ist die Wirkungsgeschichte widersprüchlich und die Etikettierung reicht vom Naturalisten bis zum Sozialromantiker. Nur seine Stellung als Pionier der Hobbes-Forschung ist ungebrochen.

Literatur: Tönnies 1887, Tönnies 1896, Jacoby 1971, Merz-Benz 1995, Osterkamp 2005
Hilfsmittel: Fechner 1992
Webseite: www.ftg-kiel.de

Rolf Fechner

Topitsch, Ernst

Geboren 1919 in Wien, gestorben 2003 in Graz. Seit 1937 Studium der Fächer Klassische Philologie, Philosophie und Geschichte an der Universität Wien. 1939–45 Kriegsdienst und Kriegsgefangenschaft. 1946 Promotion, 1951 Habilitation für Praktische Philosophie. 1956 titulierter außerordentlicher Professor an der Universität Wien. 1960 Mitglied des Institut International de Philosophie (Paris), 1962 ordentlicher Professor für Soziologie an der Universität Heidelberg, 1969–89 ordentlicher Professor für Philosophie an der Universität Graz.

Von prägender Wirkung waren für Topitsch nach eigenem Bekunden insbesondere das Werk und die geistige Haltung von Thukydides, David Hume, Vilfredo Pareto und Max Weber, unter den Gelehrten aus jüngerer Zeit insbesondere das Schrifttum von Heinrich Gomperz, August Maria Knoll, Victor Kraft und Hans Kelsen. Die Breite von Topitschs Interessen spiegeln seine 14 Bücher und rund 150 Aufsätze wider. Er selbst hielt die letzte Version seiner weltanschauungsanalytischen Studie *Erkenntnis und Illusion* (Topitsch 1988) für seine bedeutsamste Publikation, andere sehen seine Stärke eher im Bereich der Sozialphilosophie (Topitsch 1961, 1967) und Ideologiekritik (Topitsch 1969, 1973).

Die in den frühen 1950er Jahren entstandenen Arbeiten über das Naturrecht und den Historismus (Topitsch 1952, 1954) verstricken Topitsch sogleich in heftige Diskussionen, vor allem mit katholischen Theologen. Er machte auf die Widersprüche und Unbestimmtheiten in den Lehren bestimmter Anwälte des Ewigen und Absoluten aufmerksam, wobei er sich schon früh als ein Nachfahre von Sprachanalytikern und Naturrechtskritikern österreichischer Provenienz erwies: einerseits von Fritz Mauthner und den Sprachphilosophen des „Wiener Kreises", andererseits von Rechtstheoretikern wie Georg Jellinek, Adolf Menzel und Hans Kelsen (Topitsch 1964, Topitsch, Krawietz, Koller 1982). Oft bedienen sich – wie Topitsch in seinem berühmten Aufsatz „Über Leerformeln" (Topitsch 1960) etwa am Beispiel der Begriffe „Dialektik" oder „Ganzheit" zeigt – mehrere einander bekämpfende Gruppen sogar der gleichen Prestigewörter, wobei dann jede für sich reklamiert, den „wahren Sinn" jener Ausdrücke erfasst zu haben. Vor allem im politischen Leben spielen Leerformeln eine bedeutende Rolle, denen neben pseudotheoretischen Erklärungen (Topitsch 1965a) Topitschs besondere Aufmerksamkeit gilt. Dabei zieht er das Schrifttum von Hegel, dessen begriffliche und theoretische Unbestimmtheit es gestattete, ihn als Gewährsmann für politisch höchst gegensätzliche Lehren zu reklamieren (Topitsch 1967), gleichermaßen kritisch in Betracht wie die Gesellschaftstheorien von Karl Marx (Topitsch 1973), Jürgen Habermas und Carl Schmitt (Topitsch 2003).

Topitsch hat in der ersten Phase seiner wissenschaftlichen Tätigkeit, die mit dem Buch *Vom Ursprung und Ende der Metaphysik* (Topitsch 1958) einen gewissen Abschluss findet, die vorwissenschaftlichen Auffassungen des Kosmos, also der äußeren Welt, in den

Mittelpunkt seiner Untersuchungen gestellt. Bald zeigte sich jedoch, wie er im autobiographischen Rückblick feststellt (Topitsch 1979, 2001), dass die dabei entwickelten Gesichtspunkte auch für die Behandlung der Seelenvorstellungen (Topitsch 1959, 1990) sowie der verschiedenen Formen des Erkennens (Topitsch 1965b, 1966) fruchtbar sind. Wiederholt wendet sich Topitsch in diesem Zusammenhang auch den säkularisierten Formen religiöser Weltdeutungen zu. Ihm zufolge sind die Teilfunktionen der Informationsvermittlung, der Handlungssteuerung und der emotionalen Wirkung im „plurifunktionalen Führungssystem" der Religion (Topitsch 1979) weithin ungeschieden. Wie er darlegt, führt die fortschreitende Verselbständigung der Verstandesfunktionen zur Erosion der kognitiven und moralischen Geltungsansprüche von Religionen, danach aber zu weltlichen Ersatzbildungen in Kunst und Politik. Gerade die totalitären Ideologien des 20. Jahrhunderts erweisen sich als plurifunktionale Führungssysteme im vollen Sinne des Wortes. Dabei engten sie die Freiheit der wissenschaftlichen Erkenntnis ein und befürworteten zudem – ganz nach Art der Unterscheidung der Menschheit in Gläubige und Heiden – eine Zweiteilung in politische Gesinnungsgenossen und Gegner. Sie bilden in gewisser Weise das funktionelle Äquivalent der christlichen Hochreligionen in der Zeit des konfessionellen Bürgerkriegs. Der Feind sowohl religiöser als auch politischer Totalitätsansprüche ist naturgemäß der mit dem modernen Rechts- und Verfassungsstaat verbundene Liberalismus. Der Analyse der „Grundformen antidemokratischen Denkens" rechter wie linker Provenienz gilt bis zuletzt das Interesse von Topitschs politischer Philosophie (Topitsch 1969, 1995), insbesondere unter dem Gesichtspunkt von „Machtkampf und Humanität" (Topitsch 1973) sowie dem von „Macht und Moral" (Topitsch 1996, 2000).

Zwei von ihm erörterte Themenbereiche haben Topitsch Feindschaft eingetragen: seine Einlassungen zum Hochschulwesen in den 1960er Jahren (Topitsch 1967a, 1968) sowie später seine Kritik an der Überlagerung der historischen Kausalanalyse durch einen die Sache verschleiernden Moralismus, wie er ihn in den geläufigen Analysen der Vorgeschichte des 1941 begonnenen deutsch-sowjetischen Krieges am Werke sah (Topitsch 1985). Bei gewissen konservativen wie progressiven Varianten der Wissenschaftspolitik scheinen Topitsch sowohl das Prinzip der Überprüfbarkeit als auch der Wille, aus Fehlern zu lernen, gegenüber einer religiösen oder einer politischen Parteilichkeit in den Hintergrund gedrängt zu werden; dies gilt nach ihm nicht nur für die Kulturrevolution der „68er", sondern auch für die sozialistische wie die libertäre Wissenschaftsökonomie. – In seinem kontrovers beurteilten Buch *Stalins Krieg* wiederum – das auch in England, den USA und Polen erschien (Topitsch 1987, 1987a, 1996a) und dessen Thesen nach 1991 verschiedentlich durch neu zugänglich gemachte sowjetische Quellen sowie durch hochrangige Militärs der ehemaligen „Roten Armee" erhärtet wurden (Topitsch 1993, 2000a) – will Topitsch zeigen, dass nicht notwendig nur derjenige den Krieg will, der den ersten Schuss abgibt. Denn es zähle bekanntlich zu den probaten Kunstgriffen der Politik und der psychologischen Kriegführung, den Gegner zum Erstschlag zu veranlassen. Diesen Schachzug im Blick auf das strategische Konzept Stalins als reale Möglichkeit erwogen zu haben, sehen gewisse Vertreter der deutschen Zeitgeschichtsforschung geradezu als ein Sakrileg an; und dies zumeist unter Hinweis auf die von Topitsch nie bestrittene Tatsache, dass doch Hitler gegenüber der Sowjetunion schon seit langem kriegerische

Absichten gehegt hatte. Tatsächlich handelt es sich nach Topitsch um einen Zusammenprall zweier Stoßrichtungen totalitärer Eroberungspolitik, wobei der eine Aggressor dem anderen um eine nicht sehr große Zeitdifferenz zuvorgekommen sei.

Topitsch hat in seiner Weltanschauungsanalyse und Ideologiekritik nicht nur von Erkenntnissen der Historie, der Soziologie und der Rechtstheorie Gebrauch gemacht, sondern auch von solchen der Ethnologie und Religionswissenschaft, der Philologie und Sprachwissenschaft sowie der Humanethologie. Für die Lösung von Problemen, die im Interferenzbereich von Philosophie und Einzelwissenschaften liegen, befürwortet er eine Symbiose von philosophisch-sprachanalytischer und empirisch-wissenschaftlicher Forschung, auch wenn dies gegen den philosophischen Purismus einiger seiner Kritiker verstößt, die sich lieber an Reinheitsgebote nach Art von religiösen Speiseritualen zu halten gewohnt sind.

Literatur: Topitsch 1961, Topitsch 1979, Topitsch 1996, Kleiner 2011, Salamun 1979, Salamun 2009

Karl Acham

Tugendhat, Ernst

Geboren 1930 in Brno (Brünn), Tschechien. Studium der Klassischen Philologie in Stanford, ab 1949 der Philosophie in Freiburg, dort Promotion 1956, Habilitation 1966 in Tübingen. 1966–75 Professur für Philosophie in Heidelberg, 1975–80 in Starnberg Anstellung am Max-Planck-Institut zur Erforschung der Lebensbedingungen der wissenschaftlich-technischen Welt. Von 1980 bis zur Emeritierung 1992 Professur an der Freien Universität Berlin. 1999 Honorarprofessor in Tübingen.

Sprachanalytische Grundlegung der Philosophie – Tugendhat lernt die Methode der Sprachanalyse in den USA vor Antritt seiner Professur in Heidelberg kennen. Sie prägt sein weiteres Philosophieren, hat ihn allerdings, im Gegensatz zu vielen am logischen Positivismus orientierten Analytikern, nicht daran gehindert, an traditionellen Fragen der Philosophie festzuhalten. Die Fruchtbarkeit der sprachanalytischen Methode erweist sich nach Tugendhat darin, traditionelle Fragen präziser fassen zu können und, aufgrund der Orientierung an der Sprache, methodisch kontrollierbare Antworten dafür zu entwickeln. Nach Tugendhat gilt das für alle mit den wichtigsten Leitbegriffen der neuzeitlichen Philosophie verbundenen Probleme. Diese Begriffe sind beispielsweise „Sein", „Bewusstsein", „Erfahrung" oder auch „Vernunft". Die *Vorlesungen zur Einführung in die sprachanalytische Philosophie* (Tugendhat 1976) führen dieses Programm am Beispiel der Seinsfrage, dem Thema der traditionellen Ontologie, und der Frage nach dem Gegenstandsbezug von Bewusstsein vor, womit das vor allem in der phänomenologischen Tradition seit Brentano und Husserl diskutierte Problem der Intentionalität aufgenommen wird. Beide Themen lassen sich im Rahmen einer formalen Semantik zusammenführen und neu formulieren, indem gefragt wird, was es heißt, sich mittels der Sprache auf Gegenstände zu beziehen. Dabei geht es Tugendhat vor allem um drei Punkte: Erstens gilt es zu begründen, weshalb sich die Bedeutung von Sätzen nicht gegenständlich verstehen lässt; zweitens soll eine Begrifflichkeit entwickelt werden, um das Verstehen aller assertorischen Sätze verständlich zu machen; und drittens soll gezeigt werden, dass sich „der traditionelle Grundbegriff des Gegenstandes nur auf der Basis dieser neuen Begrifflichkeit verstehen läßt" (Tugendhat 1976, 133).

Tugendhats formale Semantik orientiert sich an der Einsicht des späten Wittgenstein, wonach sich die Bedeutung eines Ausdrucks durch die Regeln seines Gebrauchs in der Sprache erklären lässt. Weitere Anknüpfungspunkte sind die Arbeiten Freges, Dummetts, Strawsons und Geachs, wodurch sein Wittgensteinianismus eine formalistische und verifikationistische Ausprägung bekommt. Die Vorgabe, sich bei der semantischen Analyse an den Gebrauchsregeln zu orientieren, ermöglicht die Kritik am gegenstandstheoretischen Verständnis von Bedeutung: Sie besteht gerade nicht im Bezug auf eine Entität, und das Verstehen von Sprache besteht dementsprechend nicht darin, eine solche Entität zu erfassen. So lässt sich nach Tugendhats Analyse eine Theorie des Verstehens von assertorischen Sätzen formulieren. Man versteht sie, wenn man das an der Unterscheidung von wahr und falsch orientierte Begründungsspiel versteht, das durch einen Behauptungssatz eröffnet wird. Nach diesem Muster entwickelt Tugendhat ferner eine Theorie der Funktionen allgemeiner Termini (Prädikation) und singulärer Termini, die zugleich die Frage des Gegenstandsbezugs von Sprache beantworten soll.

Ein weiteres Anwendungsgebiet der sprachanalytischen Methode ist die Theorie des Selbstbewusstseins (Tugendhat 1979). Hier richtet sich Tugendhats Kritik gleichermaßen gegen das aus der idealistischen Tradition herkommende Subjekt-Objekt-Modell (ebd., 51) und das empiristische Modell der inneren Wahrnehmung. Tugendhat interessiert sich für zwei Aspekte des Selbstverhältnisses: zum einen für das theoretische oder auch epistemische Selbstbewusstsein und zum anderen für das praktische Selbstverhältnis (ebd., 32). Das epistemische Selbstbewusstsein lässt sich nach seiner Analyse durch Sätze der Form „(ich weiß:) ich Φ" ausdrücken, wobei Φ-Prädikate Bewusstseinszustände bezeichnen. Das praktische „Sichzusichverhalten" ist der für Tugendhat eigentlich relevante „Teil der Selbstbewusstseinsproblematik" (ebd., 145). Er entwickelt dabei ein Verständnis von praktischem Selbstbewusstsein als autonomem, kritischem „Sichzusichverhalten". Maßgeblich dafür sind Heideggers Analysen aus *Sein und Zeit*, die mit Hilfe eines Konzepts praktischer Vernunft und anknüpfend an Meads Sozialpsychologie intersubjektivitätstheoretisch korrigiert werden.

Ethik, Anthropologie und Mystik – Mit seinem Wechsel nach Starnberg und später in Berlin wendet sich Tugendhat zunehmend den Begründungsproblemen einer autonomen Ethik zu. Er hat seine Position dazu in mehreren Anläufen veröffentlicht und dabei immer wieder Selbstkorrekturen vorgenommen (Tugendhat 1986, 1993, 1997). Eine absolute, insbesondere religiöse oder traditionalistische Begründung der Moral ist seiner Auffassung nach in der Moderne nicht mehr möglich. Moralische Normen zeichnen sich als gesellschaftlich etablierte Regeln durch ihre besonderen Sanktionsformen aus. Ihre Einhaltung verweist auf die moralischen Überzeugungen und Gefühle der Akteure, insbesondere die der moralischen Empörung und des sozial konstituierten Selbstwertgefühls. Von dieser Grundannahme ausgehend analysiert Tugendhat in kritischer Auseinandersetzung mit den paradigmatischen Ansätzen der Tradition moralische Begriffe, wie die des Sollens, der Pflicht, der Gerechtigkeit und der Menschenrechte.

In seinen letzten Veröffentlichungen entwickelt Tugendhat Motive seiner bisherigen Arbeiten im Hinblick auf eine anthropologische Neubegründung der Metaphysik sowie religionsphilosophische Themen weiter (Tugendhat 2003, 2007). Er entwirft eine Vorstellung des Menschen, in deren Mittelpunkt die Fähigkeit steht, mittels einer propositional verfassten Sprache zu kommunizieren. Der Mensch wird damit unweigerlich zum „Ich'-Sager" (Tugendhat 2003, 22 ff., 46 ff.), dessen Verstehen ebenso egozentrisch bleibt wie sein auf das eigene Wohl gerichtete Wollen. Ausgehend von diesen Überlegungen analysiert Tugendhat damit zusammenhängende Phänomene wie Rationalität, Willensfreiheit, Anerkennung, aber auch intellektuelle Redlichkeit sowie das Verhältnis zu Tod und Sterben.

Seine Reflexionen zur Mystik wollen eine alternative Antwort auf das ihm zufolge anthropologisch verankerte religiöse Bedürfnis nach „Gesammeltsein mit Bezug auf das Wie des Lebens" (ebd., 111) geben. Die Tradition der Mystik ist deshalb so attraktiv, weil sie weder auf Offenbarung noch auf unbegründbare Spekulationen zur Existenz eines personalen Gottes angewiesen ist. Mystische Lehren bieten dagegen Antworten darauf, wie der Mensch die Egozentrizität zu relativieren vermag, die ihm mit der propositionalen Struktur Sprache gegeben ist. Sie eröffnen damit zugleich eine Perspektive für den Umgang mit Kontingenz.

Ernst Tugendhat gehört zu den bedeutendsten deutschen Philosophen des ausgehenden 20. Jahrhunderts. Seine Grundlegung der Ethik wird intensiv diskutiert (Scarano, Suárez 2006); seine formale Semantik ist der einzige eigenständige deutsche Beitrag zur Debatte über Bedeutungstheorien für natürliche Sprachen, die in der angloamerikanischen Philosophie seit mehreren Jahrzehnten geführt wird.

Literatur: Tugendhat 1976, Tugendhat 1979, Tugendhat 1997, Jacobi 2012, Scarano, Suárez 2006, Zabala 2008

Jens Kertscher

Vaihinger, Hans

Geboren 1852 in Nehren bei Tübingen, gestorben 1933 in Halle (Saale). 1870–76 Studium in Tübingen, Leipzig und Berlin, 1874 Promotion in Tübingen, 1876 Habilitation unter Ernst Laas und Privatdozent in Straßburg. 1884 außerordentlicher und 1894 ordentlicher Professor der Philosophie in Halle. 1896 Begründer der *Kant-Studien*, 1904 der „Kant-Gesellschaft" und 1919 der *Annalen der Philosophie mit besonderer Rücksicht auf die Probleme der Als Ob-Betrachtung*.

Vaihingers philosophisches Hauptwerk *Die Philosophie des Als Ob* (Vaihinger 1911), das zwischen 1875 und 1878 entsteht, entwirft den von ihm vertretenen Fiktionalismus. Vor dem Hintergrund der Vielfalt von Auffassungen über die Fiktionen in nachkantischer Zeit (Ferdinand A. Lange, Eduard von Hartmann, Arthur Schopenhauer u. a.) unternimmt Vaihinger den Versuch einer philosophischen Analyse der Fiktionen mit dem Ziel, die Wissenschaften gegen illegitime Wahrheitsansprüche zu schützen, die aus unscharfen Vorstellungen von fiktiven und nicht fiktiven Gegenständen, Begriffen und Urteilen hervorgehen. Unter einer Fiktion versteht Vaihinger unwirkliche Gegenstände (z. B. der Durchschnittsmensch), leere Begriffe (z. B. Freiheit) oder falsche Urteile (z. B.

eine krumme Linie ist eine Gerade). Die Fiktion (von lat. *fictio*: Erdichtung) ist eine methodologische Annahme, die man zu bestimmten theoretischen oder praktischen Zwecken macht, wiewohl man von der Unwahrscheinlichkeit des Fingierten überzeugt ist. Sie ist ein Kunstgriff der Vernunft, mit dem diese Erkennen und Handeln fördert. So benutzt man etwa die Fiktion eines „Staatsvertrags", um das staatliche Strafrecht theoretisch zu begründen. Dabei fingiert man, dass jeder Bewohner des Landes einen Vertrag mit der Gesamtheit geschlossen habe, in dem er sich verpflichtet, die Gesetze einhalten zu wollen. Mit einem Vertragsbruch macht sich jeder Vertragspartner strafbar. Die Form einer Fiktion wird durch Ausdrücke folgender Art wiedergegeben: „Die Materie muss so betrachtet werden, wie sie betrachtet werden würde, wenn es Atome gäbe, aus denen sie zusammengesetzt gedacht wird." Davon abgrenzen muss man die Form einer Hypothese: „Nur unter der Voraussetzung, dass und wenn es Atome gibt, ist die empirische Erscheinung der materiellen Phänomene erklärbar."

Der sprachliche Ausdruck „Als ob" dient allgemein dazu, eine Fiktion auszudrücken. Um die besondere Betonung der Sprechweise Kants hervorzuheben, der den Ausdruck zur Formulierung der regulativen Ideen verwendet, nennt Vaihinger sein System der theoretischen, praktischen und religiösen Fiktionen der Menschheit: „Philosophie des Als Ob".

Die Resonanz auf Vaihingers Hauptwerk ist bis 1938 überwältigend, während es bald danach in Vergessenheit gerät. Zu den Hochzeiten erscheint in zwei Auflagen eine gekürzte Volksbuchausgabe (Vaihinger 1923). 1920 und 1922 finden jeweils im Anschluss an die Jahresversammlungen der Kantgesellschaft in Halle Tagungen zur „Philosophie des Als Ob" statt, bei denen Vertreter der verschiedensten Wissengebiete die Bedeutung und Wirksamkeit des Fiktionalismus als Konzentrationspunkt, als alles verbindendes gemeinsames Prinzip aufzeigen. Davon ausgehend entstehen zahlreiche Publikationen, die einerseits die befreiende Wirkung dieser Theorie sowohl für die wissenschaftliche als auch alltägliche Praxis dokumentieren, andererseits diese auch ergänzen und fortführen. Die Produktivität von Vaihingers Philosophie findet ebenso seinen Niederschlag in den 1919 von Vaihinger und seinem Schüler Raymund Schmidt gegründeten *Annalen der Philosophie*, die „der Verbreitung und Vertiefung dieses positivistischen Idealismus oder idealistischen Positivismus" dienen sollen und zugleich „einen ganz neuen Typ" darstellen. In der hier praktizierten engen Zusammenarbeit von Fachphilosophen und Einzelwissenschaftlern sieht Vaihinger den einzig richtigen Weg künftiger wissenschaftlicher Arbeit.

Obwohl die Theorie von Vaihinger für sich genommen nicht mehr sehr überzeugend erscheint, spielt der Begriff der Fiktion und fiktiver Operationen nach wie vor in der modernen Literaturtheorie, Psychologie, Pädagogik, Soziologie, Theologie, in den Rechts- und Medienwissenschaften, der Schauspielkunst sowie auch im philosophischen Denken noch eine bedeutende Rolle. Davon zeugen die referenz-, intentions-, spieltheoretischen, kognitionspsychologischen und operationsorientierten Ansätze sowie auch Fiktionsvertragstheorien oder fiktionstheoretische Weltauffassungen.

Literatur: Vaihinger 1911, Vaihinger 1921, Ceynowa 1993, Wels 1997, Willrodt 1934

Regina Meyer

Voegelin, Eric

Geboren 1901 in Köln, gestorben 1985 in Palo Alto (Kalifornien). Studium in Wien, 1922 Promotion (bei Otmar Spann und Hans Kelsen). 1924–26 Forschungsaufenthalt in den USA als Stipendiat der Rockefeller Foundation, 1928 Habilitation für die Fächer Staatslehre und Soziologie. 1938 Emigration in die Vereinigten Staaten, ab 1942 Professor für „Political Science" an der Louisiana State University in Baton Rouge. 1958 Rückkehr nach Deutschland und Ruf auf den Lehrstuhl am neu gegründeten Institut für Politikwissenschaft in München. Nach der Emeritierung ab 1969 Tätigkeit als Research Fellow der Hoover Institution on War, Revolution and Peace an der Stanford University.

Intellektuell sozialisiert im geistig regen und vielfältigen, aber auch durch das autoritäre Dollfuß-Schuschnigg-Regime und eine tiefgreifende politisch-kulturelle Radikalisierung dominierten Klima im Wien der Zwischenkriegszeit, nachhaltig geprägt durch die Erfahrung der nationalsozialistischen Machtübernahme in Österreich 1938 und durch seine anschließende Emigration in die USA, gehört Eric Voegelin neben Hannah Arendt und Leo Strauss zu den prominenten Vertretern jener zentraleuropäisch-amerikanischen Emigrantengeneration, die in der Mitte des 20. Jahrhunderts – in unmittelbarer Auseinandersetzung mit den politischen Gegenwartsproblemen und unter gleichzeitigem Rückbezug auf Konzepte des antiken politischen Denkens – die Perspektive einer kritischen, politischen Philosophie wiederzugewinnen versuchen und damit einen wichtigen Einfluss auf die politische Theoriedebatte in den 1950er Jahren und – mit konjunkturellen Schwankungen – bis heute ausüben. Während Leo Strauss den Versuch einer hermeneutischen Erneuerung des klassischen Naturrechtsdenkens macht und bei Hannah Arendt die griechisch-römische Erfahrung politischer Freiheitspraxis und ein sich aus ihr ergebender Entwurf einer republikanischen politischen Theorie im Zentrum des Interesses steht, integriert Voegelin seine neoklassischen Bezugnahmen auf die platonische und aristotelische Philosophie in die komplexe Konzeption einer hermeneutisch und symboltheoretisch inspirierten „Ordnungswissenschaft". Diese politisch-philosophische Konzeption ist bei Voegelin in einen vielschichtigen, zum Teil philosophisch-anthropologisch, zum Teil geschichtsphilosophisch, zum Teil bewusstseinsphilosophisch, aber immer auch empirisch-historisch fundierten Gesamtzusammenhang einer vergleichenden Zivilisationstheorie eingebettet.

Ziel dieser voraussetzungsreichen Wissenschaftskonzeption ist die Beschreibung und kritische Reflexion von politisch verfassten Gesellschaften als soziokulturelle Bedeutungszusammenhänge, die – in historisch und vergleichend weit ausgreifender Perspektive – auf ihre konstitutiven politischen Grundsymbole und auf die durch diese artikulierten fundamentalen menschlichen Ordnungs- und Unordnungserfahrungen hin durchsichtig gemacht werden sollen. Die ihrem Anspruch nach universalhistorische Untersuchung solcher geschichtlichen Symbolisierungsprozesse – inklusive ihrer philosophischen Reflexionsgeschichte – will aus dieser „Geschichte der Ordnung" letztlich eine „Ordnung der Geschichte" (Voegelin 1958, 27) herausarbeiten – und d. h. für Voegelin: die Konturen einer philosophischen Bestimmung des existentiellen politischen Ordnungsproblems von Menschen in Gesellschaft in seiner historischen Entfaltung überhaupt. Dieses äußerst ambitionierte Projekt, das sich zunächst im Lauf seiner frühen intellektuellen Biographie sukzessive herausbildet und auch im weiteren Verlauf seiner Ausarbeitung seit den 1940er Jahren konzeptionell beständig in Bewegung bleibt und zahlreichen Revisionen und Weiterentwicklungen unterzogen wird, ist im Ergebnis letztlich in vielerlei Hinsicht ein unvollendetes Fragment geblieben. In seinen in diesem Rahmen durchgeführten umfangreichen historisch-empirischen und theoretischen Untersuchungen versucht Voegelin eine Vielzahl von philosophischen Einflüssen zu integrieren. Dabei nimmt er schon früh einige grundsätzliche Fragestellungen vorweg, die seit einigen Jahren zunehmend in das Zentrum der philosophisch-theoretischen Debatte rücken, wie etwa die Frage nach der Verhältnisbestimmung von Politik und Religion in der Moderne oder auch die nach den theoretischen und methodischen Grundlagen einer kultur- und zivilisationsvergleichenden politischen Theorie und Philosophie.

Seinen wichtigsten Anstoß erhält Voegelins politisches Denken durch die Erfahrung des nationalsozialistischen Totalitarismus, die für ihn, wie für viele andere Denker seiner Generation, zu einer epochalen Erfahrung wird, die das politisch-philosophische Selbstverständnis der westlichen Moderne zu einer paradigmatischen und radikalen Neuorientierung zwingt. Die kritische Auseinandersetzung mit der philosophischen und der politischen Moderne, deren problematische Tendenzen für Voegelin im Totalitarismus des 20. Jahrhunderts kulminieren, ist daher eines der zentralen Anliegen seines politischen Denkens (Voegelin 1938). Vor allem in den 1950er und frühen 1960er Jahren spitzt Voegelin seine diesbezüglichen Überlegungen zu der These vom „gnostischen" Charakter der Moderne zu (Voegelin 1952). Die ideologischen und totalitären Massenbewegungen des 20. Jahrhunderts interpretiert Voegelin demnach als politische Radikalisierungen eines sektiererischen ideengeschichtlichen Grundthemas innerhalb der westlichen politischen und Geistesgeschichte, durch welche die Moderne teils durch komplexe rezeptions- und wirkungsgeschichtliche Zusammenhänge, teils durch symbolische Strukturanalogien mit der spätantiken religiösen Weltanschauung der „Gnosis" und ihren mittelalterlichen Reformulierungen verbunden sei. Wesentliches Merkmal des genuin *modernen* Gnostizismus ist für Voegelin dabei die Transformation bzw. „Immanentisierung" von ursprünglich religiös konnotierten Symbolen in innerweltliche Symbole der radikalen politischen Selbsterlösung. Mit diesen äußerst pointierten, teilweise bewusst polemisch überspitzten Thesen zum modernen Gnostizismus – in deren Zusammenhang Voegelin nicht nur die totalitären Ideologien, sondern darüber hinaus weite Teile des politischen und philosophischen Selbstverständnisses der Moderne insgesamt, unter anderem auch bestimmte Aspekte des politischen Liberalismus, einer radikalen Ideologiekritik unterzog – hat seine Arbeit Anfang der 1950er Jahre erstmals ein breites internationales Interesse gefunden. Auf der anderen Seite hat aber gerade der Erfolg seiner Gnosis-These langfristig auch zu einer deutlichen Verengung der wissenschaftlichen Rezeption seines Werks geführt, das nicht selten – und im Ganzen zu Unrecht – in erster Linie als der politisch konservativ motivierte und theoretisch nur schwer anschlussfähige Versuch einer philosophischen Radikalkritik der Moderne wahrgenommen wurde.

Als ideologiekritisch besonders fruchtbares Konzept hat sich weniger Voegelins Gnosis-These als vielmehr sein Begriff der „politischen Religionen" herausgestellt, der in der aktuellen Totalitarismusforschung auf breites Interesse stößt (Maier 1996). Dagegen haben die interessanten Anregungen, die insbesondere Voegelins Bezüge auf angelsächsisch-amerikanische Politikkonzepte für eine konstruktive Interpretation moderner Demokratieverständnisse bietet, bisher noch weniger Beachtung gefunden (Sigwart 2008). Sein im Original fünf Bände umfassendes Hauptwerk *Order and History* liegt mittlerweile auch in einer zehnbändigen deutschen Übersetzung vor. Voegelin schlägt hier in seinem Fragment gebliebenen Versuch einer politisch-philosophischen Universalgeschichte, die er unter anderem in kritischer Auseinandersetzung mit der Zivilisationsgeschichte Arnold Toynbees und mit Karl Jaspers einflussreicher These von einer universalgeschichtlichen „Achsenzeit" entfaltet, einen Bogen von den mesopotamischen Hochkulturen über Ägypten und das alte Israel bis zur griechischen Poliswelt und zur platonischen und aristotelischen Philosophie. Der konzeptionell eigenständige vierte Band schließlich fokussiert eine symboltheoretische Analyse der großen ökumenischen Imperien (Voegelin 1974, 1974a), während der kurze, posthum veröffentlichte, fünfte Band bewusstseinsphilosophische Meditationen vor allem zur Sprach- und Zeitstruktur von Ordnungssymbolen und ihrer historischen Entwicklung enthält (Voegelin 1987). Dieses komplexe, sehr eigenständige Hauptwerk Voegelins belegt am eindrucksvollsten die Fruchtbarkeit seines unkonventionellen, im Anspruch interdisziplinär und universalhistorisch ausgreifenden, dabei aber bewusst immer Fragment und Entwurf bleibenden philosophisch-politischen Denkens; es harrt aber noch einer breiteren geistes- und kulturwissenschaftlichen Rezeption.

Literatur: Voeglin 1952, Voegelin 1966, Henkel 1998, Sigwart 2005
Hilfsmittel: Price 2001, Sandoz 1981
Webseite: www.lrz.de/~voegelin-archiv

Hans-Jörg Sigwart

Waldenfels, Bernhard

Geboren 1934 in Essen. 1959 Philosophische Promotion in München, 1960/61 Staatsexamen in klassischer Philologie und Geschichte, 1960–62 Studien in Paris (v. a. bei Maurice Merleau-Ponty), 1967 Habilitation in München, gefolgt von einer außerordentlichen Professur. Von 1976–99 Professor für Philosophie an der Ruhr-Universität Bochum. Mitbegründer der Deutschen Gesellschaft für phänomenologische Forschung, von 1994–96 deren Präsident. Zahlreiche Gastprofessuren, u. a. in Paris, New York, Rom, Prag, Wien und Hongkong.

Ausgehend von einer kritischen Auseinandersetzung mit der Phänomenologie Edmund Husserls und vor allem durch sein Studium bei Maurice Merleau-Ponty entwickelt Waldenfels eine Erneuerung der Phänomenologie als sachorientierter Erfahrungswissenschaft. Indem er im Anschluss an Merleau-Pontys Philosophie des Leibes die bewusstseinsphilosophischen Restbestände der Phänomenologie hinter sich lässt, Anregungen durch Emmanuel Levinas' Philosophie des Anderen aufnimmt und sie mit Michel Foucaults Theorie diskursiver Ordnungen verbindet, schafft Waldenfels mit seiner Philosophie der „responsive[n] Rationalität" (Waldenfels 1987, 47; 1994, 333 u. ö.)

eine Weiterentwicklung der Phänomenologie, deren Produktivität über die Grenzen einer Schule hinausweist. Indem er nicht nur Merleau-Pontys Werk, sondern auch das zahlreicher anderer französischer Denker erschließt, ediert und interpretiert, legt er zugleich die Grundlagen für einen deutsch-französischen Dialog jenseits der einstigen Gräben (Waldenfels 1983, 1995, 2005).

Waldenfels' Habilitationsschrift über *Das Zwischenreich des Dialogs* (Waldenfels 1971) ist zwar schon als sozialphilosophische Untersuchung ausgewiesen, bleibt aber noch im Fahrwasser dialogphilosophischer Ansätze, die das Verhältnis von Anspruch und Antwort als ein Geschehen der „wechselseitigen Erfüllung und Ergänzung" begreifen (vgl. die selbstkritische Anmerkung in Waldenfels 1994, 577). Dieser Tendenz begegnet Waldenfels durch eine Radikalisierung des – ursprünglich verhaltens- und gestalttheoretischen – Begriffs der Responsivität. Er ist sich bewusst, dass die „Response" in der Rückübersetzung aus dem Amerikanischen „zur bloßen ‚Reaktion' abgesunken ist", nimmt diese Quelle von Missverständnissen aber lieber in Kauf als die „erbaulichen" Konnotationen des dialogphilosophischen Vokabulars (ebd., 14). Werkgeschichtlich lässt sich die Ausarbeitung einer Philosophie der Responsivität in zwei Schritte aufgliedern: Erstens die Erweiterung des dialogphilosophischen Ansatzes zu einer Theorie kontingenter Ordnungen, die sich stark auf Foucaults Diskursanalyse stützt; zweitens die Radikalisierung des Dialoggeschehens zu einer spezifischen Form der Fremderfahrung, die entscheidende Impulse aus Levinas' Ethik bezieht.

Waldenfels' Theorie kontingenter Ordnungen siedelt Responsivität nicht nur im sprachlichen Austausch, sondern durchgehend auf der „Ebene menschlichen Redens und Handelns" an (Waldenfels 1987, 35). Gegen die diversen Versuche der philosophischen Tradition, die Herausbildung von Ordnung auf eine einheitsstiftende Instanz zurückzuführen, betont sie die irreduzible *Kontingenz* des Ordnungsgeschehens. Wo übergeordnete Instanzen fehlen, können Ordnungen immer auch anders sein und sich nur durch Selektion und Exklusion (die Reduktion eines Überschusses an Möglichkeiten) zeitweilig stabilisieren (Waldenfels 1987, Kap. B). Kontingente Ordnungen sind weder autonom noch autark, weil „das, was geordnet wird, nicht selber dieser Ordnung entstammt" (ebd., 47). Eine Theorie des responsiven Sprechens und Handelns verbietet es indessen, „das, was geordnet wird" als bloßes Material aufzufassen, aus dem eine Ordnung besteht. Sie begreift es vielmehr als ein zu-Ordnendes, dem man „gerecht werden" kann und mit dem man „zurecht kommen" kann – oder eben nicht (ebd., 46). Die Rationalität kontingenter Ordnungen verbindet nicht einzelne Bestandteile zu einem Ganzen, sie „regelt die Art und Weise, wie einer auf Fremdes eingeht und sich darauf einläßt" und verdient daher den Namen „*responsive Rationalität*" (ebd., 47).

Die Frage, wie das Eingehen auf Fremdes gedacht werden kann, ohne dem Fremden den Stachel zu ziehen und es in den Selektions- und Exklusionsleistungen kontingenter Ordnungen aufgehen zu lassen, bildet den zweiten Schritt in Waldenfels' Theoriebildung. Geht man von den Titeln seiner Schriften aus, so nimmt dieser Schritt deutlich mehr Raum ein als der erste. Waldenfels betont aber immer wieder, dass die Frage nach der Ordnung nicht in eine – womöglich ethische – Philosophie des „ganz Anderen" aufgelöst werden darf. Der Aufweis des irreduziblen Fremdbezugs in allem Reden und Handeln darf weder auf eine „Divinisierung des Anderen" noch auf eine „Moralisierung des

Fremden" hinauslaufen (Waldenfels 2006, 10). Mit Blick auf die beiden Autoren, denen Waldenfels die entscheidenden Anregungen für die beiden Schritte seines Programms verdankt, formuliert er die Devise: „*zuerst* Foucault und dann Levinas!" (Waldenfels 2001a, 434).

Grundlegend für Waldenfels' responsive Phänomenologie ist die Unterscheidung von Anderem und Fremdem. Während die Differenz von Anderem und Selbem seit Platon als Unterscheidung zwischen etwas und etwas anderem von außen vorgenommen wird, unterscheidet *sich* das Eigene vom Fremden. Eigenes und Fremdes sind durch eine „Schwelle" voneinander getrennt, ohne dass es einen dritten Punkt gäbe, von dem aus der Vergleich vorgenommen werden könnte. Fremdes ist relational zu denken, so dass es kein Fremdes überhaupt gibt, sondern allein kulturell, historisch und kontextuell zu bestimmende Fremdheiten. Das Fremde wird in der Erfahrung aufgesucht, als Erfahrung eines Entzugs. Wenn sich etwa zeigen lässt – wie es Waldenfels unternimmt –, dass die eigene Leiblichkeit Momente der Unwillkürlichkeit, der Passivität oder des Traumatischen enthält (was als „Pathisches" zusammengefasst wird, Waldenfels 2000), die eigene Kultur deswegen nie ganz die eigene ist, weil bereits ihre Genese nicht durch die kulturellen Narrative eindeutig gedeckt ist (Waldenfels 1997), oder jede Wahrnehmung etwas voraussetzt, das unsere Aufmerksamkeit erweckt, ohne dass wir die Auffälligkeit des Auffallenden selbst hervorrufen (Waldenfels 2004), so folgt daraus, dass Fremdes nie nur an Anderen und in Anderem auftritt, sondern *sich zeigt, indem sich* im Eigenen *etwas entzieht*.

Fremdheit erhält – wie Waldenfels im Rückgriff auf eine selektive Husserllektüre, aber auch auf vernachlässigte Motive bei den Klassikern und vor allem auf das Ereignisdenken der französischen Philosophie betont – Ereignischarakter. Über das aber, was sich am Eigenen entzieht und was als Fremdes sich ereignet, lässt sich nicht „objektiv" thematisierend sprechen, sondern nur indirekt, woraus sich die immer wieder gesuchte Nähe zu den bildenden Künsten und zur Literatur erklärt (Waldenfels 1999, 2010). Systematisch gesehen folgt daraus eine Ambivalenz, da es nicht ausgemacht ist, ob die Beunruhigung durch den, die oder das Fremde produktiv oder aggressiv ist. Die Relation zum Fremden ist in dieser Hinsicht normativ neutral. Sie besteht im Bezug auf einen Überschuss in der Ordnung „als Exzeß, der einen bestehenden Sinnhorizont überschreitet" (Waldenfels 1997, 37).

Soll ein Umgang mit dem Fremden es weder thematisierend bewältigen noch pathetisch moralisieren, muss er eine der Relationalität angemessene besondere Form annehmen. Diese Form ist die des Antwortens, die Waldenfels in seinem Hauptwerk *Antwortregister* systematisch entfaltet (Waldenfels 1994) und seither fortentwickelt und an Sachanalysen erprobt. „Das Fremde wäre das, worauf wir antworten und zu antworten haben, was immer wir sagen und tun." (Waldenfels 1997, 51)

Im Gegensatz zur philosophischen Tradition, die stets die Frage in den Vordergrund stellt, mit der etwas erfragt wird, entwirft Waldenfels' sprachphänomenologischer Ansatz einen Begriff des Antwortens, der nicht als Korrelat einer Frage verstanden wird, sondern als das Eingehen auf einen Anspruch. Indem Anspruch und Antwort zusammengebunden werden – statt des klassischen Zusammenhangs von Frage und Antwort –, wird ein Bezug zur Phänomenologie des Fremden hergestellt. Denn anders als beim Beantworten von (zumindest einfachen Wissens-)Fragen bestehen beim Antworten auf Ansprüche Spielräume. *Was* zu antworten ist, legt der Anspruch nicht fest. Allein *dass* zu antworten ist, ist unausweichlich. „Wir können nicht nicht antworten." (Waldenfels 1994, 357) Das lässt sich nur dann plausibel machen, wenn das Antworten nicht mehr allein sprachphilosophisch gefasst wird, sondern als ein Grundzug allen Handelns und Sprechens verstanden wird, der die Erfahrung insgesamt bestimmt.

Im Unterschied zur Interpretation von Handlungen als einem praktischen Gesetz unterworfen (in der deontologischen Tradition Kants) oder als Regelbefolgung (in der sprachphilosophischen Tradition Wittgensteins) bedeutet responsives Handeln kreativen Umgang mit den Ansprüchen, die dem autonomen Selbst vorausgehen, so dass Antworten ein Beim-Anderen-Anfangen impliziert. Waldenfels treibt so im Ausgang von Husserl und Merleau-Ponty auch die Phänomenologie an ihre Grenzen, indem er die Intentionalität als phänomenologischen Grundbegriff verabschiedet. Im Rückgriff auf die linguistische Unterscheidung von *énoncé* („Äußerung") und *énonciation* („Äußerungsakt") und die von Emmanuel Levinas geprägte Differenz zwischen Gesagtem und Sagen (Levinas 1974, 93 ff.) nimmt er nicht auf den Gehalt der Antwort, sondern auf das Ereignis des Antwortens Bezug. Somit bleibt in jedem Antwortereignis ein Spielraum kreativer Möglichkeiten, die Weisen des Antwortens mit „Anspruchsmodalitäten" (Waldenfels 1994, 243), „Sprachordnungen" (ebd., 226) und „fungierenden Gesetzmäßigkeiten" (ebd., 301) in Einklang zu bringen. Antworten sind frei (eine *response* ist keine bloße Reaktion), aber nicht beliebig, mit anderen Worten: kontingent. In diesem Punkt erweist sich Kontingenz als eines der grundlegenden Themen, die die Frage der Ordnung mit der des Fremden verbindet. Pendant zur Analyse basaler Ordnungs-, Normierungs- und Normalisierungsleistungen ist „eine responsive Ethik, die von der Kontingenz fremder Herausforderungen ausgeht" (Waldenfels 2006a, 13).

Einer solchen Ethik kann es weder um die Formulierung einer „reinen" Moral noch um eine neoaristotelische Theorie der Sittlichkeit gehen. Waldenfels betont, dass die responsive Dynamik der „Ansprüche und Antriebe" eine Maximenethik kantischen Typs ebenso unterläuft wie die verschiedenen Spielarten der aristotelischen Strebensethik (ebd., 10). Das Denken der Responsivität vollzieht eine Engführung von Deskription und Präskription, da der Spielraum des Antwortens Handlungsmöglichkeiten bereit hält, zu denen sich das Subjekt zu verhalten hat – das seinerseits bei Waldenfels nicht mehr als autonomes gedacht werden kann (Waldenfels 1990, 72 ff.). Wenn Antworten unausweichlich ist, die Form der Antwort jedoch kontingent gesetzt ist, so verbleibt beim Subjekt die Ver-Antwortung, die situativ angemessene Antwort zu wählen. Indem auf diese Weise theoretische und praktische Philosophie systematisch verknüpft werden, wird ihre neuzeitliche Trennung aufgehoben und an antike Vorbilder angeschlossen. In einer Notiz von 1983 heißt es, es gelte eine Theorie zu entwickeln, die im Ergebnis „*ethisch* und *ontologisch* zugleich ist, darin verwandt der griechischen Antike" (Waldenfels 2008, 70). Allerdings lässt sich daraus keine normative Moralphilosophie oder eine positive Theorie des Rechts ableiten, sondern allenfalls eine Rekonstruktion der Genese von Normativität und Normalität, die ihre Bezüge zu Nietzsches *Genealogie der Moral* betont (Waldenfels 1998, 2006a).

Auf die kritische Frage, ob denn nicht dem Anspruch des Fremden eine Instanz vorausgehen müsse, die überhaupt antworten könne (ein Ich, ein Bewusstsein etc.), antwortet Waldenfels mit einer Präzisierung seiner Theorie. In *Bruchlinien der Erfahrung* (Waldenfels 2002) wird in diesem Sinne die Differenz zwischen *angesprochenem* und *antwortendem* Selbst begrifflich sichtbar gemacht. Statt den „Anspruch" in seinen Modalitäten zu betrachten, wird nun zwischen „Widerfahrnis" und „Appell" unterschieden. Das Widerfahrnis ist eine Affektion, ein passives Getroffen-werden von etwas, das erst dadurch als ein Appell erfahrbar wird, dass eine Antwort gesucht wird. Erst *indem* wir auf das Widerfahrnis sprechend oder handelnd reagieren, erfahren wir uns als von einem Appell adressiert. Wird so die Identifizierung dessen, an den oder an das sich die Antwort richtet, zur Orientierung der eigenen Antwort, liefert sie zugleich die Deutung des Widerfahrnisses als eines bestimmten Appells. Der „Übergang vom Wovon des Widerfahrnisses zum Worauf des Antwortens" (Waldenfels 2002, 98) ist nun aber seinerseits kontingent, weil die „Umwandlung des erleidenden in ein antwortendes Selbst" (ebd., 102) von einem zeitlichen Bruch („Diastase") gekennzeichnet ist, der verhindert, das das Selbst in reiner Gegenwart sich gegenwärtig wäre. Diese Differenz zwischen der Vorgängigkeit des Widerfahrnisses und der Nachträglichkeit der Antwort dient Waldenfels dazu, leibliche Erfahrungen, Emotionen, intersubjektive Relationen, psychoanalytische Einsichten und technologische Überformungen der Erfahrung neu zu interpretieren.

Die Philosophie der Responsivität hat über den engeren Bereich der Philosophie hinaus (wo sie eher untergründig rezipiert wird) vor allem in den praxisnahen Wissenschaften nachhaltigen Widerhall gefunden. Neben Bild- und Kunstwissenschaft, Theater-, Tanz- und Filmwissenschaft belegen auch Rückgriffe in Medizin, psychiatrischer Theorie, Pädagogik und Kulturtheorie die Vielfalt der Anstöße, die dieses Denken zu geben vermag.

Literatur: Waldenfels 1995, Waldenfels 2001, Waldenfels 2006, Busch, Därmann, Kapust 2007, Fischer, Gondek, Liebsch 2001, Huth 2008
Webseite: www.husserlarchiv.de/bernhard-waldenfels-archiv

Thomas Bedorf und Andreas Gelhard

Weber, Max

Geboren 1864 in Erfurt, gestorben 1920 in München. Studium der Rechtswissenschaft, Nationalökonomie, Philosophie und Geschichte. 1889 Promotion zum Dr. jur., 1891/92 Habilitation für Römisches, Deutsches und Handelsrecht. 1894 Professor für Nationalökonomie in Freiburg, ab 1897 in Heidelberg. 1903 Aufgabe der ordentlichen Professur aus gesundheitlichen und psychologischen Gründen. 1904 USA-Reise. 1909 Mitbegründer der Deutschen Gesellschaft für Soziologie. 1918 starkes politisches Engagement als Mitglied der Deutschen Demokratischen Partei. 1919 Berufung nach München auf den Lehrstuhl für Gesellschaftswissenschaften, Wirtschaftsgeschichte und Nationalökonomie.

Max Weber gilt heute, ein knappes Jahrhundert nach der aktivsten Phase seines Wirkens, unangefochten als einer der wichtigsten Denker des 20. Jahrhunderts und neben Durkheim und Marx als einer der Begründer der modernen Sozialwissenschaften. Diese überragende Bedeutung ist zum einen auf zahlreiche Einzelstudien, die ganze Forschungsgebiete erschlossen haben, und einzelne methodische und grundbegriffliche Prägungen zurückzuführen, welche die Ausrichtung und das Selbstverständnis der Kultur- und Sozialwissenschaften nachhaltig beeinflusst haben; zum anderen gründet Webers Bedeutung aber auch auf dem umfassenden und integrativen Charakter seines Denkens. Dieser hat sich weniger in abgeschlossenen, eine Synthese herstellenden Werken niedergeschlagen; er ist vielmehr in dem generellen Denkstil zu erkennen, mit dem Weber in immer neuen Anläufen und in der Zuspitzung auf verschiedenste Forschungsgegenstände die heterogene Gesamtheit der ökonomischen, gesellschaftlichen und kulturellen Phänomene seit der europäischen Neuzeit in ihrer historischen Gewordenheit in den Blick nimmt. Darin zeichnet sich nichts weniger ab als eine und vielleicht die wichtigste klassische Theorie der (westlichen) Moderne.

Diese Perspektive ist auch in Webers frühen Arbeiten schon angelegt, dort aber noch ganz auf juristische bzw. rechtshistorische Einzelprobleme bezogen. Eine Vielzahl theoretischer Prägungen ist darin deutlich auszumachen. Unter dem Einfluss der zu Beginn des 20. Jahrhunderts in Deutschland etablierten historischen Methode spürt Weber, der unter anderem Vorlesungen von Otto von Gierke, Theodor Mommsen und Karl Knies gehört hatte, dem Zusammenhang von Rechtsinstituten, Eigentums- und Wirtschaftsformen nach (Radkau 2005). Die frühen Publikationen zur Nationalökonomie und zu methodologischen Fragen belegen Webers Zwischenstellung zwischen den sogenannten Katheder-Sozialisten (u. a. Werner Sombart, Ludwig von Brentano, Alfred Weber) und der sogenannten Jüngeren Historischen Schule (um Gustav Schmoller) in der Nationalökonomie (Hennis 1996). In seinen Beiträgen zum sogenannten Werturteilsstreit am Anfang des Jahrhunderts macht sich eine deutliche Prägung durch den damals enorm einflussreichen südwestdeutschen Neukantianismus (Heinrich Rickert, Wilhelm Windelband, u. a.) einerseits und durch die Lebensphilosophie Diltheys andererseits bemerkbar (Wagner 1987). In vielen Details, inklusive stilistischer Eigenheiten, schimmert immer wieder eine beachtliche Nähe zum Denken Nietzsches durch (Hennis 1987); schließlich bleibt der teils kritische, teils affirmative Bezug auf das Werk von Marx bedeutsam, auch wenn er nicht immer explizit ist (Löwith 1932).

Aber trotz dieser vielfachen Prägungen und Einflüsse zeichnet alle Schriften Webers spätestens ab der Jahrhundertwende eine methodische und systematische Originalität aus, die ihn eher als Ausgangspunkt neuer Erkenntnisverfahren und Fragestellungen erscheinen lassen denn als Traditionsbewahrer. Und den Rahmen der neuen, sich gerade erst bildenden, akademischen Disziplin der Soziologie sprengen diese Arbeiten in gleichem Maße, wie sie – im Rückblick vor allem aus der Perspektive der Nachkriegszeit – zur Etablierung dieser Wissenschaft beigetragen haben. An drei einschlägigen thematischen Komplexen lässt sich das anspruchsvolle Projekt einer historisch informierten Theorie des Sozialen, das weit in den traditionellen Bezirk philosophischer Fragen und Antworten hineinragt, illustrieren: an Webers Religionssoziologie, seiner Staats- und Herrschaftssoziologie und seinen Beiträgen zur Methodologie der sozialwissenschaftlichen Forschung.

In seinen zahlreichen, berühmten Arbeiten zur Religionssoziologie beschäftigt sich Weber mit den Weltreligionen und den in ihnen ausgeprägten Lebensformen und Selbstverhältnissen. Als am einflussreichsten hat sich dabei seine Studie „Die protestantische

Ethik und der Geist des Kapitalismus" erwiesen, die 1904–05 in dem von Weber herausgegebenen *Archiv für Sozialwissenschaft und Sozialpolitik* (Weber 1905) erschienen ist – und dann überarbeitet und ergänzt im ersten Band seiner *Gesammelten Aufsätze zur Religionssoziologie* (Weber 1920). Sie bestimmt bis heute die sozialwissenschaftliche Diskussion, auch wenn ihre Ergebnisse und ihre Methodologie äußerst umstritten geblieben sind (Schluchter 1988). Der von Weber hergestellte Zusammenhang zwischen bestimmten Formen christlicher Religiosität in der nachreformatorischen Zeit und den neuen ökonomischen Institutionen und Verhaltensweisen im Frühkapitalismus ist nicht reduktiv zu verstehen. Der Kapitalismus ist laut Weber aus vielen heterogenen Quellen entstanden, aber *ein* entscheidender Einflussfaktor sind die in der praktischen Lebensführung eingeübten geistigen und psychischen Dispositionen zu innerweltlicher Askese und zu rational-umsichtigem Handeln. Solche Dispositionen sieht Weber auf besonders effektive Weise ausgebildet im Calvinismus und im nichtorthodoxen Protestantismus (Pietismus, Methodismus, Puritanismus), in dem sich eine Dynamik innerweltlicher Bewährung und ein Berufsethos ausgeprägt haben, die später – nun außerhalb des religiösen Rahmens – funktional werden angesichts der Erfordernisse systematischen Wirtschaftens.

Es geht Weber nicht um ein „Wirksamwerden rein ideeller Motive" (Weber 1905, 82), sondern um den Nachweis einer Wahlverwandtschaft und Passung zwischen religiöser und ökonomischer Subjektivität: „Einer der konstitutiven Bestandteile des modernen kapitalistischen Geistes, und nicht nur dieses, sondern der modernen Kultur: die rationale Lebensführung auf Grundlage der *Berufsidee*, ist […] geboren aus dem Geist der *christlichen Askese*" (ebd., 202). Eine solche Genealogie des Kapitalismus kann auch dabei helfen, die inzwischen längst verselbständigten Systemzwänge durch Historisierung zumindest neu einschätzen zu lernen: „Der Puritaner *wollte* Berufsmensch sein, – wir *müssen* es sein" (ebd., 203). Längst seiner religiösen Einbettung entkleidet, ist die rationale, ökonomisch effiziente Form des Lebens und die ihr entsprechende Bewusstseinsform zum „stahlharte[n] Gehäuse" geworden (ebd.). Webers Historisierung und kulturelle Einbettung der Ökonomie ist damit ebenso ein Beitrag zum besseren Verständnis der Genese sozialer Formationen wie zur Diagnose der Gegenwart (Owen 1994); außerdem liefert er damit (allerdings eher unausgesprochen) ein Modell von historischer Kultur- und Sozialkritik, das an Aktualität nichts verloren hat (Fischer 1999, Bonacker 2000).

Lange Zeit wurde das Buch *Wirtschaft und Gesellschaft. Grundriss der verstehenden Soziologie* – in den Jahren 1921–22 von Marianne Weber aus dem Nachlass herausgeben – als Webers Hauptwerk und systematischer Entwurf eines gesellschaftstheoretischen Systems betrachtet; inzwischen ist der disparate und unabgeschlossene Charakter des Textes deutlich erwiesen, und er wird entsprechend in der kritischen Ausgabe auch nicht mehr als einheitliches Werk, sondern als loser Zusammenhang von Vorarbeiten und Entwürfen ediert (Schluchter 1989). Dennoch behalten auch unter diesem Blickwinkel Webers Vorschläge eine Kohärenz und Ordnungskraft, welche ihre überragende Bedeutung für die Sozialtheorie des 20. Jahrhunderts rechtfertigen. Webers Projekt einer „verstehenden Soziologie" verpflichtet die soziologische Analyse auf die Untersuchung von „Sinn" (Weber 1921, 1–6) und beginnt mit der Etablierung bzw. Konstruktion grundlegender soziologischer Kategorien, um dann zu umfangreichen Typologien und Klassifikationen möglicher sozialer Interaktionsformen, Gemeinschaftsbildungsmodi und Institutionalisierungen weiterzugehen (Lichtblau 2006). Dabei sind erneut die Fragen nach der Herausbildung der spezifisch modernen soziologischen Formen aus ihren Vorgängerstufen und nach dem Verhältnis zwischen der Wirtschaft und den anderen „gesellschaftliche[n] Ordnungen und Mächte[n]" leitend (Weber 1921, 181).

Besonders einflussreich ist hierbei Webers komplexe Theorie von Legitimität und staatlicher Ordnung geworden. Er unterscheidet drei ideale „Typen legitimer Herrschaft" (ebd., Kap. III, 122–176), nämlich rationale, traditionale und charismatische Herrschaft und illustriert deren Ausgestaltungen im historischen Verlauf. Spezifisch moderne politische Ordnungen zeichnen sich durch einen hohen Grad der Orientierung an explizit gesetzten Regeln aus, weshalb die in diesem Sinn „rationale" Akzeptanz von Gesetzen und Verordnungen das entscheidende Legitimitätsfundament abgibt. In hellsichtigen Passagen widmet sich Weber außerdem der zunehmenden Tendenz moderner Herrschaftsapparate zur Bürokratisierung und Erstarrung (Breuer 1994, Anter 1995). Mit allen diesen Vorschlägen erweist sich Weber als an methodisch entwickelter Kategoriengewinnung und an einem umfassenden sozialtheoretischen Rahmen für Einzelanalysen interessierter Denker, der damit zu Recht als Hauptstichwortgeber für die Sozialphilosophie des frühen 20. Jahrhunderts gelten kann (Honneth 1994, 30–32).

Webers zahlreiche und heterogene Beiträge zur Methodologie und sozialwissenschaftlichen Begriffsbildung wurden schon von den Zeitgenossen unter seinen Fachkollegen, mit denen Weber in zahlreiche, leidenschaftlich geführte Debatten verstrickt war, aufmerksam verfolgt und gehören inzwischen zum festen Traditionsbestand der sozialwissenschaftlichen Theorie. Besonders einflussreich ist Webers Insistieren auf dem konstruktiven und deutenden Charakter sozialwissenschaftlicher Analyse, die sich in seiner berühmten und oft missverstandenen Theorie der „Idealtypen" niedergeschlagen hat (Weber 1904, Weber 1921, 1–3; Käsler 1995, 229–234). Ihr zufolge müssen grundlegende Kategorien zwar an der sozialen Wirklichkeit gewonnen werden – damit kritisiert Weber implizit jede „Wesensschau" oder jedes nur philosophische Vorgehen; zugleich kann sich der Sozialwissenschaftler der reflektierten und hypothetischen Postulierung isolierbarer „reiner" Phänomene nicht enthalten – damit kritisiert Weber scharf jedes positivistische oder rein empiristische Bild sozialwissenschaftlicher Forschung (Henrich 1952).

In Webers Beiträgen zum „Werturteilsstreit" und seinen Reflektionen über das Verhältnis von Wissenschaft, Politik und gesellschaftlichen Normen plädiert er, besonders gerichtet gegen ein seinerzeit verbreitetes Verständnis einer wertgebundenen, ja nationalistischen Soziologie, scharf und polemisch für eine Separierung wissenschaftlicher und politisch-ideologischer Tätigkeit (Fitzi 2004). Die Forderung nach „,Objektivität' sozialwissenschaftlicher und sozialpolitischer Erkenntnis" (Weber 1904) begründet sich aber nicht in der in Webers Augen unhaltbaren Ansicht, menschliche Erkenntnis könne völlig von prägenden Werten abstrahieren; der Wissenschaftler ist jedoch durch sein Ethos der intellektuellen Redlichkeit verpflichtet, diese (und seine eigene) normative Gebundenheit nicht als allgemeingültig vorauszusetzen, sondern die Pluralisierung und die bedingte und durchaus tragische Relativität der Werte anzuerkennen (Weber 1919a, Jaspers 1932c). Mit diesen Überlegungen hat Weber nicht nur einen der ersten systematischen Entwürfe einer Wissenschaftstheorie der modernen Sozialwissenschaften entwickelt

(Alexander 1983, Hollis 1995), sondern auch einen grundlegenden Beitrag zur zeitdiagnostischen Frage nach der radikal ausdifferenzierten Kultur der Moderne und ihrem „Polytheismus" der Werte geleistet (Weber 1917, 16 f.).

In allen drei genannten Thematiken klingt an, was vielleicht den systematischen Kern des weberschen Denkens ausmacht und worin zugleich seine bleibende *philosophische* Bedeutung liegt, nämlich seine Darstellung und Deutung des Kulturprozesses der Rationalisierung (Whimster, Lash 1987, Schluchter 2009). Die mit der wissenschaftlichen Revolution einsetzende „Entzauberung" der Welt, die Ausdifferenzierung der Wert- und Handlungssphären und die Herausbildung spezifisch moderner Institutionen (wie Recht, Verwaltung, Wissenschaft, Religion), zusammengenommen die *„Eigenart* des [...] modernen okzidentalen, Rationalismus" (Weber 1920, 12), ist Webers integratives Erkenntnisobjekt. Dass seine Untersuchung selbst methodisch pluralisiert sein muss und nur vor dem Hintergrund gegenstandsspezifischer Kompetenzen und historisch-empirischer Methodologien gelingen kann, belegen alle Arbeiten Webers, in denen sich deshalb so etwas wie das Unrein- oder Empirisch-Werden der philosophischen Frage nach dem Wesen der modernen Welt ankündigt. Wie seine Zeitgenossen Freud, Simmel oder Warburg hat er das klassische deutsche Denken dazu herausgefordert, sich neuen und eben nicht mehr nur philosophischen Formen und Methodiken der Erkenntnis zu öffnen.

In der Wirkungsgeschichte und im Nachleben von Webers Werk spiegeln sich die gesamte Disziplinengeschichte der internationalen Soziologie und der Diskussionsstand der Sozialtheorie seit den 1930er Jahren wider. Nach eher selektivem Wirken in Deutschland durch Einflüsse auf die frühe deutsche Soziologie (Mannheim, Plessner, Simmel), die Autoren der Frankfurter Schule und Philosophen wie Lukács, Jaspers und Löwith wird Weber vor allem mittels der Vermittlung und Weiterführung durch Talcott Parsons zum zentralen Referenzpunkt für die amerikanische, durch Raymond Aron für die französische Soziologie. Für fast alle soziologischen Debatten der Nachkriegszeit um Macht, Herrschaft, Bürokratie, Arbeitsgesellschaft, Klassenbegriff oder Staatskritik sind der Bezug auf Weber oder die Abgrenzung von ihm wesentlich. In der Debatte um Moderne und Postmoderne konnte Webers Werk als Argument sowohl für die emphatische Verteidigung des Projekts der europäischen Moderne als auch für ihre historische Relativierung fungieren (Habermas 1985, 9–13; Horowitz, Maley 1994, Gane 2002). Schließlich konnte das Werk Webers, dessen eigene kulturvergleichende Arbeiten von eurozentrischen Zügen nicht frei sind, sogar zum Ausgangspunkt für eine wahrhaft kosmopolitische, differenzsensible Theorie der Weltkulturen und Weltgesellschaften sowie alternativer Modern(ität)en werden (Eisenstadt 2000, Schwinn 2006).

Literatur: Weber 1905, Weber 1917, Weber 1919, Fitzi 2008, Hennis 1996, Schluchter 1988
Hilfsmittel: Radau 2005
Zeitschrift: Max Weber Studies (2000–), www.maxweberstudies.org
Webseiten: www.mohr.de/soziologie/editionen-textausgaben/max-weber-gesamtausgabe-mwg/edition.html www.bsb-muenchen.de/Weber-Max.2369.0.html

Martin Saar

Weizsäcker, Carl Friedrich von

Geboren 1912 in Kiel, gestorben 2007 in Starnberg. Sohn des Marineoffiziers und späteren Diplomaten Ernst von Weizsäcker. 1933 Promotion, 1936 Habilitation bei Werner Heisenberg in Leipzig, anschließend dessen Assistent am Kaiser-Wilhelm-Institut in Berlin. 1943–44 Professor für Physik in Straßburg. 1945/46 Internierung als Kernphysiker in England. Ab 1946 am Max-Planck-Institut für Physik in Göttingen, 1957 Lehrstuhl für Philosophie in Hamburg. 1970–80 in Starnberg Direktor des Max-Planck-Instituts zur Erforschung der Lebensbedingungen der wissenschaftlich-technischen Welt. Zahlreiche Preise, Auszeichnungen und Ehrendoktorwürden.

Weizsäckers Denken speist sich aus vier Bereichen: Politik, Physik, Religion, Philosophie.

Mit *Politik* wächst er auf: Der Großvater ist württembergischer Ministerpräsident. Mit ihm führt er schon als Knabe politische Gespräche. Der Vater wird nach dem ersten Weltkrieg Diplomat, bleibt auch unter Ribbentrop im Dienst und wird Staatssekretär im Außenamt. Carl Friedrich sagt später, die Warnungen des Vaters haben ihn davor bewahrt, ähnlich wie Heidegger von der „Bewegung" der Nazis angezogen zu werden. Trotz seines – glaubhaft berichteten – Abscheus hat der Vater mitgemacht, in der Meinung, er könne so „Schlimmeres verhüten". In Wirklichkeit war er machtlos und diente dem Regime als Feigenblatt. Das Maß seiner Verstrickung ist kürzlich durch die Untersuchung der Akten des Außenamts noch deutlicher geworden (Conze u. a. 2010). Carl Friedrich schreibt später selbstkritisch, er selbst habe „das Faktum des Nationalsozialismus nicht bewältigt, sondern überlebt" (Weizsäcker 1975, 565). Für Weizsäckers Denken war die Entdeckung der Kernspaltung 1938 eine entscheidende Wende: Er sah sofort die Möglichkeit der Kettenreaktion mit dem Freiwerden von bis dahin unvorstellbaren Energiemengen. Und er sah sich persönlich – als einer der wenigen Fachleute auf diesem Gebiet – politisch in der Verantwortung. 1957 formuliert er maßgeblich die „Göttinger Erklärung" der Kernphysik-Fachleute gegen die Pläne, Atomwaffen für die Bundeswehr anzustreben. Von da ab mischt er sich in verschiedenster Weise in die Politik ein, teils durch seine Schriften, teils durch direktes Eingreifen. Seine diplomatische Familientradition kam ihm dabei zweifellos zugute.

Die *Physik* bestimmt sein Denken; dort ist er zu Hause. Heisenberg hatte ihm zum Physikstudium geraten, mit dem Argument, die Quantenmechanik sei das philosophisch entscheidende Thema des 20. Jahrhunderts. Weizsäcker spezialisierte sich auf Kernphysik und hat darin Maßgebliches geleistet, u. a. den Prozess der Energieerzeugung der Sonne erklärt und den Energiegehalt der Atomkerne („Bethe-Weizsäcker-Zyklus" und „Bethe-Weizsäcker-Formel"). Er fand die Erklärung für die merkwürdige Tatsache, dass in der Statistischen Thermodynamik aus der reversiblen Mechanik durch Anwendung von Vergröberungen die irreversible Thermodynamik entwickelt werden kann (Weizsäcker 1939). Entscheidend dafür ist die Struktur der Zeit. – Die Struktur der Zeit ist auch ein zentrales Thema seiner Philosophie, wie auch überhaupt seine Beschäftigung mit der Quantenmechanik immer wieder Quelle für philosophische Einsichten (Weizsäcker 1943) ist – neben neuen quantentheoretischen Erkenntnissen wie dem Entwurf einer „Physik a priori" oder der Theorie der „Ure", der kleinsten denkbaren Objekte, aus denen alle anderen Objekte zusammensetzbar sind (Weizsäcker 1985) – die beide allerdings nicht zu einem anerkannten Durchbruch führen.

Religion spielt in Weizsäckers Leben eine fundamentale Rolle. Seine „Selbstdarstellung" (Weizsäcker 1975) beginnt er mit seiner kindlichen Überlegung: „Wäre es möglich, auch in den Gesetzen der Physik einen Abglanz Gottes zu finden?" Von Kepler zitiert er, die Physik sei das Nachdenken der göttlichen Schöpfungsgedanken, und er sagt, die Bergpredigt sei doch offensichtlich wahr; und „wenn das, was da steht, wahr ist, dann ist mein Leben falsch" (Weizsäcker 1977, 444). Nichtdestotrotz führt er das Leben eines bürgerlichen Gelehrten, wenngleich er nicht müde wird, immer wieder auf diese Spannung hinzuweisen. In vielen Vorträgen und Schriften beschäftigt er sich aus seiner Sicht als Naturwissenschaftler mit religiösen Themen, insbesondere mit Theologie, und leistet hochgeachtete Beiträge dazu. Auf evangelischen Kirchentagen trägt er zu „Bibelarbeiten" vor. Später wendet er sich zunehmend fernöstlicher Religiosität zu. Einige Jahre seines Lebens verbringt er damit, für die internationale *Convocation* für „Frieden, Gerechtigkeit und die Erhaltung der Schöpfung" zu werben. Hier kommen zwei Stränge zusammen: Als Physiker fühlt er sich verantwortlich für die Folgen seiner Erkenntnisse. Unermüdlich warnt er vor einem Atomkrieg, ist zunehmend verzweifelt über die Gleichgültigkeit der Menschheit gegenüber diesem ihrem Überlebensproblem, gründet eine eigene Arbeitsgruppe zur Untersuchung von Strategie und Außenpolitik (aus der dann das Starnberger Max-Planck-Institut entsteht). Schließlich lässt er sich im eigenen Garten demonstrativ einen Atombunker bauen.

In der *Philosophie* schließlich sieht er die Möglichkeit, die anderen drei Stränge zusammen zu denken. Seine Liebe gilt Platon und Kepler, seine Verehrung Kant. Er betont die Rolle der Zeit für philosophische Fragen: Anders als die meisten Physiker sieht er im Unterschied von Vergangenheit und Zukunft eine entscheidende Grundlage auch für die Physik. Die Offenheit der Zukunft versteht er als notwendige Ergänzung zum Denken Platons, der philosophischen Tradition überhaupt. Er sieht auch die zeitgenössische Philosophie, einschließlich seiner eigenen, als zeitgebunden: „Wir philosophieren heute!" – unsere Enkel könnten ganz anders denken als wir. Für ihn gehört es zu den aus der Quantenmechanik gewonnen Erkenntnissen, dass die Vorstellung einer „an sich" vorhandenen, in sich selbst bewegten Welt aus der Perspektive der Physik unmöglich ist – eine Erkenntnis, die erst recht für jene Bereiche der Welt gilt, die objektivierender Erforschung unzugänglich sind. Er folgt darin seinem Lehrer Niels Bohr.

An die Stelle eines philosophischen Systems aus hierarchisch angeordneten Axiomen und Theoremen wie in der Mathematik setzt Weizsäcker den Kreisgang durch die philosophischen Themen, der in der Zeit durchschritten wird. „Die Natur ist älter als der Mensch; der Mensch ist älter als die Naturwissenschaft": Das Sein der Natur gehe dem Sein des Menschen voraus, das Sein des Menschen aber dem Wissen, das der Mensch von der Natur erwirbt. In diesem Wissen reflektiert der Mensch erneut den Kreis: Natur – Mensch – Naturwissenschaft. Er ist nach dem Durchlaufen des Kreises wieder am Ausgangspunkt – aber in der Reflexion. Der Kreisgang ist der Weg. Als Philosoph ist Weizsäcker am Zusammenhang interessiert: Zunächst am Zusammenhang der Hauptstränge seines Denkens, der zugleich den notwendigen Zusammenhang des zeitgenössischen Denkens überhaupt repräsentiert. Vor allem seiner Fähigkeit, Brücken zu schlagen, ist sicher seine langjährige Rolle eines überall gefragten und gefeierten Vordenkers der Nation zu verdanken. Er hat „das Ganze" im Blick, auch wenn das nicht die Form eines Systems haben kann. Er gebraucht dafür das Bild eines Gartens: Im wiederholten Rundblick, Rundritt, Durchwandern erschließt sich der Zusammenhang. Charakteristisch für Weizsäckers Arbeitsweise ist die Tatsache, dass seine Bücher fast ausschließlich Aufsatzsammlungen sind, nicht geordnete Systeme. In den Büchern *Garten des Menschlichen* (Weizsäcker 1977) und *Zeit und Wissen* (Weizsäcker 1992) finden sich Hauptstichworte seiner Philosophie.

Literatur: Weizsäcker 1948, Weizsäcker 1971, Weizsäcker 1977, Weizsäcker 1992, Castell, Ischebeck 2003, Drieschner 1992, Meyer-Abich 1982
Bibliographie: Anacker 2008, Weizsäcker 2011

Michael Drieschner

Wittgenstein, Ludwig

Geboren 1889 in Wien, gestorben 1951 in Cambridge. Zunächst Studium des Maschinenbaus in Berlin und Manchester, dann 1912–13 Studium der Philosophie auf Empfehlung Gottlob Freges bei Bertrand Russell in Cambridge. Kriegsfreiwilliger für Österreich 1914–18, währenddessen Abfassung seines einzigen zu Lebzeiten veröffentlichten Buchs *Logisch-Philosophische Abhandlung*. Erst nach zehnjähriger Unterbrechung 1929 Rückkehr zur philosophischen Arbeit, Promotion in Cambridge. 1930–36 Fellow des Trinity College. Ab 1939 britischer Staatsbürger und Professor für Philosophie in Cambridge, von 1947 an schreibender Privatmann. Seine philosophische Arbeit nach 1929 vollzieht sich als Selbstkritik des logisch-metaphysischen Systems seines ersten Buches und kulminiert in den posthum erschienenen *Philosophischen Untersuchungen*.

Fügt man motivationale Verknüpfungen der nackten Daten in diesen Lebenslauf ein, gewinnt er auch philosophisch an Ausdruck. Als Jugendlicher hat Wittgenstein Schopenhauer gelesen und sich zu eigen gemacht; die Wendung zur Philosophie in der akademischen Ausbildung verdankt sich einem gewachsenen Interesse an der Philosophie der Mathematik; in seinem ersten Buch glaubt er, die philosophischen „Probleme im Wesentlichen endgültig gelöst zu haben" (Wittgenstein 1921, S. 10), gibt auch deswegen die Philosophie zunächst auf und ist unter anderem als Volksschullehrer, Gärtner und Ko-Architekt eines Wiener Wohnhauses tätig. Im Vorwort zu seinem posthum erschienenen zweiten Hauptwerk (Wittgenstein 1953, S. 232) schreibt er, dass er in seinem ersten Buch „schwere Irrtümer" erkennen musste.

An erster Stelle der Liste seiner hauptsächlichen Leistungen muss daher das Beispiel intellektueller Wahrhaftigkeit stehen, das er mit der selbstkritischen Bewegung seines Philosophierens nach 1929 gegeben hat (Black 1964, 19). Zu den weiteren Leistungen zählen: die Ausarbeitung einer fortsetzbaren philosophischen Methode der Begriffsklärung durch Sprachbeschreibung, die „im wesentlichen [im] Übergang von der Frage nach der *Wahrheit* zur Frage nach dem *Sinn*" besteht (Wittgenstein 1994, 177); die Erarbeitung grundsätzlicher Klärungen zu den Problemen sprachlicher Darstellung anhand von Begriffsklärungen für „Sinn", „Bedeutung", „Wahrheit", „Erfüllung", „Regel und Regelbefolgung" auf der Grundlage einer eigenständigen Philosophie der Logik und Mathematik; die umfassende Kritik des die Philosophie seit Descartes beherrschenden Innen-Außen-Bildes des menschlichen Geistes in der deskriptiven Klärung psychologischer Begriffe wie „denken", „verstehen", „meinen"; die Skizze einer sozialisierten Erkenntnistheorie anhand der Klärungen für „glauben", „erkennen", „wissen und gewiss sein" (Wittgenstein 1969a).

„Alle Philosophie ist ‚Sprachkritik'". (Wittgenstein 1921, 4.0031). Nicht nur die Analytische Philosophie, sondern das Projekt kritischen Philosophierens von Kant her im Allgemeinen verdankt Wittgenstein die Wendung zur Sprache (*linguistic turn*). Diese Wendung ergibt sich aus der zu Wittgensteins erstem Buch führenden und in ihm auch überwiegend dargestellten Philosophie der Logik. Wittgenstein hat Frege durch ein Buch Russells (Russell 1906) kennengelernt und in Jena auch aufgesucht. In den Debatten über die Grundlagen der Logik mit ihm und Russell sind vor allem drei Fragen umstritten: Was ist Logik? Was sind die Sätze der Logik? Welche Rolle spielen Schlussregeln für die Logik? (Baker 1988) Für Frege und Russell ist die Logik eine nomologische Wissenschaft: Für Frege die von den „allgemeinsten Gesetzen des Wahrseins" in einem platonisch dritten Reich der „Gedanken" (Frege 1897, Einleitung), für Russell die von den allgemeinsten Zügen der Wirklichkeit. Für Wittgenstein ist die Logik nicht wesentlich Wissenschaft, sondern allgemeinste Bedingung des Sinns, der Verständlichkeit überhaupt, und als solche dem Alltagsverstehen und den Wissenschaften gleichermaßen vorausgehend. Diese veränderte Auffassung ergibt sich z. T. aus der Beantwortung der zweiten Frage. Für Frege und Russell sind die Sätze der Logik wesentlich Gesetze, allgemeine Sätze. Wittgenstein sieht ein, dass die Sätze der Logik überhaupt keine *Sätze* sind, nichts über eine ideelle oder die empirische Wirklichkeit sagen, sondern Tautologien, nichtssagende oder sinnlose Ausdrücke, eine Grenze der Sprache. Entsprechend ist für ihn „Es regnet oder es regnet nicht" (als in Bezug auf das Wetter nichtssagend) ein Ausdruck der Logik (Wittgenstein 1921, 4.461) und er hält die Entwicklung eines axiomatischen Systems der Logik, in das Frege und Russell ihren Ehrgeiz gesetzt hatten, für entbehrlich. Schlussregeln endlich, für Frege und Russell weitere Gesetze der Logik, sind als Rechtfertigungen für Schlüsse Wittgenstein zufolge in einer korrekten logischen Notation „überflüssig" (Wittgenstein 1921, 5.132).

Wenn „Sätze" der Logik sinnlose Tautologien sind, dann ist zu ihrem vollen Verständnis kontrastiv der Begriff des Satzes zu klären und Wittgenstein betrachtet dies als die „ganze Aufgabe" (Wittgenstein 1961, 22.1.15). Sein erstes Buch präsentiert daher in seinem sachlichen Zentrum (Wittgenstein 1921, 2.1–6.1) eine Theorie des Satzes (die berühmte Bildtheorie des Satzes) im Rahmen einer allgemeinen Theorie von Darstellung überhaupt (der allgemeinen Bildtheorie, ebd., 2.1–3.5).

Wittgensteins erstes Buch ist kein Lehrbuch, entlehnt aber seine Darstellungsform, das Nummerierungssystem, Lehrbüchern der Logik. Der Text ist nicht linear zu lesen, weil Wittgenstein von Schopenhauer die idealistische Idee beibehält, in einem philosophischen Buch dürfe es keinen ersten und keinen letzten Satz geben (Schopenhauer 1859, Vorrede; Wittgenstein 1979, 199). Dies führt dazu, dass im System der erste und der letzte Satz in wechselseitiger Voraussetzung miteinander verknüpft sind und im Nummerierungssystem, durch Nutzung seiner formalen Züge, als Sinneinheiten der Darstellung Folgen von Sätzen gebildet werden (Lange 1989, 1–31).

Die Zielsetzung des Buches beschreibt Wittgenstein im Vorwort so:

„Das Buch behandelt die philosophischen Probleme und zeigt [...], daß die Fragestellung dieser Probleme auf dem Mißverständnis der Logik unserer Sprache beruht. Man könnte den ganzen Sinn des Buches etwa in die Worte fassen: Was sich überhaupt sagen läßt, läßt sich klar sagen; und wovon man nicht reden kann, darüber muß man schweigen.

Das Buch will also dem Denken eine Grenze ziehen, oder vielmehr – nicht dem Denken, sondern dem Ausdruck der Gedanken: Denn um dem Denken eine Grenze zu ziehen, müßten wir beide Seiten dieser Grenze denken können (wir müßten also denken können, was sich nicht denken läßt).

Die Grenze wird also nur in der Sprache gezogen werden können und was jenseits der Grenze liegt, wird einfach Unsinn sein." (Wittgenstein 1921, S. 9)

Der Grundriss des logisch-metaphysischen Systems, in dem die kritische Aufgabe der Grenzziehung zwischen Sinn und Unsinn ausgeführt wird, lässt sich in sieben postulatorischen Thesen resümieren (Lange 1996, 41–61):

1. Bipolaritätsprinzip: Nur das ist ein Satz, was sowohl wahr als auch falsch sein kann. (Wittgenstein 1921, 2.21–2.221, 4.023, 4.024; 1961, 189, 196)
2. Satzzusammenhangsprinzip: „Der Ausdruck hat nur im Satz Bedeutung." (Wittgenstein 1921, 3.314; vgl. 3.3)
3. Bestimmtheit des Sinns: Bipolaritätsprinzip und Satzzusammenhangsprinzip als sowohl notwendige als auch hinreichende Bedingung für die Bedeutung von Ausdrücken (Satzbestandteilen) führen zur „Forderung der Bestimmtheit des Sinns" (Wittgenstein 1921, 3.23).
4. Forderung der Analyse: Von den vagen Sätzen der logisch vollkommen geordneten Umgangssprache (Wittgenstein 1921, 5.5563) Bestimmtheit des Sinns zu fordern, führt zur weiteren Forderung der bestimmten (uniken) logischen Analyse jedes Satzes in voneinander logisch unabhängige Elementarsätze (ebd., 4.211, 5.134), von denen jeder Satz eine Wahrheitsfunktion sein soll (ebd., 5, 5.01), die seinen Sinn bestimmt macht.
5. Denksprachenannahme: Da für eine solche logische Analyse noch kein Beispiel gegeben werden kann, führt ihre Forderung zur Forderung, dass die die Bestimmtheit des Sinns verbürgende logische Analyse im „Denken des Satz-Sinnes" (Wittgenstein 1921, 3.11; vgl. 3.2–3.263) bei jedem Gebrauch der Sprache schon operativ ist (ebd., 5.541–5.5422; Wittgenstein 1980, 90).
6. Kein Denksubjekt: Obwohl im Denken der Satzsinne sowohl beim Hören wie beim Sprechen eine analytische Denksprache schon operativ (unbewusst verfügbar) ist (Wittgenstein 1979a, § 444), gibt es kein denkendes Subjekt (Wittgenstein 1921, 5.631). Es gibt nur einen formal-einheitlichen Bezugspunkt der uniken Weltdarstellung in den Tatsachen abbildenden Sätzen der Sprache, genannt „metaphysisches Subjekt" oder „philosophisches Ich", das als „verschiebbarer Pflock" („sliding peg" – Pears 1987, 153–195; 1988, 233, 277) in jedem Fall des Denkens eines Satzsinns instanziiert ist. Es bildet die „obere" Grenze des Sinns und zusammen mit der „Gesamtheit der Elementarsätze" als „unterer Grenze" und den logischen Sätzen (Tautologie als „innere", Kontradiktion als „äußere Grenze der Sätze" – Wittgenstein 1921, 5.143) die Grenze zwischen

Sinn und Unsinn, die das Buch zu ziehen vorhatte. Denn diese Elemente markieren die Grenzen der „empirischen Realität" (Wittgenstein 1921, 5.5561).
7. Jenseits der Grenzen des Sinns ist nur Unsinn (Wittgenstein 1921, 7).

In den Rahmen des durch diese Sequenz von Thesen aufgespannten Systemgrundrisses, der sich in philosophiehistorischer Sicht als der Versuch einer realistischen Transformation von Schopenhauers „Welt als Vorstellung" deuten lässt (Lange 1989, 89–114), sind spezifische Auffassungen zur Ontologie, zur Satztheorie, zu Philosophien der Logik, Mathematik und Naturwissenschaft sowie zur Ethik und Ästhetik (Wittgenstein 1921, 6.421) und der Konzeption der Philosophie selbst eingearbeitet.

Für Wittgenstein begann sein imponierend geschlossenes System zu zerbröseln, als er einräumen musste, dass nicht alles logische Folgern auf der Form der Tautologie beruht. Einfache Farbprädikationen müssen syntaktisch und semantisch als elementar angesehen werden, genügen aber der Forderung der logischen Unabhängigkeit von Elementarsätzen nicht. Wenn von etwas gesagt wird, dass es rot ist, ist eo ipso ausgeschlossen, dass es eine andere Farbe der je vorausgesetzten Farbskala hat (also blau, gelb, grün etc. ist). Als Einheiten des Sinns sind bei Farben, Längen, anderen Größen u. v. a. nicht isolierte Sätze, sondern „Satzsysteme" anzusehen, die in der weiteren Entwicklung bei Wittgenstein zu „Sprachspielen" werden. Ein Satzzusammenhangsprinzip der Wortbedeutung zu formulieren wird schon von daher sinnlos (Wittgenstein 1964, 59; notiert 10. 1. 1930). Nach und nach werden sämtliche, den frühen Systemgrundriss bestimmende Thesen von Wittgenstein entweder aufgegeben oder eingeschränkt, oder in sprachdeskriptiv einlösbare Auffassungen überführt.

Das Bipolaritätsprinzip wird auf empirische Sätze eingeschränkt und hat selbst für diese keine allgemeine Gültigkeit, weil Wittgenstein einsieht, dass manche Sätze von empirischer Form in unserm Verstehen gleichwohl wie Regeln (Normen) fungieren, die nicht falsch sein können (Wittgenstein 1969a). Das Satzzusammenhangsprinzip wird als sinnlos aufgegeben. Die Forderungen der Bestimmtheit des Sinns und der logischen Analyse werden als dogmatisch eingesehen. Für Sinn ist nicht Bestimmtheit, sondern Bestimmbarkeit entscheidend. Vagheit, die viele normale Begriffe als Familienähnlichkeitsbegriffe kennzeichnet, macht kontextuell hinreichendes Verständnis nicht unmöglich oder auch nur prekär, wenn etwa auftretendes Miss- oder Unverständnis durch weitere (Er)Klärungen ausgeräumt werden kann (Wittgenstein 1953, §§ 33–88). Die Denksprachen-Annahme wird als nicht-explanatorisch verworfen, weil ein „parallel laufendes Spiel geistiger Elemente [...] ja nur die Sprache um etwas Gleichartiges" vermehrt (Wittgenstein 1969, 152). Sie bildet den kritischen Bezugspunkt vieler Klärungen in der Philosophie der Psychologie und, ihrer Zentralstellung im frühen System entsprechend, auch der in der Mitte von Teil I des zweiten Buches angeordneten Klärungen zu „Denken und Gedanken" (Wittgenstein 1953, §§ 316–362). Die Subjektkritik wird in deskriptive Klärungen zu „Ich und Selbst" transformiert (ebd., §§ 411–427).

Das wichtigste inhaltliche Ergebnis der Transformation von Philosophie- und Sprachkonzeption bei Wittgenstein im Allgemeinen ist das, was er „Autonomie der Grammatik" nennt. Im frühen System soll die logische Analyse jedes normalsprachlichen Satzes, der ungeachtet seiner grammatischen Form als komplex angesehen wird, auf unabhängige Elementarsätze führen, in denen Namen unmittelbar verkettet sein sollen und durch ihre Verkettung einen Sachverhalt abbilden sollen. Die Namen sollen nicht analysierbare einfache Zeichen sein. Sie sollen darum auch nicht erklärt, nur zirkulär erläutert werden können. Auf die im Sachverhalt verketteten Gegenstände sollen sie sich zweisinnig beziehen. Vom Gegenstand aus gesehen sollen sie ihn im Elementarsatz „vertreten", vom Satz aus gesehen ihn „bedeuten". Aus den Grundsätzen des Nummerierungssystems (Wittgenstein 1921, 1 Anm.) ergibt sich ein Vorrang des „realistischen" Vertretungsaspekts (ebd., 3.22) vor dem „idealistischen" Bedeutungsaspekt (ebd., 3.203; vgl. Wittgenstein 1961, 70: 22.6.15, 3.2–3.263).

Die Namenstheorie der Wortbedeutung wird in der Selbstkritik zum „augustinischen Bild der Sprache" (Wittgenstein 1953, §§ 1–4, 32) verallgemeinert und bildet den Ausgangspunkt der kritischen Darstellung. Die zirkulären Erläuterungen für die postulierten einfachen Namen hätten, wenn es sie geben könnte, „innere ostensive Definitionen" sein müssen. Der Nachweis ihrer Unmöglichkeit (ebd., § 258) ist der Kern des Arguments gegen die Möglichkeit der „privaten" Sprache. Wirkliche Namen und andere einfache Ausdrücke können sehr wohl erklärt, nicht nur zirkulär erläutert werden. In letzter Instanz durch hinweisende Erklärungen, in denen der Gegenstand, auf den hingewiesen wird, als Muster („Paradigma") fungiert, auf das der Ausdruck durch die Erklärung „geeicht" wird. Was das frühe System als absolut einfache Gegenstände postuliert hatte, lässt sich, entdogmatisiert, in Form von Paradigmen deskriptiv einlösen. Auch die Zweisinnigkeit der Beziehung von Namen und Gegenstand lässt sich deskriptiv einlösbar transformieren: Als Paradigmen genommen, können Gegenstände (und) Namen (einander) vertreten, weil letztere in der normativen Bedeutungserklärung einer ostensiven Definition auf sie geeicht sind; als deskriptiv oder anders verwendete Ausdrücke können die Namen dann ihre Gegenstände „bedeuten", sich auf sie beziehen (von ihnen oder über sie etwas Wahres oder Erfüllbares sagen helfen). Zur „Autonomie der Grammatik" führt nun, dass die Elemente der Wirklichkeit, die als Muster fungieren, am besten als zur Sprache, wenn auch nicht zur Wortsprache, gehörig gerechnet werden (Wittgenstein 1953, § 16). Denn dadurch wird die Sprache, im Gegensatz zur frühen Auffassung, von einer letzten metaphysischen Struktur der Wirklichkeit unabhängig, die Grammatik (alles, was zu den Bedingungen des Sinns, der Verständlichkeit gehört – Wittgenstein 1969, 88) „autonom": „Die Verbindung zwischen ‚Sprache und Wirklichkeit' ist durch die Worterklärungen gemacht, – welche zur Sprachlehre [= Grammatik, d. V.] gehören, so daß die Sprache in sich geschlossen, autonom, bleibt." (ebd., 97)

Wittgenstein hat seine Klärung der Autonomie der Grammatik zur Auflösung der traditionellen Kontroverse zwischen Idealismus und Realismus verwendet (Wittgenstein 1953, § 402). Für den Idealisten ist die Welt nur „unsere Vorstellung", für den Realisten wesentlich von uns unabhängig. Der Idealist stützt sich darauf, dass uns die Wirklichkeit nur in von uns gemachten Begriffen gegeben ist. Der Realist geht davon aus, dass, ob unsere Sätze über die Wirklichkeit wahr oder falsch sind, von der Wirklichkeit abhängt, nicht von uns. Die Schlichtung der scheinbar unentscheidbaren Kontroverse (denn deskriptiv haben ja beide Recht) führt die Einsicht herbei, dass beide Kontrahenten die unerwiesene Annahme teilen, es könne nur das eine oder das andere der Fall sein. Tatsächlich kann, in verschiedenen Hinsichten, beides der Fall sein: Für Begriffsbildung und Bedeutungserklärung hat der Idealist Recht, für die Beschreibung und Erkenntnis der

Wirklichkeit der Realist. Damit ist, wenn man denn das Problem loswerden will, eine mögliche Auflösung für es angeboten.

Unter die Themen, über die nach dem letzten Satz der *Logisch-Philosophischen Abhandlung* als Unsinn zu schweigen war, gehörten auch Sätze der Ethik und der Philosophie im Allgemeinen, weshalb das Buch konsequent seine eigenen Sätze im vorletzten Satz widerruft, zu einer „Leiter" erklärt, die weggeworfen werden muss, nachdem über sie hinaufgestiegen worden ist (Wittgenstein 1921, 6.54). Die Restriktion, die zu diesem Selbstdementi führt, wird mit der Einschränkung des Bipolaritätsprinzips hinfällig. Insofern Regeln als mit Sätzen gleich-ursprünglich anerkannt werden müssen, gewinnt die Philosophie eine Möglichkeit, sich nicht-sinnwidrig zu äußern, indem sie die Begriffe durch Beschreibung des Sprachgebrauchs unter dem Aspekt der Regeln klärt, Regeln feststellt („tabuliert").

Mit dieser Korrektur kann die im frühen System schon proklamierte, aber nicht befolgte Philosophie-Auffassung beibehalten und fortentwickelt werden. „Der Zweck der Philosophie ist die logische Klärung der Gedanken. / Die Philosophie ist keine Lehre, sondern eine Tätigkeit. / Ein philosophisches Werk besteht wesentlich aus Erläuterungen. / Das Resultat der Philosophie sind nicht ‚philosophische Sätze', sondern das Klarwerden von Sätzen." (Wittgenstein 1921, 4.112) Wegen seines postulatorisch-konstruktiven Vorgehens hatte Wittgenstein die schon zur „einzig streng richtigen" erklärte Methode dieser Konzeption der Philosophie als reflexive begriffliche Klärung, dialogisch-dialektische Sinnkritik (ebd., 6.53), selbst gar nicht befolgt. Erst die Befreiung vom „Dogmatismus" der früheren Auffassung, die er in einer Notiz von 1931 selbstkritisch der „Arroganz" zeiht (Wittgenstein 1967, 182, 186), macht die konsequente Befolgung dieser Methode möglich. Der Sache nach handelt es sich um eine Erneuerung eines grundlegenden Aspekts von Kants logischem Philosophiebegriff (Glock 1996, 292 ff.), demzufolge der Philosoph „nur gegebene Begriffe deutlich" zu machen hat (Kant 1800, A 95). Und Wittgenstein (Wittgenstein 1967a, 29) hält wie Kant zu begrifflicher Klärung auch die Erklärung von Irrtümern, nicht nur ihre Widerlegung, für erforderlich (Kant 1800 A 81; A 129 f.). Sogar der metaphysikkritische Skopus der Begriffsklärung aus Kants Analytik bleibt bei Wittgenstein erhalten (Wittgenstein 1979a, § 458). Aber weil Wittgenstein stärker als Kant zwischen Wahrheit und Sinn, Erkenntnis und Verstehen unterscheidet, nimmt in seiner Behandlung die Idee der Philosophie als reflexive begriffliche Klärung eine nichtkognitive Wendung. Als klärende Tätigkeit trägt die Philosophie für ihn nicht zu theoretischer Erkenntnis, sondern zu besserem Verständnis bei. Denn Begriffe sind, anders als Sätze, nicht wahr oder falsch, sondern nützlich oder unnütz, daher allenfalls expressiv adäquat. Diese revolutionäre Lektion hat die Philosophie noch zu lernen.

Schon früh notiert Wittgenstein: „Die Arbeit in der Philosophie ist [...] eigentlich mehr die Arbeit an Einem selbst. An der eignen Auffassung. Daran, wie man die Dinge sieht. (Und was man von ihnen verlangt.)" (Wittgenstein 2000, 275) Gleichwohl hat er den Einfluss der Selbstkritik auf das Buch, das er konzipierte, (und ihren Umfang) zunächst zu begrenzen versucht und überhaupt mehr die Mittel, die er gegen seine Schwierigkeiten und Missverständnisse gefunden hatte, darstellen wollen. Jedenfalls lag der Schwerpunkt seiner Arbeit bis 1943 (nach dem Umfang der darauf bezogenen Texte im Nachlass zu urteilen) im Bereich der Philosophie der Mathematik, in dem die zahlentheoretisch operationalistischen Ansätze des frühen Systems (Wittgenstein 1921, 6.02 ff.) scheinbar nur ausgearbeitet werden mussten. Auch das Buch, dessen erste Version das sogenannte *Big Typeskript* (Wittgenstein 2000) war, widmet sich zu einem Drittel mathematischen Themen, und bis 1943 hat Wittgenstein von seinem Buch die Idee gehabt, dass es aus einem sprachphilosophischen und einem mathematikphilosophischen Teil bestehen sollte. 1943 liest er mit einem Freund sein erstes Buch noch einmal und das Ergebnis ist eine Änderung der Konzeption. Es erschien ihm „plötzlich, daß ich jene alten Gedanken und die neuen zusammen veröffentlichen sollte: daß diese nur durch den Gegensatz und auf dem Hintergrund meiner älteren Denkweise ihre rechte Beleuchtung erhalten können." (Wittgenstein 1953, S. 232) Zugleich setzt er nun den sprachphilosophischen Beginn des Buches in die Philosophie der Psychologie hinein fort. Das bedeutet eine Ausweitung der Reichweite der Selbstkritik über den ganzen Teil I, weil es durch die Zentralstellung der Denksprachen-Annahme in der frühen Konzeption motiviert ist.

Seinen neuen Einsichten in der Philosophie der Psychologie gab er aber auch einen von der Selbstkritik unabhängigeren Raum in einem zweiten Teil des Buches, für den der Teil II der posthumen Veröffentlichung von 1953 steht; und er gab die Klärungen zur Philosophie der Mathematik nicht auf, sondern sah sie für einen Teil III vor (v. Wright 1982, 133 ff.). Die Idee dieses dreibändigen Buches hat Wittgenstein nicht ausgeführt. Die *Philosophischen Untersuchungen* sind also ein unvollendetes Werk; selbst der aus der Selbstkritik motivierte ganze Teil I sollte nach Zeugnissen noch Veränderungen erfahren, aber Wittgenstein gab die Arbeit am Text 1945 auf und griff nur noch einmal kurz 1947 in ihn ein.

Der Text beginnt mit einer expliziten Kritik des ersten Buches (Wittgenstein 1953, §§ 1–88), wendet sich dann der kritischen Fortbildung der grundsätzlich erhaltenen Philosophiekonzeption zu (§§ 89–133), kritisiert dann die Bildtheorie des Satzes (§§ 134–142) und konfrontiert sie mit dem Fundament der veränderten Sprachkonzeption im Begriff „einer Regel folgen", der aber nur in der Kritik an einem logischen Objektivismus, der sich wie mit der früheren Denksprachen-Annahme auch mit dem Befolgen von sprachlichen Regeln verbinden kann, exponiert wird (§§ 143–242). Mit dem berühmten Argument gegen die Möglichkeit einer „privaten" Sprache beginnt der psychologiekritische Teil (§§ 243–315). Er geht auf Vorlesungen von 1936 zurück und ist der Nachfolger von Wittgensteins Kritik des Solipsismus, deren ausführlichste Version in einem Diktat an seine Studenten von 1933–34, betitelt *Das Blaue Buch*, zu finden ist (Wittgenstein 1958). Es folgt in der Mitte des Buches die Erörterung von Illusionen über „Denken und Gedanken" (§§ 316–362). Am Ende weiterer Abschnitte vor allem zur Philosophie der Psychologie – u. a. „Vorstellung und Vorstellungsbilder" (§§ 363–397), „‚ich' und die Natur des Selbst" (§§ 398–411), „Bewusstsein" (§§ 412–427), „Intentionalität" (§§ 428–465), „geistige Zustände und Vorgänge: Erwartung, Überzeugung" (§§ 571–610), „Wille und wollen" (§§ 611–628), „Beabsichtigen" (§§ 629–660) und „Etwas meinen" (§§ 661–693) – wird die Denksprachen-Annahme deskriptiv korrigiert.

Schon in Teil I berührt Wittgenstein vielfach eine Problematik (z. B. §§ 531–539, 568), die im Zentrum von Teil II (Abschnitt XI) steht und erst dort ihre deskriptiv klärende Erledigung finden kann – die des Sehens, Hörens, Verstehens unter „Aspekten". (Das ist das eine Argument für die Zugehörigkeit eines Teils II zur Konzeption des Buches von 1953. Das andere: Die synoptisch-allgemeine Erklärung von „Bedeutung eines Wortes" als „Gebrauch in der Sprache" wird schon von vornherein als unvollständig eingeräumt – gilt „für eine große Klasse von Fällen, nicht für alle" (ebd., § 43) – und kann erst im Kontext des physiognomischen Bedeutungsverstehens unter Aspekten ergänzt werden.) Die ausführliche Erörterung bildet sachlich eine Verklammerung von Philosophiekonzeption, Sprachkonzeption und Philosophie der Psychologie. Für diese gelingt Wittgenstein der epochale Nachweis, dass unser Gebrauch psychologischen Vokabulars auf der allgemeinen Einstellung zu einem stetigen Aspekt ruht (der „Einstellung zur Seele"; Wittgenstein 1953, II IV), in dem wir Unseresgleichen ein „inneres Leben" a priori zubilligen. Auch dies ist eine Lektion, welche die Philosophie erst noch lernen muss, die heute überwiegend unter dem räumlichen Missverständnis des psychologisch Inneren dem Vehikelreduktionismus einer Gehirn-Idolatrie erlegen ist. (In Wittgensteins Stil könnte es heißen: „Nicht: das Gehirn ‚denkt', ‚erinnert', ‚beabsichtigt'. Sondern: die Person. Und nicht ‚mit ihrem Gehirn', sondern selbst.")

Wittgensteins „zweite", besser: selbstkritisch transformierte Philosophie ist *Kritik*, auch ihre deskriptiven Allgemeinheiten (z. B. „Die Bedeutung eines Wortes ist sein Gebrauch in der Sprache"; § 43) geben keine deskriptiven *Lehren* („Thesen" – dogmatische Lehrsätze), sondern beschreiben, überblicksartig zusammenfassend („synoptisch"), unsere Praktiken des Wortgebrauchs und der Bedeutungserklärung (denn diese erklärt den Gebrauch des Wortes, dessen Bedeutung sie erklärt – § 560): „Wollte man *Thesen* in der Philosophie aufstellen, es könnte nie über sie zur Diskussion kommen, weil Alle mit ihnen einverstanden wären." (§ 128) Es ist daher verfehlt, in Wittgensteins Philosophie nach *Theorien*, etwa über die Sprache (Wittgenstein 1979, 270 f.) oder über kognitive Psychologie, zu suchen (oder zu beanspruchen, sie gefunden zu haben).

Wittgensteins Text bietet Therapien für Krankheiten des Verstandes (Wittgenstein 1953, §§ 255, 593; Glock 1996, 23–27) und wendet sich an Leser, die das Bedürfnis haben, sich in ihrem eigenen Verstehen durchsichtig zu werden – er wollte nicht „Andern das Denken ersparen. Sondern, wenn es möglich wäre, jemand zu eigenen Gedanken anregen." (Wittgenstein 1953, S. 233) Den Bemerkungen-Stil seiner ursprünglichen Notate in Notizbüchern und Manuskriptbänden behielt er, sie nur glättend, zuspitzend und aufschlussreich anordnend, in seinem Text bei, um solches Selbstdenken anzuregen. Er war ein solitärer Geist und für das kritische, deskriptiv klärende Philosophieren vermutlich die größte begriffliche Begabung deutscher Sprache seit Kant.

Zu den weit verbreiteten Gemeinplätzen über Wittgenstein zählt es, „dass er zwei grundlegend verschiedene, in sich geschlossene Auffassungen entwickelte" (Glock 1996, 28). Dieser Gemeinplatz hat Anhaltspunkte in berichteten Äußerungen Wittgensteins (Malcolm 1958, 58), ist aber vor allem reaktive Folge des produktiven Missverständnisses, durch das Wittgensteins erstes Buch als Anregung für die szientistische Philosophie des Logischen Empirismus im Wiener Kreis (Schlick, Carnap, Neurath, Waismann) gewirkt hat. Mit dessen „Wissenschaftlicher Weltanschauung" ist Wittgenstein nie einverstanden gewesen. Schon seine frühe Philosophie der Logik hat ihn davor bewahrt, die Philosophie als „allgemeinste" Wissenschaft (Wissenschaftstheorie) aufzufassen. Durch die Vertreibung der Mitglieder des Wiener Kreises und ihrer Schüler auf Lehrstühle in England und USA unter der Naziherrschaft hat aber bis zum Erscheinen des posthumen Hauptwerks der Eindruck jedenfalls großer Verwandtschaft vorgeherrscht und ihm gegenüber konnte das Spätere nur als das ganz Andere erscheinen.

In Diskussionen der Analytischen Philosophie und einer seit den 1960er Jahren zu einem breiten Strom gewordenen Wittgenstein-Forschung hat er eine Aufnahme gefunden, die Wittgenstein wohl zuwider gewesen wäre.

Gleichwohl werden seine Schriften in der Analytischen Philosophie und darüber hinaus hinsichtlich in ihnen angeblich enthaltener „theoretischer" Vorschläge zur Sache weitläufig diskutiert, vor allem für die Konzeption der Philosophie selbst, in der philosophischen Bedeutungstheorie und in der Theorie des Geistes. Im ersten Bereich hat sich z. B. ein als radikaler Empirist gestarteter Philosoph Wittgenstein zugeschriebenen Positionen stark angenähert (Putnam 1978, 1992); im zweiten Bereich, in dem Wittgensteins Auffassung als die These von Sprache als normativer Praxis fungiert, hat eine verfehlte Interpretation von Wittgensteins Erörterungen über „einer Regel folgen" (Kripke 1982) nicht nur einen Boom von interpretatorischen Diskussionen und Widerlegungen provoziert (Baker, Hacker 1984), sondern auch systematisch-kritischen Anspruch stellende Reaktionen (Dummett 1973, 1988) und, bei einem Schüler Rortys, Assimilation in einer systematischen Bedeutungstheorie ausgelöst (Brandom 1994). Systematische Arbeiten zur Philosophie des Geistes haben sich Wittgensteins zur Berichtigung empiristischer und behavioristischer Konzeptionen bedient (McDowell 1994).

In Deutschland beruht Tugendhats Konzeption einer formalen Semantik auf dem Versuch der Verknüpfung Wittgensteins mit einer Wahrheitstheorie der Bedeutung bei Tarski/Davidson (Tugendhat 1976). Hans Julius Schneider hat in einer umfassenden Aufarbeitung der bedeutungstheoretischen Tradition seit Frege gezeigt (Schneider 1992), wie weit Wittgenstein gegen sie Recht behält, weil die Idee, die dem Projekt einer formalen Bedeutungstheorie für natürliche Sprachen zugrunde liegt – zwischen Sinn und Unsinn formal unterscheiden zu können –, an der nicht nur lexikalischen, sondern auch syntaktischen Metaphorizität der Umgangssprache scheitert. Die für Verständnis und Deutung syntaktischer Metaphern erforderliche Phantasie ist nicht formalisierbar, wie in Wittgensteins Sprachspielpluralismus anerkannt ist: „Das Neue (Spontane, ‚Spezifische') ist immer ein Sprachspiel." (Wittgenstein 1953, Teil II XI, 537)

Literatur: Wittgenstein 1921, Wittgenstein 1953, Glock 2001, Kenny 1974, Sluga, Stern 1996
Hilfsmittel: Glock 1996, Schulte 2008
Webseite: www.ilwg.eu

Ernst Michael Lange

Literaturverzeichnis

Abromeit, John (2011), *Max Horkheimer and the Foundations of the Frankfurt School*, Cambridge
Adachi, Hidehiko (2006), *Die Radbruchsche Formel. Eine Untersuchung der Rechtsphilosophie Gustav Radbruchs*, Baden-Baden
Adorno, Theodor W. (1924), „Die Transzendenz des Dinglichen und Noematischen in Husserls Phänomenologie", in: ders., *Gesammelte Schriften*, Bd. 1, hrsg. v. Rolf Tiedemann, Frankfurt/M. 1997, 19–72
Adorno, Theodor W. (1927), „Der Begriff des Unbewußten in der transzendentalen Seelenlehre", in: ders., *Gesammelte Schriften*, Bd. 1, hrsg. v. Rolf Tiedemann, Frankfurt/M. 1997, 79–322
Adorno, Theodor W. (1931), „Die Aktualität der Philosophie", in: ders., *Gesammelte Schriften*, Bd. 1, hrsg. v. Rolf Tiedemann, Frankfurt/M. 1997, 325–344
Adorno, Theodor W. (1931a), *Kierkegaard. Konstruktion des Ästhetischen*, in: ders., *Gesammelte Schriften*, Bd. 2, hrsg. v. Rolf Tiedemann, Frankfurt/M. 1997
Adorno, Theodor W. (1938), „Über den Fetischcharakter in der Musik und die Regression des Hörens", in: ders., *Gesammelte Schriften*, Bd. 14, hrsg. v. Rolf Tiedemann, Frankfurt/M. 1997, 14–50
Adorno, Theodor W. (1949), *Philosophie der neuen Musik*, in: ders., *Gesammelte Schriften*, Bd. 12, hrsg. v. Rolf Tiedemann, Frankfurt/M. 1997
Adorno, Theodor W. (1950), „Charakteristik Walter Benjamins", in: ders., *Gesammelte Schriften*, Bd. 10.1, hrsg. v. Rolf Tiedemann, Frankfurt/M. 1997, 238–253
Adorno, Theodor W. (1951), *Minima Moralia. Reflexionen aus dem beschädigten Leben*, in: ders., *Gesammelte Schriften*, Bd. 4, hrsg. v. Rolf Tiedemann, Frankfurt/M. 1997
Adorno, Theodor W. (1955), *Prismen: Kulturkritik und Gesellschaft*, in: ders., *Gesammelte Schriften*, Bd. 10.1, hrsg. v. Rolf Tiedemann, Frankfurt/M. 1997
Adorno, Theodor W. (1956), *Zur Metakritik der Erkenntnistheorie*, in: ders., *Gesammelte Schriften*, Bd. 5, hrsg. v. Rolf Tiedemann, Frankfurt/M. 1997
Adorno, Theodor W. (1958), „Der Essay als Form", in: ders., *Gesammelte Schriften*, Bd. 11, hrsg. v. Rolf Tiedemann, Frankfurt/M. 1997, 9–33
Adorno, Theodor W. (1958a), „Erpreßte Versöhnung", in: ders., *Noten zur Literatur I*, Frankfurt/M. 1974, 251–280
Adorno, Theodor W. (1959), „Theorie der Halbbildung", in: ders., *Gesammelte Schriften*, Bd. 8, hrsg. v. Rolf Tiedemann, Frankfurt/M. 1997, 93–121
Adorno, Theodor W. (1960), *Mahler. Eine musikalische Physiognomik*, in: ders., *Gesammelte Schriften*, Bd. 13, hrsg. v. Rolf Tiedemann, Frankfurt/M. 1997
Adorno, Theodor W. (1962), *Einleitung in die Musiksoziologie*, in: ders., *Gesammelte Schriften*, Bd. 14, hrsg. v. Rolf Tiedemann, Frankfurt/M. 1997
Adorno, Theodor W. (1963), *Eingriffe. Neun kritische Modelle*, in: ders., *Gesammelte Schriften*, Bd. 10.2, hrsg. v. Rolf Tiedemann, Frankfurt/M. 1997
Adorno, Theodor W. (1963a), *Drei Studien zu Hegel*, in: ders., *Gesammelte Schriften*, Bd. 5, hrsg. v. Rolf Tiedemann, Frankfurt/M. 1997
Adorno, Theodor W. (1964), *Jargon der Eigentlichkeit*, in: ders., *Gesammelte Schriften*, Bd. 6, hrsg. v. Rolf Tiedemann, Frankfurt/M. 1997
Adorno, Theodor W. (1966), *Negative Dialektik*, in: ders., *Gesammelte Schriften*, Bd. 6, hrsg. v. Rolf Tiedemann, Frankfurt/M. 1997

Adorno, Theodor W. (1968), „Spätkapitalismus oder Industriegesellschaft?", in: ders., *Gesammelte Schriften*, Bd. 8, hrsg. v. Rolf Tiedemann, Frankfurt/M. 1972, 354–370
Adorno, Theodor W. (1968a), *Über Walter Benjamin*, hrsg. v. Rolf Tiedemann, Frankfurt/M.
Adorno, Theodor W. (1969), *Stichworte*, in: ders., *Gesammelte Schriften*, Bd. 10.2, hrsg. v. Rolf Tiedemann, Frankfurt/M. 1997
Adorno, Theodor W. (1969a), „Keine Angst vor dem Elfenbeinturm", in: ders., *Gesammelte Schriften*, Bd. 20.1, hrsg. v. Rolf Tiedemann, Frankfurt/M. 1997, 402–410
Adorno, Theodor W. (1969b), „Wissenschaftliche Erfahrungen in Amerika", in: ders., *Gesammelte Schriften*, Bd. 10.2, hrsg. v. Rolf Tiedemann, Frankfurt/M. 1997, 702–738
Adorno, Theodor W. (1969c), „Marginalien zu Theorie und Praxis", in: ders., *Gesammelte Schriften*, Bd. 10.2, hrsg. v. Rolf Tiedemann, Frankfurt/M. 1997, 759–782
Adorno, Theodor W. (1970), *Ästhetische Theorie*, in: ders., *Gesammelte Schriften*, Bd. 7, hrsg. v. Rolf Tiedemann, Frankfurt/M. 1997
Adorno, Theodor W. (1972), *Soziologische Schriften I*, in: ders., *Gesammelte Schriften*, Bd. 8, hrsg. v. Rolf Tiedemann, Frankfurt/M. 1997
Adorno, Theodor W. (1974), *Noten zur Literatur*, in: ders., *Gesammelte Schriften*, Bd. 11, hrsg. v. Rolf Tiedemann, Frankfurt/M. 1997
Adorno, Theodor W. (1996), „*Ob nach Auschwitz noch sich leben lasse*". *Ein philosophisches Lesebuch*, hrsg. v. Rolf Tiedemann, Frankfurt/M.
Adorno, Theodor W. (1998), *Metaphysik. Begriff und Probleme (1965)*, in: ders., *Nachgelassene Schriften*, Abt. IV, *Vorlesungen*, Bd. 14, hrsg. v. Rolf Tiedemann, Frankfurt/M.
Adorno, Theodor W. (2006), *Current of Music. Elements of a Radio Theory*, in: ders., *Nachgelassene Schriften*, Abt. I, *Fragment gebliebene Schriften*, Bd. 3, hrsg. v. Robert Hullot-Kentor, Frankfurt/M.
Adorno, Theodor W. u. a. (1969), *Der Positivismusstreit in der deutschen Soziologie*, München 1993
Adorno, Theodor W. u. Benjamin, Walter (1994), *Briefwechsel 1928–1940*, hrsg. v. Henri Lonitz, Frankfurt/M.
Agard, Olivier (2010), *Kracauer, le chiffonnier mélancholique*, Paris
Ahlheim, Klaus u. Heyl, Matthias (2010), Hg., *Adorno revisited. Erziehung nach Auschwitz und Erziehung zur Mündigkeit heute*, Hannover
Albert, Hans (1968), *Traktat über kritische Vernunft*, Tübingen ⁵1991
Albert, Hans (1978), *Traktat über rationale Praxis*, Tübingen
Albert, Hans (1987), *Kritik der reinen Erkenntnislehre*, Tübingen
Albert, Hans (2007), *In Kontroversen verstrickt*, Wien, Berlin
Ales Bello, Angela (1976), „Fenomenologia e tomismo in Edith Stein", in: *Tommaso d'Aquino nel suo settimo centenario. Atti del congresso internazionale Roma/Napoli, 17–24 Aprile 1974*, Bd. 6, Neapel, 469–479
Alexander, Jeffrey (1983), *Theoretical Logic in Sociology. Volume Three. The Classical Attempt at Theoretical Synthesis. Max Weber*, Berkeley, Los Angeles
Altmeyer, Martin (2004), „Inklusion, Wissenschaftsorientierung, Intersubjektivität. Modernisierungstendenzen im psychoanalytischen Gegenwartsdiskurs. Gedanken anläßlich einer amerikanischen Tagungsreise", in: *Psyche*, 58, 1111–1125
Améry, Jean (1965), „Die Tortur", in: *Dachauer Hefte: Studien und Dokumente zur Geschichte der nationalsozialistischen Konzentrationslager*, Bd. 5, Dachau 1989, 125–140
Améry, Jean (1966), *Jenseits von Schuld und Sühne. Bewältigungsversuche eines Überwältigten*, in: ders., *Werke*, Bd. 2, hrsg. v. Gerhard Scheit, Stuttgart 2002
Améry, Jean (1966a), „Französische Sozialphilosophie im Zeichen der ‚linken Frustration'", in: ders., *Werke*, Bd. 6, hrsg. v. Gerhard Scheit, Stuttgart 2006
Améry, Jean (1967), „Jargon der Dialektik", in: ders., *Werke*, Bd. 6, hrsg. v. Gerhard Scheit, Stuttgart 2006

Améry, Jean (1968), *Über das Altern. Revolte und Resignation*, in: ders., *Werke*, Bd. 3, hrsg. v. Monique Boussart, Stuttgart 2005
Améry, Jean (1971), *Unmeisterliche Wanderjahre*, in: ders., *Werke*, Bd. 2, hrsg. v. Gerhard Scheit, Stuttgart 2002
Améry, Jean (1974), *Lefeu oder Der Abbruch*, in: ders., *Werke*, Bd. 1, hrsg. v. Irene Heidelberger-Leonard, Stuttgart 2007
Améry, Jean (1976), *Hand an sich legen. Diskurs über den Freitod*, in: ders., *Werke*, Bd. 3, hrsg. v. Monique Boussart, Stuttgart 2005
Anacker, Michael u. Schöttler, Tobias (2008), „Carl Friedrich von Weizsäcker – Bibliographie", in: *Journal for General Philosophy of Science / Zeitschrift für Allgemeine Wissenschaftstheorie* 39, 179–244
Anckaert, Luc u. Casper, Bernhard (1995), *An Exhaustive Rosenzweig Bibliography. Primary and Secondary Writings*, Leuven[2]
Anders, Günther (1936), „Pathologie de la Liberté", in: *Recherches Philosophiques*, Nr. 6, 22–54 [veröffentlicht als: Günter Stern]
Anders, Günther (1956), *Die Antiquiertheit des Menschen. Über die Seele im Zeitalter der zweiten industriellen Revolution*, Bd. I, München [5]1980
Anders, Günther (1964), *Wir Eichmannsöhne. Offener Brief an Klaus Eichmann*, München 2002
Anders, Günther (1972), *Die atomare Drohung. Radikale Überlegungen*, München [7]2003
Anders, Günther (1979), *Besuch im Hades. Auschwitz und Breslau 1966. Nach „Holocaust" 1979*, München
Anders Günther (1980), *Die Antiquiertheit des Menschen. Über die Zerstörung des Lebens im Zeitalter der dritten industriellen Revolution*, Bd. II, München
Anders, Günther (1984), *Mensch ohne Welt. Schriften zur Kunst und Literatur*, München [2]1993
Anderson, Perry (1978), *Über den westlichen Marxismus*, übers. v. Reinhard Kaiser, Frankfurt/M.
Angehrn, Emil u. a. (1992), Hg., *Dialektischer Negativismus. Michael Theunissen zum 60. Geburtstag*, Frankfurt/M.
Anscombe, Elizabeth (1958), „Modern Moral Philosophy", in: *Philosophy*, 33, Nr. 124, 1–19
Anter, Andreas (1995), *Max Webers Theorie des modernen Staates. Herkunft, Struktur und Bedeutung*, Berlin
Antonelli, Mauro (2001), *Seiendes, Bewußtsein, Intentionalität im Frühwerk von Franz Brentano*, Freiburg/Br., München
Apel, Karl-Otto (1973), *Transformation der Philosophie*, 2 Bde., Frankfurt/M. 1994
Apel, Karl-Otto (1973a), *Transformation der Philosophie*, Bd. 1, *Sprachanalytik, Semiotik, Hermeneutik*, Frankfurt/M. 1994
Apel, Karl-Otto (1988), *Diskurs und Verantwortung. Das Problem des Übergangs zur postkonventionellen Moral*, Frankfurt/M. 1990
Apel, Karl-Otto (1990), „Diskursethik als Verantwortungsethik – eine postmetaphysische Transformation der Ethik Kants"; in: *Ethik und Befreiung. Dokumentation der Tagung: „Philosophie der Befreiung: Begründungen von Ethik in Deutschland und Lateinamerika"*, hrsg. v. Raúl Fornet-Betancourt, Aachen [2]1993, 10–40
Apel, Karl-Otto (1997), „Interview mit Karl-Otto Apel", in: *Sic et Non, Zeitschrift für Philosophie und Kultur im Netz*, Internetquelle [zuletzt eingesehen 16. Februar 2012], zugänglich unter: http://www.sicetnon.org/modules.php?op=modload&name=PagEd&file=index&topic_id=81&page_id=157
Apel, Karl-Otto (1998), *Auseinandersetzungen in Erprobung des transzendentalpragmatischen Ansatzes*, Frankfurt/M.
Apel, Karl-Otto (2000), „First Things First. Der Begriff primordialer Mit-Verantwortung. Zur Begründung einer Makroethik"; in: Matthias Kettner (Hg.), *Angewandte Ethik als Politikum*, Frankfurt/M., 21–50

Apel, Karl-Otto u. a. (1971), *Hermeneutik und Ideologiekritik*, Frankfurt/M.
Arendt, Hannah (1929), *Der Liebesbegriff bei Augustin. Versuch einer philosophischen Interpretation*, hrsg. v. Ludger Lütkehaus, Berlin 2005
Arendt, Hannah (1946), *Was ist Existenzphilosophie?*, Frankfurt/M. 1990
Arendt, Hannah (1948), *Die verborgene Tradition. Essays*, Frankfurt/M. 2006
Arendt, Hannah (1949), „Es gibt nur ein einziges Menschenrecht", in: Karl-Otto Apel u. Otfried Höffe (Hg.), *Praktische Philosophie / Ethik. Reader zum Funk-Kolleg*, Bd. 2, Frankfurt/M. 1981, 152–167
Arendt, Hannah (1950), *Was ist Politik? Fragmente aus dem Nachlaß*, hrsg. v. Ursula Ludz, München 2003
Arendt, Hannah (1950a), „Die vollendete Sinnlosigkeit", in: dies., *Nach Auschwitz. Essays & Kommentare*, hrsg. v. Eike Geisel u. Klaus Bittermann, Berlin 1989, 7–30
Arendt, Hannah (1951), *Elemente und Ursprünge totaler Herrschaft. Antisemitismus, Imperialismus, Totalitarismus*, München, Zürich [13]2009
Arendt, Hannah (1953), „Verstehen und Politik", in: dies., *Zwischen Vergangenheit und Zukunft. Übungen im politischen Denken I*, übers. u. hrsg. v. Ursula Ludz, München, Zürich [2]2000, 110–127
Arendt, Hannah (1956), „Was ist Autorität", in: dies., *Zwischen Vergangenheit und Zukunft. Übungen im politischen Denken I*, hrsg. v. Ursula Ludz, München, Zürich [2]2000, 159–200
Arendt, Hannah (1958), *Vita Activa oder Vom tätigen Leben*, München, Zürich [8]2010
Arendt, Hannah (1958a), *Rahel Varnhagen – Lebensgeschichte einer deutschen Jüdin aus der Romantik*, München [12]2003
Arendt, Hannah (1958b), „Freiheit und Politik", in: dies., *Zwischen Vergangenheit und Zukunft. Übungen im politischen Denken I*, hrsg. v. Ursula Ludz, München, Zürich [2]2000, 201–226
Arendt, Hannah (1958c), „Die Krise in der Erziehung", in: dies., *Zwischen Vergangenheit und Zukunft. Übungen im politischen Denken I*, hrsg. v. Ursula Ludz, München, Zürich [2]2000, 255–276
Arendt, Hannah (1959), „Little Rock – Ketzerische Ansichten über die Negerfrage und equality", in: dies., *Zur Zeit. Politische Essays*, hrsg. v. Marie Luise Knott, übers. v. Eike Geisel, Berlin 1986, 95–117
Arendt, Hannah (1961), *Zwischen Vergangenheit und Zukunft. Übungen im politischen Denken I*, hrsg. v. Ursula Ludz, München, Zürich [2]2000
Arendt, Hannah (1961a), „Wahrheit und Politik", in: dies., *Zwischen Vergangenheit und Zukunft. Übungen im politischen Denken I*, hrsg. v. Ursula Ludz, München, Zürich [2]2000, 327–370
Arendt, Hannah (1962), „Revolution und Freiheit", in: dies., *Zwischen Vergangenheit und Zukunft. Übungen im politischen Denken I*, hrsg. v. Ursula Ludz, München, Zürich [2]2000, 201–226
Arendt, Hannah (1963), *Eichmann in Jerusalem. Ein Bericht von der Banalität des Bösen*, übers. v. Brigitte Granzow, München, Zürich [4]2009
Arendt, Hannah (1963a), *Über die Revolution*, München [4]2000
Arendt, Hannah (1963b), „Brief 133, Arendt an Scholem", in: dies. u. Gershom Scholem, *Der Briefwechsel. 1939–1964*, hrsg. v. Marie Luise Knott, Berlin 2010, 438–445
Arendt, Hannah (1964), „Was heißt persönliche Verantwortung unter einer Diktatur", in: dies., *Nach Auschwitz. Essays & Kommentare*, hrsg. v. Eike Geisel u. Klaus Bittermann, Berlin 1989, 81–97
Arendt, Hannah (1964a), „Fernsehgespräch mit Günter Gaus", in: dies., *Ich will verstehen. Selbstauskünfte zu Leben und Werk*, hrsg. v. Ursula Ludz, München [3]2007, 44–70
Arendt, Hannah (1968), „Walter Benjamin", in: dies., *Menschen in finsteren Zeiten*, hrsg. v. Ursula Ludz, München, Zürich [2]1989, 185–242
Arendt, Hannah (1970), *Macht und Gewalt*, übers. v. Gisela Uellenberg, München, Zürich [18]2008
Arendt, Hannah (1971), „Über den Zusammenhang von Denken und Moral", in: dies., *Zwischen Vergangenheit und Zukunft. Übungen im politischen Denken I*, hrsg. v. Ursula Ludz, München, Zürich [2]2000, 128–155

Arendt, Hannah (1971a), *Walter Benjamin. Bertolt Brecht. Zwei Essays*, München
Arendt, Hannah (1972), „Diskussion mit Freunden und Kollegen in Toronto", in: dies., *Ich will verstehen. Selbstauskünfte zu Leben und Werk*, hrsg. v. Ursula Ludz, München ³2007, 71–113
Arendt, Hannah (1977), *Vom Leben des Geistes*, Bd. 1: *Das Denken*, hrsg. v. Mary McCarthy, übers. v. Hermann Vetter, München, Zürich ³1993
Arendt, Hannah (1977a), *Vom Leben des Geistes*, Bd. 2: *Das Wollen*, hrsg. v. Mary McCarthy, übers. v. Hermann Vetter, München, Zürich ²1993
Arendt, Hannah (1996), *Ich will verstehen. Selbstauskünfte zu Leben und Werk*, hrsg. v. Ursula Ludz, München ³2007
Arendt, Hannah (2003), *Über das Böse. Eine Vorlesung zu Fragen der Ethik*, hrsg. v. Jerome Kohn, übers. v. Ursula Ludz, München, Zürich ³2009
Arlt, Gerhard (1996), *Anthropologie und Politik. Ein Schlüssel zum Werk Helmuth Plessners*, München
Asemissen, Hermann Ulrich (1973), „H. Plessner: Die exzentrische Position des Menschen", in: Josef Speck (Hg.), *Grundprobleme der großen Philosophen. Philosophie der Gegenwart II*, Göttingen 1991, 146–180
Avé-Lallemant, Eberhard (1977), „Hedwig Conrad-Martius (1888–1966) – Bibliographie", in: *Zeitschrift für philosophische Forschung*, 31, Nr. 2, 301–309
Bacon, Francis (1962), *Novum Organon*, hrsg. v. Manfred Buhr, Berlin
Baecker, Dirk (2003), Hg., *Kapitalismus als Religion*, Berlin
Baker, Gordon (1988), *Wittgenstein, Frege & The Vienna Circle*, Oxford
Baker, Gordon u. Hacker, Peter (1984), *Scepticism, Rules & Language*, Oxford
Balke, Friedrich (1996), *Der Staat nach seinem Ende. Die Versuchung Carl Schmitts*, München
Barber, Michael D. (2004), *The Participating Citizen. A Biography of Alfred Schutz*, Albany
Barth, Karl (1922), *Der Römerbrief*, Zürich 1940
Barth, Karl (1923), „Von der Paradoxie des ‚positiven Paradoxes'. Antworten und Fragen an Paul Tillich 1923", in: ders., *Gesamtausgabe*, Abt. III, Bd. 19, hrsg. v. Holger Finze, Zürich, 1990
Barth, Karl (1931), *Fides quaerens intellectum. Anselms Beweis der Existenz Gottes im Zusammenhang seines theologischen Programms*, hrsg. v. Eberhard Jüngel u. Ingolf U. Dalferth, Zürich 1981
Barth, Karl (1932), *Die Kirchliche Dogmatik*, 12 Bde., Zürich, 1932–1967
Barth, Karl (1942), „Die Aufgabe rechter Lehre von Gottes Gnadenwahl", in: ders., *Die Kirchliche Dogmatik*, Bd. II/2, Zürich, 1980, 1–100
Barth, Karl (1948), „Gott und das Nichtige", in: ders., *Die Kirchliche Dogmatik*, Bd. III/3, Zürich, 1980, 327–425
Barth, Karl (1953), „Das Werk Gottes des Versöhners", in: ders., *Die Kirchliche Dogmatik*, Bd. IV/1, Zürich, 1980, 1–83
Barth, Karl (1962), *Anfänge der dialektischen Theologie*, Bd. I, hrsg. v. Jürgen Moltmann, München
Baseheart, Mary Catharine (1989), „Edith Stein's Philosophy of Woman and Women's Education", in: *Hypatia. A Journal of Feminist Philosophy*, 4, Nr. 1, 120–131
Bast, Rainer A. (1999), „Einleitung", in: Heinrich Rickert, *Philosophische Aufsätze*, hrsg. v. Rainer A. Bast, Tübingen, VII–XXXI
Bast, Rainer A. (2007), „Einleitung" in: Heinrich Rickert, *Die Grenzen der naturwissenschaftlichen Begriffsbildung. Eine logische Einleitung in die historischen Wissenschaften*, hrsg. v. Rainer A. Bast, Hildesheim u. a., V*–CIII*
Baumgart, Ralf u. Eichener, Volker (1991), *Norbert Elias zur Einführung*, Hamburg
Beaney, Michael (1996), *Frege. Making Sense*, London
Beaufort, Jan (2000), *Die gesellschaftliche Konstitution der Natur. Helmuth Plessners kritisch-phänomenologische Grundlegung einer hermeneutischen Naturphilosophie in ‚Die Stufen des Organischen und der Mensch'*, Würzburg

Becker, Oskar (1923), *Beiträge zur phänomenologischen Begründung der Geometrie und ihrer physikalischen Anwendungen*, Tübingen ²1973

Becker, Oskar (1927), *Mathematische Existenz. Untersuchungen zur Logik und Ontologie mathematischer Phänomene*, Tübingen ²1973

Becker, Oskar (1952), *Untersuchungen über den Modalkalkül*, Meisenheim/Glan

Becker, Oskar (1957), *Das mathematische Denken der Antike*, Göttingen ²1966

Becker, Oskar (1963), *Dasein und Dawesen. Gesammelte philosophische Aufsätze*, Pfullingen

Beckmann-Zöller, Beate (2010), „Einführung", in: Edith Stein, *Edith Stein Gesamtausgabe*, Bd. 6: *Beiträge zur philosophischen Begründung der Psychologie und der Geisteswissenschaften*, bearb. v. Beate Beckmann-Zöller, Freiburg/Br., IX–XCII

Beckmann-Zöller, Beate u. Gerl-Falkovitz, Hanna-Barbara (2006), Hg., *Die ‚unbekannte' Edith Stein: Phänomenologie und Sozialphilosophie*, Frankfurt/M.

Beckmann, Beate (2003), *Phänomenologie des religiösen Erlebnisses. Religionsphilosophische Überlegungen im Anschluß an Adolf Reinach und Edith Stein*, Würzburg

Beckmann, Beate u. Gerl-Falkovitz, Hanna-Barbara (2003), Hg., *Edith Stein – Texte, Bezüge, Dokumente*, Würzburg

Bedorf, Thomas u. Röttgers, Kurt (2009), Hg., *Die französische Philosophie im 20. Jahrhundert. Ein Autorenhandbuch*, Darmstadt

Behnke, Thomas (1999), *Naturhermeneutik und physiognomisches Weltbild. Die Naturphilosophie von Ludwig Klages*, Regensburg

Benhabib, Seyla (1996), *Hannah Arendt. Die melancholische Denkerin der Moderne*, übers. v. Karin Wördemann, Frankfurt/M. 2006

Benjamin, Walter (1920), *Der Begriff der Kunstkritik in der deutschen Romantik*, in: ders., *Gesammelte Schriften*, Bd. I.1, Frankfurt/M. 1991, 7–122

Benjamin, Walter (1923), „Die Aufgabe des Übersetzers", in: ders., *Gesammelte Schriften*, Bd. IV.1, hrsg. v. Rolf Tiedemann u. Hermann Schweppenhäuser, Frankfurt/M. 1991, 9–23

Benjamin, Walter (1928), *Ursprung des deutschen Trauerspiels*, in: ders., *Gesammelte Schriften*, Bd. I.1, hrsg. v. Rolf Tiedemann u. Hermann Schweppenhäuser, Frankfurt/M. 1991

Benjamin, Walter (1928a), *Einbahnstraße*, in: ders., *Gesammelte Schriften*, Bd. IV.1, hrsg. v. Rolf Tiedemann u. Hermann Schweppenhäuser, Frankfurt/M. 1991

Benjamin, Walter (1929), „Der Surrealismus", in: ders., *Gesammelte Schriften*, Bd. II.1, hrsg. v. Rolf Tiedemann u. Hermann Schweppenhäuser, Frankfurt/M. 1991, 295–310

Benjamin, Walter (1931), „Kleine Geschichte der Photographie", in: ders., *Gesammelte Schriften*, Bd. II.1, hrsg. v. Rolf Tiedemann u. Hermann Schweppenhäuser, Frankfurt/M. 1991, 368–385

Benjamin, Walter (1933), „Erfahrung und Armut", in: ders., *Gesammelte Schriften*, Bd. II.1, hrsg. v. Rolf Tiedemann u. Hermann Schweppenhäuser, Frankfurt/M. 1991, 213–219

Benjamin, Walter (1935), „Probleme der Sprachsoziologie", in: ders., *Gesammelte Schriften*, Bd. III, Frankfurt/M. 1991, 452–480

Benjamin, Walter (1936), „Das Kunstwerk im Zeitalter seiner technischen Reproduzierbarkeit", in: ders., *Gesammelte Schriften*, Bd. I, 431–469, 471–508, 709–739, Bd. VII, 350–384, hrsg. v. Rolf Tiedemann u. Hermann Schweppenhäuser, Frankfurt/M. 1991

Benjamin, Walter (1942), „Über den Begriff der Geschichte", in: ders., *Gesammelte Schriften*, Bd. I., hrsg. v. Rolf Tiedemann u. Hermann Schweppenhäuser, Frankfurt/M. 1991, 691–704

Benjamin, Walter (1955), „Zwei Gedichte von Friedrich Hölderlin", in: ders., *Gesammelte Schriften*, Bd. II.1, hrsg. v. Rolf Tiedemann u. Hermann Schweppenhäuser, Frankfurt/M. 1991, 105–126

Benjamin, Walter (1955a), „Theologisch-politisches Fragment" in: ders., *Gesammelte Schriften*, Bd. II.1, hrsg. v. Rolf Tiedemann u. Hermann Schweppenhäuser, Frankfurt/M. 1991, 203–204

Benjamin, Walter (1963): „Über das Programm der kommenden Philosophie", in: ders., *Gesammelte Schriften*, Bd. II.1, Frankfurt/M. 1991, 157–171

Benjamin, Walter (1965), „Zur Kritik der Gewalt", in: ders., *Gesammelte Schriften*, Bd. II.1, Frankfurt/M. 1991, 179–203
Benjamin, Walter (1972), „Lehre vom Ähnlichen", in: ders., *Gesammelte Schriften*, Bd. II.1, Frankfurt/M. 1991, 204–210
Benjamin, Walter (1972a), „Richard Hönigswald, Philosophie und Sprache", in: *Gesammelte Schriften*, Bd. III, hrsg. v. Rolf Tiedemann u. Hermann Schweppenhäuser, Frankfurt/M. 1991, 564–569
Benjamin, Walter (1977), „Über Sprache überhaupt und über die Sprache des Menschen", in: *Gesammelte Schriften*, Bd. II.1, hrsg. v. Rolf Tiedemann u. Hermann Schweppenhäuser, Frankfurt/M. 1991, 140–157
Benjamin, Walter (1982), *Das Passagen-Werk*, in: ders., *Gesammelte Schriften*, Bd. V, hrsg. v. Rolf Tiedemann u. Hermann Schweppenhäuser, Frankfurt/M. 1991
Benjamin, Walter (1985), „Kapitalismus als Religion", in: ders., *Gesammelte Schriften*, Bd. VI, Frankfurt/M. 1991, 100–103
Benjamin, Walter (1995), „Brief an Martin Buber, 17.07.1916", in: ders., *Gesammelte Briefe*, hrsg. v. Christoph Gödde u. Henri Lonitz, Bd. 1, 325–327
Benoist, Alain de (2003), *Carl Schmitt. Bibliographie seiner Schriften und Korrespondenzen*, Berlin
Berger, Peter L. u. Luckmann, Thomas (1966), *Die gesellschaftliche Konstruktion der Wirklichkeit. Eine Theorie der Wissenssoziologie*, übers. v. Monika Plessner, Frankfurt/M. 2010
Bergson, Henri (1889), *Zeit und Freiheit*, übers. v. Paul Fohr, Hamburg 1994
Bernet, Rudolf, Kern, Iso u. Marbach, Eduard (1989), *Edmund Husserl. Darstellung seines Denkens*, Hamburg 1996
Bernhard, Andreas u. Raulff, Ulrich (2003), Hg., *Theodor W. Adorno. „Minima moralia" neu gelesen*, Frankfurt/M.
Betti, Emilio (1962), *Die Hermeneutik als allgemeine Methodik der Geisteswissenschaften*, Tübingen ²1972
Beyerle, Matthias (1994), *Staatstheorie und Autopoiesis. Über die Auflösung der modernen Staatsidee im nachmodernen Denken durch die Theorie autopoietischer Systeme und der Entwurf eines nachmodernen Staatskonzepts*, Frankfurt/M.
Biale, David (1979), *Gershom Scholem, Kabbalah and Counter-History*, Cambridge/Mass., London 1982
Bierhoff, Burkhard (1993), *Erich Fromm. Analytische Sozialpsychologie und visionäre Gesellschaftskritik*, Opladen
Binswanger, Ludwig (1930), „Traum und Existenz", in: ders., *Ausgewählte Werke*, Bd. 3, hrsg. v. Hans-Jürg Braun, Heidelberg 1994, 9–119
Binswanger, Ludwig (1933), *Über Ideenflucht*, in: ders., *Ausgewählte Werke*, Bd. 1, hrsg. v. Hans-Jürg Braun, Heidelberg 1992
Binswanger, Ludwig (1936), „Freuds Auffassung des Menschen im Lichte der Anthropologie", in: ders., *Ausgewählte Vorträge und Aufsätze*, Bd. 1, Bern 1947, 159–189
Binswanger, Ludwig (1942), *Grundformen und Erkenntnis menschlichen Daseins*, in: ders., *Ausgewählte Werke*, Bd. 2, hrsg. v. Hans-Jürg Braun, Heidelberg 1993
Binswanger, Ludwig (1945), „Der Fall Ellen West", in: ders., *Ausgewählte Werke*, Bd. 4, hrsg. v. Hans-Jürg Braun, Heidelberg 1994, 73–209
Binswanger, Ludwig (1946), „Über die daseinsanalytische Forschungsrichtung in der Psychiatrie", in: ders., *Ausgewählte Werke*, Bd. 3, hrsg. v. Hans-Jürg Braun, Heidelberg 1994, 231–257
Binswanger, Ludwig (1956), *Erinnerungen an Sigmund Freud*, Bern
Binswanger, Ludwig (1957), *Schizophrenie*, Pfullingen
Binswanger, Ludwig (1959), „Dank an Edmund Husserl", in: *Edmund Husserl 1859-1959*, Den Haag, 64–72
Binswanger, Ludwig (1960), *Melancholie und Manie*, in: ders., *Ausgewählte Werke*, Bd. 4, hrsg. v. Hans-Jürg Braun, Heidelberg 1994

Binswanger, Ludwig (1965), *Wahn*, in: ders., *Ausgewählte Werke*, Bd. 4, hrsg. v. Hans-Jürg Braun, Heidelberg 1994
Black, Max (1964), *A Companion to Wittgenstein's 'Tractatus'*, Ithaca/N. Y.
Bloch, Ernst (1918), *Geist der Utopie. Erste Fassung*, in: ders., *Werkausgabe*, Bd. 16, Frankfurt/M. 1971
Bloch, Ernst (1923), „Aktualität und Utopie. Zu Lukács' Geschichte und Klassenbewusstsein", in: ders., *Werkausgabe*, Bd. 10, Frankfurt/M. 1985, 598–621
Bloch, Ernst (1930), *Spuren*, in: ders., *Werkausgabe*, Bd. 1, Frankfurt/M. ^{6}1995
Bloch, Ernst (1935), *Erbschaft dieser Zeit. Erweiterte Ausgabe*, in: ders., *Werkausgabe*, Bd. 4, Frankfurt/M. ^{2}1992
Bloch, Ernst (1949), *Subjekt-Objekt. Erläuterungen zu Hegel. Erweiterte Ausgabe*, in: ders., *Werkausgabe*, Bd. 8, Frankfurt/M. 1985
Bloch, Ernst (1958), „Weisen des ‚Vielleicht' bei Simmel", in: ders., *Werkausgabe*, Bd. 10, Frankfurt/M. 1985, 57–60
Bloch, Ernst (1959), *Das Prinzip Hoffnung*, in: ders., *Werkausgabe*, Bd. 5, Frankfurt/M. ^{2}1986
Bloch, Ernst (1961), *Naturrecht und menschliche Würde*, in: ders., *Werkausgabe*, Bd. 6, Frankfurt/M. ^{2}1991
Bloch, Ernst (1968), *Atheismus im Christentum. Zur Religion des Exodus und des Reichs*, in: ders., *Werkausgabe*, Bd. 14, Frankfurt/M. 1985
Bloch, Ernst (1969), „Hegel und die Gewalt des Systems", in: ders., *Werkausgabe*, Bd. 10, Frankfurt/M. 1985, 481–500
Bloch, Ernst (1972), *Das Materialismusproblem, seine Geschichte und Substanz*, in: ders., *Werkausgabe*, Bd. 7, Frankfurt/M. 1985
Bloch, Ernst (1975), *Experimentum Mundi. Frage, Kategorien des Herausbringens, Praxis*, in: ders., *Werkausgabe*, Bd. 15, Frankfurt/M. 1985
Bloch, Ernst (1977), *Zwischenwelten in der Philosophiegeschichte. Aus Leipziger Vorlesungen*, in: ders., *Werkausgabe*, Bd. 12, Frankfurt/M. 1985
Bloch, Ernst (1978), *Tendenz – Latenz – Utopie*, in: ders., *Werkausgabe*, Ergänzungsbd., Frankfurt/M. 1985
Blumenberg, Hans (1963), „Lebenswelt und Technisierung unter Aspekten der Phänomenologie", in: ders., *Wirklichkeiten, in denen wir leben. Aufsätze und eine Rede*, Stuttgart 2009, 7–54
Blumenberg, Hans (1966), *Legitimität der Neuzeit*, Frankfurt/M. 2007
Blumenberg, Hans (1966a), *Säkularisierung und Selbstbehauptung*, Frankfurt/M. ^{2}1983
Blumenberg, Hans (1971), „Anthropologische Annäherung an die Aktualität der Rhetorik", in: ders., *Wirklichkeiten, in denen wir leben. Aufsätze und eine Rede*, Stuttgart 2009, 104–136
Blumenberg, Hans (1979), *Arbeit am Mythos*, Frankfurt/M. ^{6}2009
Blumenberg, Hans (1981), *Die Genesis der kopernikanischen Welt*, Frankfurt/M. ^{3}1996
Blumenberg, Hans (1989), *Höhlenausgänge*, Frankfurt/M. 2007
Blumenberg, Hans (1989a), „Sollte der Teufel erlöst werden? Kapitel einer Dämonologie", in: *Frankfurter Allgemeine Zeitung*, 27. 12. 1989, N3
Blumenberg, Hans (1998), *Begriffe in Geschichten*, Frankfurt/M. 1999
Blumenberg, Hans (1998a), *Gerade noch Klassiker. Glossen zu Fontane*, München
Blumenberg, Hans (1999), *Goethe zum Beispiel*, hrsg. v. Hans-Blumenberg-Archiv, Frankfurt/M.
Blumenberg, Hans (2007), *Zu den Sachen und zurück*, hrsg. v. Manfred Sommer, Frankfurt/M.
Blumenberg, Hans (2010), *Theorie der Lebenswelt*, hrsg. v. Manfred Sommer, Frankfurt/M.
Blumenberg, Hans, (1960), *Paradigmen zu einer Metaphorologie*, Frankfurt/M. 2012
Boehringer, Hannes u. Gründer, Karlfried (1976), Hg., *Ästhetik und Soziologie um die Jahrhundertwende. Georg Simmel*, Frankfurt/M.
Boelhauve, Ursula (1997), *Verstehende Pädagogik. Die pädagogische Theorie Otto Friedrich Bollnows aus hermeneutischer, anthropologischer und ethischer Sicht im Kontext seiner Philosophie*, Alsbach/Bergstraße

Bohleber, Werner (2001), „Die Gegenwart der Psychoanalyse. Zur Entwicklung ihrer Theorie und Behandlungstechnik nach 1945", in: Werner Bohleber u. Sibylle Drews (Hg.), *Die Gegenwart der Psychoanalyse – die Psychoanalyse der Gegenwart*, Stuttgart, 15–34
Bohleber, Werner u. Drews, Sibylle (2001), Hg., *Die Gegenwart der Psychoanalyse – die Psychoanalyse der Gegenwart*, Stuttgart
Böhler, Dietrich (1994), Hg., *Ethik für die Zukunft. Im Diskurs mit Hans Jonas*, München
Böhler, Dietrich u. Brune, Jens-Peter (2004), Hg., *Orientierung und Verantwortung. Begegnungen und Auseinandersetzungen mit Hans Jonas*, Würzburg
Böhler, Dietrich, Gronke, Horst u. Herrmann, Bernadette (2008), Hg., *Mensch – Gott – Welt. Philosophie des Lebens, Religionsphilosophie und Metaphysik im Werk von Hans Jonas*, Freiburg/Br.
Böhler, Dietrich, Kettner, Matthias u. Skirbekk, Gunnar (2003), Hg., *Reflexion und Verantwortung. Auseinandersetungen mit Karl-Otto Apel*, Frankfurt/M.
Böhme, Gernot (1986), „Freuds Schrift ‚Das Unbewußte'", in: *Psyche*, 40, 761–779
Böhmer, Anselm (2006), *Eugen Fink. Sozialphilosophie – Anthropologie – Kosmologie – Pädagogik – Methodik*, Würzburg
Böhnigk, Volker (2002), *Kulturanthropologie als Rassenlehre. Nationalsozialistische Kulturphilosophie aus der Sicht des Philosophen Erich Rothacker*, Würzburg
Bollnow, Otto Friedrich (1933), *Die Lebensphilosophie F. H. Jacobis*, Stuttgart u. a. 1966
Bollnow, Otto Friedrich (1936), *Dilthey. Eine Einführung in seine Philosophie*, Schaffhausen ^{4}1980
Bollnow, Otto Friedrich (1941), *Das Wesen der Stimmungen*, in: ders., *Schriften. Studienausgabe in 12 Bänden*, Bd. 1, hrsg. v. Ursula Boelhauve u. a., Würzburg 2009
Bollnow, Otto Friedrich (1942), *Existenzphilosophie*, in: ders., *Schriften. Studienausgabe in 12 Bänden*, Bd. 4, hrsg. v. Ursula Boelhauve u. a., Würzburg 2009
Bollnow, Otto Friedrich (1947), *Einfache Sittlichkeit*, in: ders., *Schriften. Studienausgabe in 12 Bänden*, Bd. 3, hrsg. v. Ursula Boelhauve u. a., Würzburg 2009
Bollnow, Otto Friedrich (1958), *Die Lebensphilosophie*, in: ders., *Schriften. Studienausgabe in 12 Bänden*, Bd. 4, hrsg. v. Ursula Boelhauve u. a., Würzburg 2009
Bollnow, Otto Friedrich (1958a), *Wesen und Wandel der Tugenden*, in: ders., *Studienausgabe in 12 Bänden*, Bd. 2, hrsg. v. Ursula Boelhauve u. a., Würzburg 2009
Bollnow, Otto Friedrich (1964), „Zum Begriff der Hermeneutischen Logik", in: Harald Delius u. Günther Patzig (Hg.), *Argumentationen. Festschrift für Josef König*, Göttingen, 20–42
Bollnow, Otto Friedrich (1975), „Selbstdarstellung", in: Ludwig J. Pongratz (Hg.), *Pädagogik in Selbstdarstellungen*, Bd. 1, Hamburg, 95–144
Bollnow, Otto Friedrich (1983), *O. F. Bollnow im Gespräch*, hrsg. v. Hans-Peter Göbbeler u. Hans-Ulrich Lessing, Freiburg/Br., München 1983
Bollnow, Otto Friedrich (1983a), *Zur hermeneutischen Logik von Georg Misch und Hans Lipps*, in: ders., *Studien zur Hermeneutik*, Bd. II, Freiburg/Br., München
Bollnow, Otto Friedrich (1989), „Hans Lipps: Die menschliche Natur", in: Frithjof Rodi (Hg.), *Dilthey-Jahrbuch für Philosophie und Geschichte der Geisteswissenschaften*, Bd. 6, 99–126
Bolz, Norbert (2008), *Das Wissen der Religion. Betrachtungen eines religiös Unmusikalischen*, München
Bonacker, Thorsten (2000), *Die normative Kraft der Kontingenz. Nichtessentialistische Gesellschaftskritik nach Weber und Adorno*, Frankfurt/M., New York
Brandom, Robert (1994), *Expressive Vernunft. Begründung, Repräsentation und diskursive Festlegung*, übers. v. Eva Gilmer u. Hermann Vetter, Frankfurt/M. 2000
Brecht, Bertolt (1967), *Über meinen Lehrer*, in: ders., *Werke*, Bd. 20, Frankfurt/M.
Brentano, Franz (1862), *Von der mannigfachen Bedeutung des Seienden nach Aristoteles*, Hildesheim, Zürich, New York 1984
Brentano, Franz (1866), „Die 25 Habilitationsthesen", in: ders., *Die Zukunft der Philosophie*, hrsg. v. Oskar Kraus, Hamburg 1968, 133–142

Brentano, Franz (1867), *Die Psychologie des Aristoteles, insbesondere seine Lehre vom Nous Pojetikos*, Darmstadt 1967
Brentano, Franz (1874), *Psychologie vom empirischen Standpunkte – von der Klassifikation psychischer Phänomene*, hrsg. v. Thomas Binder u. Arkadiusz Chrudzimski, Frankfurt/M. 2008
Brentano, Franz (1889), *Vom Ursprung sittlicher Erkenntnis*, hrsg. v. Oskar Kraus, Hamburg 1969
Brentano, Franz (1894), *Meine letzten Wünsche für Österreich*, Stuttgart 1895
Brentano, Franz (1895), *Die vier Phasen der Philosophie und ihr augenblicklicher Stand*, hrsg. v. Oskar Kraus, Hamburg 1968
Brentano, Franz (1907), *Schriften zur Sinnespsychologie*, hrsg. v. Thomas Binder u. Arkadiusz Chrudzimski, Frankfurt/M. 2009
Brentano, Franz (1911), *Aristoteles und seine Weltanschauung*, Hamburg 1977
Brentano, Franz (1911a), *Aristoteles Lehre vom Ursprung des menschlichen Geistes*, hrsg. v. Rolf George, Hamburg 1980
Brentano, Franz (1925), *Versuch über die Erkenntnis*, hrsg. v. Alfred Kastil, Hamburg 1970
Brentano, Franz (1933), *Kategorienlehre*, hrsg. v. Alfred Kastil, Hamburg 1985
Brentano, Franz (1966), *Die Abkehr vom Nichtrealen*, hrsg. v. Franziska Mayer-Hillebrand, Hamburg 1977
Brentano, Franz (1980), *Geschichte der mittelalterlichen Philosophie*, hrsg. v. Klaus Hedwig, Hamburg
Brentano, Franz (1982), *Deskriptive Psychologie*, hrsg. v. Roderick M. Chisholm u. Wilhelm Baumgartner, Hamburg
Brentano, Franz (1986), *Über Aristoteles. Nachgelassene Aufsätze*, hrsg. v. Rolf George, Hamburg
Brentano, Franz (1987), *Geschichte der Philosophie der Neuzeit*, hrsg. v. Klaus Hedwig, Hamburg
Brentano, Franz, *Logikvorlesungen*, unveröff. Manuskript, Nachlass EL 72, EL 80
Brentano, Franz, *Metaphysikvorlesungen*, unveröff. Manuskript, Nachlass M 95, M 96, M 99
Breuer, Stefan (1994), *Bürokratie und Charisma. Zur Politischen Soziologie Max Webers*, Darmstadt 1994
Brunkhorst, Hauke (1999), *Hannah Arendt*, München
Brunkhorst, Hauke u. Koch, Gertrud (1990), *Herbert Marcuse zur Einführung*, Hamburg 2001
Buber, Martin (1923), *Ich und Du*, in: ders., *Das dialogische Prinzip*, Gerlingen 1994, 7–136
Buber, Martin (1929), *Zwiesprache*, in: ders., *Das dialogische Prinzip*, Gerlingen 1994, 139–196
Buber, Martin (1942), *Das Problem des Menschen*, Gütersloh 2000
Buber, Martin (1951), *Urdistanz und Beziehung. Beiträge zu einer philosophischen Anthropologie*, Heidelberg 1978
Buber, Martin (1953), *Elemente des Zwischenmenschlichen*, in: ders., *Das dialogische Prinzip*, Gerlingen 1994, 271–298
Buch, Alois J. (1982), Hg., *Nicolai Hartmann. 1882–1982. Mit Bibliographie der seit 1964 über Hartmann erschienen Arbeiten*, Bonn ²1987
Buchheim, Thomas (1990), „Zum Wandel der Metaphysik nach ihrem Ende. Vier Bücher für Spätlerner", in: *Philosophische Rundschau*, 37, 197–226
Buchholz, Michael B. u. Gödde, Günter (2005), Hg., *Macht und Dynamik des Unbewussten – Auseinandersetzungen in Philosophie, Medizin und Psychoanalyse. Das Unbewusste – Ein Projekt in drei Bänden*, Bd. 1, Gießen
Buckmiller, Michael (1973), „Marxismus als Realität. Zur Rekonstruktion der theoretischen und politischen Entwicklung Karl Korschs", in: Claudio Pozzoli (Hg.), *Jahrbuch Arbeiterbewegung*, Bd. 1, Frankfurt/M., 15–85
Buckmiller, Michael (1981), Hg., *Zur Aktualität von Karl Korsch*, Frankfurt/M.
Buckmiller, Michael (2002), „Korsch als früher Kritiker des Stalinismus", in: *Berliner Debatte INITIAL*, 13, Nr. 4, 83–95
Bühler, Karl (1907), „Tatsachen und Probleme zu einer Psychologie der Denkvorgänge. Über Gedanken", in: *Archiv für die gesamte Psychologie*, 9, 297–365

Bühler, Karl (1927), *Die Krise der Psychologie*, Weilerswist 2000
Bühler, Karl (1933), *Ausdruckstheorie. Das System an der Geschichte aufgezeigt*, Jena
Bühler, Karl (1934), *Sprachtheorie. Die Darstellungsfunktion der Sprache*, Stuttgart ⁸1999
Buhr, Manfred (1965), *Revolution und Philosophie. Die ursprüngliche Philosophie Johann Gottlieb Fichtes und die Französische Revolution*, Berlin
Buhr, Manfred (1968), *Immanuel Kant. Einführung in Leben und Werk*, Leipzig ⁴1989
Buhr, Manfred (1972), *Zur Geschichte der klassischen bürgerlichen Philosophie. Bacon, Kant, Fichte, Schelling, Hegel*, Leipzig
Buhr, Manfred (1977), *Vernunft – Mensch – Geschichte. Studien zur Entwicklungsgeschichte der klassischen bürgerlichen Philosophie*, Berlin
Buhr, Manfred (1986), *Vernünftige Geschichte. Zum Denken über Geschichte in der klassischen deutschen Philosophie*, Berlin
Buhr, Manfred (1987), *Eingriffe, Stellungnahmen, Äußerungen. Zur Geschichte und gesellschaftlichen Funktion von Philosophie und Wissenschaft*, Berlin
Buhr, Manfred (1988), Hg., *Enzyklopädie zur bürgerlichen Philosophie im 19. und 20. Jahrhundert*, Leipzig
Buhr, Manfred u. Gedö, András (1976), *Über die historische Notwendigkeit des ideologischen Klassenkampfes. Von der bürgerlichen Philosophie zum Marxismus*, Berlin
Buhr, Manfred u. Irrlitz, Gerd (1968), *Der Anspruch der Vernunft. Die klassische bürgerliche deutsche Philosophie als theoretische Quelle des Marxismus. Kant, Fichte, Schelling, Lessing, Herder, Goethe, Schiller*, Berlin
Buhr, Manfred u. Schreiter, Jörg (1979), *Erkenntnistheorie – kritischer Rationalismus – Reformismus. Zur jüngsten Metamorphose des Positivismus*, Berlin
Buhr, Manfred u. Steigerwald, Robert (1981), *Verzicht auf Fortschritt, Geschichte, Erkenntnis und Wahrheit. Zu den Grundtendenzen der gegenwärtigen bürgerlichen Philosophie*, Frankfurt/M.
Bulletin heideggérien (2010), hrsg. v. Sylvain Camilleri u. Christophe Perrin, Paris
Bultmann, Rudolf (1933), *Glauben und Verstehen*, Bd. 1, Tübingen ⁹1993
Bultmann, Rudolf (1941), *Das Evangelium des Johannes*, Göttingen ²¹1986
Bultmann, Rudolf (1941a), „Neues Testament und Mythologie. Das Problem der Entmythologisierung der neutestamentlichen Verkündigung (1941)", in: Hans-Werner Bartsch (Hg.), *Kerygma und Mythos. Ein theologisches Gespräch*, Bd. 1, Hamburg ⁴1960, 15–48
Bultmann, Rudolf (1952), *Glauben und Verstehen*, Bd. 2, Tübingen ⁶1993
Bultmann, Rudolf (1960), *Glauben und Verstehen*, Bd. 3, Tübingen ⁴1993
Bultmann, Rudolf (1960a), *Theologie des Neuen Testaments*, Tübingen ⁹1984
Bultmann, Rudolf (1965), *Glauben und Verstehen*, Bd. 4, Tübingen ⁵1993
Bultmann, Rudolf u. Heidegger, Martin (2009), *Briefwechsel 1925–1975*, hrsg. v. Andreas Großmann u. Christoph Landmesser, Frankfurt/M., Tübingen
Burkhardt, Armin (1986), *Soziale Akte, Sprechakte und Textillokutionen. A. Reinachs Rechtsphilosophie und die moderne Linguistik*, Tübingen
Busch, Eberhard (1975), *Karl Barths Lebenslauf. Nach seinen Briefen und autobiographischen Texten*, München ⁴1986
Busch, Kathrin, Därmann, Iris u. Kapust, Antje (2007), Hg., *Philosophie der Responsivität. Festschrift für Bernhard Waldenfels*, München
Butler, Judith (2003), *Kritik der ethischen Gewalt. Adorno-Vorlesungen 2002*, Frankfurt/M. 2007
Butler, Judith (2010), „Einleitung", in: Georg Lukács, *Die Seele und die Formen. Essays*, Bielefeld 2011, 1–20
Cairns, Dorion (1976), *Conversations with Husserl and Fink*, Den Haag
Carnap, Rudolf (1928), *Der logische Aufbau der Welt*, Hamburg 1998
Carnap, Rudolf (1932), „Überwindung der Metaphysik durch logische Analyse der Sprache", in:

ders., *Scheinprobleme der Philosophie und andere metaphysikkritische Schriften*, hrsg. v. Thomas Mormann, Hamburg 2005, 81–110

Carnap, Rudolf (1934), *Logische Syntax der Sprache*, Wien 1968

Carnap, Rudolf (1935), „Rez. zu Karl Popper, Logik der Forschung. Zur Erkenntnistheorie der modernen Naturwissenschaft", in: *Erkenntnis*, 5, 290–294

Carnap, Rudolf (1936), „Testability and Meaning", in: *Philosophy of Science*, 3 (1936), 419–471 u. 4 (1937), 1–40

Carnap, Rudolf (1947), *Meaning and Necessity*, Chicago 1956

Carnap, Rudolf (1950), „Empiricism, Semantics, and Ontology", in: *Revue Internationale de Philosophie*, 4, 20–40

Carnap, Rudolf (1952), *The Continuum of Inductive Methods*, Chicago

Carnap, Rudolf (1966), *Einführung in die Philosophie der Naturwissenschaft*, hrsg. v. Martin Gardner, übers. v. Walter Hoering, Frankfurt/M. 1986

Carnap, Rudolf (1971), *Studies in Inductive Logic and Probability*, Bd. 1, hrsg. v. Richard C. Jeffrey, Berkeley

Carnap, Rudolf (1980), *Studies in Inductive Logic and Probability*, Bd. 2, hrsg. v. Richard C. Jeffrey, Berkeley

Carnap, Rudolf, Hahn, Hans u. Neurath, Otto (1929), „Wissenschaftliche Weltauffassung. Der Wiener Kreis", in: Otto Neurath, *Gesammelte Schriften*, Bd. 1, hrsg. v. Rudolf Haller u. Heiner Rutte, Wien 1981, 299–336

Cartwright, Nancy u. a. (1996), *Otto Neurath. Philosophy between Science and Politics*, Cambridge

Casper, Bernhard (1967), *Das dialogische Denken. Franz Rosenzweig, Ferdinand Ebner und Martin Buber*, Freiburg/Br., München ²2002

Cassirer, Ernst (1899), *Descartes' Kritik der mathematischen und naturwissenschaftlichen Erkenntnis*, in: ders., *Gesammelte Werke. Hamburger Ausgabe*, Bd. 1, hrsg. v. Birgit Recki, Hamburg 1998

Cassirer, Ernst (1902), *Leibniz' System in seinen wissenschaftlichen Grundlagen*, in: ders., *Gesammelte Werke. Hamburger Ausgabe*, Bd. 1, hrsg. v. Birgit Recki, Hamburg 1998

Cassirer, Ernst (1906), *Das Erkenntnisproblem in der Philosophie und Wissenschaft der neueren Zeit*, Bd. I, in: ders., *Gesammelte Werke. Hamburger Ausgabe*, Bd. 2, hrsg. v. Birgit Recki, Hamburg 1999

Cassirer, Ernst (1907), *Das Erkenntnisproblem in der Philosophie und Wissenschaft der neueren Zeit*, Bd. II, in: ders., *Gesammelte Werke. Hamburger Ausgabe*, Bd. 3, hrsg. v. Birgit Recki, Hamburg 1999

Cassirer, Ernst (1910), *Substanzbegriff und Funktionsbegriff. Untersuchung über die Grundfragen der Erkenntniskritik*, in: ders., *Gesammelte Werke. Hamburger Ausgabe*, Bd. 6, hrsg. v. Birgit Recki, Hamburg 2000

Cassirer, Ernst (1916), *Freiheit und Form. Studien zur deutschen Geistesgeschichte*, in: ders., *Gesammelte Werke. Hamburger Ausgabe*, Bd. 7, hrsg. v. Birgit Recki, Hamburg 2001

Cassirer, Ernst (1918), *Kants Leben und Lehre*, in: ders., *Gesammelte Werke. Hamburger Ausgabe*, Bd. 8, hrsg. v. Birgit Recki, Hamburg 2001

Cassirer, Ernst (1920), *Das Erkenntnisproblem in der Philosophie und Wissenschaft der neueren Zeit*, Bd. III, in: ders., *Gesammelte Werke. Hamburger Ausgabe*, Bd. 4, hrsg. v. Birgit Recki, Hamburg 2000

Cassirer, Ernst (1921), *Zur Einsteinschen Relativitätstheorie. Erkenntnistheoretische Betrachtungen*, in: ders., *Gesammelte Werke. Hamburger Ausgabe*, Bd. 10, hrsg. v. Birgit Recki, Hamburg 2001

Cassirer, Ernst (1921a), *Idee und Gestalt. Goethe – Schiller – Hölderlin – Kleist*, in: ders., *Gesammelte Werke. Hamburger Ausgabe*, Bd. 9, hrsg. v. Birgit Recki, Hamburg 2001

Cassirer, Ernst (1923), *Philosophie der symbolischen Formen, Erster Teil. Die Sprache*, in: ders., *Gesammelte Werke. Hamburger Ausgabe*, Bd. 11, hrsg. v. Birgit Recki, Hamburg 2001

Cassirer, Ernst (1923a), „Der Begriff der symbolischen Form im Aufbau der Geisteswissenschaften", in: ders., *Gesammelte Werke. Hamburger Ausgabe,* Bd. 16, hrsg. v. Birgit Recki, Hamburg 2003, 75–104
Cassirer, Ernst (1925), *Philosophie der symbolischen Formen, Zweiter Teil. Das mythische Denken,* in: ders., *Gesammelte Werke. Hamburger Ausgabe,* Bd. 12, hrsg. v. Birgit Recki, Hamburg 2002
Cassirer, Ernst (1925a), „Sprache und Mythos. Ein Beitrag zum Problem der Götternamen", in: ders., *Gesammelte Werke. Hamburger Ausgabe,* Bd. 16, hrsg. v. Birgit Recki, Hamburg 2003, 227–312
Cassirer, Ernst (1927), „Das Symbolproblem und seine Stellung im System der Philosophie", in: ders., *Gesammelte Werke. Hamburger Ausgabe,* Bd. 17, hrsg. v. Birgit Recki, Hamburg 2004, 253–282
Cassirer, Ernst (1929), *Philosophie der symbolischen Formen, Dritter Teil: Phänomenologie der Erkenntnis,* in: ders., *Gesammelte Werke. Hamburger Ausgabe,* Bd. 13, hrsg. v. Birgit Recki, Hamburg 2002
Cassirer, Ernst (1930), „Form und Technik", in: ders., *Gesammelte Werke. Hamburger Ausgabe,* Bd. 17, hrsg. v. Birgit Recki, Hamburg 2004, 139–184
Cassirer, Ernst (1931), „Mythischer, ästhetischer und theoretischer Raum", in: ders., *Gesammelte Werke. Hamburger Ausgabe,* Bd. 17, hrsg. v. Birgit Recki, Hamburg 2004, 411–432
Cassirer, Ernst (1932), „Die Sprache und der Aufbau der Gegenstandswelt", in: ders., *Gesammelte Werke. Hamburger Ausgabe,* Bd. 18, hrsg. v. Birgit Recki, Hamburg 2004, 111–126
Cassirer, Ernst (1939), *Axel Hägerström. Eine Studie zur schwedischen Philosophie der Gegenwart,* in: ders., *Gesammelte Werke. Hamburger Ausgabe,* Bd. 21, hrsg. v. Birgit Recki, Hamburg 2005
Cassirer, Ernst (1939a) „Was ist ‚Subjektivismus'?", in: ders., *Gesammelte Werke. Hamburger Ausgabe,* Bd. 22, hrsg. v. Birgit Recki, Hamburg 2006, 167–192
Cassirer, Ernst (1942), *Zur Logik der Kulturwissenschaften. Fünf Studien,* in: ders., *Gesammelte Werke. Hamburger Ausgabe,* Bd. 24, hrsg. v. Birgit Recki, Hamburg 2007
Cassirer, Ernst (1944), *An Essay on Man,* in: ders., *Gesammelte Werke. Hamburger Ausgabe,* Bd. 23, hrsg. v. Birgit Recki, Hamburg 2006
Cassirer, Ernst (1946) *The Myth of the State,* in: ders., *Gesammelte Werke. Hamburger Ausgabe,* Bd. 25, hrsg. v. Birgit Recki, Hamburg
Cassirer, Ernst (1957), *Das Erkenntnisproblem in der Philosophie und Wissenschaft der neueren Zeit,* Bd. IV, in: ders., *Gesammelte Werke. Hamburger Ausgabe,* Bd. 5, hrsg. v. Birgit Recki, Hamburg 2000
Castell, Lutz u. Ischebeck, Otfried (2003), Hg., *Time, Quantum, and Information,* Heidelberg
Cavarero, Adriana u. DIOTIMA (1989), Hg., *Der Mensch ist zwei. Das Denken der Geschlechterdifferenz,* übers. v. Veronika Miraux, Wien ²1993
Caysa, Volker u. Eichler, Klaus-Dieter (1994), Hg., *Praxis, Vernunft, Gemeinschaft: auf der Suche nach einer anderen Vernunft. Festschrift zum 65. Geburtstag Helmut Seidels,* Weinheim
Cesana, Andreas (2008), „Karl Jaspers' Existenzphilosophie im Zeitalter der Globalisierung", in: Andreas Cesana u. Gregory J. Walters (Hg.), *Karl Jaspers: Geschichtliche Wirklichkeit mit Blick auf die Grundfragen der Menschheit,* Würzburg, 195–206
Cesana, Andreas, u. Gregory J. Walters (2008), Hg., *Karl Jaspers: Geschichtliche Wirklichkeit mit Blick auf die Grundfragen der Menschheit,* Würzburg
Ceynowa, Klaus (1993), *Zwischen Pragmatismus und Fiktionalismus. Hans Vaihingers „Philosophie des Als Ob",* Würzburg
Chrudzimski, Arkadiusz (2004), *Die Ontologie Franz Brentanos,* Dordrecht
Claussen, Detlev (1981), Hg., *Spuren der Befreiung – Herbert Marcuse,* Darmstadt, Neuwied 1981
Claussen, Detlev (2003), *Theodor W. Adorno. Ein letztes Genie,* Frankfurt/M. 2005
Cohen, Hermann (1871), *Kants Theorie der Erfahrung,* in: ders, *Werke,* Bd. 1.3, hrsg. v. Hermann-Cohen-Archiv am Philosophischen Seminar der Universität Zürich unter d. Ltg. v. Helmut Holzhey, Hildesheim, Zürich, New York 1987

Cohen, Hermann (1876), „Friedrich Albert Lange", in: *Preußische Jahrbücher*, Bd. 37, 353–381
Cohen, Hermann (1877), *Kants Begründung der Ethik*, in: ders., *Werke*, Bd. 2, hrsg. v. Hermann-Cohen-Archiv am Philosophischen Seminar der Universität Zürich unter d. Ltg. v. Helmut Holzhey, Hildesheim, Zürich, New York ³2001
Cohen, Hermann (1883), *Das Prinzip der Infinitesimal-Methode und seine Geschichte. Ein Kapitel zur Grundlegung der Erkenntnisskritik*, in: ders., *Werke*, Bd. 5.1, hrsg. v. Hermann-Cohen-Archiv am Philosophischen Seminar der Universität Zürich unter d. Ltg. v. Helmut Holzhey, Hildesheim, Zürich, New York 1984
Cohen, Hermann (1888), „Die Nächstenliebe im Talmud", in: ders., *Jüdische Schriften*, Bd. I, Berlin 1924, 145–174
Cohen, Hermann (1896), *Einleitung mit kritischem Nachtrag zu F. A. Langes ‚Geschichte des Materialismus'*, in: ders., *Werke*, Bd. 5.2, hrsg. v. Hermann-Cohen-Archiv am Philosophischen Seminar der Universität Zürich unter d. Ltg. v. Helmut Holzhey, Hildesheim, Zürich, New York 1984
Cohen, Hermann (1902), *Logik der reinen Erkenntnis*, in: ders., *Werke*, Bd. 6, hrsg. v. Hermann-Cohen-Archiv am Philosophischen Seminar der Universität Zürich unter d. Ltg. v. Helmut Holzhey, Hildesheim, Zürich, New York ⁴1977
Cohen, Hermann (1904), *Ethik des reinen Willens*, in: ders., *Werke*, Bd. 7, hrsg. v. Hermann-Cohen-Archiv am Philosophischen Seminar der Universität Zürich unter d. Ltg. v. Helmut Holzhey, Hildesheim, Zürich, New York ⁵1981
Cohen, Hermann (1912), *Ästhetik des reinen Gefühls*, 2 Bde., in: ders., *Werke*, Bd. 8 u. 9, hrsg. v. Hermann-Cohen-Archiv am Philosophischen Seminar der Universität Zürich unter d. Ltg. v. Helmut Holzhey, Hildesheim, Zürich, New York ³1982
Cohen, Hermann (1918), *Kants Theorie der Erfahrung*, in: ders., *Werke*. Bd. I.1, hrsg. v. Hermann-Cohen-Archiv am Philosophischen Seminar der Universität Zürich unter d. Ltg. v. Helmut Holzhey, Hildesheim, Zürich, New York 1987
Cohen, Hermann (1919), *Die Religion der Vernunft aus den Quellen des Judentums*, Wiesbaden ³1995
Conrad-Martius, Hedwig (1916), „Zur Ontologie und Erscheinungslehre der realen Außenwelt. Verbunden mit einer Kritik positivistischer Theorien", in: *Jahrbuch für Philosophie und phänomenologische Forschung*, 3, 345–542
Conrad-Martius, Hedwig (1923), „Realontologie", in: *Jahrbuch für Philosophie und phänomenologische Forschung*, 6, 159–333
Conrad-Martius, Hedwig (1938), *Ursprung und Aufbau des lebendigen Kosmos*, Salzburg, Leipzig
Conrad-Martius, Hedwig (1944), *Der Selbstaufbau der Natur. Entelechien und Energien*, München 1961
Conrad-Martius, Hedwig (1949), *Abstammungslehre*, 2. u. veränd. Aufl. München (die erste Aufl. erschien u. d. T. „Ursprung und Aufbau des lebendigen Kosmos")
Conrad-Martius, Hedwig (1949a), *Bios und Psyche*, Hamburg
Conrad-Martius, Hedwig (1954), *Die Zeit*, München
Conrad-Martius, Hedwig (1955), *Utopien der Menschenzüchtung. Der Sozialdarwinismus und seine Folgen*, München
Conrad-Martius, Hedwig (1957), *Das Sein*, München
Conrad-Martius, Hedwig (1958), *Der Raum*, München
Conrad-Martius, Hedwig (1960), *Die Geistseele des Menschen*, München
Conrad-Martius, Hedwig (1963), *Schriften zur Philosophie I*, hrsg. v. Eberhard Avé-Lallemant, München
Conrad-Martius, Hedwig (1964), *Schriften zur Philosophie II*, hrsg. v. Eberhard Avé-Lallemant, München
Conrad-Martius, Hedwig (1965), *Schriften zur Philosophie III*, hrsg. v. Eberhard Avé-Lallemant, München

Conze, Eckart u. a. (2010), Hg., *Das Amt und die Vergangenheit. Deutsche Diplomaten im Dritten Reich und in der Bundesrepublik*, München

Dabag, Mihran (1989), *Löwiths Kritik der Geschichtsphilosophie und sein Entwurf einer Anthropologie*, Bochum

Dahms, Hans-Joachim (1987), „Aufstieg und Ende der Lebensphilosophie. Das philosophische Seminar der Universität Göttingen zwischen 1917 und 1950", in: Heinrich Becker, Hans-Joachim Dahms u. Cornelia Wegeler (Hg.), *Die Universität Göttingen unter dem Nationalsozialismus. Das verdrängte Kapitel ihrer 250jährigen Geschichte*, München u. a., 169–199

Dahms, Hans-Joachim (1999), „Neuraths ‚Encyclopedia of Unified Science' als Torso", in: Elisabeth Nemeth u. Richard Heinrich (Hg.), *Otto Neurath: Rationalität, Planung, Vielfalt*, Wien, Berlin, 184–227

Dahrendorf, Ralf (1989), „Zeitgenosse Habermas", in: *Merkur*, 43, Nr. 484, 478–487

Dan, Joseph (1995), „Gershom Scholem – Mystiker oder Geschichtsschreiber des Mystischen?", in: Peter Schäfer u. Gary Smith (Hg.), *Gershom Scholem. Zwischen den Disziplinen*, Frankfurt/M., 32–69

Dan, Joseph (2007), Hg., *Gershom Scholem (1897–1982). In memoriam*, Jerusalem

Dannemann, Rüdiger (1997), *Georg Lukács zur Einführung*, Hamburg

Danz, Christian u. Schüßler, Werner (2011), Hg., *Paul Tillichs Theologie der Kultur. Aspekte – Probleme – Perspektiven*, Boston, Berlin

Därmann, Iris (2010), *Theorien der Gabe zur Einführung*, Hamburg

Deleuze, Gilles (1968), *Differenz und Wiederholung*, übers. v. Joseph Vogl, München 1997

Delitz, Heike (2011), *Arnold Gehlen*, Konstanz

Delius, Harald u. Patzig, Günther (1964), Hg., *Argumentationen. Festschrift für Josef König*, Göttingen

Delius, Harald u. Patzig, Günther (1964a), „Vorwort", in: dies. (Hg.), *Argumentationen. Festschrift für Josef König*, Göttingen, VII

Demirović, Alex (1999), *Der nonkonformistische Intellektuelle. Die Entwicklung der Kritischen Theorie zur Frankfurter Schule*, Frankfurt/M.

Derrida, Jacques (1967), *Die Schrift und die Differenz*, übers. v. Rudolf Gasché u. Ulrich Köppen, Frankfurt/M. 1994

Derrida, Jacques (1991), *Gesetzeskraft. Der mystische Grund der Autorität*, übers. v. Alexander García Düttmann, Frankfurt/M. 2006

Derrida, Jacques (2003), *Fichus. Frankfurter Rede*, übers. v. Stefan Lorenzer, Wien

Derrida, Jacques u. Gadamer Hans-Georg (2004), *Der ununterbrochene Dialog*, Frankfurt/M.

Deuber-Mankowsky, Astrid (2000), *Der frühe Walter Benjamin und Hermann Cohen. Jüdische Werte, Kritische Philosophie, vergängliche Erfahrung*, Berlin

Dierse, Ulrich (2004), Hg., *Joachim Ritter zum Gedenken*, Stuttgart

Dietze, Carola (2006), *Nachgeholtes Leben. Helmuth Plessner 1892–1985*, Göttingen 2007

Dilthey, Wilhelm (1860), „Das hermeneutische System Schleiermachers in der Auseinandersetzung mit der älteren protestantischen Hermeneutik", in: ders., *Gesammelte Schriften*, Bd. 14, hrsg. v. Martin Redeker, Göttingen 1985, 595–787

Dilthey, Wilhelm (1864), „Versuch einer Analyse des moralischen Bewußtseins", in: ders., *Gesammelte Schriften*, Bd. 6, hrsg. v. Georg Misch, Göttingen ^{7}1994, 1–55

Dilthey, Wilhelm (1870), *Leben Schleiermachers. Erster Band*, in: ders., *Gesammelte Schriften*, Bd. 13, hrsg. v. Martin Redeker, Göttingen ^{3}1979

Dilthey, Wilhelm (1883), *Einleitung in die Geisteswissenschaften. Versuch einer Grundlegung für das Studium der Gesellschaft und der Geschichte. Erster Band*, in: ders., *Gesammelte Schriften*, Bd. 1, hrsg. v. Bernhard Goethuysen, Götingen ^{10}2008

Dilthey, Wilhelm (1887), „Die Einbildungskraft des Dichters. Bausteine für eine Poetik", in: ders., *Gesammelte Schriften*, Bd. 6, hrsg. v. Georg Misch, Göttingen ^{7}1994, 103–241

Dilthey, Wilhelm (1888), „Über die Möglichkeit einer allgemeingültigen pädagogischen Wissenschaft", in: ders., *Gesammelte Schriften*, Bd. 6, hrsg. v. Georg Misch, Göttingen ^{7}1994, 56–82

Dilthey, Wilhelm (1890), „Beiträge zur Lösung der Frage vom Ursprung unseres Glaubens an die Realität der Außenwelt und seinem Recht", in: ders., *Gesammelte Schriften*, Bd. 5, hrsg. v. Georg Misch, Göttingen [9]2008, 90–135

Dilthey, Wilhelm (1892), „Die drei Epochen der modernen Ästhetik und ihre heutige Aufgabe", in: ders., *Gesammelte Schriften*, Bd. 6, hrsg. v. Georg Misch, Göttingen [7]1994, 242–287

Dilthey, Wilhelm (1894), „Ideen über eine beschreibende und zergliedernde Psychologie", in: ders., *Gesammelte Schriften*, Bd. 5, hrsg. v. Georg Misch, Göttingen [9]2008, 139–240

Dilthey, Wilhelm (1895), „[Über vergleichende Psychologie.] Beiträge zum Studium der Individualität", in: ders., *Gesammelte Schriften*, Bd. 5, hrsg. v. Georg Misch, Göttingen [9]2008, 241–303

Dilthey, Wilhelm (1900), „Die Entstehung der Hermeneutik", in: ders., *Gesammelte Schriften*, Bd. 5, hrsg. v. Georg Misch, Göttingen [9]2008, 317–331

Dilthey, Wilhelm (1905), „Die Jugendgeschichte Hegels", in: ders., *Gesammelte Schriften*, Bd. 4, hrsg. v. Herman Nohl, Göttingen [6]1990, 5–187

Dilthey, Wilhelm (1906), *Das Erlebnis und die Dichtung. Lessing – Goethe – Novalis – Hölderlin*, in: ders., *Gesammelte Schriften*, Bd. 26, hrsg. v. Gabriele Malsch, Göttingen 2005

Dilthey, Wilhelm (1907), „Das Wesen der Philosophie", in: ders., *Gesammelte Schriften*, Bd. 5, hrsg. v. Georg Misch, Göttingen [9]2008, 339–416

Dilthey, Wilhelm (1910), „Der Aufbau der geschichtlichen Welt in den Geisteswissenschaften", in: ders., *Gesammelte Schriften*, Bd. 7, hrsg. v. Bernhard Groethuysen, Göttingen [8]1992, 77–188

Dilthey, Wilhelm (1911), „Die Typen der Weltanschauung und ihre Ausbildung in den metaphysischen Systemen", in: ders., *Gesammelte Schriften*, Bd. 8, hrsg. v. Bernhard Groethuysen, Göttingen [6]1991, 73–118

Dilthey, Wilhelm (1958), *Gesammelte Schriften*, Bd. 10, hrsg. v. Herman Nohl, Göttingen [4]1981

Dilthey, Wilhelm (1960), *Gesammelte Schriften*, Bd. 9, Göttingen [5]2008

Dilthey, Wilhelm (1966), *Leben Schleiermachers. Zweiter Band*, in: ders., *Gesammelte Schriften*, Bd. 14, hrsg. v. Martin Redeker, Göttingen 1985

Dilthey, Wilhelm (1970), *Gesammelte Schriften*, Bd. 8, hrsg. v. Bernhard Groethuysen, Göttingen [6]1991

Dilthey, Wilhelm (1970a), *Gesammelte Schriften*, Bd. 15, hrsg. v. Ulrich Herrmann, Göttingen [3]1991

Dilthey, Wilhelm (1972), *Gesammelte Schriften*, Bd. 16, hrsg. v. Ulrich Herrmann, Göttingen [2]1985

Dilthey, Wilhelm (1974), *Gesammelte Schriften*, Bd. 17, hrsg. v. Ulrich Herrmann, Göttingen [2]1988

Dilthey, Wilhelm (1982), „Ausarbeitungen zum Zweiten Band der Einleitung in die Geisteswissenschaften. Viertes bis Sechstes Buch", in: ders., *Gesammelte Schriften*, Bd. 19, hrsg. v. Helmut Johach u. Frithjof Rodi, Göttingen [2]1997, 58–295

Dilthey, Wilhelm (1982a), „Leben und Erkennen. Ein Entwurf zur erkenntnistheoretischen Logik und Kategorienlehre", in: ders., *Gesammelte Schriften*, Bd. 19, hrsg. v. Helmut Johach u. Frithjof Rodi, Göttingen [2]1997, 333–388

Dilthey, Wilhelm (1983), *Texte zur Kritik der historischen Vernunft*, hrsg. v. Hans-Ulrich Lessing, Göttingen

Dilthey, Wilhelm (1990), *Gesammelte Schriften*, Bd. 20, hrsg. v. Hans-Ulrich Lessing u. Frithjof Rodi, Göttingen

Dilthey, Wilhelm (1997), *Gesammelte Schriften*, Bd. 21, hrsg. v. Guy von Kerckhoven u. Hans-Ulrich Lessing, Göttingen

Dilthey, Wilhelm (2000), *Gesammelte Schriften*, Bd. 23, hrsg. v. Gabriele Gebhardt u. Hans-Ulrich Lessing, Göttingen

Dilthey, Wilhelm (2004), *Gesammelte Schriften*, Bd. 24, hrsg. v. Gudrun Kühne-Bertram, Göttingen

Dingler, Hugo (1909), *Die Kultur der Juden – Eine Versöhnung zwischen Religion und Wissenschaft*, in: ders., *Gesammelte Werke auf CD-ROM*, im Auftrag der Hugo-Dingler-Stiftung, Aschaffenburg, hrsg. v. Ulrich Weiß u. Mitarb. v. Silke Jeltsch u. Thomas Mohrs, Berlin 2004

Dingler, Hugo (1920), „Kritische Bemerkungen zu den Grundlagen der Relativitätstheorie", in:

ders., *Gesammelte Werke auf CD-ROM*, im Auftrag der Hugo-Dingler-Stiftung, Aschaffenburg, hrsg. v. Ulrich Weiß u. Mitarb. v. Silke Jeltsch u. Thomas Mohrs, Berlin 2004

Dingler, Hugo (1922), *Relativitätstheorie und Ökonomieprinzip*, in: ders., *Gesammelte Werke auf CD-ROM*, im Auftrag der Hugo-Dingler-Stiftung, Aschaffenburg, hrsg. v. Ulrich Weiß u. Mitarb. v. Silke Jeltsch u. Thomas Mohrs, Berlin 2004

Dingler, Hugo (1926), *Der Zusammenbruch der Wissenschaft und der Primat der Philosophie*, in: ders., *Gesammelte Werke auf CD-ROM*, im Auftrag der Hugo-Dingler-Stiftung, Aschaffenburg, hrsg. v. Ulrich Weiß u. Mitarb. v. Silke Jeltsch u. Thomas Mohrs, Berlin 2004

Dingler, Hugo (1929), *Metaphysik und Wissenschaft vom Letzten*, in: ders., *Gesammelte Werke auf CD-ROM*, im Auftrag der Hugo-Dingler-Stiftung, Aschaffenburg, hrsg. v. Ulrich Weiß u. Mitarb. v. Silke Jeltsch u. Thomas Mohrs, Berlin 2004

Dingler, Hugo (1930), *Das System – Das philosophisch-rationale Grundsystem und die exakte Methode der Philosophie*, in: ders., *Gesammelte Werke auf CD-ROM*, im Auftrag der Hugo-Dingler-Stiftung, Aschaffenburg, hrsg. v. Ulrich Weiß u. Mitarb. v. Silke Jeltsch u. Thomas Mohrs, Berlin 2004

Dingler, Hugo (1955), *Die Ergreifung des Wirklichen*, München

Dingler, Hugo (1987), *Aufsätze zur Methodik*, hrsg. v. Ulrich Weiß, Hamburg

Dombrowski, Heinz D., Krause, Ulrich u. Roos, Paul (1978), Hg., *Symposium Warenform – Denkform. Zur Erkenntnistheorie Sohn-Rethels*, Frankfurt/M., New York

Dominico Conte (2004), *Oswald Spengler. Eine Einführung*, Leipzig

Dreier, Horst (1986), *Rechtslehre, Staatssoziologie und Demokratietheorie bei Hans Kelsen*, Baden-Baden [2]1990

Dries, Christian (2009), *Günther Anders*, Paderborn

Drieschner, Michael (1992), *Carl Friedrich von Weizsäcker zur Einführung*, Hamburg

Dubiel, Helmut (1978), *Wissenschaftsorganisation und politische Erfahrung. Studien zur frühen kritischen Theorie*, Frankfurt/M.

DuBois, James (1995), *Judgment and Sachverhalt. An Introduction to Adolf Reinach's Phenomenological Realism*, Dordrecht

Duerr, Hans Peter (1980), Hg., *Versuchungen. Aufsätze zur Philosophie Paul Feyerabends*, 2 Bde., Frankfurt/M.

Dummett, Michael (1973), *Frege. Philosophy of Language*, London 1992

Dummett, Michael (1988), *Ursprünge der analytischen Philosophie*, übers. v. Joachim Schulte, Frankfurt/M. 2004

Dutt, Carsten (2008), „Zweierlei Kompensation. Joachim Ritters Philosophie der Geisteswissenschaften gegen ihre Populatisatoren und Kritiker verteidigt", in: *Scientia Poetica. Jahrbuch für Geschichte der Literatur und Wissenschaften*, 12, Nr. 2, 294–314

Düttmann, Alexander García (2004), *So ist es. Ein philosophischer Kommentar zu Adornos ‚Minima moralia'*, Frankfurt/M.

Ehrenberg, Hans (1911), *Die Parteiung der Philosophie. Studien wider Hegel und die Kantianer*, Leipzig

Ehrenberg, Rudolf (1923), *Theoretische Biologie vom Standpunkt der Irreversibilität des elementaren Lebensvorganges*, Berlin

Eichhorn, Wolfgang u. a. (1976), *Grundlagen des historischen Materialismus*, Red. Erich Hahn, Berlin [2]1977

Eisenstadt, Shmuel N. (2000), *Die Vielfalt der Moderne*, Weilerswist 2000

Elbe, Ingo (2008), *Marx im Westen. Die neue Marx-Lektüre in der Bundesrepublik seit 1965*, Berlin

Eliade, Mircea (1986), *Kosmos und Geschichte*, Frankfurt/M.

Elias, Norbert (1969), *Über den Prozeß der Zivilisation. Soziogenetische und psychogenetische Untersuchungen*, 1. Bd., *Wandlungen des Verhaltens in den weltlichen Oberschichten des Abendlandes*, Frankfurt/M. [22]1998

Elias, Norbert (1969a), *Über den Prozeß der Zivilisation. Soziogenetische und psychogenetische Untersuchungen*, 2. Bd., *Wandlungen der Gesellschaft. Entwurf zu einer Theorie der Zivilisation*, Frankfurt/M. ²²1998

Elias, Norbert (1969b), *Die höfische Gesellschaft. Untersuchungen zur Soziologie des Königtums und der höfischen Aristokratie. Mit einer Einleitung: Soziologie und Geschichtswissenschaft, Gesammelte Schriften*, Bd. 2, Frankfurt/M. 2002

Elias, Norbert (1970), *Was ist Soziologie?*, in: ders., *Gesammelte Schriften*, Bd. 5, hrsg. v. Reinhard Blomert, Frankfurt/M. 2006

Elias, Norbert (1983), *Die Gesellschaft der Individuen*, in: ders., *Gesammelte Schriften*, Bd. 10, hrsg. v. Reinhard Blomert, Frankfurt/M. 2001

Elias, Norbert (1983a), *Engagement und Distanzierung*, in: ders., *Gesammelte Schriften*, Bd. 8, hrsg. v. Michael Schröter, Frankfurt/M. 2003

Elias, Norbert (1985), „Wissenschaft oder Wissenschaften? Beitrag zu einer Diskussion mit wirklichkeitsblinden Philosophen", in: *Zeitschrift für Soziologie*, 14, 268–281

Elias, Norbert u. Scotson, John L. (1965), *Etablierte und Außenseiter*, in: ders., *Gesammelte Schriften*, Bd. 10, hrsg. v. Nico Wilterdink, Frankfurt/M. 2001

Ellenberger, Henri F. (1973), *Die Entdeckung des Unbewussten*, übers. v. Gudrun Theusner-Stampa, Bern, Stuttgart, Wien

Endreß, Martin (2006), *Alfred Schütz*, Konstanz

Eschbach, Achim (1984), *Bühler Studien I/II*, Frankfurt/M.

Eßbach, Wolfgang, Fischer, Joachim u. Lethen, Helmut (2002), Hg., *Plessners ‚Grenzen der Gemeinschaft'. Eine Debatte*, Frankfurt/M.

Esser, Andrea (2008), „Unterwegs zu einer lebensphilosophischen Philosophie der Sprache", in: *Deutsche Zeitschrift für Philosophie*, 56, 971–975

Ette, Wolfram (2004), Hg., *Adorno im Widerstreit. Zur Präsenz seines Denkens*, Freiburg/Br., München

Falter, Reinhard (2003), *Ludwig Klages. Lebensphilosophie als Zivilisationskritik*, München

Fanon, Frantz (1961), *Die Verdammten dieser Erde*, übers. v. Traugott König, Frankfurt/M. 1981

Faye, Emmanuel (2005), *Heidegger. Die Einführung des Nationalsozialismus in die Philosophie. Im Umkreis der unveröffentlichten Seminare zwischen 1933 und 1935*, übers. v. Tim Trzaskalik, Berlin 2009

Fechner, Rolf (1992), *Ferdinand Tönnies. Werkverzeichnis*, Berlin, New York

Felken, Detlef (1988), *Oswald Spengler. Konservativer Denker zwischen Kaiserreich und Diktatur*, München

Fellmann, Ferdinand (1991), *Symbolischer Pragmatismus. Hermeneutik nach Dilthey*, Reinbek

Fenves, Peter (2006), „,Über das Programm der kommenden Philosophie'", in: Burkhardt Lindner (Hg.), *Benjamin-Handbuch. Leben – Werk – Wirkung*, Stuttgart, 134–150

Fetz, Reto Luzius u. Rath, Matthias u. Schulz, Peter (1993), Hg., *Studien zur Philosophie von Edith Stein. Internationales Edith Stein-Symposion, Eichstätt 1991* (= Phänomenologische Forschungen, Bd. 26/27), Freiburg/Br.

Feuerbach, Ludwig (1846), *Das Wesen der Religion*, in: ders., *Gesammelte Werke*, Bd. 10, hrsg. v. Werner Schuffenhauer, Berlin 1982

Feuerbach, Ludwig (1967), *Gesammelte Werke*, 11 Bde., hrsg. v. Werner Schuffenhauer, Berlin 1967–81

Feyerabend, Paul K. (1960), „David Bohms Naturphilosophie", in: ders., *Probleme des Empirismus. Ausgewählte Schriften*, Bd. 2, Braunschweig 1981, 235–252

Feyerabend, Paul K. (1961), *Knowledge without Foundations. Two Lectures Delivered on the Nelli Heldt Lecture Fund*, Oberlin/Ohio 1962

Feyerabend, Paul K. (1962), „Erklärung, Reduktion und Empirismus", in: ders., *Probleme des Empirismus. Ausgewählte Schriften*, Bd. 2, Braunschweig 1981, 73–125

Feyerabend, Paul K. (1963), „Materialism and the Mind-Body Problem", in: *The Review of Metaphysics*, 17, 49–66
Feyerabend, Paul K. (1975), *Wider den Methodenzwang*, übers. v. Hermann Vetter, Frankfurt/M. 1983
Feyerabend, Paul K. (1978), Hg., *Der wissenschaftstheoretische Realismus und die Autorität der Wissenschaften. Ausgewählte Schriften*, Bd. 1, Braunschweig
Feyerabend, Paul K. (1978a), *Erkenntnis für freie Menschen*, Frankfurt/M. 2008
Feyerabend, Paul K. (1981), Hg., *Probleme des Empirismus. Ausgewählte Schriften*, Bd. 2, Braunschweig
Feyerabend, Paul K. (1984), *Wissenschaft als Kunst*, Frankfurt/M. 1985
Feyerabend, Paul K. (1987), *Irrwege der Vernunft*, übers. v. Jürgen Blasius, Frankfurt/M. 1990
Feyerabend, Paul K. (1994), *Zeitverschwendung*, Frankfurt/M. 1995
Feyerabend, Paul K. (1999), *Die Vernichtung der Vielfalt. Ein Bericht*, übers. v. Volker Böhnig u. Rainer Noske, Wien 2005
Feyerabend, Paul K. (1999a), *Philosophical Papers*, Bd. 3, hrsg. v. John Preston, Cambridge
Feyerabend, Paul K. (2009), *Naturphilosophie*, hrsg. v. Helmut Heit u. Eric Oberheim, Frankfurt/M.
Fink, Eugen (1930), „Vergegenwärtigung und Bild. Beiträge zur Phänomenologie der Unwirklichkeit", in: ders., *Studien zur Phänomenologie 1930–1939*, Den Haag 1966, 1–78
Fink, Eugen (1930a), *Beiträge zu einer phänomenologischen Analyse der psychischen Phänomene, die unter den vieldeutigen Ausdrücken: „sich denken, als ob", „sich nur etwas vorstellen", „phantasieren" befaßt werden*, Halle/Saale
Fink, Eugen (1934) „Die phänomenologische Philosophie Edmund Husserls in der gegenwärtigen Kritik", in: ders., *Studien zur Phänomenologie 1930–1939*, Den Haag 1966, 79–156
Fink, Eugen (1940), „Elemente einer Husserl-Kritik", in: ders., *Eugen Fink Gesamtausgabe*, Bd. 3.4, Freiburg/Br. 2012
Fink, Eugen (1946), *Die Voraussetzung der Philosophie*, Freiburger Antrittsvorlesung, 26. Juli 1946, unveröff.
Fink, Eugen (1949), „Zum Problem der ontologischen Erfahrung", in: ders., *Nähe und Distanz. Phänomenologische Vorträge und Aufsätze*, Freiburg/Br. 1976, 127–129
Fink, Eugen (1960), *Nietzsches Philosophie*, Stuttgart 1992
Fink, Eugen (1960a), *Spiel als Weltsymbol*, Stuttgart
Fink, Eugen (1969), „Dank an den Denker", in: *Martin Heidegger. 26. September 1969. Ansprachen zum 80. Geburtstag*, Meßkirch 1970, 21–39
Fink, Eugen (1977), *Sein und Mensch. Vom Wesen der ontologischen Erfahrung*, Freiburg/Br.
Fink, Eugen (1979), *Grundphänomene des menschlichen Daseins*, Freiburg/Br. 1995
Fink, Eugen (1985), *Einleitung in die Philosophie*, Würzburg
Fink, Eugen (1987), *Existenz und Coexistenz. Grundprobleme der menschlichen Gemeinschaft*, Würzburg
Fink, Eugen (1988), *VI. Cartesianische Meditation. Teil 1: Die Idee einer transzendentalen Methodenlehre; Teil 2: Ergänzungsband*, Dordrecht
Fink, Eugen (2008), „Die Bernauer Zeitmanuskripte, Cartesianische Meditationen und System der phänomenologischen Philosophie", in: ders., *Eugen Fink Gesamtausgabe*, Bd. 3.2, hrsg. v. Ronald Bruzina, Freiburg/Br.
Fink, Eugen (2010), „Epilegomena zu I. Kants Kritik der reinen Vernunft. Ein phänomenologischer Kommentar", in: ders., *Eugen Fink Gesamtausgabe*, Bd. 13, hrsg. v. Guy van Kerckhoven, Freiburg/Br. 2011
Fink, Eugen u. Patočka, Jan (1995), *Briefe und Dokumente 1933–1977*, Freiburg/Br. 1999
Fink, Susanne u. Graf, Ferdinand (2006), „Eugen Fink. Vita und Bibliographie", in: Anselm Böhmer (Hg.), *Eugen Fink. Sozialphilosophie – Anthropologie – Kosmologie – Pädagogik – Methodik*, Würzburg, 267–285
Finkielkraut, Alain (1996), *Der Verlust der Menschlichkeit. Versuch über das 20. Jahrhundert*, übers. v. Susanne Schaper, Stuttgart 1998

Fischer, Joachim (2008), *Philosophische Anthropologie. Eine Denkrichtung des 20. Jahrhunderts*, Freiburg/Br.

Fischer, Joachim (2008a), „Ekstatik der exzentrischen Positionalität. ‚Lachen und Weinen' als Plessners Hauptwerk", in: Bruno Accarino u. Matthias Schloßberger (Hg.), *Expressivität und Stil. Helmuth Plessners Sinnes- und Ausdrucksphilosophie*, Berlin, 253–270

Fischer, Karsten (1999), „*Verwilderte Selbsterhaltung*". *Zivilisationstheoretische Kulturkritik bei Nietzsche, Freud, Weber und Adorno*, Berlin

Fischer, Matthias, Gondek, Hans-Dieter u. Liebsch, Burkhard (2001), Hg., *Vernunft im Zeichen des Fremden. Zur Philosophie von Bernhard Waldenfels*, Frankfurt/M.

Fitzi, Gregor (2004), *Max Webers politisches Denken*, Konstanz

Fitzi, Gregor (2008), *Max Weber*, Frankfurt/M., New York

Forget, Philippe (1984), Hg., *Text und Interpretation. Deutsch-französische Debatte mit Beiträgen von J. Derrida, Ph. Forget, M. Frank, H.-G. Gadamer, J. Greisch und F. Laruelle*, München

Foucault, Michel (1954), „Einleitung", in: Ludwig Binswanger, *Traum und Existenz*, Bern, Berlin 1992, 7–93

Frege, Gottlob (1879), *Begriffsschrift, eine der arithmetischen nachgebildete Formelsprache des reinen Denkens*, in: ders., *Begriffsschrift und andere Aufsätze*, hrsg. v. Ignacio Angelelli, Hildesheim [6]2007

Frege, Gottlob (1884), *Die Grundlagen der Arithmetik. Eine logisch mathematische Untersuchung über den Begriff der Zahl*, hrsg. von Christian Thiel, Hamburg 1988

Frege, Gottlob (1891), „Funktion und Begriff", in: ders., *Funktion, Begriff, Bedeutung. Fünf logische Studien*, hrsg. v. Günther Patzig, Göttingen 2008, 1–22

Frege, Gottlob (1892), „Über Sinn und Bedeutung", in: ders., *Funktion, Begriff, Bedeutung. Fünf logische Studien*, hrsg. v. Günther Patzig, Göttingen 2008, 23–46

Frege, Gottlob (1893), *Grundgesetze der Arithmetik. Begriffsschriftlich abgeleitet*, Bd. I u. II, in moderne Formelnotation transkr. u. m. e. ausführl. Sachreg. vers. v. Thomas Müller, Bernhard Schröder u. Rainer Stuhlmann-Laeisz, Paderborn 2009

Frege, Gottlob (1897), *Logik*, in: ders., *Nachgelassene Schriften und wissenschaftlicher Briefwechsel*, Bd. 1: *Nachgelassene Schriften*, hrsg. v. Hans Hermes, Friedrich Kambartel u. Friedrich Kaulbach, 2. rev. Aufl. Hamburg 1983

Frege, Gottlob (1967), „Rezension von: E. G. Husserl, Philosophie der Arithmetik", in: ders., *Kleine Schriften*, hrsg. v. Ignacio Angelelli, Darmstadt

Frege, Gottlob (1971), *Schriften zur Logik und Sprachphilosophie*, hrsg. v. Gottfried Gabriel, Hamburg [4]2001

Frege, Gottlob (1976), *Nachgelassene Schriften und wissenschaftlicher Briefwechsel*, Bd. 2, *Wissenschaftlicher Briefwechsel*, hrsg. v. Gottfried Gabriel u. a., Hamburg

Frege, Gottlob (1996), *Vorlesungen über Begriffsschrift*, nach d. Mitschrift v. Rudolf Carnap hrsg. v. Gottfried Gabriel, in: *History and Philosophy of Logic*, 17, Nr. 1 (Sonderheft)

Freud, Sigmund (1896), „Zur Ätiologie der Hysterie", in: ders., *Gesammelte Werke*, Bd. 1, hrsg. v. Anna Freud u. a., Frankfurt/M. 1999, 423–460

Freud, Sigmund (1900), *Die Traumdeutung*, in: ders., *Gesammelte Werke*, Bd. 2/3, hrsg. v. Anna Freud u. a., Frankfurt/M. 1999

Freud, Sigmund (1901), *Zur Psychopathologie des Alltagslebens*, in: ders., *Gesammelte Werke*, Bd. 4, hrsg. v. Anna Freud u. a., Frankfurt/M. 1999

Freud, Sigmund (1905), *Der Witz und seine Beziehung zum Unbewußten*, in: ders., *Gesammelte Werke*, Bd. 6, hrsg. v. Anna Freud u. a., Frankfurt/M. 1999

Freud, Sigmund (1905a), *Drei Abhandlungen zur Sexualtheorie*, in: ders., *Gesammelte Werke*, Bd. 5, hrsg. v. Anna Freud u. a., Frankfurt/M. 1999

Freud, Sigmund (1907), *Der Wahn und die Träume in W. Jensens ‚Gradiva'*, in: ders., *Gesammelte Werke*, Bd. 7, hrsg. v. Anna Freud u. a., Frankfurt/M. 1999

Freud, Sigmund (1909), „Analyse der Phobie eines fünfjährigen Knaben", in: ders., *Gesammelte Werke*, Bd. 7, hrsg. v. Anna Freud u. a., Frankfurt/M. 1999, 241–377

Freud, Sigmund (1910), „Die psychogene Sehstörung in psychoanalytischer Auffassung", in: ders., *Gesammelte Werke*, Bd. 8, hrsg. v. Anna Freud u. a., Frankfurt/M. 1999, 93–102

Freud, Sigmund (1912–13), *Totem und Tabu*, in: ders., *Gesammelte Werke*, Bd. 9, hrsg. v. Anna Freud u. a., Frankfurt/M. 1999

Freud, Sigmund (1914), „Zur Einführung des Narzißmus", in: ders., *Gesammelte Werke*, Bd. 10, hrsg. v. Anna Freud u. a., Frankfurt/M. 1999, 137–170

Freud, Sigmund (1915), „Das Unbewußte", in: ders., *Gesammelte Werke*, Bd. 10, hrsg. v. Anna Freud u. a., Frankfurt/M. 1999, 263–304

Freud, Sigmund (1917), *Vorlesungen zur Einführung in die Psychoanalyse*, in: ders., *Gesammelte Werke*, Bd. 11, hrsg. v. Anna Freud u. a., Frankfurt/M. 1999

Freud, Sigmund (1917a), „Eine Schwierigkeit der Psychoanalyse", in: ders., *Gesammelte Werke*, Bd. 12, hrsg. v. Anna Freud u. a., Frankfurt/M. 1999, 1–12

Freud, Sigmund (1920), *Jenseits des Lustprinzips*, in: ders., *Gesammelte Werke*, Bd. 13, hrsg. v. Anna Freud u. a., Frankfurt/M. 1999

Freud, Sigmund (1921), *Massenpsychologie und Ich-Analyse*, in: ders., *Gesammelte Werke*, Bd. 13, hrsg. v. Anna Freud u. a., Frankfurt/M. 1999

Freud, Sigmund (1923), „Das Ich und das Es", in: ders., *Gesammelte Werke*, Bd. 13, hrsg. v. Anna Freud u. a., Frankfurt/M. 1999, 235–290

Freud, Sigmund (1925), „Notiz über den ‚Wunderblock'", in: ders., *Gesammelte Werke*, Bd. 14, hrsg. v. Anna Freud u. a., Frankfurt/M. 1999, 1–8

Freud, Sigmund (1925a), „Selbstdarstellung", in: ders., *Gesammelte Werke*, Bd. 14, hrsg. v. Anna Freud u. a., Frankfurt/M. 1999, 31–96

Freud, Sigmund (1927), *Die Zukunft einer Illusion*, in: ders., *Gesammelte Werke*, Bd. 14, hrsg. v. Anna Freud u. a., Frankfurt/M. 1999

Freud, Sigmund (1930), *Das Unbehagen in der Kultur*, in: ders., *Gesammelte Werke*, Bd. 14, hrsg. v. Anna Freud u. a., Frankfurt/M. 1999

Freud, Sigmund (1933), *Neue Folge der Vorlesungen zur Einführung in die Psychoanalyse*, in: ders., *Gesammelte Werke*, Bd. 15, hrsg. v. Anna Freud u. a., Frankfurt/M. 1999

Freud, Sigmund (1937), „Die endliche und die unendliche Analyse", in: ders., *Gesammelte Werke*, Bd. 16, hrsg. v. Anna Freud u. a., Frankfurt/M. 1999, 57–100

Freud, Sigmund (1939), *Der Mann Moses und die monotheistische Religion*, in: ders., *Gesammelte Werke*, Bd. 16, hrsg. v. Anna Freud u. a., Frankfurt/M. 1999

Freud, Sigmund (1940), *Abriß der Psychoanalyse*, in: ders., *Gesammelte Werke*, Bd. 17, hrsg. v. Anna Freud u. a., Frankfurt/M. 1999

Freud, Sigmund (1950), *Aus den Anfängen der Psychoanalyse. Briefe an Wilhelm Fließ, Abhandlungen und Notizen aus den Jahren 1887–1902*, hrsg. v. Ernst Kris, Marie Bonaparte u. Anna Freud, Frankfurt/M. 1962

Freud, Sigmund (1986), *Briefe an Wilhelm Fließ. 1887–1904*, hrsg. v. Jeffrey Moussaieff Masson, übers. v. Michael Schröter, Frankfurt/M.

Freud, Sigmund u. Binswanger, Ludwig (1992), *Briefwechsel. 1908–1938*, hrsg. v. Gerhard Fichtner, Frankfurt/M.

Fromm, Erich (1930), „Die Entwicklung des Christusdogmas. Eine psychoanalytische Studie zur sozialpsychologischen Funktion der Religion", in: ders., *Gesamtausgabe*, Bd. 6, hrsg. v. Rainer Funk, München ^{2}1999, 11–68

Fromm, Erich (1937), „Die Determiniertheit der psychischen Struktur durch die Gesellschaft. Zur Methode und Aufgabe einer Analytischen Sozialpsychologie", in: ders., *Gesamtausgabe*, Bd. 11, hrsg. v. Rainer Funk, München ^{2}1999, 129–175

Fromm, Erich (1941), *Die Furcht vor der Freiheit*, in: ders., *Gesamtausgabe*, Bd. 1, hrsg. v. Rainer Funk, München ²1999

Fromm, Erich (1947), *Psychoanalyse und Ethik. Bausteine zu einer humanistischen Charakterologie*, in: ders., *Gesamtausgabe*, Bd. 2, hrsg. v. Rainer Funk, München ²1999

Fromm, Erich (1955), *Wege aus der kranken Gesellschaft*, in: ders., *Gesamtausgabe*, Bd. 4, hrsg. v. Rainer Funk, München ²1999

Fromm, Erich (1956), *Die Kunst des Liebens*, in: ders., *Gesamtausgabe*, Bd. 9, hrsg. v. Rainer Funk, München ²1999

Fromm, Erich (1963), „Humanismus und Psychoanalyse", in: ders., *Gesamtausgabe*, Bd. 9, hrsg. v. Rainer Funk, München ²1999, 3–11

Fromm, Erich (1968), *Die Revolution der Hoffnung. Für eine Humanisierung der Technik*, in: *Gesamtausgabe*, Bd. 4, hrsg. v. Rainer Funk, München ²1999

Fromm, Erich (1973), *Anatomie der menschlichen Destruktivität*, in: ders., *Gesamtausgabe*, Bd. 7, hrsg. v. Rainer Funk, München ²1999

Fromm, Erich (1976), *Haben oder Sein. Die seelischen Grundlagen einer neuen Gesellschaft*, in: *Gesamtausgabe*, Bd. 2, hrsg. v. Rainer Funk, München ²1999

Fromm, Erich (1980), „Gesamtverzeichnis aller Schriften Erich Fromms", in: ders., *Gesamtausgabe*, Bd. 10, hrsg. v. Rainer Funk, München ²1999, 373–500

Fuchs, Peter (1994), „Der Mensch – das Medium der Gesellschaft?", in: Peter Fuchs u. Andreas Göbel (Hg.), *Der Mensch – das Medium der Gesellschaft*, Frankfurt/M., 15–39

Fukuyama, Francis (1992), *Das Ende der Geschichte. Wo stehen wir?*, übers. v. Helmut Dierlamm u. a., München

Funk, Rainer (1983), *Erich Fromm. Mit Selbstzeugnissen und Bilddokumenten*, Reinbek

Funkenstein, Amos (1995), „Gershom Scholem: Charisma, Kairos und messianische Dialektik", in: Peter Schäfer u. Gary Smith (Hg.), *Gershom Scholem: Zwischen den Disziplinen*, Frankfurt/M., 14–31

Gabriel, Gottfried (1998), „Logik und Leben. Georg Mischs Auseinandersetzung mit der traditionellen Logik", in: *Dilthey-Jahrbuch für Philosophie und Geschichte der Geisteswissenschaften*, Bd. 11, Göttingen 1997-98, 31–47

Gadamer, Hans-Georg (1931), *Platos dialektische Ethik. Phänomenologische Interpretationen zum Philebos*, Hamburg ⁴2000

Gadamer, Hans-Georg (1960), *Wahrheit und Methode. Grundzüge einer philosophischen Hermeneutik, Gesammelte Werke*, Bd. 1, Tübingen ⁶1990

Gadamer, Hans-Georg (1963), „Über die Möglichkeit einer philosophischen Ethik", in: ders., *Gesammelte Werke*, Bd. 4, Tübingen 1987, 175–188

Gadamer, Hans-Georg (1971), *Hegels Dialektik. 6 hermeneutische Studien*, 2. verm. Aufl. Tübingen 1980

Gadamer, Hans-Georg (1976), *Vernunft im Zeitalter der Wissenschaft. Aufsätze*, Frankfurt/M. ³1991

Gadamer, Hans-Georg (1977), *Philosophische Lehrjahre. Eine Rückschau*, Frankfurt/M. ²1995

Gadamer, Hans-Georg (1983), *Heideggers Wege. Studien zum Spätwerk*, Tübingen

Gadamer, Hans-Georg (1983a), *Lob der Theorie. Reden und Aufsätze*, Frankfurt/M. ³1991

Gadamer, Hans-Georg (1989), *Das Erbe Europas. Beiträge*, Frankfurt/M. ³1995

Gadamer, Hans-Georg (1991), *Plato im Dialog, Gesammelte Werke*, Bd. 7, Tübingen

Gadamer, Hans-Georg (1991a), „Die Hermeneutik und die Diltheyschule", in: *Philosophische Rundschau*, 38, 161–177

Gadamer, Hans-Georg (1993), *Gesammelte Werke*, Bd. 8: *Ästhetik und Poetik I: Kunst als Aussage*, Tübingen

Gadamer, Hans-Georg (1993a), *Gesammelte Werke*, Bd. 9: *Ästhetik und Poetik II: Hermeneutik im Vollzug*, Tübingen

Gadamer, Hans-Georg (1993b), *Über die Verborgenheit der Gesundheit. Aufsätze und Vorträge*, Frankfurt/M. 2010

Gadamer, Hans-Georg (1997), *Gadamer-Lesebuch*, hrsg. v. Jean Grondin, Tübingen
Gadamer, Hans-Georg (2000), „Über die politische Inkompetenz der Philosophie", in: ders., *Hermeneutische Entwürfe. Vorträge und Aufsätze*, Tübingen, 35–41
Gadenne, Volker (2003), *Wirklichkeit, Bewusstsein und Erkenntnis: Zur Aktualität von Moritz Schlicks Realismus*, Rostock
Gadenne, Volker u. Wendel, Hans Jürgen (1996), Hg., *Rationalität und Kritik*, Tübingen
Gane, Nicholas (2002), *Max Weber and Postmodern Theory: Rationalization versus Re-enchantment*, Basingstoke
Gardies, Jean-Louis (1987), „Adolf Reinach and the Analytic Foundations of Social Acts", in: Kevin Mulligan (Hg.), *Speech Act and Sachverhalt. Reinach and the Foundations of Realist Phenomenology*, Dordrecht, 107–118
Gassen, Kurt u. Landmann, Michael (1958), Hg., *Buch des Dankes an Georg Simmel. Briefe, Erinnerungen, Bibliographie*, Berlin 1993
Gasser, Reinhard (1997), *Nietzsche und Freud*, Berlin, New York
Gay, Peter (1987), *Freud. Eine Biographie für unsere Zeit*, übers. v. Joachim A. Frank, Frankfurt/M. 1989
Geach, Peter (1977), *The Virtues*, Cambridge, New York 1979
Gedenkschrift (1978), *Gedenkschrift Joachim Ritter*, Münster
Gehlen, Arnold (1931), *Wirklicher und unwirklicher Geist*, in: ders., *Arnold Gehlen-Gesamtausgabe*, Bd. 1: *Philosophische Schriften I (1925–1933)*, hrsg. v. Lothar Samson, Frankfurt/M. 1978, 113–381
Gehlen, Arnold (1940), *Der Mensch. Seine Natur und seine Stellung in der Welt*, in: ders., *Arnold Gehlen-Gesamtausgabe*, Bd. 3., hrsg. v. Karl-Siegbert Rehberg, Frankfurt/M. 1993
Gehlen, Arnold (1956), *Urmensch und Spätkultur. Philosophische Ergebnisse und Aussagen*, 6. erw. Aufl., hrsg. v. Karl-Siegbert Rehberg, Frankfurt/M. 2004
Gehlen, Arnold (1957), *Die Seele im technischen Zeitalter. Sozialpsychologische Probleme in der industriellen Gesellschaft*, in: ders., *Arnold Gehlen-Gesamtausgabe*, Bd. 6: *Die Seele im technischen Zeitalter und andere sozialpsychologische, soziologische und kulturanalytische Schriften*, hrsg. v. Karl-Siegbert Rehberg, Frankfurt/M. 2004, 1–137
Gehlen, Arnold (1960), *Zeit-Bilder. Zur Soziologie und Ästhetik der modernen Malerei*, 3. erw. Aufl., hrsg. v. Karl-Siegbert Rehberg, Frankfurt/M. 1986
Gehlen, Arnold (1961), „Über kulturelle Kristallisation", in: ders., *Arnold Gehlen-Gesamtausgabe*, Bd. 6: *Die Seele im technischen Zeitalter und andere sozialpsychologische, soziologische und kulturanalytische Schriften*, hrsg. v. Karl-Siegbert Rehberg, Frankfurt/M. 2004, 298–314
Gehlen, Arnold (1969), *Moral und Hypermoral. Eine pluralistische Ethik*, 6. erw. Aufl., hrsg. v. Karl-Siegbert Rehberg, Frankfurt/M. 2004
Gehlen, Arnold (1978), *Arnold-Gehlen-Gesamtausgabe*, Bd. 7: *Einblicke*, hrsg. v. Karl-Siegbert Rehberg, Frankfurt/M.
Gelber, Lucy (1962), „Vorwort", in: Edith Stein, *Edith Steins Werke*, Bd. VI, hrsg. v. Lucy Gelber u. Romaeus Leuven, Freiburg/Br., VII–XXXI
Georg-Simmel-Gesellschaft (2000), Hg., *Simmel Studies*, Bielefeld 2000–
Gethmann-Siefert, Annemarie u. Mittelstraß, Jürgen (2002), Hg., *Die Philosophie und die Wissenschaften. Zum Werk Oskar Beckers*, München
Gethmann, Carl Friedrich (1991), „Phänomenologie, Lebensphilosophie und konstruktive Wissenschaftstheorie. Eine historische Skizze zur Vorgeschichte der Erlanger Schule", in: ders. (Hg.), *Lebenswelt und Wissenschaft. Studien zum Verhältnis von Phänomenologie und Wissenschaftstheorie*, Bonn, 28–77
Gibson, Nigel u. Rubin, Andrew (2002), Hg., *Adorno. A Critical Reader*, Malden/Mass., Oxford
Ginev, Dimitri (2001), „Georg Mischs Paradigma der Konstitutionsanalyse", in: *Phänomenologische Forschungen*, Neue Folge, 189–205

Glock, Hans-Johann (1996), *Wittgenstein-Lexikon*, übers. v. Ernst Michael Lange, Darmstadt 2000

Glock, Hans-Johann (2001), Hg., *Wittgenstein – A Critical Reader*, Malden/Mass., Oxford

Gödde, Günter (1999), *Traditionslinien des „Unbewußten". Schopenhauer, Nietzsche, Freud*, Tübingen

Goldmann, Lucien (1959), *Dialektische Untersuchungen*, Neuwied, Berlin 1966

Graumann, Carl Friedrich u. Herrmann, Theo (1984), *Karl Bühlers Axiomatik: 50 Jahre Axiomatik der Sprachwissenschaft*, Frankfurt/M.

Greiff, Bodo von (1977), *Gesellschaftsform und Erkenntnisform. Zum Zusammenhang von wissenschaftlicher Erfahrung und gesellschaftlicher Entwicklung*, Frankfurt/M., New York

Greisch, Jean (2000), „Das ‚Prinzip des Unergründlichen'. Mischs Weg von der Lebensphilosophie zur Logik und sein Weg in die Philosophie", in: *Dilthey-Jahrbuch für Philosophie und Geschichte der Geisteswissenschaften*, Bd. 12, Göttingen 1999–2000, 15–30

Grenz, Friedmann (1973), „Um Hegel herum. Eindrücke vom IX. Hegel-Kongress", in: *Zeitschrift für philosophische Forschung*, 27, Nr. 3, 449–452

Greshoff, Reiner u. Schimank, Uwe (2006), Hg., *Integrative Sozialtheorie? Esser – Luhmann – Weber*, Wiesbaden

Grondin, Jean (1999), *Hans-Georg Gadamer. Eine Biographie*, Tübingen 2000

Grondin, Jean (2000), *Einführung zu Gadamer*, Tübingen

Großheim, Michael (1994), *Ludwig Klages und die Phänomenologie*, Berlin

Gruben, Bernwart (1931), *Preglauers Wiener Jahre*, Klagenfurt

Grünbaum, Adolf (1984), *Die Grundlagen der Psychoanalyse*, übers. v. Christa Kolbert, Stuttgart 1988

Guilead, Reuben (1974), *De la phénoménologie à la science de la croix. L'itinéraire d'Édith Stein*, Louvain

Günther, Klaus (1995), „Regiert das Recht die Politik? Jürgen Habermas im Dialog mit Ronald Dworkin", Manuskript der WDR-Fernsehsendung vom 25. 06. 1995, Redaktion Ulrich Böhm

Gutmann, Mathias (2005), „Der Lebensbegriff bei Helmuth Plessner und Josef König. Systematische Rekonstruktion begrifflicher Grundprobleme einer Hermeneutik des Lebens", in: Gerhard Gamm, Mathias Gutmann u. Alexandra Manzei (Hg.), *Zwischen Anthropologie und Gesellschaftstheorie – Zur Renaissance Helmuth Plessners im Kontext der modernen Lebenswissenschaften*, Bielefeld, 125–157

Gutmann, Mathias u. Weingarten, Michael (2005), „Das Typusproblem in philosophischer Anthropologie und Biologie – Nivellierungen im Verhältnis von Philosophie und Wissenschaft", in: Gerhard Gamm, Mathias Gutmann u. Alexandra Manzei (Hg.), *Zwischen Anthropologie und Gesellschaftstheorie – Zur Renaissance Helmuth Plessners im Kontext der modernen Lebenswissenschaften*, Bielefeld, 183–194

Guzzoni, Ute (2003), *Sieben Stücke zu Adorno*, Freiburg/Br., München

Habermas, Jürgen (1958), „Zum Begriff der politischen Beteiligung", in: ders., u. a., *Student und Politik*, Neuwied, Berlin 1961, 13–55

Habermas, Jürgen (1960), „Ernst Bloch, ein marxistischer Schelling", in: ders., *Philosophisch-politische Profile*, Frankfurt/M. 1991, 141–159

Habermas, Jürgen (1967), *Zur Logik der Sozialwissenschaften*, Frankfurt/M. 1985

Habermas, Jürgen (1968), *Erkenntnis und Interesse*, Frankfurt/M. 1988

Habermas, Jürgen (1970), „Nachgeahmte Substantialität", in: ders., *Philosophisch-politische Profile*, Frankfurt/M. 1981, 107–126

Habermas, Jürgen (1971), *Philosophisch-politische Profile*, Frankfurt/M. ²1991

Habermas, Jürgen (1971a), „Theorie der Gesellschaft oder Sozialtechnologie. Eine Auseinandersetzung mit Niklas Luhmann", in: Jürgen Habermas u. Niklas Luhmann (Hg.), *Theorie der Gesellschaft oder Sozialtechnologie. Was leistet die Systemforschung?*, Frankfurt/M., 142–290

Habermas, Jürgen (1973), *Kultur und Kritik. Verstreute Aufsätze*. Frankfurt/M.

Habermas, Jürgen (1981), *Theorie des kommunikativen Handelns*, 2 Bde., Frankfurt/M. 1995
Habermas, Jürgen (1981a), *Kleine Politische Schriften (I–IV)*, Frankfurt/M. 1984
Habermas, Jürgen (1981b), „Hannah Arendt", in: ders., *Philosophisch-politische Profile*, Frankfurt/M. [2]1991, 223–248
Habermas, Jürgen (1983), *Moralbewußtsein und kommunikatives Handeln*, Frankfurt/M. 2010
Habermas, Jürgen (1984), *Vorstudien und Ergänzungen zur Theorie des kommunikativen Handelns*, Frankfurt/M. 1995
Habermas, Jürgen (1986), *Der philosophische Diskurs der Moderne*, Frankfurt/M. 2007
Habermas, Jürgen (1990), *Die nachholende Revolution. Kleine Politische Schriften VII*, Frankfurt/M. 1999
Habermas, Jürgen (1991), „Erläuterungen zur Diskursethik"; in: ders., *Erläuterungen zur Diskursethik*, Frankfurt/M. 2009, 119–226
Habermas, Jürgen (1992), *Faktizität und Geltung. Beiträge zur Diskurstheorie des Rechts und des demokratischen Rechtsstaats*, Frankfurt/M. 2006
Habermas, Jürgen (1992a), „Kommunikative Freiheit und negative Theologie", in: Emil Angehrn u. a. (Hg.), *Dialektischer Negativismus. Michael Theunissen zum 60. Geburtstag*, Frankfurt/M. 1992, 15–34
Habermas, Jürgen (1996), *Die Einbeziehung des Anderen. Studien zur politischen Theorie*, Frankfurt/M. 2009
Hacke, Jens (2006), *Philosophie der Bürgerlichkeit. Die liberalkonservative Begründung der Bundesrepublik*, Göttingen [2]2008
Hahn, Erich (1959), „Neue Wege des Philosophiestudiums", in: *Deutsche Zeitschrift für Philosophie*, 8, Nr. 5/6, 899–902
Hahn, Erich (1961), *Neue Bauernmoral*, Leipzig 1962
Hahn, Erich (1965), *Soziale Wirklichkeit und soziologische Erkenntnis. Philosophisch-methodologische Aspekte der soziologischen Theorie*, Berlin 1972
Hahn, Erich (1968), *Historischer Materialismus und marxistische Soziologie. Studien zu methodologischen und erkenntnistheoretischen Grundlagen der soziologischen Forschung*, Berlin
Hahn, Erich (1974), *Materialistische Dialektik und Klassenbewußtsein*, Berlin
Hahn, Erich (1975), *Objektive Gesetzmäßigkeit und bewusstes Handeln im Sozialismus. Hauptreferat und Schlusswort auf dem IV. Philosophie-Kongreß der DDR*, Berlin
Hahn, Erich (1989), „40 Jahre DDR – 40 Jahre Philosophie in der DDR", in: *Deutsche Zeitschrift für Philosophie*, 38, Nr. 10/11, 990–1012
Hahn, Erich (2002), *SED und SPD. Ein Dialog*, Berlin
Hahn, Erich u. Kosing, Alfred (1978), *Marxistisch-leninistische Philosophie – geschrieben für die Jugend*, Berlin [16]1989
Hahn, Erich, Kosing, Alfred u. Rupprecht, Frank (1983), *Einführung in die marxistisch-leninistische Philosophie*, Berlin [13]1989
Hahn, Lewis Edwin (1997), Hg., *The Philosophy of Hans-Georg Gadamer*, The Library of Living Philosophers, Chicago, La Salle/Ill.
Hale, Nathan G. (2002), „Ein kritischer Blick auf Freuds Kritiker", in: *Psyche*, 56, 369–395
Halfmann, Jost u. Rexroth, Tillmann (1976), *Marxismus als Erkenntniskritik. Sohn-Rethels Revision der Werttheorie und die produktiven Folgen eines Mißverständnisses*, München, Wien
Hamacher, Werner (2001), „Intensive Sprachen", in: Christiaan L. Hart Nibbrig (Hg.), *Übersetzen: Walter Benjamin*, Frankfurt/M., 174–235
Hamacher, Werner (2002), „Jetzt. Benjamin zur historischen Zeit", in: *Benjamin Studies I*, 147–183
Hamacher, Werner (2006), „Das Theologisch-politische Fragment", in: Burkhardt Lindner (Hg.), *Benjamin-Handbuch. Leben – Werk – Wirkung*, Stuttgart, 175–192
Hammann, Konrad (2009), *Rudolf Bultmann. Eine Biographie*, Tübingen
Hansen, Troels Eggers (1974), „Bibliography of the Writings of Karl Popper", in: Paul A. Schilpp

(Hg.), *The Philosophy of Karl Popper. The Library of Living Philosophers*, Bd. XIV, La Salle/Ill., 1201–1287

Harich, Anne (2007), *„Wenn ich das gewusst hätte…". Erinnerungen an Wolfgang Harich*, Berlin

Harich, Wolfgang (1955), Hg., *Rudolf Haym und sein Herderbuch. Beiträge zur kritischen Aneignung des literaturwissenschaftlichen Erbes*, Berlin

Harich, Wolfgang (1956), „Zur Frage der Weiterentwicklung des Marxismus", in: *Deutsche Zeitschrift für Philosophie*, 54, 759–765

Harich, Wolfgang (1971), *Zur Kritik der revolutionären Ungeduld. Eine Abrechnung mit dem alten und dem neuen Anarchismus*, Basel

Harich, Wolfgang (1974), *Jean Pauls Revolutionsdichtung. Versuch einer neuen Deutung seiner heroischen Romane*, Berlin

Harich, Wolfgang (1974a), „Brief an Arnold Gehlen vom 27. 2. 1974" [Gehlen-Bestand im Deutschen Literaturarchiv Marbach]

Harich, Wolfgang (1975), *Kommunismus ohne Wachstum? Babeuf und der „Club of Rome". Sechs Interviews mit Freimut Duve und Briefe an ihn*, Reinbek

Harich, Wolfgang (1993), *Keine Schwierigkeiten mit der Wahrheit. Zur nationalkommunistischen Opposition 1956 in der DDR*, Berlin

Harich, Wolfgang (1994), *Nietzsche und seine Brüder. Eine Streitschrift in sieben Dialogen mit Paul Falck*, Schwedt, Berlin

Harich, Wolfgang (1999), *Ahnenpass. Versuch einer Autobiographie*, hrsg. v. Thomas Grimm, Berlin

Harich, Wolfgang (2000), *Nicolai Hartmann. Leben, Werk, Wirkung*, hrsg. v. Martin Morgenstern, Würzburg

Harich, Wolfgang (2004), *Nicolai Hartmann – Größe und Grenzen. Versuch einer marxistischen Selbstverständigung*, hrsg. v. Martin Morgenstern, Würzburg

Hartmann, Nicolai (1909), *Platos Logik des Seins*, Berlin ^{2}1965

Hartmann, Nicolai (1921), *Grundzüge einer Metaphysik der Erkenntnis*, Berlin ^{5}1965

Hartmann, Nicolai (1923), *Philosophie des deutschen Idealismus. I. Teil: Fichte, Schelling und die Romantik*, Berlin ^{3}1974

Hartmann, Nicolai (1926), *Ethik*, Berlin ^{4}1962

Hartmann, Nicolai (1929), *Philosophie des deutschen Idealismus. II. Teil: Hegel*, Berlin ^{3}1974

Hartmann, Nicolai (1933), *Das Problem des geistigen Seins. Untersuchungen zur Grundlegung der Geschichtsphilosophie und der Geisteswissenschaften*, Berlin ^{3}1962

Hartmann, Nicolai (1935), *Zur Grundlegung der Ontologie*, Berlin ^{4}1965

Hartmann, Nicolai (1938), *Möglichkeit und Wirklichkeit*, Berlin ^{3}1966

Hartmann, Nicolai (1940), *Aufbau der realen Welt. Grundriß der allgemeinen Kategorienlehre*, Berlin ^{3}1964

Hartmann, Nicolai (1942), *Neue Wege der Ontologie*, Stuttgart ^{5}1968

Hartmann, Nicolai (1950), *Philosophie der Natur. Abriß der speziellen Kategorienlehre*, Berlin ^{2}1980

Hartmann, Nicolai (1951), *Teleologisches Denken*, Berlin ^{2}1966

Hartstein, Nicolai (1953), *Ästhetik*, Berlin ^{2}1966

Hattstein u. a. (1992), Hg., *Erfahrungen der Negativität. Festschrift für Michael Theunissen zum 60. Geburtstag*, Hildesheim

Haucke, Kai (2000), *Plessner zur Einführung*, Hamburg

Haucke, Kai (2003), *Das liberale Ethos der Würde. Eine systematisch orientierte Problemgeschichte zu Helmuth Plessners Begriff menschlicher Würde in den ‚Grenzen der Gemeinschaft'*, Würzburg

Hegel, Georg Wilhelm Friedrich (1796), „Das älteste Systemprogramm des deutschen Idealismus", in: ders., *Werke in 20 Bänden*, Bd. 1, hrsg. v. Eva Moldenhauer u. Karl Markus Michel, Frankfurt/M. 1971, 234–236

Hegel, Georg Wilhelm Friedrich (1807), *Phänomenologie des Geistes*, in: ders., *Gesammelte Werke*, Bd. 9, hrsg. v. Wolfgang Bonsiepen u. Reinhard Heede, Hamburg 1980

Hegel, Georg Wilhelm Friedrich (1816), *Vorlesungen über die Geschichte der Philosophie III*, in: ders., *Werke in 20 Bänden*, Bd. 20, hrsg. v. Eva Moldenhauer u. Karl Markus Michel, Frankfurt/M. 1971

Heidegger-Jahrbuch (2004), hrsg. v. Alfred Denker u. Holger Zaborowski, Freiburg/Br., München, 2004-

Heidegger, Martin (1927), *Sein und Zeit*, in: ders., *Gesamtausgabe*, Bd. 2, hrsg. v. Friedrich Wilhelm von Herrmann, Frankfurt/M. 1977

Heidegger, Martin (1929), „Vom Wesen des Grundes (1929)", in: ders., *Gesamtausgabe*, Bd. 9, hrsg. v. Friedrich-Wilhelm von Herrmann, Frankfurt/M. 1976, 163–175

Heidegger, Martin (1929a), „Was ist Metaphysik? (1929)", in: ders., *Gesamtausgabe*, Bd. 9, hrsg. v. Friedrich-Wilhelm von Herrmann, Frankfurt/M. 1976, 103–122

Heidegger, Martin (1933), *Reden und andere Zeugnisse eines Lebensweges*, in: ders., *Gesamtausgabe*, Bd. 16, hrsg. v. Hermann Heidegger, Frankfurt/M. 2000

Heidegger, Martin (1943), „Vom Wesen der Wahrheit (1930)", in: ders., *Gesamtausgabe*, Bd. 9, hrsg. v. Friedrich-Wilhelm von Herrmann, Frankfurt/M. 1976, 177–202

Heidegger, Martin (1946), *Der Spruch des Anaximander*, in: ders., *Gesamtausgabe*, Bd. 5, hrsg. v. Friedrich-Wilhelm von Hermann, Frankfurt/M.

Heidegger, Martin (1953), *Einführung in die Metaphysik*, in: ders., *Gesamtausgabe*, Bd. 40, hrsg. v. Petra Jaeger, Frankfurt/M. 1983

Heidegger, Martin (1953a), „Die Überwindung der Metaphysik (1936–1946)", in: ders., *Gesamtausgabe*, Bd. 7, hrsg. v. Friedrich-Wilhelm von Herrmann, Frankfurt/M. 2000, 67–98

Heidegger, Martin (1954), „Einblick in das was ist. Bremer Vorträge 1949: Das Ding – Das Ge-stell – Die Gefahr – Die Kehre", in: ders., *Gesamtausgabe*, Bd. 79, hrsg. v. Petra Jaeger, Frankfurt/M. 1994, 3–77

Heidegger, Martin (1957), *Identität und Differenz*, in: ders., *Gesamtausgabe*, Bd. 11, hrsg. v. Friedrich-Wilhelm von Herrmann, Frankfurt/M.

Heidegger, Martin (1959), *Unterwegs zur Sprache*, in: ders., *Gesamtausgabe*, Bd. 12, hrsg. v. Friedrich-Wilhelm von Herrmann, Frankfurt/M. 1985

Heidegger, Martin (1969), „Phänomenologie und Theologie (1927)", in: ders., *Gesamtausgabe*, Bd. 9, hrsg. v. Friedrich-Wilhelm von Herrmann, Frankfurt/M. 1976, 45–78

Heidegger, Martin (1969a), „Zeit und Sein (1962)", in: ders., *Gesamtausgabe*, Bd. 14, hrsg. v. Friedrich-Wilhelm von Herrmann, Frankfurt/M. 2007, 3–30

Heidegger, Martin (1975), *Die Grundprobleme der Phänomenologie*, in: ders., *Gesamtausgabe*, Bd. 24, hrsg. v. Friedrich-Wilhelm von Herrmann, Frankfurt/M.

Heidegger, Martin (1976), *Vier Seminare*, in: ders., *Gesamtausgabe*, Bd. 15, hrsg. v. Curd Ochwadt, Frankfurt/M. 1986

Heidegger, Martin (1979), *Prolegomena zur Geschichte des Zeitbegriffs*, in: ders., *Gesamtausgabe*, Bd. 20, hrsg. v. Petra Jaeger, Frankfurt/M.

Heidegger, Martin (1983), *Die Grundbegriffe der Metaphysik. Welt – Endlichkeit – Einsamkeit*, in: ders., *Gesamtausgabe*, Bd. 29/30, hrsg. v. Friedrich-Wilhelm von Herrmann, Frankfurt/M.

Heidegger, Martin (1985), *Phänomenologische Interpretationen zu Aristoteles. Einführung in die phänomenologische Forschung*, in: ders., *Gesamtausgabe*, Bd. 61, hrsg. v. Walter Bröcker u. Käte Bröcker-Oltmanns, Frankfurt/M.

Heidegger, Martin (1988), *Ontologie (Hermeneutik der Faktizität)*, in: ders., *Gesamtausgabe*, Bd. 63, hrsg. v. Käte Bröcker-Oltmanns, Frankfurt/M.

Heidegger, Martin (1989), *Beiträge zur Philosophie (Vom Ereignis)*, in: ders., *Gesamtausgabe*, Bd. 65, hrsg. v. Friedrich-Wilhelm von Herrmann, Frankfurt/M.

Heidegger, Martin (1993), *Grundprobleme der Phänomenologie (1919/20)*, in: ders., *Gesamtausgabe*, Bd. 58, hrsg. v. Hans-Helmuth Gander, Frankfurt/M.
Heidegger, Martin (1993a), *Phänomenologie der Anschauung und des Ausdrucks*, in: ders., *Gesamtausgabe*, Bd. 59, hrsg. v. Claudius Strube, Frankfurt/M.
Heidegger, Martin (1994), „Grundsätze des Denkens. Freiburger Vorträge 1957", in: ders., *Gesamtausgabe*, Bd. 79, hrsg. v. Petra Jaeger, Frankfurt/M., 81–176
Heidegger, Martin (1995), *Phänomenologie des religiösen Lebens*, in: ders., *Gesamtausgabe*, Bd. 60, hrsg. v. Matthias Jung, Thomas Regehly u. Claudius Strube, Frankfurt/M.
Heidegger, Martin (1995a), *Feldweg-Gespräche*, in: ders., *Gesamtausgabe*, Bd. 77, hrsg. v. Ingrid Schüßler, Frankfurt/M.
Heidegger, Martin (1997), *Besinnung*, in: ders., *Gesamtausgabe*, Bd. 66, hrsg. v. Friedrich-Wilhelm von Herrmann, Frankfurt/M.
Heidegger, Martin (1998), *Die Geschichte des Seyns*, in: ders., *Gesamtausgabe*, Bd. 69, hrsg. v. Peter Trawny, Frankfurt/M.
Heidegger, Martin (2002), *Phänomenologische Interpretationen zu Aristoteles*, hrsg. v. Günther Neumann, Stuttgart
Heidegger, Martin (2004), *Zu Ernst Jünger*, in: ders., *Gesamtausgabe*, Bd. 90, hrsg. v. Peter Trawny, Frankfurt/M.
Heidegger, Martin (2005), *Über den Anfang*, in: ders., *Gesamtausgabe*, Bd. 70, hrsg. v. Paola-Ludovika Coriando, Frankfurt/M.
Heidegger, Martin (2009), *Das Ereignis*, in: ders., *Gesamtausgabe*, Bd. 71, hrsg. v. Friedrich-Wilhelm von Herrmann, Frankfurt/M.
Heidegger, Martin (2011), *Seminare Hegel – Schelling*, in: ders., *Gesamtausgabe*, Bd. 86, hrsg. v. Peter Trawny, Frankfurt/M.
Heidegger, Martin u. Rickert, Heinrich (2002), *Briefe 1912 bis 1933 und andere Dokumente*, hrsg. v. Alfred Denker, Frankfurt/M.
Heidelberger-Leonard, Irene (2004), *Jean Améry. Revolte in der Resignation*, Stuttgart
Heidenreich, Felix (2005), *Mensch und Moderne bei Hans Blumenberg*, München
Heimsoeth, Heinz u. Heiß, Robert (1952), Hg., *Nicolai Hartmann. Der Denker und sein Werk. 15 Abhandlungen mit Bibliographie*, Göttingen
Heinz, Rudolf u. Dahmer, Helmut (1978), „Psychoanalyse und Kantianismus", in: Norman Elrod, Rudolf Heinz u. Helmut Dahmer, *Der Wolf im Schafspelz. Erikson, die Ich-Psychologie und das Anpassungsproblem*, Frankfurt/M., 127–167
Helmholtz, Hermann von (1855), *Ueber das Sehen des Menschen. Ein populärwissenschaftlicher Vortrag gehalten zu Königsberg in Preußen zum Besten von Kant's Denkmal am 27. Februar 1855*, Leipzig
Henckmann, Wolfhart (1998), *Max Scheler*, München
Henkel, Michael (1998), *Eric Voegelin zur Einführung*, Hamburg ²2010
Hennis, Wilhelm (1987), „Die Spuren Nietzsches im Werk Max Webers", in: ders., *Max Webers Fragestellung. Studien zur Biographie des Werks*, Tübingen, 167–195
Hennis, Wilhelm (1996), *Max Webers Wissenschaft vom Menschen. Neue Studien zur Biographie des Werks*, Tübingen
Henrich, Dieter (1952), *Die Einheit der Wissenschaftslehre Max Webers*, Tübingen
Hering, Jean (1959), „Das Problem des Seins bei Hedwig Conrad-Martius", in: *Zeitschrift für philosophische Forschung*, 13, 463–468
Herrmann, Ulrich (1969), *Bibliographie Wilhelm Dilthey. Quellen und Literatur*, Weinheim, Berlin, Basel
Herzberg, Guntolf (1997), „Manfred Buhr. Ein Porträt", in: *Information Philosophie*, Nr. 1, 34–40
Herzog, Max (1994), *Weltentwürfe. Ludwig Binswangers phänomenologische Psychologie*, Berlin, New York

Hese, Heidrun (1987), *Vernunft und Selbstbehauptung. Kritische Theorie als Kritik der neuzeitichen Rationalität*, Frankfurt/M.
Heuer, Wolfgang, Heiter, Bernd u. Rosenmüller, Stefanie (2011), Hg., *Arendt-Handbuch. Leben – Werk – Wirkung*, Stuttgart
Hilgendorf, Eric (1997), *Hans Albert zur Einführung*, Hamburg
Hilt, Annette u. Nielsen, Cathrin (2005), *Bildung im technischen Zeitalter. Sein, Mensch und Welt nach Eugen Fink*, Freiburg/Br.
Hirsch, Alfred (1995), *Der Dialog der Sprachen. Studien zum Sprach- und Übersetzungsdenken Walter Benjamins und Jacques Derridas*, München
Hirsch, Alfred (2006), „Die Aufgabe des Übersetzers", in: Burkhardt Lindner (Hg.), *Benjamin-Handbuch. Leben – Werk – Wirkung*, Stuttgart, 609–625
Hirschmüller, Albrecht (2003), Hg., *Ellen West – Eine Patientin Ludwig Binswangers zwischen Kreativität und destruktivem Leiden*, Heidelberg
Höffe, Otfried (1990), *Kategorische Rechtsprinzipien*, Frankfurt/M.
Hofmann, Hasso (1964), *Legitimität gegen Legalität. Der Weg der politischen Philosophie Carl Schmitts*, Berlin 2010
Hogrebe, Wolfram (2007), *Von der Hinfälligkeit des Wahren und der Abenteuerlichkeit des Denkers. Eine Studie zur Philosophie Oskar Beckers*, Paderborn
Hollis, Martin (1995), *Soziales Handeln. Eine Einführung in die Philosophie der Sozialwissenschaften*, Berlin
Holm, Henrik (2011), *Die Unergründlichkeit der kreatürlichen Wirklichkeit. Eine Untersuchung zum Verhältnis von Philosophie und Wirklichkeit bei Josef Pieper*, Dresden
Holz, Hans Heinz (1951), *Jean-Paul Sartre. Darstellung und Kritik seiner Philosophie*, Meisenheim/Glan
Holz, Hans Heinz (1955), „Das Wesen metaphorischen Sprechens", in: Rugard Otto Gropp (Hg.), *Festschrift Ernst Bloch zum 70. Geburtstag*, Berlin, 101–120
Holz, Hans Heinz (1958), *Leibniz*, Frankfurt/M., New York 1992
Holz, Hans Heinz (1961), „Die Selbstinterpretation des Seins. Formale Untersuchungen zu einer aufschließenden Metapher", in: *Hegel-Jahrbuch*, 2. Halbbd., 61–124
Holz, Hans Heinz (1975), *Logos spermatikos. Ernst Blochs Philosophie der unfertigen Welt*, Darmstadt, Neuwied
Holz, Hans Heinz (1980), *Natur und Gehalt spekulativer Sätze*, Köln
Holz, Hans Heinz (1982), Hg., *Formbestimmtheiten von Sein und Denken. Aspekte einer dialektischen Logik bei Josef König*, Köln
Holz, Hans Heinz (1983), *Dialektik und Widerspiegelung*, Köln
Holz, Hans Heinz (1995), „Die Systematik der Sinne", in: Jürgen Friedrich u. Bernd Westermann (Hg.), *Unter offenem Horizont. Anthropologie nach Helmuth Plessner*, Frankfurt/M., 117–127
Holz, Hans Heinz (1996), *Philosophische Theorie der bildenden Künste*, 3 Bde., Bielefeld 1996–97
Holz, Hans Heinz (1997), *Dialektik. Problemgeschichte von der Antike bis zur Gegenwart*, 5 Bde., Darmstadt 2011
Holz, Hans Heinz (2001), *Seins-Formen. Über strengen Konstruktivismus in der Kunst*, Bielefeld
Holz, Hans Heinz (2003), *Mensch – Natur. Helmuth Plessner und das Konzept einer dialektischen Anthropologie*, Bielefeld
Holz, Hans Heinz (2005), *Weltentwurf und Reflexion. Versuch einer Grundlegung der Dialektik*, Stuttgart
Holz, Hans Heinz u. a. (2010), Hg., *Marxistische Wissenschaft. Wolfgang Eichhorn und Erich Hahn zu ihrem 80. Geburtstag von ihren Freunden zugedacht*, Köln
Holzhey-Kunz, Alice (2006), „Ludwig Binswanger. Psychiatry Based on the Foundation of Philosophical Anthropology", in: Eugen Wolpert u. a. (Hg.), *Images in Psychiatry. German Speaking Countries*, Heidelberg, 271–288

Holzhey, Helmut (1986), *Cohen und Natorp*, 2 Bde., Basel
Honneth, Axel (1994), „Pathologien des Sozialen. Tradition und Aktualität der Sozialphilosophie", in: ders. (Hg.), *Pathologien des Sozialen. Die Aufgaben der Sozialphilosophie*, Frankfurt/M., 9–69
Honneth, Axel (2000), „Rekonstruktive Gesellschaftskritik unter genealogischem Vorbehalt. Zur Idee der ‚Kritik' in der Frankfurter Schule", in: ders., *Pathologien der Vernunft. Geschichte und Gegenwart der kritischen Theorie*, Frankfurt/M. 2007, 57–69
Honneth, Axel (2001), „Das Werk der Negativität. Eine psychoanalytische Revision der Anerkennungstheorie", in: Werner Bohleber u. Sibylle Drews (Hg.), *Die Gegenwart der Psychoanalyse – die Psychoanalyse der Gegenwart*, Stuttgart, 238–245
Honneth, Axel (2003), „Eine Physiognomie der kapitalistischen Lebensform. Skizze der Gesellschaftstheorie Adornos", in: ders. (Hg.), *Dialektik der Freiheit. Frankfurter Adorno-Konferenz 2003*, Frankfurt/M., 165–187
Honneth, Axel (2005), *Verdinglichung. Eine anerkennungstheoretische Studie*, Frankfurt/M.
Honneth, Axel (2006), Hg., *Theodor W. Adorno. Negative Dialektik*, Berlin
Honneth, Axel (2006a), „Zur Kritik der Gewalt", in: Burkhardt Lindner (Hg.), *Benjamin-Handbuch. Leben – Werk – Wirkung*, Stuttgart, 193–210
Honneth, Axel u. a. (1989), Hg., *Zwischenbetrachtungen – Im Prozeß der Aufklärung. Jürgen Habermas zum 60. Geburtstag*, Frankfurt/M.
Horkheimer, Max (1925), „Kants Kritik der Urteilskraft als Bindeglied zwischen theoretischer und praktischer Philosophie", in: ders., *Gesammelte Schriften*, Bd. 2, hrsg. v. Gunzelin Schmid Noerr, Frankfurt/M. 1987, 73–146
Horkheimer, Max (1927), *Vorlesung über die Geschichte der neueren Philosophie*, in: ders., *Gesammelte Schriften*, Bd. 9, hrsg. v. Alfred Schmidt, Frankfurt/M. 1990, 13–480
Horkheimer, Max (1930), „Ein neuer Ideologiebegriff?", in: ders., *Gesammelte Schriften*, Bd. 2, hrsg. v. Gunzelin Schmid Noerr, Frankfurt/M. 1987, 271–294
Horkheimer, Max (1930a), *Anfänge der bürgerlichen Geschichtsphilosophie*, in: ders., *Gesammelte Schriften*, Bd. 2, hrsg. v. Gunzelin Schmid Noerr, Frankfurt/M. 1987, 177–268
Horkheimer, Max (1931), „Die gegenwärtige Lage der Sozialphilosophie und die Aufgaben eines Instituts für Sozialforschung", in: ders., *Gesammelte Schriften*, Bd. 3, hrsg. v. Alfred Schmidt, Frankfurt/M. 1988, 20–35
Horkheimer, Max (1933), „Materialismus und Moral", in: ders., *Gesammelte Schriften*, Bd. 3, hrsg. v. Alfred Schmidt, Frankfurt/M. 1988, 111–149
Horkheimer, Max (1933a), „Materialismus und Metaphysik", in: ders., *Gesammelte Schriften*, Bd. 3, hrsg. v. Alfred Schmidt, Frankfurt/M. 1988, 70–105
Horkheimer, Max (1934), *Dämmerung. Notizen in Deutschland*, in: ders., *Gesammelte Schriften*, Bd. 2, hrsg. v. Alfred Schmidt, Frankfurt/M. 1987
Horkheimer, Max (1936), „Egoismus und Freiheitsbewegung. Zur Anthropologie des bürgerlichen Zeitalters", in: ders., *Gesammelte Schriften*, Bd. 4, hrsg. v. Alfred Schmidt, Frankfurt/M. 1988, 9–89
Horkheimer, Max (1937), „Traditionelle und kritische Theorie", in: ders. *Gesammelte Schriften*, Bd. 4, hrsg. v. Alfred Schmidt u. Gunzelin Schmid Noerr, Frankfurt/M. 1988, 162–216
Horkheimer, Max (1937a), „Nachtrag zu ‚Traditionelle und kritische Theorie'", in: ders., *Gesammelte Schriften*, Bd. 4, hrsg. v. Alfred Schmidt, Frankfurt/M. 1988, 217–225
Horkheimer, Max (1942), „Autoritärer Staat", in: ders., *Gesammelte Schriften*, Bd. 5, hrsg. v. Gunzelin Schmid Noerr, Frankfurt/M. 1985, 293–319
Horkheimer, Max (1942a), „Vernunft und Selbsterhaltung", in: ders., *Gesammelte Schriften*, Bd. 5, hrsg. v. Gunzelin Schmid Noerr, Frankfurt/M. 1985, 320–350
Horkheimer, Max (1947), *Zur Kritik der instrumentellen Vernunft*, in: ders., *Gesammelte Schriften*, Bd. 6, hrsg. v. Alfred Schmidt, Frankfurt/M. 1991

Horkheimer, Max (1950), „Politik und Soziales", in: ders., *Gesellschaft im Übergang*, hrsg. v. Werner Brede, Frankfurt/M. 1981, 60–72

Horkheimer, Max (1950a), „Die verwaltete Welt oder: Die Krise des Individuums", in: ders., *Gesammelte Schriften*, Bd. 13, hrsg. v. Gunzelin Schmid Noerr, Frankfurt/M. 1989, 121–142

Horkheimer, Max (1952), „Zum Begriff der Vernunft", in: ders., *Gesammelte Schriften*, Bd. 7, hrsg. v. Gunzelin Schmid Noerr, Frankfurt/M. 1985, 22–35

Horkheimer, Max (1968), „Zur Kritik der gegenwärtigen Gesellschaft", in: ders., *Gesammelte Schriften*, Bd. 8, hrsg. v. Gunzelin Schmid Noerr, Frankfurt/M. 1985, 324–332

Horkheimer, Max (1970), „Kritische Theorie gestern und heute", in: ders., *Gesammelte Schriften*, Bd. 8, hrsg. v. Gunzelin Schmid Noerr, Frankfurt/M. 1985, 336–353

Horkheimer, Max (1970a), „Die Sehnsucht nach dem ganz Anderen. Gespräch mit Helmut Gumnior", in: ders., *Gesammelte Schriften*, Bd. 7, Frankfurt/M. 1985, 385–404

Horkheimer, Max (1985), *Nachgelassene Schriften 1931-1949*, in: ders., *Gesammelte Schriften*, Bd. 12, hrsg. v. Alfred Schmidt u. Gunzelin Schmid Noerr, Frankfurt/M.

Horkheimer, Max (1996), „Herbert Marcuse an Max Horkheimer am 17. Juni 1967", in: ders., *Gesammelte Schriften*, Bd. 18, hrsg. v. Alfred Schmidt u. Gunzelin Schmid Noerr, Frankfurt/M. 1996, 655–659

Horkheimer, Max u. a. (1936), *Studien über Autorität und Familie. Forschungsberichte aus dem Institut für Sozialforschung*, Lüneburg 2005

Horkheimer, Max u. Adorno, Theodor W. (1947*), Dialektik der Aufklärung. Philosophische Fragmente*, in: Max Horkheimer, *Gesammelte Schriften*, Bd. 5, hrsg. v. Gunzelin Schmid Noerr, Frankfurt/M. 1987

Horowitz, Asher u. Maley, Terry (1994), Hg., *The Barbarism of Reason: Max Weber and the Twilight of Enlightenment*, Toronto

Horster, Detlef (1997), *Niklas Luhmann*, München 2005

Horster, Detlef (1999), *Jürgen Habermas. Eine Einführung*, Neuausg. Darmstadt 2010

Hösle, Vittorio (1997), *Moral und Politik: Grundlagen einer politischen Ethik für das 21. Jahrhundert*, München

Hubig, Christoph u. Zimmer, Jörg (2007), Hg., *Unterschied und Widerspruch. Perspektiven auf das Werk von Hans Heinz Holz*, Köln

Hügli, Anton (2009), „Grenzsituationen oder: vom Sinn der Frage nach dem Sinn der menschlichen Existenz", in: Anton Hügli, Dominic Kaegi u. Bernd Weidmann (Hg.), *Existenz und Sinn. Karl Jaspers im Kontext. Festschrift für Reiner Wiehl*, Heidelberg, 1–23

Hügli, Anton u. Lübcke, Poul (1992), Hg., *Philosophie im 20. Jahrhundert*, 2 Bde., Reinbeck 1992/93

Huhn, Tom (2004), Hg., *The Cambridge Companion to Adorno*, Cambridge, New York

Hunsinger, George W. (2009), *Karl Barth lesen. Eine Einführung in sein theologisches Denken*, Neukirchen-Vluyn

Husserl, Edmund (1891), *Philosophie der Arithmetik. Mit ergänzenden Texten (1890–1901)*, in: ders., *Gesammelte Werke*, Bd. XII, hrsg. v. Lothar Eley, Dordrecht u. a. 1970

Husserl, Edmund (1900), *Logische Untersuchungen, Erster Band: Prolegomena zur reinen Logik*, in: ders., *Gesammelte Werke*, Bd. XVIII, hrsg. v. Elmar Holenstein, Dordrecht u. a. 1975

Husserl, Edmund (1901), *Logische Untersuchungen, Zweiter Band, Erste Hälfte: Untersuchungen zur Phänomenologie und Theorie der Erkenntnis*, in: ders., *Gesammelte Werke*, Bd. XIX/1, hrsg. v. Ursula Panzer, Dordrecht u. a. 1984

Husserl, Edmund (1913), *Ideen zu einer reinen Phänomenologie und phänomenologischen Philosophie, Erstes Buch: Allgemeine Einführung in die reine Phänomenologie*, in: ders., *Gesammelte Werke*, Bd. III/1, hrsg. v. Karl Schumann, Dordrecht u. a. 1976

Husserl, Edmund (1928), *Zur Phänomenologie des inneren Zeitbewusstseins (1893–1917)*, hrsg. v. Rudolf Boehm, Den Haag 1969

Husserl, Edmund (1929), *Formale und transzendentale Logik. Versuch einer Kritik der logischen Vernunft. Mit ergänzenden Texten*, in: ders., *Gesammelte Werke*, Bd. XVII, hrsg. v. Paul Janssen, Dordrecht u. a. 1974

Husserl, Edmund (1931), *Cartesianische Meditationen und Pariser Vorträge*, in: ders., *Gesammelte Werke*, Bd. I, hrsg. v. Stephan Strasser, Dordrecht u. a. 1991

Husserl, Edmund (1931a), *Méditations Cartésiennes. Introduction à la Phénomenologie*, übers. v. Gabrielle Pfeiffer u. Emmanuel Levinas, Paris

Husserl, Edmund (1936), *Die Krisis der europäischen Wissenschaften und die transzendentale Phänomenologie. Eine Einleitung in die phänomenologische Philosophie*, in: ders., *Gesammelte Werke*, Bd. VI, hrsg. v. Walter Biemel, Dordrecht u. a. 1976

Husserl, Edmund (1950), *Die Idee der Phänomenologie. Fünf Vorlesungen*, in: ders., *Gesammelte Werke*, Bd. II, hrsg. v. Walter Biemel, Dordrecht u. a. 1973

Husserl, Edmund (1952), *Ideen zu einer reinen Phänomenologie und phänomenologischen Philosophie. Zweites Buch: Phänomenologische Untersuchungen zur Konstitution*, in: ders., *Gesammelte Werke*, Bd. 4, hrsg. v. Marly Biemel, Dordrecht 1991

Husserl, Edmund (1954), *Die Krisis der europäischen Wissenschaften und die transzendentale Phänomenologie: Eine Einleitung in die phänomenologische Philosophie*, Hamburg 1977

Husserl, Edmund (1956), *Erste Philosophie (1923/24). Erster Teil: Kritische Ideengeschichte*, in: ders., *Gesammelte Werke*, Bd. VII, hrsg. v. Rudolf Boehm, Dordrecht u. a.

Husserl, Edmund (1959), *Erste Philosophie (1923/24). Zweiter Teil: Theorie der phänomenologischen Reduktion*, in: ders., *Gesammelte Werke*, Bd. VIII, hrsg. v. Rudolf Boehm, Dordrecht u. a.

Husserl, Edmund (1966), *Analysen zur passiven Synthesis. Aus Vorlesungs- und Forschungsmanuskripten (1918–1926)*, in: ders., *Gesammelte Werke*, Bd. XI, hrsg. v. Margot Fleischer, Dordrecht u. a.

Husserl, Edmund (1973), *Ding und Raum. Vorlesungen 1907*, in: ders., *Gesammelte Werke*, Bd. XVI, hrsg. v. Ulrich Claesges, Dordrecht u. a.

Husserl, Edmund (1973a), *Zur Phänomenologie der Intersubjektivität. Texte aus dem Nachlass. Erster Teil: 1905–1920*, in: ders., *Gesammelte Werke*, Bd. XIII, hrsg. v. Iso Kern, Dordrecht u. a.

Husserl, Edmund (1973b), *Zur Phänomenologie der Intersubjektivität. Texte aus dem Nachlass. Dritter Teil: 1929–1935*, in: ders., *Gesammelte Werke*, Bd. XV, hrsg. v. Iso Kern, Dordrecht u. a.

Husserl, Edmund (1984), *Einleitung in die Logik und Erkenntnistheorie. Vorlesungen 1906/07*, in: ders., *Gesammelte Werke*, Bd. XXIV, hrsg. v. Ullrich Melle, Dordrecht u. a.

Husserl, Edmund (1987), *Aufsätze und Vorträge (1911–1921)*, in: ders., *Gesammelte Werke*, Bd. XXV, hrsg. v. Thomas Nenon und Hans Rainer Sepp, Dordrecht u. a.

Husserl, Edmund (1987a), *Vorlesungen über Bedeutungslehre. Sommersemester 1908*, in: ders., *Gesammelte Werke*, Bd. XXVI, hrsg. v. Ursula Panzer, Dordrecht u. a.

Husserl, Edmund (1999), *Edmund Husserl Bibliography*, in: ders., *Gesammelte Werke*, Bd. 4, hrsg. v. Steven Spileers, Dordrecht

Husserl, Edmund (2000), *Aktive Synthesen. Aus der Vorlesung „Transzendentale Logik" 1920/21. Ergänzungsband zu „Analysen zur passiven Synthesis"*, in: ders., *Gesammelte Werke*, Bd. XXXI, hrsg. v. Roland Breeur, Dordrecht u. a.

Husserl, Edmund (2001), *Die Bernauer Manuskripte über das Zeitbewusstsein (1917/18)*, in: ders., *Gesammelte Werke*, Bd. XXXIII, hrsg. v. Rudolf Bernet u. Dieter Lohmar, Dordrecht u. a.

Husserl, Edmund (2008), *Die Lebenswelt. Auslegungen der vorgegebenen Welt und ihrer Konstitution. Texte aus dem Nachlass (1916–1937)*, in: ders., *Gesammelte Werke*, Bd. XXXIX, hrsg. v. Rochus Sowa, Dordrecht u. a.

Huth, Martin (2008), *Responsive Phänomenologie. Ein Gang durch die Philosophie von Bernhard Waldenfels*, Frankfurt/M.

Imhof, Beat (1987), *Edith Steins philosophische Entwicklung. Leben und Werk*, Basel

Israelische Akademie der Natur- und Geisteswissenschaften u. Hebräische Universität Jerusalem (1977), Hg., *Bibliography of the Writings of Gershom G. Scholem: presented to Gershom G. Scholem on the Occasion of his 80. Birthday*, Jerusalem

Jacobi, Klaus (2012), Hg., *Mystik, Religion und intellektuelle Redlichkeit. Nachdenken über Thesen Ernst Tugendhats*, Freiburg

Jacoby, E[duard] G[eorg] (1971), *Die moderne Gesellschaft im sozialwissenschaftlichen Denken von Ferdinand Tönnies. Eine biographische Einführung*, Stuttgart

Jäger, Wieland (2003), *Jürgen Habermas. Einführung in die Theorie der Gesellschaft*, Wiesbaden

Jahrbuch (1960), *Hestia. Jahrbuch der Klages-Gesellschaft*, Bonn, Würzburg 1960–

Jahrbuch (1983), *Dilthey-Jahrbuch für Philosophie und Geschichte der Geisteswissenschaften*, hrsg. v. Frithjof Rodi, Bde. 1–12, Göttingen 1983–2000

Jahrbuch (1988), *Jahrbuch der Österreichischen Karl-Jaspers-Gesellschaft*, Innsbruck 1988–

Jahrbuch (1995), *Edith Stein Jahrbuch. Jahreszeitschrift für Philosophie, Theologie, Pädagogik, andere Wissenschaften, Literatur und Kunst*, Würzburg 1995–

Jahrbuch (1997), *Jahrbuch der Internationalen Georg Lukács-Gesellschaft*, Bern, Paderborn, Bielefeld 1997–

Jahrbuch (1998), *Dilthey-Jahrbuch für Philosophie und Geschichte der Geisteswissenschaften*, Bd. 11, hrsg. v. Frithjof Rodi, Göttingen 1997–98

Jahrbuch (2000), *Dilthey-Jahrbuch für Philosophie und Geschichte der Geisteswissenschaften*, Bd. 12, hrsg. v. Frithjof Rodi, Göttingen 1999–2000

Jahrbuch (2005), *Internationales Jahrbuch für die Tillich-Forschung*, hrsg. v. Christian Danz, Werner Schüßler u. Erdmann Sturm, Wien 2005–

Jakobson, Roman (1960), „Linguistik und Poetik", in: ders., *Poetik. Ausgewählte Aufsätze 1921–1971*, Frankfurt/M. 1979, 83–121

Janich, Peter (2006), Hg., *Wissenschaft und Leben. Philosophische Begründungsprobleme in Auseinandersetzung mit Hugo Dingler*, Bielefeld

Jankélévitch, Vladimir (1949), *Traité des vertus*, überarb. u. erhebl. erw. Neuausg. Paris 1968

Jaspers, Karl (1913), *Allgemeine Psychopathologie*, Berlin, Heidelberg, New York ^{9}1973

Jaspers, Karl (1919), *Psychologie der Weltanschauungen*, München, Zürich ^{5}1985

Jaspers, Karl (1923), *Die Idee der Universität*, 3. vollst. überarb. Aufl. Berlin, Heidelberg, New York 1961

Jaspers, Karl (1932), *Philosophie*, Bd. I: *Philosophische Weltorientierung*, Berlin, Heideberg, New York ^{4}1973

Jaspers, Karl (1932a), *Philosophie*, Bd. II: *Existenzerhellung*, Berlin, Heideberg, New York ^{4}1973

Jaspers, Karl (1932b), *Philosophie*, Bd. III: *Metaphysik*, Berlin, Heidelberg, New York ^{4}1973

Jaspers, Karl (1932c), *Max Weber. Deutsches Wesen im politischen Denken, im Forschen und Philosophieren*, Oldenburg

Jaspers, Karl (1947), *Von der Wahrheit*, München 1958

Jaspers, Karl (1948), *Der philosophische Glaube*, München ^{7}1981

Jaspers, Karl (1949), *Vom Ursprung und Ziel der Geschichte*, München, Zürich ^{8}1983

Jaspers, Karl (1957), *Die großen Philosophen*, 1. Bd., München ^{3}1981

Jaspers, Karl (1958), *Die Atombombe und die Zukunft des Menschen. Politisches Bewusstsein in unserer Zeit*, München, Zürich ^{6}1982

Jaspers, Karl (1962), *Der philosophische Glaube angesichts der Offenbarung*, München 1963

Jaspers, Karl u. Bultmann, Rudolf (1954), *Die Frage der Entmythologisierung*, München

Jegelka, Norbert (1992), *Paul Natorp*, Würzburg

Joisten, Karen (2010), Hg., *Das Denken Wilhelm Schapps. Perspektiven für unsere Zeit*, Freiburg/Br., München

Jonas, Hans (1930), *Augustinus und das paulinische Freiheitsproblem. Eine philosophische Studie zum pelagianischen Streit*, hrsg. v. James M. Robinson, Göttingen 1965

Jonas, Hans (1934), *Gnosis und spätantiker Geist. Teil I: Die mythologische Gnosis*, Göttingen, ⁴1988
Jonas, Hans (1954), *Gnosis und spätantiker Geist. Teil II: von der Mythologie zur mystischen Philosophie*, 1. Hälfte, um 2. Hälfte erw. Ausg. hrsg. v. Kurt Rudolph, Göttingen 1993
Jonas, Hans (1963), „Gnosis, Existentialismus und Nihilismus", in: ders., *Gnosis und spätantiker Geist. Teil II: von der Mythologie zur mystischen Philosophie*, 1. Hälfte, um 2. Hälfte erw. Ausg. hrsg. v. Kurt Rudolph, Göttingen 1993, 359–370
Jonas, Hans (1973), *Organismus und Freiheit, Ansätze zu einer philosophischen Biologie*, in: ders., *Kritische Gesamtausgabe der Werke von Hans Jonas*, hrsg. v. Dietrich Böhler u. a., Bd. I/1, hrsg. v. Horst Gronke, Freiburg/Br., Berlin, Wien 2010
Jonas, Hans (1979), *Das Prinzip Verantwortung*, Frankfurt/M. 1984
Jonas, Hans (1985), *Technik, Medizin und Ethik*, Frankfurt/M. 1987
Jonas, Hans (1988), *Materie, Geist und Schöpfung*, in: ders., *Philosophische Untersuchungen und metaphysische Vermutungen*, Frankfurt/M. 1994
Jonas, Hans (1992), *Philosophische Untersuchungen und metaphysische Vermutungen*, Frankfurt/M. 1994
Jonas, Hans (1999), *Gnosis. Die Botschaft des fremden Gottes*, hrsg. u. m. e. Nachw. v. Christian Wiese, Frankfurt/M.
Jung, Matthias (1996), *Dilthey zur Einführung*, Hamburg
Jung, Matthias (1998), „Lebensphilosophische und fundamentalontologische Kritik der Metaphysik", in: *Dilthey-Jahrbuch für Philosophie und Geschichte der Geisteswissenschaften*, Bd. 11, Göttingen 1997–98, 74–81
Jünger, Ernst (1932), *Der Arbeiter. Herrschaft und Gestalt*, Hamburg 2007
Kamlah, Wilhelm (1935), *Apokalypse und Geschichtstheologie. Die mittelalterliche Auslegung der Apokalypse von Joachim von Fiore*, Berlin
Kamlah, Wilhelm (1949), *Der Mensch in der Profanität. Versuch einer Kritik der profanen durch vernehmende Vernunft*, Stuttgart
Kamlah, Wilhelm (1951), *Christentum und Geschichtlichkeit. Untersuchungen zur Entstehung des Christentums und zu Augustins „Bürgerschaft Gottes"*, Stuttgart
Kamlah, Wilhelm (1954), „Martin Heidegger und die Technik. Ein offener Brief", in: ders., *Von der Sprache zur Vernunft. Philosophie und Wissenschaft in der neuzeitlichen Profanität*, Mannheim u. a. 1975, 113–122
Kamlah, Wilhelm (1972), *Philosophische Anthropologie. Sprachkritische Grundlegung und Ethik*, Mannheim u. a.
Kamlah, Wilhelm (1976), *Meditatio Mortis. Kann man den Tod „verstehen", und gibt es ein „Recht auf den eigenen Tod"?*, Stuttgart
Kamlah, Wilhelm u. Lorenzen, Paul (1967), *Logische Propädeutik. Vorschule des vernünftigen Redens*, Mannheim u. a.
Kämpf, Heike (2003), *Die Exzentrizität des Verstehens. Zur Debatte um die Verstehbarkeit des Fremden zwischen Hermeneutik und Ethnologie*, Berlin
Kant, Immanuel (1781), *Kritik der reinen Vernunft*, hrsg. v. Jens Timmermann, Hamburg 1998
Kant, Immanuel (1795), *Zum ewigen Frieden*, in: ders., *Kants Werke*, Bd. VIII, hrsg. v. d. Königlichen Preußischen Akademie der Wissenschaften, Berlin 1968
Kant, Immanuel (1800), *Logik*, in: ders., *Werke*, Bd. 3, hrsg. v. Wilhelm Weischedel, Darmstadt 1959
Kaplan-Solms, Karen u. Solms, Mark (2003), *Neuro-Psychoanalyse. Eine Einführung mit Fallstudien*, Stuttgart
Kasdorff, Hans (1969), *Ludwig Klages. Werk und Wirkung. Kommentierte Bibliographie*, 2 Bde., Bonn 1969 u. 1974
Käsler, Dirk (1995), *Max Weber. Eine Einführung in Leben, Werk und Wirkung*, Frankfurt/M., New York

Kaufmann, Arthur (1987), *Gustav Radbruch. Rechtsdenker, Philosoph, Sozialdemokrat*, München, Zürich
Kauffmann, Clemens (2000), *Strauss und Rawls. Das philosophische Dilemma der Politik*, Berlin
Kenny, Anthony (1974), *Wittgenstein*, übers. v. Hermann Vetter, Frankfurt/M. 1989
Kelsen, Hans (1922), *Der soziologische und der juristische Staatsbegriff. Kritische Untersuchung des Verhältnisses von Staat und Recht*, Tübingen ²1928
Kelsen, Hans (1925), *Allgemeine Staatslehre*, Wien 1993
Kelsen, Hans (1928), *Die philosophischen Grundlagen der Naturrechtslehre und des Rechtspositivismus*, Charlottenburg
Kelsen, Hans (1929), „Vom Wesen und Wert der Demokratie", in: ders., *Verteidigung der Demokratie. Aufsätze zur Demokratietheorie*, hrsg. v. Matthias Jestaedt u. Oliver Lepsius, Tübingen, 149–228
Kelsen, Hans (1934), *Reine Rechtslehre. Einleitung in die rechtswissenschaftliche Problematik*, hrsg. v. Matthias Jestaedt, Tübingen 2008
Kelsen, Hans (1955), „Foundations of Democracy", in: ders., *Verteidigung der Demokratie. Aufsätze zur Demokratietheorie*, hrsg. v. Matthias Jestaedt u. Oliver Lepsius, Tübingen, 248–386
Kelsen, Hans (1960), *Reine Rechtslehre*, Wien 2000
Kelsen, Hans (1979), *Allgemeine Theorie der Normen*, hrsg. v. Kurt Ringhofer u. Robert Walter, Wien 1990
Kelsen, Hans (2006), *Verteidigung der Demokratie. Aufsätze zur Demokratietheorie*, hrsg. v. Matthias Jestaedt u. Oliver Lepsius, Tübingen
Kerckhoven, Guy van (2011), *Hans Lipps. Fragilität der Existenz. Phänomenologische Studien zur Natur des Menschen*, Freiburg/Br.
Keuth, Herbert (2000), *Die Philosophie Karl Poppers*, Tübingen ²2011
Kienzler, Wolfgang (2009), *Begriff und Gegenstand. Eine historische und systematische Studie zur Entwicklung von Gottlob Freges Denken*, Frankfurt/M.
Kieserling, André (2004), „Selbstbeschreibung von Organisationen: Zur Transformation ihrer Semantik", in: ders., *Selbstbeschreibung und Fremdbeschreibung. Beiträge zur Soziologie soziologischen Wissens*, Frankfurt/M., 212–243
Klages, Helmut u. Quaritsch, Helmut (1994), Hg., *Zur geisteswissenschaftlichen Bedeutung Arnold Gehlens. Vorträge und Diskussionsbeiträge des Sonderseminars 1989 der Hochschule für Verwaltungswissenschaften Speyer*, Berlin
Klages, Ludwig (1910), *Prinzipien der Charakterologie*, in: ders., *Sämtliche Werke*, Bd. 4, hrsg. v. Ernst Frauchiger u. a., Bonn 2000
Klages, Ludwig (1917), *Handschrift und Charakter*, Bonn ²⁴1956
Klages, Ludwig (1920), „Mensch und Erde", in: ders., *Sämtliche Werke*, Bd. 3, hrsg. v. Ernst Frauchiger u. a., Bonn 2000, 614–636
Klages, Ludwig (1921), „Vom Wesen des Bewusstseins", in: ders., *Sämtliche Werke*, Bd. 3, hrsg. v. Ernst Frauchiger u. a., Bonn 2000, 239–352
Klages, Ludwig (1922), „Vom kosmogonischen Eros", in: ders., *Sämtliche Werke*, Bd. 3, hrsg. v. Ernst Frauchiger u. a., Bonn 2000, 353–498
Klages, Ludwig (1926), *Die psychologischen Errungenschaften Nietzsches*, in: ders., *Sämtliche Werke*, Bd. 5, hrsg. v. Ernst Frauchiger u. a., Bonn 2000
Klages, Ludwig (1929), *Der Geist als Widersacher der Seele*, in: ders., *Sämtliche Werke*, Bde. 1 u. 2, hrsg. v. Ernst Frauchiger u. a., Bonn 2000
Klages, Ludwig (1935), *Grundlegung der Wissenschaft vom Ausdruck*, in: ders., *Sämtliche Werke*, Bd. 5, hrsg. v. Ernst Frauchiger u. a., Bonn 2000
Klages, Ludwig (1948), *Die Sprache als Quell der Seelenkunde*, Stuttgart 1959
Klaus, Georg u. Buhr, Manfred (1964), *Philosophisches Wörterbuch*, 2 Bde., Berlin ¹⁴1987
Klein, Erich (1982), *Die Theorie des Subjekts bei Erich Fromm*, Frankfurt/M., New York 1987

Klein, Richard, Kreuzer, Johann u. Müller-Doohm, Stefan (2011), Hg., *Adorno-Handbuch. Leben – Werk – Wirkung*, Stuttgart
Kleiner, Heinrich (2011), „Ernst Topitsch und sein schwieriger Weg zur ideologiekritischen Weltanschauungsanalyse", in: Karl Acham (Hg.), *Rechts-, Sozial- und Wirtschaftswissenschaften aus Graz*, Wien, Köln, Weimar, 151–189
Klenner, Hermann u. a. (1997), Hg., *Repraesentatio Mundi. Festschrift zum 70. Geburtstag von Hans Heinz Holz*, Köln
Koch, Gertrud, (1996), *Kracauer zur Einführung*, Hamburg 2012
Kodalle, Klaus-Michael (1973), *Politik als Macht und Mythos. Carl Schmitts Politische Theologie*, Stuttgart u. a.
Kofler, Leo (1958), „Das Prinzip der Arbeit in der Marxschen und Gehlenschen Anthropologie", in: *Schmollers Jahrbuch*, 78, 71–86
Kohler, Georg u. Müller-Doohm, Stefan (2008), Hg., *Wozu Adorno? Beiträge zur Kritik und zum Fortbestand einer Schlüsseltheorie des 20. Jahrhunderts*, Weilerswist
Kolmogorov, Andrej N. (1933), *Grundbegriffe der Wahrscheinlichkeitstheorie*, Berlin u. a. 1977
Konersmann, Ralf (2007), Hg., *Wörterbuch der philosophischen Metaphern*, Darmstadt ³2011
König, Josef (1926), *Der Begriff der Intuition*, Halle/Saale 1981
König, Josef (1935), *Denken und Handeln. Aristoteles-Studien zur Logik und Ontologie des Verbums*, hrsg. v. Mathias Gutmann u. Michael Weingarten, Bielefeld 2005
König, Josef (1935a), „Die offene Unbestimmtheit des Heideggerschen Existenzbegriffs", in: *Dilthey-Jahrbuch für Philosophie und Geschichte der Geisteswissenschaften*, Bd. 7, Göttingen 1990–91, 279–287
König, Josef (1936), „Überlegungen zur Spiegelmetaphorik. Manuskripte aus dem Nachlass", in: Siegfried Blasche u. a. (Hg.), *Repraesentatio Mundi. Bilder als Ausdruck und Aufschluss menschlicher Weltverhältnisse. Historisch-systematische Perspektiven*, Bielefeld 2004, 299–333
König, Josef (1937), *Sein und Denken. Studien im Grenzgebiet von Logik, Ontologie und Sprachphilosophie*, Tübingen ²1969
König, Josef (1937a), „Bemerkungen zur Metapher", in: ders., *Kleine Schriften*, hrsg. v. Günther Dahms, Freiburg/Br., München 1994, 156–176
König, Josef (1944), *Einführung in das Studium des Aristoteles. An Hand einer Interpretation seiner Schrift über die Rhetorik*, hrsg. v. Nicolas Braun, Freiburg/Br., München 2002
König, Josef (1946), „Das System von Leibniz", in: ders., *Vorträge und Aufsätze*, hrsg. v. Günther Patzig, Freiburg/Br., München 1978, 27–61
König, Josef (1948), *Der logische Unterschied theoretischer und praktischer Sätze und seine philosophische Bedeutung*, in: Michael Weingarten (Hg.), *Eine ‚Andere' Hermeneutik. Georg Misch zum 70. Geburtstag – Festschrift aus dem Jahr 1948*, Bielefeld 2005, 119–197
König, Josef (1949), „Bemerkungen über den Begriff der Ursache", in: ders., *Vorträge und Aufsätze*, hrsg. v. Günther Patzig, Freiburg/Br., München 1978, 122–255
König, Josef (1953), *Der logische Unterschied theoretischer und praktischer Sätze und seine philosophische Bedeutung*, hrsg. v. Friedrich Kümmel, Freiburg/Br., München 1994
König, Josef (1957), „Die Natur der ästhetischen Wirkung", in: ders., *Vorträge und Aufsätze*, hrsg. v. Günther Patzig, Freiburg/Br., München 1978, 256–337
König, Josef (1967), „Georg Misch als Philosoph", in: *Nachrichten der Akademie der Wissenschaften in Göttingen aus dem Jahre 1967. Philologisch-Historische Klasse*, Göttingen, 152–243
König, Josef (1978), *Vorträge und Aufsätze*, hrsg. v. Günther Patzig, Freiburg/Br., München
König, Josef (1994), *Kleine Schriften*, hrsg. v. Günter Dahms, Freiburg/Br., München
König, Josef (2004), *Probleme der Erkenntnistheorie. Göttinger Colleg im WS 1958/59*, hrsg. v. Günter Dahms, Norderstedt

König, Josef u. Plessner, Helmuth (1994), *Briefwechsel 1923–1933. Mit einem Briefessay von Josef König über Helmuth Plessners ‚Die Einheit der Sinne'*, hrsg. v. Hans-Ulrich Lessing u. Almut Mutzenbecher, Freiburg/Br., München
König, René (1955), „Die Begriffe Gemeinschaft und Gesellschaft bei Ferdinand Tönnies", in: *Kölner Zeitschrift für Soziologie und Sozialpsychologie*, 7, 348–420
Korsch, Karl (1919), *Was ist Sozialisierung? Ein Programm des praktischen Sozialismus*, in: ders., Gesamtausgabe, Bd. 2, Frankfurt/M. 1980
Korsch, Karl (1923), *Marxismus und Philosophie*, in: ders., Gesamtausgabe, Bd. 3, Amsterdam 1993
Korsch, Karl (1929), *Die materialistische Geschichtsauffassung. Eine Auseinandersetzung mit Karl Kautsky*, in: ders., Gesamtausgabe, Bd. 5, Amsterdam 1996
Korsch, Karl (1930), „Der gegenwärtige Stand des Problems ‚Marxismus und Philosophie'". Zugleich eine Antikritik, in: ders., Gesamtausgabe, Bd. 3, Amsterdam 1993, 371–414
Korsch, Karl (1931), „Thesen über ‚Hegel und die Revolution'", in: ders., Gesamtausgabe, Bd. 5, Amsterdam 1996, 499–500
Korsch, Karl (1932), „Zur Geschichte der marxistischen Ideologie in Rußland", in: ders., Gesamtausgabe, Bd. 5, Amsterdam 1996, 501–507
Korsch, Karl (1938), *Karl Marx*, Frankfurt/M. 1967
Korsch, Karl (1939), *Staat und Konterrevolution*, in: ders., Politische Texte, Frankfurt/M. 1974
Koyré, Alexandre (1957), *Von der geschlossenen Welt zum unendlichen Universum*, übers. v. Rolf Dornbacher, Frankfurt/M. 1980
Kozljanic, Robert Josef (2004), *Lebensphilosophie. Eine Einführung*, Stuttgart
Kracauer, Siegfried (1922), *Soziologie als Wissenschaft. Ein erkenntnistheoretische Untersuchung*, in: ders., Werke, Bd. 1, hrsg. v. Inka Mülder-Bach u. Ingrid Belke, Frankfurt/M. 2006
Kracauer, Siegfried (1927), „Das Ornament der Masse", in: ders., *Werke*, Bd. 5: *Essays, Feuilletons, Rezensionen*, hrsg. v. Inka Mülder-Bach u. Ingrid Belke, Frankfurt/M. 2011, 612–624
Kracauer, Siegfried (1927a), „Die Photographie", in: ders., *Werke*, Bd. 5: *Essays, Feuilletons, Rezensionen*, hrsg. v. Inka Mülder-Bach u. Ingrid Belke, Frankfurt/M. 2011, 682–698
Kracauer, Siegfried (1928), *Ginster*, in: ders., *Werke*, Bd. 7: *Romane und Erzählungen*, hrsg. v. Inka Mülder-Bach u. Ingrid Belke, Frankfurt/M. 2004
Kracauer, Siegfried (1930), *Die Angestellten. Aus dem neuesten Deutschland*, in: ders., Werke, Bd. 1, hrsg. v. Inka Mülder-Bach und Ingrid Belke, Frankfurt/M. 2006
Kracauer, Siegfried (1932), *Georg*, in: ders., *Werke*, Bd. 7: *Romane und Erzählungen*, hrsg. v. Inka Mülder-Bach u. Ingrid Belke, Frankfurt/M. 2004
Kracauer, Siegfried (1937), *Jacques Offenbach und das Paris seiner Zeit*, in: ders., Werke, Bd. 8, hrsg. v. Inka Mülder-Bach u. Ingrid Belke, Frankfurt/M. 2005
Kracauer, Siegfried (1947), *Von Caligari zu Hitler – Eine psychologische Geschichte des deutschen Films*, Werke, Bd. 2.1, hrsg. v. Inka Mülder-Bach u. Ingrid Belke, Frankfurt/M. 2012
Kracauer, Siegfried (1960), *Theorie des Films. Die Errettung der äußeren Wirklichkeit*, Werke, Bd. 3, hrsg. v. Inka Mülder-Bach u. Ingrid Belke, Frankfurt/M. 2005
Kracauer, Siegfried (1969), *Geschichte – Vor den letzten Dingen*, Werke, Bd. 4, hrsg. v. Inka Mülder-Bach u. Ingrid Belke, Frankfurt/M. 2009
Kracauer, Siegfried (1971), *Der Detektiv-Roman. Ein philosophischer Traktat*, in: ders. Werke, Bd. 1, hrsg. v. Inka Mülder-Bach u. Ingrid Belke, Frankfurt/M. 2006
Kraeutler, Hadwig (2008), *Otto Neurath. Museum and Exhibition Work: Spaces (Designed) for Communication*, Frankfurt/M.
Krämer, Hans (2007), *Kritik der Hermeneutik. Interpretationsphilosophie und Realismus*, München
Kratz, Steffen (1980), *Sohn-Rethel zur Einführung*, Hannover 1984
Krause, Detlef (1996), *Luhmann-Lexikon. Eine Einführung in das Gesamtwerk von Niklas Luhmann*, Stuttgart 2005

Kreis, Guido (2010), *Cassirer und die Formen des Geistes*, Berlin
Krieck, Ernst (1940), „Halb und Halb!", in: *Volk im Werden*, 8, 183-188
Kripke, Saul (1982), *Wittgenstein über Regeln und Privatsprache. Eine elementare Darstellung*, übers. v. Helmut Pape, Frankfurt/M. 1987
Kristeva, Julia (2001), *Das weibliche Genie. Hannah Arendt*, übers. v. Vincent von Wroblewsky, Hamburg 2008
Krüger, Hans-Peter (1996), „Angst vor der Selbstentsicherung. Zum gegenwärtigen Streit um Helmuth Plessners philosophische Anthropologie", in: *Deutsche Zeitschrift für Philosophie*, 44, 271-300
Krüger, Hans-Peter (1999), *Zwischen Lachen und Weinen*, Bd. I: *Das Spektrum menschlicher Phänomene*, Berlin
Krüger, Hans-Peter (2001), *Zwischen Lachen und Weinen*, Bd. II: *Der dritte Weg Philosophischer Anthropologie und die Geschlechterfrage*, Berlin
Krüger, Hans-Peter (2006), „Ausdrucksphänomen und Diskurs. Plessners quasitranszendentales Verfahren, Phänomenologie und Hermeneutik quasidialektisch zu verschränken", in: ders. u. Gesa Lindemann (Hg.), *Philosophische Anthropologie im 21. Jahrhundert*, Berlin, 187-214
Krüll, Marianne (1979), *Freud und sein Vater. Die Entstehung der Psychoanalyse und Freuds ungelöste Vaterbindung*, München
Kruse-Ebeling, Ute (2009), *Liebe und Ethik. Eine Verhältnisbestimmung ausgehend von Max Scheler und Robert Spaemann*, Göttingen
Kuhlmann, Wolfgang (1992), *Kant und die Transzendentalpragmatik*, Würzburg
Kuhlmann, Wolfgang (1993), „Bemerkungen zum Problem der Letztbegründung", in: Andreas Dorschel u. a. (Hg.), *Transzendentalpragmatik. Ein Symposion für Karl-Otto Apel*, Frankfurt/M., 212-238
Kuhn, Thomas Samuel (1962), *Die Struktur wissenschaftlicher Revolutionen*, Frankfurt/M. ^{21}2001
Kühne-Bertram, Gudrun (1993), „Logik als Philosophie des Logos. Zu Geschichte und Begriff der hermeneutischen Logik", in: *Archiv für Begriffsgeschichte*, 36, 260-293
Kühne-Bertram, Gudrun (1995), „Der Begriff des ‚hermeneutischen Begriffs'", in: *Archiv für Begriffsgeschichte*, 38, 236-260
Kümmel, Friedrich (2010), Hg., *Otto Friedrich Bollnow. Rezeption und Forschungsperspektiven*, Hechingen
Küpper, Thomas u. Skrandies, Timo (2006), „Rezeptionsgeschichte", in: Burkhardt Lindner (Hg.), *Benjamin-Handbuch. Leben – Werk – Wirkung*, Stuttgart, 17-56
Laak, Dirk van (1993), *Gespräche in der Sicherheit des Schweigens. Carl Schmitt in der politischen Geistesgeschichte der frühen Bundesrepublik*, Berlin 2002
Landgrebe, Ludwig (1928), *Wilhelm Diltheys Theorie der Geisteswissenschaften. Analyse ihrer Grundbegriffe*, Halle/S.
Landgrebe, Ludwig (1933), „Die Methode der Phänomenologie E. Husserls", in: *Neue Jahrbücher für Wissenschaft und Jugendbildung*, Bd. 9, Berlin, 384-394
Landgrebe, Ludwig (1949), *Phänomenologie und Metaphysik*, Hamburg
Landgrebe, Ludwig (1952), *Philosophie der Gegenwart*, Bonn
Landgrebe, Ludwig (1962), „Husserls Abschied vom Cartesianismus", in: ders., *Der Weg der Phänomenologie*, Gütersloh 1963, 163-206
Landgrebe, Ludwig (1963), *Der Weg der Phänomenologie*, Gütersloh
Landgrebe, Ludwig (1968), *Phänomenologie und Geschichte*, Gütersloh
Landgrebe, Ludwig (1969), *Über einige Grundfragen der Philosophie der Politik*, Köln
Landgrebe, Ludwig (1975), „Ludwig Landgrebe", in: *Philosophie in Selbstdarstellungen*, Bd. 2, hrsg. v. Ludwig J. Pongratz, Hamburg, 128-169
Landgrebe, Ludwig (1982), *Faktizität und Individuation. Studien zu den Grundfragen der Phänomenologie*, Hamburg

Landgrebe, Ludwig (1982a), „Chronologisches Verzeichnis sämtlicher Schriften von 1928 bis 1981", in: ders., *Faktizität und Individuation. Studien zu den Grundfragen der Phänomenologie*, Hamburg, 157–162

Landgrebe, Ludwig (2010), *Der Begriff des Erlebens. Ein Beitrag zur Kritik unseres Selbstverständnisses und zum Problem der seelischen Ganzheit*, hrsg. v. Karel Novotný, Würzburg

Landmann, Michael (1976), *Anklage gegen die Vernunft*, Stuttgart

Lange, Ernst Michael (1989), *Wittgenstein und Schopenhauer*, Cuxhaven

Lange, Ernst Michael (1996), *Ludwig Wittgenstein: ‚Logisch-Philosophische Abhandlung'*, Paderborn

Lange, Friedrich Albert (1866), *Geschichte des Materialismus und Kritik seiner Bedeutung in der Gegenwart*, hrsg. u. eingel. v. Alfred Schmidt, 2 Bde., Frankfurt/M. ²1974

Lask, Emil, (1905), „Rechtsphilosophie", in: ders., *Gesammelte Schriften*, Bd. 1, hrsg. v. Eugen Herrigel, Tübingen 1923, 275–331

Lebech, Mette (2009), „Stein's Phenomenology of the Body. The Constitution of the Human Being Between Description of Experience and Social Construction", in: *Yearbook of the Irish Philosophical Society 2008*, Fiachra Long, 16–20

Lembeck, Karl-Heinz (2004), Hg., *Geschichte und Geschichten. Studien zur Geschichtenphänomenologie Wilhelm Schapps*, Würzburg

Lemke, Anja (2006), „Zur späteren Sprachphilosophie", in: Burkhardt Lindner (Hg.), *Benjamin-Handbuch. Leben – Werk – Wirkung*, Stuttgart, 643–653

Lenin, Vladimir I. (1918), *Staat und Revolution. Die Lehre des Marxismus vom Staat und die Aufgaben des Proletariats in der Revolution*, in: ders., *Werke*, Bd. 25, Berlin 1972

Leonardy, Heinz (1976), *Liebe und Person. Max Schelers Versuch eines ‚Phänomenologischen' Personalismus*, Den Haag

Leonhardt, Rochus (2003), *Skeptizismus und Protestantismus. Der philosophische Ansatz Odo Marquards als Herausforderung an die evangelische Theologie*, Tübingen

Lepenies, Wolf (1976), „Handlung und Reflexion", in: *Soziale Welt*, 18, 41–66

Lessing, Hans-Ulrich (1998), *Hermeneutik der Sinne. Eine Untersuchung zu Helmuth Plessners Projekt einer ‚Ästhesiologie des Geistes' nebst einem Plessner-Ineditum*, Freiburg/Br., München

Lessing, Hans-Ulrich (2011), *Wilhelm Dilthey. Eine Einführung*, Köln, Weimar, Berlin

Leßmann, Ortrud (2007), „A Similar Line of Thought in Neurath and Sen: Interpersonal Comparability" in: Elisabeth Nemeth, Stefan Schmitz u. Thomas E. Uebel (Hg.), *Otto Neurath's Economics in Context*, Wien, New York, 115–122

Levinas, Emmanuel (1961), *Totalität und Unendlichkeit. Versuch über die Exteriorität*, übers. v. Wolfgang Nikolaus Krewani, Freiburg/Br., München 1993

Levinas, Emmanuel (1965), „Franz Rosenzweig: Ein modernes jüdisches Denken", in: ders., *Außer sich. Meditationen über Religion und Philosophie*, hrsg. u. übers. v. Frank Miething, München, Wien 2004, 99–122

Levinas, Emmanuel (1974), *Jenseits des Seins oder anders als Sein geschieht*, übers. v. Thomas Wiemer, Freiburg/Br., München ²1998

Levinas, Emmanuel (1976), „Zwischen zwei Welten. Der Weg von Franz Rosenzweig", in: ders., *Schwierige Freiheit. Versuch über das Judentum*, übers. v. Eva Moldenhauer, Frankfurt/M. ²1996, 129–154

Levinas, Emmanuel (1982), „Vorwort", in: Stéphane Mosès, *System und Offenbarung. Die Philosophie Franz Rosenzweigs*, übers. v. Rainer Rochlitz, München 1985, 9–18

Lichtblau, Klaus (1997), *Georg Simmel*, Frankfurt/M.

Lichtblau, Klaus (2006), Hg., *Max Webers Grundbegriffe*, Wiesbaden

Liebsch, Burkhard (1995), *Verzeitlichte Welt. Variationen über die Philosophie Karl Löwiths*, Würzburg

Liessmann, Konrad Paul (2002), *Günther Anders. Philosophieren im Zeitalter der technischen Revolutionen*, München

Lindemann, Gesa (2002), *Die Grenzen des Sozialen. Zur sozio-technischen Konstruktion von Leben und Tod in der Intensivmedizin*, München

Lindemann, Gesa (2005), „Der methodologische Ansatz der reflexiven Anthropologie Helmuth Plessners", in: Gerhard Gamm, Mathias Gutmann u. Alexandra Manzei (Hg.), *Zwischen Anthropologie und Gesellschaftstheorie. Zur Renaissance Helmuth Plessners im Kontext der modernen Lebenswissenschaften*, Bielefeld, 83–98

Lindemann, Gesa (2009), *Das Soziale von seinen Grenzen her denken*, Weilerswist

Lindner, Burkhardt (1997), „Derrida. Benjamin. Holocaust. Zur politischen Problematik der ‚Kritik der Gewalt'", in: *Zeitschrift für Kritische Theorie*, 3, Nr. 5, 65–100

Lindner, Burkhardt (2000), „Allegorie", in: Michael Opitz u. Erdmut Wizisla (Hg.), *Benjamins Begriffe*, Bd. 1, Frankfurt/M., 50–94

Lindner, Burkhardt (2006), Hg., *Benjamin-Handbuch. Leben – Werk – Wirkung*, Stuttgart

Lindner, Burkhardt (2006a), „Zu Traditionskrise, Technik, Medien", in: ders. (Hg.), *Benjamin-Handbuch. Leben – Werk – Wirkung*, Stuttgart, 451–464

Lindner, Burkhardt (2006b), „‚Das Kunstwerk im Zeitalter seiner technischen Reproduzierbarkeit'", in: ders. (Hg.), *Benjamin-Handbuch. Leben – Werk – Wirkung*, Stuttgart, 229–251

Lipps, Hans (1927), *Untersuchungen zur Phänomenologie der Erkenntnis*, in: ders., *Werke*, Bd. I, Frankfurt/M. 1976

Lipps, Hans (1938), *Untersuchungen zu einer hermeneutischen Logik*, in: ders., *Werke*, Bd. II, Frankfurt/M. ^{4}1976

Lipps, Hans (1941), *Die menschliche Natur*, in: ders., *Werke*, Bd. III, Frankfurt/M. ^{2}1977

Lipps, Hans (1944), *Die Verbindlichkeit der Sprache. Arbeiten zur Sprachphilosophie und Logik*, in: ders., *Werke*, Bd. IV, Frankfurt/M. ^{3}1977

Lipps, Hans (1954), *Die Wirklichkeit des Menschen*, in: ders., *Werke*, Bd. V, Frankfurt/M. ^{2}1977

Lorenz, Konrad (1968), *Vom Weltbild des Verhaltensforschers. Drei Abhandlungen*, München ^{12}1983

Lorenzer Alfred (1976), *Die Wahrheit der psychoanalytischen Erkenntnis. Ein historisch-materialistischer Entwurf*, Frankfurt/M.

Löwith, Karl (1928), *Das Individuum in der Rolle des Mitmenschen*, in: ders., *Sämtliche Schriften*, Bd. 6, Stuttgart 1987

Löwith, Karl (1928a), „Burckhardts Stellung zu Hegels Geschichtsphilosophie", in: ders., *Sämtliche Schriften*, Bd. 7, Stuttgart 1984, 1–38

Löwith, Karl (1932), „Max Weber und Karl Marx", in: ders., *Sämtliche Schriften*, Bd. 5, hrsg. v. Klaus Stichweh u. a., Stuttgart 1988, 325–407

Löwith, Karl (1935), *Nietzsches Philosophie der ewigen Wiederkehr des Gleichen*, in: ders., *Sämtliche Schriften*, Bd. 6, Stuttgart 1987

Löwith, Karl (1941), *Von Hegel zu Nietzsche. Der revolutionäre Bruch im Denken des 19. Jahrhunderts*, in: ders., *Sämtliche Schriften*, Bd. 4, Stuttgart 1988

Löwith, Karl (1948), „Heidegger. Problem and Background of Existentialism", in: ders., *Sämtliche Schriften*, Bd. 8, Stuttgart 1984, 102–123

Löwith, Karl (1949), *Weltgeschichte und Heilgeschehen. Die theologischen Voraussetzungen der Geschichtsphilosophie*, in: ders., *Sämtliche Schriften*, Bd. 2, Stuttgart 1983

Löwith, Karl (1956), „Wissen, Glaube und Skepsis", in: ders., *Sämtliche Schriften*, Bd. 3, Stuttgart 1985, 197–273

Löwith, Karl (1959), „Curriculum vitae", in: ders., *Sämtliche Schriften*, Bd. 1, Stuttgart 1981, 450–462

Löwith, Karl (1960), „Welt und Menschenwelt", in: ders., *Sämtliche Schriften*, Bd. 1, Stuttgart 1981, 295–328

Löwith, Karl (1960a), „Bemerkungen zum Unterschied von Orient und Okzident", in: ders., *Sämtliche Schriften*, Bd. 2, Stuttgart 1983, 571–601

Löwith, Karl (1962), „Nietzsches antichristliche Bergpredigt", in: ders., *Sämtliche Schriften*, Bd. 6, Stuttgart 1987, 467–484

Löwith, Karl (1971), *Paul Valéry. Grundzüge seines philosophischen Denkens*, in: ders., *Sämtliche Schriften*, Bd. 9, Stuttgart 1986

Löwith, Karl (1986), *Mein Leben in Deutschland vor und nach 1933*, Frankfurt/M. 1989

Lübbe, Hermann (1972), *Bewußtsein in Geschichten. Studien zur Phänomenologie der Subjektivität. Mach – Husserl – Schapp – Wittgenstein*, Freiburg/Br.

Lube, Manfred (2005), *Karl R. Popper. Bibliographie 1925–2004*, Frankfurt/M.

Lück, Helmut E. (1991), *Geschichte der Psychologie. Strömungen, Schulen, Entwicklungen*, 5. überarb. u. erw. Aufl. Stuttgart 2011

Luhmann, Niklas (1964), „Funktionale Methode und Systemtheorie", in: ders., *Soziologische Aufklärung. Aufsätze zur Theorie sozialer Systeme*, Bd. 1, Opladen 1972, 31–65

Luhmann, Niklas (1964a), *Funktionen und Folgen formaler Organisation*, Berlin 1999

Luhmann, Niklas (1967), „Soziologie als Theorie sozialer Systeme", in: ders., *Soziologische Aufklärung. Aufsätze zur Theorie sozialer Systeme*, Bd. 1, Opladen 1972, 113–136

Luhmann, Niklas (1968), „Moderne Systemtheorien als Form gesamtgesellschaftlicher Analyse", in: Jürgen Habermas u. Niklas Luhmann, *Theorie der Gesellschaft oder Sozialtechnologie. Was leistet die Systemforschung?*, Frankfurt/M. [10]1990, 7–24

Luhmann, Niklas (1971), „Sinn als Grundbegriff der Soziologie", in: Jürgen Habermas u. Niklas Luhmann, *Theorie der Gesellschaft oder Sozialtechnologie. Was leistet die Systemforschung?*, Frankfurt/M. [10]1990, 25–100

Luhmann, Niklas (1976), „Ist Kunst codierbar?, in: ders., *Soziologische Aufklärung*, Bd. 3, Opladen 1981, 245–266

Luhmann, Niklas (1980), „Gesellschaftliche Struktur und semantische Tradition", in: ders., *Gesellschaftsstruktur und Semantik. Studien zur Wissenssoziologie der modernen Gesellschaft*, Bd. 1, Frankfurt/M., 9–71

Luhmann, Niklas (1984), *Soziale Systeme. Grundriß einer allgemeinen Theorie*, Frankfurt/M. 1987

Luhmann, Niklas (1990), „Weltkunst" in: ders., Frederik D. Bunsen u. Dirk Baecker, *Unbeobachtbare Welt. Über Kunst und Architektur*, Bielefeld, 7–45

Luhmann, Niklas (1992), *Beobachtungen der Moderne*, Wiesbaden [2]2006

Luhmann, Niklas (1997), *Die Gesellschaft der Gesellschaft*, Frankfurt/M.

Luhmann, Niklas (2000), *Die Politik der Gesellschaft*, hrsg. v. André Kieserling, Frankfurt/M.

Lukács, Georg (1910), *Die Seele und die Formen. Essays*, Bielefeld 2011

Lukács, Georg (1911), *Entwicklungsgeschichte des modernen Dramas*, in: ders., *Georg Lukács Werke*, Bd. 15, hrsg. v. Frank Benseler, Darmstadt, Neuwied 1981

Lukács, Georg (1916), *Die Theorie des Romans. Ein geschichtsphilosophischer Versuch über die Formen der großen Epik*, in: ders., *Werkauswahl in Einzelbänden*, Bielefeld 2009

Lukács, Georg (1923), *Geschichte und Klassenbewußtsein. Studien über marxistische Dialektik*, in: ders., *Georg Lukács Werke*, Bd. 2, Neuwied 1981

Lukács, Georg (1923a), „Die Verdinglichung und das Bewußtsein des Proletariats", in: ders., *Georg Lukács Werke*, Bd. 2, Neuwied 1981, 257–397

Lukács, Georg (1948), *Der junge Hegel. Über die Beziehungen von Dialektik und Ökonomie*, in: ders., *Georg Lukács Werke*, Bd. 8, Neuwied 1967

Lukács, Georg (1954), *Die Zerstörung der Vernunft*, in: ders., *Georg Lukács Werke*, Bd. 9, Neuwied 1962

Lukács, Georg (1954a), *Der junge Hegel und die Probleme der kapitalistischen Gesellschaft*, hrsg. v. Wolfgang Harich, Berlin, Weimar [2]1986

Lukács, Georg (1963), *Die Eigenart des Ästhetischen, 1. Halbband*, in: ders., *Georg Lukács Werke*, Bd. 11, Neuwied

Lukács, Georg (1963a), *Die Eigenart des Ästhetischen, 2. Halbband*, in: ders., *Georg Lukács Werke*, Bd. 12, Neuwied

Lukács, Georg (1971), *Prolegomena. Zur Ontologie des gesellschaftlichen Seins, Halbband 1*, in: ders., *Georg Lukács Werke*, Bd. 13, Darmstadt, Neuwied 1984
Lukács, Georg (1971a), *Prolegomena. Zur Ontologie des gesellschaftlichen Seins, Halbband 2*, in: ders., *Georg Lukács Werke*, Bd. 14, Darmstadt, Neuwied 1986
Lütkehaus, Ludger (1986), „Die Teufelsbeweise", in: *Schopenhauer-Jahrbuch*, Bd. 67, 199–203
Lütkehaus, Ludger (1992), *Philosophieren nach Hiroshima. Über Günther Anders*, Frankfurt/M.
Lyotard, Jean-François (1979), *Das postmoderne Wissen. Ein Bericht*, übers. v. Otto Pfersmann, Wien ^{6}2009
Macho, Thomas (1992), „Der Skandal der Abwesenheit", Internetquelle [zuletzt eingesehen am 1. 4. 2012], zugänglich unter: http://wwwu.uni-klu.ac.at/hstockha/alt/trauer/macho.htm
MacIntyre, Alasdair (1981), *Der Verlust der Tugend. Zur moralischen Krise der Gegenwart*, übers. v. Wolfgang Riehl, Frankfurt/M. 2009
Maier, Hans (1996), Hg., *Totalitarismus und Politische Religionen. Konzepte des Diktaturvergleichs*, 3 Bde., Paderborn 1996–2003
Makita, Etsurō (1995), *Gadamer Bibliographie (1922–1994)*, Frankfurt/M. u. a.
Makkreel, Rudolf A. (1991), *Dilthey. Philosoph der Geisteswissenschaften*, Frankfurt/M.
Malcolm, Norman (1958), *Ludwig Wittgenstein – A Memoir*, Oxford 1984
Mall, Ram Adhar (1996), *Philosophie im Vergleich der Kulturen. Interkulturelle Philosophie – eine neue Orientierung*, Darmstadt
Mall, Ram Adhar (2008), „Karl Jaspers's Axial Age Theory: Its Relevance for Contemporary Cross-cultural Philosophy", in: Kurt Salamun u. Gregory J. Walters (Hg.), *Karl Jaspers's Philosophy. Expositions and Interpretations*, Amherst, New York, 219–242
Marbach, Eduard (1974), *Das Problem des Ich in der Phänomenologie Husserls*, Den Haag
Marcel, Gabriel (1933), *Die zerbrochene Welt*, in: ders., *Schauspiele in drei Bänden*, übers. v. Tanja Schauer-Wickmann u. a., hrsg. v. Hedwig Andertann, Bd. 1, Nürnberg 1962
Marcuse, Herbert (1932), *Hegels Ontologie und die Theorie der Geschichtlichkeit*, in: ders., *Schriften*, Bd. 2, Frankfurt/M. 1979
Marcuse, Herbert (1937), „Philosophie und kritische Theorie", in: ders., *Schriften*, Bd. 3, Frankfurt/M. 1979, 227–249
Marcuse, Herbert (1937a), „Über den affirmativen Charakter der Kultur", in: ders., *Schriften*, Bd. 3, Frankfurt/M. 1979, 118–126
Marcuse, Herbert (1941), *Vernunft und Revolution. Hegel und die Entstehung der Gesellschaftstheorie*, in: ders., *Schriften*, Bd. 4, Frankfurt/M. 1989
Marcuse, Herbert (1955), *Triebstruktur und Gesellschaft. Ein philosophischer Beitrag zu Sigmund Freud*, in: ders., *Schriften*, Bd. 5, Frankfurt/M. 1979
Marcuse, Herbert (1964), *Der eindimensionale Mensch. Ideologie der fortgeschrittenen Industriegesellschaft*, in: ders., *Schriften*, Bd. 7, Frankfurt/M. 1989
Marcuse, Herbert (1969), *Ideen zu einer kritischen Theorie der Gesellschaft*, Red. Günther Busch, Frankfurt/M. 1980
Marcuse, Herbert (1969a), *Versuch über die Befreiung*, in: ders., *Schriften*, Bd. 8, Frankfurt/M. 1984
Marcuse, Herbert (1972), *Konterrevolution und Revolte*, in: ders., *Schriften*, Bd. 9, Frankfurt/M. 1987
Marcuse, Herbert (2004), *Nachgelassene Schriften*, Bd. 4: *Die Studentenbewegung und ihre Folgen*, hrsg. v. Peter-Erwin Jansen, übers. v. Thomas Laugstien, Springe 2004
Marquard, Odo (1958), *Skeptische Methode im Blick auf Kant*, Freiburg/Br., München ^{3}1982
Marquard, Odo (1973), *Schwierigkeiten mit der Geschichtsphilosophie*, Frankfurt/M. ^{5}2002
Marquard, Odo (1981), *Abschied vom Prinzipiellen*, Stuttgart 2005
Marquard, Odo (1986), *Apologie des Zufälligen*, Stuttgart 2008
Marquard, Odo (1987), *Transzendentaler Idealismus, Romantische Naturphilosophie, Psychoanalyse*, Köln

Marquard, Odo (1994), „Zukunft und Herkunft. Bemerkungen zu Joachim Ritters Philosophie der Entzweiung", in: ders., *Skepsis und Zustimmung. Philosophische Studien*, Stuttgart 1994, 15–29

Marx, Karl (1859), *Zur Kritik der politischen Ökonomie*, in: ders. u. Friedrich Engels, *Werke*, Bd. 13, Berlin 1975, 3–160

Marx, Karl (1867), *Das Kapital. Zur Kritik der politischen Ökonomie*, Bd. 1, in: ders. u. Friedrich Engels, *Werke*, Berlin 1977

Marx, Karl (1903), „Einleitung zur Kritik der politischen Ökonomie. Aus dem handschriftlichen Nachlaß", in: ders. u. Friedrich Engels, *Werke*, Bd. 13, Berlin 1975, 613–645

Marx, Karl (1953), *Grundrisse der Kritik der politischen Ökonomie*, Berlin

Masson, Jeffrey M. (1984), *Was hat man dir, du armes Kind, getan? Sigmund Freuds Unterdrückung der Verführungstheorie*, übers. v. Barbara Brumm, Reinbek

May, Rollo u. a. (1958), Hg., *Existence. A New Dimension in Psychiatry und Psychology*, New York

McCarthy, Thomas A. (1978), *Kritik der Verständigungsverhältnisse. Zur Theorie von Jürgen Habermas*, übers. v. Max Looser, Frankfurt/M. 1989

McDowell, John (1994), *Geist und Welt*, übers. v. Thomas Blume, Frankfurt/M. 2001

McGuinness, Brian (1985), Hg., *Zurück zu Schlick*, übers. v. Joachim Schulte u. I. Heinemann, Wien

Mehring, Reinhard (2009), *Carl Schmitt. Aufstieg und Fall*, München

Meier, Heinrich (1996), *Die Denkbewegung von Leo Strauss. Die Geschichte der Philosophie und die Intention des Philosophen*, Stuttgart

Menke, Bettine (1991), *Sprachfiguren. Name, Allegorie, Bild*, München

Menninghaus, Winfried (1980), *Walter Benjamins Theorie der Sprachmagie*, Frankfurt/M.

Merleau-Ponty, Maurice (1955), *Die Abenteuer der Dialektik*, übers. v. Alfred Schmidt u. Herbert Schmitt, Frankfurt/M. 1974

Mertens, Lothar (2004), *Rote Denkfabrik? Die Akademie für Gesellschaftswissenschaften beim ZK der SED*, Münster

Mertens, Wolfgang (1997), *Psychoanalyse. Geschichte und Methoden*, München

Mertens, Wolfgang u. Haubl, Rolf (1996), *Der Psychoanalytiker als Archäologe. Eine Einführung in die Methode der Rekonstruktion*, Stuttgart, Berlin, Köln

Merz-Benz, Peter-Ulrich (1995), *Tiefsinn und Scharfsinn. Ferdinand Tönnies' begriffliche Konstitution der Sozialwelt*, Frankfurt/M.

Meyer-Abich, Klaus Michael (1982), Hg., *Physik, Philosophie und Politik. Festschrift für Carl Friedrich von Weizsäcker zum 70. Geburtstag*, München, Wien

Meyer-Palmedo, Ingeborg u. Fichtner, Gerhard (1989), *Freud-Bibliographie mit Werkkonkordanz*, Frankfurt/M. 1999

Misch, Georg (1923), „Vorbericht des Herausgebers", in: Wilhelm Dilthey, *Gesammelte Schriften*, Bd. V, Stuttgart, Göttingen ^{4}1964, VII–CXVII

Misch, Georg (1924), „Die Idee der Lebensphilosophie in der Theorie der Geisteswissenschaften", in: Frithjof Rodi u. Hans-Ulrich Lessing (Hg.), *Materialien zur Philosophie Wilhelm Diltheys*, Frankfurt/M. 1984, 132–146

Misch, Georg (1926), *Der Weg in die Philosophie. Eine philosophische Fibel*, Leipzig, Berlin

Misch, Georg (1930), *Lebensphilosophie und Phänomenologie. Eine Auseinandersetzung der Diltheyschen Richtung mit Heidegger und Husserl*, Darmstadt 1975

Misch, Georg (1950), *Der Weg in die Philosophie. Eine philosophische Fibel. 1. Teil, Der Anfang*, 2. stark erw. Aufl., Bern, München

Misch, Georg (1994), *Der Aufbau der Logik auf dem Boden der Philosophie des Lebens. Göttinger Vorlesungen über Logik und Einleitung in die Theorie des Wissens*, hrsg. v. Gudrun Kühne-Bertram u. Frithjof Rodi, Freiburg/Br., München

Misch, Georg (1999), *Logik und Einführung in die Grundlagen des Wissens. Die Macht der antiken Tradition in der Logik und die gegenwärtige Lage*, hrsg. v. Gudrun Kühne-Bertram, Sofia

Mitscherlich, Olivia (2007), *Natur und Geschichte. Helmuth Plessners in sich gebrochene Lebensphilosophie*, Berlin
Mittelstraß, Jürgen u. Riedel, Manfred (1978), Hg., *Vernünftiges Denken. Studien zur praktischen Philosophie und Wissenschaftstheorie*, Berlin, New York
Mittenzwei, Werner (1975), Hg., *Dialog und Kontroverse mit Georg Lukács. Der Methodenstreit deutscher sozialistischer Schriftsteller*, Leipzig
Mohanty, Jitendra N. (2008), *The Philosophy of Edmund Husserl. A Historical Development*, New Haven, London
Morgenstern, Martin (1992), *Nicolai Hartmann. Grundlinien einer wissenschaftlich orientierten Philosophie*, Tübingen
Morgenstern, Martin (1997), *Nicolai Hartmann zur Einführung*, Hamburg
Mormann, Thomas (1999), „Neuraths anticartesische Konzeption von Sprache und Wissenschaft", in: Elisabeth Nemeth u. Richard Heinrich (Hg.), *Otto Neurath: Rationalität, Planung, Vielfalt*, Wien, Berlin, 32–61
Mormann, Thomas (2000), *Rudolf Carnap*, München
Mouffe, Chantal (2005), *Über das Politische*, übers. v. Niels Neumeier, Frankfurt/M. 2009
Mülder-Bach, Inka (1985), *Siegfried Kracauer – Grenzgänger zwischen Theorie und Praxis. Seine frühen Schriften 1913–1933*, Stuttgart
Müller-Doohm, Stefan (2003), *Adorno. Eine Biographie*, Frankfurt/M.
Müller, Oliver (2005), *Sorge um die Vernunft. Hans Blumenbergs phänomenologische Anthropologie*, Paderborn
Mulligan, Kevin (1987), Hg., *Speech Act and Sachverhalt. Reinach and the Foundations of Realist Phenomenology*, Dordrecht
Munk, Reinier (2005), Hg., *Hermann Cohen's Critical Idealism*, Amsterdam
Münster, Arno (1977), Hg., *Tagträume vom aufrechten Gang. Sechs Interviews mit Ernst Bloch*, Frankfurt/M.
Natorp, Paul (1894), *Religion innerhalb der Grenzen der Humanität. Ein Kapitel zur Grundlegung der Sozialpädagogik*, Tübingen 1908
Natorp, Paul (1899), *Sozialpädagogik. Theorie der Willenserziehung auf der Grundlage der Gemeinschaft*, Stuttgart 1904
Natorp, Paul (1903), *Philosophische Propädeutik. Allgemeine Einleitung in die Philosophie und Anfangsgründe der Logik, Ethik und Psychologie in Leitsätzen zu akademischen Vorlesungen*, Marburg 1914
Natorp, Paul (1911), *Philosophie – ihr Problem und ihre Probleme. Einführung in den kritischen Idealismus*, hrsg. v. Karl-Heinz Lembeck, Göttingen 1929
Natorp, Paul (1920), *Sozialidealismus. Neue Richtlinien sozialer Erziehung*, Berlin
Negt, Oskar (1988), *Alfred Sohn-Rethel*, Bremen
Neißer, Barbara (1998), Hg., *Zwischen Kant und Hare. Eine Evaluation der Ethik Leonard Nelsons*, Frankfurt/M.
Nelson, Leonard (1917), *Kritik der praktischen Vernunft*, in: ders., *Gesammelte Schriften in neun Bänden*, Bd. 4, Hamburg 1972
Nelson, Leonard (1924), *System der philosophischen Rechtslehre und Politik*, in: ders., *Gesammelte Schriften in neun Bänden*, Bd. 6, Hamburg 1976
Nelson, Leonard (1932), *System der philosophischen Ethik und Pädagogik*, in: ders., *Gesammelte Schriften in neun Bänden*, Bd. 5, Hamburg 1970
Nemeth, Elisabeth (2011), „Scientific attitude and Picture Language. Otto Neurath on Visualization in Social Sciences", in: Richard Heinrich u. a. (Hg.), *Image and Imaging in Philosophy, Science and the Arts. Proceedings of the 33rd Wittgenstein-Symposium in Kirchberg*, Frankfurt/M., 59–83
Nemeth, Elisabeth u. Roudet, Nicolas (2005), Hg., *Paris – Wien. Enzyklopädien im Vergleich*, Veröffentlichungen des Instituts Wiener Kreis, Bd. 13, Wien, New York

Nemeth, Elisabeth u. Stadler, Friedrich (1996), Hg., *Encyclopedia and Utopia. The Life and Work of Otto Neurath (1882–1945)*, Vienna Circle Institute Yearbook, Bd. 4, Dordrecht, Boston, London

Nemeth, Elisabeth, Schmitz, Stefan u. Uebel, Thomas E. (2007), Hg., *Otto Neurath's Economics in Context*, Vienna Circle Yearbook, Bd. 13, Dordrecht, Boston, London

Neuhaus, Gisela u. Neuhaus, Manfred (2008), Hg., *In Memoriam Helmut Seidel*, Leipzig

Neumann, Franz (1937), „Der Funktionswandel des Gesetzes im Recht der bürgerlichen Gesellschaft", in: ders., *Demokratischer und autoritärer Staat*, hrsg. v. Herbert Marcuse, Frankfurt/M. 1967, 31–81

Neumann, Ulfrid (2005), „Ralf Dreiers Radbruch", in: Robert Alexy (Hg.), *Integratives Verstehen*, Tübingen, 141–158

Neurath, Otto (1911), „Nationalökonomie und Wertlehre, eine systematische Untersuchung", in: ders., *Gesammelte Schriften*, Bd. 4: *Gesammelte ökonomische, soziologische und sozialpolitische Schriften*, hrsg. v. Rudolf Haller u. Ulf Hoefer, Wien 1998, 470–518

Neurath, Otto (1913), „Die Verirrten des Cartesius und das Auxiliarmotiv. Zur Psychologie des Entschlusses" in: ders., *Gesammelte Schriften*, Bd. 1: *Gesammelte philosophische und methodologische Schriften*, hrsg. v. Rudolf Haller u. Heiner Rutte, Wien 1981, 57–68

Neurath, Otto (1931), *Empirische Soziologie. Der wissenschaftliche Gehalt der Geschichte und Nationalökonomie*, in: ders., *Gesammelte Schriften*, Bd. 1: *Gesammelte philosophische und methodologische Schriften*, hrsg. v. Rudolf Haller u. Heiner Rutte, Wien 1981, 423–527

Neurath, Otto (1931a), „Bildstatistik nach Wiener Methode", in: ders., *Gesammelte Schriften*, Bd. 3: *Gesammelte bildpädagogische Schriften*, hrsg. v. Rudolf Haller u. Robin Kinross, Wien 1991, 182–191

Neurath, Otto (1932), „Protokollsätze", in: ders., *Gesammelte Schriften*, Bd. 2: *Gesammelte philosophische und methodologische Schriften*, hrsg. v. Rudolf Haller u. Heiner Rutte, Wien 1981, 577–585

Neurath, Otto (1935), „Pseudorationalismus der Falsifikation", in: ders., *Gesammelte Schriften*, Bd. 2: *Gesammelte philosophische und methodologische Schriften*, hrsg. v. Rudolf Haller u. Heiner Rutte, Wien 1981, 635–644

Neurath, Otto (1935a), „Einzelwissenschaften, Einheitswissenschaft, Pseudorationalismus", in: ders., *Gesammelte Schriften*, Bd. 2: *Gesammelte philosophische und methodologische Schriften*, hrsg. v. Rudolf Haller u. Heiner Rutte, Wien 1981, 703–711

Neurath, Otto (1936), „Die Enzyklopädie als ‚Modell'", in: ders., *Gesammelte Schriften*, Bd. 2: *Gesammelte philosophische und methodologische Schriften*, hrsg. v. Rudolf Haller u. Heiner Rutte, Wien 1981, 725–738

Neurath, Otto (1937), „Inventory of the Standard of Living", in: ders., *Economic Writings. Selections 1904–1945*, hrsg. v. Thomas E. Uebel u. Robert S. Cohen, Dordrecht, Boston, London 2004, 513–526

Neurath, Otto (1945), *Visual Education. Humanisation versus Popularisation*, hrsg. v. Juha Manninen, in: *Encyclopedia and Utopia. The Life and Work of Otto Neurath (1882–1945)*, Vienna Circle Institute Yearbook, Bd. 4, Dordrecht, Boston, London 1996, 245–335

Neurath, Otto (1979), *Wissenschaftliche Weltauffassung, Sozialismus und logischer Empirismus*, hrsg. v. Rainer Hegselmann, Frankfurt/M.

Neurath, Otto (2010), *From hieroglyphics to Isotype: a visual autobiography*, hrsg. v. Matthew Eve u. Christopher Burke, London

Neurath, Paul u. Nemeth, Elisabeth (1994), Hg., *Otto Neurath oder die Einheit von Wissenschaft und Gesellschaft*, Wien, Köln, Weimar

Nida-Rümelin, Julian u. Özmen, Elif (2007), Hg., *Klassiker der Philosophie des 20. Jahrhunderts*, München

Nielsen, Camilla R. u. Uebel, Thomas E. (1999), „Zwei Utopisten in einer gesellschaftlichen Revolution", in: Elisabeth Nemeth u. Richard Heinrich (Hg.), *Otto Neurath: Rationalität, Planung, Vielfalt*, Wien, Berlin, 62–95

Niethammer, Lutz (1989), *Posthistoire. Ist die Geschichte zu Ende?*, Reinbek
Nietzsche, Friedrich (1883), *Also sprach Zarathustra. Ein Buch für Alle und Keinen. Erster Teil*, in: ders., *Sämtliche Werke. Kritische Studienausgabe in 15 Bänden*, Bd. 4, hrsg. v. Giorgio Colli u. Mazzino Montinari, München, Berlin, New York 1980
Niquet, Marcel (2002), *Moralität und Befolgungsgültigkeit. Prolegomena zu einer realistischen Diskurstheorie der Moral*, Würzburg
Nissing, Hanns-Gregor (2008), Hg., *Grundvollzüge der Person. Dimensionen des Menschseins bei Robert Spaemann*, München
O'Neill, John (1999), „Socialism, Ecology, and Austrian Economics", in: Elisabeth Nemeth u. Richard Heinrich (Hg.), *Otto Neurath: Rationalität, Planung, Vielfalt*, Wien, Berlin, 123–145
Oben, Freda Mary (1979), *An annotated edition of Edith Stein's papers on woman*, Diss., Catholic University of America
Oberheim, Eric (2006), *Feyerabend's Philosophy*, Berlin u. a.
Oberkofler, Gerhard (1996), Hg., *Philosophie im Zeichen der Vernunft. Festgabe für Manfred Buhr zum 70. Geburtstag*, Innsbruck, Wien
Oevermann, Ulrich (2004), „Adorno als empirischer Sozialforscher im Blickwinkel der heutigen Methodenlage", in: ders. (Hg.), *Die Lebendigkeit der kritischen Gesellschaftstheorie. Dokumentation der Arbeitstagung aus Anlass des 100. Geburtstages von Theodor W. Adorno. Johann Wolfgang Goethe-Universität Frankfurt/Main, 4.–6. Juli 2003*, Wetzlar, 189–234
Orsoni, Claude (1981), „Karl Korsch und die russische Revolution", in: Michael Buckmiller (Hg.), *Zur Aktualität von Karl Korsch*, Frankfurt/M., 89–106
Orth, Ernst Wolfgang (1991), „Philosophische Anthropologie als Erste Philosophie. Ein Vergleich zwischen Ernst Cassirer und Helmuth Plessner", in: *Dilthey-Jahrbuch für Philosophie und Geschichte der Geisteswissenschaften*, Bd. 7, Göttingen 1990–91, 250–274
Osterkamp, Frank (2005), *Gemeinschaft und Gesellschaft: Über die Schwierigkeiten einen Unterschied zu machen. Zur Rekonstruktion des primären Theorieentwurfs von Ferdinand Tönnies*, Berlin
Ottmann, Henning (1990), „Carl Schmitt – Leben und Werke", in: Karl Graf Ballestrem u. Henning Ottmann (Hg.), *Politische Philosophie des 20. Jahrhunderts*, München, 61–87
Ottmann, Henning (1991), „Joachim Ritter", in: Julian Nida-Rümelin (Hg.), *Philosophie der Gegenwart in Einzeldarstellungen. Von Adorno bis v. Wright*, Stuttgart, 504–509
Owen, David (1994), *Maturity and Modernity: Nietzsche, Weber, Foucault, and the Ambivalence of Reason*, London, New York 1994
Pagel, Gerda (1984), *Narziß und Prometheus. Die Theorie der Phantasie bei Freud und Gehlen*, Würzburg
Pangle, Thomas L. (2006), *Leo Strauss: An Introduction to his Thought and Intellectual Legacy*, Baltimore
Patzig, Günther (1974), „Josef König. 24. 2. 1893–17. 3. 1974 (Nachruf)", in: *Jahrbuch der Akademie der Wissenschaften in Göttingen 1974*, 78–83
Paul, Jean (1967), *Kritik des philosophischen Egoismus. Belegt durch Texte und Briefstellen Jean Pauls im Anhang*, hrsg. v. Wolfgang Harich, Frankfurt/M. 1968
Paulson, Stanley L. u. Stolleis, Michael (2005), Hg., *Hans Kelsen – Staatsrechtslehrer und Rechtstheoretiker des 20. Jahrhunderts*, Tübingen
Pausch, Eberhard Martin (1995), *Wahrheit zwischen Erschlossenheit und Verantwortung. Die Rezeption und Transformation der Wahrheitskonzeption Martin Heideggers in der Theologie Rudolf Bultmanns*, Berlin
Peach, Filiz (2008), *Death, ‚Deathlessness' and Existenz in Karl Jaspers' Philosophy*, Edinburgh
Pears, David (1987), *The False Prison. A study of the development of Wittgenstein's philosophy*, Bd. 1, Oxford
Pears, David (1988), *The False Prison. A study of the development of Wittgenstein's philosophy*, Bd. 2, Oxford

Peckhaus, Volker (2005), Hg., *Oskar Becker und die Philosophie der Mathematik*, München
Pfeiffer, Alexandra Elisabeth (2005), *Hedwig Conrad-Martius. Eine phänomenologische Sicht auf Natur und Welt*, Würzburg
Pieper, Josef (1933), *Thesen zur Gesellschaftspolitik. Die Grundgedanken der Enzyklika Quadragesimo anno*, in: ders., *Werke*, hrsg. v. Berthold Wald, Bd. 9, Hamburg 2004
Pieper, Josef (1934), *Vom Sinn der Tapferkeit*, in: ders., *Werke*, hrsg. v. Berthold Wald, Bd. 4, Hamburg ^{2}2006
Pieper, Josef (1935), *Über die Hoffnung*, in: ders., *Werke*, hrsg. v. Berthold Wald, Bd. 4, Hamburg ^{2}2006
Pieper, Josef (1937), *Traktat über die Klugheit*, in: ders., *Werke*, hrsg. v. Berthold Wald, Bd. 4, Hamburg ^{2}2006
Pieper, Josef (1939), *Zucht und Maß*, in: ders., *Werke*, hrsg. v. Berthold Wald, Bd. 4, Hamburg ^{2}2006
Pieper, Josef (1948), *Muße und Kult*, in: ders., *Werke*, hrsg. v. Berthold Wald, Bd. 6, Hamburg ^{2}2012
Pieper, Josef (1948a), *Was heißt philosophieren? Vier Vorlesungen*, in: ders., *Werke*, hrsg. v. Berthold Wald, Bd. 3, Hamburg 2004
Pieper, Josef (1950), *Über das Ende der Zeit. Eine geschichtsphilosophische Betrachtung*, in: ders., *Werke*, hrsg. v. Berthold Wald, Bd. 6, Hamburg ^{2}2012
Pieper, Josef (1953), *Über die Gerechtigkeit*, in: ders., *Werke*, hrsg. v. Berthold Wald, Bd. 4, Hamburg ^{2}2006
Pieper, Josef (1959), „Muße und menschliche Existenz", in: ders., *Werke*, hrsg. v. Berthold Wald, Bd. 8.2, Hamburg 2008, 453–458
Pieper, Josef (1962), *Über den Glauben. Ein philosophischer Traktat*, in: ders., *Werke*, hrsg. v. Berthold Wald, Bd. 4, Hamburg ^{2}2006
Pieper, Josef (1967), *Hoffnung und Geschichte. Fünf Salzburger Vorlesungen*, in: ders., *Werke*, hrsg. v. Berthold Wald, Bd. 6, Hamburg ^{2}2012
Pieper, Josef (1972), *Über die Liebe*, in: ders., *Werke*, hrsg. v. Berthold Wald, Bd. 4, Hamburg ^{2}2006
Pieper, Josef (1999), *Werke*, hrsg. v. Berthold Wald, Bd. 6: *Kulturphilosophische Schriften*, Hamburg ^{2}2012
Pieper, Josef (2000), *Werke*, hrsg. v. Berthold Wald, Bd. 7: *Religionsphilosophische Schriften*, Hamburg
Pieper, Josef (2001), *Werke*, hrsg. v. Berthold Wald, Bd. 2: *Darstellungen und Interpretationen: Thomas von Aquin und die Scholastik*, Hamburg
Pieper, Josef (2002), *Werke*, hrsg. v. Berthold Wald, Bd. 1: *Darstellungen und Interpretationen: Platon*, Hamburg
Pieper, Josef (2004), *Werke*, hrsg. v. Berthold Wald, Bd. 3: *Schriften zum Philosophiebegriff*, Hamburg
Pieper, Josef (2004a), *Werke*, hrsg. v. Berthold Wald, Bd. 9 (Ergänzungsband 1): *Frühe soziologische Schriften*, Hamburg
Pieper, Josef (2007), *Werke*, hrsg. v. Berthold Wald, Bd. 5: *Schriften zur Philosophischen Anthropologie und Ethik: Grundstrukturen menschlicher Existenz*, Hamburg
Pieper, Josef (2008), „Gesamtbibliographie", in: ders., *Werke*, hrsg. v. Berthold Wald, Bd. 8.2, Hamburg, 749–815
Pietrowicz, Stefan (1992), *Helmuth Plessner. Genese und System seines philosophisch-anthropologischen Denkens*, Freiburg/Br., München
Pitsch, Reinhard u. Dornuf, Stefan (1999), Hg., *Wolfgang Harich zum Gedächtnis. Eine Gedenkschrift in zwei Bänden*, München
Plessner, Helmuth (1918), *Krisis der transzendentalen Wahrheit im Anfang*, in: ders., *Gesammelte Schriften*, Bd. 1, hrsg. v. Günter Dux, Frankfurt/M. 1980
Plessner, Helmuth (1923), *Die Einheit der Sinne. Grundlinien einer Ästhesiologie des Geistes*, in: ders., *Gesammelte Schriften*, Bd. 3, hrsg. v. Günter Dux, Frankfurt/M. 1980, 7–315

Plessner, Helmuth (1924), *Grenzen der Gemeinschaft. Eine Kritik des sozialen Radikalismus*, in: ders., *Gesammelte Schriften*, Bd. 5, hrsg. v. Günter Dux, Frankfurt/M. 1981, 7-133

Plessner, Helmuth (1928), *Die Stufen des Organischen und der Mensch. Einleitung in die philosophische Anthropologie*, in: ders., *Gesammelte Schriften*, Bd. 4, hrsg. v. Günter Dux, Frankfurt/M. 1981

Plessner, Helmuth (1931), *Macht und menschliche Natur. Ein Versuch zur Anthropologie der geschichtlichen Weltansicht*, in: ders., *Gesammelte Schriften*, Bd. 5, hrsg. v. Günter Dux, Frankfurt/M. 1981

Plessner, Helmuth (1937), „Die Aufgabe der Philosophischen Anthropologie", in: ders., *Gesammelte Schriften*, Bd. 8, hrsg. v. Günter Dux, Frankfurt/M. 1983, 33-51

Plessner, Helmuth (1939), „Deutsches Philosophieren in der Epoche der Weltkriege", in: ders., *Gesammelte Schriften*, Bd. 9, hrsg. v. Günter Dux, Frankfurt/M. 1985, 263-299

Plessner, Helmuth (1941), *Lachen und Weinen. Eine Untersuchung der Grenzen menschlichen Verhaltens*, in: ders., *Gesammelte Schriften*, Bd. 7, hrsg. v. Günter Dux, Frankfurt/M. 1982

Plessner, Helmuth (1950), „Das Lächeln", in: ders., *Gesammelte Schriften*, Bd. 7, hrsg. v. Günter Dux, Frankfurt/M. 1982, 419-434

Plessner, Helmuth (1953), „Mit anderen Augen", in: ders., *Gesammelte Schriften*, Bd. 8, hrsg. v. Günter Dux, Frankfurt/M. 1983, 88-104

Plessner, Helmuth (1959), *Die verspätete Nation. Über die Verführbarkeit bürgerlichen Geistes*, in: ders., *Gesammelte Schriften*, Bd. 6, hrsg. v. Günter Dux, Frankfurt/M. 1982

Plessner, Helmuth (1960), „Das Problem der Öffentlichkeit und die Idee der Entfremdung", in: ders., *Gesammelte Schriften*, Bd. 10, hrsg. v. Günter Dux, Frankfurt/M. 1985, 212-226

Plessner, Helmuth (1969), „Homo absconditus", in: ders., *Gesammelte Schriften*, Bd. 8, hrsg. v. Günter Dux, Frankfurt/M. 1983, 353-366

Plessner, Helmuth (1970), *Anthropologie der Sinne*, in: ders., *Gesammelte Schriften*, Bd. 3, hrsg. v. Günter Dux, Frankfurt/M. 1980

Plessner, Helmuth (1975), „Selbstdarstellung", in: ders., *Gesammelte Schriften*, Bd. 10, hrsg. v. Günter Dux, Frankfurt/M. 1985, 302-341

Pöggeler, Otto (1963), *Der Denkweg Martin Heideggers*, Stuttgart 1994

Pöggeler, Otto (2009), *Philosophie und hermeneutische Theologie. Heidegger, Bultmann und die Folgen*, München

Pöhlmann, Egert (1970), „Der Mensch – ein Mängelwesen? Zum Nachwirken antiker Anthropologie bei Arnold Gehlen", in: *Archiv für Kulturgeschichte*, 52, 297-312

Pollock, Friedrich (1933), „Die gegenwärtige Lage des Kapitalismus und die Aussichten einer planwirtschaftlichen Ordnung", in: ders., *Stadien des Kapitalismus*, hrsg. v. Helmut Dubiel, München 1975, 20-39

Pongratz, Ludwig J. (1997), „Die Kontroverse zwischen Wilhelm Wundt (1832-1920) und Karl Bühler (1879-1963): Analyse einer Wende der Psychologie", in: *Brentano-Studien*, 7, 255-266

Popper, Karl R. (1935), *Logik der Forschung. Zur Erkenntnistheorie der modernen Naturwissenschaft*, in: ders., *Gesammelte Werke*, Bd. 3, hrsg. v. Herbert Keuth, Tübingen ^{11}2005

Popper, Karl R. (1944) *Das Elend des Historizismus*, in: ders., *Gesammelte Werke*, Bd. 4, hrsg. v. Hubert Kiesewetter, Tübingen ^{7}2003

Popper, Karl R. (1945), *Die offene Gesellschaft und ihre Feinde*, Bd. I: *Der Zauber Platons*, in: ders., *Gesammelte Werke*, Bd. 5, hrsg. v. Hubert Kiesewetter, Tübingen ^{8}2003

Popper, Karl R. (1945a), *Die offene Gesellschaft und ihre Feinde*, Bd. II: *Falsche Propheten. Hegel, Marx und die Folgen*, in: ders., *Gesammelte Werke*, Bd. 6, hrsg. v. Hubert Kiesewetter, Tübingen ^{8}2003

Popper, Karl R. (1963), *Vermutungen und Widerlegungen*, in: ders., *Gesammelte Werke*, Bd. 10, hrsg. v. Herbert Keuth, Tübingen ^{2}2009

Popper, Karl R. (1972), *Objektive Erkenntnis. Ein evolutionärer Entwurf*, Hamburg 1973

Popper, Karl R. (1974), *Ausgangspunkte. Meine intellektuelle Entwicklung*, Hamburg 1979
Popper, Karl R. (1979), *Die beiden Grundprobleme der Erkenntnistheorie*, hrsg. v. Troels Eggers Hansen, Tübingen
Popper, Karl R. (1982), *Das offene Universum. Ein Argument für den Indeterminismus*, in: ders., *Gesammelte Werke*, Bd. 8, hrsg. v. William W. Bartley, Tübingen 2001
Popper, Karl R. (1982a), *Die Quantentheorie und das Schisma der Physik*, in: ders., *Gesammelte Werke*, Bd. 9, hrsg. v. William W. Bartley, Tübingen 2001
Popper, Karl R. (1983), *Realismus und das Ziel der Wissenschaft*, in: ders., *Gesammelte Werke*, Bd. 7, hrsg. v. William W. Bartley, Tübingen 2002
Popper, Karl R. (1990), *Eine Welt der Propensitäten*, Tübingen 1995
Popper, Karl R. (1994), *The Myth of the Framework. In Defence of Science and Rationality*, hrsg. v. M. A. Notturno, London, New York
Popper, Karl R. (1994a), *Knowledge and the Body-Mind Problem. In Defence of Interaction*, hrsg. v. M. A. Notturno, London, New York
Popper, Karl R. u. Eccles, John C. (1977), *Das Ich und sein Gehirn*, München, Zürich [9]1990
Preglauer, Jacob (1915), *Der ontologische Teufelsbeweis*, Wien
Preston, John (1997), *Feyerabend. Philosophy, Science and Society*, Cambridge u. a.
Price, Geoffrey L. (2001), *Eric Voegelin. International Bibliography 1921–2000*, München
Prokop, Siegfried (1997), *Ich bin zu früh geboren. Auf den Spuren Wolfgang Harichs*, Berlin
Putnam, Hilary (1978), *Meaning and the Moral Sciences*, Boston u. a.
Putnam, Hilary (1992), *Für eine Erneuerung der Philosophie*, übers. v. Joachim Schulte, Stuttgart 1997
Quine, Willard Van Orman (1960), *Wort und Gegenstand*, übers. v. Joachim Schulte in Zsarb. m. Dieter Birnbacher, Stuttgart 1998
Rabanus, Christian (2000), Hg., *Primärbibliographie der Schriften Karl Jaspers'*, Tübingen, Basel
Rabinbach, Anson (1997), *In the Shadow of Catastrophe. German Intellectuals between Apocalypse and Enlightenment*, Berkeley
Radbruch, Gustav (1911), „Rezension zu Hans Kelsen, Über Grenzen zwischen juristischer und soziologischer Methode", in: ders., *Gesamtausgabe*, Bd. 1, hrsg. v. Arthur Kaufmann, Heidelberg 1987, 519–520
Radbruch, Gustav (1914), *Grundzüge der Rechtsphilosophie*, in: ders., *Gesamtausgabe*, Bd. 2, hrsg. v. Arthur Kaufmann, Heidelberg 1993
Radbruch, Gustav (1932), *Rechtsphilosophie*, in: ders., *Gesamtausgabe*, Bd. 2, hrsg. v. Arthur Kaufmann, Heidelberg 1993
Radbruch, Gustav (1946), „Gesetzliches Unrecht und übergesetzliches Recht", in: ders., *Gesamtausgabe*, Bd. 3, hrsg. v. Winfried Hassemer, Heidelberg 1990, 83–93
Radbruch, Gustav (1946a), „Herrmann Kantorowicz †", in: ders., *Gesamtausgabe*, Bd. 16, hrsg. v. Günter Spendel, Heidelberg 1988, 75–88
Radbruch, Gustav (1948), „Vorschule der Rechtsphilosophie", in: ders., *Gesamtausgabe*, Bd. 3, hrsg. v. Winfried Hassemer, 121–227
Radkau, Joachim (2005), *Max Weber. Die Leidenschaft des Denkens*, München
Rauh, Hans-Christoph (1991), Hg., *Gefesselter Widerspruch. Die Affäre um Peter Ruben*, Berlin
Rauh, Hans-Christoph (2009), „Ein akademisches Zentralinstitut für Philosophie als ‚Platzverwalter der Vernunft'. Versuch einer Dokumentation", in: ders. u. Hans-Martin Gerlach (Hg.), *Ausgänge. Zur DDR-Philosophie in den 70er und 80er Jahren*, Berlin, 663–683
Recki, Birgit (2004), *Kultur als Praxis. Eine Einführung in Ernst Cassirers Philosophie der symbolischen Formen*, Berlin
Redeker, Hans (1993), *Helmuth Plessner oder die verkörperte Philosophie*, Berlin
Reemtsma, Jan Philipp (1999), „Laudatio für Saul Friedländer", in: Saul Friedländer u. Jan Philipp Reemtsma (Hg.), *Gebt der Erinnerung Namen. Zwei Reden*, München [2]2007, 27–40
Reese-Schäfer, Walter (1990), *Karl-Otto Apel zur Einführung*, Hamburg

Reese-Schäfer, Walter (1991), *Jürgen Habermas*, Frankfurt/M., New York 2001
Reese-Schäfer, Walter (1992), *Niklas Luhmann zur Einführung*, Hamburg 2011
Rehberg, Karl-Siegbert (1990), „Eine Grundlagentheorie der Institutionen: Arnold Gehlen. Mit systematischen Schlußfolgerungen für eine kritische Institutionentheorie", in: Gerhard Göhler, Kurt Lenk u. Rainer Schmalz-Bruns (Hg.), *Die Rationalität politischer Institutionen. Interdisziplinäre Perspektiven*, Wiesbaden, 115–144
Rehberg, Karl-Siegbert (1990a), „Zurück zur Kultur? Arnold Gehlens anthropologische Grundlegung der Kulturwissenschaften", in: Helmut Brackert u. Fritz Wefelmeyer (Hg.), *Kultur. Bestimmungen im 20. Jahrhundert*, Frankfurt/M., 276–316
Rehberg, Karl-Siegbert (1994), „Existentielle Motive im Werk Arnold Gehlens. ,Persönlichkeit' als Schlüsselkategorie der Gehlenschen Anthropologie und Sozialtheorie", in: Helmut Klages u. Helmut Quaritsch (Hg.), *Zur geisteswissenschaftlichen Bedeutung Arnold Gehlens. Vorträge und Diskussionsbeiträge des Sonderseminars 1989 der Hochschule für Verwaltungswissenschaften Speyer*, Berlin, 491–530 [Aussprache: 531–542]
Rehberg, Karl-Siegbert (1994a), „Ein postmodernes Ende der Geschichte? Anmerkungen zum Verhältnis zweier Diskurse", in: Michael Th. Greven, Peter Kühler u. Manfred Schmitz (Hg.), *Politikwissenschaft als Kritische Theorie. Festschrift für Kurt Lenk*, Wiesbaden, 257–285
Rehberg, Karl-Siegbert (1994b), „Arnold-Gehlen-Bibliographie", in: Helmut Klages u. Helmut Quaritsch (Hg.), *Zur geisteswissenschaftlichen Bedeutung Arnold Gehlens. Vorträge und Diskussionsbeiträge des Sonderseminars 1989 der Hochschule für Verwaltungswissenschaften Speyer*, Berlin, 899–1001
Rehberg, Karl-Siegbert (1995), „Natur und Sachhingabe. Jean-Jacques Rousseau, die Anthropologie und ,Das Politische' im Deutschland des 20. Jahrhunderts", in: Herbert Jaumann (Hg.), *Rousseau in Deutschland*, Berlin, New York, 221–265
Rehberg, Karl-Siegbert (1996), Hg., *Norbert Elias und die Menschenwissenschaften. Studien zur Entstehung und Wirkungsgeschichte seines Werkes*, Frankfurt/M.
Rehberg, Karl-Siegbert (2000), „Kommunistische und konservative Bejahungen der Institutionen – Eine Brief-Freundschaft", in: Stefan Dornuf u. Reinhard Pitsch (Hg.), *Wolfgang Harich zum Gedächtnis*, Bd. II, München, 440–486
Rehberg, Karl-Siegbert (2010), „Wider Arnold Gehlens ,Austreibung' aus der Philosophischen Anthropologie", in: Ralf Becker, Joachim Fischer u. Matthias Schloßberger (Hg.), *Philosophische Anthropologie im Aufbruch. Max Scheler und Helmuth Plessner im Vergleich* [= Internationales Jahrbuches für Philosophische Anthropologie, Bd. 2], Berlin, 175–195
Reichenbach, Hans (1928), *Philosophie der Raum-Zeit-Lehre*, in: ders., *Gesammelte Werke*, Bd. 2, hrsg. v. Andreas Kamlah u. Maria Reichenbach, Braunschweig 1977
Reichenbach, Hans (1935), *Wahrscheinlichkeitslehre*, in: ders., *Gesammelte Werke*, Bd. 7, hrsg. v. Andreas Kamlah u. Maria Reichenbach, Braunschweig 1994
Reichenbach, Hans (1938), *Erfahrung und Prognose*, übers. v. Maria Reichenbach u. Hermann Vetter, in: ders., *Gesammelte Werke*, Bd. 4, hrsg. v. Andreas Kamlah u. Maria Reichenbach, Braunschweig 1983
Reichenbach, Hans (1944), *Philosophische Grundlagen der Quantenmechanik und Wahrscheinlichkeit*, übers. v. Maria Reichenbach, in: ders., *Gesammelte Werke*, Bd. 5, hrsg. v. Andreas Kamlah u. Maria Reichenbach, Braunschweig 1989
Reijen, Willem van u. Doorn, Herman van (2001), *Aufenthalte und Passagen. Leben und Werk Walter Benjamins. Eine Chronik*, Frankfurt/M.
Reinach, Adolf (1905), *Über den Ursachenbegriff im geltenden Strafrecht*, in: ders., *Sämtliche Werke. Textkritische Ausgabe in 2 Bänden*, Bd. 1, hrsg. v. Karl Schuhmann u. Barry Smith, München 1989
Reinach, Adolf (1911), *Zur Theorie des negativen Urteils*, in: ders., *Sämtliche Werke. Textkritische Ausgabe in 2 Bänden*, Bd. 1, hrsg. v. Karl Schuhmann u. Barry Smith, München 1989

Reinach, Adolf, (1913), *Die apriorischen Grundlagen des bürgerlichen Rechtes*, in: ders., *Sämtliche Werke. Textkritische Ausgabe in 2 Bänden*, Bd. 1, hrsg. v. Karl Schuhmann u. Barry Smith, München 1989

Reinach, Adolf, (1914), „Über Phänomenologie", in: ders., *Sämtliche Werke. Textkritische Ausgabe in 2 Bänden*, Bd. 1, hrsg. v. Karl Schuhmann u. Barry Smith, München 1989, 531–550

Re Manning, Russel (2009), *The Cambridge Companion to Paul Tillich*, Cambridge

Renn, Joachim (2006), *Übersetzungsverhältnisse. Perspektiven einer pragmatischen Gesellschaftstheorie*, Weilerswist

Richter, Norbert Axel (2005), *Grenzen der Ordnung. Bausteine einer Philosophie des politischen Handelns nach Plessner und Foucault*, Frankfurt/M., New York

Rickert, Heinrich (1892), *Der Gegenstand der Erkenntnis. Einführung in die Transzendentalphilosophie*, 6. verb. Aufl. Tübingen 1928

Rickert, Heinrich (1896), *Die Grenzen der naturwissenschaftlichen Begriffsbildung. Eine logische Einleitung in die historischen Wissenschaften*, hrsg. v. Rainer A. Bast, Hildesheim 2007

Rickert, Heinrich (1899), *Kulturwissenschaft und Naturwissenschaft*, hrsg. v. Friedrich Vollhardt, Stuttgart 1986

Rickert, Heinrich (1912), *Das Eine, die Einheit und die Eins. Bemerkungen zur Logik des Zahlbegriffs*, 2. Aufl. Tübingen 1924

Rickert, Heinrich (1920), *Die Philosophie des Lebens. Darstellung und Kritik der philosophischen Modeströmungen unserer Zeit*, 2. Aufl. Tübingen 1922

Rickert, Heinrich (1921), *System der Philosophie*, Bd. 1: *Allgemeine Grundlegung der Philosophie*, Tübingen

Rickert, Heinrich (1930), *Die Logik des Prädikats und das Problem der Ontologie*, Heidelberg

Rickert, Heinrich (1932), „Geschichte und System der Philosophie", in: ders., *Philosophische Aufsätze*, hrsg. v. Rainer A. Bast, Tübingen 1999, 231–317

Rickert, Heinrich (1934), *Grundprobleme der Philosophie. Methodologie, Ontologie, Anthropologie*, Tübingen

Ricœur, Paul (1965), *Die Interpretation. Ein Versuch über Freud*, übers. v. Eva Moldenhauer, Frankfurt/M. 2004

Ricœur, Paul (1986), „Herméneutique et critique des idéologies", in: ders., *Du texte à l'action. Essais d'herméneutique II*, Paris, 333–377

Riedel, Manfred (1971), Hg., *Rehabilitierung der praktischen Philosophie*, Freiburg/Br.

Riedel, Manfred (1994), *Tradition und Utopie. Ernst Blochs Philosophie im Licht unserer geschichtlichen Denkerfahrung*, Frankfurt/M.

Ries, Wiebrecht (1992), *Karl Löwith*, Stuttgart

Ritter, Joachim (1927), *Docta ignorantia. Die Theorie des Nichtwissens bei Nicolaus Cusanus*, Leipzig

Ritter, Joachim (1937), *Mundus intelligibilis. Eine Untersuchung zur Aufnahme und Umwandlung der neuplatonischen Ontologie bei Augustinus*, Frankfurt/M. ²2002

Ritter, Joachim (1956), „Europäisierung als europäisches Problem", in: ders., *Metaphysik und Politik. Studien zu Aristoteles und Hegel*, erw. Neuaufl. Frankfurt/M. 2003, 321–340

Ritter, Joachim (1957), „Hegel und die Französische Revolution", in: ders., *Metaphysik und Politik. Studien zu Aristoteles und Hegel*, erw. Neuaufl. Frankfurt/M. 2003, 183–233

Ritter, Joachim (1961), „Subjektivität und industrielle Gesellschaft. Zu Hegels Theorie der Subjektivität", in: ders., *Subjektivität. Sechs Aufsätze*, Frankfurt/M. 1989, 11–35

Ritter, Joachim (1963), „Landschaft", in: ders., *Subjektivität. Sechs Aufsätze*, Frankfurt/M. 1989, 141–163

Ritter, Joachim (1963a), „Die Aufgabe der Geisteswissenschaften in der modernen Gesellschaft", in: ders., *Subjektivität. Sechs Aufsätze*, Frankfurt/M. 1989, 105–140

Ritter, Joachim (1969), *Metaphysik und Politik. Studien zu Aristoteles und Hegel*, erw. Neuaufl. Frankfurt/M. 2003

Ritter, Joachim (1971), Hg., *Historisches Wörterbuch der Philosophie*, 12 Bde., Basel 1971–2007
Ritter, Joachim (1974), *Subjektivität. Sechs Aufsätze*, Frankfurt/M. 1989
Ritter, Joachim (2010), *Vorlesungen zur Philosophischen Ästhetik*, hrsg. v. Ulrich von Bülow u. Mark Schweda, Göttingen
Rodi, Frithjof (1990), *Erkenntnis des Erkannten. Zur Hermeneutik des 19. und 20. Jahrhunderts*, Frankfurt/M.
Rodi, Frithjof (2003), *Das Strukturierte Ganze. Studien zum Werk von Wilhelm Dilthey*, Weilerswist
Rorty, Richard (1989), *Kontingenz, Ironie und Solidarität*, übers. v. Christa Krüger, Frankfurt/M. ³1995
Rosenzweig-Jahrbuch/Rosenzweig-Yearbook (2006), hrsg. v. Martin Brasser u. a. Freiburg/Br., München 2006–
Rosenzweig, Franz (1920), *Hegel und der Staat*, hrsg. v. Frank Lachmann, Frankfurt/M. 2010
Rosenzweig, Franz (1921), *Der Stern der Erlösung*, in: ders., *Der Mensch und sein Werk. Gesammelte Schriften*, Bd. 2, hrsg. v. Reinhold Mayer, Den Haag ⁴1976
Rosenzweig, Franz (1925), „Das neue Denken. Einige nachträgliche Bemerkungen zum ‚Stern der Erlösung'", in: ders., *Der Mensch und sein Werk. Gesammelte Schriften*, Bd. 3, hrsg. v. Reinhold u. Annemarie Mayer, Dordrecht 1984, 139–161
Rosenzweig, Franz (1937), „‚Urzelle' des *Stern der Erlösung*. Brief an Rudolf Ehrenberg vom 18. 11. 1917", in: ders., *Der Mensch und sein Werk. Gesammelte Schriften*, Bd. 3, hrsg. v. Reinhold u. Annemarie Mayer, Dordrecht 1984, 125–138
Rosenzweig, Franz (1979), *Briefe und Tagebücher*, in: ders., *Der Mensch und sein Werk. Gesammelte Schriften*, Bd. 1 (2 Teilbände), hrsg. v. Rahel Rosenzweig u. a., Den Haag
Rosenzweig, Franz (2002), *Die „Gritli"-Briefe. Briefe an Margrit Rosenstock-Huessy*, hrsg. v. Inken Rühle u. Reinhold Mayer, Tübingen
Rosenzweigiana (2006), *Beiträge zur Rosenzweig-Forschung*, hrsg. v. Martin Brasser, Norbert Samuelson u. Wolfdietrich Schmied-Kowarzik, Freiburg/Br., München 2006–
Roth, Gerhard (2003), *Fühlen, Denken, Handeln. Wie das Gehirn unser Verhalten steuert*, Frankfurt/M.
Rothacker, Erich (1912), *Über die Möglichkeiten und den Ertrag einer genetischen Geschichtsschreibung im Sinne Karl Lamprechts*, Leipzig
Rothacker, Erich (1920), *Einleitung in die Geisteswissenschaft*, Tübingen ²1930
Rothacker, Erich (1926), *Logik und Systematik der Geisteswissenschaften*, Darmstadt 1965
Rothacker, Erich (1934), *Geschichtsphilosophie*, Darmstadt 1971
Rothacker, Erich (1938), *Schichten der Persönlichkeit*, Bonn ⁹1988
Rothacker, Erich (1942), *Probleme der Kulturanthropologie*, Bonn ⁴1988
Rothacker, Erich (1966), *Zur Genealogie des menschlichen Bewusstseins*, Bonn
Ruben, Peter (1966), „Zum Verhältnis von Philosophie und Mathematik, Dialektik und Logik – dargestellt am Widerspruch", in: *Deutsche Zeitschrift für Philosophie*, 12, 167–188
Ruben, Peter (1978), *Dialektik und Arbeit der Philosophie*, Köln
Ruben, Peter (1979), *Philosophie und Mathematik*, Leipzig
Ruben, Peter (1990), „Schumpeters Theorie der Wirtschaftsentwicklung in philosophischer Sicht", in: *Deutsche Zeitschrift für Philosophie*, 38, 319–327
Ruben, Peter (1991), „Die DDR und ihre Philosophen. Über Voraussetzungen einer Urteilsbildung", in: *Deutsche Zeitschrift für Philosophie*, 39, 50–58
Ruben, Peter (1991a), „Gemeinschaft und Gesellschaft. Das gescheiterte kommunistische Experiment", in: *Ästhetik & Kommunikation*, 20, 77–80
Ruben, Peter (1995), „Gemeinschaft und Gesellschaft – erneut betrachtet", in: Dittmar Schorkowitz (Hg.), *Ethnohistorische Wege und Lehrjahre eines Philosophen: Festschrift für Lawrence Krader zum 75. Geburtstag*, Frankfurt/M., 129–148

Rumpf, Helmut (1972), *Carl Schmitt und Thomas Hobbes. Ideelle Beziehungen und aktuelle Bedeutung. Mit einer Abhandlung über: Die Frühschriften Carl Schmitts*, Berlin
Russell, Bertrand (1906), *The Principles of Mathematics*, London 1964
Salamun, Kurt (1979), Hg., *Sozialphilosophie als Aufklärung. Festschrift für Ernst Topitsch*, Tübingen
Salamun, Kurt (1985), *Karl Jaspers*, Würzburg 2006
Salamun, Kurt (2009), „Ernst Topitsch (1919–2003)", in: Karl Acham (Hg.), *Kunst und Geisteswissenschaften aus Graz*, Wien, Köln, Weimar, 665–679
Saliger, Frank (1995), *Radbruchsche Formel und Rechtsstaat*, Heidelberg
Salmon, Wesley C. (1977), „Hans Reichenbachs Leben und die Tragweite seiner Philosophie", übers. v. Maria Reichenbach, in: Hans Reichenbach, *Gesammelte Werke*, Bd. 1, hrsg. v. Andreas Kamlah u. Maria Reichenbach, Braunschweig 1977, 5–81
Samson, Lothar (1976), *Naturteleologie und Freiheit bei Arnold Gehlen. Systematisch-historische Untersuchungen*, Freiburg/Br., München
Sander, Angelika (1996), *Mensch – Subjekt – Person. Zur Dezentrierung des Subjekts in der Philosophie Max Schelers*, Bonn
Sandkühler, Hans Jörg (2009), Hg., *Philosophie im Nationalsozialismus*, Hamburg
Sandoz, Ellis (1981), *The Voegelinian Revolution. A Biographical Introduction*, New Brunswick, London ²2000
Saner, Hans (1970), *Karl Jaspers mit Selbstzeugnissen und Bilddokumenten*, Reinbek ¹⁰2005
Saner, Hans (2008), „Karl Jaspers und das Christentum", in: Anton Hügli u. Curzio Chiesa (Hg.), *Glaube und Wissen. Zum 125. Geburtstag von Karl Jaspers*, Basel, 221–234
Sartre, Jean-Paul (1943), *Das Sein und das Nichts. Versuch einer phänomenologischen Ontologie*, übers. v. Hans Schöneberg u. Traugott König, Reinbek 1993
Sartre, Jean-Paul (1946), *Überlegungen zur Judenfrage*, übers. v. Vincent von Wroblewsky, Reinbek 1994
Sawicki, Marianne (1997), *Body, Text, and Science. The Literacy of Investigative Practices and the Phenomenology of Edith Stein*, Dordrecht
Sawicki, Marianne (2007), „Making-Up Husserl's Mind on Constitution", in: *Yearbook of Irish Philosophical Society 2007*, Maynooth, 191–216
Scarano, Nico u. Suárez, Mauricio (2006), Hg., *Ernst Tugendhats Ethik. 13 Auseinandersetzungen und eine Erwiderung*, München
Schäfer, Alfred (2004), *Theodor W. Adorno. Ein pädagogisches Porträt*, Weinheim, Basel
Schäfer, Peter (1995), „Gershom Scholem und die ‚Wissenschaft des Judentums'", in: Peter Schäfer u. Gary Smith (Hg.), *Gershom Scholem: Zwischen den Disziplinen*, Frankfurt/M., 122–156
Schäfer, Peter u. Smith, Gary (1995), Hg., *Gershom Scholem: Zwischen den Disziplinen*, Frankfurt/M.
Schapp, Jan (2010), *Geschichtenphilosophie und Recht*, in: Karen Joisten (Hg.), *Das Denken Wilhelm Schapps. Perspektiven für unsere Zeit*, Freiburg/Br., München 2010, 65–85
Schapp, Wilhelm (1910), *Beiträge zu einer Phänomenologie der Wahrnehmung*, Frankfurt/M. ⁴2004
Schapp, Wilhelm (1930), *Die neue Wissenschaft vom Recht. Eine phänomenologische Untersuchung. 1. Bd.: Der Vertrag als Vorgegebenheit*, Berlin
Schapp, Wilhelm (1932), *Die neue Wissenschaft vom Recht. Eine phänomenologische Untersuchung. 2. Bd.: Wert, Werk, Eigentum*, Berlin
Schapp, Wilhelm (1953), *In Geschichten verstrickt. Zum Sein von Mensch und Ding*, Frankfurt/M. ⁴2004
Schapp, Wilhelm (1959), *Philosophie der Geschichten*, Frankfurt/M. ²1981
Schapp, Wilhelm (1965), *Metaphysik der Naturwissenschaft*, Frankfurt/M. ³2009
Schapp, Wilhelm (1965a), *Zur Metaphysik des Muttertums*, Den Haag

Scheier, Claus-Artur (2000), *Ästhetik der Simulation. Formen des Produktionsdenkens im 19. Jahrhundert*, Hamburg

Scheit, Gerhard (2006), „La torture et la dialectique. Jean Améry, Theodor W. Adorno et l'impératif catégorique après Auschwitz", in: Jürgen Doll (Hg.), *Jean Améry (1912–1978). De l'expérience des camps à l'écriture engagée*, Paris, 85–102

Scheler, Max (1899), *Beiträge zur Feststellung der Beziehungen zwischen den logischen und ethischen Prinzipien*, in: ders., *Gesammelte Werke*, Bd. 1, hrsg. v. Manfred S. Frings, Bern 1971

Scheler, Max (1900), *Die transzendentale und die psychologische Methode*, in: ders., *Gesammelte Werke*, Bd. 1, hrsg. v. Manfred S. Frings, Bern 1971

Scheler, Max (1913), *Wesen und Formen der Sympathie* (urspr.: *Zur Phänomenologie und Theorie der Sympathiegefühle und von Liebe und Haß*), in: ders., *Gesammelte Werke*, Bd. 7, hrsg. v. Manfred S. Frings, Bern 1973

Scheler, Max (1913a), *Der Formalismus in der Ethik und die materiale Wertethik*, in: ders., *Gesammelte Werke*, Bd. 2, hrsg. v. Maria Scheler, Bern 1966

Scheler, Max (1914), „Zur Idee des Menschen", in: ders., *Gesammelte Werke*, Bd. 3, hrsg. v. Maria Scheler, Bern 1955, 171–196

Scheler, Max (1925), *Philosophische Anthropologie*, in: ders., *Gesammelte Werke*, Bd. 12, hrsg. v. Manfred S. Frings, Bonn 1987

Scheler, Max (1926), *Die Wissensformen und die Gesellschaft*, in: ders., *Gesammelte Werke*, Bd. 8, hrsg. v. Maria Scheler, Bern 1960

Scheler, Max (1928), „Die Stellung des Menschen im Kosmos", in: ders., *Gesammelte Werke*, Bd. 9, hrsg. v. Manfred S. Frings, Bern 1976, 7–72

Scheler, Max (1928a), „Philosophische Weltanschauung", in: ders., *Gesammelte Werke*, Bd. 9, hrsg. v. Manfred S. Frings, Bern 1976, 73–182

Scheler, Max (1957), „Phänomenologie und Erkenntnistheorie", in: ders., *Gesammelte Werke*, Bd. 10, hrsg. v. Maria Scheler, Bern ³1986, 377–430

Schelling, Friedrich Wilhelm Joseph von (1966), *Zur Geschichte der neueren Philosophie. Münchener Vorlesungen*, hrsg. v. Manfred Buhr, Leipzig

Schiller, Friedrich (1795), *Über die Ästhetische Erziehung des Menschen in einer Reihe von Briefen*, in: ders., *Werke und Briefe in 12 Bänden*, Bd. 8, hrsg. v. Ralf Peter Janz u. a., Frankfurt/M. 1992, 556–676

Schilpp, Paul A. (1963), Hg., *The Philosophy of Rudolf Carnap*, The Library of Living Philosophers, Bd. XI, La Salle/Ill. ³1997

Schilpp, Paul A. (1974), Hg., *The Philosophy of Karl Popper*, The Library of Living Philosophers, Bd. XIV, 2 Bde., La Salle/Ill.

Schlick, Moritz (1917), *Raum und Zeit in der gegenwärtigen Physik*, in: ders., *Gesamtausgabe*, Abt. 1, Bd. 2, Wien, New York 2006, 159–345

Schlick, Moritz (1918), *Allgemeine Erkenntnislehre*, in: ders., *Gesamtausgabe*, Abt. 1, Bd. 1, Wien, New York 2009

Schlick, Moritz (1931), „Die Wende der Philosophie", in: *Erkenntnis*, 1, 4–11

Schlick, Moritz (1934), „Über das Fundament der Erkenntnis", in: *Erkenntnis*, 4, 79–99

Schluchter, Wolfgang (1988), *Religion und Lebensführung*, 2 Bde., Frankfurt/M.

Schluchter, Wolfgang (1989), „‚Wirtschaft und Gesellschaft' – Das Ende eines Mythos", in: Johannes Weiß (Hg.), *Max Weber heute. Erträge und Probleme der Forschung*, Frankfurt/M., 55–89

Schluchter, Wolfgang (2009), *Die Entzauberung der Welt. Sechs Studien zu Max Weber*, Tübingen

Schmidinger, Heinrich u. Sedmak, Clemens (2009), *Der Mensch – ein Mängelwesen? Endlichkeit, Kompensation, Entwicklung*, Darmstadt

Schmidt, Burghardt (1978), Hg., *Materialien zu Ernst Blochs ‚Prinzip Hoffnung'*, Frankfurt/M.

Schmied-Kowarzik, Wolfdietrich (2004), Hg., *Franz Rosenzweigs „neues Denken". Internationaler Kongreß Kassel 2004*, 2 Bde., Freiburg/Br., München 2006

Schmitt, Carl (1912), *Die Diktatur. Von den Anfängen des modernen Souveränitätsgedankens bis zum proletarischen Klassenkampf*, Berlin 2006

Schmitt, Carl (1914), *Der Wert des Staates und die Bedeutung des Einzelnen*, Berlin 2004

Schmitt, Carl (1922), *Politische Theologie. Vier Kapitel zur Lehre von der Souveränität*, Berlin 1996

Schmitt, Carl (1923), *Die geistesgeschichtliche Lage des heutigen Parlamentarismus*, Berlin 2010

Schmitt, Carl (1931), *Der Hüter der Verfassung*, Berlin 1996

Schmitt, Carl (1932), *Legalität und Legitimität*, Berlin 2005

Schmitt, Carl (1932a), *Der Begriff des Politischen, Text von 1932 m. e. Vorw. u. drei Corrolarien*, Berlin 2009

Schmitt, Carl (1934), *Über die drei Arten des rechtswissenschaftlichen Denkens*, Berlin 2006

Schmitt, Carl (1938), *Der Leviathan in der Staatslehre des Thomas Hobbes. Sinn und Fehldeutung eines politischen Symbols*, Stuttgart 2003

Schmitt, Carl (1942), *Land und Meer. Eine weltgeschichtliche Betrachtung*, Stuttgart 2008

Schmitt, Carl (1963), *Theorie des Partisanen. Zwischenbemerkung zum Begriff des Politischen*, Berlin 2010

Schneider, Hans Julius (1992), *Phantasie und Kalkül. Über die Polarität von Handlung und Struktur in der Sprache*, Frankfurt/M. 1999

Scholem, Gershom (1937), *Erlösung durch Sünde*, in: ders., *Judaica*, Bd. 5, hrsg u. übers. v. Michael Brocke, Frankfurt/M. 2003

Scholem, Gershom (1938), „Zehn unhistorische Sätze über Kabbala", in: ders., *Judaica*, Bd. 3, hrsg. v. Rolf Tiedemann, Frankfurt/M. 1973, 264–271

Scholem, Gershom (1941), *Die jüdische Mystik in ihren Hauptströmungen*, Frankfurt/M. 2009

Scholem, Gershom (1944), „Überlegungen zur Wissenschaft vom Judentum", in: ders., *Judaica*, Bd. 6, übers. u. hrsg. v. Peter Schäfer, Frankfurt/M. 1997, 7–52

Scholem, Gershom (1957), *Sabbatai Zwi: Der mystische Messias*, übers. v. Angelika Schweikhart, Frankfurt/M. 1992

Scholem, Gershom (1959), „Zum Verständnis der messianischen Idee im Judentum", in: ders., *Über einige Grundbegriffe des Judentums*, hrsg. v. Günther Busch, Frankfurt/M. 1970, 121–170

Scholem, Gershom (1960), „Schi ‚ur Koma; die mystische Gestalt der Gottheit", in: ders., *Von der mystischen Gestalt der Gottheit: Studien zu Grundbegriffen der Kabbala*, Frankfurt/M. 2001, 7–48

Scholem, Gershom (1962), *Ursprung und Anfänge der Kabbala*, Berlin

Scholem, Gershom (1964), „Wider den Mythos vom deutsch-jüdischen ‚Gespräch'. Offener Brief an Manfred Schlösser", in: ders., *Judaica*, Bd. 2, hrsg. v. Rolf Tiedemann, Frankfurt/M. 1970, 7–11

Scholem, Gershom (1970), „Der Name Gottes und die Sprachtheorie der Kabbala", in: ders., *Judaica*, Bd. 3, Frankfurt/M. 1970, 7–70

Scholem, Gershom (1974), „Einige Betrachtungen zur jüdischen Theologie in dieser Zeit", in: *„Es gibt ein Geheimnis in der Welt". Tradition und Säkularisation. Ein Vortrag und ein Gespräch*, hrsg. v. Itta Shedletzky, Frankfurt/M. 2002, 7–48

Scholem, Gershom (1999), *Briefe*, hrsg. v. Itta Shedletzky, München

Scholem, Gershom (2000), *Tagebücher, nebst Aufsätzen und Entwürfen bis 1923*, hrsg. v. Karlfried Gründer, Herbert Kopp-Oberstebrink u. Friedrich Niewöhner, Frankfurt/M.

Schönherr-Mann, Hans-Martin (2006), *Hannah Arendt. Wahrheit, Macht, Moral*, München

Schopenhauer, Arthur (1851), „Transcendente Spekulation über die anscheinende Absichtlichkeit im Schicksale des Einzelnen", in: ders., *Werke in 10 Bänden*, Bd. 7, hrsg. v. Arthur Hübscher, Zürich 1977, 219–245

Schopenhauer, Arthur (1859), *Die Welt als Wille und Vorstellung*, in: ders., *Werke in 10 Bänden*, Bd. 1 u. Bd. 2, hrsg. v. Arthur Hübscher, Zürich 1977

Schuhmann, Karl (2003), „Reinach, Adolf", in: *Neue Deutsche Biographie* (NDB), Bd. 21, Berlin, 343–344

Schulte, Joachim (2008), *Wittgenstein-Handbuch. Leben – Werk – Wirkung*, Stuttgart

Schulz, Reinhard, Bonanni, Giandomenico u. Bormuth, Matthias (2009), Hg., *"Wahrheit ist, was uns verbindet". Karl Jaspers' Kunst zu philosophieren*, Göttingen
Schumacher, Bernard N. (2000), *Rechenschaft über die Hoffnung. Josef Pieper und die zeitgenössische Philosophie*, Mainz
Schumacher, Bernard N. (2009), Hg., *A Cosmopolitan Hermit. Modernity and Tradition in the Philosophy of Josef Pieper*, Washington D. C.
Schürmann, Reiner (1982), *Heidegger on Being and Acting. From Principles to Anarchy*, Bloomington 1990
Schürmann, Volker (1997), „Unergründlichkeit und Kritik-Begriff. Plessners Politische Anthropologie als Absage an die Schulphilosophie", in: *Deutsche Zeitschrift für Philosophie*, 45, München, 345–361
Schürmann, Volker (1998), „'Der Geist ist das Leben der Gemeinde'. Zur Interpretation der Hegelschen Philosophie des Geistes durch Josef König", in: Domenico Losurdo (Hg.), *Geschichtsphilosophie und Ethik. Referate des Kongresses vom 11.–14. September 1966 in Pavia*, Frankfurt/M. u. a., 293–308
Schürmann, Volker (1999), *Zur Struktur hermeneutischen Sprechens. Eine Bestimmung im Anschluß an Josef König*, Freiburg/Br., München
Schürmann, Volker (2002), *Heitere Gelassenheit. Grundriß einer parteilichen Skepsis*, Magdeburg
Schürmann, Volker (2005), „Natur als Fremdes", in: Gerhard Gamm, Mathias Gutmann u. Alexandra Manzei (Hg.), *Zwischen Anthropologie und Gesellschaftstheorie – Zur Renaissance Helmuth Plessners im Kontext der modernen Lebenswissenschaften*, Bielefeld, 33–52
Schürmann, Volker (2005a), „Sinn der Bewegung – Vorüberlegungen im Anschluß an Plessner", in: Manfred Lämmer u. Tim Nebelung (Hg.), *Dimensionen der Ästhetik. Festschrift für Barbara Ränsch-Trill*, St. Augustin, 124–142
Schürmann, Volker (2006), „Positionierte Exzentrizität", in: Hans-Peter Krüger u. Gesa Lindemann (Hg.), *Philosophische Anthropologie im 21. Jahrhundert*, Berlin, 83–102
Schürmann, Volker (2009), „Logik des Ausdrucks", in: Sabine Huschka (Hg.), *Wissenskultur Tanz. Historische und zeitgenössische Vermittlungsakte zwischen Praktiken und Diskursen*, Bielefeld, 107–116
Schüßler, Kersten (2000), *Helmuth Plessner. Eine intellektuelle Biographie*, Berlin
Schüßler, Werner (1997), *Paul Tillich*, München
Schüßler, Werner u. Sturm, Erdmann (2007), *Paul Tillich: Leben – Werk – Wirkung*, Darmstadt
Schüßler, Werner (2009), *„Was uns unbedingt angeht." Studien zur Philosophie und Theologie Paul Tillichs*, 3. erw. u. veränd. Aufl. Berlin u. a.
Schütz, Alfred (1925), „Lebensformen und Sinnstruktur", in: ders., *Alfred Schütz-Werkausgabe*, Bd. I, hrsg. v. Matthias Michailow, Konstanz 2006, 45–173
Schütz, Alfred (1932), *Der sinnhafte Aufbau der sozialen Welt. Eine Einleitung in die verstehende Soziologie*, in: ders., *Alfred Schütz-Werkausgabe*, Bd. II, hrsg. v. Martin Endreß u. Joachim Renn, Konstanz 2004
Schütz, Alfred (1936), „Das Problem der Personalität in der Sozialwelt", in: ders., *Alfred Schütz-Werkausgabe*, Bd. V.1, hrsg. v. Martin Endreß u. Joachim Renn, Konstanz 2003, 33–90
Schütz, Alfred (1937), „Das Problem der Personalität in der Sozialwelt. Bruchstücke", in: ders, *Alfred Schütz-Werkausgabe*, Bd. V.1, hrsg. v. Martin Endreß u. Joachim Renn, Konstanz 2003, 91–176
Schütz, Alfred (1951), „Das Problem der Relevanz", in: ders., *Alfred Schütz-Werkausgabe*, Bd. VI.1, hrsg. v. Elisabeth List, Konstanz 2003, 57–249
Schütz, Alfred u. Gurwitsch, Aron (1985), *Briefwechsel 1939– 1959*, hrsg. v. Richard Grathoff, München
Schütz, Alfred u. Luckmann, Thomas (1979), *Strukturen der Lebenswelt*, 2 Bde., Frankfurt/M. ^{5}1994
Schwartländer, Johannes (1984), Hg., *Die Verantwortung der Vernunft in einer friedlosen Welt*, Tübingen

Schweda, Mark (2010), „Joachim Ritters Begriff des Politischen", in: *Zeitschrift für Ideengeschichte*, Heft IV, Nr. 1, 91–111
Schweppenhäuser, Gerhard (1996), *Theodor W. Adorno zur Einführung*, Hamburg ⁵2009
Schweppenhäuser, Gerhard (2005), *Antinomie des Universalismus. Zum moralphilosophischen Diskurs der Moderne*, Würzburg
Schwinn, Thomas (2006), Hg., *Die Vielfalt und die Einheit der Moderne. Kultur- und strukturvergleichende Analysen*, Wiesbaden
Seel, Martin (1993), „Die Zelebration des Unvermögens – Zur Ästhetik des Sports", in: ders., *Ethisch-ästhetische Studien*, Frankfurt/M. 1996, 188–200
Seel, Martin (2004), *Adornos Philosophie der Kontemplation*, Frankfurt/M.
Seidel, Helmut (1966), *Philosophie und Wirklichkeit*, Leipzig 2011
Seidel, Helmut (1980), *Von Thales bis Platon. Vorlesungen zur Geschichte der Philosophie*, Berlin 1989
Seidel, Helmut (1984), *Aristoteles und der Ausgang der antiken Philosophie. Vorlesungen zur Geschichte der Philosophie*, Berlin 1988
Seidel, Helmut (1990), *Scholastik, Mystik und Renaissancephilosophie. Vorlesungen zur Geschichte der Philosophie*, Berlin
Seidel, Helmut (1994), *Spinoza zur Einführung*, Hamburg ²2007
Seidel, Helmut (1997), *Johann Gottlieb Fichte zur Einführung*, 5. überarb. u. erw. Aufl. Hamburg
Seidel, Helmut (2009), *Philosophie vernünftiger Lebenspraxis. Schriften und Gespräche*, hrsg. v. Volker Caysa, Leipzig
Seidel, Helmut (2010), *Von Francis Bacon bis Jean-Jacques Rousseau. Vorlesungen zur Geschichte der Philosophie*, Bd. 4, hrsg. v. Jutta Seidel, Berlin
Siegfried, Meike (2010), *Abkehr vom Subjekt. Zum Sprachdenken bei Heidegger und Buber*, Freiburg/Br.
Sigwart, Hans-Jörg (2005), *Das Politische und die Wissenschaft. Intellektuell-biographische Studien zum Frühwerk Eric Voegelins*, Würzburg
Sigwart, Hans-Jörg (2008), „Krise der Moderne und moderne Demokratie: Eric Voegelins neoklassische Interpretation des westlichen Zivilregimes", in: *Zeitschrift für Politikwissenschaft*, 18, Baden-Baden, 473–501
Simmel, Georg (1890), *Über sociale Differenzierung*, in: ders., *Gesamtausgabe*, Bd. 2, hrsg. v. Heinz-Jürgen Dahme u. Ottheim Rammstedt, Frankfurt/M. 1989, 109–295
Simmel, Georg (1900), *Philosophie des Geldes*, in: ders., *Gesamtausgabe*, Bd. 6, hrsg. v. David P. Frisby, Klaus Christian Köhnke u. Ottheim Rammstedt, Frankfurt/M. 1989
Simmel, Georg (1905), *Die Probleme der Geschichtsphilosophie*, 2. Fassung, in: ders., *Gesamtausgabe*, Bd. 9, hrsg. v. Guy Oakes, Ottheim Rammstedt u. Kurt Röttgers, Frankfurt/M. 1997
Simmel, Georg (1908), *Soziologie. Untersuchungen über die Formen der Vergesellschaftung, Gesamtausgabe*, Bd. 11, hrsg. v. Ottheim Rammstedt, Frankfurt/M. 1992
Simmel, Georg (1910), „Soziologie der Geselligkeit", in: ders., *Gesamtausgabe*, Bd. 12, hrsg. v. Rüdiger Kramme, Angela Rammstedt u. Ottheim Rammstedt, Frankfurt/M. 2001, 177–193
Simmel, Georg (1911), „Der Begriff und die Tragödie der Kultur", in: ders., *Gesamtausgabe*, Bd. 12, hrsg. v. Rüdiger Kramme, Angela Rammstedt u. Ottheim Rammstedt, Frankfurt/M. 2001, 194–223
Simmel, Georg (1913), „Das individuelle Gesetz. Ein Versuch über das Prinzip der Ethik", in: ders., *Gesamtausgabe*, Bd. 12, hrsg. v. Rüdiger Kramme, Angela Rammstedt u. Ottheim Rammstedt, Frankfurt/M. 2001, 417–470
Simmel, Georg (1918), *Lebensanschauung. Vier metaphysische Kapitel*, in: ders., *Gesamtausgabe*, Bd. 16, hrsg. v. Gregor Fitzi u. Ottheim Rammstedt, Frankfurt/M. 1999
Skrandies, Timo (2010), „Die ‚Zäsur in der Denkbewegung'. Das Politische und die Medialität der Geschichtsdarstellung bei Walter Benjamin", in: Thomas Bedorf u. Kurt Röttgers (Hg.), *Das Politische und die Politik*, Berlin, 252–273

Sluga, Hans D. u. Stern, David G. (1996), Hg., *The Cambridge Companion to Wittgenstein*, Cambridge, New York 1999

Smith, Gary (2000), Hg., *Hannah Arendt Revisited: „Eichmann in Jerusalem" und die Folgen*, übers. v. Elke Hentschel u. a., Frankfurt/M.

Sohn-Rethel, Alfred (1970), *Geistige und körperliche Arbeit. Zur Theorie der gesellschaftlichen Synthesis*, Frankfurt/M. ²1973

Sohn-Rethel, Alfred (1971), *Warenform und Denkform. Aufsätze*, Frankfurt/M. 1978

Sohn-Rethel, Alfred (1971a), „Zur kritischen Liquidierung des Apriorismus. Eine materialistische Untersuchung (mit Randbemerkungen von Walter Benjamin)", in: ders., *Warenform und Denkform. Aufsätze*, Frankfurt/M. 1978, 27–85

Sohn-Rethel, Alfred (1973), *Ökonomie und Klassenstruktur des deutschen Faschismus. Aufzeichnungen und Analysen*, Frankfurt/M. 1981

Sohn-Rethel, Alfred (1985), *Soziologische Theorie der Erkenntnis*, Frankfurt/M.

Sonnemann, Ulrich (1954), *Existence and Therapy. An Introduction to Phenomenological Psychology and Existential Analysis*, New York

Spaemann, Robert (1959), *Der Ursprung der Soziologie aus dem Geist der Restauration. Studien über L. G. A. de Bonald*, Stuttgart ²1998

Spaemann, Robert (1963), *Reflexion und Spontaneität. Studien über Fénelon*, Stuttgart ²1990

Spaemann, Robert (1983), *Philosophische Essays*, erw. Ausg. Stuttgart 1994

Spaemann, Robert (1989), *Glück und Wohlwollen. Versuch über Ethik*, Stuttgart ⁵2009

Spaemann, Robert (1996), *Personen. Versuche über den Unterschied zwischen ‚etwas' und ‚jemand'*, Stuttgart ³2007

Spaemann, Robert (2000), „Wirklichkeit als Anthropomorphismus", in: Hanns-Gregor Nissing (Hg.), *Grundvollzüge der Person. Dimensionen des Menschseins bei Robert Spaemann*, München 2008, 13–35

Spaemann, Robert (2001), *Grenzen. Zur ethischen Dimension des Handelns*, Stuttgart ²2002

Spaemann, Robert (2009), „Die Idee eines philosophischen Glaubens", in: Reinhard Schulz, Giandomenico Bonanni u. Matthias Bormuth (Hg.), *„Wahrheit ist, was uns verbindet". Karl Jaspers' Kunst zu philosophieren*, Göttingen, 147–163

Spaemann, Robert (2012), *„Über Gott und die Welt". Eine Autobiographie in Gesprächen*, Stuttgart

Spaemann, Robert u. Löw, Reinhard (1981), *Die Frage Wozu? Geschichte und Wiederentdeckung des teleologischen Denkens*, München, Zürich; Wiederabdruck mit neuem Vorwort u. d. T.: *Natürliche Ziele. Geschichte und Wiederentdeckung des teleologischen Denkens*, Stuttgart 2005

Spaemann, Robert u. Nissing, Hanns-Gregor (2008), „Die Natur des Lebendigen und das Ende des Denkens. Entwicklungen und Entfaltungen eines philosophischen Werks. Ein Gespräch", in: Hanns-Gregor Nissing (Hg.), *Grundvollzüge der Person. Dimensionen des Menschseins bei Robert Spaemann*, München 2008, 121–136

Speer, Andreas u. Tommasi, Francesco Valerio (2010), „Einleitung der Bearbeiter", in: Edith Stein, *Edith Stein Gesamtausgabe*, Bd. 26: *Übersetzungen IV. Thomas von Aquin, Über das Seiende und das Wesen*, bearb. v. Andreas Speer u. Francesco Valerio Tommasi, Freiburg/Br., IX–XLV

Spengler, Oswald (1918), *Der Untergang des Abendlandes. Umrisse einer Morphologie der Weltgeschichte*, 2 Bde., München 2006

Spengler, Oswald (1919), *Preußentum und Sozialismus*, München 1934

Spengler, Oswald (1931), *Der Mensch und die Technik. Beitrag zu einer Philosophie des Lebens*, Wien, Leipzig 2006

Spiegelberg, Herbert (1960), *The phenomenological movement. A historical introduction*, Den Haag 1982

Srubar, Ilja (1988), *Kosmion. Die Genese der pragmatischen Lebensweltheorie von Alfred Schütz und ihr anthropologischer Hintergrund*, Frankfurt/M.

Stadler, Friedrich (1997), *Studien zum Wiener Kreis. Ursprung, Entwicklung und Wirkung des Logischen Empirismus im Kontext*, Frankfurt/M.
Stadler, Friedrich (2006), „Paul Feyerabend – Ein Philosoph aus Wien", in: Friedrich Stadler u. Kurt R. Fischer (Hg.), *Paul Feyerabend. Ein Philosoph aus Wien*, Wien u. a., ix–xxxiv
Stadler, Friedrich (2011), „Written Language and Picture Language *after* Otto Neurath – Popularization or Humanisation of Knowledge?", in: Richard Heinrich u. a. (Hg.), *Image and Imaging in Philosophy, Science and the Arts. Proceedings of the 33rd Wittgenstein-Symposium in Kirchberg*, Frankfurt/M., 1–30
Stadler, Friedrich u. Wendel, Hans Jürgen (2009), Hg., *Stationen: Dem Philosophen und Physiker Moritz Schlick zum 125. Geburtstag*, Wien, New York
Stein, Edith (1917), *Zum Problem der Einfühlung*, in: dies., *Edith Stein Gesamtausgabe*, Bd. 5, bearb. v. Antonia Sondermann OCD, Freiburg/Br. ^{2}2010
Stein, Edith (1922), *Beiträge zur philosophischen Begründung der Psychologie und der Geisteswissenschaften. Psychische Kausalität. Individuum und Gemeinschaft*, in: dies., *Edith Stein Gesamtausgabe*, Bd. 6, bearb. v. Beate Beckmann-Zöller, Freiburg/Br. 2010
Stein, Edith (1924), „Was ist Phänomenologie?", in: dies., *Edith Stein Gesamtausgabe*, Bd. 9, bearb. v. Beate Beckmann-Zöller u. Hans Rainer Sepp, Freiburg/Br. 2012, 570–573
Stein, Edith (1925), *Eine Untersuchung über den Staat*, in: dies., *Edith Stein Gesamtausgabe*, Bd. 7, bearb. v. Ilona Riedel-Spangenberg, Freiburg/Br. 2006
Stein, Edith (1929), „Husserls Phänomenologie und die Philosophie des hl. Thomas von Aquino. Versuch einer Gegenüberstellung", in: dies., *Edith Stein Gesamtausgabe*, Bd. 9, bearb. v. Beate Beckmann-Zöller u. Hans Rainer Sepp, Freiburg/Br. 2012
Stein, Edith (1931), *Übersetzungen III. Thomas von Aquin, Über die Wahrheit I*, in: dies., *Edith Stein Gesamtausgabe*, Bd. 23, bearb. v. Andreas Speer u. Francesco Valerio Tommasi, Freiburg/Br. 2008
Stein, Edith (1932), *Übersetzungen IV. Thomas von Aquin, Über die Wahrheit II*, in: dies., *Edith Stein Gesamtausgabe*, Bd. 24, bearb. v. Andreas Speer u. Francesco Valerio Tommasi, Freiburg/Br. 2008
Stein, Edith (1946), *Wege der Gotteserkenntnis. Studie zu Dionysius Areopagita und Übersetzung seiner Werke*, in: dies., *Edith Stein Gesamtausgabe*, Bd. 17, bearb. v. Beate Beckmann-Zöller u. Viki Ranff, Freiburg/Br. ^{2}2007
Stein, Edith (1950), *Endliches und ewiges Sein. Versuch eines Aufstiegs zum Sinn des Seins. Anhang: Martin Heideggers Existenzphilosophie. Die Seelenburg*, in: dies., *Edith Stein Gesamtausgabe*, Bd. 11/12, bearb. v. Andreas Uwe Müller, Freiburg/Br. 2006
Stein, Edith (1950a), *Kreuzeswissenschaft. Studie über Johannes vom Kreuz*, in: dies., *Edith Stein Gesamtausgabe*, Bd. 18, bearb. v. Ulrich Dobhan OCD, Freiburg/Br. ^{3}2007
Stein, Edith (1962), „Die Seelenburg", in: dies., *Edith Stein Gesamtausgabe*, Bd. 11/12, bearb. v. Andreas Uwe Müller, Freiburg/Br. 2006, 501–526
Stein, Edith (1962a), „Die weltanschauliche Bedeutung der Phänomenologie", in: dies., *Edith Stein Gesamtausgabe*, Bd. 9, bearb. v. Beate Beckmann-Zöller u. Hans Rainer Sepp, Freiburg/Br. 2012
Stein, Edith (1962b), „Martin Heideggers Existenzphilosophie", in: dies., *Edith Stein Gesamtausgabe*, Bd. 11/12, bearb. v. Andreas Uwe Müller, Freiburg/Br. 2006, 445–499
Stein, Edith (1962c), „Freiheit und Gnade", in: dies., *Edith Stein Gesamtausgabe*, Bd. 9, bearb. v. Beate Beckmann-Zöller u. Hans Rainer Sepp, Freiburg/Br. 2012
Stein, Edith (1962d), „Zwei Betrachtungen zu Edmund Husserl. Husserls transzendentale Phänomenologie. Rezension: Edmund Husserl. Die Krisis der europäischen Wissenschaften und die transzendentale Phänomenologie", in: dies., *Edith Stein Gesamtausgabe*, Bd. 9, bearb. v. Beate Beckmann-Zöller u. Hans Rainer Sepp, Freiburg/Br. 2012
Stein, Edith (1991), *Einführung in die Philosophie*, in: dies., *Edith Stein Gesamtausgabe*, Bd. 8, bearb. v. Claudia Mariéle Wulf, Freiburg/Br. 2004

Stein, Edith (1993), „Was ist Philosophie? Ein Gespräch zwischen Edmund Husserl und Thomas von Aquino", in: dies., *Edith Stein Gesamtausgabe*, Bd. 9, bearb. v. Beate Beckmann-Zöller u. Hans Rainer Sepp, Freiburg/Br. 2012

Stein, Edith (1994), *Der Aufbau der menschlichen Person. Vorlesung zur philosophischen Anthropologie*, in: dies., *Edith Stein Gesamtausgabe*, Bd. 14, bearb. v. Beate Beckmann-Zöller, Freiburg/Br. ^{2}2010

Stein, Edith (1994a), *Was ist der Mensch? Theologische Anthropologie*, in: dies., *Edith Stein Gesamtausgabe*, Bd. 15, bearb. v. Beate Beckmann-Zöller, Freiburg/Br. 2005

Stein, Edith (1998), *Potenz und Akt. Studien zu einer Philosophie des Seins*, in: dies., *Edith Stein Gesamtausgabe*, Bd. 10, bearb. v. Hans Rainer Sepp, Freiburg/Br. 2005

Stein, Edith (2000), *Die Frau. Fragestellungen und Reflexionen*, in: dies., *Edith Stein Gesamtausgabe*, Bd. 13, bearb. v. Sophie Binggeli, Freiburg/Br.

Stein, Edith (2001), *Selbstbildnis in Briefen III. Briefe an Roman Ingarden*, in: dies., *Edith Stein Gesamtausgabe*, Bd. 4, bearb. v. Maria Amata Neyer OCD, Hanna-Barbara Gerl-Falkovitz u. Eberhard Avé-Lallemant, Freiburg/Br. ^{2}2005

Stein, Edith (2003), *Bildung und Entfaltung der Individualität. Beiträge zum christlichen Erziehungsauftrag*, in: dies., *Edith Stein Gesamtausgabe*, Bd. 16, bearb. v. Beate Beckmann-Zöller, Freiburg/Br. ^{2}2005

Stein, Edith (2010), *Übersetzungen VI. Thomas von Aquin, Über das Seiende und das Wesen*, in: dies., *Edith Stein Gesamtausgabe*, Bd. 26, bearb. v. Andreas Speer u. Francesco Valerio Tommasi, Freiburg/Br.

Steiner, Stephan (1996), Hg., *Jean Améry [Hans Maier]*, Basel, Frankfurt/M.

Steiner, Uwe (2004), *Walter Benjamin*, Stuttgart

Steiner, Uwe (2006), „"Über Sprache überhaupt und über die Sprache des Menschen"", in: Burkhardt Lindner (Hg.), *Benjamin Handbuch. Leben – Werk – Wirkung*, Stuttgart, 592–603

Steinert, Heinz (1992), *Die Entdeckung der Kulturindustrie oder: Warum Professor Adorno Jazz-Musik nicht ausstehen konnte*, Münster 2003

Stölting, Erhard (1969), „Eine besondere Form des Revisionismus. Zum Praxisbegriff Helmut Seidels", in: *Deutschland Archiv. Zeitschrift für Fragen der DDR und der Deutschlandpolitik*, Jg. 2, hrsg. v. Ministerium für Gesamtdeutsche Fragen, Köln, 20–27

Stöwer, Ralph (2009), *Erich Rothacker. Sein Leben und seine Wissenschaft vom Menschen*, Göttingen 2012

Strauss, Leo (1928), *Die Religionskritik Spinozas als Grundlage seiner Bibelwissenschaft*, in: ders., *Gesammelte Schriften*, hrsg. v. Heinrich Meier, Bd. 1, 3. ern. durchges. u. erw. Aufl. Stuttgart, Weimar 2008, 1–330

Strauss, Leo (1932), *Philosophie und Gesetz*, in: ders., *Gesammelte Schriften*, hrsg. v. Heinrich Meier, Bd. 2, Stuttgart, Weimar 1997

Strauss, Leo (1935), *Hobbes' politische Wissenschaft und ihre Genesis*, in: ders., *Gesammelte Schriften*, hrsg. v. Heinrich Meier, Bd. 3, 2. durchges. Aufl. Stuttgart, Weimar 2008

Strauss, Leo (1952), *Persecution and the Art of Writing*, Chicago ^{7}2007

Strauss, Leo (1953), *Naturrecht und Geschichte*, übers. v. Horst Boog, Frankfurt/M. 1989

Strauss, Leo (1966), *Socrates and Aristophanes*, Chicago 1996

Strauss, Leo (1968), *Liberalism Ancient and Modern*, Chicago 2007

Strauss, Leo (1972), *Xenophon's Socrates*, South Bend/Ind. 1998

Strauss, Leo (1975), *The Argument and Action of Plato's Laws*, Chicago 1998

Studien (1985), *Heidegger Studies/Heidegger Studien/Études Heideggeriennes*, Berlin

Studien (1988), *Brentano Studien. Internationales Jahrbuch der Franz Brentano-Forschung*, hrsg. v. Wilhelm Baumgartner, Franz-Peter Burkhard u. Franz Wiedmann, Dettelbach

Studien (1991), *Brentano Studien. Internationales Jahrbuch der Franz Brentano-Forschung*, hrsg. v. Wilhelm Baumgartner, Franz-Peter Burkhard u. Franz Wiedmann, Bd. III, Dettelbach 1990/91

Sulloway, Frank J. (1979), *Freud. Biologe der Seele*, übers. v. Hans-Horst Henschen, Köln 1982

Tanguay, Daniel (2003), *Leo Strauss. Une biographie intellectuelle*, Paris

Theocharis, T[heo] u. Psimopoulos, M[ihalis] (1987), „Where Science Has Gone Wrong", in: *Nature*, 329 (15 October), 595–598

Theunissen, Michael (1965), *Der Andere. Studien zur Sozialontologie der Gegenwart*, 2., um e. Vorr. verm. Aufl. Berlin 1977

Theunissen, Michael (1970), *Hegels Lehre vom absoluten Geist als theologisch-politischer Traktat*, Berlin

Theunissen, Michael (1978), *Sein und Schein. Die kritische Funktion der Hegelschen Logik*, Frankfurt/M.

Theunissen, Michael (1981), *Kritische Theorie der Gesellschaft. Zwei Studien*, Berlin, New York

Theunissen, Michael (1982), *Selbstverwirklichung und Allgemeinheit. Zur Kritik des gegenwärtigen Bewußtseins*, Berlin, New York

Theunissen, Michael (1983), „Negativität bei Adorno", in: Ludwig v. Friedeburg u. Jürgen Habermas (Hg.), *Adorno-Konferenz 1983*, Frankfurt/M., 41–65

Theunissen, Michael (1991), *Negative Theologie der Zeit*, Frankfurt/M.

Theunissen, Michael (1991a), *Das Selbst auf dem Grund der Verzweiflung. Kierkegaards negativistische Methode*, Frankfurt/M.

Theunissen, Michael (1993), *Der Begriff Verzweiflung. Korrekturen an Kierkegaard*, Frankfurt/M.

Theunissen, Michael (1996), *Vorentwürfe von Moderne. Antike Melancholie und die Acedia des Mittelalters*, Berlin, New York

Theunissen, Michael (2000), *Pindar. Menschenlos und Wende der Zeit*, München

Theunissen, Michael (2004), *Schicksal in Antike und Moderne*, München

Thies, Christian (1997), *Die Krise des Individuums. Zur Kritik der Moderne bei Adorno und Gehlen*, Reinbek

Thomä, Dieter (2003), Hg., *Heidegger-Handbuch. Leben – Werk – Wirkung*, Stuttgart

Tillich, Paul (1919), „Über die Idee einer Theologie der Kultur", in: ders., *Gesammelte Werke*, hrsg. v. Renate Albrecht, Bd. IX, Stuttgart 1967, 13–31

Tillich, Paul (1923), „Grundlinien des religiösen Sozialismus", in: ders., *Gesammelte Werke*, hrsg. v. Renate Albrecht, Bd. II, Stuttgart 1962, 91–119

Tillich, Paul (1926), „Das Dämonische", in: ders., *Gesammelte Werke*, hrsg. v. Renate Albrecht, Bd. VI, Stuttgart 1963, 42–71

Tillich, Paul (1928), „Das religiöse Symbol", in: ders., *Gesammelte Werke*, hrsg. v. Renate Albrecht, Bd. V, Stuttgart 1964, 196–212

Tillich, Paul (1929), „Philosophie und Schicksal", in: ders., *Gesammelte Werke*, hrsg. v. Renate Albrecht, Bd. IV, Stuttgart 1961, 23–35

Tillich, Paul (1930), *Geschichtsphilosophie*, in: ders., *Ergänzungs- und Nachlassbände zu den Gesammelten Werken*, Bd. XV, hrsg. v. Erdmann Sturm, Berlin, New York 2007, 1–289

Tillich, Paul (1946), „Religion und Kultur", in: ders., *Gesammelte Werke*, Bd. IX, hrsg. v. Renate Albrecht, Stuttgart ²1975, 82–94

Tillich, Paul (1948), „The Depth of Existence", in: ders., *The Shaking of the Foundations*, New York, 52–63

Tillich, Paul (1951), *Ontologie*, in: ders., *Ergänzungs- und Nachlassbände zu den Gesammelten Werken*, Bd. XVI, hrsg. v. Erdmann Sturm, Berlin 2009

Tillich, Paul (1951a), *Systematische Theologie*, Bd. I, übers. v. August Rathmann u. a., Stuttgart ³1956

Tillich, Paul (1952), *The Courage to Be*, in: ders., *Main Works. Hauptwerke*, Bd. V, hrsg. v. Robert P. Scharlemann, Berlin, New York 1988

Tillich, Paul (1954), *Love, Power, and Justice*, in: ders., *Main Works. Hauptwerke*, Bd. III, hrsg. v. Erdmann Sturm, Berlin 1998

Tillich, Paul (1957), *Systematische Theologie*, Bd. II, übers. v. Renate Albrecht u. Gertraut Stöber, Stuttgart ⁵1977
Tillich, Paul (1961), „The God above God", in: ders., *Main Works. Hauptwerke*, Bd. VI, hrsg. v. Gert Hummel, Berlin 1992, 417–421
Tillich, Paul (1963), *Systematische Theologie*, Bd. III, übers. v. Renate Albrecht u. Ingeborg Henel, Stuttgart ²1978
Tirosh-Samuelson, Hava u. Wiese, Christian (2008), Hg., *The Legacy of Hans Jonas. Judaism and the Phenomenon of Life*, Leiden, Boston
Tommissen, Piet (1991), Hg., *Schmittiana*, 8 Bde., Berlin 1991–2003
Tönnies, Ferdinand (1887), *Gemeinschaft und Gesellschaft. Grundbegriffe der reinen Soziologie*, Darmstadt 2010
Tönnies, Ferdinand (1896), *Hobbes. Leben und Lehre*, Stuttgart-Bad Cannstatt 1971
Tönnies, Ferdinand (1903), *Ueber sozialphilosophische Ansichten der Geschichte. Vorlesungen, gehalten in den Hochschul-Ferialkursen in Salzburg im September 1903*, in: *Das Wissen für Alle. Volksthümliche Vorträge und popular-wissenschaftliche Rundschau*, 3, 626–823
Tönnies, Ferdinand (1906), *Philosophische Terminologie in psychologisch-soziologischer Ansicht*, Leipzig
Tönnies, Ferdinand (1922), „Ferdinand Tönnies. Eutin (Holstein)", in: *Deutsche Philosophie der Gegenwart*, 2, Leipzig, 199–234
Tönnies, Ferdinand (1982), *Die Tatsache des Wollens*, a. d. Nachlass hrsg. u. eingel. v. Jürgen Zander, Berlin
Tönnies, Ferdinand (2009), *Schriften und Rezensionen zur Anthropologie*, hrsg. v. Rolf Fechner, München, Wien
Tönnies, Ferdinand (2010), *Schriften zur Staatswissenschaft*, hrsg. v. Rolf Fechner, München, Wien
Topitsch, Ernst (1952), „Das Problem des Naturrechtes", in: ders., *Studien zur Weltanschauungsanalyse*, hrsg. v. Wilhelm Baum, Wien o. J. [1996], 71–87
Topitsch, Ernst (1954), „Der Historismus", in: ders., *Studien zur Weltanschauungsanalyse*, hrsg. v. Wilhelm Baum, Wien o. J. [1996], 88–105
Topitsch, Ernst (1958), *Vom Ursprung und Ende der Metaphysik. Eine Studie zur Weltanschauungskritik*, Wien ²1972
Topitsch, Ernst (1959), „Seelenglaube und Selbstinterpretation", in: ders., *Studien zur Weltanschauungsanalyse*, hrsg. v. Wilhelm Baum, Wien o. J. [1996], 1–36
Topitsch, Ernst (1960), „Über Leerformeln. Zur Pragmatik des Sprachgebrauches in Philosophie und politischer Theorie", in: ders. (Hg.), *Probleme der Wissenschaftstheorie. Festschrift für Victor Kraft*, Wien, 233–264
Topitsch, Ernst (1961), *Sozialphilosophie zwischen Ideologie und Wissenschaft*, Neuwied, Berlin ³1971
Topitsch, Ernst (1964), Hg., *Hans Kelsen: Aufsätze zur Ideologiekritik*, Neuwied, Berlin; 2. Aufl. u. d. Tit.: *Staat und Naturrecht. Aufsätze zur Ideologiekritik*, München 1989
Topitsch, Ernst (1965), Hg., *Logik der Sozialwissenschaften*, 12. umgearb. Aufl. Frankfurt/M., Königstein/Ts. 1993
Topitsch, Ernst (1965a), „Sprachlogische Probleme der sozialwissenschaftlichen Theoriebildung", in: ders., *Logik der Sozialwissenschaften*, 12. umgearb. Aufl. Frankfurt/M., Königstein/Ts. 1993, 15–36
Topitsch, Ernst (1965b), *Mythische Modelle in der Erkenntnislehre*, in: ders., *Studien zur Weltanschauungsanalyse*, hrsg. v. Wilhelm Baum, Wien o. J. [1996], 172–206
Topitsch, Ernst (1966), „Phylogenetische und emotionale Grundlagen menschlicher Weltauffassung", in: ders., *Studien zur Weltanschauungsanalyse*, hrsg. v. Wilhelm Baum, Wien o. J. [1996], 142–171
Topitsch, Ernst (1967), *Die Sozialphilosophie Hegels als Heilslehre und Herrschaftsideologie*, 2. erw. Aufl. München 1981

Topitsch, Ernst (1967a), „Österreichs Philosophie – zwischen totalitär und konservativ", in: Heinz Fischer (Hg.), *Versäumnisse und Chancen. Beiträge zur Hochschulfrage in Österreich*, Wien, Hannover, 29–52

Topitsch, Ernst (1968), *Die Freiheit der Wissenschaft und der politische Auftrag der Universität*, 2. u. e. Nachw. erw. Aufl. Neuwied, Berlin 1969

Topitsch, Ernst (1969), *Mythos – Philosophie – Politik. Zur Naturgeschichte der Illusion*, Freiburg/Br.

Topitsch, Ernst (1973), *Gottwerdung und Revolution. Beiträge zur Weltanschauungsanalyse und Ideologiekritik*, Pullach b. München

Topitsch, Ernst (1979), *Erkenntnis und Illusion. Grundstrukturen unserer Weltauffassung*, Tübingen ^{2}1988

Topitsch, Ernst (1985), *Stalins Krieg. Die sowjetische Langzeitstrategie gegen den Westen als rationale Machtpolitik*, München

Topitsch, Ernst (1987), *Stalin's war: The Soviet long-term strategy against the West considered as rational power politics*, London

Topitsch, Ernst (1987a), *Stalin's war: A radical new theory of the origins of the second world war*, New York

Topitsch, Ernst (1990), *Heil und Zeit. Ein Kapitel zur Weltanschauungsanalyse*, Tübingen

Topitsch, Ernst (1993), *Stalins Krieg. Moskaus Griff nach der Weltherrschaft – Strategie und Scheitern*, Herford ^{3}1998

Topitsch, Ernst (1995), „Im Spannungsfeld der Ideologien", in: *Geschichte und Gegenwart*, 14, 255–264

Topitsch, Ernst (1996), „Macht und Moral", in: ders., *Studien zur Weltanschauungsanalyse*, hrsg. v. Wilhelm Baum, Wien o. J. [1996], 279–294

Topitsch, Ernst (1996a), *Wojma Stalina* [= Stalins Krieg], Kraków [Krakau]

Topitsch, Ernst (2000), „Sprache als Waffe", in: Hans Wallner (Hg.), *Die Rolle des Krieges in der europäischen Gesellschaft am Beginn des 21. Jahrhunderts*, Wien, 117–124

Topitsch, Ernst (2000a), *Neue Erkenntnisse. Ergänzungsheft zur 3. überarbeiteten Auflage von „Stalins Krieg"*, Herford

Topitsch, Ernst (2001), „Weltanschauungsanalyse als Strukturwissenschaft", in: Thomas Binder u. a. (Hg.), *Bausteine zu einer Geschichte der Philosophie an der Universität Graz*, Amsterdam, New York, 547–574

Topitsch, Ernst (2003), *Im Irrgarten der Zeitgeschichte. Ausgewählte Aufsätze*, Berlin

Topitsch, Ernst (2005), *Überprüfbarkeit und Beliebigkeit. Die beiden letzten Abhandlungen des Autors*, m. e. wiss. Würdigg. u. e. Nachruf hrsg. v. Karl Acham, Wien, Köln, Weimar

Topitsch, Ernst, Krawietz, Werner u. Koller, Peter (1982), Hg., *Ideologiekritik und Demokratietheorie bei Hans Kelsen*, Berlin

Trawny, Peter (2010), *Adyton. Heideggers esoterische Philosophie*, Berlin

Treibel, Anette (2000), Hg., *Zivilisationstheorie in der Bilanz. Beiträge zum 100. Geburtstag von Norbert Elias*, Opladen

Tremmel, Frank (2009), *„Menschheitswissenschaft" als Erfahrung des Ortes*, München

Trowitzsch, Michael (2007), *Karl Barth heute*, Göttingen

Tugendhat, Ernst (1976), *Vorlesungen zur Einführung in die sprachanalytische Philosophie*, Frankfurt/M. 2005

Tugendhat, Ernst (1979), *Selbstbewußtsein und Selbstbestimmung. Sprachanalytische Interpretationen*, Frankfurt/M. 2005

Tugendhat, Ernst (1986), *Probleme der Ethik*, Stuttgart 2002

Tugendhat, Ernst (1993), *Vorlesungen über Ethik*, Frankfurt/M. 2004

Tugendhat, Ernst (2003), *Egozentrizität und Mystik. Eine anthropologische Studie*, München 2006

Tugendhat, Ernst (2007), *Anthropologie statt Metaphysik*, München

Uebel, Thomas E. (2000), *Vernunftkritik und Wissenschaft – Otto Neurath und der erste Wiener Kreis*, Veröffentlichungen des Instituts Wiener Kreis, Bd. 9, Wien, New York

Uebel, Thomas E. (2004), „Introduction: Neurath's Economics in Critical Context", in: Otto Neurath, *Economic Writings. Selections 1904–1945*, hrsg. v. Thomas E. Uebel u. Robert S. Cohen, Dordrecht, Boston, London, 1–108

Uebel, Thomas E. (2005), „Incommensurability, Ecology and Planning: Neurath in the Socialist Calculation Debate, 1919–1928", in: *History of Political Economy*, 37, 311–342

Uebel, Thomas E. (2005a), „Otto Neurath: Leben und Werk", in: *Internationale Bibliographie zur Österreichischen Philosophie 1991/92*, hrsg. v. Reinhard Fabian, Amsterdam, 7–51

Uebel, Thomas (2007), *Empiricism at the Crossroads: The Vienna Circle's Protocol Sentence Debate*, Chicago

Ullrich, Sebastian (2010), *Symbolischer Idealismus. Selbstverständnis und Geltungsanspruch von Ernst Cassirers Metaphysik des Symbolischen*, Hamburg

Vaihinger, Hans (1911), *Die Philosophie des Als Ob. System der theoretischen, praktischen und religiösen Fiktionen der Menschheit auf Grund eines idealistischen Positivismus. Mit einem Anhang über Kant und Nietzsche*, Leipzig ^{10}1927

Vaihinger, Hans (1921), „Wie die Philosophie des Als Ob entstand", in: *Die deutsche Philosophie der Gegenwart in Selbstdarstellungen*, 2, 175–203

Vaihinger, Hans (1923), *Die Philosophie des Als Ob. System der theoretischen, praktischen und religiösen Fiktionen der Menschheit auf Grund eines idealistischen Positivismus. Mit einem Anhang über Kant und Nietzsche*, Volksbuchausgabe, hrsg. v. Raymund Schmidt, Leipzig ^{2}1924

Vetter, Helmuth (2003), Hg., *Lebenswelten: Ludwig Landgrebe – Eugen Fink – Jan Patočka. Wiener Tagungen zur Phänomenologie 2002*, Frankfurt/M.

Voegelin, Eric (1938), *Die politischen Religionen*, hrsg. v. Peter J. Opitz, München ^{3}2007

Voegelin, Eric (1952), *Die Neue Wissenschaft der Politik. Eine Einführung*, hrsg. v. Peter J. Opitz, München 2004

Voegelin, Eric (1958), *Die kosmologischen Reiche des Alten Orients – Mesopotamien und Ägypten*, in: ders., *Ordnung und Geschichte*, Bd. 1, hrsg. v. Jan Assmann, München 2002

Voegelin, Eric (1966), *Anamnesis. Zur Theorie der Geschichte und Politik*, Freiburg/Br., München 2005

Voegelin, Eric (1974), *Das Ökumenische Zeitalter – Die Legitimität der Antike*, in: ders., *Ordnung und Geschichte*, Bd. 8, hrsg. v. Thomas Hollweck, München 2004

Voegelin, Eric (1974a), *Das Ökumenische Zeitalter – Weltherrschaft und Philosophie*, in: ders., *Ordnung und Geschichte*, Bd. 9, hrsg. v. Manfred Henningsen, München 2005

Voegelin, Eric (1987), *Auf der Suche nach Ordnung*, in: ders., *Ordnung und Geschichte*, Bd. 10, hrsg. v. Paul Caringella u. Gilbert Weiss, München 2004

Volek, Peter (1998), *Erkenntnistheorie bei Edith Stein. Metaphysische Grundlagen der Erkenntnis bei Edith Stein im Vergleich zu Husserl und Thomas von Aquin*, Frankfurt/M.

Vorholt, Udo (1996), *Die politische Theorie Leonard Nelsons. Eine Fallstudie zum Verhältnis von philosophisch-politischer Theorie und konkret-politischer Praxis*, Baden-Baden

Wagner, Gerhard (1987), *Geltung und normativer Zwang. Eine Untersuchung zu den neukantianischen Grundlagen der Wissenschaftslehre Max Webers*, Freiburg/Br., München

Wald, Berthold (2009), „Josef Pieper (1904–1997). Philosoph – katholisch und intellektuell", in: Hans-Rüdiger Schwab (Hg.), *Eigensinn und Bindung. Katholische Intellektuelle des 20. Jahrhunderts. 39 Porträts*, Kevelaer 2009, 379–392

Waldenfels, Bernhard (1971), *Das Zwischenreich des Dialogs. Sozialphilosophische Untersuchungen in Anschluß an E. Husserl*, Den Haag

Waldenfels, Bernhard (1983), *Phänomenologie in Frankreich*, Frankfurt/M. ^{3}2010

Waldenfels, Bernhard (1987), *Ordnung im Zwielicht*, Frankfurt/M.

Waldenfels, Bernhard (1990), *Der Stachel des Fremden*, Frankfurt/M. ⁴2009
Waldenfels, Bernhard (1994), *Antwortregister*, Frankfurt/M. 2007
Waldenfels, Bernhard (1995), *Deutsch-Französische Gedankengänge*, Frankfurt/M.
Waldenfels, Bernhard (1997), *Topographie des Fremden. Studien zur Phänomenologie des Fremden 1*, Frankfurt/M. ⁵2010
Waldenfels, Bernhard (1998), *Grenzen der Normalisierung. Studien zur Phänomenologie des Fremden 2*, Frankfurt/M. 2008
Waldenfels, Bernhard (1999), *Sinnesschwellen. Studien zur Phänomenologie des Fremden 3*, Frankfurt/M.
Waldenfels, Bernhard (2000), *Das leibliche Selbst. Vorlesungen zur Phänomenologie des Leibes*, hrsg. v. Regula Giuliani, Frankfurt/M. ⁴2010
Waldenfels, Bernhard (2001), *Verfremdung der Moderne*, Göttingen
Waldenfels, Bernhard (2001a), „‚... jeder philosophische Satz ist eigentlich in Unordnung, in Bewegung'. Gespräch mit Bernhard Waldenfels", in: Matthias Fischer, Hans-Dieter Gondek, u. Burkhard Liebsch (Hg.), *Vernunft im Zeichen des Fremden. Zur Philosophie von Bernhard Waldenfels*, Frankfurt/M., 408–459
Waldenfels, Bernhard (2002), *Bruchlinien der Erfahrung. Phänomenologie – Psychoanalyse – Phänomenotechnik*, Frankfurt/M. ³2010
Waldenfels, Bernhard (2004), *Phänomenologie der Aufmerksamkeit*, Frankfurt/M. ²2005
Waldenfels, Bernhard (2005), *Idiome des Denkens. Deutsch-Französische Gedankengänge II*, Frankfurt/M.
Waldenfels, Bernhard (2006), *Grundmotive einer Phänomenologie des Fremden*, Frankfurt/M. ³2010
Waldenfels, Bernhard (2006a), *Schattenrisse der Moral*, Frankfurt/M.
Waldenfels, Bernhard (2008), *Philosophisches Tagebuch. Aus der Werkstatt des Denkens 1980–2005*, hrsg. v. Regula Giuliani, München
Waldenfels, Bernhard (2010), *Sinne und Künste im Wechselspiel. Modi ästhetischer Erfahrung*, Frankfurt/M.
Wallerstein, Robert S. (2006), „Entwicklungslinien der Psychoanalyse seit Freud. Divergenzen und Konvergenzen einer Wissenschaft im steten Wandel", in: *Psyche*, 60, 798–828
Walter, Robert, Ogris, Werner u. Olechowski, Thomas (2009), Hg., *Hans Kelsen: Leben – Werk – Wirksamkeit*, Wien
Waniek, Eva-L. (2008), Hg., *Derrida und Adorno. Zur Aktualität von Dekonstruktion und Frankfurter Schule*, Wien
Warnke, Camilla (2009), „Nicht mit dem Marxismus-Leninismus vereinbar! Der Ausschluß von Peter Rubens Philosophiekonzept aus der DDR-Philosophie 1980/81", in: Hans-Christoph Rauh u. Hans-Martin Gerlach (Hg.), *Ausgänge. Zur DDR-Philosophie in den 70er und 80er Jahren*, Berlin, 560–600
Wassmann, Bettina (1979), Hg., *L'invitation au voyage. Zu Alfred Sohn-Rethel*, Bremen
Weber, Max (1904), „Die ‚Objektivität' sozialwissenschaftlicher und sozialpolitischer Erkenntnis", in: ders., *Gesammelte Aufsätze zur Wissenschaftslehre*, hrsg. v. Johannes Winckelmann, Tübingen ⁹1988, 146–214
Weber, Max (1905), „Die protestantische Ethik und der Geist des Kapitalismus", in: ders., *Gesammelte Aufsätze zur Religionssoziologie I*, Tübingen ¹⁰1994, 17–206
Weber, Max (1917), „Der Sinn der ‚Wertfreiheit' der soziologischen und ökonomischen Wissenschaften", in: ders., *Gesammelte Aufsätze zur Wissenschaftslehre*, hrsg. v. Johannes Winckelmann, Tübingen ⁹1988, 489–540
Weber, Max (1919), „Wissenschaft als Beruf" in: ders., *Wissenschaft als Beruf/Politik als Beruf, Max Weber Studienausgabe*, Bd. I/17, hrsg. v. Wolfgang J. Mommsen u. Wolfgang Schluchter, Tübingen 1992, 1–23

Weber, Max (1919a), „Politik als Beruf", in: ders., *Wissenschaft als Beruf/Politik als Beruf, Max Weber Studienausgabe*, Bd. I/17, hrsg. v. Wolfgang J. Mommsen u. Wolfgang Schluchter, Tübingen 1992, 35–88

Weber, Max (1920), „Vorbemerkung", in: ders., *Gesammelte Aufsätze zur Religionssoziologie*, Tübingen ^{10}1994, 1–16

Weber, Max (1921), *Wirtschaft und Gesellschaft. Grundriss der verstehenden Soziologie*, hrsg. v. Johannes Winckelmann, Tübingen ^{5}1976

Weber, Samuel (2006), „Der Brief an Buber vom 17.7.1916", in: Burkhardt Lindner (Hg.), *Benjamin-Handbuch. Leben – Werk – Wirkung*, Stuttgart, 603–608

Weber, Samuel (2008), *Benjamin's -abilities*, Cambridge

Weigel, Sigrid (1997), *Entstellte Ähnlichkeit. Walter Benjamins theoretische Schreibweise*, Frankfurt/M.

Weingarten, Michael (1996), „Anfänge und Ursprünge. Programmatische Überlegungen zum Verhältnis von logischer Hermeneutik und hermeneutischer Logik", in: Dirk Hartmann u. Peter Janich (Hg.), *Methodischer Kulturalismus. Zwischen Naturalismus und Postmoderne*, Frankfurt/M., 285–314

Weingarten, Michael (2005), Hg., *Eine „andere" Hermeneutik. Georg Misch zum 70. Geburtstag – Festschrift aus dem Jahre 1948*, Bielefeld

Weingarten, Michael (2005a), „Philosophische Anthropologie als systematische Philosophie – Anspruch und Grenzen eines gegenwärtigen Denkens", in: Gerhard Gamm, Mathias Gutmann u. Alexandra Manzei (Hg.), *Zwischen Anthropologie und Gesellschaftstheorie. Zur Renaissance Helmuth Plessners im Kontext der modernen Lebenswissenschaften*, Bielefeld, 15–31

Weiß, Johannes (1971), *Weltverlust und Subjektivität. Zur Kritik der Institutionenlehre Arnold Gehlens*, Freiburg/Br.

Weiß, Ulrich (1991), *Hugo Dinglers methodische Philosophie. Eine kritische Rekonstruktion ihres voluntaristisch-pragmatischen Begründungszusammenhangs*, Mannheim, Wien, Zürich

Weiß, Ulrich (2006), „Hugo Dingler, der Nationalsozialismus und das Judentum", in: Peter Janich (Hg.), *Wissenschaft und Leben. Philosophische Begründungsprobleme in Auseinandersetzung mit Hugo Dingler*, Bielefeld, 235–266

Weizsäcker, Carl Friedrich von (1939), „Der zweite Hauptsatz und der Unterschied von Vergangenheit und Zukunft", in: ders., *Die Einheit der Natur. Studien*, München ^{4}2002, 172–182

Weizsäcker, Carl Friedrich von (1943), *Zum Weltbild der Physik*, Stuttgart ^{13}1990

Weizsäcker, Carl Friedrich von (1948), *Die Geschichte der Natur. Zwölf Vorlesungen*, Stuttgart ^{8}1979

Weizsäcker, Carl Friedrich von (1971), *Die Einheit der Natur. Studien*, München ^{4}2002

Weizsäcker, Carl Friedrich von (1975), „Selbstdarstellung", in: ders., *Der Garten des Menschlichen. Beiträge zur geschichtlichen Anthropologie*, München 2008, 553–597

Weizsäcker, Carl Friedrich von (1977), *Der Garten des Menschlichen*, München 2008

Weizsäcker, Carl Friedrich von (1985), *Aufbau der Physik*, München ^{4}2002

Weizsäcker, Carl Friedrich von (1992), *Zeit und Wissen*, München ^{4}2008

Weizsäcker, Carl Friedrich von (2011), *C. F. v. Weizsäcker im Kontext. Gesammelte Werke auf CD-ROM*, hrsg. v. Michael Drieschner, Berlin

Welbers, Ulrich (2009), *Sprachpassagen. Walter Benjamins verborgene Sprachwissenschaft*, Paderborn

Wels, Andrea (1997), *Die Fiktion des Begreifens und das Begreifen der Fiktion. Dimensionen und Defizite der Theorie der Fiktionen in Hans Vaihingers Philosophie des Als Ob*, Frankfurt/M. u. a.

Wenzl, Aloys u. Dempf, Alois (1958), Hg., *Festschrift für Hedwig Conrad-Martius. Philosophisches Jahrbuch der Görres-Gesellschaft*, Freiburg/Br., München

Werner, Nadine (2006), „Zeit und Person", in: Burkhardt Lindner (Hg.), *Benjamin-Handbuch. Leben – Werk – Wirkung*, Stuttgart, 3–8

Westermann, Bernd (1995), „Anschlüsse und Erfahrungen. Grenzen und Spielräume einer anthropologischen Diskussion in Deutschland", in: Jürgen Friedrich u. Bernd Westermann (Hg.), *Unter offenem Horizont. Anthropologie nach Helmuth Plessner*, Frankfurt/M., 21–35

Wetz, Franz-Josef u. Timm, Hermann (1999), Hg., *Die Kunst des Überlebens. Nachdenken über Hans Blumenberg*, Frankfurt/M. 2006

Wewel, Meinolf (1968), *Die Konstitution des transzendenten Etwas im Vollzug des Sehens. Eine Untersuchung im Anschluß an die Philosophie von Hans Lipps und in Auseinandersetzung mit Edmund Husserls Lehre vom „intentionalen Bewußtseinskorrelat"*, Düsseldorf

Whimster, Sam u. Lash, Scott (1987), Hg., *Max Weber, Rationalization and Modernity*, London

Wiggershaus, Rolf (1986), *Die Frankfurter Schule. Geschichte, theoretische Entwicklung, politische Bedeutung*, München [7]2008

Wiggershaus, Rolf (1987), *Theodor W. Adorno*, München [3]2006

Willer, Jörg (1973), *Relativität und Eindeutigkeit. Hugo Dinglers Beitrag zur Begründungsproblematik*, Meisenheim/Glan

Willrodt, Stephanie (1934), *Semifiktionen und Vollfiktionen in Vaihingers Philosophie des Als Ob. Mit einer monographischen Bibliographie Hans Vaihinger*, Leipzig

Witkin, Robert (2003), *Adorno on popular culture*, London, New York

Witte, Bernd (1985), *Walter Benjamin mit Selbstzeugnissen und Bilddokumenten*, Reinbek

Wittgenstein, Ludwig (1921), *Tractatus logico-philosophicus*, in: ders., *Werkausgabe in 8 Bänden*, Bd. 1, hrsg. v. Rush Rees, Frankfurt/M. [10]1995

Wittgenstein, Ludwig (1953), *Philosophische Untersuchungen*, in: ders., *Werkausgabe in 8 Bänden*, Bd. 1, hrsg. v. Rush Rees, Frankfurt/M. [10]1995

Wittgenstein, Ludwig (1958), *Das Blaue Buch. Eine philosophische Betrachtung (Das Braune Buch)*, in: ders., *Werkausgabe in 8 Bänden*, Bd. 5, hrsg. v. Rush Rees, übers. v. Petra von Morstein, Frankfurt/M. [6]1994

Wittgenstein, Ludwig (1961), *Tagebücher 1914–18*, in: ders., *Werkausgabe in 8 Bänden*, Bd. 1, hrsg. v. Rush Rees, Frankfurt/M. [10]1995

Wittgenstein, Ludwig (1964), *Philosophische Bemerkungen*, in: ders., *Werkausgabe in 8 Bänden*, Bd. 2, hrsg. v. Rush Rees, Frankfurt/M. 1991

Wittgenstein, Ludwig (1967), *Wittgenstein und der Wiener Kreis*, in: ders., *Werkausgabe in 8 Bänden*, Bd. 3, hrsg. v. Brian McGuinness, Frankfurt/M. [5]1996

Wittgenstein, Ludwig (1967a), „Bemerkungen über Frazers *Golden Bough*", in: ders., *Vortrag über Ethik und andere kleine Schriften*, hrsg. v. Joachim Schulte, Frankfurt/M. [4]1989, 29–46

Wittgenstein, Ludwig (1969), *Philosophische Grammatik*, in: ders., *Werkausgabe in 8 Bänden*, Bd. 4, hrsg. v. Rush Rees, Frankfurt/M. [5]1993

Wittgenstein, Ludwig (1969a), *Über Gewißheit*, hrsg. v. G. E. M. Anscombe u. Georg Henrik von Wright, Frankfurt/M. [7]1991

Wittgenstein, Ludwig (1979), *Vorlesungen 1930–1935*, hrsg. v. Desmond Lee u. Alice Ambrose, übers. v. Joachim Schulte, Frankfurt/M. 1989

Wittgenstein, Ludwig (1979a), *Zettel*, in: ders., *Werkausgabe in 8 Bänden*, Bd. 8, hrsg. v. G. E. M. Anscombe u. Georg Henrik von Wright, Frankfurt/M. 1992

Wittgenstein, Ludwig (1980), *Briefe*, hrsg. v. Brian McGuinness u. Georg Henrik von Wright, Frankfurt/M.

Wittgenstein, Ludwig (1994), *Wiener Ausgabe*, Bd. 1, hrsg. v. Michael Nedo, Wien u. a.

Wittgenstein, Ludwig (2000), *Wiener Ausgabe*, Bd. 11, hrsg. v. Michael Nedo, Wien u. a.

Wöhrle, Patrick (2010), *Metamorphosen des Mängelwesens. Zu Werk und Wirkung Arnold Gehlens*, Frankfurt/M., New York

Wolf, Siegbert (1992), *Martin Buber zur Einführung*, Hamburg

Wolin, Richard (1991), *Seinspolitik. Das politische Denken Martin Heideggers*, Wien

Wolters, Gereon (1992), „Opportunismus als Naturanlage: Hugo Dingler und das ‚Dritte Reich'", in: Peter Janich (Hg.), *Entwicklungen der methodischen Philosophie*, Frankfurt/M., 257–327

Wolzogen, Christoph von (1984), *Die autonome Relation. Zum Problem der Beziehung im Spätwerk Paul Natorps*, Würzburg, Amsterdam

Wright, Georg Henrik von (1982), *Wittgenstein*, übers. v. Joachim Schulte, Frankfurt/M. 1990

Wulf, Claudia Mariéle (2003), „Rekonstruktion und Neudatierung einiger früher Werke Edith Steins", in: Beate Beckmann u. Hanna-Barbara Gerl-Falkovitz (Hg.), *Edith Stein – Texte, Bezüge, Dokumente*, Würzburg, 249–268

Young-Bruehl, Elisabeth (1982), *Hannah Arendt. Leben, Werk und Zeit*, übers. v. Hans Günther Holl, Frankfurt/M. 2004

Zabala, Santiago (2008), *The Hermeneutic Nature of Analytic Philosophy: A Study of Ernst Tugendhat*, New York

Zaborowski, Holger (2010), *Robert Spaemann's Philosophy of the Human Person: Nature, Freedom, and the Critique of Modernity*, Oxford

Zahavi, Dan, (2003), *Husserls Phänomenologie*, übers. v. Bernhard Obsieger, Tübingen 2009

Zeyer, Kirstin (1999), *Die methodische Philosophie Hugo Dinglers und der transzendentale Idealismus Immanuel Kants*, m. e. Geleitwort v. Ulrich Hoyer, Hildesheim, Zürich, New York

Ziegler, Walther Urs (1992), *Anerkennung und Nicht-Anerkennung. Studien zur Struktur zwischenmenschlicher Beziehung*, Bonn, Berlin

Zimmer, Jörg (2002), „Evozierendes Denken. Ein Beitrag zur philosophischen Poetik", in: *Zeitschrift für Ästhetik und Allgemeine Kunstwissenschaft*, 47, Nr. 2, 167–190

Zimmermann, Wolfgang (1978), *Korsch zur Einführung*, Hannover

Zittlau, Dieter (1981), *Die Philosophie von Hans Reichenbach*, München

Zudeick, Peter (1980), *Die Welt als Wirklichkeit und Möglichkeit. Die Rechtfertigungsproblematik der Utopie in der Philosophie Ernst Blochs*, Bonn

Zudeick, Peter (1985), *Der Hintern des Teufels. Ernst Bloch – Leben und Werk*, Moos, Baden-Baden

Personenregister

Abbe, Ernst 105
Adenauer, Konrad 131
Adler, Alfred 109, 115
Adorno, Gretel 17
Adorno, Theodor Wiesengrund 7 f., 11–18, 23, 43, 94, 96, 126, 128, 129, 151–153, 180 f., 191, 199, 201–204, 273, 285
Agnon, Samuel Joseph 262
Albert, Hans 19
Allport, Gordon 174
Altmann, Rüdiger 259
Améry, Jean 22–24
Anaxagoras 93
Anders, Günther 24–26
Anselm von Canterbury 38, 226, 323
Apel, Karl-Otto 20, 26–30, 122, 130, 167
Arendt, Hannah 24, 31–36, 43, 137, 140, 188, 261, 297
Areopagita, Dionysius 297
Aristoteles 31, 39, 41, 61, 62, 77, 93, 122, 137, 139, 151, 198, 212, 223, 237 f., 273, 280, 281
Aron, Raymond 307
Augustinus 31 f., 36, 164, 236, 279, 314
Austin, John L. 233
Avenarius, Richard 159, 254
Avicenna 51
Ávila, Teresa von 279

Bachofen, Johann Jakob 172, 174
Bacon, Francis 248
Balzac, Honoré de 196
Barth, Karl 37–39, 286
Bastian, Adolf 114
Baudelaire, Charles 42
Bazin, André 181
Beaufret, Jean 137
Beauvoir, Simone de 39
Becker, Oskar 40
Beckett, Samuel 120
Benjamin, Walter 11, 13, 36, 42–48, 83 f., 174, 181, 199, 259, 262
Berger, Peter L. 264

Bergson, Henri 93, 173, 196, 234, 263, 267
Bernal, John D. 273
Bernays, Jakob 81
Bernet, Rudolf 160
Bernheim, Hippolyte 109
Bertalanffy, Ludwig von 166, 243
Bien, Günter 239
Bilz, Rudolf 243
Binswanger, Ludwig 48–50, 253
Blankenburg, Wolfgang 50, 275
Bleuler, Eugen 48
Bloch, Ernst 51–55, 69, 134 f., 145, 167, 199, 272
Blumenberg, Hans 55–58, 187 f., 227
Böckenförde, Ernst-Wolfgang 258
Bodin, Jean 257
Boeckh, August 82, 88
Bohm, David 99
Böhme, Jakob 64
Bohr, Niels 99, 309
Bois-Reymond, Emil Du 82
Bollnow, Otto Friedrich 41, 59, 60, 93, 186
Boltzmann, Ludwig 226
Bolzano, Bernhard 155, 226
Bonald, Louis de 257, 273
Born, Max 59
Bossuet, Jacques Bénigne 273
Braithwaite, Richard 74
Braque, Georges 127
Brecht, Bertolt 44, 179
Brentano, Franz 49, 60–63, 154–156, 226, 293
Brentano, Ludwig von 304
Breuer, Josef 109
Bridgman, Percy W. 94
Brouwer, L. E. J. 40 f.
Brunner, Emil 37
Bruno, Giordano 51, 93
Buber, Martin 46, 49, 63–66, 113, 209, 240, 242
Buck, Günther 186
Buddha 116, 163
Bühler, Karl 66–68, 174, 221

Buhr, Manfred 69 f., 133
Bultmann, Rudolf 37, 70–72, 164, 168, 287
Bunge, Mario 137
Burckhardt, Jacob 187 f.
Bürger, Peter 199
Buytendijk, F. J. J. 174

Cairns, Dorion 104
Caligari 181
Calker, Fritz van 256
Calvin, Johannes 38
Carnap, Rudolf 72–75, 99, 108, 225, 230, 255, 263, 317
Carus, Carl Gustav 110, 172
Cassirer, Ernst 24, 57 f., 76–81, 84, 174 f., 208, 236, 272, 280, 287
Cellarius, Christoph 276
Cerny, Jiri 265
Cervantes, Miguel de 196
Charcot, Jean-Martin 109
Cicourel, Aaron 264
Claessen, Dieter 189
Clauß, Ludwig Ferdinand 41
Clemens, Franz 61
Cohen, Hermann 37, 76, 81–86, 135, 170, 208 f., 240 f.
Comte, Auguste 89, 238, 250, 288
Conrad-Martius, Hedwig 86–88, 278
Corbin, Henry 260
Cornelius, Hans 11
Cortés, Juan María Donoso 257
Cournot, Antoine-Augustin 127
Cromwell, Oliver 276
Cruce, Teresia Benedicta a 278

Dahrendorf, Ralf 175
Darwin, Charles 112, 114, 224, 288
Daubert, Johannes 231 f.
Davidson, Donald 318
Deleuze, Gilles 83
Demokrit 93
Derrida, Jacques 122, 139, 160, 193
Descartes, René 111, 114, 187, 213, 221, 311
Dessoir, Max 93
Dewey, John 264
Dilthey, Wilhelm 49, 59, 63, 88–93, 118, 122, 137, 141, 161, 182, 195, 206 f., 235, 244, 246, 248, 261, 266, 304
Dingler, Hugo 19, 94 f.
Dollfuß, Engelbert 297

Dorschel, Andreas 30
Dostojewski, Fjodor 196
Driesch, Hans 87, 123, 173
Droysen, Johann Gustav 266
Dubislav, Walter 230
Duchamp, Marcel 127
Duhem, Pierre 213
Dummett, Michael 294
Durkheim, Emile 125, 133, 303
Duve, Freimut 135

Ebbeke, Ulrich 243
Ehrenberg, Hans 241
Ehrenberg, Rudolf 242
Ehrenhaft, Felix 99
Eichmann, Adolf 34, 36, 261
Einstein, Albert 40, 94, 210, 229, 254
Eliade, Mircea 260
Elias, Norbert 95–98
Engels, Friedrich 147
Ettlinger, Max 215
Eucken, Rudolf 249

Fechner, Theodor Gustav 110, 266
Feigl, Herbert 99, 255, 256
Fénelon, François 273
Feuerbach, Ludwig 93, 113 f., 135 f., 187, 217
Feyerabend, Paul Karl 99–101
Fichte, Johann Gottlieb 39, 69, 93, 124
Fink, Eugen 102–104
Fischer, Kuno 82, 88
Flaubert, Gustave 196
Flitner, Wilhelm 93
Fontane, Theodor 58
Forst, Rainer 30
Forsthoff, Ernst 258
Foucault, Michel 22, 50, 299–301
Fraenkel, Ernst 258
Frankel, Zacharias 81
Frankl, Viktor 253
Frege, Gottlob 7, 105–109, 154 f., 171, 208, 294, 310 f., 318
Freud, Sigmund 11, 47–50, 52, 54, 109–117, 201 f., 307
Freyer, Hans 93, 124, 126, 174, 259
Fries, Jakob Friedrich 210, 212
Frischeisen-Köhler, Max 93
Fromm, Erich 115–118, 201
Fukuyama, Francis 127
Funke, Gerhard 244

Gadamer, Hans-Georg 93, 103, 118–123, 137, 186, 206
Gandhi, Mahatma 210
Garfinkel, Harold 264
Geach, Peter 294
Gehlen, Arnold 24, 123–127, 135, 174, 253
Geiger, Moritz 160
Gerlach, Erich 179
Gierke, Otto von 288, 304
Gildemeister, Martin 243
Glockner, Hermann 236
Gödel, Kurt 42, 255
Goethe, J. W. v. 58, 78, 93, 110, 173, 256, 287
Goffman, Erving 264
Gogarten, Friedrich 37
Goldmann, Lucien 199
Gombrich, Ernst 193
Gomperz, Heinrich 291
Graetz, Heinrich 81
Gramsci, Antonio 177
Grelling, Kurt 230
Gris, Juan 127
Groddeck, Georg 114
Groethuysen, Bernhard 93
Grünbaum, Adolf 113
Gründer, Karlfried 239
Guardini, Romano 214
Günther, Gotthard 193

Haams, Achad 261
Habermas, Jürgen 18, 20, 26–28, 30, 36, 56, 68, 122, 126, 128–132, 190 f., 195, 200, 244, 264, 291
Haeckel, Ernst 113
Hager, Kurt 69
Hahn, Erich 69, 132 f., 200
Halevi, Jehuda 240
Hare, Richard M. 211 f.
Harich, Wolfgang 124, 134–135
Hariou, Maurice 257
Hart, H. L. A. 172
Hartmann, Eduard von 295
Hartmann, Max 137
Hartmann, Nicolai 42, 135 f., 172, 174, 253
Haucke, Kai 219 f.
Hayek, Friedrich August von 213, 264
Hegel, Georg Wilhelm Friedrich 7, 12, 17, 51–54, 69, 78, 91, 93, 103, 122, 124, 133 f., 136 f., 141 f., 146 f., 175, 178, 187, 189, 190, 193, 196 f., 199 f., 203, 207, 223, 237–242, 245, 250, 258, 274, 284 f., 288, 291
Hegner, Jakob 215
Heidegger, Martin 7 f., 11, 16, 19, 24, 27, 31 f., 35, 39–42, 49 f., 57, 59 f., 65, 70 f., 80 f., 86, 93, 102, 104, 113, 118 f., 122, 128 f., 137–144, 157, 160, 164 f., 168 f., 173, 182–187, 200, 203, 207, 215, 236, 258, 280, 284 f., 294, 308
Heinemann, Gustav 210
Heisenberg, Werner 308
Heiß, Robert 174
Held, Klaus 160
Heller, Agnes 199, 265
Heller, Hermann 257
Helmholtz, Hermann von 78, 82, 110
Hempel, Carl G. 74, 230
Henry, Michel 160
Heraklit 93, 104, 137, 275
Herbart, Johann Friedrich 110
Herder, Johann Gottfried 93, 110, 124 f., 217
Hertz, Heinrich 78
Heyting, Arend 40 f.
Hilbert, David 41, 108, 211
Hildebrand, Dieter von 231
Hildebrand, Dietrich von 253
Hitler, Adolf 46, 181, 215, 223, 292
Hobbes, Thomas 256–258, 280 f., 288, 290
Hölder, Otto 40
Hölderlin, Friedrich 44, 143
Holz, Hans Heinz 145–147, 176
Hönigswald, Richard 95
Honneth, Axel 200
Horkheimer, Max 7, 14 f., 128 f., 147–153, 180 f., 200–202, 204
Horney, Karen 115
Hörz, Herbert 70
Hösle, Vittorio 167
Hoyer, Ulrich 95
Huber, Ernst-Rudolf 258
Humboldt, Wilhelm von 78
Hume, David 7, 222, 224, 291
Husserl, Edmund 7, 11–13, 24, 40 f., 45, 49 f., 59, 63, 67, 86, 102 f., 113, 122, 137 f., 154–161, 164, 171, 174, 180, 182–186, 193, 200, 231 f., 234, 246 f., 249 f., 254, 262–264, 278, 280, 293, 299, 301 f.
Husserl, Malvine 154

Iljenkow, Ewald Wassiljewitsch 265
Ingarden, Roman 231

István, Hermann 265

Jacob, Benno 39
Jacobi, Friedrich Heinrich 59
Jakobson, Roman 68
James, William 264
Janka, Walter 135
Jaspers, Karl 31, 71 f., 93, 118, 137, 160–164, 174, 234, 283, 299, 307
Jean Paul 135
Jellinek, Georg 17, 291
Jerusalem, Wilhelm 253
Jesus 37–39
Joel, Manuel 81
Jonas, Hans 137, 164–168
Jung, Carl Gustav 48, 109, 115, 287
Jünger, Ernst 143, 258 f., 277

Kafka, Franz 262
Kaiser, Joseph H. 258
Kambartel, Friedrich 245
Kamlah, Wilhelm 168 f.
Kandinsky, Wassily 127
Kant, Immanuel 7, 29, 31, 35, 37, 40–45, 61 f., 69, 76–78, 80–85, 89, 93, 103, 108, 110 f., 114, 122 f., 129, 136, 154–156, 158, 161, 170, 197, 204, 208–210, 212, 218, 222, 226 f., 234 f., 245, 248, 252, 265–267, 285, 287 f., 295 f., 302, 309, 311, 315, 317
Kaufmann, Arthur 229
Kaufmann, Felix 263
Kelsen, Hans 169–172, 228, 229, 257, 291, 297
Kepler, Johannes 309
Kesting, Hanno 259
Kettner, Matthias 30
Kierkegaard, Søren 12, 37, 52, 137, 161, 180, 184 f., 283–285, 287
Kieserling, André 129
Kimmerle, Heinz 245
Klages, Ludwig 138, 172–174
Klee, Paul 127
Knies, Karl 304
Knoll, August Maria 291
Kofler, Leo 124
Kohlberg, Lawrence 27
Kolmogorov, Andrej N. 222
Konersmann, Ralf 59
Konfuzius 163
König, Josef 145 f., 174–177, 208
König, René 290

Kopernikus, Nikolaus 114
Korsch, Karl 177–179
Koselleck, Reinhart 189, 259
Kracauer, Siegfried 180–182, 273
Kraft, Victor 99, 291
Kraus, Alfred 50
Kreuz, Johannes vom 279
Krüger, Gerhard 215
Kues, Nikolaus von 64, 76
Kuhlmann, Wolfgang 28, 30
Kuhn, Roland 50
Kuhn, Thomas S. 99 f., 225
Külpe, Oswald 67
Küng, Hans 21

Laas, Ernst 295
Lacan, Jacques 114 f.
Lakatos, Imre 99 f.
Lamarck, Jean Baptiste 113
Lamprecht, Karl 243
Landauer, Gustav 64, 210
Landgrebe, Ludwig 159, 182 f.
Landmann, Michael 244
Lange, Ferdinand A. 295
Lange, Friedrich Albert 84 f., 208
Langerhans, Heinz 179
Lao-Tse 163
Lask, Emil 170, 195, 227 f., 236
Lasson, Adolf 266
Lazare, Bernard 34
Lazarsfeld, Paul 14
Lazarus, Moritz 82, 88, 266
Le Goff, Jacques 193
Lederer, Emil 270
Leibniz, Gottfried Wilhelm 39, 76, 78, 145–147, 154, 265, 274
Lenin, Wladimir Iljitsch 147, 178 f.
Levinas, Emmanuel 66, 140, 159 f., 242, 299–302
Lévi-Strauss, Claude 22
Lewis, Clarence Irving 41, 211
Leyhausen, Paul 243
Lichtenberg, Georg Christoph 111, 114
Liébeault, Ambroise-Auguste 109
Lifschitz, Michail 265
Lindemann, Gesa 221
Lipps, Hans 60, 110, 184–186
Lipps, Theodor 86, 231, 248, 250
Litt, Theodor 93
Locke, John 89, 154, 280

Lorenz, Konrad 124, 137, 243
Lorenzen, Paul 42, 95, 169, 175, 245
Lotze, Rudolf Hermann 88, 105
Löw, Reinhard 273
Löwith, Karl 57, 137, 186–189, 307
Lübbe, Hermann 239
Luckmann, Thomas 264 f.
Luhmann, Niklas 130, 189–195
Lukács, Georg 52, 69, 134 f., 145, 177, 195–200, 270–272, 307
Luther, Martin 137

Mach, Ernst 52, 72, 213 f., 253
Machiavelli, Niccolò 31, 257 f., 280
Machlup, Fritz 264
Maier, Heinrich 243
Maistre, Joseph de 257
Man, Hendrik de 127
Mann, Thomas 199
Mannheim, Karl 253, 270–272
Marcel, Gabriel 33
Marcuse, Herbert 23, 151, 153, 200–204
Marion, Jean-Luc 160
Márkus, György 199
Marquard, Odo 204 f., 239
Marx, Karl 12, 16, 51, 113, 116, 147 f., 177–179, 197, 199, 200, 223, 225, 245 f., 265, 288, 291, 303 f.
Mattick, Paul 179
Maurer, Reinhart 239
Maus, Ingeborg 259
Mauthner, Fritz 291
May, Karl 277
Mayer, Hans 22
Mead, George Herbert 124, 264, 294
Mehring, Reinhard 259
Meinecke, Friedrich 240
Meinong, Alexius 226
Meister Eckhart 64, 116
Menzel, Adolf 291
Merleau-Ponty, Maurice 23, 160, 183, 186, 299 f., 302
Meynert, Theodor 109
Mill, John Stuart 89, 100
Misch, Georg 59 f., 93, 175–177, 206–208
Mises, Ludwig von 213, 262, 264
Mittelstraß, Klaus 245
Mohamed 276
Mommsen, Theodor 304
Mondrian, Piet 127

Montesquieu, Charles-Louis de Secondat, baron de 31
Moses 113, 280
Mozart, Wolfgang Amadeus 120
Müller, Max 204
Münkler, Herfried 259

Nagarjuna 163
Nagel, Ernest 74
Nagy, Imre 195
Napoleon 106
Natorp, Paul Gerhard 49, 76, 84, 118, 135, 208–210
Nelson, Leonhard 210–212
Neumann, Franz L. 258
Neumann, Wilhelm Anton 226
Neurath, Otto 72, 74, 112, 213 f., 255, 263, 317
Newton, Isaac 100
Nietzsche, Friedrich 39, 103, 110, 112–114, 125, 127, 135, 143, 161, 165, 173 f., 184, 187–189, 234, 267, 276, 280, 288, 302, 304
Niquet, Marcel 30
Nohl, Herman 59, 93

Oelmüller, Willi 239
Offenbach, Jacques 181
Oldrini, Guido 200
Orth, Ernst Wolfgang 160
Otto, Rudolf 287

Palágyi, Menyhért 173
Pareto, Vilfredo 291
Parmenides 93, 104
Parsons, Talcott 133, 190, 264, 307
Pascal, Blaise 165
Patočka, Jan 104, 159
Paulsen, Friedrich 288
Paulus 37, 71, 139
Peiffer, Gabrielle 159
Peirce, Charles Sanders 27
Perpeet, Wilhelm 244
Pfänder, Alexander 86, 160, 231
Picasso, Pablo 127
Pieper, Josef 214–216
Pindar 284
Platon 31, 58, 83, 93, 96, 114, 120, 122, 137, 139, 151, 155, 208, 215, 223, 225, 280–282, 288, 301, 309
Plessner, Helmuth 60, 93, 113, 123, 136, 174 f., 208, 217–221, 244, 253, 307

Poensgen, Ernst 272 f.
Poincaré, Henri 213, 227
Popitz, Reinhard 259
Popper, Karl 19 f., 75, 95, 99, 100, 113, 213, 221–225, 255
Preuss, Ulrich K. 259
Przywara, Erich 38, 214
Puschkin, Georgij 134
Pythagoras 276

Radbruch, Gustav 10, 227–229, 236
Rank, Otto 115
Ranke, Leopold von 88
Ratzinger, Joseph 21
Reich, Wilhelm 115
Reichenbach, Hans 40, 229–231
Reichwein, Adolf 210
Reinach, Adolf 86, 160, 231–233, 278
Renn, Joachim 265
Reuter, Ernst 210
Rey, Abel 213
Ribbentrop, Joachim von 308
Richir, Marc 160
Richter, Norbert Axel 221
Rickert, Heinrich 52, 137, 171, 227 f., 233–236, 243, 246, 266, 272, 304
Ricœur, Paul 160
Riegl, Alois 267
Riehl, Alois 275
Riesman, David 126
Ritter, Joachim 204 f., 236–239, 273
Ritter, Paul 93
Rodi, Frithjof 93
Rohrmoser, Günter 239
Rorty, Richard 122, 318
Rosenberg, Alfred 124
Rosenstock, Eugen 241, 242
Rosenstock-Huessy, Margit 241 f.
Rosenzweig, Franz 63, 84, 240–242, 262
Rothacker, Erich 26, 41, 93, 174, 243 f.
Rousseau, Jean-Jacques 7, 124, 174, 280
Ruben, Peter 70, 245 f., 265
Russell, Bertrand 107 f., 256, 310 f.

Sandkühler, Hans Jörg 190
Sartre, Jean-Paul 22–24, 36, 46, 145, 160, 204, 284
Saussure, Ferdinand de 67
Schaff, Adam 265
Schapp, Wilhelm 246–248

Scheler, Max 41, 49, 113, 123, 136, 160, 215, 243, 247–253, 263, 270, 278
Schelling, Friedrich Wilhelm Joseph 51, 93, 110, 114, 226, 240, 285, 287
Schelsky, Helmut 189, 258
Schiller, Friedrich 202 f.
Schleiermacher, Friedrich Daniel Ernst 89, 209, 266
Schlick, Moritz 72, 253–256, 317
Schmidt, Raymund 296
Schmitt, Carl 57, 171, 187, 256–259, 281, 291
Schmitz, Hermann 174, 244
Schmoller, Gustav 304
Schnur, Roman 259
Scholem, Gershom 44, 83 f., 259–262
Scholz, Heinrich 38
Schopenhauer, Arthur 25, 93, 110–112, 114 f., 173, 207, 267, 288 f., 295, 310, 311, 313
Schramm, Percy Ernst 168, 259
Schuffenhauser, Werner 135
Schuler, Alfred 174
Schumpeter, Joseph 246, 270
Schuschnigg, Kurt 279
Schütz, Alfred 262–264
Scotus, Duns 137, 279
Searle, John 233
Seebohm, Marc 128
Seidel, Helmut 265 f., 272
Seidenberg, Roderick 127
Sen, Amartya 212
Shdanow, Andrej 134
Simmel, Georg 52, 63, 180, 195, 197, 246, 248, 266–270, 272, 307
Smith, Adam 212
Smith, Barry 233
Snell, Bruno 175
Sohn-Rethel, Alfred 270–273
Sokrates 93, 104, 106, 281
Sombart, Nicolaus 259
Sombart, Werner 174, 270, 304
Sonnemann, Ulrich 50
Sophokles 112
Sorel, George 46, 257
Spaemann, Robert 239, 273–275
Spann, Otmar 297
Spencer, Herbert 209, 288
Spengler, Oswald 19, 95, 173, 210, 275–277
Spinoza, Baruch de 93, 116, 118, 265, 280, 288–290
Spranger, Eduard 59, 93, 135

Stalin, Josef 46, 133 f., 223, 292
Stein, Edith 160, 231, 253, 277–279
Steinthal, Heymann 82, 266
Stern, Clara 24
Stern, Günther Siegmund 24
Stern, William 24
Sternheim, Carl 236
Strauss, Anselm 264
Strauss, Leo 137, 280–282, 297
Strawson, Peter 294
Stumpf, Carl 154, 156
Suhrkamp, Peter 56, 259
Szilasi, Wilhelm 50

Tagore, Rabindranath 210
Tarski, Alfred 75, 224, 318
Taubes, Jakob 188
Teichmüller, Oswald 114
Tellenbach, Hubertus 50
Tertulian, Nicolas 200
Thales 240, 248
Theunissen, Michael 283–285
Thomae, Hans 244
Thomas von Aquin 51, 214 f., 279
Thompson, George 273
Thukydides 291
Thurneysen, Eduard 37
Tiedemann, Rolf 17
Tillich, Paul 37, 209, 286–288
Tocqueville, Alexis de 31
Tolstoi, Lew Nikolajewitsch 188
Tommissen, Piet 127, 259
Tönnies, Ferdinand 210, 243, 246, 288–290
Topitsch, Ernst 291–293
Toynbee, Arnold 299
Trendelenburg, Friedrich Adolph 61, 82, 88
Troeltsch, Ernst 236
Tucholsky, Kurt 277
Tugendhat, Ernst 237, 293–295, 318

Uexküll, Jakob von 243

Unger, Erich 46
Unger, Rudolf 93

Vaihinger, Hans 295 f.
Vajda, Mihály 199
Valéry, Paul 187 f.
Varnhagen, Rahel 34
Vattimo, Gianni 122
Voegelin, Eric 297–299
Voltaire 113

Wagner, Adolph 288
Waismann, Friedrich 255, 317
Waldenfels, Bernhard 66, 68, 160, 265, 299–303
Warburg, Aby 307
Warnke, Camilla 70
Weber, Alfred 272, 304
Weber, Max 19 f., 98, 187 f., 195, 197–199, 236, 256, 262–264, 270, 272, 291, 303–307
Weber, Werner 258
Weierstraß, Karl 154
Weininger, Otto 114
Weizsäcker, Carl Friedrich v. 175, 308–310
Weizsäcker, Ernst von 308
Wellek, Albert 174
Weyl, Hermann 40
Whitehead, Alfred N. 172, 274
Wiener, Norbert 166
Windelband, Wilhelm 227 f., 233, 235, 241, 266, 304
Wittgenstein, Ludwig 7 f., 58, 68, 99, 108, 186, 214, 226, 233, 255 f., 294, 302, 310–318
Wölfflin, Heinrich 243
Wright, Georg Henrik v. 42
Wundt, Wilhelm 67
Wyneken, Gustav 42, 46

Zeller, Eduard 62, 266
Zermelo, Ernst 40
Zschokke, Hermann 226

Sachregister

(Da Begriffe stets auf einen systematischen Kontext verweisen, beziehen sich die *angegebenen Seitenzahlen* stets auf den *Beginn des Artikels*, in dem der betreffende Begriff einen systematischen Stellenwert hat. Einfache Erwähnungen eines Wortes wurden nicht aufgenommen.)

Achsenzeit 160, 297
Aggression 95, 109
Akt 76, 154, 231, 248
– psychischer 154, 231
Analytische Philosophie 72, 105, 210, 293, 310
Analytizität 105
Anarchismus 99, 134
Anderes/Anderer 11, 22, 63, 109, 145, 147, 233, 299, 310
Anthropologie/anthropologisch 24, 31, 40, 48, 51, 55, 59, 63, 76, 88, 102, 109, 123, 134, 135, 147, 160, 168, 172, 182, 186, 214, 217, 233, 243, 248, 283, 286, 288, 293, 297
Antinomie 40, 81, 147, 195, 266
– russellsche 40, 105
Appell 66, 118, 184, 299
Apriori 26, 40, 48, 76, 81, 94, 102, 105, 145, 154, 217, 231, 253, 266, 270
Arbeit 55, 102, 109, 123, 164, 195, 200, 208, 214, 245, 310
Arbeitsteilung 95, 184, 266
Argumentation 19, 26, 175, 280
Ästhetik 11, 24, 40, 42, 55, 81, 88, 118, 145, 180, 195, 200, 236
Atombombe 24, 160
Atomkrieg 308
Aufklärung 11, 109, 116, 128, 147, 180, 189, 200, 265
Aufmerksamkeit 55, 154, 299
Auschwitz 11, 22, 24, 31, 214, 277
Ausdruck 66, 76, 88, 118, 172, 175, 206, 310
Autonomie 11, 81, 147, 168, 208, 233, 245, 283, 310

Bedeutung 42, 76, 88, 105, 137, 154, 184, 233, 293, 310
Begriff 42, 51, 55, 72, 76, 105, 154, 172, 180, 208, 253, 288, 295, 310
– als Funktion 105
Bergpredigt 308
Bethe-Weizsäcker-Formel 308
Bewusstsein 11, 19, 51, 60, 66, 76, 86, 88, 102, 109, 118, 145, 154, 172, 208, 248, 277, 293, 297, 310
Bild 42, 63, 118, 154, 172, 310
Bildung 11, 22, 95, 118, 160, 195, 208
Biozentrismus 172
Bipolaritätsprinzip 310
Böses 31, 226

Christentum 52, 81, 137, 168, 240, 248, 277

Darstellung 42, 66, 76, 88, 105, 118, 145, 310
Dasein 31, 40, 48, 59, 70, 76, 102, 109, 135, 137, 160, 164, 168, 184, 200, 204, 233, 240
Daseinsanalyse 40, 48, 59, 70, 137, 164, 168
DDR-Philosophie 69, 132, 245, 265
Deixis 66
Demokratie 31, 128, 134, 147, 160, 164, 169, 208, 221, 256
Denken 11, 31, 51, 60, 76, 81, 94, 118, 137, 145, 180, 233, 240, 270, 288, 310
Destruktion 137
Determinismus 95, 221
Dialektik 11, 22, 51, 128, 145, 147, 195, 283
– negative 11
Dialog 31, 63, 240, 299
Differenz 11, 137, 189, 299
– ontologische 137

Sachregister

Ding 24, 42, 60, 76, 86, 102, 137, 184, 217, 254
Ding an sich 60, 76, 81
Diskurs 26, 128, 164,
Diskursethik 26, 128, 164
Dogmatismus 19, 99, 134
Du 24, 63, 182, 186, 262
Dualismus 109, 164, 217

Einfühlung 24, 277
Epoché 154, 184
Ereignis 137
Erfahrung 11, 42, 48, 60, 72, 81, 88, 154, 168, 221, 273, 293, 299
Erinnerung 109, 154, 253
Erinnerungsarbeit 109, 204
Erkenntnis 11, 19, 42, 48, 72, 76, 81, 88, 94, 105, 118, 135, 154, 184, 208, 221, 229, 231, 233, 248, 253, 266, 270, 283, 291, 303, 310
Erleben 48, 60, 88, 243, 248, 266
Erlösung 240, 259
Erkenntnistheorie 42, 51, 63, 72, 76, 88, 94, 99, 135, 208, 221, 231, 233, 240, 248, 253, 266, 270, 288, 310
Es 63, 109
Es gibt 137
Ethik 11, 26, 37, 59, 81, 88, 116, 123, 135, 164, 168, 195, 208, 210, 214, 239, 248, 253, 273, 283, 293, 299, 303, 310
Evidenz 154, 273
Evolutionstheorie 86, 221, 266
Existenz 22, 40, 48, 63, 70, 102, 105, 137, 160, 186, 206
Existentialismus/Existenzphilosophie/existentialistisch 22, 31, 59, 160, 240

Faktizität 70, 86, 137, 182
Fehlleistung 109
Fernsehen 24, 200, 214
Form 42, 76, 189, 233
Formalismus 40, 105, 248
Fortschritt 42, 69, 147, 172, 236
Frankfurter Schule 11, 180, 195
Freiheit 11, 22, 24, 31, 37, 51, 76, 95, 116, 147, 160, 164, 169, 200, 217, 221, 226, 236, 283, 286
Fremdes 299
Frieden 81, 160
Funktion 105

Geburt, Gebürtlichkeit 31, 88
Gedanke 11, 40, 102, 109, 137, 221, 310
Gedächtnis 109, 189
Gefälle, prometheisches 24
Gegenstand 11, 60, 105, 154, 184, 248, 310
Geist 31, 42, 51, 60, 76, 88, 102, 135, 137, 160, 164, 172, 177, 248, 286, 310
Geld 189, 266, 270
Gemeinschaft 37, 160, 217, 245, 303
Geometrie 40, 94, 105
Gerechtigkeit 128, 147, 210, 214, 227, 273, 293
Geschichte 11, 22, 24, 31, 42, 51, 81, 118, 160, 168, 172, 180, 186, 195, 208, 221, 233, 236, 243, 246, 256, 266, 275, 288
Geschichtlichkeit 70, 118, 137
Geschichtsphilosophie 24, 42, 81, 154, 195, 256, 266, 275
Geschichtsschreibung 31, 42, 81, 243, 266
Gesellschaft 11, 24, 31, 51, 88, 95, 116, 128, 147, 177, 189, 195, 200, 208, 210, 212, 214, 221, 236, 248, 266, 270, 297, 303
Gesellschaftskritik 11, 81, 147, 200
Gesetz 19, 95, 105, 128, 154, 169, 227, 256, 280, 310
Gesetzlichkeit 233
Gestalttheorie 66
Gewalt 31, 42, 95
Glaube 37, 63, 70, 137, 168, 214, 259,
– philosophischer 160
Grammatik 60, 310
Grenzsituation 160
Grundnorm 26, 168, 169, 210

Handeln, Handlung 26, 31, 94, 95, 123, 128, 248, 262, 299
Hermeneutik 31, 70, 118, 137, 175, 206, 243, 280
Herrschaft 102, 147, 200, 303
– totalitäre 31, 160
Herstellen 31
Hiroshima 24, 214
Holocaust 31, 147

Ich 63, 109
Ichpsychologie 109
Idealismus 11, 76, 81, 88, 123, 135, 145, 147, 164, 208, 295
– logischer 135
– transzendentaler 76, 233
Identität 11, 189, 233, 245

Identifizierung 109
Ideologie/ideologisch 31, 69, 132, 177, 200, 275, 288, 291
Ideologiekritik 22, 180, 195, 297
Immanenz 42, 206
In-der-Welt-Sein 48, 137
Individuum 11, 22, 95, 147, 160, 195, 266, 277
Individualisierung 116
Individualpsychologie 109
Information 19, 184, 189
Intentionalität/intentional 60, 66, 102, 154, 231
Interpretation 118, 137
Intersubjektivität/intersubjektiv 26, 66, 128, 154, 262
Intuitionismus 40

Judentum 81, 240, 259, 280

Kategorie 11, 51, 60, 123, 135, 154
Kausalität 95, 195, 288
Kommunikation 26, 128, 160
Krieg 291
Kritik 11, 19, 81, 147, 180, 200, 214, 221
Kritischer Rationalismus 19
Kritische Theorie 11, 42, 116, 128, 147, 200
Kultur 11, 76, 109, 116, 200, 204, 214, 233, 266, 275, 286, 303
Kulturkritik 63, 200, 275
Kulturtheorie 42, 76, 266, 275
Kunst 51, 99, 118, 145, 195, 200, 208
Kunstwerk 11, 42, 118, 145, 195

Leben 31, 59, 63, 88, 109, 116, 137, 160, 164, 168, 172, 195, 206, 266, 273, 283
Lebensanschauung 172, 266
Lebensphilosophie 59, 88, 172, 195
Lebenstrieb 109, 200
Lebenswelt 26, 55, 128, 137, 154, 262
Leib 60, 164, 184, 277, 299
Liberalismus 169, 288, 291
Libido 109, 200
Liebe 37, 116, 214, 240, 248, 273
Linguistik 66
Logik 40, 72, 81, 105, 154, 175, 184, 206, 221, 229, 310
– formale 72, 105
Logizismus 105
Logozentrismus 172

Macht 22, 31, 164, 189, 214

Marburger Schule 42, 81, 208
Marxismus/marxistisch 42, 51, 132, 134, 145, 147, 177, 195, 200, 265, 266
Marxistisch-leninistische Philosophie 69, 132, 134
Massenpsychologie 109
Maß 214
Materialismus/materialistisch 42, 51, 81, 132, 135, 145, 147, 177, 195, 245, 265, 270
Mathematik/mathematisch 40, 72, 76, 94, 105, 154, 175, 210, 212, 229, 310
Matrize 24
Medialität, Medien 42, 76, 189
Medienphilosophie 42, 180
Medium 189
Messianismus 42, 81, 259
Metapher 55, 175, 243
Metaphorologie 55
Metaphysik/metaphysisch 11, 42, 60, 88, 94, 102, 135, 137, 145, 164, 172, 182, 204, 217, 233, 240, 246, 248, 266, 273, 275, 283, 293
Metapsychologie 109
Modallogik 40
Moderne 11, 24, 31, 51, 55, 76, 95, 128, 147, 186, 189, 195, 204, 214, 217, 221, 236, 266, 280, 297, 303
Monotheismus 81, 109
Musik 11, 51, 118
Mythos 11, 37, 55, 70, 76, 147, 164, 168, 172, 215, 259, 286

Narzissmus 109, 123
Natur 31, 86, 88, 123, 135, 164, 172, 180, 200, 236, 273, 308
Naturalismus 88, 105, 154, 169, 184, 208, 233, 283
Naturteleologie 273
Naturwissenschaft 60, 72, 76, 81, 88, 109, 118, 164, 204, 229, 233, 236, 246, 248, 270, 308
Neukantianismus 11, 42, 51, 76, 81, 105, 135, 169, 195, 208, 210, 227, 233, 243, 248, 262, 266, 303
Neurose 109, 116
Neurologie 109
Neuronentheorie 109
Neurowissenschaften 48, 116
Nihilismus 24, 164, 273, 275
Nominalismus 118, 288

Objekt 11, 22, 42, 51, 63, 76, 109, 184, 189, 195, 200, 245, 253, 293
Objektivität/objektiv 11, 51, 59, 63, 66, 70, 76, 88, 105, 116, 123, 128, 135, 145, 147, 154, 164, 169, 172, 189, 221, 233, 245, 253, 266, 288, 299, 303
Ödipuskomplex 109
Offenbarung 37, 42, 70, 160, 168, 240, 259, 280
Ontologie/ontologisch 11, 24, 40, 51, 60, 76, 86, 102, 118, 135, 137, 145, 160, 164, 172, 175, 180, 195, 217, 226, 227, 231, 233, 246, 248, 277, 286, 310
Ordnung 31, 86, 94, 147, 189, 297, 299
Organonmodell (der Sprache) 66

Phänomenologie 40, 42, 55, 59, 63, 76, 86, 102, 123, 137, 154, 160, 164, 172, 182, 184, 186, 195, 217, 231, 243, 246, 248, 262, 270, 277, 299
Phantom 24
Philosophia perennis 160
Physik 40, 59, 72, 81, 94, 99, 105, 212, 229, 245, 253, 308
Physiologie 81, 109
Pluralität 31, 145, 160
Politik 31, 42, 128, 132, 134, 147, 160, 169, 182, 189, 200, 210, 236, 280, 291, 297, 303, 308
Politisches 31, 42, 147, 256, 286
Positivismus 11, 22, 72, 86, 88, 99, 169, 227, 229, 253, 262, 266, 293, 295
Poststrukturalismus 22
Pragmatismus 184, 262
Psyche 109, 116
Psychoanalyse 40, 48, 51, 109, 116, 200
Psychologie 24, 48, 60, 66, 81, 88, 109, 116, 160, 172, 184, 231, 248, 253, 295
- verstehende 160
Psychologismus 81, 154, 169, 210
Psychopathologie 109, 160

Quantenmechanik 99, 229, 308

Rationalisierung 24, 94, 128, 147, 172, 195, 266, 288, 303
Rationalismus/rationalistisch 19, 94, 95, 99, 221, 280, 288, 303
Raum 31, 40, 51, 76, 81, 135, 137, 229, 253
Raum-Zeit 81, 229
Realismus 11, 145, 195, 233, 253, 310
- erkenntnistheoretischer 253

Realität 19, 24, 88, 94, 99, 102, 109, 135, 145, 180, 184, 200, 214, 231, 283, 310
Recht 19, 31, 42, 128, 137, 147, 169, 210, 227, 231, 236, 246, 256, 288
Rechtsphilosophie 51, 128, 137, 227, 231, 236, 256, 288
Rechtsrealismus 227, 288
Rechtstheorie 169, 231, 291
- positivistische 169
Reduktion 31, 66, 72, 102, 189, 277
- phänomenologische 102, 154, 277
- von Komplexität 66, 72, 189
Regel 19, 26, 31, 128, 169, 210, 310
Regelbefolgung 19, 299, 310
Religion 19, 37, 42, 70, 81, 88, 109, 116, 160, 164, 168, 186, 208, 226, 240, 248, 259, 273, 277, 280, 286, 291, 297, 303, 308
Religionskritik 19, 109
Responsivität 66, 137, 299
Rhetorik 55, 259
Ruben-Affäre 69, 245

Sachverhalt 310
Scham 184
Schichtenlehre 51, 135
Schöpfung 37, 164, 240, 259, 308
Seele 60, 88, 135, 172, 195, 277
Seiendes 11, 60, 86, 102, 137, 273
Sein 11, 48, 51, 60, 86, 102, 118, 135, 137, 145, 164, 208, 231, 233, 240, 245, 246, 248, 266, 273, 277, 286, 308
Seinsfrage 102, 137, 266, 293
Selbsterhaltung 55, 147, 273
Selbsttranszendenz 273
Semantik 40, 72, 105, 229, 293, 310
- formale 72, 293, 310
Sender/Empfänger 66
Sexualität 95, 109, 116
- infantile 109
Sinn 11, 26, 31, 72, 76, 88, 105, 137, 154, 164, 189, 206, 236, 253, 262, 273, 303, 310
Situation 22, 26, 66, 123, 160, 164, 184, 189
Skepsis, Skeptizismus 19, 60, 186, 154, 172
Sollen 81, 164, 169, 198, 208, 227, 231, 233, 293
Sozialphilosophie 63, 95, 102, 128, 186, 195, 208, 210, 221, 299, 303
Sozialtheorie 95, 227, 288, 303
Soziologie 11, 24, 42, 88, 95, 116, 128, 132, 147,

172, 180, 189, 195, 208, 212, 214, 248, 262, 266, 288, 291, 295, 303
Sprache 22, 42, 55, 66, 72, 76, 105, 118, 123, 128, 168, 184, 200, 286, 288, 293, 299, 310
Sprachphilosophie 42, 72, 105, 128, 184, 253, 288, 299, 310
Sprachspiel 310
Sprachwerk 66
Sprechakt, Sprechhandlung 66
Sprechakttheorie 231
Staat 31, 81, 95, 99, 123, 128, 132, 134, 145, 147, 169, 177, 221, 236, 245, 256, 288, 295, 303
Staatstheorie 169, 256
Stil 275
Strukturalismus 22
Subjekt 11, 22, 24, 42, 51, 63, 76, 88, 105, 109, 123, 128, 147, 154, 184, 189, 195, 200, 233, 245, 248, 265, 293, 299, 310
Subjektivität/subjektiv 11, 22, 40, 88, 102, 118, 123, 135, 145, 164, 182, 233, 236, 245, 248, 262, 265, 273, 283
Sublimierung 109, 200
Substanz 51, 60, 76, 86, 88, 145, 164, 195, 217
Symbol 66, 76, 189, 212, 256, 260, 275, 286, 297
Synthese, Synthesis 60, 76, 105, 154, 208, 221, 253, 270, 277
– passive 154
System 76, 94, 135, 189, 195, 200, 233, 310
– soziales 128, 189

Tatsache 31, 88, 164, 172, 240, 253
Tatsächlichkeit 240
Tausch 51, 266, 270
Tautologie 310
Technik 24, 42, 55, 94, 123, 128, 137, 147, 172, 200, 204, 236, 270
Teleologie 60, 164, 195, 273
Terror 31, 200, 256
Theologie 19, 37, 42, 60, 86, 88, 137, 168, 186, 214, 226, 240, 259, 277, 280, 286, 308
Tod 22, 70, 102, 109, 137, 164, 168, 240, 273, 275, 283, 293
Todestrieb 109, 200
Totemismus 109
Transzendenz 70, 123, 137, 154, 160, 164, 206, 208, 253, 266, 273, 286
Traum 42, 48, 51, 109
Traumdeutung 109
Trieb 88, 95, 109, 116, 123, 160, 200, 248
Tugendethik 116, 214

Über-Ich 109, 116, 200
Unbewusstes/unbewusst 48, 109, 116
Universalität 118, 233
Ursprung 37, 55, 81, 102, 160
Urteil 31, 60, 105, 231, 233, 253, 295
Urteilen 31
Urteilstheorie 231

Vater 109, 308
Verantwortung 26, 31, 164, 184
Verblendung, Verblendungszusammenhang 11, 200, 283
Verdrängung 109
Vergangenheit 31, 42, 118, 180, 236
Vergesellschaftung 95, 147, 177, 180, 266, 270
Vernunft 19, 69, 76, 81, 88, 99, 102, 118, 135, 147, 160, 168, 195, 210, 214, 236, 248, 265, 273, 280, 283, 293, 295
Verstehen 19, 59, 70, 88, 118, 160, 175, 206, 208, 262, 266, 283, 293, 310
Vitalismus 86, 135, 172
Voluntarismus 288

Wahrheit 11, 26, 31, 40, 42, 59, 72, 99, 105, 118, 128, 137, 154, 214, 221, 229, 253, 273, 283, 293, 295, 310
Wahrheitsfunktion 105
Wahrnehmung 24, 42, 60, 72, 76, 81, 154, 172, 180, 217, 231, 253, 299
Warenform 11, 195, 270
Welt 11, 24, 31, 48, 51, 55, 60, 63, 70, 72, 86, 88, 102, 118, 123, 135, 137, 147, 154, 164, 184, 186, 189, 195, 214, 217, 221, 233, 236, 240, 246, 248, 259, 262, 286, 291, 303, 310
Werkzeug 66, 245
Wert 59, 105, 135, 164, 169, 195, 227, 229, 233, 246, 248, 256, 266, 303
Wertethik 135, 164, 248
Wertrelativismus 169, 227, 303
Widerspiegelung 76, 145, 177
Wiener Kreis 22, 72, 99, 212, 221, 226, 229, 253, 288, 291, 310
Wille 26, 31, 60, 81, 88, 94, 137, 172, 277, 288, 310
Willensfreiheit 135, 221, 293
Wirklichkeit 11, 19, 24, 48, 55, 63, 72, 76, 81, 86, 88, 105, 118, 123, 135, 137, 145, 147, 172, 180, 184, 195, 204, 221, 233, 253, 259, 310
Wissen 11, 60, 175, 206, 221, 248, 308

Wissenschaftsgeschichte 99
Wissenschaftstheorie 26, 40, 72, 76, 99, 128, 147, 168, 212, 227, 229, 303, 310
Wissenssoziologie 248, 266
Witz 109

Zahlbegriff 105, 154
Zeichen 42, 76, 118, 310
Zeigen 66
Zeit 11, 37, 40, 42, 48, 51, 72, 76, 81, 86, 88, 135, 137, 154, 195, 229, 240, 275, 283, 297, 308
Zeitbewusstsein 154, 262
Zeitlichkeit 70, 137, 277
Zentralinstitut für Philosophie (ZIPh) 69, 245
Zukunft 31, 51, 70, 81, 164, 186, 236, 262, 308
Zweck 26, 60, 72, 94, 123, 164, 172, 208, 214, 227
Zweifel 19, 26